U0530255

厦门同文书库

总　　编：中共厦门市委宣传部
　　　　　厦门市社会科学界联合会
执行编辑：厦门市社会科学院

编委会

主　　任：叶重耕
副 主 任：何瑞福
委　　员：戴志望　温金辉　傅如荣
　　　　　陈向光　彭心安　陈怀群
　　　　　庄志辉　李建发　曾　路
　　　　　洪文建　赵振祥　陈　珍
　　　　　徐祥清　魏志坚　陈振明
　　　　　朱　菁　李　桢

编辑部

主　　编：何瑞福
副 主 编：陈怀群　庄志辉　王彦龙　李　桢
编　　辑：李文泰

厦门同文书库

中共厦门市委宣传部
厦门市社会科学界联合会 编

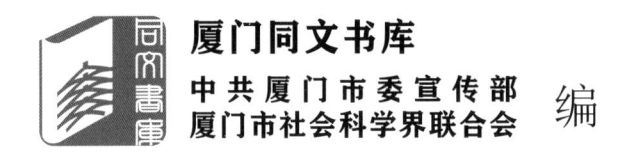

洪卜仁学术文集

洪卜仁 著

2018年·厦门

洪卜仁伉俪1950年冬在厦门

赴北戴河参加全国政协文史工作会议时，途经北京访问中国社会科学院近代史研究所

在北京访问著名学者、书法家虞愚（右）老友

在香港看望黄望青学长（中）

1986年，洪卜仁被聘为厦门市政协文史资料委员会副主任委员，这是他与厦门市政协第七届文史界委员合影

2002年7月与市政协委员张宗洽等陪同全国政协副主席张克辉（右三）及其夫人考察"台湾民俗村"

2006年，洪卜仁被福建省人民政府聘为福建文史研究馆馆员

2006年11月在越南胡志明市的泉州会馆搜集侨史

2009年7月应新加坡国家图书馆邀请参加新加坡美术史研究会

"厦门为什么这样美"展览会在北京揭幕，陪同新中国成立后第一任厦门市委书记林一心（中）接受电视台记者采访

洪卜仁先生从事政协文史工作五十周年座谈会

《厦门日报》的报道

学海无涯，乐在其中

《厦门日报》的专访

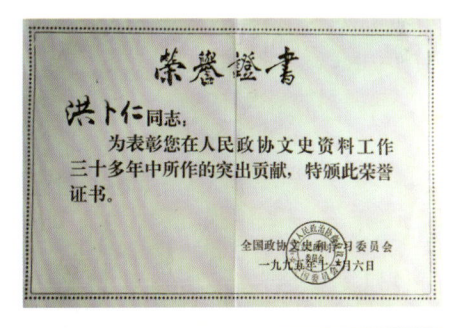

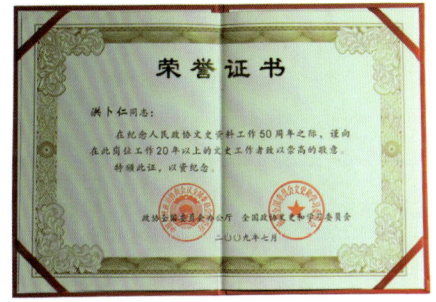

1995年、2009年全国政协办公厅、全国政协文史和学习委员会先后两次颁予洪卜仁荣誉证书

1956年3月15日在《光明日报》的《史学》版发表的学术论文

洪卜仁在菲律宾中西学院演讲

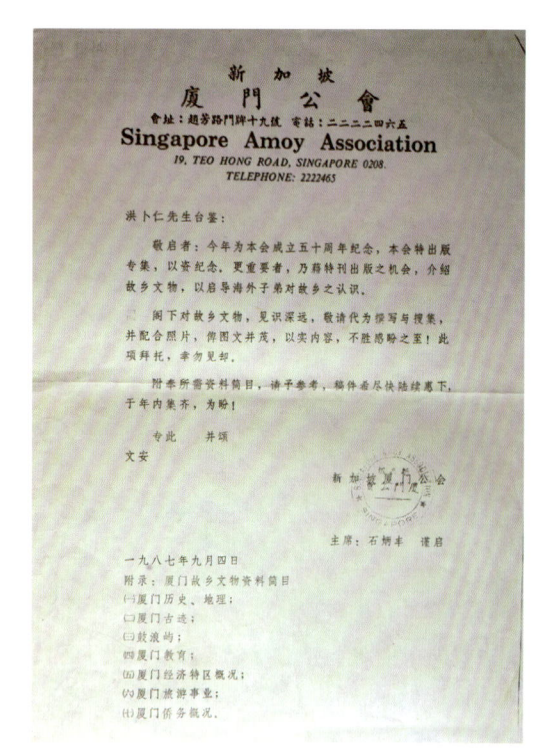

1987年9月4日，新加坡厦门公会致函感谢洪卜仁先生为该会成立50周年纪念特刊撰稿

新华社发布洪卜仁发现连横复籍改名档案的电讯

编者的话

洪卜仁，编审，1928年6月出生于厦门，厦门著名文史专家，熟识厦门地方史事，编撰众多厦门地方史著作，被誉为厦门地方文史的"活字典"。

洪卜仁年轻时于厦门报馆当记者，在海内外报刊发表过杂文、散文、诗歌、小说。新中国成立后，洪卜仁从事中学文史教学，业余钻研厦门地方文史。20世纪50年代曾在《光明日报·史学》《近代史资料》等全国性史学报刊和《厦门日报》上发表有关郑成功收复台湾、太平天国时期闽南小刀会起义、菲律宾华侨爱国运动等研究文章、论文。1954年，国外某些别有用心的学者制造"台湾地位未定"的谬论，应印尼雅加达华文《新报半月刊》等报刊约稿，洪卜仁写了《台湾自古是中国领土笺证》等文章，严正驳斥了这种谬论，在海外产生一定反响。

1957年"反右"期间，洪卜仁被错划为右派，遭下放劳动，在《厦门日报》副刊《海燕》连载的《厦门史话》也被停发。"文革"期间，他所集藏的地方文史资料在红卫兵抄家时"片纸不留"。逆境中，洪卜仁不灰心不泄气不放弃，抓住与"右派分子"及有历史问题的"三教九流"同劳动的机会，暗中向他们搜集地方史口述材料，积累研究素材。

1979年，党的十一届三中全会以后，洪卜仁被错划的右派得到改正。他拿起搁置了20多年的笔杆，重新投入文史研究。为抢回失去的时间，他挑灯夜战，笔耕不辍。改革开放30多年期间，是洪卜仁地方史研究成果大爆发的时期，特别是在转任厦门市地方志办公室副主任、厦门市社会科学联合会副主席、厦门市政协文史委副主任之后，他在史海畅游，如鱼得水。期间，他应邀在厦门市委宣传部、厦门市总工会、共青团厦门市委会联合举办的厦门地方史讲座上主讲厦门地方史，并编印《厦门地方史讲稿》一册十多万字，还应福建教育出版社和福建省教育学院历史研究室的邀请，担任主编编写《福建乡土历史教材》上下两册，五年间印数近三四百万册，并为福建日报总编室编印的《福建纵横》撰写《福建解放三十二年来大事记》《福建的教育》《福建的华侨和侨乡》《福建的宗教》等专题。他应中新社福建分社之约，在新加坡《联合早报》、马来西亚《南洋商报》《星槟日报》、菲律宾《菲华时报》、香港《文汇报》《华人》杂志等发表40多篇专稿，其中《福建史话》在菲律宾《世界日报》连载23篇。中新社福建分社的《专稿工作通讯》指出："这等于向海外同胞上了一堂福建的历史课。"

洪卜仁在地方史研究方面的建树，也引起了日本和东南亚国家，以及港台地区学者的关注。20世纪80年代，有日本历史学者通过厦大台湾研究所找到洪卜仁，专程来厦向洪卜仁请教有关日籍浪人的研究。《新加坡厦门公会金禧纪念特刊》在转载洪卜仁的《新加坡的厦门华侨》时，特地加了"编者按"，称："文字虽短，但言简意赅，对厦门人在新加坡的历史、发展，以及贡献报道很详细。有些反而是新加坡的厦门人所不知道的。"

在数十年的地方史研究过程中，洪卜仁先生利用历史资料做了大量有功于社会的工作。如，1994年洪卜仁在中国第二历史档案馆发现国民党荣誉主席连战的祖父、台湾著名史学家、诗人连横申请恢复中国国籍的原始档案，经新华社、《人民日报海外版》《福建日报》《港台信息报》等发布消息，获国民党中央社及海外30多家华文报纸转载。2005年5月，连战主席访问大陆，时任中共中央总书记胡锦涛特意将这份档案的复制件馈赠连战。

从厦门市政协正式启动市文史资料征编工作的1959年起，洪卜仁始终以饱满的热情和执着的毅力，参与编撰、研究工作。至今，由洪卜仁先生主编、厦门市政协出版的《厦门文史丛书》，已有32本。鉴于其长达半个世纪以来从事政协文史工作所做出的突出贡献，1995年、2009年全国政协办公厅、全国政协文史和学习委先后两次颁予洪卜仁先生荣誉证书。

已至耄耋之年的洪卜仁，始终保持年轻态，锐意创新，为厦门市改革开放提供智力支持。他参与21世纪厦门社会经济发展战略研究；参与《中国经济特区辞典（厦门卷）》和厦门经济特区五周年纪念特刊、厦门经济特区十周年纪念特刊的编撰工作；参与《新中国厦门50年》的编审工作；主审五卷本600多万字的《厦门市志》（2004年版）；编写《香港福建同乡会五十金禧特刊》《新加坡厦门公会五十周年》；甚至到境外编写《香港厦门联谊总会一周年纪念特刊》《香港厦门联谊总会十周年纪念特刊》，致力于"为当代提供资政辅治之参考，为后世留下堪存堪鉴之记述"。

近年来，洪卜仁以厦门市图书馆"洪卜仁工作室"为依托，主导探索基于智库理念的图书馆咨询服务模式。2003年5月，他被聘请为厦门市图书馆文献研究顾问，继而又成立"洪卜仁工作室"，定期开展"厦门文史沙龙"活动，普及、推动地方史研究，培养地方史研究人才，接受历史课题研究，为社会公众、国内外学者提供咨询服务。洪卜仁先后参与了厦门市博物馆《厦门历史陈列大纲》《厦门文化丛书》、鼓浪屿申遗系列丛书等课题；参与指导厦门市图书馆编辑《厦文献丛书》十余册；承担厦门市委宣传部的课题，主编《厦门市图书馆馆藏旧报刊资料丛书》。2013年，应中共福建省委统战部邀请，担任《闽商发展史》丛书的专家指导组成员，他与周子峰主编的《闽商发展史（厦门卷）》，在2016年举行的世界闽商大会上，与海内外嘉宾见面。2015年9月，为纪念抗日战争胜利70周年，国务院台湾事务办公室、中央电视台和中共福建省委宣传部制作、播映《台湾1945》，洪卜仁受聘为该纪录片的史学顾问。

洪卜仁现任福建省文史研究馆馆员、厦门大学出版社特约编审、厦门市政协特邀研究员、厦门市非物质文化遗产保护中心专家组成员、厦门市人民政府地方志办公室高级顾问，一生史海钩沉，著述甚丰。他先后在《近代史资料》、《光明日报（史学版）》、《学术月刊》（上海）、《人民政协报（文化版）》、《世界日报》、《新报半月刊》等国内外报刊上发表有关闽、侨、台文章近300篇；由他编写或任主编、副主编、主纂编撰的各类志书、资料汇编、专著达100多部，其中有些书曾荣获全国优秀图书奖。这之中如《厦门地名志》《厦门土地志》《厦门市新闻志》《中国经济特区简志》《新中国厦门65周年纪事》《厦门与香港》《厦门旧影》《厦门总商会资料汇编》《陈嘉庚与福建抗战》《闽南革命史》《泉州华侨志》《厦门经济特区建设十周年》等篇幅巨大，涉及面广，影响很大。

收集、编辑《洪卜仁学术文集》，我们从上述洪卜仁的著述中，挑选其不同治学时期的文章，突出洪卜仁在厦门地方史的建树，尤以华人华侨史、闽台历史为重。

除此之外，我们还辑纳洪卜仁早期的一些文章：20世纪50年代中期发表在《光明日报》史学版；显示洪卜仁史学研究高起点的重磅论文：《郑成功收复台湾的经过》《太平天国时期闽南小刀会起义》；20世纪80年代初在《学术月刊》（上海）发表的《唐人考略》；有关厦门史志体现其治学高水准的重点篇章：《厦门新闻志》中的《新中国成立前的报纸》；厦门历史教科书的部分章节：《厦门地方史讲稿》中的《厦门地理概况和建置沿革》，表现作者促进地方史普及化、通俗化的努力；增添新史料、提出新观点，反映其锲而不舍、精益求精治学风范的新修订之作：《日本图占厦门蓄谋已久》《军民浴血奋战保卫厦门》等；言他人所未言、不敢言的秉笔直书之作：《天一信局倒闭风波初探》《〈搏状元饼的由来〉质疑》等；探寻城市发展轨迹，为当代提供可资参考、可供借鉴之记述：《厦门商业城市的成长》《20世纪二三十年代厦门地价研究》《厦门市社会经济发展的演变和今后发展趋势》等等。

《洪卜仁学术文集》所收纳的文章，也反映了作者老骥伏枥、与时俱进的精神。如20世纪末，厦门海洋社会经济文化发展国际学术研讨会以《迈向21世纪海洋新时代》为题，征选论文，洪卜仁提交的《厦门的海洋航运史》，也被收录；

2003年厦门行政区划调整，洪卜仁马上扒梳历史脉络，写出《思明区行政建制和政区演变》《厦港区划演变和行政隶属》。2017年，为迎接举世瞩目的金砖国家领导人厦门会晤，城市读本《丝路帆影》向洪卜仁约稿，先生在身患眼疾的情况下，口述《厦门：从海上孤岛到经济特区》《沧桑百年的厦门船坞》两稿，再为我们这座城市书写美丽的"乡愁"。

此外，需要特别说明的是，文集收入的部分文章，原署名"厦门政协文史编委会"或"史料征集小组"，均为洪卜仁的作品，只因稿件形成于"文革"前，作者系"右派"，所以当时不能署名。

2017年初，厦门市委宣传部领导要求，要挖掘厦门城市文脉，就必须总结我市学术研究成果，以加强理论研究，更好地传承发展民族优秀传统文化。根据这一指示，厦门市社会科学界联合会、厦门市社会科学院启动了我市知名文史专家个人学术文集的编辑出版工作，《洪卜仁学术文集》即为其中一种。

目录

厦门文史研究 /1
　◎鸦片战争以前厦门的对外关系 /3
　◎厦门地理概况和建置沿革 /7
　◎"鸦片大王"叶清和 /13
　◎鸦片战争中厦门人民的抗英斗争 /26
　◎"五卅运动"中厦门人民的反帝怒潮 /32
　◎厦门学生的两次反美爱国运动 /39
　◎臧致平盘踞厦门始末 /45
　◎旧中国厦门经济发展的历史回顾 /53
　◎1908年美国舰队访问厦门 /66
　◎厦门租界概述 /75
　◎死心效敌的李思贤 /93
　◎源远流长的港厦关系 /99
　◎厦门的海洋航运史 /110
　◎筼筜湖的由来 /120
　◎《搏状元饼的由来》质疑 /127
　◎思明行政建制和政区演变 /131
　◎20世纪二三十年代厦门地价研究 /136
　◎新中国成立前厦门的报纸 /145
　◎沧海桑田话高浦 /213
　◎新中国成立前的厦门妇女运动 /221
　◎早期中美合办的同文书院 /242
　◎厦门美术专科学校 /252

◎厦门民用航空学校 /255
◎厦门洋行初探 /262
◎日本图占厦门蓄谋已久 /274
◎军民浴血奋战保卫厦门 /283
◎抗战胜利后的厦门 /290
◎厦门商业城市的成长 /307
◎天一信局倒闭风波初探 /318
◎鼓浪屿记忆 /323
◎沧桑百年的厦门船坞 /331

台湾史研究 /335
◎台湾自古是中国领土笺证 /337
◎郑成功收复台湾的经过 /343
◎厦门日籍浪人记述 /352
◎闽台区域贸易史略 /380
◎连横的祖国情怀 /387
◎厦门——台胞抗日的根据地 /392

华侨史研究 /403
◎福建华侨对祖国革命和家乡建设的贡献 /405
◎"唐人"考略 /412
◎福建的海外华侨及侨乡 /414
◎华侨妇女与祖国的抗战 /426
◎华侨在支援祖国抗战与世界反法西斯战争中的作用 /432
◎新马的闽南籍华侨与辛亥革命 /444
◎华侨林可胜：抗日战争的提灯天使 /467
◎后记 /474

厦门文史研究

鸦片战争以前厦门的对外关系

厦门由于地理条件优越，从明朝中叶以后，就已是我国对外交通的港口了。闽南一带人民到海外谋生，都从这里出洋；西方国家也到这里开展贸易。明朝政府还在这里"设官抽饷"。

最先到厦门的西方国家是葡萄牙，它的商船在嘉靖二十六年（1547）就来到厦门港外的浯屿了，许多商人都赶到那边去和葡萄人交易。1551年，葡商开始在厦门设立公行。嘉靖三十九年（1560），倭寇（日本）骚扰我国东南沿海，也曾侵犯过厦门，后被明朝的军队在鼓浪屿和刺屿尾打得大败。万历四年（1576），西班牙人曾从菲律宾派遣僧侣马丁拉达和加奴尼摩马丁前来福建要求通商，得到神宗皇帝的允许，在厦门进行贸易。天启二年（1622），荷兰人也来了。当时荷兰人在东方各处进行殖民活动，明朝政府没有答应他们在厦门互市，他们就使用武力，侵占澎湖，进犯厦门，并从鼓浪屿登陆，烧毁房屋、船只。在天启二年到天启四年（1624），崇祯三年（1630）、崇祯六年（1633），荷兰人又先后侵犯多次，都被击退。到了南明永历十一年（1656）6月，窃据台湾的荷兰侵略者派遣通事何廷斌来厦请求通商，才得到郑成功的允许。

英国侵略者到厦门，也是在明末郑成功以金厦作抗清根据地的时候。康熙二十二年（1683），满清政府打垮了郑氏政权。第二年，清政府解除海禁，在厦门正式设立海关，对外贸易比前更加繁盛。此后四年间，都有英国的商船来到厦门，英国侵略亚洲的机构之一——东印度公司，还在厦门设立了分公司。接着，吕宋、苏禄等国，也都到厦门贸易，厦门还设立"番馆"，作为外国商人居住的地方。

乾隆年间，清政府恢复闭关政策，只开放广州作为对外贸易的港口。在闭关政策下，厦门的对外贸易当然受到影响，但一直到鸦片战争以前，还不断有外国船舶进口。

一、英国鸦片输入厦门

从 19 世纪 30 年代开始，英国侵略者就把大量鸦片输入中国。厦门是他们所熟悉的地方，也就成为输入鸦片的主要港口之一。地方志记载英国船舶装载鸦片来厦门的最早时间是 1829 年，他们勾结土匪，以开设钱店为名，暗中贩毒，又分销内地，和奸民串同各衙门官吏兵役，开设鸦片烟馆。虽然清政府屡次出示"厦门口不得贩卖鸦片"的禁令，但英船驶入厦门海面贩毒的事情还是不断发生。

不久，清政府在人民舆论的压力下实行禁烟。英国侵略者为了强迫清政府同意他们在中国贩毒，立刻派遣船队来中国，挑起侵略战争。1840 年 6 月，英国侵略军的舰队进攻广州，看到广州有防备，就转来袭击厦门。

其实，英国侵略者早就垂涎厦门这个好地方了。他们进攻厦门，是早就计划好的。一个英国的鸦片贩子名叫夏胡米，早在 1832 年就乘"阿美斯德"号船来厦门进行过侦察活动。厦门志说夏胡米"通汉语，人甚狡谲"。

1835 年 7 月 24 日，夏胡米在回答英国外交大臣向他征求对华问题的一封信中这样说："……当我们 1832 年 4 月泊在厦门港的时候，我每天看见有一二十只三百到五百吨的帆船进港，装载大米和糖。我又令人计算船数，在七天内进口一百到三百吨不等的帆船不下四百艘。"因此他向外交大臣建议，如果发动对华战争，一定要封锁厦门这个主要港口。1839 年 9 月 23 日，英国外交大臣巴麦等拟订的侵略中国计划，也是主张占领厦门的。

可是，事实并不像侵略者所想象的那么如意。1840 年 7 月，英国兵舰驶进厦门港，虽然他们诡称是要来求和，但奸计被闽浙总督邓廷桢识破，邓廷桢命令守军开炮阻止英舰前进。这一次，守卫厦门的清军在人民支持下奋勇抵抗，打中了侵略者的火药船，侵略者狼狈逃走了。

二、美国在厦的侵略活动

美国早期在厦门的侵略活动，也是从鸦片入手的。我们姑且不提中国史籍上的记载，就让美国侵略者自己招供的材料来作证吧！

1842 年 4 月，美国的东印度舰队来中国，第二年的 5 月间到厦门。据该舰队司令加尼 5 月 19 日从厦门发给美国海军部长的报告说，这一时期美国商人非法的鸦片贸易，是"处在特殊有利的地位"。美国资产阶级作者奥温所写的《英国对华鸦片政策》，也承认美国侵略者在厦门贩卖鸦片的事实。

除走私鸦片外，美国侵略者还大力在厦门从事"人口贩卖"，把大批劳动人民欺骗到几千里外去当奴隶。根据当时厦门的美国领事布兰特雷的报告，1847—

1853年3月止，单是从厦门运到美、英殖民地去当苦力的，共有12,151人。这数目是很惊人的。

可是美国的"人口贩卖"也不是每次都顺利的。1852年间，一艘美国的"罗伯特保尼"轮到厦门，装载了410名被拐骗的漳泉一带的劳动人民，要到美国的加利福尼亚去。由于被拐骗的同胞在船上受到虐待，他们就起来反抗，空手和船上的美国人口贩子搏斗，控制该船。他们把船驶到琉球群岛的一个小岛，误认是台湾而登陆。不久，美舰和他们的帮凶英舰追踪寻到，开炮轰击，没死的100多人被捕。美国驻华代办巴驾和驻广州领事，就把他们送到广州的清政府那里，强加上"海盗"的罪名，要求两广总督徐广缙处他们死刑。被捕的绝大部分还是小孩子，面黄肌瘦，没有一点海盗的样子。然而美国侵略者蛮不讲理，硬指17个不像小孩子的人为海盗。这17人忍受了徐广缙的严刑逼供，列举他们被拐卖和虐待的确切事实；旅居广州的漳泉商人获悉，也代他们呼冤，迫使徐广缙不敢按照侵略者的意旨执行。但他为了取媚侵略者，也判处了其中一人死刑。

以上血淋淋的事实，有力地揭露了美国侵略者的狰狞面目。

三、英法武装清军镇压人民革命

1864年10月，太平军在中外反动势力的绞杀下，革命已走向低潮。太平军李世贤部转战江西、广东边界，以迅雷不及掩耳之势，突入闽南沿海，并在漳州建立起革命政权。左宗棠向皇帝报告说：李世贤到闽南后，声势大振，革命"已蔓延万松关、石码、北溪等处。泉厦岌岌"。面对着革命力量继续壮大的形势，英法侵略者争着致函清政府，表示要武装清军，镇压人民革命。英国驻华公使威妥玛给恭亲王奕䜣的信中说：要派英国军官训练清军。法国特务、福州海关税务司美理登表现得比英国更积极。他先是替清军到香港购买"铜炮、炮车、火药、西瓜弹子"，继又派侵华法军总兵官马瞻偕同福州副税务司带领100名法兵到厦门，会同厦门税务司，携带洋炮西瓜弹子，于10月13日往漳州，与清军共同进攻太平军。

在太平军的反击下，英法侵略者感到反革命力量还是压不过革命力量，因此，又把以前在上海由他们武装起来的淮军郭松林、杨鼎勋两部8000人运到厦门，转赴漳州。为了给清军打气，英国侵略者派遣特务司端参加淮军作战，法国特务美理登且"亲赴漳州军营，将车轮开花炮助剿，并续遣法兵五十人，随同高连升部出剿"太平军。

英法侵略者急着要扑灭革命的火焰，源源不断地供给清军军火。闽、广两省的英法领事馆、税务司一齐出动；英法海军一并侵入福建、广东海面，实行对太平军的封锁，断绝太平军的接济。据郭廷以"太平天国史事日志"记载，在英法侵略者和清军共同镇压下，单是1865年4月11日这一天，太平军就被屠杀了"约三四千人"。

上述史实证明，外国侵略者是十分仇视中国人民的革命事业的。

四、资本主义国家对厦门的经济侵略

资本主义国家为了进一步把中国变成它们的商品市场和原料供应地，从19世纪中期起，便开始在中国经营起近代工业。厦门是《南京条约》的五个通商口岸之一，也就成为它们经营近代工业的主要地区。

1858年，英国首先在厦门建立了"厦门船厂"，我们称为"大船坞"的地方，即其遗址。到1867年，英国又在鼓浪屿建立一个船坞。1892年，厦门船厂改组为有限公司，雇佣中国工人约200人。这就产生了厦门早期的无产阶级。1893年，厦门几家洋行的买办以英商的名义又另组一个"厦门机器公司修船厂"。

1870年，英国侵略者在厦门设立鸦片制造厂。除香港外，国内其他地方是没有的。这种毒化政策使广大人民迅速沦于破产和贫困，严重地损害了人民的健康。

1876年到1886年间，英美侵略者还曾企图在厦门开设机器制糖厂，由于人民的坚决反对而未能实现。

德国侵略者也曾在厦门建立铁锅厂，厂名Gerard，设立于1881年。不久，某英国洋行买办假托华侨资本名义，也在鼓浪屿建立了一个铁锅厂。本来厦门早就有铁锅厂了，其制品不但销往闽南各地，还出口远销南洋。自从外国侵略者挟其进步的生产技术来设厂争利，严重地打击了原来的铁锅生产，因此引起厦门商人的强烈反对。厦门厘捐局在商人的要求下，于1882年11月20日扣留了德商铁锅厂的一些产品。德商立即报告驻厦德国领事和驻华德国公使巴兰德，巴兰德就于12月29日派一艘军舰到厦门，"一大队武装士兵就登了陆，枪头装着刺刀，一直开到厘捐局，找到了被扣留的那些铁锅，强行运到德国领事馆去了"。

1894年，英商亚细亚油行和美商美孚油行同在厦门建立火油池。美孚油地建在嵩屿；亚细亚油地起先建在打石字（现公私合营厦门饼干厂附近）。民国十三年（1924）以后，厦门各社团以开拓市区，居民日众，恐油池发生危险为由，屡次请求政府饬令迁移，没有见效。到民国十七年（1928），该公司始表示同意，由当时政府以嵩屿同样面积的地皮与其"交换"，并补贴其迁移费77,000元，码头损失费6000元，此事才算"完满"结束。

（原载《厦门日报》1979年8月28日）

厦门地理概况和建置沿革

一、地理位置和地形、地貌

厦门在福建省东南部，位于东经118°04′04″，北纬24°26′46″。历史上的厦门，由厦门本岛和它东南面的鼓浪屿组成。厦门本岛面积124平方公里，鼓浪屿呈椭圆形，面积只有1.71平方公里。1956年10月，碧海环抱的厦门岛，在波涛汹涌的高（崎）集（美）海峡筑成长堤，使海堑变通途，成为连接大陆的半岛。

厦门背靠闽南大陆的漳州、泉州两市，濒临台湾海峡，和台湾、澎湖遥遥相对。它的东北部和东南部是丘陵地带，峭拔耸秀的洪济山云顶岩，是厦门岛的最高点，海拔339.6米。旧市区在地势较为平坦的西南部，范围约4.5平方公里。中部的筼筜港已填平，附近的湖里，正在兴建出口加工区。

厦门港位于九龙江出海处，是个海峡性港口。厦门海岸曲折，港湾蜿蜒长达24公里。岛外的大担、二担、青屿、浯屿，组成一圈天然的防波屏障；港内四周是高山，防风性能好。港区水域阔，航道宽，水深多在十米以上，万吨轮船随时可以进出和停泊。厦门港属半日潮汐，潮差一般达五至六米，五万吨级巨轮也可候潮进出。厦门港终年不冻，四季畅通无阻，确实得天独厚。

厦门的周围，大小岛屿星罗棋布，能够在地图上找到名字的，就有30多个。岛上山岭，发源于嘉禾山脉。从洪济山逶迤西南而下，冈陵重叠，山岭起伏十多公里。西南有金榜山，西北有薛岭，南面有海拔184.7米的五老山。五老山的五个山峰，高低相差无几，一峰171.4米，二峰175.2米，三峰184.7米，四峰165.3米，五峰182.8米。市区东南部有鸿山（99.2米）、狮头山（121米）、太平山（168米）、阳台山（192.8米）；滨海有胡里山（25.2米）、虎头山（53.3米）；筼筜港北岸有狐尾山（139.6米）、七星山（40米）、虎仔山（135.9米）等等。

历史上厦门有所谓七池、八河、十三溪。这些池、河、溪的容积小，流域短，有的因年代久远，泥沙淤积，成为平地；有的在开辟马路时填筑楼屋。下面分述七池、八河、十三溪的名字和遗址的范围。

（一）七池

1. 月眉池：以形如弦月得名。在今思明东路第七市场，还有条月眉池巷。

2. 双莲池：原来两池相连，称双莲池。在今海岸街通故宫路之间有一条街，叫双莲池街。

3. 八卦池：今道平路九条巷间的八卦埕是其池址。

4. 演武池：传说郑成功在演武亭侧辟池训练水师，故称演武池。原址在今厦大路近邻的演武路（1980年10月1日命名）。

5. 河仔池：在今厦门港料船头街附近的南溪仔墘街。

6. 澳仔大池：今思明南路渔民小学前一带民房，是它的池址。

7. 放生池：在今南普陀寺前。

（二）八河

1. 龙船河：在美仁宫今长途汽车客运站背后的美头山下。

2. 长寮河：一名鲲池，俗称蕹菜河。原河址在今新南轩酒家一带。妙香路的中岸巷、霞溪路的后岸巷，是这条河的一段河岸。

3. 黄厝河：在今黄厝巷中华派出所邻近一带。

4. 关刀河：在厦门港福海宫边，因河形似关刀得名。今围仔内关刀河巷，是原来河址。

5. 岳前河：在中山公园北门旧东岳庙前，又名东岳河。今公园内水景有一部分原来就是东岳河。

6. 魁星河：与东岳河衔接，因邻近有魁星石、魁星阁得名，建中山公园时划为公园水景。

7. 盐草河：在东岳河与魁星河之间，后划归中山公园。

8. 竹仔河：河址在今镇海路九竹巷的一段。

（三）十三溪

1. 樵溪：源出狮山，曲折西流，经天界寺前，与水磨坑汇集，再经百家村进中山公园然后出海。

2. 水磨坑溪：经万石岩过百家村至东岳河注入海。

3. 带溪：源出阳台山，经白鹤岩（今电台山）至斗门入海，今溪岸路就是带溪的溪岸。

4. 双溪：有两条，一条发源于白鹿洞，经前圆宫至桥亭，汇于霞溪；另一条经靖山头至中山公园南门，由斗涵（今斗西路）出海。

5. 龙舌溪：源出洪济山，北流经禾山潘宅入海。

6. 古楼溪：源出洪济山，东流入海。

7. 霞溪：源出双溪，经关仔内（大同路）至后海墘入海。
8. 港口溪：源出东坪山，经上李社至曾厝垵入海。
9. 莲溪：源出洪济山，经莲坂达筼筜港入海。
10. 前后溪：有两条，一条名后埭溪，发源玉屏山、东坪山；另一条名文灶溪，发源玉屏山、西姑北山，都汇集筼筜港入海。
11. 虎溪：发源玉屏山，灌注公园入海。
12. 双涵溪：源出东坪山、观音山，由筼筜港入海。
13. 蓼花溪：源出太平岩，流经今虎园路、深田路间的蓼花路，汇集中山公园各河入海。

二、气候

厦门属亚热带海洋性季风气候，温和多雨，四季如春，年平均气温20.8℃，夏季七、八月份平均气温在28℃左右，绝对最高温度为38.4℃（1953年8月16日），冬季一、二月份平均气温12.5℃，绝对最低温席2.2℃（1969年1月18日），但历史上也偶有下雪。①年降雨量1100厘米左右，其中春雨和梅雨约620厘米，占全年雨量的一半以上。二到四月是春雨季节，梅雨季从五月上旬开始，延续到六月下旬结束。

厦门的气候，美中不足的是，七至九月多台风。目前能接触到的史料，最早记录的一次台风，发生在明代嘉靖七年（1528）农历八月初九夜间。400多年来见于文献记载的台风几十次，其中特大台风带来的灾害，解放前有1854年、1884年和1917年；建国后是1959年8月23日。冬春因寒潮引起的低温，以及春末夏初的冰雹袭击，也给生产带来不利的影响。历史资料为我们提供的第一次降雹记录，是在明代嘉靖三十七年（1558）六月，400多年来降雹达90多次。最大的一次降雹在1945年6月，郊区何厝发现的大冰雹重达十几斤。

三、人口和民族

根据清代道光十年（1830）编纂的《厦门志》记载，当时厦门岛上有144,893人。鸦片战争后，在帝国主义和封建统治双重压迫下，民不聊生，劳动人民大量流亡外地谋生，造成人口一再减少的现象。清末宣统年间，只剩下89,516人。20世纪20年代，厦门开始进行近代化城市建设，许多外地的劳动人民陆续涌进厦门，人口直线上升。抗战前夕，市区有181,097人。厦门沦陷期间的1944年，厦门、禾山、鼓浪屿的人口总数，只有88,692人，不及战前的三分之一。抗战胜利后一年，厦门人口恢复到 151,347 人。解放前半年，全市有 176,555 人。

新中国成立以来，随着工农业生产的发展，人民生活水平提高，厦门的人口逐年增长。1962 年普查，市区和郊区的人口数是 386,725 人。1982 年普查，增至 510,656 人。

厦门的人口，汉族占 99% 以上，其他的少数民族族群，据有关部门 1982 年统计的材料，以回族最多，有 1086 人。满族次之，有 56 人，第三是壮族，52 人。30 人以上的，有高山族、畲族和苗族。此外，还有蒙古族、藏族、彝族、布依族、朝鲜族、侗族、白族、土家族、黎族、纳西族、仫佬族、锡伯族、京族和未能识别的少数民族族群四人。外国人加入中国籍的有 15 人。

四、"钱孔石"的启示

邻近南普陀寺的路旁，有块"箭穿石"，俗名"钱孔石"。钱孔石高两米半，底部埋在土中，腹部有个长宽各约半米的圆孔，状如铜钱，又像被箭射穿的样子。我们为什么要提起这块石头？因为它引导人们去探索厦门岛的沧桑巨变。也可以说，它是厦门岛几经沧桑的"见证者"。

长期以来，民间广泛流传着"沉东京，浮福建"的说法，中国古代地理名著《山海经》也有关于"闽在海中"的记载。在漫长的地质年代里，福建的确经历过浸在海中和从海中浮起的复杂演变。厦门也没例外。

地质工作者根据地理物理探测所获得的资料，研究结果，证实六亿年前的远古代，整个福建除武夷山外，处于一片汪洋大海之中，当然也不会有个厦门岛。古生代和中生代，由于地壳的不断上升，福建和如今的台湾海峡都被抬升，成为"华夏古陆"的隆起区。当时的厦门既不是岛也没有海，而是与大陆和台湾连在一起的陆地。到了距今七千万年前的中生代晚期，因为受燕山运动的影响，"华夏古陆"开始破裂解体，并产生了剧烈的断裂变动，导致厦门和福建本陆分离，沦为海中岛屿。②二、三万年前的第四纪，厦门受全球性海面升降和区域性新构造运动的影响，曾多次经历沧桑巨变。③南普陀寺附近这块钱孔石的洞孔，是过去长期受海潮冲击留下的"海蚀洞"。厦门大学附近两旁山坡的岩石上，有的还保存着海浪冲刷的痕迹，有的还附着牡蛎壳，从而可以测知，现在厦大礼堂前面的体育场，就是古代海湾被沙堤包围之后充填而成的陆地。

近几年来，经过地质勘探，大量的资料表明，如今厦门市区的古海湾有以下几处。

1. 厦大古海湾：从厦大海边足球场经海洋研究所、人类博物馆、芙蓉楼、厦大商店、南普陀、东沃农场至厦大医院一线，是一个为五老峰、蜂巢山延伸的山脊所环绕、形态十分曲折的厦大古海湾。它原从属于现厦港湾。

2. 思明古海湾：从小学路经教工之家、南轿巷、局口、绿岛、新街礼拜堂、桥亭转霞溪路、第七市场、双莲池至开元区委一线，又是一个被同文山、钟楼山延伸的山脊所环绕、形态蜿蜒的思明古海湾。它原从属于现筼筜港湾。

3. 中山公园古海湾：从中山公园西门经群众艺术馆、市府信访组、轻工业局，沿深田路至一七四医院，朝西往工艺美术厂、少年宫、动物园、溪岸路一线，是个由钟楼山、虎溪山、白鹤山延伸的山脊所环绕，形态复杂的公园古海湾。它和思明古海湾紧密相连，本来也是从属于现在的筼筜港湾。

4. 文灶古海湾：从第七塑料厂穿过厦禾路，经文园路试验机厂回转弯到文灶社，是一个不甚引人注意的形似袋状的文灶古海湾。④

这些大小不一的古海湾，它们的成陆时间距今只不过近千百年。在古海湾内，离现地面标高下约三至四米处，常发现一层厚薄不一的黑灰色淤泥。它们是海湾的淤积物。根据它们分布的范围，可以确定古海湾的大致位置。这种海相淤积层，地质上称它为"软弱层"。它常给现代建筑，特别是高层建筑带来麻烦。对市区古海湾的研究，不仅能帮助我们了解厦门岛的地质发展史，同时，对城市规划、建筑设计等，都具有十分重要的现实意义。

五、开拓和行政建制的经过

传说遥远的古代，常有成群的白鹭栖息在厦门岛上，因此厦门长期有着鹭岛、鹭屿、鹭门的别称，甚至连厦门、鼓浪屿间有潮有汐的海峡，人们也叫它鹭江。

大约3000年前的新石器时代，已经有人类在厦门岛上生活了。他们是古百越族的一支——闽越族。

有文字记载的厦门历史，始自唐代。8世纪中叶，先后有薛、陈两姓族人在洪济山下南北面，安家落户，披荆斩棘，开拓厦门岛。唐代的厦门，起先叫"新城"，后改名"嘉禾"，称为嘉禾屿、嘉禾岛或嘉禾里。当时厦门行政上隶属泉州清源郡的南安县。宋代仍沿袭"嘉禾"的名称，行政上由同安区管辖。

元代，蒙古贵族在厦门岛上设"千户所"，是个兼有军政职能的机构。明初在岛上建城，命名"厦门城"。厦门的名字，开始出现在史籍文献上。与建城的同时，明朝政府还将泉州"永宁卫"的中、左两个卫所设在厦门。因此，明代的厦门又有"中左所"之名。

明末清初，厦门作为民族英雄郑成功"抗清复台"的根据地，改名"思明州"。

清代康熙十九年（1680），福建水师提督衙门移驻厦门，继而在厦门设"台厦兵备道"，兼辖台湾。雍正五年（1727）"台厦兵备道"撤废，改在厦门置"兴泉永兵备道",管辖二府一州。从此,厦门成为福建的政治、军事、经济、文化重镇。

辛亥革命结束清政府的统治,设福建军政府厦门分府。1912年4月,厦门成立思明县。1913年到1914年间,一度改思明县为思明州。1933年3月,筹备设市。同年11月,19路军发动"闽变",成立"人民政府"。12月1日,诞生了厦门特别市政府。1934年1月"闽变"失败,市政府被取消。1935年,国民党又在厦门设市,4月1日成立厦门市政府。

日本占领厦门期间,先是扶植汉奸组织伪厦门治安维持会。1939年7月,维持会改为伪厦门市政府。1941年元旦,改称厦门特别市政府,由汪精卫的伪中央直辖。抗战胜利后,国民党恢复厦门市政府的建制。

1949年10月17日,中国人民解放军挥戈渡海,解放了厦门岛,成立厦门市人民政府,首任市长梁灵光。

当前,厦门是福建省第二个大城市,属省直辖,分设思明、开元、鼓浪屿和杏林、市郊五个区,兼辖同安。

注释:

① 洪卜仁:《雪在厦门》,《厦门日报》,1982年2月1日。
② 陈峰:《厦门港的形成》,《厦门日报》,1981年1月8日。
③ 海陆:《厦门岛的地质环境变迁》,《厦门日报》,1982年12月23日。
④ 岩石:《厦门市区古海湾》,《厦门日报》,1980年4月24日(有改动)。

(原载《厦门地方史讲稿》,厦门市总工会、共青团厦门市委会印,1983年10月15日)

"鸦片大王"叶清和

叶清和，厦门人，以贩毒起家，有"鸦片大王"之称。本文初稿写于1965年末，主要是根据叶清和的职工陈某、叶某两位先生的口述。厦门市政协文史资料委员会好几位老年人士，也提供一些补充材料。为了核实年代和有关人员的名字以及某些疑惑问题，还查阅了当年的部分报刊。尽管如此，仍有内容不够完整之感，望熟稔叶清和丑史的读者给予补充指正。

一、叶清和的身世和起家

叶清和，1898年出生于鼓浪屿，其父名叶水来，先是操理发业，开一小间理发店，后来得到宗亲的资助，在龙头街经营"新发"烟酒食杂商店。

清和有兄弟四人，他居长，少时在英国教会办的"英华书院"念书，颇为用功。四年制毕业后，辍学在家帮助店务，一度兼任华侨陈万寿的家庭英语教师。叶清和20岁时，与宗记钟表店老板黄瑞卿之妹黄雪娥结婚，雪娥是美国教会办的"毓德女子中学"的学生，笃信基督教，60年代尚健在香港，以传道为职业。

叶清和成婚后，常赴上海做烟酒、饼干、罐头的生意。那时，厦门吸鸦片的人很多，走私贩毒的人也不少。鸦片的来源，除闽南各县种植的土烟外，还有向上海贩运云南、贵州、四川的烟土。叶清和在沪看到有人贩运鸦片，利头很好，也就利用办货，兼买鸦片，装在饼干盒内，混同真饼干走私到鼓浪屿。最初几次都很顺利，后面利欲熏心，胆子越来越大。但苦于资金不多，就邀请他人出资合作，由清和父子负责贩运，盈利与出资人均分。因为走私鸦片是非法的，时有"失水"（即被破获充公）之虞。清和父子抓住机会，常在走私顺利的情况下向出资人捏报"失水"，出资人虽心有疑窦，却无从查问，更不能公开追究，即使间有"失水"，仍可猎取厚利，只好不予计较。而清和父子也就从捏报"失水"吞没出资人的本利当中，积累了不少孽财。

清和父子由于走私贩毒，与当时厦门的鸦片商丘俊有来往。丘俊又名平如，福建海澄县新垵乡人,早年在南洋经商,靠贩卖鸦片致富。丘俊在厦门开设有裕记、俊记、厚源等顶盘、二盘鸦片烟膏行,资本雄厚,规模巨大。除经营本埠及闽南各县批发业务外,还将鸦片浆伪装在万全堂药酒瓶内,将鸦片膏夹装在山东白菜内,配运南洋。清和父子虽也做鸦片生意,但跟丘俊比起来,简直是小巫见大巫。叶清和走私贩毒的经验,受到丘俊的赏识,1922年间,被丘俊延聘到裕记烟膏行任职。丘俊因叶清和曾在英华书院毕业,能说英语,又擅交际,先是派他赴沪押运毒品来厦。不久,将叶清和升为裕记驻沪办庄经理,办庄设在上海公共租界的五马路。

叶清和任裕记烟膏行驻沪办庄经理时,曾经通过日籍浪人陈长福的哥哥陈长庚的介绍,向台北的日本药商星一制药社社长星一买过几次鸦片,该鸦片由经营山阴运输株式会社的日本人关户包运。关户拥有"顺和丸""神荣丸"等好多艘日本船,往来于基隆天津线、基隆上海线、基隆厦门线。因为跟日本人买卖鸦片的关系,清和到过大连,结识了专营鸦片、吗啡的日本浪人中津。后来中津到过上海,与叶清和来往密切。

1924年间,裕记行上海办庄因为偷漏鸦片税被公共租界工部局发现,叶清和与另一个职员叶亚成被逮捕,部分毒品被没收充公,但还有相当一部分毒品暗藏于天花板夹层里,没被搜获。叶清和入狱,远在厦门的老板丘俊以为人货全部完蛋了。叶清和存心吞没,也秘而不宣。他在上海讨的二姜李慧珍(苏州人)探狱时,叶清和虽没向她言明天花板夹层里还存有大量鸦片,却要她设法借钱交纳办庄的房租,等他出狱后自有打算。李慧珍交纳房租的钱,大部分是向贾朱林借贷的。贾是上海的流氓小头目,在杜月笙的"禁烟局缉私课"干事。为本文提供资料的陈某,是贾的内侄,所以知道这回事,后来陈某能够到叶的鸦片行任事,也是贾介绍的。

叶清和坐牢一年左右,狱中有人企图越狱,奸险的叶清和耍了两面派手法,先是与企图越狱的人共谋,探知越狱全部计划后,又暗中通过狱卒向工部局的英籍巡捕长告密,以此有功,获得提前释放,并且因此与巡捕长交了朋友,出狱后二人还有来往。后来清和的走私贩毒,还得到这个英人巡捕长的不少关照。

清和出狱后,丘俊在厦门的鸦片生意,也因先后走私的两批鸦片(共80箱)在大担岛(厦门港口的小岛)附近海面被海关破获,损失了30多万元而宣告破产。叶认为时机到了,就拿出天花板夹层里的毒品,作为另起炉灶的资本,而他的那个小老婆李慧珍,又替他找来一个"救星",拉上上海最大的流氓头子杜月笙的关系,使他从此发家致富,成为臭名昭著的"鸦片大王"。

二、拉上杜月笙，青云直上

叶清和平素好色。他讨的五个老婆，除发妻和在台湾讨的第五姜外，都是上海堂子里的妓女。李慧珍是他任裕记鸦片行上海办庄经理时讨的。李是当时上海的名妓，在"长三堂子"有几个结拜姊妹，其中有个是青帮流氓头子杜月笙的小星，又有一个嫁给另一个上海大流氓头子华清泉为妾。因是之故，李慧珍常串杜月笙、华清泉的门。裙带关系一拉，叶清和与杜、华这两个大流氓头子，算是连襟兄弟了。

叶清和出狱，拿出天花板里的毒品后，李慧珍走内线替其介绍与杜月笙认识。时杜月笙在上海包销鸦片，有个机构叫作"禁烟局"，设在民国路。当杜月笙知道他的连襟兄弟也是干黑买卖的老手，就立即同意叶清和到"禁烟局"里的缉私运输课办事。叶清和知道这是一张"护身符"，欣然就任。

有了禁烟局的肥缺，叶清和抓住良机，常在运输"公货"时，附带运些自己的私货。因为船是禁烟局的，保险不会出问题，使叶清和稳赚了不少钱。遇上他人偷运私货被缉获，叶清和也懂得如何敲诈油水，养肥自己，所以在禁烟局只干了一年多的时间，就拥有数万家财。羽毛既丰，叶于1925年间辞去禁烟局的职务，自己在上海法租界吉祥街德福里95号开设了一家和源行，公开的业务是代理德国某洋行的五金颜料，暗地里以批发波斯鸦片为生，和源行在厦门有个分行，招牌叫"和益行"，由叶清和派他的弟弟叶谦逊负责。

和源行代理德国洋行的业务，是叶清和在狱中结识的朋友名叫袁慕君介绍的，此人原是电报局的报务人员，讲得一口流利的英语，与上海的几家德国洋行都很熟悉，后来成为叶的私人秘书。和源行的主要业务，是直接由波斯运红土来沪贩卖。当时，叶清和加入葡萄牙国籍，既有帮会流氓头子做靠山，又有外国籍民的护身符，所以敢为非作歹，什么不法的罪恶勾当都做得出来。

和源行到波斯运鸦片，不是叶清和独资的，是与上海大流氓华清泉、黄彰发、汪少丞（杜月笙的门徒）以及一个开怡成行的汕头人郑耀光（潮帮鸦片商人，住郑家桥）等五个人合作的。他们经常包租葡萄牙、西班牙、丹麦、挪威等国家1000多吨的小货轮，由沪先驶日本，然后转赴波斯。每次启行，这五个合伙人都各派一个亲信下轮押运。叶清和派的是他的侄儿。赴波斯押货，除月薪外，每趟有500元的津贴。波斯运鸦片的船抵上海，不能直接驶进黄浦江，只能停泊吴淞起货，然后用小汽轮转运到上海港内的小码头。

和源行从马赛运来的海洛因，没有放在行里，而是分两处寄存，一在法租界芝兰坊一个姓苏的家里；一在新桥街原上里24号贾朱林家。

继"和源行"后不久，叶清和又在法租界太马路（今金陵东路）自来火街口，开设了一个"国民药房"，聘史致富为经理。史在上海医药界很活跃，后来自己开设"万国药房"于四马路（今福州路），1947年国民党政府实施"宪政"，史曾竞选当了伪国大代表。在公共租界的大马路（今南京路）四川路口，叶又开个和兴建筑公司，该公司的经理是广东人，有个设计师姚克信，一直是叶的爪牙。

1926年下半年，叶清和在国民药房二楼另设一家源和行，专门贩卖海洛因，海洛因是铁罐装，买自法国的马赛，每罐重一基罗（2.5磅），每月平均来货一次，每次约1000罐。海洛因不能公开入口，和源行的来货，用的是夹带走私，"偷天换日"的手法。所谓"偷天换日"是这样的，按照当时海关的规定，外轮运来的货物，凡是要转口他埠的，一律上岸入仓，上海海关都没开验，俟抵达目的地后检查。叶清和就是钻这个空子，将海洛因夹装在不值钱的破旧杂货里，并在马赛装轮时伪称是转口天津的，待该转口货物抵沪进仓后，勾结一个码头仓库管理员曾少泉，半夜偷偷取出毒品，然后以同等重量的其他不值钱的物品装进去，让它转口天津。到天津时开验，毒品已在沪取出，不会出问题。叶清和有个专门负责入仓调换毒品的爪牙，名叫阿福，源和行海洛因进口，都由阿福去进行"偷天换日"的勾当，从没发生过意外。

从法国马赛走私来沪的海洛因，是袁慕君拉线的，由一个住马赛的德国人经手装运。马赛来轮，都是抵沪后停泊于杨树浦对面的浦东兰烟筒码头（即后来太古码头）。叶派阿福前往仓库与曾少泉接手偷换货件，本是叶清和自备的黄包车车夫，后来他改用汽车，留下阿福为小职员。除阿福外，叶的侄儿及陈某，也曾被派到仓库协助偷换货件，完成任务回来，另有赏金，每次五元。客人采买时，指定个交货地点，由叶派专人负责送去。向源和行买海洛因的客户，多数是徐州、天津的鸦片贩子，也有部分是上海当地鸦片商贩。海洛因由法国进货时价格多少不详，售价是原装货每罐1100银圆，到上海经过翻装的，每罐95银圆至1000银圆。叶为了保证走私的顺利，还邀杜月笙、华清泉等人入股，分些利润给他们，以取得杜等的包庇和掩护。贾朱林也有参加股份，出资5000元，每月可分到净利1500元。由此可以推想叶从马赛走私海洛因的暴利是非常惊人的。

与此同时，叶清和还在上海买了许多地皮，在亚尔培路（今陕西南路）和麦阳路、江湾的孙义里等处盖了不少房子出租。除此之外，叶也投资中汇银行、永大钱庄等金融事业，以及与人合伙开设隆顺洋行与华侨贸易公司。估计当时的资产，已达200多万元，这时的叶清和已有自置的汽车和两个公馆，一个在法租界亚尔培路，二妾李慧珍住在那里。另一个设在法租界环龙路，三妾高淑珍住在那里。

三、上海制毒机关败露，潜返故乡避祸

叶清和一度与四川军阀范绍曾在重庆合资开设海洛因厂，因产品质量较差，

运沪后销路不畅。叶清和决定在沪另请技师设个加工厂，复制四川运来的海洛因，以提高质量，扩大销路。

起初，叶经人介绍，知道有个雷福江的中国人，制造海洛因的经验很丰富，技术甚为高明。叶托人聘请，雷提出的应聘条件很高，不取工资，却要与叶三七瓜分利润，几经谈判，都不能达成协议。后来，叶由日籍朝鲜浪人金子政雄介绍，聘了个日本技师名叫"力ナコ"，工资每月1000元。金子政雄是一个老练的贩毒犯，尤其对东北的贩毒门槛更精通，曾衔叶命到过旅顺、大连等地，联系贩毒业务。叶有了技师，复制四川运来的海洛因加工厂，就于1931年底在法租界十三层楼附近办起来了，以黄彰发为负责人。黄彰发广东人，高等流氓出身，某大洋行的伙计，一口英语讲得非常流利，与上海黑社会人物甚有交游。

复制海洛因的加工厂，于1932年夏间迁到公共租界的虹口。迁厂后不再用日本技师了，而以叶的两个亲信当技师，一个叫周寿元，另一个名王开炎，都是叶的同乡。周原是鼓浪屿一家小菜馆的厨师，王原先在鼓浪屿划双桨小木船，后来跟周结拜为兄弟，成为周的助手。周受叶的聘请，带王一齐来沪充叶的家庭厨师。周、王两人能由厨师成为制造海洛因毒品的技师，有一段颇为曲折的过程，说来也与叶清和有关，不妨一述。

还在法租界筹设加工厂之前，叶清和早已感到自己需要有个亲信当技师，免得处处仰人鼻息。因此，当他以高薪聘请日本技师开设加工厂时，即派周寿元、王开炎担任厂里的总务，暗中布置他们偷窃日本技师的配方和学习技术。日本技师也很狡猾，知道配方一旦泄露，每月1000元的高薪就会丢失。所以，他要求叶给他一间个人的工作室，配药方时，都独自关在工作室里，不让任何人进去，据说，制造海洛因的主要化学药剂，都是液体的。为了窃取日本技师的配方，叶清和交代周、王两人，凡是发给日本技师的液体化学药剂，要装在刻有固定容量如500ml或1000ml的特制玻璃瓶子里，等日本技师下班回家，偷开他的工作室，看他每种液体化学药剂用去多少，然后与生产多少数量的海洛因核算比例，求出配方。但是，用这种方法偷出的配方，比例每次都不一样，按偷出的配方试制了三次，均告失败。

为了穷究配方比例每次都不一样的秘密，叶清和交代周、王两人，继继侦察、研究，终于发现问题出在工作室里洗手的瓷盆下有条通到地下暗沟的水管。日本技师每次弄好配方，故意把瓶里的化学药剂往洗手的瓷盆随便乱倒掉一些，让它流向暗沟，所以偷窃数次的配方，比例都不相同。

道高一尺，魔高一丈。发现了这个秘密后，叶就叫他开设的和兴建筑公司派来两个可靠的泥水工人，利用日本技师下班回家的当晚，在瓷盆通地下暗沟的衔接处，装了一个大玻璃瓮。隔天，日本技师照样把药剂往瓷盆随便乱倒掉一些。

但被倒掉的各种药剂，和技师洗手的水，一点不漏地都装进那个大玻璃瓮。这么一来，日本技师配方的资料完全被叶清和窃取到手了，饭碗也就摔破了。清和把厂迁到虹桥，不再续聘日本技师，改用自己的亲信周、王两人为技师。从这件事情，可以看出叶清和的为人是多么奸猾。

清和在上海加工厂复制出来的海洛因，倾销地区主要是华北、东北各省，也有部分运销到西北省份。这个厂的海洛因，分为白布方包、硬纸方包、软纸方包三种。毒品先由上海运往天津，通过住在天津春日街的日本浪民崛川千藏经手，转销各地。叶与此日本浪民的关系，是由天津一个姓丛的流氓头子拉线的。听说姓丛的早年在大连划船时就与叶交上朋友，后来姓丛的依靠日本人的势力，在天津混得很不错，开设一家大旅馆，当起老板。

叶清和和宋子文是由杜月笙介绍认识的。他通过宋子文的关系，勾结大连日本警察署署长（据说是日本内阁首相犬养毅的学生）筹划在大连设立的走私机关，专搞偷运日本糖入山东省倾销的勾当。本来一切都已筹备就绪，叶且亲赴大连，租赁了加藤大楼作为走私机关的办公处。但就在这时，叶在上海虹口的海洛因加工厂，突然被租界当局封闭没收，除黄彰发外，在厂里的一批亲信爪牙也都被抓了。叶不得不赶回上海，大连的走私日本糖机关，因此宣告关闭。

公共租界当局之所以封闭叶的制毒厂，据说是因为叶厂与雷福江等人的制毒厂的竞争，利益发生矛盾，雷福江等为了垄断公共租界海洛因毒品，不惜花巨资收买工部局的华人侦探督察长陆连奎。而陆肯为雷等效劳，又是因为叶与陆之间本有宿怨。当叶在公共租界设厂之初，陆连奎曾有一次想敲叶的竹杠，索价一万元。叶凭借他与工部局上层的帝国主义分子有勾结，不肯买账。陆积怨在心，伺机报复。当雷等找上陆门，正合陆的心意，就趁叶不在沪的空隙下手。

叶清和自天津返上海后，托人找陆谈条件，受到陆的拒绝，且声言叶既回来，正好逮捕归案。叶本来有部私人汽车，听了陆的威吓，出门都不敢坐自己的轿车，而改乘云飞公司的出租车。起初，叶仍自信自己在法租界的所谓靠山和势力，以为只要不进入公共租界，陆就无可奈何。然而后来，陆连奎却在法租界的中央疗养院里把叶抓去了。

叶托人找陆的同时，也曾找过英帝国主义上层人物，但破获叶厂的是华人侦探督察长，帝国主义分子感到在走狗面前争受贿赂，有失"体面"和"尊严"，也只得让叶"委屈"。由于叶平日与工部局上层人物颇有往来，当他被捕时，立即获准保外就医。其保释条件是一家殷实铺保和四万元保金。铺保的商号"申大彬行"，是叶的亲信爪牙、和兴建筑公司设计师姚克信代理的。叶怕重陷囹圄，被迫逃离上海，返回厦门避祸，时为1933年初。事后听说，工部局曾要申大彬行追回被保人，因叶已潜逃，申大彬行被查封，又由叶赔偿损失四万元。

四、黑心不死，包销"特货"

1933年叶清和潜返厦门避祸时，掌握福建统治大权的是十九路军。十九路军的福建省政府有个禁烟委员会的组织，由省主席兼民政厅长蒋光鼐任委员长，高等法院院长魏大同任副委员长，还有萨镇冰、高登艇、邓世增、詹调元等十多人为委员，各市、县也都设置禁烟督察员。但实际上，十九路军的省政府没法把鸦片禁绝，福州、厦门、三都澳等口岸，都不断有走私鸦片入口，一种是由上海运来的云南、贵州、四川烟土，一种是由香港运来的波斯和印度烟土。走私的鸦片，都由日籍台湾浪民的庇运烟土机关包运上陆，其办法是船未进港，就以插有日本国旗的小电船靠在轮船边接货，载入港内，每包（重四十八两）收取包运费十元。福州南门兜福新街一带和厦门思明西路、局口街一带，依然烟馆林立，每个烟馆门口都飘着一面太阳旗，挂着"洋行"的牌子，中国军警不敢也不能随便进入检查。

十九路军入闽前，顶盘鸦片批发每两三元，设灯供吸的三盘商烟膏零售每钱四角。经十九路军的省政府一禁，鸦片批发每两涨到四元五角，烟膏零售每钱涨到六角。旧社会蚀本生意无人做，杀头生意倒是有人争着做。叶清和眼看鸦片买卖厚利可图，就积极进行活动，图谋东山再起。他一方面通过老搭档黄彰发，拉上十九路军高级将领谭启秀，得到谭的庇护。黄彰发与谭启秀是广东同乡，又是很好的朋友。当时黄彰发仍然住在上海，却派了一个姓关的广东人来福建，作为叶与谭之间接洽事情的桥梁。另方面，叶又与经营鸦片臭名远扬的日籍台湾高等浪民施范其（厦门台湾公会第一、二、三任会长）、曾厚坤（自1914年到1930年先后任过11年的厦门台湾公会会长）、陈长福（自1925年至1936年间先后任过五年的厦门台湾公会会长）等人合作，开设五丰公司，专门从香港走私波斯烟土进口。五丰公司总公司设在厦门洪本部曾厚坤的坤记洋行内，另在福州南台上杭路设有分公司，由总公司陈尚彩前往负责。陈尚彩是叶的得力爪牙，叶曾在鼓浪屿开设神州药房，由陈尚彩与黄清安负责。神州药房实际上是经营鸦片的，1929年曾被工部局破获，陈也被捕，叶花了六七万元，托人向工部局活动才把陈释放出来。

1934年1月中旬，蒋介石派大军围攻十九路军在福建的"人民政府"，五丰公司决定将福州分公司所存鸦片撤回集中厦门，以防万一。由叶清和亲自出马，陈某也陪同赴榕树，叶找到那个姓关的联络人，向十九路军运输团搞来了十多辆载货的汽车。1934年1月21日（或1月22日），装运鸦片的货车，连同十九路军运输团载运军用物资的汽车计70多辆，自福州沿福厦公路启行。该批鸦片是装在小汽油桶里，每桶有30斤，估计达数万元之巨。1月23日傍晚，车队抵达泉州，运输团团部设在开元寺，叶清和与陈某则下榻于南大街（今中山南路）的五湖旅社。

车抵泉州，听说厦门已被国民党的海军"收复"，叶认为新关系还没接头好，该批鸦片不能贸然运厦，决定把鸦片运到惠安县涂岭镇，寄存章受卿家。叶本人留泉，派陈某押运，并发给每个驾驶员伙食费两元。叶与章是什么关系，陈某不清楚，只知道章受卿与当地的民军头子有来往，在惠安势力不小。叶把鸦片寄存章受卿处，条件是将来时局安定后取货，叶得70%，章得30%。陈某完成任务由惠返泉后，叶清和已经搞到一部敞篷的小汽车，准备立即回厦。

那部小汽车连驾驶员共乘坐了17人，有福州人名叫江玉宽，也是干鸦片买卖的。车到青阳，曾遇上国民党的飞机，被扔了两个炸弹，幸而未中。路过同安小盈岭时，草丛中突然窜出一群带红臂章写着"为陈（国辉）报仇"字样的民军，荷枪实弹，拦住汽车盘查，阻止前进。叶清和用闽南话向一个小头目模样的人物探听，知道该民军是同安土皇帝叶定国部队，就自我介绍一番，说自己是叶定国的宗亲，大家自己人，继而拿了一些钱给那个小头目，要他到队部报告长官，准予放行。半个多钟头后，小头目回来了，奉命跟上汽车保护，沿途民军一见，挥手让路，不再阻行。可见叶清和跟土匪叶定国也是关系不浅的。

当晚六时许，小汽车到达集美。叶叫人设法租到三条小船，江玉宽等人坐的一条小船在第一码头附近登陆了，叶清和等人坐的两条小船从鼓浪屿三丘田登陆。一登上码头，叶就叫人拿信往日本领事馆，要求保护安全。当时叶没有住家里，上码头后径往龙头街中英旅社投宿，隔不了几天，由日本领事馆通知叶搬往靠码头的厦门酒店。这是因为当时该酒店控制在日领馆警部林火生手里，是个藏垢纳污之所。林豢养的以汉奸洪文忠为首的"二十四猛"流氓组织，被指定负责叶安全。后来鹭通公司成立，叶延聘林、洪为谘议，每月各付50元干薪，既示感谢过去的"保护之恩"，亦借此进一步与日领馆勾结。

1934年1月底，十九路军的"人民政府"垮台后，叶清和很快地又搭上了国民党"进剿"十九路军的东路总司令蒋鼎文。叶与蒋的关系，是通过蒋的秘书朱平之（浙江人，与蒋同乡）拉来的。有一次，朱平之告知蒋鼎文进驻闽南后军饷短绌，叶自告奋勇，愿意报效数万元，就这样深受蒋的青睐。不久，国民党政府为了搜到"剿匪"经费，在全国实行鸦片"寓禁于征"的政策，鸦片公卖，叫作"特货"，归商人承包。闽南经销"特货"的专权，由叶清和组织的"鹭通股份有限公司"包揽，就是由蒋鼎文推荐的。

"鹭通公司"成立于1934年9月，设在升平路惠通巷7号，账面资金十万元，其中林忠晋（奸商，经营晋记钱庄和晋记行）、林滚（日籍台湾浪人十八大哥的首领）、陈长福（厦门台湾公会会长）各一万元，汉口方面鸦片商人四万元（鹭通的鸦片来自汉口），叶本人三万元，任董事长。重要职员有，会计主任黄清安（国民党福建省政府建设厅厅长黄金涛的哥哥），运输股长正江玉宽（福州人）、副董镇昆，庶务股长陈镜昌（厦门荷商渣华轮船公司买办陈庆辉之弟），保管股长白锦福（叶清和的结拜兄弟），制造部监督李国泰，出纳主任是股东林某的儿子。叶过去的老板丘俊，被聘为经理，每月坐领高薪250元。此外，还有蒋鼎文介绍的一批浙江人十多个，其中有个董起，专门负责与禁烟督察处打交道，凡是领许可证、发证明条等等，都由董经手。厦门有名的日籍台湾浪民头子，十八大哥中之李良溪、陈粪扫，也被聘为正副缉私队长。鹭通公司又派叶谦逊和陈尚彩驻福州，负责与有关单位联系以及闽北的业务。开办不上一个月，已销40万两，其中厦门销400多万两，禾山日销100多两。大约经过半年，鹭通因与日籍浪人发生贩毒的利益冲突，由陈长福等出面斡旋，把厦门地区的鸦片贩卖专权，交由浪人十八大哥首领之一的陈春木和另一浪人头目陈粪扫为首组织的协和行（在镇邦路）包销。冲突解决后，鹭通进行改组扩大，增资为20万元，并改为"裕闽公司"。林忠晋股金由一万元增至四万元，又拉拢施范其（首任厦门台湾公会会长，台湾银行买办）等人参加投资，组织董事会，仍以叶为董事长，每月支薪800元，常务董事林中晋、陈长福等，每人月支300元，董事施范其、林滚等，每月支领车马费50元。重要职员出纳主任林永旺，是林忠晋之子。叶在上海的一批旧人员有叶茂树、郭湖、杨钧（娶叶二妾李慧珍的丫头秋薇为妻，也算是叶的女婿，曾受叶派为鹭通公司涵江代理处经理）等。此外，还有股东陈长福、施范其派来的人，如制造部的施志霜、即范其之子。裕闽公司人员，共计100多人，每月所付工资5000多元。

其时，厦门的军政大权，实际上操于漳厦海军警备司令林国赓之手。为了与海军当局勾结，裕闽公司还延聘林向欣（林国赓之兄），以及与海军关系至深的韩某等人为顾问，月支干薪100元。海军司令部副官长叶沧州、公安局第三署署长王宗世（"裕闽"所在地属他辖区）、某局局长吴在枞、日本领事馆警部林火生、流氓头子洪文忠等十多人为谘议，各月支干薪50元。当时的厦门市长李时霖、公安局长沈觐康、福建水警第二大队大队长陈颂文、张锡杰、邱铮，以及闽南各县驻军将领、各县县长，也都时有送礼。至于应酬、宴客更是频繁。白天，裕闽公司的宴客常在清和别墅举行，以汽车迎送；晚间宴客，则常在寥花路20号陈长福公馆。叶以宴客应酬开销浩大为词，向公司支款，经董事会决定，他的月薪由原来的800元增至2000元。叶清和就是运用各种手段收买拉拢厦门及闽南地区各方面的反动派，换取他们的包庇。南京、福州等地的禁烟督察处人员，也常光临裕闽公司"视察"。为了讨好这批"禁烟"官员，叶还延聘闻某为秘书，专负招待之责。闻某浙江人，是由蒋鼎文举荐的。叶在美仁宫和公园东路一带建有新式楼屋,特腾出一部分专供招待"禁烟"人员住宿。这些黑官的嫖、赌、饮、吸鸦片、跳舞,悉数由裕闽公司特别费项下支付。

国民党政府推行鸦片公卖"寓禁于征"的政策,实际上是要垄断鸦片买卖,并通过"公卖"征收重税,以应付蒋介石进行反革命内战的经费。所以在公布鸦片公卖办法的同时,规定由蒋介石南昌行营为缉私鸦片的最高机关,另在汉口设立禁烟督察处及禁烟总监,具体负责缉私工作。督察处之下又设会计、缉私两部,并在全国各地分设办事处,市县设事务所。禁烟督察处福建办事处设在福州,正处长卢逢秦、副处长陈毓辉,厦门事务所所长刘刚德。督察处的会计部也在福建设置福建会计专员办公室,派周道行为专员。缉私部同样也有福建缉私专员事务所的机构,以杨天育为专员。在厦门有福建缉私专员分驻所之设,秘书叫应成生,还有两个股和一个查缉队。第一股掌理总务、会计,股长黄晨光;第二股掌理查缉,股长朱超。查缉队有队兵20多人,队长名叫贺海浦。此外,又有禁烟总督察福建监察办公室,主其事的是陈如泉。南昌行营还委任福建省财政厅长徐桴为驻闽特派员兼指导。

裕闽公司的包销闽南"特货"专权,是向禁烟督察处福建办事处厦门事务所承办的,条件是每月纳税七万元。有此特权后,裕闽公司就在闽南各县遍设所谓代理处,把各县的包销权转卖给各该县的军阀土匪、地富劣绅。裕闽公司在各县的代理处,有金门的语通公司、龙溪的龙通公司、海澄的德通公司、永春的百龄公司、泉州的泉通公司、德化的百合公司、仙游的仙通公司、南安的南通公司、惠安的惠通公司、同安的同通公司、安溪的溪通公司、南靖的靖通公司。龙通公司的缉私队长名叫亚材,靖通公司经理张德辉,德通公司经理高仰山。

鹭通和后来的裕闽公司专卖的"特货",主要从汉口专轮运来,每次有1000箱左右,每箱重量1000市斤。头几次是由运输股长江玉宽亲自赴汉口押运来厦的,有时候也由叶清和派他的侄儿去押货。派往汉口押运毒品的,还有叶茂树和林永旺。凡赴汉口的,每次可得补贴300元。这种"特货"有两种不同的规格,一种是云南的烟土,块状圆形,看上去像牛粪,每块30两至40两,重量不划一,其中又有竹壳包装的,每块十多两;另一种是陕西的烟土,一块块像砖头,每块50两。不论是云南土或陕西土,每块上头都贴有"特货"的印花。

鹭通公司刚告成立,叶清和寄存惠安涂岭的那批鸦片,立即缴税贴花,陆续启运来厦。有由全禾汽车公司的汽车运来的,每次载20桶。另一部分由鹭通公司自己的汽车运涵江转福州。当时,叶除组织鹭通公司外,还独资在老叶街(今开元路)日籍台湾浪民吴蕴甫的鼎美洋行二楼开设源兴行,经营鸦片批发。源兴行经理余赞顺,又名兴旺,是清和在裕记烟膏行的老同事,后来又是清和在上海的亲信爪牙。厦门沦陷后,日寇设立的毒化机关福裕鸦片公司,又聘余赞顺当经理。

1935年间，源兴行搬到番仔街（今升平路）。叶清和被军统特务绑架后，该行始被迫停止。

叶独资开设的"源兴行"，利用鹭通公司作掩护，进行走私"红丸"及向闽南各县收购土浆制造鸦片烟膏。"红丸"货源来自香港，是由英商德忌利士轮船公司的海阳、海澄等轮的汕头籍船员夹带进口的。"海"字轮船每月进口约五六次，每次走私进口"红丸"十多桶（白铁煤油桶）。走私的办法是，船抵港后，由鹭通运输股人员四五人携带武器（短枪，领有国民党厦门公安局的执照）乘坐鹭通公司自置的电船（司舵吴銮仔）靠泊"海"字船边，船员立即用绳将毒品"红丸"坠放电船上，行动极为迅速。接到货后，电船立即驶往提督码今（今海滨码头）起货。因鹭通公司是公开贩毒机关，运输人员都佩有证章，人们误以为是公货，不会猜疑。此种"红丸"经源兴行复制改装在装水果的竹篓里，以鹭通公司汽车私运福州。叶谦逊与陈尚彩驻福州的业务，主要就是销售此种"红丸"。

五、军统敲诈不遂诱榕密捕

1936年间，蒋介石为了进一步垄断全国的烟土买卖，搞了一个所谓"禁毒法案"，规定要在1937年"禁绝"全国鸦片。当时，叶清和已加入日籍，他入日籍的名字叫叶振声，并且到过台湾讨了一个会讲日语懂得日文的第五姨太太，在政治上进一步投靠日本帝国主义。凭借着日本帝国主义的势力，叶清和大量走私贩运公卖的"特货"以外的私烟，搜取了巨额的非法利润。

"闽变"失败后，军统特务在福州的势力日益扩大，叶清和依靠日本帝国主义和军阀的势力进行鸦片走私，没有跟军统特务勾结，引起军统特务的不满和眼红。军统特务头子张超，就于1937年初派了一个在省禁烟处当督察的特务张良火来到厦门，租住思明西路的厦大旅社，伺机向叶开刀。

有天晚上，张良火邀请叶清和与厦门禁烟处的几个人到他住的旅馆赌班章，硬要叶当东家，张一次出注就是5000元。叶看苗头不对，明白此人目的是要敲竹杠的，赌了一次，让他赢了5000元就不干了，弄得不欢而散。第二天，张不告而别回福州去了。

不久，国民党福建省保安处以开会讨论"禁烟"为名，通知叶清和赴榕。临行之前，叶预感到此行不利，但不去又不行，就找陈长福陪他一同去。6月上旬的某天，叶、陈两人乘坐陈长福的60号私人轿车赴福州后，先到日本领事馆报到备案。

在福州，叶、陈租住南台基督教青年会的旅社，军统曾布置几个小特务在附军潜伏，待机秘密逮捕，由于两人形影不离，进出都是60号汽车代步，特务们难于下手。

开会结束，原定第二日凌晨3时启程返厦。但就在当晚，叶私出嫖妓，等他乐尽归来，下了汽车走进青年会正要登楼时，突然窜出几个特务，把叶绑架而去。绑架途中，叶急中生智，从衣袋里掏出印着自己名字的名片，假装拭鼻涕的样子，走不多远，就拭一次，好让陈长福追寻时，找到名片作为线索。

陈长福半夜醒来，发现叶还没回来，有点着急，待到天亮，急忙追寻，在路上拾到几张叶的名片。陈判断叶已被绑架无疑，就向福州的日本领事馆报告，虽然日本领事馆出面交涉，但好几天不得要领，陈长福只好先单独返厦。从此，叶的下落何处，是生是死，陈长福及叶家的人一直打听不到消息。直到抗战爆发后，叶从南京逃到汉口，才恢复与家里的联系。

张超诱捕叶清和，据说与当时省禁烟督察处处长郑云珊（汕头人，来闽前是汉口两河特税处处长）也有关系。郑任处长时，派他的妻舅杜某任厦门禁烟督察处缉私队长的肥缺，捞了不少钱。郑与禁烟督察处会计股长俞某（据说是国民党财政部部长俞鸿钧的侄儿）因利益冲突，摩擦得很厉害。俞与张超有来往，曾把郑的贪污劣迹向张超告发，并怂恿张向郑开刀。张超为此派张良火来度"密查"，因敲诈不遂，就布下圈套，诱叶赴榕，加以秘密逮捕。继之郑云珊也被捕。

叶被绑架后，先是关在省保安处，没多久，就移送南京，被判处徒刑五年，罪名是公膏掺浆，破坏"特货"信誉，非法牟取暴利。1937年日本发动进攻上海的"八一三"战争，南京国民政府准备撤退，把判刑十年以下的囚犯转移芜湖，运载转移囚犯的轮船在接近芜湖的江途中遇到日机轰炸扫射，船头中弹沉没，叶清和在后舱，因自小生长在鼓浪屿，会游泳，船沉后，就与几个没被炸死而会游水的囚犯，一起游上岸跑了。到了芜湖，同伴中有个人，身上的衣角还暗藏着五元法币，叶向此人借款打电报向汉口的朋友要了150元。收到汇款后，他由芜湖乘轿子到汉口，然后发电报给家里报平安。因为那时驻厦门的国民党广东军一五七师，抓了几个当汉奸的日籍台湾浪民枪毙，叶不敢回厦门，就由汉口转到香港去了。

六、替日寇搜购军用物资丧命

叶清和逃到香港，起初住在付扶林道，后来迁移到盆咸道。他凭借日本大特务头子头山满的儿子左比（时在香港日本领事馆任职）的势力，在干诺道的太子行内开设福兴公司，经营进出口兼船务。广州沦陷后，叶的福兴公司在广州西关设分公司，有十多艘轮船穿行于港穗航线，不久，又在澳门新天马路（海皮新街）设分公司。此外，还曾替日本人在厦门开设的新兴公司，自越南采购大批粮食运厦，以应日军军需。

1941年间，叶自香港乘渣华公司"芝字"号轮船赴沪。该轮途经厦门时，陈长福派其子陈思平借海关小汽船接叶上岸。那天中午，陈长福在中山路十号设宴招待叶清和，陈某也在座。席间叶谈起在榕被绑架、囚禁经过。继而谈到此行赴沪，主要是受几个在澳门开赌场的朋友之托，要到南京找汪伪政府财政部长周佛海，活动在沪开设一家大赌场。叶还说，赌场如能开成，可以兼营鸦片。他与周的关系，是由左比拉线的。

后来听说，叶清和那次赴南京活动，获得汪伪中央政府批准设立赌场。但回到上海进行筹备时，因为盛老三（盛宣怀的孙儿，排行第三，人称之为盛老三）和汪少丞（杜月笙的门生，也是流氓头子）垄断烟、赌的特权，怕叶抢走他们既有的利益，百般阻挠，所以叶没实现开设赌场兼营鸦片的计划。但他顺手牵羊，得到"派克牌"香烟的华南总代理特权。叶与一个姓徐的汕头人合作，在上海、广州、厦门设立机构。上海方面由姓徐的坐镇，叶派个名叫周宝善的与徐共同负责，广州方面叶派了叶茂树负责。厦门方面的机构在中山路十号，行号叫"姚友"，由姓徐的弟弟和叶委派的姚克信共同负责。代理"派克牌"香烟叶先后赚了十几万元。

1941年日本发动太平洋战争，叶接受左比之命，赴广东的海丰、陆丰，代日军搜购钨矿等军用物资。叶起先用棉纱与海陆丰的奸商在香港、广州间小地方如大田、三门关附近的小模等处海面交换钨矿。因为海面上交换的危险性大，后改用汽车由陆路进入海陆丰附近交换。1944年间，叶就发现派去交换物资的职员暗中赚他的钱，亲自出马想查个究竟，途中被中国共产党领导的抗日武装东江纵队捕获。

叶清和被捕的消息传到香港，他在香港的儿子叶顺义等曾经托人营救。因为抓叶的是共产党，不是凭几个臭钱就能把人放出来的。

日本投降后，叶顺义由香港回厦门开家庭会议，决定和叶的堂弟叶清华（厦门同文书院的教员），到海、陆丰一带调查叶的下落。经过三个多月的追寻，证实叶已在胜利前夕病死，尸首埋葬何处，已经无从寻获。后来叶的母亲（当时与叶弟清湖同住）由沪来厦主持分家产，遗产分为八份，其中一份作为清和的墓葬及"功德"费。就在厦门市郊莲坂乡叶清和的别墅里，为叶清和建立一个衣冠冢。

叶清和贩毒的一生，罪恶的一生，以充当敌人走狗的可耻下场而告结束。死年47岁。

（原载《厦门文史资料》第五辑1983年12月，又载《旧上海的烟赌娼》，上海《世纪》编辑部编）

鸦片战争中厦门人民的抗英斗争

在19世纪30年代（清道光年间），清朝封建地主阶级的统治已经腐朽到了极点，社会生产力遭受严重的破坏。正当这个时候，西方的英国却早已完成了第一次工业革命，成为资本主义发展的先驱者。英国由于社会生产力的发展，要求扩展市场和取得廉价的原料；而地大、物博、人多的中国，就成为英国进行掠夺的最大目标。

英国政府屡次遣使到中国，要求通商。清朝政府当时采取闭关锁国的政策，都予拒绝。它便改变方针，利用鸦片走私来打开中国的门户。这种由英国人创始的，后来又有美国积极参加的鸦片走私，自道光朝以后，致使我国民穷财尽，国度空虚。1838年，两广总督林则徐到广州禁烟，这本来是任何一个主权国家无可争辩的正义行动，可是英国强盗却在美国强盗的支持下，以此为借口，发动了侵略我国的鸦片战争。

在鸦片战争期中，厦门成为英国强盗进犯的重要目标。厦门军民在抗击英国强盗侵略的斗争中，表现出英勇不屈、顽强战斗的英雄气概。

一、英国强盗对厦门的垂涎

厦门在17世纪中叶到18世纪初，是我国对英贸易的中心之一。1677年（清康熙十六年），英国东印度公司就在厦门设立过代理公司，经营茶市，贸易持续了好几年。从1685年到1744年，几乎每年都有英国的商船到达厦门。到了18世纪末，厦门成为英国强盗走私鸦片的重要港口。英国强盗经常派军舰护送走私船只到厦门港外，然后勾结贪官污吏、奸商、流氓，偷偷地把鸦片运进内地。当时的福建水师接受英国鸦片贩子的贿赂，为他们包运鸦片，使厦门成为半公开的鸦片走私港口。由于厦门在对外贸易上所处的重要地位，英国侵略者早已垂涎欲滴。

1832年2月，英国政府派礼士、胡夏米、郭士立等70余人，乘坐"阿美斯德"

号商船到我国沿海进行侦察活动,于 4 月 2 日抵达厦门。他们在厦门停留了六七天。胡夏米每天将这些间谍分子分成若干队,到城内及附近乡镇进行侦察,搜集各种情报。道光年间的《厦门志》就有过"胡夏米,通汉语,人甚狡谲"的记载。英国外交大臣向胡夏米征求对华问题的意见,胡夏米于 1835 年 7 月 24 日在回信中表示,厦门是当时中国最繁盛的城市之一。他积极向英国政府建议,如果对中国发动侵略战争,一定要封锁并占领厦门这个港口。1834 年,格拉斯哥印度协会致函英国外交大臣巴麦尊,要求英国政府采取措施,使英国商人恢复在厦门的"通商特权"。1837 年,伦敦的印度中国协会也向英国政府提出同样要求。1839 年 8 月 7 日,伦敦侵华集团在讨论如何发动侵华战争时,就决定要采取强盗行为,占领厦门,以截断台湾来粮对福建的供应。同年 9 月,巴麦尊制订的对华侵略计划就露骨地把侵略矛头指向厦门和福州、广州、宁波、上海等地方。至于当时著名的英国鸦片贩子,像威廉·查甸(就是后来恰和洋行的老板),策划占领厦门的阴谋活动,更是不遗余力。

那时候,闽浙总督邓廷桢也是主张严禁鸦片的。他任两广总督时,曾帮助林则徐在广州禁烟,调到我省以后,便厉行禁烟,并且积极筹设海防。他在厦门修筑青屿、屿仔尾和鼓浪屿水操台三座炮台,添置了大炮十四门,并积极整顿水师。他还征募爱国的渔民和船户组成"水勇",编为哨船队,配合水师,日夜在沿海巡逻,认真查缉鸦片走私和防止敌人的侵犯。

1840 年春天,即鸦片战争前夕,英国侵略者经常派兵船到厦门附近海面游弋、窥探。4 月间,英国兵船在厦门外海的梅林洋进行挑衅活动,水师提督程恩高率领水师配合哨船队迎击英国侵略者。这些由人民组成的"水勇",不但熟悉地形和水性,而且痛恨侵略者,因此在歼击英国侵略者时表现得十分英勇。这一年五月底,哨船队的水勇在穿山洋面发现有英国强盗的鸦片趸船停泊,他们立即驾驶哨船 11 只前往驱逐。他们冒着敌人猛烈的炮火,勇敢地驶靠敌船,一边向敌人拆掷火罐,开枪还击,一边用铁钩搭住敌船船尾,手执藤牌,奋不顾身地跃上敌船,跟敌人肉搏。敌人被打死八人,受伤多人,自知不敌,只好砍断船缆,死命逃去;路上又被铜山(东山)营参将陈显生率师追赶,敌船狼狈不堪。厦门军民屡次发现英国侵略者的阴谋,不断提高警惕。水勇们多次拿获英国鸦片贩子和奸商的走私船只。厦门水勇在海上歼击英国强盗的英勇事迹,大大提高了水师的士气,加强了福建的海防力量。

二、击退英国侵略者

1840 年 6 月,英国政府发动了可耻的鸦片战争。英国政府派义律统率陆军、伯麦统率海军，带领侵略军15,000人，乘坐军舰16艘和武装汽艇四只，运输船27只，公然进犯广东。由于林则徐领导广东军民严密防范，英国强盗无隙可乘，便由伯麦率领军舰31艘，转向东南沿海进犯，并以五艘军舰进犯厦门。7月2日（农历六月初四日），英舰抵达厦门。

  侵犯厦门的英国强盗，是由"布琅"号舰长色诅率顿的。英国强盗假装递交英国外交大臣巴麦尊致清政府的信，于7月3日午后派遣一只舢板到岸边，要求登陆，被守卫海防的我方官兵拒绝。英国强盗即以开炮相威胁，随后强行上岸。守军发现情况，就先发出一箭，射死英国鬼子一名，又用长矛刺死上岸的英国鬼子一名，守军还放鸟枪狙击英军。这时，英国强盗完全撕下送信的假面具，开始向岸上开炮，当场打死守军九名和民妇黄氏一名，受伤14人，民房被大炮击毁者约有一二十间。英国强盗的暴行立刻引起爱国军民的还击，炮弹纷纷落在英国侵略军的舰上。这一天，双方互相炮击三个多小时。英国强盗看到港口防御坚固，只好驶出厦门港外。

  厦门受到英国强盗侵犯时，水师提督陈阶平正在患病，闽浙总督邓廷桢立即赶来泉州，命令金门、厦门官兵作战。厦门的水勇还出海奇袭敌舰。他们在闽粤交界的南澳岛附近发现了英舰"希尔拉士"号，便把一队哨船化装为商船，在深夜里驶近敌舰，先把敌舰舵尾破坏了，随即用大量的火罐向敌舰猛掷。敌人猝不及防，被打死、烧死的达数十名。

  过了一个多月，英国强盗又来侵犯厦门。8月21日（农历七月二十四日）晚间，英舰开到青屿海面，水师提督陈阶平、兴泉永道道台刘耀椿得到消息后，连夜在炮台叠沙包、布置防御工事。22日，敌人两艘兵船闯入青屿口内，向我水操台炮台开炮，厦门军民奋起迎击。游击任经猷、都司张然驾兵船开炮堵击，安海汛守备齐鲁仁连发两炮，击中敌舰的火药舱，一时烟火蔽天，岸上的人民望见，无不拍手称快。接着参将孙云鹏又连续发炮射击，把敌人的一只舢板打得粉碎，迫使敌人退出青屿口外。23日上午，英国兵船又驶向水操台，攻打大炮台，副将灵德、叶长春等坚守炮台，不顾敌人猛烈的炮火，英勇地开炮还击。在鼓浪屿的官兵也开炮夹攻，逼使敌人转舵退去。24日上午，敌人又以舢板三只追逐我国的一只商船，被水师和屿仔尾的官兵开炮夹攻，那商船继退至青屿停泊。英国强盗在厦门军民的英勇反击下，于26日从厦门撤走。这是厦门军民第一次抗英斗争的胜利。这是用粗劣武器，如弓箭、鸟枪、土炮，抗击当时用洋枪洋炮武装起来的、号称"海上霸王"的英国强盗的伟大胜利。无疑，这对于本来妄想用一支小小的武力封锁厦门全部港口的英国侵略者来说，是一次严重的打击。

三、厦门的失守

鸦片战争爆发后，除了广东和福建外，清政府在沿海每省的军备都十分空虚。1840年7月，英国侵略者在侵犯厦门的同时，以26艘战舰向浙江省舟山群岛的定海进犯。定海总兵张朝贵毫无准备，仓促应战，英国侵略军遂攻陷了定海。知县姚怀祥和典史全福等都遇难，张朝贵仓皇逃命。接着英军围攻宁波，进窥钱塘。这个时候，清政府封建统治集团中的投降派抬头了，以定海失陷为借口，全力攻击林则徐。本来傲慢自大的道光皇帝也因为定海失陷而惊慌失措，竟把英国侵略军的入侵归罪于林则徐。他一方面派主张妥协的琦善到广州跟英国侵略军议和，一面撤掉林则徐、邓廷桢的职务，于1840年9月，以颜伯焘继任闽浙总督。

颜伯焘是个盲目排外的顽固派。他虽然反对琦善的投降卖国，却不赞成邓廷桢的防御政策。他既看不起人民的力量，又不重视厦门港内的布防，只是骄傲自大，盲目主张到大洋上去和英国侵略军作战。他到任后，虽然也修筑炮台，赶造船炮，但因为计划过于庞大，实际上大部分没有完成，结果反而削弱了厦门的防御力量。

1841年6月间，道光皇帝因奕山在广东投降，以为战争已成过去，竟下令各地"撤兵省费"。颜佑焘也就松懈下来，解散水勇和乡兵，连大炮也停止制造了。这无异于解除自己的武装，为英国侵略军的扩大侵略大开方便之门。

虽然英国侵略军第一次侵犯厦门时被英勇的厦门军民击败了，但并没有打消其占据厦门的野心。英国侵略军头子查理·义律在致印度总督奥克兰勋爵的信中就主张扩大对我国的侵略战争。第一步行动，就是要攻占厦门。而英国外交大臣巴麦尊更明目张胆地供称："印度总督正遣调军队和船只前往增援，以便英国统帅能够执行对厦门和扬子江进行的那一些进一步的军事行动"。可见，英国侵略军对厦门念念不忘，并积极准备再次攻占。

1841年8月，英舰由璞鼎查和英国海军司令巴克尔、陆军司令郭富率领测量船"本腾"号、战舰"皇后"号、"卫尔慈力"号、"塞索丝特"号、"彿利倪托"号、"白郎海"号、"纽西士"号、"哥伦边"号、"马利旺"号、"谦进"号和运输舰29艘，还有护航舰"督伊德"号、"布琅"号、"排力"号、"驱逐"号和"亚齐仁"号等，载炮336门，陆战队3500人，杀气腾腾地向厦门进攻。这是鸦片战争时期在厦门的第二次战役，也是鸦片战争第三阶段的开始。

8月25日，英国侵略军舰队进入厦门港时，曾遇到金门岛上几个炮位的袭击，但未能阻止侵略军舰只的前进。

8月26日，英国侵略者以狂妄的态度致信福建水师提督窦振彪，要求厦门守军"放弃城池及厦门之一切堡垒"，交与英国侵略军据守，并且提出，如果答应这个要求，要在堡垒上悬挂白旗。当时由于清朝政府下令"撤兵省费"，厦门守军还不到4000人，兵力十分单薄，又值窦振彪带兵出洋巡缉，但英勇的厦门军民却严正地拒绝了英国侵略军狂妄无耻的最后通牒，准备抗战到底。闽浙总督颜伯焘听到英国侵略军卷土重来的消息，马上调了金门镇总兵江继芸到厦门防守，并令中军参将陈胜元为右翼、金门总兵江继芸为左翼，游击张然与右营把总将杨肇基、左营把总纪国庆、前营把总李启明督炮水操台。于是，一场剧烈的反抗侵略的斗争又开始了。

26日下午一时，敌舰"皇后"号和"塞索丝特"号侵入白石炮台的东端，敌舰"督伊德"号和"谦逊"号向鼓浪屿进犯。"塞索丝特"号、"皇后"号等舰只先后发炮，忽东忽西地向我岸上轰击，探测我岸上的炮位。战幕一经揭开，颜伯焘就亲赴虎头山督战。他传令各炮台合力轰击，一下子就把敌舰一艘、兵船五只击沉。但由于当时清军的大炮都安装在墙孔内，只能直线射击，不能左右旋转。这样，敌人就有了回避火力的余地。敌人钻了这个空子，集中了七八艘军舰的优势火力，向我阵地轰击，单"卫尔慈力"号和"白郎海"号登陆时，就射出了12,000发的炮弹。大约下午3时，敌陆军司令郭富带领侵略军乘舢板分路登陆。他们在敌舰掩护下首先攻陷了白石头炮台，接着又攻陷了其他炮台，清军伤亡不少。为了保卫祖国神圣的领土，广大士兵不顾流血牺牲，奋勇抵抗。英勇的军民直到侵略军绕过猛烈的炮火，从背后袭击炮台阵地时，张然仍然率领士兵顽强战斗。他挥舞着长矛，力拒登陆的敌兵。当他被团团围住时，还使出全身力气，一连刺死了几个敌人，最后壮烈牺牲。金门镇总兵江继芸坚决抗敌，最后投海自溺。其余将士，诸如副将凌志、都司王世俊、把总纪国庆等，有的战斗至死，与阵地共存亡，有的力尽自刎。许多士兵在被迫离开炮位时，还拣起石块来击杀侵略者。他们表现出了中华民族英勇顽强反抗侵略者的英雄气概和崇高的爱国主义精神。

当颜伯焘、刘耀椿在虎头山督战时，原本士气很高，尽力死战。但当敌人炮火愈轰愈烈时，盲目自大的颜伯焘，却被敌人的凶焰吓昏了。他借口怕同安有失，临阵退缩，溜往同安。他这一溜，大大挫伤了前线军民抗敌御侮的士气，军心大乱。厦门终于在8月26日失守了。

四、英国强盗的暴行和厦门人民的反击

厦门沿岸的炮台相继陷落以后，大批英国侵略军从南普陀附近登陆。敌人用我们炮台的大炮向厦门城内轰击了一天一夜，毁坏民房、官舍不计其数；无辜的居民，惨遭屠杀。不仅这样，他们进城以后还肆意抢劫，杀害手无寸铁的居民。英国强盗自己供认，他们在厦门劫走了白银两万两、大炮六百多门和不计其数的财物。侵略军到处奸淫掳掠、杀人放火，甚至连儿童也不能幸免。有一处大水池，

竟被英国强盗填满了儿童的尸体。时人孙衣言《哀厦门》诗这样写道："红毛昨日屠厦门，传闻杀戮搜鸡豚。恶风十日火不灭……天阴鬼哭遗空村。"从这首当时的纪事诗里，就可以看出英国强盗的暴行的残酷程度了。

当时厦门的商绅被英国侵略者的武力所吓倒。他们竟为了苟安一时，急于和侵略者讲和，而向敌人屈膝。但厦门广大的人民群众却为侵略者的暴行所激怒，自发组成了两支抗英武装队伍：一支是陈氏农民组织的长枪队，另一支是以生员王师真为首的约有500人左右的短刀队。他们互相配合，在厦门街头跟英国强盗进行肉搏巷战。他们用土枪以一当十地抗击英国强盗的洋枪、洋炮。他们白天伏击敌人，夜间向敌人投掷石块、打仓库、烧营房。在厦门人民的反击下，英国侵略军几天之内就被打死、打伤了200多人。

当英军侵犯厦门时，同安一带人民也在短期间内组织了一支几万人的义勇队，自备粮饷，互相团结，保卫家乡，形成强大的人民武装力量。

英国侵略者占据厦门以后，就想进一步扩大侵略，企图向漳属进扰。英国强盗抓了一名熟悉九龙江水路的舵工，强迫他引航。这位舵工故意把侵略者的船只引到中流浅礁，使敌船搁浅不能前进，因而被侵略者杀害。这位船工英勇机智地阻止了英国扩大侵略的阴谋。

在厦门人民的反抗下，英国侵略者站不住脚了，只好在登陆12天以后，从厦门城撤到鼓浪屿去。

厦门人民在鸦片战争中表现出了英勇不屈的爱国主义精神，为祖国反抗帝国主义者的侵略，写下了光辉的一页。

（原载《厦门文史资料（选辑）》第5辑1983年12月，原署名：厦门市政协文史资料编辑委员会）

"五卅运动"中厦门人民的反帝怒潮

1925年5月15日，上海日本纱厂的资本家开枪镇压中国工人的罢工运动，当场打死打伤中国工人顾正红等十多人。事件发生后，上海各大学学生走上街头，为死伤的工人进行募捐。租界巡捕逮捕了好几个正在进行募捐的学生，并且非常嚣张地宣布：将于5月30日在会审公堂开审这些被捕的学生。5月30日这一天，上海各校学生2000多人为了抗议帝国主义无理杀害工人和拘捕学生，往公共租界散发传单，又被英国巡捕逮捕了好几百人。群众看到巡捕的凶悍，深为不满，人越聚越多，汇成了一股巨流。下午一点钟，一万多群众就在南京路上举行反帝大示威，英国巡捕竟然向手无寸铁的游行群众开枪扫射，当场杀害四人，另因伤重死在医院里的七人，受重伤的八人，轻伤的无数。这就是震惊世界的"五卅惨案"。

帝国主义的血腥暴行，激起了全国人民的无比愤怒，在中国共产党领导下，全国各地掀起了规模浩大的反帝爱国运动。厦门人民从报上看到"五卅惨案"的消息，群情愤慨，也很快地投入到这个火热的斗争中。

一、厦大学生首先响应

在厦门，首先起来响应"五卅"反帝爱国运动的，是经过"五四运动"锻炼的厦门大学学生。1925年6月2日，厦大学生会总委员会举行会议，决定以厦大学生会的名义：（1）电上海学生会慰问，并表示誓为后盾；（2）电上海民同日报转全国各社团，一致声讨帝国主义暴行；（3）电北京段执政，要求政府严重交涉，以保主权而维国体；（4）征收临时捐，每人小洋二角。

为了进一步发动全体同学共同参加反帝爱国运动，1925年6月4日，厦大学生会推选罗扬才（他是厦门最早第一批共产党员中的一个，"五卅运动"后两个月到广州参加全国学联第八次代表大会入党）等12人负责进行援助"五卅惨案"和组织厦门学生联合会事宜，并通过"五日上午八时集队到厦门市区示威游行"等决议。

6月5日上午8时，厦大学生开始罢课，集队到市区游行，并分成数队在街头进行演讲，散发反帝传单和"为五卅惨案罢课宣言"，揭露帝国主义侵略中国和买办军阀卖国求荣的种种罪行。罢课的当天晚上，厦大学生会又举行了一次临时大会，一致通过组织"厦门大学学生外交后援会"，选举罗扬才等十人为筹备员。6月6日，厦门大学全体学生又参加各界联合举行的大规模示威游行。7日上午，厦门大学学生会召开全体学生大会，邀请上海特派莅厦代表报告"五卅惨案"经过，全体同学更加激起对帝国主义的仇恨。

厦门大学学生外交后援会是6月7日正式宣告成立的，自此以后，厦大学生走出课堂，积极开展反帝宣传和进行募捐援助上海罢工工人。厦大学生后援会编辑部还出版《声援周刊》，刊载"五卅惨案"的真相，发表声援上海工人、学生反帝爱国运动的文章和揭露帝国主义侵略我国的种种罪行。在《声援周刊》的"发刊短语"中，明确地提出反对"穷凶极恶的帝国主义者"，"取消一切不平等条约"，"收回租界，撤销领事裁判权"，等革命口号。

厦门大学的教职员30多人也于6月10日下午开会，讨论组织厦大教职员外交后援会。这次会议，虽然没有组成厦大教职员外交后援会，但通过了发表宣言和募款汇往上海救济工人等决议。

由罗扬才领导的厦大学生外交后援会演讲部，组织了好几个演讲队，不断把宣传区域扩大到禾山各乡和公共地界的鼓浪屿去。旧历端午节（6月25日）上午8时，演讲队到鼓浪屿，备受鼓浪屿人民的欢迎，有一个商人听了演讲，深受感动，当场对听众控诉他亲眼看到的帝国主义对南洋各属华侨的压迫。

暑假期间，厦大学生外交后援会在校中设总部，继续领导反帝爱国运动，又组织内地各属同学回乡，襄助当地各社团进行反帝爱国运动，使反帝斗争的烽火，燃遍乡间市镇，例如龙溪留外学生联合会，是由回漳州度暑假的厦大学生发起组织的；海澄县港尾镇的外交后援会，是在前往该地宣传的厦大学生协助下成立的。

二、"三罢"斗争和国民外交后援会的成立

正当厦门人民掀起反帝浪潮的时候，一艘日本轮船"凤山丸"从台湾开进厦门港来了。具有反帝光荣传统的厦门工人阶级，再也压抑不住心头的怒火，积极地投入了火热的斗争。码头工人、落海工人、双桨工人，一致拒绝为"凤山丸"起卸货物。英商太古轮船公司的海员，也离开了他们的岗位。还有洋务华员、邮政工人以及造船厂的工人共660多人，同时宣布罢工。许多外国人雇佣的杂工、厨师、保姆，也激于爱国热情，卷起铺盖，宁愿忍受失业的痛苦，也不愿继续为外国人干活。工人阶级以自己的坚决行动，声援上海工人的反帝斗争和推动各阶

层人民的爱国运动。

在厦门工人阶级和革命的知识分子的带动下，厦门各中、小学的爱国学生也行动起来了。6月初，省立十三中学、厦南女校、中华中学、同文书院、大同小学、蒙泉小学等许多院校的青年学生，先后举行抗议帝国主义暴行的集会，宣布罢课，并组织宣传队、募捐队，走上街头，开展反帝爱国宣传和捐款活动。集美学校的学生联合教职员工，组织救成立宣传队、纠察队，并认捐3600元，汇往上海接济罢工工人。集美学校的宣传队，曾到同安各地乡间宣传演讲，纠察队队员不辞辛苦地在码头检查英货、日货。

在工人罢工、学生罢课的影响和推动下，商会召开紧急会议，通过了罢市的决议。除了海后滩的洋行和局口、思明南路一带的日籍浪人开设的商店外，全市无论大街小巷，商店一律关门。

还有思明教育会、通俗教育社、益同人公会、各保保民自治会等群众团体，也纷纷集会谴责帝国主义的兽行和声援上海工人、学生的爱国正义斗争。

在通俗教育社的集会上，有人提议联络厦门各社团、各学校组织厦门国民外交后援会，以便统一领导厦门群众开展反帝爱国运动。这个建议，符合当时人民群众反帝斗争形势的要求，得到许多社团的赞成。6月4日，国民党福建临时省党部（当时临时省党部设在厦门，是1924年由周恩来同志派江董琴从广州来厦门组织的）召集了思明县教育会、商会、通俗教育社、益同人公会、华侨协会、建筑工会和各保保民自治会等30多个群众团体以及厦门大学、各中小学的代表500人，在岛美路头商会开会，推选江董琴、庄希泉等25人为委员，成立厦门国民外交后援会，并决定6月6日发动一次各界人民联合示威大游行。

三、反帝怒潮汹涌澎湃

6月6日清晨，各群众团体和大、中、小学的示威游行队伍分头出发，前往演武场（今厦门大学）集合。参加示威大游行的，有国民党福建临时省党部、邮政工会、洋务华员工会、落海工会、驳船工会、双桨工会、搬运工会、建筑工会、教育会、通俗教育社、商会暨各同业公会、益同人公会、华侨协会、各保保民自治会、厦门大学、省立十三中学、中华中学、大同中学、女子公学、厦南女学、同文书院、双十学校、桃源小学、紫阳小学、玉紫小学、蒙泉小学、吉祥小学、鸿鹭小学等90多个机关、团体、学校，人数达两万多人，规模之大，人数之多，超过1919年"五四运动"的示威游行队伍。参加游行的人，手执写着反帝标语的小旗，情绪非常激昂。

示威大游行出发以前，先举行"厦门各界人民声援五卅惨案大会"。大会由江董琴、余佩皋（厦南女学校长，庄希泉同志的爱人）等人主持。在大会上演讲的，有厦门大学学生代表罗扬才、国民党福建临时省党部代表许卓然、教育会会长黄幼垣等人。上午9时,示威大游行的队伍浩浩荡荡地向市区挺进。各工会抽调优秀的工人组成了纠察队,胸前佩戴银质的纠察队章,拿着木棰,和各中学童子军组成的纠察队,共同负责维持游行队伍的秩序。

当游行队伍进入被英帝国主义强占的海后滩租地时,"打倒帝国主义!""取消不平等条约!""为死难同胞复仇!""实行经济绝交!""收回海后滩租界!"的雄壮口号声,响彻云霄。海后滩是各帝国主义洋行的集中地,英帝国主义在这里设立了工部局,雇用20名英国、印度巡捕"维护租界治安"。在平时,普通的厦门人民是不能轻易从这里经过的。但自从"五卅惨案"引起全国人民开展声势浩大的反帝爱国运动以后,帝国主义在觉醒的中国人民面前发抖了。示威大游行队伍还未进入海后滩之前,英、日帝国主义驻厦门的领事许立德、井上庚二郎,就和当时执掌统治厦门军政大权的海军军阀、漳厦海军警备司令部司令林国赓勾结起来,由林国赓派出军警在日本帝国主义开设的台湾银行(今海后路人民银行)、三井洋行(今海后路商检站对面)和英帝国主义的太古洋行(今海后路粮食局仓库)等处屋顶架上机关枪,保护帝国主义分子的安全。游行队伍走到这里,目睹反动军阀勾结帝国主义的卖国丑行,个个怒不可遏。不管三七二十一,从地上捡起一切能够投掷的东西,把台湾银行、三井井洋行和太古洋行的玻璃窗户捣得稀烂。反动军警看到愤怒的群众情绪极端激昂,吓得目瞪口呆,不敢动弹,帝国主义分子更不知躲到哪里去了。这一壮举,显示了厦门人民无比强大的威力,打击了帝国主义的威风,并为后来的收回海后滩英国租地,创造了有利的条件。

在这次示威大游行中,鼓浪屿英帝国主义办的英华书院和美帝国主义办的美华书院,居然在这一天禁止学生参加游行。这两个学校的帝国主义分子及其走狗,在下令学生不得参加游行的同时,还关上学校大门,组织人员巡视监督。尽管这两个学校的学生平时受到帝国主义奴化教育的影响,然而在全国人民反帝斗争浪潮面前,激于爱国义愤,也能够不顾学校当局的百般阻挠,冲开大门,胜利地渡海参加示威大游行,表现出爱国青年学生英勇不屈的气概。

示威大游行以后,厦门人民的反帝爱国运动达到了高潮,大街小巷到处有宣传反帝爱国的队伍。各群众团体和各中小学还联合在中华戏园举行过一次宣传演讲大会。通俗教育社又先后在中华戏园和鼓浪屿鹭江戏园出演以"五卅惨案"为题材的话剧,并出版了以反帝爱国为中心内容的《通俗周刊》和《通俗丛刊》。

6月18日,高擎反帝斗争旗帜的厦门学生联合会诞生了,发表了"成立宣言"和"对上海五卅惨案宣言"。6月23日,英、法帝同主义军队在广州沙基开枪屠杀广州示威游行队伍的消息传来,学生联合会除电慰沙基受难同胞外,并于6月25日上午组织全市青年学生前往鼓浪屿公共地界示威游行,散发传单。学生队伍先后在工部局、海关港务长住宅（今河仔下鼓浪屿医院分院附近）和英国领事馆（今鼓浪屿轮渡码头附近）等处示威，高呼打倒帝国主义的口号，继之又在大宫口的洋人球埔（今人民体育场）、河仔墘、龙头街等处进行街头演讲，揭露帝国主义侵略中国的种种罪行，直到下午二时半，才整队回归厦门。

"五卅运动"开始的时候，厦门人民就已自觉地拒买日货、英货。示威游行以后，国民外交后援会即派出调查组和纠察组专门执行抵制英货、日货的工作。凡运动前各商号所存的英货、日货，一律登记封存，禁止出卖。外交后援会依靠各商号的店员工人，监督奸商破坏抵制英货、日货运动。当时经营洋货的，如布商锦云章（店东陈泮老）怡美行（店东吉仔），杂货商福隆庆行（店东杨仔时）等，就曾经受过外交后援会的警告和处罚。此期间，抵制英货、日货运动开展得相当深入，成为一个群众性的爱国运动，有力地打击帝国主义的经济侵略。

四、帝国主义勾结军阀政府破坏爱国运动

与全国各地一样，"五卅运动"期间厦门人民的反帝爱国运动，曾经遭受到帝国主义和投靠帝国主义的反动军阀的阻挠、破坏。工人罢工开始以后，日本、英国、美国等帝国主义不但借口保护侨民，连日开入数艘军舰示威，他们还勾结反动军阀林国赓，下令禁止工人罢工，并由反动警察厅长杨遂派出大批军警，强迫罢工的工人复工。日本帝国主义甚至指使由它的走狗日籍浪人林滚、李良溪等组织的自卫团，以武力对付执行抵制日货的调查员、纠察员。反动军阀的警察厅也秉承帝国主义的意旨，命令外交后援会停止抵制英货、日货的活动。商人的罢市，同样在林国赓派出大批警探的威胁下复业。

帝国主义的武装恫吓和反动军阀的阻挠破坏，并没有把人民群众的反帝爱国运动镇压下去。相反地，在"沙基惨案"发生之后，厦门人民的反帝爱国运动出现了新高潮。这一来，可把帝国主义和军阀政府气坏了。当时，英帝国主义驻厦门领事许立德，是个居住在中国40多年的"中国通"，说得一口流利的北京话。这个家伙还是帝国主义在厦门的领事团的领袖领事，外表装得很斯文，骨子里却非常阴险。他看到硬的不行，就改变策略，采取麻痹、迷惑、收买、利诱、拉拢、分化的办法对付厦门人民。

帝国主义破坏厦门人民反帝爱国运动的具体做法，第一步是派遣买办资产阶级分子混入厦门外交后援会，从中挑拨离间，进行破坏活动，分化动摇民族资产阶级分子，把他们拉出运动之外。

厦门国民外交后援会是个群众性的反帝爱国团体，阶级成分相当复杂。帝国主义利用这一点，派遣了他们的走狗混了进去。混进外交后援会的帝国主义走狗，

有以林仲馥、王宗仁为首的英美派系买办资产阶级分子，还有以曾厚坤、吴蕴甫为首的日籍高等浪民。林仲馥当时的社会职业是《思明日报》的社长兼主笔（这个报是买办资产阶级和民族资产阶级合资创办的）、美华书院校长和兴兴公司的经理；王宗仁的公开职务是厦门基督教青年会总干事；曾厚坤担任过好几年的台湾公会会长；吴蕴甫担任过好几年的"台湾公会"议员，都是凭借日本帝国主义势力非法经营鸦片买卖的大老板，也是买办资产阶级分子。他们以群众团体代表的身份或以商会代表的名义混进了反帝爱国团体后，秉承帝国主义的指示，在外交后援会中掀起一股逆流，企图从内部搞垮厦门人民的反帝爱国运动。

帝国主义破坏厦门人民反帝爱国运动的第二个步骤，是在厦门人民汹涌的反帝怒潮面前被迫采取一些表面上的"让步"措施。原来厦门人民从1918年以来，就坚持不懈地进行了收回海后滩英国租地的斗争。"五卅运动"期间，收回海后滩的口号提得更响，反英浪潮的激烈，更是空前未有。为了缓和厦门人民的反帝斗争，狡猾得像狐狸一样的许立德，在6月14日照会林国赓和交涉员刘光谦，"主动"提出撤销租地巡捕，请求中国政府派警进驻。厦门人民在运动中提出修改鼓浪屿公共地界章程的战斗口号，许立德以"领袖领事"的身份表示可以增加华董，从原来的一名华董增加到三名来满足资产阶级上层分子的欲望。6月25日，当厦大学生宣传队和厦门学生联合会的宣传队赴鼓浪屿示威游行之前，许立德又以"领袖领事"的身份通知林国赓派中国警察到鼓浪屿代替巡捕站岗，而把原来工部局的巡捕从岗位撤回工部局里。直到下午3时，林国赓派到鼓浪屿的中国警察才随着示威游行队伍离开鼓浪屿，再由工部局巡捕接替中国警察。许立德这种做法，达到两个目的：一个是把外国人生命财产安全的责任交给反动军阀林国赓，不怕林国赓不妥善保护，这比他们自己的几十名巡捕来得更安稳；另一个是有意使人感觉到厦门的帝国主义对中国人民的态度是"和善"的，并不像上海、广州等地的帝国主义那么凶狠残暴，借以缓和厦门人民的反帝斗争情绪。它们派进外交后援会的走狗，更以这些"让步"措施为根据，作为美化帝国主义、破坏反帝爱国运动的本钱。

国民外交后援会成立初期，正值厦门人民反帝高潮之际，那些帝国主义的走狗慑于群众的壮大声势，只能潜伏下来，暗中进行破坏活动。但在帝国主义被迫做了点滴"让步"以后，他们就逐渐抛头露面，密切配合。挑拨离间，分化瓦解，也越来越表面化了。在六月下旬的一次讨论支援罢工问题的会议上，林仲馥等人竟公然提出反对罢工的主张，说什么"罢工会引起英、日军舰派兵登陆，政府当局也是不能允许的。万一发生惨案，商人的生命财产没有保障"。又说什么"英国领事已把海后滩的警权交出，并答应修改鼓浪屿租地章程，增加华董；学生到鼓浪屿示威游行宣传，工部局还把巡捕撤回，一再向我们退让"等一大套鬼话，煽动民族资产阶级分子威胁主张坚决反帝的人，彻底地暴露了帝国主义走狗的丑恶面目。

民族资产阶级本来就是一个具有两面性的阶级，有着动摇、妥协的一面。商会副主席蔡雨村、糖油公会主席黄瑞甫、珠宝公会主席吕天宝等，经不起走狗派的威胁，又考虑到罢工要掏他们的腰包，还怕影响他们的买卖，在关键性时刻，也不反帝了。这正中了帝国主义的挑拨离间之计。另一部分人被英国领事许立德的"让步"假象所迷惑，相信帝国主义有凶恶和"善良"之别，不愿意搞得"过火"，又有少数人被收买。就这样，附和不罢工的人占了多数，厦门的罢工运动没能再搞起来。后来，连抵制英货、日货运动也有了变通办法，并于7月11日索性宣布取消。

五、扑不灭的火焰

帝国主义和反动军阀的武力恫吓也罢，挑拨离间、收买利诱也罢，只能使反帝爱国运动受到暂时的挫折，而永远也扑不灭反帝斗争的火焰。

在厦门国民外交后援会通过不罢工决议的那次会议上，江董琴、庄希泉等15人当场退席，表示不合作，后便登报声明退出厦门国民外交后援会。7月初，一个新的反帝爱国运动领导机构——厦门外交协会，宣告诞生了。

厦门外交协会以援助"五卅惨案"，达到废除不平等条约为宗旨。会址设在岛美路头（今中山路）中国国民党福建临时省党部，共有执行委员江董琴、余佩皋、李觉民（厦门最早的共产党员之一）等21人。7月25日，协会发表了具有纲领性的宣言，担负起新的战斗任务，领导厦门人民继续坚持反帝反封建的斗争。

就在这时候，中国共产主义青年团广东区委员会派兰裕叶同志到厦门吸收了罗扬才、李觉民、丘泮林等十多人为共青团员，建立了共青团组织。同年秋天，罗扬才、李觉民同志代表厦门学生联合会出席在广州召开的全国学联第八届代表大会，就在广州参加了中国共产党。随后，中国共产党派他们回到厦门进行建党工作，先后发展了柯子鸿等20多人入党，成立了厦门中国共产党的地方组织。中国共产党积极帮助厦门国民党地方组织进行整顿和改组，于1926年2月在厦门召开有共产党人参加并领导的国民党福建省第一次代表大会。1926年11月，由中国共产党人罗扬才、杨世宁等同志领导的厦门总工会也成立了。在中国共产党的领导下，厦门人民组织了新的反帝斗争机构——厦门反帝大同盟。此后，厦门人民的反帝爱国运动，进入了一个崭新的阶段。

（原载1984年5月《厦门文史资料》第六辑，署名为市政协文史编委会）

厦门学生的两次反美爱国运动

1945年8月，日本宣布无条件投降，全国人民都渴望从此能过着和平生活，建立一个民主独立的国家，以医治八年抗日战争的创伤。

然而，人民大失所望，狼去虎来。美国的侵略魔掌伸入政治、经济、军事等各方面，攫取了比日本更多的特权。厦门也没有例外。

一、美帝在厦门的侵略罪行

1945年8月底，厦门光复，"劫收"厦门的第一批国民党军队，就是中美合作所在漳州报区华安县训练出来的别动队（厦门人称它为"华安班"）。随着"别动队"的"劫收"厦门，美军"顾问团"也跟进了厦门，占住虎头山军事要地，并在鼓浪屿西仔路头海滨旅社设立"俱乐部"。

美国对厦门的侵略活动是多方面的。1946年，先后有驻华美国海军上校甘·约翰、魏懋龄由上海乘专机来厦，和从台湾来厦门的所谓"中美农业合作团"的纳士必、王仰康等人，进行军事和经济的阴谋活动。随后，美国将菲律宾、冲绳岛的"军事剩余物资"，从枪支、弹药、军装、被服、罐头食品、医药用品和日用杂货，大量输入厦门。美国军火带来的贻害是，厦门各角头流氓大多数带上美国的"大曲七"手枪，动不动就开枪打人，危害厦门的社会治安；霸占码头，进行封建割据的"三大姓"头子，也用这些美国军火，掀起了好多次械斗。

美国还在厦门设立了"美国新闻处"，派遣文化特务大肆活动。美国诲淫诲盗、打、杀、抢、劫的影片，独占了厦门电影市场。

美国空军陈纳德，更利用他的飞行队走私"大钞"，捣乱金融，榨取厦门人民的血汗。

1948年下半年，人民解放军取得了辽沈、淮海两大战役的胜利，并在年底发动了平津战役，国民党兵败如山倒，中国人民取得全国的胜利，无论在军事上、政治上的条件，都已成熟了。美国力图挽救他们被赶出中国的命运，加紧对华东、华南地区的侵略，也更加露骨地在厦门进行罪恶活动，1948年11月24日，美国的中国海军顾问团团长欧德和国民党海军司令桂永清乘专机到厦。隔不了一星期，又有美国国会经济合作委员会委派来华调查"中国问题"的专员蒲立德由南京来厦。他一下飞机，顾不得休息，立即驱车到中山路的国际联欢社的天台，眺望鼓浪屿和嵩屿的形势。离开国际联欢社，又马上渡海登上日光岩，瞭望厦鼓及其附近岛屿的形势。1949年3月，美国西南太平洋舰队司令白吉尔中将，率旗舰"亚尔拉多"号、驱逐舰"DDR876"号从青岛不经任何手续，直驶厦门，比他们回珍珠港还要自由。和白吉尔一起来的除了他的参谋长白斯少将等人外，还有1948年同桂永清来过厦门的欧德。美国的这些"大人物"接二连三地"光临"厦门，是怀有卑鄙的侵略目的的，他们的阴谋诡计是什么？不到半个月，就由驻上海的美国总领事董远峰揭底了。1948年3月底，董远峰匆匆来厦，"拜会"国民党的市长李怡星，向他表明华盛顿非常重视厦门的地位，并提出了一个由数名美国海军专家拟定，经过美国军事当局核准的计划书，其主要内容是要把厦门建成一个现代化的强大美国海军基地。在经济方面，也作为一个要点提出来，企图把厦门变成倾销美货的港口。

二、抗议美军暴行的风暴

美国对厦门的侵略罪行，厦门人民是不能容忍的。美军在厦门的兽行，厦门人民更不能容忍。1946年初，一群美国水兵从中山路的高亭咖啡室（今中百第一商店）喝酒出来，拦住两位妇女调戏，立即引起群众的愤怒，把美国水兵围住痛打。他们饱尝厦门人民的拳头，举起双手，表示求饶，群众才让他们狼狈逃去。1948年3月30日，美国驱逐舰"汤玛逊"号的水兵到海后路的丽池舞厅（今外贸大厦）饮酒作乐，把空酒瓶从四楼扔下，击伤了行人，几位三轮车工人看到，激于义愤，守在"舞厅"楼下，等那几条疯狗出来后，出其不意，把他们揍得惨叫连连。这时，适有臂上带着"MP"布章的美国宪兵路过，三轮车工人才放手蹬车离开。类似这种自发性的惩罚美军侵略行为的事件，几乎每年都有好几起。

1946年9月下旬，因中国人民强烈反对美国的侵略罪行和国民党政府的卖国、内战政策，许多城市的人民举行了"要求美军退出中国运动周"活动。接着，12月24日，发生了驻华美军强奸北京大学女生沈崇的暴行，更加激起全国人民的愤怒，各大中城市的学生掀起抗暴怒潮，厦门的青年学生继北京、上海等地之后，也组织了大规模的抗暴示威游行。这是解放战争时期厦门人民反美爱国运动的第一次高潮。厦门人民的反美风暴，是1947年1月3日从厦门大学开始卷起的。这一天，厦门大学的进步学生在中国共产党的领导下，剪辑有关揭露美军暴行的新闻报道,以壁报的形式出版,点燃了学生们的抗暴怒火。国民党看到了剪报,又看到学生们反美爱国热情的高涨,暗中命令三青团的骨干于当晚偷偷地把剪报撕掉。这种卑鄙手段,愈加使学生们感到愤慨。

第二天上午,进步同学为剪报被撕一事,呼吁主持正义,立即得到广大同学的热情支持。几百个同学和各学会、社团的干部签名要求学生自治会理事会召开学生大会,讨论开展抗暴运动的问题。广大同学的狂热爱国情绪,迫使控制在三青团手中的学生理事会于1946年1月6日中午召开全体学生大会。这次大会,当场通过了七日罢课游行,组织厦门大学抗议美军暴行委员会并通过北京大学学生会,声援他们的正义斗争。通电全国学生团体,表示抗暴的决心,建议把抗暴运动进行到美军全部撤出中国为止。大会还打电报给美国政府,提出严正抗议,要求严惩凶手。打电报给蒋介石,"要求美军迅速离华,以杜绝暴行之源。"这次大会,三青团骨干遭到了可耻的失败,进步同学取得了巨大的胜利。

听到厦大成立抗暴委员会和决定罢课示威游行的消息,国民党市长黄天爵当晚召集党、政、军、宪、警头子举行秘密会议,讨论制止学生爱国运动的措施,命令宪兵团和警察局加强防范。三青团厦门市分团干事长郭熏风也连夜召集厦大的骨干开会,面授破坏爱国运动计划,并指使骨干殴打进步学生,挑衅滋事,以及命令厦门大学的三青团员学生,一律不能参加游行。

7日早上,警察局出动大批警探,在中山路、思明南路、大同路等主要街头增加临时警哨。当厦大同学的游行队伍准备集合的时候,三青团骨干按照他们头子的指示,居然行凶殴打进步学生,企图制造流血事件,破坏示威游行。厦大学校当局也出面阻挡,召开所谓"三长会议",责令教授要照常上课。

但是,国民党的一切阴谋诡计都挡不住同学们的抗暴怒潮。上午8时20分,连敲三下的集合钟声响起来了,同学们冲破学校当局的阻拦,奔往大操场集合后,由总指挥陈景汉、谢雪如率领,三人一排,以30多位女同学为前导,浩浩荡荡地向市区进发,联合厦门各中学举行抗暴示威大游行。队伍从大学路、民生路到达大同淘化酱油厂(虎头山下)时,在鼓浪屿上课的厦大新生院一年级同学共700多人也胜利地渡海前来会师。队伍从同文路进入双十路(今镇海路)时,又有双十中学的学生参加示威行列。队伍经过公园南路、中华路、中山路、海后路、大同路、思明北路、思明西路,最后在双十路口分开回校。参加示威游行的学生们不顾国民党警察的威胁,一路振臂高呼:"抗议美军暴行""为受侮辱同学报仇""美军滚出中国""打倒媚美无耻政府""全国学生团结起来"等口号,并沿途张贴反美暴行标语,进行街头演讲,分发厦门大学学生抗议美军暴行委员会的《为抗议美军暴行告全市同胞书》,指出"美军的驻华是一切暴行的根源,是丧权辱国危害人民自由的根源,是独立民主的绊脚石,是和平统一的大障碍,所以我们要严重抗议美军的暴行，我们要严重抗议美军的驻华"，呼吁全市同胞"在争取独立保障自由的目标下"，"紧紧地携起手来"。当天下午，厦大抗暴委员会还在横竹路梅兴咖啡室（今中百站）招待各界人士，报告该会的组织动机和游行的意义，把抗暴运动扩展到各个阶层，赢得全市人民的声援和同情。

　　游行过后，在中国共产党的领导下，厦大学生的抗暴委员会团结了大多数同学，继续开展反美爱国运动，而国民党不甘心他们的失败，也千方百计地继续捣乱和破坏。抗暴委员会出版《抗暴导报》，报道各地抗议美军驻华暴行的情况，三青团骨干分子也出版了反动透顶的《海风》等壁报相对抗。还有当时在厦大政治系当系主任的教授陈烈甫等人，也在他们创办的《灯塔》半月刊发表评论，大谈美军暴行是所谓"法律"问题，应依照法律程序解决，为美军的暴行辩护，并公开指责学生的抗暴示威游行是"目无中央""目无党国"，对学生的反美爱国运动进行威胁恫吓。学校当局也更加严格实行了他们搞的所谓"言论公约"之类的东西，故意举行"青年的恋爱与婚姻问题"等讲座，以冲淡政治运动的气氛。训导处还企图以"抗暴的任务基本结束"的荒谬论调撤销抗暴委员会。但是，学生们没有屈服，顽强地坚持斗争了两个多月。就在这时，党先后在厦大建立和发展了组织，给予学生运动以坚强的领导。

三、反美扶日运动

　　继1946年底1947年初的反抗美军暴行之后，1948年5月下旬，全国各地又开展反对美国扶植日本军国主义的运动。厦门人民身受日本军国主义糟蹋了八年，抗日战争胜利后又目睹美军的种种暴行，深深感受到美国侵略的痛苦。自从上海、南京、武汉、成都、昆明等地举行"反美扶日"示威游行的消息传来，青年学生也立即起而响应。这是解放战争期间，厦门人民反美运动的第二次高潮。

　　这次最先投入"反美扶日"运动的，仍然是厦门大学的学生。5月24日，厦大的民主墙上首先出现"反美扶日"的剪报，报道各地反抗美帝的扶日情绪和舆论，继而春牛社出版了漫画，壁报联合会举办了"反对美帝扶植日本"的笔谈和专刊。此外，还有华北学联寄来的"宣言"。一时民主墙上五光十色，琳琅满目，学生的情绪极为激昂。25日晚上，国立侨师学生会召集16个单位的壁报负责人开会，讨论扩大宣传和通过罢课两天的决议；集美中学发表了《反美扶日抗议书》，其他中学也纷纷集会，酝酿罢课示威游行。"反美扶日"运动开始后，中共厦门市委员会把厦大的外围秘密组织南方社改为五月社，负责领导这次运动。

　　5月27日，厦大同学在东膳厅发起"反美扶日"的签名，提出四项意见：（1）扩大宣传反对美帝扶日政策；（2）联合本市各中学一致行动；（3）罢课两天，全体同学出动宣传；（4）致电美国国务院，反对扶日政策。签名的同学非常踊跃，共达464人。学生自治会理事会根据签名同学的建议，于当晚8时半在东膳厅召开临时会员大会，英华、侨师两校也派代表参加。大会一致通过上列四项意见，并决议：（1）组织厦门学生联合会；（2）罢课两天，联合各中学在28日下午举行示威游行。当晚，厦大学生漏夜赶工筹备游行事宜，侨师、英华两校代表也于会后赶回原校，报告开会结果，分别准备第二天的大游行。

28日上午10时，国民党市政府特地召集各中学校长、训育主任共20多人开紧急会议，由市长黄天爵亲自主持。黄天爵指令学校当局加强管理约束学生，不许学生示威游行，并密令警察局转饬各分局"及早防备""严密监视"，布置流氓、特务进行破坏。校长、训育主任会后回校，立即贴出紧急布告，以"违反戡乱法令"威吓同学，要同学取消游行。

国民党的威胁一点也起不了作用。28日中午12时多，侨师学生由曾厝垵整队出发，抵达厦大大操场，会同厦大学生组成壮大的队伍，在"厦门大中学生为反对美国扶植日本大游行"的大横匾引领下，向市区进发。队伍在同文路与厦大新生院学生会师后，转向双十路，双十中学学生也热烈参加。继而大同中学、省立厦中、市立厦中等校同学，陆续加入行列。大队由双十路经公园南路、中华路到中山路，沿途高喊"打倒日本帝国主义""反对美帝国主义扶植日本""美国兵滚出中国"等口号，张贴反对美帝扶日的漫画、通俗壁报、标语，散发宣言、传单。厦大同学还用乌柏油在马路上写上反美扶日标语，宣传队在十字路口用厦门话向市民进行宣传，歌咏队沿街高唱反美歌词，情绪十分热烈，一时万民空巷。市民中有的鼓掌欢迎，有的露出衷心的微笑，对学生们寄予热烈的同情。9时游行队伍唱的歌曲有《反对美国扶植日本》《义勇军进行曲》《你是灯塔》《反法西斯进行曲》《五月进行曲》《游行进行曲》等。《游行进行曲》的歌词是：

前进，一齐向前进！
前进，一齐向前进！
看敌人挥动明晃晃的刀枪准备再屠杀。
一世纪来耻辱堆得比山还要高，
百年仇恨比海要深。
同胞们，惊醒吧！

在示威游行过程中，国民党布置特务分子、草仔垵流氓集团的头子苏草包，带领一批流氓、特务，有的身藏利刃，有的腰插手枪，有的手持铁尺，预先埋伏在后路头一带，准备滋事行凶。而国民党的武装特务和宪兵、警察，准备在流氓动手以后，动手抓人，进行血腥的镇压。但由于学生的反美爱国示威游行，大义凛然，而且游行队伍秩序井然，流氓、特务始终不敢动手，也没有机会动手。

示威游行的队伍继续勇往前进，到达轮渡码头时，因为要等待英华中学学生渡海前来参加，暂停前进。这时候，细雨霏霏，队伍一点也没紊乱，大家精神奕奕，毫不畏缩。等英华中学学生进入队伍后，行列继续前进。当大队转入海后路进抵大同路时，暴雨倾盆而下，宣传队临时喊出了"救国不怕雨打""雨打算什么"的口号，大家的情绪益见兴奋，英勇坚毅地冒雨前进。就在这个时候，黄天爵乘小轿车路过思明南路，也被游行队伍拦住"宣传"一番，并在他的小轿车上贴满标语，才让它灰溜溜地开走。参加这次示威游行的共有2000多人，游行历两个小时，最后在中山医院附近广场停步，举行一个简短隆重的集会。学生们身上的衣服虽被雨淋湿，却都露出胜利的笑容。在广场上，队伍排成"营横队"形，由主席团报告，大意说：我们已完成反美扶日示威游行的壮举，但是这只能算是我们胜利的开始。记得去年曾经有过一次游行（指"抗暴游行"）可是没有雨，而这次游行，却有了雨。这个雨正足以说明我们每个人都从暴风雨中站起来。我们厦门大中学生要团结起来，在这暴风雨中站得更紧。接着又通知两件事：（1）请各校选派代表两人，当晚到鼓浪屿厦大新生院开会，讨论组织成立厦门学生联合会问题；（2）厦大学生自治会定29日晚上8时在大操场举行营火晚会，欢迎各中学同学踊跃参加，并希望带精彩的节目来。报告结束后，全场同学高唱《一家人》《团结就是力量》，歌声响彻云霄，各校队伍由领队的同学在歌声中踏着雄壮的步伐，有秩序地离开广场。

在这场斗争中，厦大学生发表了《为抗议美国扶植日本上南京总统府代电》《南京政府对日本的罪行》和《国立厦门大学反对美国扶植日本抢救民族危机宣言》。厦大的王亚南、卢嘉锡、熊德基、林惠祥、徐元度、欧阳琛、李式金、方锡畴、吴兆莘等九位教授，也在《星光日报》上发表了"反美扶日"笔谈。《星光日报》应读者的请求，出版"美国扶植日本问题"笔谈专辑，短短四天，就收到稿件50多篇，投稿者包括学生、教师、新闻记者、工人、农民、店员、学徒、公务员和商人。《星光日报》编者在"笔谈专辑"的编后语说："我们征稿时一再表示，来稿无论对'美扶日'赞成或者反对，均受欢迎。但征稿的结果，却没有一篇赞成美帝扶日的"。这也可以看出厦门各阶层人民是一致反对美帝扶植日本军国主义的。

"抗暴"和"反美扶日"运动，锻炼和加强了知识青年的革命斗志，团结了广大的爱国青年，也让全市人民普遍受到爱国主义思想教育，认清了美国的狰狞面目。在党领导下的这两次大规模反美爱国运动，同时也为革命蓄积了力量，为迎接厦门的解放，准备了干部和思想基础。

（原载《厦门方志通讯》1985年第2期）

臧致平盘踞厦门始末

一、臧致平入闽

1913年11月，袁世凯派海军总长刘冠雄率北洋军第十师步兵第十九旅由海道入闽。十九旅辖有两个团，其中一个团海上遇难，另一个团到福建后，扩编为中央第十四混成旅，以臧致平为旅长。时福建全省仅有陆军四个旅，即第十、十一、十四混成旅和福建陆军第一旅。这就是臧致平在福建军界崭露头角之始，也是他后来能拥兵割据的资本。

当年统治福建的，是北洋军阀袁世凯的爪牙李厚基，称为福建护军使。袁世凯死后，黎元洪继任总统，委李厚基为建武将军，督理福建军务。

袁世凯在世时，北洋军阀众头目以袁马首是瞻。袁死后，分裂为直、皖两系。直系头子吴佩孚，皖系以段祺瑞为首，各自扩展势力，相互争夺地盘。东北、西南、山西、两广以至各地大小军阀，也趁机纷纷拥兵割据，全国陷入军阀混战局面。福建的李厚基，隶属皖系。

1917年9月12日，北洋军阀政府任命臧致平兼汀漳镇守使，唐国谟兼厦门镇守使。翌年，李厚基垂涎广东，联络浙军童保暄、潘国纲、陈肇英等图粤，而粤督莫荣新也想染指福建，乃命陈炯明为援闽军总司令，率洪兆麟等部入闽。粤军迅速地抢占汀州、龙岩，攻下漳州。臧致平退守厦门，以防粤军袭击。自此，臧致平盘踞厦门六年。

陈炯明率粤军入闽以前，国民党人许卓然等响应孙中山的护法号召，在晋江、南安一带组织闽南靖国军。嗣而又有宋渊源的护法军起于永春。这两支民军占领泉州地区的大部分县乡，势力日益扩大。李厚基不甘心闽西南地盘的丧失，力图驱逐粤军和扑灭民军。于是积极扩军，将第十混成旅扩编为福建第一师，第十四混成旅扩编为福建第二师，擢升臧致平为第二师师长，增强了臧致平拥兵割据的实力。

二、自封"闽军总司令"

李厚基本来是皖系中拥戴段祺瑞的健将。孙中山与段祺瑞合作期间,陈炯明背叛孙中山提出有利于军阀割据的"联省自治"主张,李厚基心怀异志,与陈炯明一唱一和,极力破坏孙、段合作,因而成为皖系的叛逆者,从此与皖系脱钩。

1922年5月,孙中山出师北伐,粤军许崇智率黄大伟、李福林等部以"东路讨贼军"的名义入闽,通电声讨李厚基。而本来与李同属皖系的军阀徐树铮,也于此时潜入南平,指使闽北镇守使王永泉联合许崇智夹攻李厚基。李败退逃入马尾海军联欢社,海军以"靖安"号运输舰将他送到厦门。李旋即自厦赴沪转宁,求援于江苏督军齐燮元。

当李厚基被驱出福建,北京政府即委他为讨逆军总司令,萨镇冰为副司令,图谋对付孙中山的东路讨贼军。李受命后,在沪筹集一笔巨款,于11月5日晚间返抵厦门,与他的旧部下高全忠共谋,策划自厦门发兵进攻福州,收复失去的地盘。

时高全忠任福建第二师师长,驻守厦门。然而第二师原是臧致平的部队。由于臧致平不肯跟从李厚基附和陈炯明的"联省自治"主张,仍然忠于皖系的孙、段合作,因此被削去第二师师长职务。臧致平既失宠于李厚基,就赴浙江投靠皖系巨头之一的卢永祥。李厚基被逐出福州的消息证实后,臧致平在卢永祥的授意下,由浙江潜回厦门,暗中联络第二师旧部,酝酿发动倒李兵变。

李厚基自上海抵达厦门时,高全忠率带僚厉群集码头迎迓,臧致平也混身其间。仇人相见,分外眼红。当李发现夹在人群中的臧致平,心甚不安,即派侍卫通知臧致平,请他离开厦门。臧笑着对李的侍卫说:"过几天就是李督寿辰。请转达李督,待喝李督几杯寿酒,自当避去。"李虑迫之太甚,或有他变,忍之。隔了四天,也就是11月7日,深更半夜,突然枪声、喊声四起,把李厚基从梦中惊醒。李心知兵变,仓皇逃遁避入船坞。

越晨,船坞的经理、英国人柏拉克挂电话给德记洋行的经理威廉,请他派德记洋行专用的汽船驶泊船铅坞。李厚基和高全忠在英国人的庇护下,先避居公共租界鼓浪屿德记洋行内,然后于17日搭乘日本"天草丸"轮船赴汕头。臧致平在获悉李厚基、高全忠离厦逃鼓的确讯,立即发出如下布规:

"溃兵闹饷,李督蒙尘,各军无主,公推我为总司令,以维治安,各宜遵守秩序,安定职业。此布!

闽军总司令臧致平"

同时分告委任陈懋鼎（福州举人）为厦门道尹，郭绂昌为警察厅长。12月11日，又委任杨世篆为思明县县长（后改委邢蓝田），增设卫生局（前无此局），委黄启崇为局长。

这次臧致平发动兵变驱逐李厚基，是皖系倒李的胜利。自此，臧致平与浙江的卢永祥联成一气，相互呼应。

三、盘踞漳厦

与李厚基受命讨逆军总司令回厦的同时，北京政府派遣孙传芳、周荫人率两师兵力自杉关援闽，而广东的陈炯明也派洪兆麟部入闽援李。没料到李厚基刚抵厦门，就被臧致平发动兵变撵走。李厚基虽狼狈逃去，但他在福建还有张清汝、王献臣两个亲信的部队。张清汝部驻泉州，王献臣部驻汀州。

臧致平盘踞漳厦登上自封的"闽军总司令"宝座，决定先发制人，铲除驻守泉州的张清汝部，以免后患。他抓紧孙传芳、周荫人两部尚未抵达闽境的时机，联合泉州、永春一带的民军，突袭张清汝部。张清汝不敌败降，残部步兵三个团、炮兵一个营、机关枪两个连和一个警备队，全数为臧致平收编。这是1922年12月间的事。此时的臧致平，已拥有两万以上的兵力，枪械子弹，由卢永祥的上海兵工厂接济，源源而来。不但巩固了漳厦基地，而且侵入邻近地区，继续扩张地盘。

1923年1月，北京政府感到李厚基势孤力竭，已不能再起什么作用了，就宣布召李入京，另候任用，改委孙传芳、刘冠雄、萨镇冰处理福建的善后工作。是时，孙中山调许崇智的东路讨贼军回粤，驻扎潮汕，改任李烈钧为闽赣边防督办，移师闽南。许崇智虽回师广东，却还留下何成浚、孙本戎两部，配合称为闽南讨贼军的民军，防守泉州、永春一带。

3月，北京政府鉴于东路讨贼军和闽南的民军声势日壮，想利用臧致平牵制之，就以总统黎元洪的名义，任命臧致平为漳厦护军使，借以笼络。但由于臧致平遵奉皖系的孙、段合作策略，对黎元洪的任命，兴趣不浓，反应冷淡，依旧采取联络何成浚、孙本戎和闽南民军的方针，与他们互为犄角。

四、反对孙传芳

北京政府委孙传芳、刘冠雄、萨镇冰办理福建善后。孙属于直系。直系很想抢占福建，扩大地盘。而皖系以福建向来为它所有，孙传芳入闽，显然对皖系的控制福建不利，因此展开了一场殊死的派系斗争。

北京政府发表孙传芳督闽的任命，引起皖系的激烈反对。臧致平秉承卢永祥的意旨，一面与王永泉联衔电京，力拒孙传芳督闽，一面利用"闽人治闽"为幌子，保举亲皖系的闽籍国会议员朱泮藻督理福建军务。臧在电文中公然对北京政府施加压力，说是如目的不达，"唯有激励士兵，与孙军一决胜负。急不择言，枕戈待命。"及至孙传芳在吴佩孚支持下带兵入闽抵达南平时，臧致平即于3月9日自厦门赴福州，与刘冠雄等协商阻止孙军前进的策略。嗣后，又调部队北上，联合王永泉部抵御孙传芳。然而军阀多变，朝秦暮楚之事早已司空见惯，王永泉旋又背弃臧致平，投入孙传芳的军营。因此，臧致平于4月17日正式发表通电，反对孙传芳，拥兵独立。

通电后，臧致平立即与浙江卢永祥密切配合，以厦门作为皖系在福建的反孙据点，积极进行逐孙离闽的军事行动。臧致平将闽军第二师全部调往兴化（今莆田仙游），准备进攻福州。卢永祥也派浙军第一师师长潘国纲率部抵福安宁德。未几，战事发生，臧亲赴前线指挥。为了反孙战争的需要，臧还派人赴沪招募新兵，先后由东洋公司的"卢州"号轮运来厦门。学校、祠堂、庙宇，一时均成为臧致平驻扎部队的营房。如臧的侯西浦旅，就住宿于省立第十三中学（现在的第五中学）。

反孙战争开始后，臧又与西南大元帅府的参谋长李烈钧以及闽南各部民军通气。4月30日，臧致平在厦门召集福建各主客军将领举行联合讨伐孙传芳的军事会议，参加的有何成浚等十多人。会议决定分兵三路进逼福州：第一路为闽南各部民军；第二路为粤军何成浚、孙本戎部；第三路为臧致平的闽军。李烈钧旋即派方声涛到厦门，设立援闽军前敌办事处。

臧致平自封"闽军总司令"的同时，还挂着北京政府委任的"漳厦护军使"头衔。他的势力范围，以厦门为中心，包括金门、同安、海澄、龙溪、南靖、平和、漳浦、云霄、东山、诏安、长泰等11县。这时的厦门，已成为福建各派军队反孙传芳的指挥部，臧致平成为皖系反孙的要角。全国的主要报纸、杂志，纷纷刊登臧致平反孙传芳的军事行动消息。臧致平俨然有左右闽局，举足轻重之势矣！

五、搜刮民脂民膏

臧致平盘踞漳厦时期，除一部分军械弹药依赖浙江卢永祥接济外，军政各费主要取给于厦门。尤其是反对孙传芳独立之际，军费开支骤然增加数倍。臧时常召集商人开会筹饷，今日新增豆饼捐，明日又创办糖类税，后天又是什么保安捐，名目繁多，不胜枚举。商会会长洪晓春不堪其扰，托病闭门谢客，由副会长蔡雨村代理，勉强应付。富商巨贾看到臧致平贪婪，欲壑难填，争相避居鼓浪屿，托庇于外人羽下。臧虽无可奈何，但却曾经公开扬言："总有一天，要请富翁们隔岸观火。"意思是说，富翁们不肯捐助军饷而避居鼓浪屿，人虽逃去，楼屋还在厦门，一旦饷缺兵变，就放火把他们的高楼大厦统统烧掉。

有一天，商会的议员正在开会讨论筹饷，讵料臧致平的"座舆"突然光临。随轿而来的县长邢蓝田对议员黄世金说：总司令命我带"座舆"邀请黄先生赴公馆喝杯老酒。老经世故的黄世金知道"来者不善，善者不来"，再三借故推辞，婉言谢绝。其他议员，也代黄世金说项求情。邢蓝田带着威胁的口气说：总司令看得起黄先生，才命我前来邀请。如不赴宴，何止丢我邢某的脸，惹恼了总司令，那可不是玩意儿。黄世金无可奈何，只得随同前往臧公馆。席间臧致平致辞：今天此宴，是欢迎黄先生荣就财政局长。黄世金答称：我是商人，不懂得当局长，力辞不就。臧声色俱厉地说：黄先生不肯就任财政局长，也不勉强，但军饷十万元，不能不为我筹措。否则，发生意外，恕难负责。经黄世金一再恳求，最后以认筹七万元，限一星期内交清了结。黄世金回寓已深夜十一时矣！是夜，辗转不能成寐，考虑筹措七万元的计划，决定抽旧玉屏书院基金一万元，同善堂基金一万元，商会负责三万元，再向各富户劝募两万元，以凑足七万元之数。书院是教育部门，同善堂是慈善机构，只有房屋公产，没有现款，只好取房地产契据向银行抵押，贷款应付。

厦门虽是商埠，但蕞尔小岛，经不起臧致平数年来竭泽而渔，已至民穷财尽，敛无可敛的地步。而臧扩展势力、争夺地盘的野心无穷无尽。1923年春夏之交，臧致平又想出了搜刮民脂民膏的新花样，成立厦门禁烟查缉处，委派杨大明为处长。所谓禁烟，实则大卖鸦片，大抽鸦片。11月间，更令驻禾山的李崇贲部，强迫100多村的农民栽种罂粟（鸦片），额定捐款13万元，限11月份内一次缴足。禾山农民本已负担了田亩捐、保安捐十万有奇。百捐千税猬集之下，脂膏已枯，呼吁无门，许多人被迫离乡背井到海外谋生。臧致平又成立"官产处"，发卖荒山、坟地和河池。起初没人敢承买，不久，林仲馥等20余人贪图厚利，居然组织兴兴公司，承买荒山荒地24处，引起厦门人民公愤，召开大会，散发传单，极力反对。臧致平发帖吓唬老百姓的布告，云：如敢反对，军法从事。关于这次事件，《厦门文史资料（选辑）》第一辑的《兴兴公司和林仲馥之死》已有细述，本文从略。

六、搜罗流氓当侦探

1895年日本帝国主义从清政府手中占有台湾，得陇望蜀，一直想攫取厦门。1898年8月，厦门人民粉碎日本图占虎头山一带为租界的迷梦，于是日本改变侵略手段，不断由台湾派遣日籍浪民来厦。在驻厦日本领事馆的支持怂恿下，日籍浪民勾结内地土匪，扰乱厦门社会治安，抢劫、绑票、走私、贩毒，无恶不作。

当年厦门的烟馆、赌场、妓院和专事收买赃物的"小典",全是日籍浪民非法经营的。

臧致平占据厦门期间,军费开支浩繁,亟须广辟税源,尤以鸦片捐、赌捐、花捐(妓女捐)为主要收入。然而日籍浪民凭借日本领事馆的庇护,所有非法经营都可以免捐免税,严重影响臧致平的税款财源。因此,臧与日籍浪民之间发生了尖锐的矛盾。另一方面,厦门当地的角头流氓同样是依靠经营非法勾当获利的。自从日籍浪民的势力侵入以来,夺走了他们的固有利益,双方的矛盾也很尖锐。臧致平想要增加税收,解决军饷,必须打击日籍浪民势力。地方角头流氓为维护既得利益不受侵犯,也有削弱日籍浪民势力的要求。臧致平利用流氓与浪民的矛盾,搜集流氓充当他的侦探,发给枪械、符号,指示他们找机会向浪民开刀。这是厦门流氓被利用为政治斗争的开端。流氓以军阀政府做靠山,有恃无恐,不但为非作歹,而且公然敲诈勒索,欺压百姓。受害群众无处申诉。流氓横行市井的流毒,直到解放初期才肃清。

七、闽南大混战

1923年5月,驻师潮汕的许崇智被陈炯明的林虎部击败,电调留闽的何成浚、孙本戎回师入粤救援。何、孙和闽南民军(已改称为"自治军")首领许卓然等游说臧致平,请他共同出兵打潮汕林虎部。臧致平许之。联军在广东省的大埔打了胜仗,占领饶平、黄冈,进逼潮汕。嗣林虎、洪兆麟集大军反攻,李烈钧的赖世璜、苏世安两部战败,向林虎投降,接着许崇智的黄大伟部又叛变,致使联军腹背受敌,败退平和、诏安。这时,王永泉让出上游地盘给孙传芳,迎孙传芳进入福州。王因此得以受命为兴泉永护军使。王乘何成浚和自治军出师征粤防务空虚之隙,南下占领泉州。继而林虎、洪兆麟挺进闽南,何成浚、孙本戎无意恋战,与臧致平的闽军一起退守厦门。联军解体。

7月底,林虎攻占漳州,势甚嚣张。闽系海军以厦门港口优良,且商业繁盛,税源充裕,也想染指。而王永泉既有了兴泉永护军使头衔,又驻师泉州,更想向厦门扩张势力。于是,林虎、海军和王永泉相互联络,并约驻扎同安的黄大伟部和李厚基旧部王献臣参加,准备海、陆三面夹击厦门的臧致平。

海军首先发难,由杨树庄亲率"应瑞""海容"两舰和杨砥中的陆战队,登陆金门,形成对厦门的包围圈。7月30日下午2时半,两艘军舰与胡里山、屿仔尾炮台炮战后,一度冲入厦门港,驶泊鼓浪屿背后康泰垵海面。8月1日中午,杨砥中的陆战队强行登陆嵩屿,推进至海沧、角尾间。原先,臧致平为对付林虎的进犯,前往角尾,布置防线,闻警率陆军一营回师,午间与陆战队展开遭遇战。

陆战队败退嵩屿回舰。入夜，两舰自动退出厦门他去。

8月12日，林虎部自漳州东进厦门，王永泉部由同安推进厦门。臧致平一面增派部队，一面召集商界人士，要求筹款支持他死守厦门。其实，围厦各军是临时凑合的松散联合体，各部都有自己的一套打算，同床异梦，貌合神离，意见分歧，号令不一，甚至互相倾轧。漳州的粤军林虎，深恐泉州的王永泉势力扩大，派人运粮供应臧致平，要他攻打王永泉。驻金门的海军，缺乏粮食，臧致平将林虎送来的粮食接济海军，暗度陈仓，取得密契，使海军不再急攻厦门。臧致平就这样利用围厦各军彼此间的矛盾，得以转危为安，固守厦门。到了8月下旬，陈炯明被困于惠州，调林虎、洪兆麟回援。兴泉永一带的民军，重整旗鼓，势力复张，王永泉自顾不暇，怎敢分散兵力窥厦。海军也由于与臧致平有密契，撤归马尾。至是，厦门围解。

八、进攻海澄、漳州

军阀都有扩大地盘的野心，臧致平既是军阀，自不例外。厦门既解围，他又蠢蠢欲动了。

1923年11月7日，臧致平在商会召集各界人士开会，发表演讲："兄弟镇守厦门，得到各界人士厚爱，深为感激。但厦门军饷难筹，所以兄弟打算到浙江找卢督永祥，面商接济。此行约需两星期，至多不超过20天，一定再回厦门与诸位见面。兄弟离厦期间，请各界人士协助维持，安定社会。"11日，臧致平随带旅长侯西浦，搭乘"新宁"号轮船赴沪转浙。离厦期间，军务委副司令朱泮藻代为主持。这是臧致平图谋扩大地盘的第一步。11月19日，臧致平回抵厦门，传说带来现款光洋20万元和不少枪械弹药。

1924年2月5日，臧致平获悉日籍浪民联络王献臣部准备袭击厦门的消息，下令警察收缴浪民枪械，双方发生枪战，浪民被打死七人。驻厦日本领事向臧致平交涉，要他惩凶赔偿，并电召军舰到厦示威，人心惶惶。后经谈判，事态始告平息。

同年3月，孙传芳、周荫人和王永泉发生冲突，给臧致平提供向外扩张的机会。3月14日，臧下令征用港内大小船只；16日上午，结集大军，打着"讨贼军"的旗号，渡海进攻驻海澄的赖世璜部。讨贼军以何成浚为总指挥，臧致平坐镇厦门。

何成浚旗开得胜，赖世璜向漳州方向败退。何尾随追击，3月22日占领漳州。与此同时，周荫人大败驻守泉州的王永泉部，王永泉只身逃沪，将余众交予杨化昭。杨化昭是臧致平的旧部，他放弃泉州，率部沿晋江退却，途中打败高义、张毅，进入厦门，投靠臧致平。

九、海军卷土重来

闽系海军垂涎厦门，上文已略作交代。本来闽系海军是亲直系的，孙中山把它争取过来。海军以厦门为福建重要港口，又是闽南的政治经济中心，势在必得。孙中山为巩固与海军的"联盟"，通过段祺瑞、卢永祥与臧致平协商，将厦门让给闽系海军，而海军答应接管厦门后，支持孙中山的国民党在福建开展活动。臧致平一向标榜忠于孙、段合作，所以接受和平退让厦门的条件。

1924年3月29日，杨树庄率领"江元""楚同"等六艘军舰和陆战队萨君泰、邱振武两营，停泊金门。杨树庄一面派人与臧致平联系，请他依约退出厦门，让海军接收。一面又通过林知渊、韩福海等人游说洪晓春等地方人士，以海军图厦，如臧军死守，战祸蔓延，地方受损，倒不如筹款致送臧致平作为部队开拨经费。洪晓春等不知海军已与臧致平妥协的内情，表示只要臧军不动干戈退出厦门，可以送一笔巨款作为臧军开拨经费。4月16日，臧致平得到一笔巨款，就与杨化昭率残部万余人离去，让海军和平接收，结束了臧致平盘踞厦门的历史。

臧军去，海军来，厦门人民换了一个新的统治集团。海军治厦情况，容有机会，当再另文阐述。

十、臧致平那里去？

海军接管厦门时，同安在孙传芳的高义、张毅两部手中。臧致平、杨化昭所率部队，是从嵩屿开赴漳州去的。听到臧、杨入漳消息，驻在诏安的洪兆麟率军由平和攻漳。4月19日，臧、杨弃漳走南靖，与何成浚会合后，突破粤军李云复部的包围，奔向龙岩。未几，何成浚走粤，臧、杨则取道汀州于6月8日进入江西转赴浙江。浙督卢永祥收编臧致平部为浙江边防军，委臧致平为边防训练处长，杨化昭为混成旅旅长。臧部成为后来江苏齐燮元和浙江卢永祥战争中的主要部队。

（原载《厦门文史资料》第13辑 1988年4月）

旧中国厦门经济发展的历史回顾

　　碧海环抱的厦门岛，背靠闽南大陆的漳州、泉州平原，濒临台湾海峡，与台湾本岛、澎湖列岛一水相隔。厦门港是个海峡性港口，海岸曲折蜿蜒，港宽水深，终年不冻。港外星罗棋布的岛屿，组成天然的防波屏障；港内四周环绕的山峦，提供良好的防风性能。远在 16 世纪，厦门就以优越的港口而名闻内外，成为我国东南沿海对外交通贸易的重要口岸。

　　道光年间的《厦门志》，说它"高居堂奥，雄视漳泉"，"为漳郡之咽喉"，"泉郡之名区"，"扼台湾之要，为东南门户"，"海道四达，帆樯毕集"。法国学者霍尔德曾称赞厦门为"世界上最好的港口之一……它可容纳千艘船舶，且为一深水良港，最大的船舶亦可直抵岸边，相当安全地停泊在那里……"。1843 年，英国海军的一位官员说，厦门"是我所见到的中国沿海最优良的港口之一……。"在 In and about Amoy 一书中，美国人毕腓力写道，"厦门是中国的一个贸易中心，有着无比优越的港口，很早以前就为西方的旅行者和商人所熟悉。"《二十世纪香港、上海和中国沿海商埠志》里，有一篇介绍厦门的文章是这样写的："因为有个很好的深水港，无论什么样的潮水，船只都可以往来无阻，……厦门是个天然大陆港口"，"又是位于香港和上海两大商埠间"。用 1917 年驻厦门的日本领事矢田部保吉的话说："地处福建要冲的厦门，乃上海与香港中间中国南部唯一的优良港口。"

　　正因为厦门港口自然条件优越，先后有"倭寇"、荷兰殖民者和英国侵略者对它垂涎欲滴，妄图染指。抗战期间，日本军阀以武力占领厦门，且曾计划将它辟为自由港，"图夺英国在远东以香港为中心之商业利益"。但一来因为日本没能攻占漳、泉内陆腹地；二来因为发动太平洋战争、本身已陷入经济窘境而无法自拔，辟厦门为"自由港"的计划只好付之东流。

　　人类生活在厦门岛上，可以追溯到 3000 年前的新石器时代晚期。8 世纪四五十年代，福建内陆的汉族人陆续迁居岛上，开始了有文字记载的历史。自宋朝至民国建元，它在行政上一直隶属于同安区。1912 年从同安分出来，单独设县，不叫厦门而叫思明县。由于它孤悬海中，明朝中叶以前，封建统治阶级只重视它在军事上的地位。居民因为岛上丘陵起伏，耕地不多，资源贫乏，只能墨守传统的封建生产方式，维持单一的小农经济，过着半耕半渔的生活。厦门港口的经济价值，迟至16世纪才被发现。

本来，福建海上对外交通贸易的口岸，自唐朝到元朝，一向在泉州港。明初泉州港衰落，代之而起的是漳州的月港（今龙海市海澄镇）。月港是个内河港，从九龙江上游冲刷下来的泥沙，日积月累，导致港湾淤塞，从而结束它的历史使命。厦门港是月港的出海口，很自然地接替月港登上世界贸易的舞台。

16世纪厦门港口的兴起，为厦门开展航海贸易提供了条件。400多年来，航海贸易的兴旺发达，推动了厦门及其邻近地区造船业、商业和手工业的发展，扩大了厦门与国际、国内的经济联系，同时又为中外友好交往搭起桥梁，并成为福建华侨出入祖国的门户和密切闽台关系的纽带。

本文对厦门经济社会发展的历史回顾，仅限于新中国成立的前部分，我们不准备罗列过多史料，只想就港口影响厦门经济社会盛衰的几个问题进行必要的分析论述，目的在于借鉴历史，从中吸取对厦门经济社会发展战略具有价值的养分。

一、航海贸易几经起伏的启示

400多年来影响厦门经济社会发展最重要的因素是航海贸易。厦门的航海贸易包括国外贸易和国内埠际贸易。厦门国外航海贸易的最大特点是，一开始就与欧洲市场挂上了钩，纳入世界贸易体系。

明初，实行由封建中央政权垄断海上对外贸易的政策，既禁止国内人民到海外经商，也不准外国商人自由前来中国贸易，只允许东南亚一些国家和地区以"朝贡"名义"附载方物"的限制性贸易。中叶以后，随着农业、手工业的发达，封建社会内部的商品经济得到较快的发展。在国内市场逐渐扩大的同时，民间私自经营的海上对外贸易，也开始在东南沿海的一些偏僻港口突破了朝廷森严的海禁防线，"私造巨舶，岁出诸番市易"。漳州的月港和邻近厦门的嵩屿、海沧、大小担是商人私自进行海上对外贸易的活跃地区。

15—16世纪之交的"地理大发现"，西欧人开辟了通向亚洲的新航路。1516年，葡萄牙人先到达广州，不久就来到厦门港外的浯屿，与厦门及其邻近地区的商人私相贸易。接踵而至的还有西班牙人和荷兰人。荷兰人从厦门得到茶以后，首先将茶介绍到欧洲去。厦门作为"中国第一个输出茶的港口"，名闻遐迩。

17世纪初，拥有"千艘以上"大帆船的郑芝龙（郑成功之父）以厦门为航海贸易的基地，成了长江、珠江之间沿海的毫无争议的霸王。此外，郑彩、郑联和郑成功的叔父们，也在厦门附近从事航海贸易。1628年，郑芝龙与荷兰东印度公司驻台湾商馆签订了一份为期三年的合同，每年卖给该公司大宗的生丝和丝织品。《明季北略》说郑芝龙"置苏杭细软，共贩各国"。郑芝龙从厦门输出大量生丝、丝织品和其他中国商品，不仅促进了国内商品生产的发展，也繁荣了国内市场。

马克思指出："商品流通是资本的起点。商品生产和发达的商品流通，即贸易，是资本产生的历史前提。世界贸易和世界市场在16世纪揭开了资本的现代生活史。"东来的西欧商人在亚洲地区进行资本主义原始积累的血腥掠夺，罪恶累累。但是，"与地理发现一同发生并迅速增进了商人资本发展的商业大革命"，推动了东西方贸易的复苏，并把中国与亚洲一些国家和地区的商品带进世界市场。厦门港口刚刚兴起的航海贸易，立即与欧洲市场挂上了钩，作为世界经济的一个组成部分，纳入世界贸易体系。然而，中国封建政权和西欧封建国家政权对待航海贸易的态度完全相反。西欧商人的航海贸易"利用国家权力，也就是利用集中的有组织的社会暴力"而得到顺利发展，中国商人的航海贸易却在封建政权的扼杀下艰难地挣扎。1547年，明朝政府处斩97个"非法"与葡萄牙人贸易的厦门地区商人，就是典型的例子。

厦门航海贸易还有一个特点，就是不同的政策带来不同的后果。

明末清初，民族战争给中国经济社会带来严重的破坏，而厦门却因为郑成功的锐意经营，出现了与国内其他地区不同的繁盛景象，为以后厦门经济社会的发展创造了有利条件。

在和清政府的政治对抗中，郑成功加强了厦门根据地的建设。1655年4月，他将厦门改名为"思明州"，仿效明朝中央政权的建制，设"吏、户、礼、兵、刑、工"六官，各司其职，分管政务。自1647年到1662年的16年间，他以厦门这么一个小天地，礼待来自全国各地的几千名爱国志士，"养兵十余万，甲胄戈矢，罔不坚利。战船数以千计"，"而财用不匮者，以有通洋之利也。"

郑成功的政权建立后，十分重视航海贸易，采取鼓励航海贸易的政策。因此，尽管清政府厉行海禁，寸板不许下海，各地商人还是想方设法，"厚赂守口（的清兵）官兵"，让商品顺利的通过封锁线，"以达厦门，然后通贩各国"。此时出口商品已源源不断，为郑成功的独揽航海贸易创造了条件，"凡中国各货，海外皆仰之郑氏"，"通洋之利，惟郑氏独操之"。他经营的航海贸易范围很广，方式多种多样，有直线贸易、三角贸易，也有多角贸易。1650年至1662年间，郑成功每年派到日本贸易的船数约30艘，派到东南亚贸易的船数约16艘到20艘，航海贸易总额平均每年约392万银两至456万银两。其中对日本的贸易约216万银两，对东南亚的航海贸易约176万至240万银两。他从对日本和东南亚的航海贸易中年平均获得利润250万银两。由此可见，航海贸易是郑成功的重要经济支柱，它在郑成功抗清复台斗争中所起的作用是十分明显的。

郑成功去世后，他的儿子郑经除了保持与日本、东南亚的航海贸易外，又发展了与英国东印度公司的贸易。1670年6月23日英国东印度公司派来厦门贸易的第一艘商船，"万担·宾客"号进港停泊。1676年，英国的东印度公司正式在厦门建立商馆。第二年的8月，伦敦总公司认为厦门是个安全的港口，与菲律宾和日本都有贸易往来，而且更易买到他们希望获得的丝绸、瓷器、茶叶等商品，因此他们对厦门产生极大兴趣，决定在厦门发展贸易。1678年7月20日，新任英国东印度公司厦门商馆馆长兼经理雷拉云，副经理爱德华·巴维尔和馆员、书记共四人，到达厦门。厦门商馆承担着发展英国对华贸易的使命，台湾商馆的贸易业务，也划归他们领导。1681年8月13日，总公司董事给郑经的信中，表达了"扩大贸易"的愿望，并希望"厦门成为中国的商业中心"。

康熙二十二年（1683），台湾纳入清政府版图，形成全国统一的局面。施琅、金世鉴等奏请开放海禁获准。第二年，在厦门设立海关，正式开放对外贸易港口。"自通洋驰禁，夷夏梯航，云屯雾集。""服贾者以贩海为利薮，视汪洋巨浸如衽席。北至宁波、上海、天津、锦州，南至粤东，对渡台湾，一岁往来数次。外至吕宋、苏禄、买力、噶喇吧，冬去夏回，一年一次，初则获利数倍至数十倍不等，故有倾产造船者。""造大船费用万金。""其大者可载万余石，小者亦数千石。""造船置货者，曰财东。""金银、铜铁诸工，率自外来。船工大盛、安其业者，多移居焉。""舵水人等，借此为活者以万计。""其出洋货物，则漳之丝绸纱绢、永春窑之瓷器及各处所出雨伞、木屐、布匹、纸札等物。""非特有利于厦门，闽省通得其益。"航海贸易对清初厦门及其邻近地区经济社会的影响，于此可见一斑。

清初海禁开放了34年，因发现台湾有人"私聚吕宋、噶喇吧地方，盗米出洋，透漏消息，偷卖船料诸弊"，康熙五十六年（1717），又恢复海禁。虽然这次海禁不像前此那么严厉，"外国夹板船，照旧准其贸易。""红毛等国船听其自来"，但却禁止中国商船航行远洋。在清初开放海禁的34年间，东南亚地区的商船从1685年的十几艘，到1717年已"多至千余"艘了。仅以前来厦门贸易的英国商船为例，1684年有两艘，1686年三艘，1689年两艘，1690年三艘，1694年三艘，1699年五艘，1700年六艘，1701年三艘，1702年七艘，1704年两艘，英国"运来锡、铅、洋布、胡椒等"，英商从厦门买生丝、绸缎等物载回，"还购买了大量白糖、药类"。这个时期，厦门已经有了LIMIA等五家行商。所谓行商，就是清政府特许的专门经营海外贸易的商人，亦称"洋商"。

康熙五十六年（1717）的海禁延续了十年，到处见到的是"居民萧索岑寂，穷困不聊之状"。福建、广东的地方官纷纷"以弛禁奏请"，大声疾呼："开南洋有利而无害，外通货财，内消奸宄、百万生灵仰事俯畜之有资，各处钞关，且可以多征税课，以足民者裕国，其利甚为不少"。终于雍正五年（1727），海禁重开，不仅"南洋诸国，准令福建商船前往贸易"，而且明文规定，所有"洋船出入，总在厦门、虎门守泊。嗣后别处口岸，概行严禁"。

航海贸易的恢复，为经济社会的发展带来生机。商业是城市经济发展的基础，而航海贸易是厦门城市经济发展的重要条件。漳、泉一带农业经济作物和手工业品，通过县城集镇涌向厦门港口，转贩国内外市场。厦门港口的进口商品，又是通过漳、泉集镇销售给消费者。就这样，厦门与漳泉腹地结成经济网络，成为联系福建南半部内地市场的中心，并成为福建经济的重要枢纽。由此可见，厦门已越来越彰显它对福建经济社会的影响及其重要的经济地位。

清朝的地方政权分为省、府、县三级制，厦门本隶属于同安区，同安知县委派一个副九品的巡检在岛上行使职责。厦门经济地位的日益提高，要求设置与之相适应的政权机构。1727年，清政府把原来在泉州的"兴泉道"衙门移设到厦门。1734年，增加永春直隶州，改称"兴泉永道"。介于省、府之间的"道"，又分为两类，一类是掌管一事的道，如盐道等；一类是掌管一地的道，以所辖地区命名，实际上是省级政权派出的行政机构，其权利及于各个方面，但以自己的辖区为限。也就是说，在厦门的兴泉永道道员，其权利可以管辖两个府一个州，即：兴化府（今莆田仙游），泉州府（今泉州市和晋江、惠安、安溪、同安、南安五个县），永春州（今永春、德化、大田三个县）的政治、经济、军事各个方面。厦门非县衙、府衙所在地，在这里设置道署、委派正四品的道员掌管，"其原因系清廷重视其作为海外贸易中心具有极其重要的商业与战略价值之结果。"

雍正历经乾隆的70年间，厦门的航海贸易盛极一时。"港中船舻罗列，多至万计"，以贸易总值而言，乾隆二十一年（1756）比乾隆五年（1740）增长29%，基本上可以反映这一时期航海贸易的发展趋势。各年贸易总值如下：

年　　代	贸　易　总　值（银两）
乾隆五年（1740）	10，891，097.1
乾隆八年（1743）	13，384，810
乾隆十年（1745）	14，578，858.4
乾隆十五年（1750）	14，570，373.4
乾隆十六年（1751）	18，210，572.6
乾隆二十一年（1756）	17，922，071
合　计	92，577，270.5

鸦片战争前后，有些外国人描述他们在厦门的见闻："厦门城市的居民主要从事商业和供国内消费的制造业。……大约有三百条不同大小的帆船在这个港口

从事贸易,其中有很多属于厦门商人所有。他们用这些船同中国北方和南方的港口进行贸易,也同中国台湾、新加坡海峡以及该地区的各港口进行贸易。此外,在厦门与其可以通航的主要城市之间,每天均有载着旅客和货物的小船往来。实际上,大陆上的许多重要地方以及内地,很多种消费品都依靠厦门供应。但这些物品,厦门并不生产,只是从厦门进口而已。这就使得这些地方与厦门之间进行着巨额的国内贸易,并使得厦门具有了很大的重要性。"

"中国没有一个地方像厦门那样聚集了这样多有钱能干的商人,他们分散在整个中国沿海各地,并且在东印度群岛的许多地方开设了商号。……他们最短的航行是去台湾。在西南季风的时候,他们的船只在厦门装载砂糖,运到北方各港口出售,主要是宁波、上海、天津以及东北各城市,回程则载运豆类与药材。他们在江南的苏州府和定海等镇以及广州之间,也进行大宗贸易。"

"对外贸易的极大部分由厦门地方的一些资本家所经营,他们和东京(今越南西贡)及印度半岛的贸易并不多,但是每年也至少有四十艘大帆船前往暹罗的首都曼谷。"

"地方政府非正规的勒索性的苛政暴敛,使得厦门的许多大商人迁移到上海、广州以及其他地方去了。他们在那里利用从家乡随来的船只和人员经营贸易。"

厦门和东南亚的贸易,直到鸦片战争前仍保持正常往来。道光元年(1821),三艘载重250吨至400吨不等的商船从厦门装运了陶器、石板、砖瓦、雨伞、粉条、干果、神香、宣纸、旱烟,以及土布、生丝、樟脑等货物到达新加坡,然后从新加坡运载燕窝、玳瑁等传统商品和欧洲的羽绒、毛织品和粗哔叽等货物返航厦门。第二年,又有四艘载运生丝、土布和陶器的厦门商船驶抵新加坡港。1832年,英国东印度公司的胡夏米等人乘坐"阿美士德"号船停泊厦门,还看见"每天有一二十艘三百至五百吨的帆船进港,装载大米和糖",其中"不少是从(马六甲)海峡来的,装有很值钱的货物","七天内进港的一百至三百吨不等的船舶,不下四百艘","天津商务的繁盛,还比不上厦门"。与胡夏米一起前来厦门的郭士立写过一本《中国沿海三次航行记》,甚至认为厦门是中国"最大的商业中心之一,又是亚洲最大的市场之一"。

明代后期至鸦片战争前,厦门航海贸易的主要对象是日本和东南亚国家(地区)。彼此之间能维持贸易达几世纪,首先是经济上的互相需要,其次是我国的生产技术水平远胜对方,出口商品备受欢迎。厦门的航海贸易商人经验丰富,懂得组织"热门货"商品出口,以适应国外市场的需求,丝、绸、织造品、瓷器、茶、糖等,长期成为厦门重点出口商品。

鸦片战争后,厦门是《南京条约》被迫开放的五个通商口岸之一,于1843年11月开埠,比上海还早半年。1844年,英国驻华全权大使德庇时视察开放的几个口岸。他在报告中说:"凡商务成功之要素,上海、厦门二埠皆具有之,故其贸易之发展,可操左券……"的确,厦门开埠后与英国之间的贸易迅速发展。从1843年到1850年,对英国的进出口,分别增加了180%—280%。

开埠后的厦门,在输入商品中,鸦片、棉布和大米,长期占有相当大的比例。输出商品中,早期以茶和糖为大宗。经常有大型的太平洋邮轮和一些大轮船,驶进厦门港运载茶叶,经过苏伊士运河直往欧洲和美洲。可是由于忽视质量,经不起印度、锡兰(斯里兰卡)的竞争,茶叶出口一年不如一年。糖的输出在1900年以后败于爪哇糖的竞争,出口量每况愈下,后来甚至由出口商品转为入口商品。

1946年,在海关税务署发布的贸易报告中,厦门口岸对外贸易总值居全国第九位,这一年的福建省经由海关直接对外贸易总值,福州仅占28%,厦门却有72%,显示了它在全国、全省对外贸易中的重要地位。

应该指出的是,这期间厦门口岸的航海贸易虽有发展,但具有与明清时期截然不同的特点,表现在:(1)航运和对外贸易的主动权丧失殆尽,外国的轮船取代了厦门的帆船运输。不仅国外市场的控制权握在外国资本主义国家手中,国内市场的进出口商品的价格,也在外商洋行控制之下;(2)对外贸易从出超转为入超;(3)进出口商品结构发生变化,鸦片在开埠后半个多世纪一向是最主要的进口商品;(4)外贸的对象从东南亚国家和地区转向为欧美国家,扩大了贸易范围。

厦门被迫开放后的110年间,几乎年年入超,仅1894年例外。尤其是新中国成立前几年,达到惊人的地步。1948年的出口货值不及入口货值的十五分之一,1949年上半年的出口货值不及入口货值的十分之一,充分反映了鸦片战争后厦门对外贸易的半殖民地性质。造成厦门港口长期入超有多种因素,最主要的是一系列不平等的条约给外商提供诸如税率低等过多的"优惠"特权,为外国商品输入大开方便之门。其次是内陆交通不方便,腹地局限于生产不发达的闽南地区,出口货源短缺,失去平衡的对外贸易状况,使厦门经济社会的对外依赖性大大增强,造成经济长期滞缓不前。

二、厦门与台湾的特殊关系及其相互影响

厦门与台湾一衣带水,隔海相望。"当明中叶,漳、泉人之至者已数千人。"明朝万历二十年(1592),驻厦门的"南路参将"兼辖澎湖,进一步发展了厦门、台湾间的经济文化往来,此后几个世纪,闽南人络绎不绝地从厦门横渡台湾海峡,与台湾高山族人并肩在这个富饶的岛上耕耘。

荷兰殖民者窃据台湾期间,台湾同胞的生活用品,很大部分依赖漳泉内陆的供应。当年漳州人张燮写的《东西洋考》、晋江人何乔远写的《闽书》,都留下

闽南一带商人运载瓷器、衣服、食盐等物品前赴台湾贸易的情景。在荷兰人《热兰遮城日记》《大员商馆日志》等档案文书里，也有不少类似的记载。1623 年 3 月，荷兰人"从一艘来自厦门的中国商船得知"，"每年有两艘中国商船到彼岸贸易"。1636 年 3 月 21 日，自烈屿和厦门满载盐和砖的 17 艘渔船，到达台湾。同时到达的还有一艘自厦门装载砂糖 15000 斤和五箱金条的帆船。1637 年 5 月 15 日，两艘自厦门的帆船，装载白砂糖 50 万斤、白蜡 4000 斤、明矾 12500 斤，细瓷器 130 篓，驶抵台湾。1661 年，"有五艘中国商船自台湾驶回厦门、烈屿等地。"荷兰东印度公司从厦门与台湾的贸易中得到巨额利润，在荷兰东印度公司遍布世界的 20 个商馆中，台湾商馆获得的利润居于第二位。

1662 年 2 月，郑成功驱逐荷兰侵略者，收复了台湾。在厦门跟随郑成功东征的几万名闽南子弟兵，便留在台湾，繁衍子孙，为发展台湾的经济社会做出了较大贡献。

郑成功逝世后，郑经继位管辖台湾，清政府厉行"海禁"，强制"迁界"，造成台湾的布帛等物来往阻隔，价格昂贵。清军一度占领厦门，旋又退出。郑经接纳参军陈永华的建议，委派部将江胜率领一支水师进入厦门，"斩茅为市，禁止掳掠，平价交易。凡沿海内地穷民乘夜负货物入界，虽儿童无欺。……其达濠货物聚而流通台湾，因此而物价平，洋贩愈兴。"其实，驻扎在厦门附近的清军守边将士，对厦门与台湾的经济往来，也是明禁暗许。"虽汛地谨防，而透越不时而通，有佩鞍穿甲追赶者，明是护送；即巡哨屡行，有耀武扬威才出者，明使回避，故台湾货物船料，不乏于用。"由此可见，即使在清政府与台湾郑经政权处于敌对状态时，厦门与台湾的经济往来，始终没有完全断绝过。

康熙二十二年（1683）8 月，台湾郑氏政权降清，结束了海峡两岸的分裂局面。第二年 4 月，清政府置台湾府，隶属福建，与厦门划为同一行政区域，设"台厦兵备道"，统一管辖两地的文武各机关。台厦同一行政区达 40 多年，直到雍正六年（1728）才单独设台湾道。《台湾府志》写道："台郡厦岛鸟之两翼。土俗谓厦即台，台即厦，"形象地表述厦门与台湾的密切关系。雍正年间任台湾知府的沈起元在《条陈台湾事宜状》里也深有体会，台湾与厦门，"合之则两全，离之即两伤。"

台湾归清之初，规定只开放厦门港对渡台湾鹿耳门港，其他任何港口一概不准通行。大陆与台湾间的往来，包括政府公文传递，都得通过厦门。凡大陆"往台湾之船，必令到厦门盘查"，其他台湾回大陆者，"亦令一体护送。由澎到厦，出入盘查，方许放行。"整整经过 100 年，也就是乾隆四十九年（1784），才增加开放晋江市蚶江港对渡台湾的鹿港。乾隆五十五年（1790），续开放福州五虎门对渡台湾淡水的八里岔。

祖国的统一有利于台湾经济社会的发展。台湾肥沃的土地，富饶的产物，吸引着数以万计的漳泉人民前往开发。台湾盛产的大米、蔗糖，源源不断地通过厦门转输福建大陆，而台湾同胞所需要的日常用品，也需要依赖厦门供应。《厦门志》卷五记载："厦门商船对渡台湾鹿耳门，向来千余号。"1725年福建巡抚毛文铨在呈送雍正帝的一份报告中说，每年至少有500到700艘台湾商船停靠在厦门，而实际数量可能还不止。出现了台湾海峡"船舻相望，络绎于途"的盛况。

厦门与台湾之间的经济交流，不只是米和糖，还有樟脑、通草、藤、苎、胡麻、黄梨（菠萝）等土特产，"海舶运售厦门，其利甚溥"。赴台贸易的漳泉商船，回程多载米、谷、菽豆、黑白糖饴、番薯、鹿肉，"售于厦门诸海口"，而大陆提供台湾的商品，也都是通过厦门转运，例如，澎湖"地不产桑麻，女无纺织，棉夏匹布，具资于厦门。""台地石少，……宫廷造路及碑冒用，均由厦门等处载来。"康熙末年台湾三县大兴土木，营建寺庙、学宫、殿堂、亭阁，所用的建筑材料，全部"取材鹭岛""福州""内郡"。"砖瓦亦自漳泉而来"，"亦有从厦门运来者。"厦门海关《十年报告（1882—1891年）》明确指出，"厦门一直是运往台湾货物的集散地。台湾的贸易往来大部分经过本口岸。""1881年经厦门港转入大陆的台湾乌龙茶，与过去的任何一年相比，数量是最多的。"

鸦片战争后，洋米、洋布的大量输入，台湾与厦门的经济社会同样受到严重影响。洋布冲击了闽南棉布在台湾的市场，洋米夺走了台米在厦门的销路，台湾"米谷不通，日积月多"，"盖由内地食洋米而不食台米也。不食台米，则台米无去处，而无内渡之米船。无内渡之米船，则无外来之货船。往年春夏，外来洋元数十万，今则来者寥寥，已数月无厦门商船矣。各厅县虽有海口，几成虚设。"1895年日本占领台湾后，由于台湾的茶叶不再通过厦门转运出口，而使厦门对外茶叶贸易一落千丈。这些实例，充分说明了历史上厦门与台湾的经济社会，是相互依存，相互促进的。所不同的是，厦门与大陆近在咫尺，有所依托，正如道光三十年（1850）台湾兵备道徐宗干所说的："台地之难，难于孤悬海外，非内地辅车相依可比。"这些话虽然是100多年前说的，但现在回味起来，对台湾的国民党当局，何尝不是一贴清醒剂。

自1895年4月至1945年9月，台湾沦为日本军国主义者的殖民地已半个世纪。由于台湾居民中祖籍闽南的占人口总数70%以上，这种地缘和血缘的因素，决定了日据时期台湾继续保持与厦门的经济联系，航运畅通。厦门仍然是闽台往来的重要口岸。据统计，1913年台湾来厦旅客5660人，1915年增至6031人；1913年厦门赴台旅客5131人，1915年增至5947人；1933年居住厦门的台湾人达8700人。1945年8月15日日本战败投降，进入祖国口岸的第一艘台湾商船，于10月2日驶进厦门港。此后四年，厦门与台湾之间各方面的联系，日益密切。

三、华侨、华汇和侨资在厦门经济社会发展中的作用

厦门是福建华侨出入祖国最主要的港口。几世纪以来,随着华侨人数的增加和华侨汇款额的上升,在厦门经济社会发展中所起的作用,日益显著。

16世纪中后期,经营航海贸易的厦门商人,就已达日本和今天东南亚国家的一些地区。有的人出自商业的需要,居住海外,就此成为早期的厦门华侨。

荷兰侵占印尼初期,雅加达的甲必丹(华侨首领)、苏鸣岗是厦门人,17世纪中叶,以李君常、曾其录为首在马六甲的厦门人捐资发起兴建华侨公墓和扩建华侨寺庙,反映了当年厦门华侨在东南亚已有一定的商业势力和经济基础。鸦片战争前,从厦门出国的华侨时断时续。《吧城布告集》记载,1808年8月由厦门到达雅加达的两艘商船,载去移民(华侨)979人。1821年进入新加坡的第一艘中国帆船,是从厦门起航的。如今马来西亚林敦本堂派下的林姓华侨、华人,其祖籍是厦门近郊鳌冠乡。1830年3月25日《新加坡报》报道,四艘进入新加坡港的厦门商船,就有旅客1570人。鸦片战争后,从厦门出国的华工、华侨更多。据估计,1847—1874年大约有25—50万华工被运往海外。1879—1889年间,自厦门出国的华侨达41万人,平均每年出国四万多人。1892—1911年间的20年,从厦门出国的华侨前十年年均数为65,700人,后十年年均数为65,378人。历史上厦门华侨出国最多的一年是1913年,计有105,496人,回国最多的一年是1895年,计有113,600人。

遗憾的是,新中国成立前各个时期厦门的华侨究竟有多少,历代政府没公布过数字。目前能看到的,只是国民党厦门市政府统计室1946年11月编印的《厦门要览》里,简单地记载厦门岛内的鼓浪屿的华侨共计25,764人,侨眷8582户,20,676人。

侨汇是华侨从国外寄回祖国的款项。华侨只身赴海外谋生,留在家乡的亲属,靠他们寄回在海外的劳动收入以维持家计,这就是华汇的起源。华侨吃苦耐劳,积极参加当地的开发建设,在漫长的岁月里,握有一点积蓄。其中有些人经营的事业发达了,有了一定的资金。华侨普遍存在宗族观念和家乡观念,出自对亲属和家乡的深厚感情,寄钱回乡兴办教育,公益事业和投资家乡生产建设的,也不乏其人。陈达在《南洋华侨与闽粤社会》一书里写道:"一位外国领事的估计,厦门的邻近有80%家庭,依赖华侨汇款维持生活的一部(分)。"

各个历史时期厦门的侨汇究竟有多少,同样找不到精确的数字。厦门海关在1913年的贸易报告中,税务司估计每年侨汇在1600万关两到1800万关两之间。执笔写海关《十年报告(1912—1921年)》的税务师J:H Hacoun认为:"本十年来,

已大大超过了这个数字。十年来，华侨的资产增加了，这很值得注意。他们往家乡汇款的能力比前几年有很大的提高。"中外的一些经济家和金融界人士，也曾先后对1905年至1936年的厦门华汇进行过调查，但只是个估计数字。而不论是经济学家们或者是金融界、商业界人士，对侨汇影响厦门的经济社会发展，却是一致肯定的。我们还从厦门海关的《十年报告（1922—1931年）》中，看到过一段文字，生动地描述侨汇对经济社会的影响："值得注意的是，这一代人的富裕并不十分依靠本地工业的发展，而是依靠海外侨民往国内汇款的增加。这种增加使厦门一直是一个良好的市场，甚至当附近地区动荡不安，经济萧条时，厦门依然如故。"

诚然，侨汇在平衡贸易逆差的国际收支和提供厦门近代化城市建设资金来源，发挥过主导作用；对活跃厦门金融和繁荣厦门商业市场，起过重大作用；对厦门的民族工业、公用事业、交通运输业的兴起与发展，也有深刻的影响。例如据张葆华《福建对外贸易之检讨》的统计，厦门从1905年到1938年外贸超累计达90,224万元，而同期侨汇收入却有118,706万元，对抵后还盈余28,000多万元。

1920年成立的厦门市政会，是厦门近代城市建设的开端。市政会会长林尔嘉、副会长黄奕住、会董洪晓春、黄元庆等20人，都是地方上负有声望的人士，而市区建设的大量资金，主要依靠华侨投资。

现在海滨公园向南延伸到厦门港沙坡尾，这一带原是一片海滩烂泥地。菲律宾华侨李民兴（昭北）、李清泉父子投下190多万元，填滩筑堤兴建高楼。他们父子还投资几十万银圆，在中山、大同路兴建几十座商业与住宅并用的楼房。

热心投资厦门城市建设的，首推印尼华侨黄奕住，他不仅投资200多万元兴建160多座洋楼，还参与创办厦门自来水公司，同时收买了日本人的电话公司，成立了厦门电话公司。

当今厦禾路、小学路地段，旧称"浮屿"，本是一片浅海，由新加坡、缅甸华侨许文麻、许文德等人投资的"宏益""振祥"两家房地产公司填筑，并兴建了一排楼屋。市中心思明南路，从前是蕹菜河，由印尼华侨黄超龙、黄超群兄弟合资的"龙群公司"，投下巨资填河筑楼。

据统计，20世纪20年代末30年代初，厦门20多家规模较大的房地产公司，都是华侨投资创建的，总投资约达3000万银圆。

新中国成立前的厦门侨资银行，有黄奕住与菲律宾华侨薛敏老、李清泉合资创立的中兴银行，总行在马尼拉，厦门分行的资金15万银圆。中南银行总行在上海，不但厦门有分行，且在国内外24个大城市设立分行，资本7500万元。黄奕住拥有75%的股权。陈嘉庚的女婿李光前、同安华侨陈延谦等投资在新加坡创办的华侨银行，厦门也设有分行，总行资金1000万新加坡币。1943年，陈嘉庚的长子陈厥福等人在福建永安创办集友银行,抗战胜利后迁到厦门,资金国币400万元。抗战前总行设在厦门,分行于上海的厦门商业银行,资金60万银圆,其中侨资20万元。此外,厦门旧式银行的钱庄,沟通侨汇的民信局,大部分与侨资有关。据30年代调查的资料,仅是民信局,"举其规模大者,在厦门有153家。"侨资银行、钱庄和民信局组成的金融网络,对活跃厦门经济有很大作用。

清朝末叶,华侨就开始在厦门投资工业。1904年,华侨陈日翔和林辂存,发起创办华宝制瓷公司,招股12万元,设厂制造瓷器,行销南阳。这是近代厦门第一个侨办企业。1905年,福建筹建漳厦铁路,设立商办福建铁路公司,华侨投资达1700万元。铁路公司的全部资金中,有五分之二是印尼华侨投资的。1908年,华侨创办的厦门淘化食品罐头公司,拥有资本四万元,年产水果、黄豆和腌盐豆各类罐头,写下闽南制造罐头食品历史的第一页。后来与大同罐头公司合并,改名淘化大同食品罐头公司。1909年,华侨郭祯祥兄弟等组织广福种植公司,在同安、海澄、龙溪三县境内买下300亩地,由印尼、菲律宾和台湾引进蔗苗种植。第二年又成立拥有资金40多万的华祥制糖厂,向日本购买日榨糖80吨的机器,投入生产,开创了福建机器制糖的新纪元。还有1900年创办的厦门电灯厂,1906年和1908年设立的公信玻璃厂和广建玻璃厂。民国年间的兆和罐头食品有限公司、山海制冰股份有限公司、民生布厂、民光布厂、厦门肥皂厂、厦门电池厂、中原烟厂、同美汽车公司、全禾汽车公司、厦禾汽车公司等近代工业、汽车运输业的资金来源,也都以华侨占多数。1949年,马来西亚华侨黄重吉,满腔热情地运回机器,申请在厦门办十个厂。

侨资工厂的建立,不但制造了一批产品,而且引进了新式的机械、动力设备和生产技术,促使厦门原有的手工业生产改进设备和技术,对厦门近代资本主义企业的产生,具有重大意义。

新中国成立前的厦门,有侨眷将近三万人,又有闽南各县华侨每年平均五万多人在出国、回国时经过厦门,加上迎来送往的侨眷,共20多万人。华侨、侨眷路过厦门,总得住宿几天,并在厦门购买物品馈赠亲友。华侨的购买力和侨眷的高消费,给厦门的商业市场带来繁荣。正因如此,许多华侨在厦门投资开行设店,经营各种商品批发业务。又因为华侨分布闽南各县市镇乡间,使厦门成为闽南各地商业的中心。30年代经济学者楼桐荪说过:"没有南洋华侨,就没有今日的厦门。"据林金枝、庄为玑《近代华侨投资国内企业资料选辑(福建卷)》的统计,近代华侨在厦门投资的企业有2658个,投资金额折合人民币8748万元,占华侨在福建全省投资总数的62.88%,由此可见,华侨在厦门的投资兴趣很大。不言而喻,华侨和侨汇、侨资,是影响厦门经济社会不容忽视的因素。

回顾新中国成立前厦门经济社会发展的历程,最显著的特点是,优越的港口地理环境，为厦门航海贸易的发展创造有利条件。

航海贸易使厦门与外部世界的接触较多，因而这里的人民富有冒险性的创造精神，成为推动经济社会发展的一股力量。然而明末以迄清朝中叶，港口只是限制性的开放，航海贸易的盛衰，在很大程度上依赖于封建统治者的贸易政策的宽严，而政权机构的设置是否与经济社会相适应，对港口功能的发挥起着制约的作用。鸦片战争以后，由于国内外市场控制在外国资本主义手中，加上生产技术不求改进，出口货源贫乏，航海贸易的主动权丧失殆尽，它的繁荣主要借助华侨汇款挹注资金，维持商业兴旺的地位。

在厦门海关的《十年报告（1882—1891年）》中的《贸易展望》里写道："可以肯定厦门及其所属地区过去所具有的商业活动的名望，将在未来的年代里继续保持下去。厦门的前景现在已很明了了。最大的、最先进的轮船平稳地穿梭在内港区拥挤的航道上，这些就足以说明，厦门作为一个港口，对其未来的地位是无须恐惧的。"《十年报告（1882—1891年）》最后是这样结束的："可以相信，这个历史悠久、最富有吸引力的贸易口岸，以其重要的地位，保证了港口能够继续兴旺发达。"

历史过程有力地证明，拥有优良的港口是厦门最大的优势。积极开展航海贸易、沟通对台贸易、吸收侨资、外资和引进科学知识、先进技术设备，以及实行自由港的某些政策，必将产生有利于厦门经济社会发展的影响。

（原载《1985—2000年厦门社会经济发展战略》，厦门市经济社会发展战略研究办公室编，鹭江出版社，2001年）

1908年美国舰队访问厦门

甲午中日战争后，帝国主义列强为牵制日本在华侵略势力，保住各自在中国既得的侵略利益，于1898年在中国掀起争夺"租借地"和划分"势力范围"的狂潮。

当列强在中国展开激烈角逐时，美国正忙于从西班牙手中攫取菲律宾殖民地的美西战争，暂时无暇参与列强瓜分中国的争夺战，而清政府却把它看成是"美国对华亲善友好"的表现。

美西战争结束后，美国政府于1899年就中国问题向其他列强提出了"门户开放""利益均沾"的主张。列强在美国保证不损害其侵华利益的前提下，接受了美国这一主张。"门户开放""利益均沾"，实质上是列强共管中国，但名义上仍保存清政府的统治地位。因此，清政府厚颜无耻地向各国要求"尊重""门户开放"，并在外交政策上逐步亲近美国。辛亥革命前的美国舰队和美国商团相继访华，就是清政府"亲美"政策的体现。

美国舰队和美国商团访华时间，分别为1908年和1910年。这两次轰动全国的重大外事活动，都与厦门有关。清政府选择厦门为访华美国舰队的接待地，尤引起中外注目。为反映辛亥革命前夕厦门的社会情况，我们以当年报刊登载的新闻为主，并参阅有关资料，综合整理写成此文。

一、接待美国舰队的筹备工作

1908年10月30日，一支由八艘万吨级军舰和多艘补助舰队组成的美国舰队，共载官兵1.3万多人到达厦门访问。美国舰队这次访华，清政府选择厦门作为接待的港口，其主要原因是厦门港口条件优越，气候温和，终年不冻。而与厦门史上有过郑成功、陈纹环、陈化成等海军将才，以及厦门在中国海防上的重要地位，也有一定关系。

在美舰访厦的前三个多月，接待美舰的筹备工作就已拉开序幕。6月下旬，兴泉永道刘子贞接获闽督松寿来电，要他着手组织官员，开展筹备工作。他下达任务给厦防同知钮承藩,纽承藩立即与警察队的刘巡官会同厅委及十八保董事,由整顿市容入手,劝谕商铺粉饰门面,打扫街巷,拆除一切有碍观瞻的招牌和路障等。

接待来访美舰官兵的地点,起先选择在鼓浪屿,嗣后确定在南普陀寺及其附近的演武场(今厦门大学体育场)。为此,南普陀寺大加修葺,碧山岩、虎溪岩等处名胜古迹也同时进行修缮,并新建一座码头和开筑几条新道路,又在演武场兴筑洋式操场和接待宴会大厅以及"宾馆",各项工程陆续动工。7月31日下午,刘子贞道台前往各处检查筹备工作的进度和勘验工程质量。

为了及时完成接待美舰的筹备工作,清政府委派道台衔的麦信坚(外务部医生)和谦豫部郎为接待美舰委员,负责主持有关接待美舰的一切事宜。厦门海关税务司威礼士、美国驻厦门领事馆领事阿洛尔特,也参与清政府筹划此事。当筹备工作开始,度支部(财政部)立即一次性拨款40万银两。

7月29日,麦信坚和谦豫两位委员抵达福州,先与闽督松寿讨论接待的具体细节。刘子贞接获闽督通知,两位委员将于8月4日到达厦门,于是商借景新河(今金新河)作为委员行辕。麦、谦两位委员,带有随从四人,警兵20人。

闽督松寿以厦门接待美舰之卫队,非有新式枪械不足以壮观瞻,咨请上海江南制造局张总办,赶造新毛瑟枪1600支、马枪30支,并枪弹、皮壳等件。一面派委员江梦荪直接赴上海领运,一面拨派飞捷兵轮到沪点装运解。松寿又令孙道仁统制统带新军1623人前来厦门。新军一律配备新的衣、帽、皮靴、军械、洋枪、佩刀以及应用器械,以整军容。在清王室毓朗贝勒出京到达上海时,松寿先行到厦,备办迎迓贝勒的各项事宜。

8月9日,闽督派陈仁山、赖牧樵两位太守来厦,会同厦防同知钮承藩前往厦港勘验南普陀寺和演武场,又往勘察新军驻厦地段并与刘子贞商议三事:(1)美舰提督(司令)行辕拟在演武场;(2)贝勒行宫拟在南普陀寺;(3)松寿行辕拟在户部大衙门(今定安路钱炉灰埕"江夏堂")。

按照计划拟在演武场建造一座可容3000人的大洋房,作为宴请美舰官兵的宴会厅,后因工程浩大,需款又多,改为雇佣广东搭竹棚巧匠,在演武场空地搭造一座大竹布棚,权充宴会厅。

9月初,麦信坚奉命赴上海、香港购办马车、东洋车(人力车,又称黄包车)及应用各物。该买的各物购齐后,于同月14日乘"图南"号轮由汕头回到厦门。刘子贞赶紧派人往码头迎接,并多派夫役搬运起卸。至此,麦、谦两人经办接待美舰各项任务大致就绪。9月8日,"爱仁"号轮自天津抵厦,专程运载发电机器和四五千盏电灯。另由厦门商人赶造纸灯数千盏,共分五色,已由麦信坚验收,并安置在南普陀庙内。

为整顿市容以迎接美舰，9月14日上午福建水陆提督洪永安邀同中府谢参戎、厦防同知纽承藩和县司马，由渡头乘坐小轮渡海至嵩屿，视察漳厦铁路停车场工程情形。同日动工兴筑迎接美舰码头，在磐石炮台海滩打下木桩，架成木桥一座，作为美舰官兵上下的码头。

此外，又由松寿委派刘玉衡前往广东，采购花木盆景及特等烟花，并在广东购置酒席所用的一切器具。其中有培植300年以上的灌木盆景，有精雕细刻的工艺品和丝绣屏障以及红木桌椅。而香港的"髦儿戏"戏班男女演员三四十人，也将由班主人金翠英率领自香港抵厦。为此，赶造戏园以供开演。

为了接待美舰来访，清政府厦门地方当局还从福州等地招募工人，日夜赶工，在演武场及其周围兴建十几座馆舍和牌楼，构成连环形的临时宾馆。牌楼五彩缤纷，馆舍之间有道路可通行马车和黄包车。在环形的建筑群中，有一座长200尺（66.67米）、宽100尺（33.33米）的宫殿式大厅，以丝绸做成天花板，独具匠心。厅内有各种花卉编结制成的图案和琳琅满目的精致工艺品。入口处的彩色牌楼，高100尺（33.33米），宽195尺（65米），巍峨壮观。

然而天不作美。10月15日，厦门遭受历史上罕见的大台风袭击，随后又是倾盆暴雨。据上海的英文《文汇报》厦门来电报道，为迎接美舰新建的所有馆舍牌楼，悉被摧毁，室内布置，尽付东流，仅发电所幸存。厦门岛上的房屋和船只，亦多受损。因距离美舰来厦还有半个月时间，犹可亡羊补牢，政府立即鸠工抢修，但景致已大不如前。

美舰来厦期间，将在厦门举办百货陈列所。为此，农工部特电委厦门商会林叔臧为陈列所总办。林叔臧邀请商界及道宪在商会共议陈列所办法。刘子贞已允准委派官员配合进行，并由林总理派陈剑门、庄有才、蔡得喜、陈某等八人为陈列所照料委员。鉴于江西商会已派员装运几十担瓷器前来厦门参加陈列。上海、香港以及各省商会所派带货来厦陈列人员也陆续到达，即就商会开辟招待所，凡带货来厦者均可到所住宿，并派人招待一切。绅商两界又在商会筹议，决定在小走马路阅报社内附设馆舍，为各省来厦参观的绅商提供方便。

清政府还命令萨镇冰铸造银牌7200枚，金牌200枚，将分赠美舰队各员弁水兵，作为访华纪念品。牌面之大小约银圆的二分之一，一面镂成中美国旗，一面注明舰队抵厦日期，并有几句铭文。银牌每枚值银圆1元，金牌每枚值银圆30元，均向日本定造。

清政府接到美国舰队来电，得知对方10月下旬可到达厦门。于是，命令"海圻"号兵舰驶赴厦门以迎接美舰。10月16日，海圻舰由北洋驶抵松口，即与"海容""海筹""海琛""飞鹰""通济""元凯""福安"等军舰开赴厦门。另有法、德军舰各一艘，也于同日由松口开赴日本，迎迓美舰。

到了10月21日，美舰提督行辕已全部完工，麦信坚委员正料理室内排设等事。大厅内装设一对莲花式大电灯，尤为夺目，厅外陈列月季、玫瑰、竹松、茶花、茉莉、玉兰等各式花卉，群芳争艳，美不胜收。这些花卉，听说是从漳州选购来的，共5000盆左右。10月25日，委托上海招募的700多名厨役，乘坐太古公司"镇安"号轮，自沪抵厦。

10月26日，闽藩尚其亨统领孙道仁到厦，准备迎迓美舰。清政府任命的接待美舰大臣贝勒毓朗、外务部侍郎梁敦彦，已于10月23日下午2时从上海洋务局行辕出发，搭乘"海圻"军轮赴厦，沪埠各官均至江畔送行。海军提督萨镇冰先行到厦，为他们两人安排一切。28日，松寿由马江乘海容军舰启程，29日晨抵厦。漳、泉各属州县，如龙岩州、马巷厅、同安县等地方官员均先期来厦恭候。兴泉永道刘子贞也事先向海关税务司包罗商借巡查小火轮，驶至港口迎接。一俟美国舰队驶抵中国海面，贝勒毓朗及外务部梁敦彦侍郎、闽督松寿等将一同前往港外迎迓。

美国舰队将到，观者必众，为防不测，政府密电严查革命党人以防混入。松寿制军抵达后，厦门立即进行封港，不准各船无端出入，以杜混杂。刘子贞以南普陀寺和演武场为接待美舰官兵之所，深恐军民往来游观，特出告示：自10月29日起至11月3日止，禁止行人混入。至4日到5日（农历十月十一、十二日）两日欣逢慈禧太后万寿，始行开放供百姓入寺游观。为此，刘子贞特札委韩室三为查夜委员，而于各大小客栈尤面谕格外小心，调拨巡警仔细调查。

福建水陆提督洪永安也以美舰将到，冬防期届，札委各哨官带队分札各处出防缉盗，以靖地方。又委刘德枃总查，每夜巡视各处，以臻周密。

拦街搭台演戏，最为厦门恶习。纽同知谕饬各保董事，际此美舰将临，各处街道正在设法整理，更不容拦途搭台演戏，阻碍行人，违反警律。

此次访华美国舰队确数已经详细调查，计水师22艘，水师兵13,252人。美舰来厦之际，适逢万寿（慈禧太后寿辰），厦埠绅商界拟组织万寿胜会，扎成抬阁灯、彩龙灯、秋千各项游戏，沿街迎赛，经获当局准予进行。

据上海《申报》转载英国《泰晤士报》的《预定接待办法》，清政府为接待美舰访华作了如下安排。原文照录于下：

厦门接待美舰队之中国委员，目下预备供帐，颇为忙碌，并备有运动各品，如棍球、足球两种。获胜者奖大银杯两只，值价洋2500元有奇。又在海边筑路一条，阔可3丈，直达校兵场（按：即演武场），接至山上某名刹（按：即南普陀寺），长可450丈，道旁栽种绿竹，上悬华式各色纸灯，校场中为宴会员升之所，大约每次可容客3000人。华官之意拟以华式之礼接待美舰，如供给华宴两次及延（请）

中国戏班（演出）等，业已预备，不日将赶建大戏园两处，每处座位可容千人，并定购 10,000 枝灯头之电灯机一具。俾于纸灯类装燃电灯。兹将逐日接待详单列下：

华历十月初五日（10 月 29 日），舰队抵埠（按：美舰队延迟一天到达）。上午 8 点钟在美国领事署宴待统兵官及中国官员。初六日行欢迎礼，互相拜会。9 点 30 分钟至 11 点 30 分钟举赛足球，12 点 30 分进茶点，2 点 30 分至 4 点 30 分举赛棍球，7 点至 10 点大开华宴，兵弁等与宴者预计 3000 人。初七日上午 9 点 30 分至 11 点 20 分互行拜会，并举赛足球，12 点 30 分进茶点，2 点 30 分至 5 点赛船，7 点至 10 点再开华宴。初八日游览各山胜境名刹。初九日 9 点 30 分至 11 点 20 分举赛棍球，12 点 30 分进茶点，正午，西国俱乐部款待员弁，2 点至 4 点 30 分兵士游戏各种运动，员弁互击网球，7 点至 10 点大宴舰队各员，并观中国各种戏乐，9 点至 11 点员弁跳舞，并以音乐助兴，11 点 30 分至夜半大放焰火。

初十日 9 点至 11 点接待各员及各国领事，并举赛末次足球。中午进茶点，2 点 30 分至 4 点 30 分举赛末次棍球。4 点 45 分进银杯（奖赏品），7 点至 11 点晚，赛球并观中国戏乐、各种焰火。所有食品已由上海某行包办，计银十万两。各种酒品则向美国直接定购，计 144,000 夸脱，美国麦姆君并送世界著名美酒 6000 夸脱。接待大员据目下所定为：某亲王、闽督、折抚、萨军门、福州将军、厦门道及魏观察。

二、美舰在厦期间的活动

10 日（农历十月初六）晨，美国舰队抵埠。共战舰八艘。晨间六点钟各舰缓缓驶来，八点钟抵厦，九点钟下碇。即由萨镇冰统率中国兵舰小队护送入港。

当美国海军少将伊玛莱所统美舰队第二小队驶达港外时，由飞鹰舰护送，在外港下碇。由萨镇冰统领率巡洋舰四艘、炮艇一艘在港外欢迎。德国战舰尼奥勃亦乐炮致敬。晨间，两国官员互相拜会，毓朗贝勒及外务部侍郎梁敦彦于中午欢宴海军少将史泼莱及各舰士官，海军少将伊玛莱与驻厦美国领事阿洛尔特及各国领事、海关税务司并各国绅商均经陪宴。入晚，由清政府官员备宴款待伊玛莱少将及其他官员，舰上水手则在大操场宴会厅。舰队各员弁以中国款待优渥，都同声表示感谢之忱。

中国官方设宴时，毓朗贝勒向伊玛莱少将申达祝贺词，并申明中美友谊。伊少将答词，美国深愿与中国永久友好。

当晚，毓朗贝勒、梁侍郎设宴款待史泼莱将军。

10 月 31 日举行足球、棒球游戏，11 月 2 日（星期一）下午，旅厦全体西人拟在美国领事署款宴史泼莱将军及各舰长，并延请中国官绅陪宴，翌日举行末次足球、棒球、赛船。

10月31日午刻，毓朗贝勒等前往美舰答拜，当即举办宴饮，并在舰上举行各国士女茶会跳舞。30—31日两晚，美舰提督率领各士官145人，水兵3000人均在接待所宴饮，各国领事亦均入座欢聚，至11时始散。美舰提督意尤勤恳，场所巡查严密，社会秩序安宁。

据外交部致各省督抚电称，此次日本欢迎美舰，在上固极力联络，其民间亦踊跃异常，各新闻纸尤十倍鼓吹。此与国际上大有关系，中国接待美舰，亦应于民意。现美舰于10月30日抵厦，希尊处密转军学商各界，凡能联成团体者，均用西文径电美舰，以示欢迎之意。特电达。之后，各省督抚、社团函电交驰，向访华美国舰队表达欢迎热忱，内容多系恭维奉迎之词，从略不录。

10月31日下午，美国舰队官员均赴大校场，参加游戏和运动比赛。同日，伊玛莱少将邀请中国招待各员至路易西拉战舰小宴；晚间舰队官员应中国接待大臣之请，赴欢迎厅大宴，并有水手3000人在校场宴饮。是时，各舰张灯，照耀如同白昼。11月1日休息，舰上员弁皆不准入城或至鼓浪屿游览。据称美舰队此次出访，成效颇著。但欢迎美舰之热诚，从无有远过于中国者。

11月3日《泰晤士报》载，这次到达厦门的访华美国舰队，是美国第二舰队内之两个小队，一由伊玛莱少将统率，旗舰为"路易西拉"号；一由斯屈洛特少将统率，旗舰为"维斯康新"号。战舰八艘，为"路易西拉"号、"浮其利亚"号、"来苏里"号、"哇哈爱哇"号、"维斯康新"号、"伊里洛衣斯"号、"开阿荫其"号、"开恩脱其"号。伊少将曾在旗舰上盛宴毓朗贝勒及梁侍郎等中国官员，酬酢颇欢。

另据上海英文《字林报》载，11月2日，3000名美舰水手登岸宴饮，晨间举行运动，与会者异常欢悦。午，鼓浪屿西商俱乐部宴请美舰各员，宴毕举行茶会。美舰队曾预约西商俱乐部于当日角赛网球，嗣因雨中止。午后旅厦西人眷属举行茶会，延请美员、华官参加，茶会后，又赴美领事署大宴。夜间复在西商俱乐部跳舞欢饮，并大放焰火以助清兴。萨镇冰军门于拜会美舰各员时谓：美舰来游，吾人深为感悦，此行可以引起中国"羡慕"之心，且知海军应与陆军并重。

11月3日为清廷皇太后万寿之期，正值美舰队访华停泊厦门，实为难得之机会。这一天，中外人士共同庆祝，颇为愉悦。萨军门并在海瑞巡洋舰上招待美舰各员，中国商会亦请美舰员弁及其他西人小宴。

《字林报》又载，同日，厦门港内各舰皆悬挂旗彩，祝贺皇太后万寿。正午。中美兵舰皆升炮鸣放致敬，嗣由华官延请舰队各员，在接待所大开欢宴，伊玛莱少将起立三祝万寿，由毓朗贝勒答谢如仪。是日，复有美舰兵士3000名登岸宴饮。美舰队第二队司令官伊玛莱并电北京政府，祝贺皇太后万寿。下午举行赛船，路易西拉战舰将士获胜。旋由旅厦西人公宴舰队将士。

11月4日，举行足球赛，"浮其拉"战舰将士战胜"路易西拉"战舰将士，胜者获巨觥一只。

11月4日这一天，还有如下的活动。

1. 美舰提督史泼莱请华官观看舰队赛船。

2. 舰队将士举行体育运动，"开恩脱其"战舰将士与"路易西拉"战舰将士分班角赛棒球，"开恩脱其"将士得胜奖巨觥一只，旋由毓朗贝勒发给获胜者奖品。

3. 华官设宴饯别，互致祝词。由毓朗贝勒代表请政府赠送景泰蓝巨觥数只，以作舰队游厦之纪念品。

4. 美舰司令官向毓、梁等人致意道谢，启碇离厦。除"路易西拉"战舰开赴香港外，余舰前往小吕宋。

在华官开宴饯别美舰队时，伊玛莱少将当众宣言，此次舰队游厦，仰蒙毓朗贝勒降趾欢迎，足证中美友谊益见和睦。

民初，李禧在其所撰的《紫燕金鱼室笔记》中，有一篇《来厦美舰队》，追记当年美舰来厦的舰名和官员名，录之以保存地方史料。原文如下：

光绪三十四年秋，美国大西洋舰队来厦，匆匆十余年矣。事关地方掌故，追记如下：

大西洋舰队司令长官海军少将斯信利				
第一舰队第一小队				
	船 名	官 阶	人 名	
	哥内基加脱	海军大佐	奥斯脱好斯	
	冈札斯	海军大佐	维利兰脱	
	米内索塔	海军大佐	哈巴脱	
	瓦蒙脱	海军大佐	玻塔	
第二小队司令官海军少将宛兰脱				
	船 名	官 阶	人 名	
	乔家	海军大佐	克窝尔脱尔	
	内蒲拉斯加	海军大佐	泯哥尔逊	
	纽家奇	海军大佐	沙扎兰脱	
	罗脱爱尔	海军大佐	马脱克	
第二舰队第三小队司令官海军少将（名佚）				
	船 名	官 阶	人 名	
	鲁意加奈	海军大佐	奈伊尔斯	
	瓦其民亚	海军大佐	霞普	
	米兹利	海军大佐	佗伊尔	
	奥哈伊拉	海军大佐	哈瓦锋	

（续表）

第四小队司令官海军少将修罗塔			
	船　名	官　阶	人　名
	费斯孔新	海军大佐	比基
	伊里谱伊	海军大佐	波牙
	开尔萨其	海军大佐	哈谨斯
	旨塔基	海军大佐	哥乌尔斯
补助舰队			
舰　种	船　名	官　阶	人　名
通报舰	羊克顿	海军少佐	马林维
工作船	奔河	海军中佐	讷尔逊
给品船	古拉霞	海军中佐	霍塔
给品船	加尔哥诃	海军少佐	玻顿
病院船	雷利夫	海军军医小监	司脱克
给炭船	埃霞克	船长	哈谨逊

美国舰队离厦之后，曾编印过一本中英文对照的《美舰访厦》小册子，封面彩印中美国旗，书中有《接待美舰队分日宴乐总目》，资料难得，录之以供读者参考。

接待美舰队分日宴乐总目

光绪三十四年十月初五日，星期四，昕夕演戏。

是日美舰抵厦，互相拜谒。晚八句钟，中国官员在接待厅筵宴美舰官员。

初六日，星期五，昕夕演戏。

是晨拜客，九句半钟踢球为戏，十二句半钟午餐西馔，官员兵士三千人。

初七日，星期六，昕夕演戏。

九句半钟打球为戏，十二句半钟午餐，西馔官兵三千人；一句钟，美提督座驾舰宴华官午餐，二句半钟，美提督在座驾舰欢宴绅商；三句钟赛艇水嬉，五句半钟海军提督萨军门分赠赛艇奖品；六句钟角力为戏，七句钟大张华馔宴各舰官员兵士三千人。

初八日，星期日，昕夕演戏。是日任便游览。

十二句钟午餐，西馔官员兵士三千人，四句钟，设茶会于南普陀寺中以便各舰官员游览。

初九日，星期一，昕夕演戏。

九句半钟踢球为戏，十二句钟，鼓浪屿各国官商在总会接待中美官员，一句钟午餐。

十二句半钟，兵士三千人在接待场午餐，二句半钟踢球为戏，三句钟中美官员赴鼓浪屿球场打球，五句钟，西国女士在鼓浪屿球场设茶会款待中美官员；六句钟角力为戏，七句钟兵士三千人在接待场晚餐；八句钟美领事署筵宴中美官员；

九句钟各国商会请各官员及士女为跳舞会。事毕晚餐，燃放烟火。

初十日，星期三，昕夕演戏。是日恭祝皇太后万寿。

九句半钟踢球，评定甲、乙，十一句半钟至十二句半钟，中国官员在接待厅款待各国来宾。一句钟，厦门官绅商在南普陀公请美舰官员及各国领事午餐，同时兵士三千人在接待场午餐；二句半钟，打球评定甲乙，七句钟盛设西餐宴美国官员及各国官商及兵士五千人；九句半钟，朗贝勒爷、外务部侍郎梁大人分赠打球、踢球奖赏金杯，大放烟火。

十一日，星期三，是日美舰队起碇启行。

初十日盛设西餐，大宴各舰军士约五千人，其菜单如下：

辣酱三文鱼、太腿、烧鹅、牛仔肉、冻子鸡、生果、各色饼食、生果。

至今，凡到南普陀寺游览的人们，只要稍微留意，就会发现后山有块记录美舰访问厦门的石刻，它的原文是：

"光绪三十四年（1908）冬十月大美国海军额墨利提督座舰路易森那号，乏瑾昵呵号，阿海呵号，咪率梨号仝石乐达提督座舰喊士肯轼号，伊伊挪意司号，肯答机号，凯尔刹区号来游厦门。我政府特简朗贝勒、梁侍郎、松制军、尚方伯、海军萨提督带领海圻、海容、海筹、海琛四舰及闽厦文武官绅在演武亭开会欢迎，联两国之邦交，诚一时之盛典，是则我国家官绅商民所厚望者也！"

三、经费开支

《申报》12月4日报道："厦门此次办理欢迎美舰差用款，闻已达百万之多，所存烟酒各物，尚值数万之巨，外部饬交闽藩验收。麦道刻正赶办报销。"11月13日，该报又有报道："闽报销业已经办竣，约共开支百万之谱，内有啤酒一项约十四万，雨水打湿吕宋烟纸烟约十四万，美舰兵逐日三千六百人上岸，每日每人五元计共六日，清册经已报部。"

到了1912年7月18日，《申报》还有关于在厦门接待美舰经费问题的报道："厦门接待美舰、北京接待德储，所有备办一切，皆那桐家走狗廖凤书一人经理，两项共领去公款一百三十六万七千两，至今并无一字报销，曹汝霖分其余润，遂竭力为之弥缝。"

1908年的美舰访问厦门，从一个侧面反映了清政府的亲美外交政策及其对美国舰队来访的奴颜婢膝丑态。同时，也反映了清政府达官显要的贪污腐败已达到令人发指的地步。清政府的消亡，指日可待。

（洪卜仁　戴晓蓉）

（原载《厦门文史资料》第 18 辑 1991 年 10 月）

厦门租界概述

鸦片战争后，西方列强相继在中国的一些通商口岸设立租界。厦门是设有外国租界的通商口岸之一。

对于近代史上外国在厦门设立的租界，已出版的有关租界史专著和资料，说法纷纭不一，其中颇具影响的几本专著、期刊，如三联书店1954年重版的漆树芬的《经济侵略下之中国》写道："厦门有过英国、日本、美国的专管租界和公共租界，分别设立于1862年、1899年和1902年。"严中平编、科学出版社1955年版的《中国近代经济史统计资料选辑》，同样说厦门有英、美、日租界和公共租界，但设立的年代却与漆书不同，按其排列顺序为1861年、1899年、1898年和1899年后（另一说是1902年），还注明公共租界是由美租界归并于英租界为公共租界的。1934年上海生活书店重版的《中国外交年鉴》，除了说厦门有英、日租界外，还写明厦门的日本租界设立于1896年，占地四万坪，并有工程及巡捕机关管理。洪懋熙编、李长傅等修订、上海东方舆地学社1938年增订第6版的《最新中华形势一览图》，在《各国在华租界一览表》中，说厦门有美、日租界和公共租界，并注明"本为英租界，自光绪二十五年由美继承"。《历史档案》1984年第二期刊登的《1930年以后各国在华租界》，其资料来源是中国第二历史档案馆馆藏的国民政府外交部档案，仍载明厦门有日本租界和公共租界（英租界已被收回）。

为核证近代史上厦门租界的史实，政协厦门市委员会文史资料研究委员会的工作人员自1962年起访问亲历其境、熟知其事的老年人士40多人次，记录了两万多字的口头资料。与此同时，还利用外国驻厦门领事馆的档案，组织翻译了四万多字的外文资料，近年又查阅厦门市档案馆、图书馆、厦门市志办公室的存档和地方报刊资料。本文是在上述资料基础上加工整写成的。

一、蚕食鲸吞的海后滩英租界

（一）英国扩占海后滩

1842年8月，英国在胁迫清政府签订的《南京条约》第二款规定："准英人带同所属家眷，寄居大清沿海之广州、福州、厦门、宁波、上海等五处港口，贸易通商无碍。"1843年10月，英国又在续订的《虎门条约》第七条进一步提出：《南京条约》所开放的五个通商口岸，"中华地方官必须与英国管事官（即英国领事）就地方民情，议定于何地方，用何房屋或基地，准英国人租赁。"美国、法国继起效尤，在1844年的《中美望厦条约》和《中法黄埔条约》中，也强迫清政府作了类似的规定。

尽管这些条约只允许西方列强在通商口岸租地居住和经商，租地内的一切行政管理主权仍属中国政府所有，而且外商租地，还需按年向中国政府缴纳租金。但后来西方列强任意歪曲条文内容，以它们作为在中国强占租界和扩占租界的条约根据。

1843年11月，英国首先在厦门设立领事馆。驻厦门的英国领事金执尔，就以《南京条约》和《虎门条约》准许英商在厦门租地居住为由，租赁了厦门港水操台、南校场（今厦门大学白城教师宿舍附近）为英商及其眷属的住地。

随着英国对福建侵略的日益扩大，亟须一个基地。海后滩是厦门市内临海的交通要区：背东北、面东南；东北连接市区，商业荟萃；西南临海，可设码头，船舶起卸方便。因此引起英国的垂涎。1851年11月，英国借口中英"贸易日增兴旺"，"英商众多"，嫌水操台、南校场"地方狭窄"，"不敷栖止，兼乏贮货物之所"，就由驻厦门的英国领事苏理文照会兴泉永道中祐，要求改租海后滩为英商营业及其眷属的驻地。

起先，英国提出的租地范围，是从岛美码头（今海后路东海商场附近）到新路头（今外贸大厦前面）。清政府派石浔巡检郑某与英国领事会勘租地界址，除前后公路的4丈（约13.33米）外，计直长55丈（约183.33米），横宽16丈（约53.33米）。双方议定：英商应按年向清政府交纳租价，每周围一丈，纳租金库平银一两。

英国改换租地的阴谋得逞后，又得寸进尺，使用各种狡猾欺诈手段，不断向租地以外扩张。他们一方面利用租地临海、港口逐年淤塞的自然条件，不经清政府同意，擅自填海滩为陆地。另一方面，又非法侵吞邻近租地的公路。到同治末年光绪初年，英国的租地，已由原来的长55丈（约183.33米）扩占为90多丈（约300多米），横16丈（约53.33米）扩占为30多丈（约100多米），一直伸长到接近磁街路头（今内河客运码头附近），范围包括现在海后路、升平路、新路街、惠通巷、大史巷的大部分和鹭江道的一部分。

英国扩占了租地范围以后，又进一步侵犯中国主权，任海关税务司英国人柏卓安为董事长，英商和记洋行、德记洋行和水陆洋行的大班（经理）为董事，协隆洋行大班为秘书组成工部局董事会，而且雇佣巡捕20名，以英国人小鸟为巡捕长，办理所谓"租界"行政事务。从此，英国在海后滩建立起殖民统治。

（二）厦门岛成为侵略基地

鸦片战争后，各国纷纷在厦门设立银行，如英国的汇丰银行、美国的美丰银行、日本的台湾银行和新高银行、荷兰的安达银行，都在厦门海后滩设有分行。厦门洋行林立，也都集中在海后滩。与此同时，还成立了厦门洋人总商会，以美商旗昌洋行、英商德记洋行、和记洋行、协隆洋行和德商宝记洋行的大班担任董事。此外，海后滩还设有邮政局、电报局和由帝国主义控制的海关。

在海后滩的外国银行，任意发行钞票和银圆本票。外国银行支付侨汇和洋行购买出口物资，都是以它们的钞票或银圆支票支付，掠夺厦门地区人民和华侨的财富，难以计数。

海后滩的洋行，垄断了厦门地区的对外贸易和航运。以茶叶为例，每当茶叶上市时，各洋行皆故意抑价，因此茶商常受亏损。不仅如此，洋行还以海后滩作为走私漏税的基地。

海后滩不仅是外国对福建经济侵略的中心，而且是策划政治、军事侵略的基地。1853年5月，响应太平天国革命起义的小刀会摧毁了清政府在闽南一带的腐朽统治，在厦门建立新政权。在小刀会占领厦门期间，海后滩的海关、银行、洋行除了采取统一行动抗缴关税，使小刀会起义军得不到关税收入以补充给养外，还利用他们的特殊身份，搜集起义军的情报，并调遣舰队水兵登陆，帮助清政府击杀起义军。1864年10月，太平军侍王李世贤部突入闽南沿海，在漳州建立政权，租界当局立即电召英国军舰"燕子"号、"合泉"号、"凡拿斯"号、"弗兰玛"号从香港前来厦门防守，并由英、美、法等国联合组织了一个"义勇队"，替清政府阻挡太平军进攻厦门。1904年1月和1905年8月，厦门人民爆发反对帝国主义者在跑马场（今厦门大学体育场）殴辱中国人和抗议海关横征暴敛的斗争，帝国主义者召集舰队派出水兵从海后滩登陆，实行镇压，后来的辛亥革命以及军阀混战，帝国主义又屡次借口"护侨"，派兵驻扎海后滩，干涉厦门人民的反帝爱国运动和镇压人民的革命运动。

（三）领土主权，不容侵犯

当英国扩占租地的时候，就有人上呈清政府，要求制止英国侵占领土的活动。各界人士目睹侵略者贪得无厌，纷纷具禀兴泉永道司徒绪，要求其提出强硬交涉，表示人民誓作后盾。由于人民奋起力争，结果英国填占的海滩，由中国政府收回填筑，地权属于中国政府所有，并于1878年2月9日与英国领事签订《海后滩善后办法》，共六条，其中明确规定："海后滩填筑后作为公路码头，永远不租赁他人。"从此，领土主权不容侵犯的观念，烙印在厦门人民的心中。1909年11月，厦门富绅林尔嘉等组织了一个电话局，要在海后滩架设电杆，英国领事额必廉居然命令工部局人员出面阻挡，拔掉已竖立的电杆，并照会兴泉永道刘庆汾，气势汹汹地指责电话局在海后滩竖立电杆是"欺侮英国主权"，要挟刘庆汾"即饬电话局停止照办"。厦门人民听到消息，非常愤怒，提出抗议：中国人为什么不能在自己的领土上架设电话杆？英国辞穷理屈，才不敢无理刁难。

1909年8月，厦门学生为庆祝孔子诞辰，持枪行经海后滩到演武场会操，英国领事窦尔慈竟提出荒谬的照会，要兴泉永道台郭道直"事后遇有此等之事，应请先行知会本工部局"。昏聩透顶的郭道直接到照会，立即"转饬各学堂""一体遵照"。这一来，各校学生再也容忍不下去了，公立中学堂、师范传习所和公立、仰范、宝善、大同、紫阳、鸿麓、普育、孔教等小学堂的学生联合起来，印发传单，列举英国非法霸占海后滩的种种事实，指出英国根本无权干预中国学生在自己领土上的任何行动。继之，教育界的黄鸿翔、卢心启、杨景文、王人骧和地方人士黄廷元、陈玮等，也上呈省谘议局，支持学生的正义斗争。这次斗争坚持了一年多的时间，从收回海后滩租地进而提出修改《厦门鼓浪屿公共地界章程》中的不合理条文。英国被迫调走驻厦领事窦尔慈，借以缓和厦门人民的反英斗争情绪。1918年7月，闽粤军阀混战，福建督军李厚基的唐国谟部被粤军陈炯明追到漳州，李厚基赶忙集结兵力固守厦门。英国利用这个机会，借口影响所谓"租界治安"，于29日调遣军舰的陆战队登岸，驻扎海后滩，并筑起"租界围墙"，切断公路，安设隘门，悬挂英国国旗和大英租界地界牌。英国这一侵犯我国主权的行动，立即引起一场更大规模的收回海后滩的斗争。历时两个多月，厦门人民终于在10月5日把英兵从海后滩撵回去，取得初步的胜利。

（四）胜利属于厦门人民

1919年"五四"运动的反帝反封建风暴，迅速地席卷全国，厦门人民也举行了规模空前的反帝示威游行。由于工人阶级的参加，壮大了示威游行的声势，第一次毫无受阻地通过英国的"禁区"海后滩，打击了英国嚣张的气焰。从此以后，海后滩斗争的规模日益扩大，由原来的以地方人士为主，发展为以工人、学生为主的广大人民爱国反帝运动。

就在"五四"运动以后不久，英商太古洋行为了进一步垄断厦门的航运贸易，计划在今轮渡码头附近兴建码头，架设飞桥，好让他们的轮船靠岸停泊装卸。英国未经中国政府同意，从香港运来机器和一批器材，准备动工。厦门人民对于英国的巧取豪夺，早就愤慨不已，趁太古洋行要侵犯领海造桥的机会，展开收回海后滩的斗争。最先发起的是码头和驳船工人,他们除了不替英轮装卸货物外,还鼓动建筑工人拒绝为英国人干活。英国人在厦门请不到工人,就指使一个姓朱的工头从宁波、上海等地骗来一批工人,于1921年10月中旬开始施工。

看到飞桥动工了,厦门的工人想出各种斗争的方法。工人的惩办团曾发函警告太古洋行的买办和姓朱的工头,要他们转告英国老板立即停工。买办、工头与帝国主义者自以为有武装保护和军阀政府的撑腰,置之不理。于是,惩办团采取了新的行动:当运载材料的汽船开到海中,工人们便潜水把它凿沉。那个姓朱的工头甘心为虎作伥,工人们恨而割下他的一个耳朵。惩办团还粉碎英国人企图挑拨外地工人和本地工人互相仇视的阴谋,使外地工人不但不上英国的当,并且和厦门工人同心协力,拒绝为侵略者干活。这样,飞桥工程又停顿下来了。

狗急跳墙的英国侵略者,调遣了"康宁"号等三只兵舰来厦门,大队的水兵从海后滩登陆,威胁军阀政府强迫工人停止罢工和反抗,并抓去栈房工人林正兴和一位驳船工人。英国的武装恫吓,并没有使厦门人民屈服,反而激起更大的反抗,一个由全市57个群众团体联合组成的保全海后滩公民会很快成立了。

公民会一面通电国内各地报社、团体和海外侨团,报告海后滩斗争的经过,呼吁各界支援;一面推派两位代表赴京请愿,要求政府和英国交涉,扩大运动的声势。虽然北京政府继承清政府的卖国衣钵,请愿没得到什么效果,但国内如上海、广州、汕头、福州、漳州、泉州等地的人民团体,海外如菲律宾、新加坡、印尼的侨团,都先后举行群众集会,誓为厦门人民反帝爱国斗争的后盾。

1922年1月11日,英国政府派来的新任驻厦门领事义克到达厦门,进行谈判,谈判结果如下:英商太古洋行的码头飞桥,因跨越中国领海,要向中国政府缴纳租金;但中国政府要保护英商贸易不受拦阻(即停止抵制);海后滩所竖的旗杆和英国国旗移到英商地界,围墙隘门拆除。3月15日,租界围墙隘门开始动工拆除,10月24日,英国国旗降下,将旗杆移到太古洋行栈房巷内。

收回海后滩的斗争,再一次取得辉煌的胜利。但厦门人民知道租界还没收回,因而斗争没有停止。1925年声震世界的"五卅"运动沉重地打击了帝国主义在中国的势力,厦门人民抓住全国人民反帝高潮的大好时机,迫使英国交出海后滩的警权,撤销工部局。随着中国共产党领导的大革命形势的深入发展,1927年1月,汉口、九江的工人相继收回英租界,给厦门人民以极大鼓舞。厦门总工会团结各界人民,继续为收回海后滩进行不懈战斗。1930年,在全国要求废除不平等条约的声浪中,由英国政府指示它的驻厦领事卓乃斯于9月通告思明县政府(时厦门未设市),愿意无条件归还海后滩租界。外交部派陶履谦为接收专员,于6月10日抵厦与思明县政府商定办法,开始与英国领事洽谈具体细节,同年9月18日宣告正式收回海后滩租界。

收回海后滩的战斗历程，既体现厦门人民反帝斗争的英勇顽强、百折不挠的精神，同时也表明要不是全国人民的相互声援，要不是全国的革命斗争相连，就不可能获得彻底的胜利。

二、胎死腹中的日本租界

（一）日本看上厦门

1896 年，清政府和日本订立《公立文凭》，其第三款允许日本在上海、天津、厦门、汉口等处设置专管租界。1897 年，日本驻华公使向清政府总理衙门递送照会，强索"厦门城外对鼓浪屿的火仔垵、沙坡头及其中间各该沿海一带背后至山岭之地方 12 万坪；嵩屿及大屿内对鼓浪屿之沿海地方（即现内厝沃、康泰垵至五个牌一带）10 万坪，共合 22 万坪"，作为日本专管租界。清总理衙门唯命是从，急令闽浙总督边宝泉转饬兴泉永道周莲照办。

周莲接到边宝泉的命令以后开始准备划界。1897 年 3 月 31 日，周莲指派厦门海防厅通知张兆奎带船政学堂学生林兆燕前往厦港沙坡头一带勘测划界地图，厦港一带群众义愤填膺，怒不可言，围着张兆奎，指责他卖国，使划界工作暂时停顿下来。1898 年夏，周莲离任，由护道管元善续办划界事宜，但因居民反对，恐怕滋事，管元善不敢进行。

日本对厦门紧锣密鼓的侵略，使厦门人民深感灾难即将降临。具有反对外国侵略光荣传统的厦门人民，预感到一场不可避免的反侵略风暴又要来临了。

（二）爱国主义者恽祖祁

1899 年 1 月，新任兴泉永道台恽祖祁到任。这是厦门地区的最高行政长官。他刚到厦门，日本领事上野专一就以有"要事会办"为由，要求在他接任的第二天会晤，说明日本领事对划界之事已迫不及待了，这是一方面。另一方面，厦门人民看到新的道台来了，就把保国安民的希望寄托在恽祖祁身上，许多老百姓纷纷上书，要求他为民请命，力保祖国主权。其中有厦港渔户金广顺及振益号等 73 家铺户上书陈情。张后保董事附贡生陈梅、五品军功林建辉、监生李伯堂、生员杨振声等人也上书说："见日本量地插界，群情愤恨，哀位呼天……"内厝沃社监生黄联察在呈文里说："……若作日本租界，田宅固不免更移，坟墓亦必至伤碍。生者流离失所，死者骸骨安归？且本社居民不下数千人，势必相率阻挠……"恽祖祁深受人民爱国的热诚鼓舞，因而下定决心，要"以去就力争"。他对群众表示："国土可保，则身留；不保，则身去。吾志已决，不忍见寸土之让人也。"闽浙总督后来换了许应骙，一再下令恽祖祁按照总理衙门的指示筹划租界。恽祖祁便抓住许应骙害怕人民、害怕洋鬼子的恐惧心理，警告他如果以"民墓、民居拨为日界"，难保人民不起来反对、闹事，同时也没有办法防止英、美各国"继起效尤"。这一着果然使许应骙有所顾忌，便拖延下来。恽祖祁还利用英、美、德各国和日本的矛盾，故意把准备将鼓浪屿内厝沃、康太埭至五个牌一带划为日本租界的消息透露给美国领事巴詹声和德国领事梅泽，果然引起英、美、德三国领事的"抗议"，使日本领事原先坚持要在厦门、鼓浪屿、嵩屿三个地方划出22万坪囊括厦门岛上精华地段的阴谋没能得逞。同年2月，日本表示放弃在鼓浪屿、嵩屿划界的野心，改为要求在虎头山草仔垵一带划地4万坪。但虎头山是厦门要地，恽祖祁提出沙坡头和浮屿（均为海滩，尚未填筑）两个地方让日本领事选择。上野专一认为这两个地方都是"无用之地"，非要虎头山不可，但恽祖祁坚持不给。1899年7月24日，日本浪人窜入虎头山、草仔垵一带与居民发生冲突。全市商民罢市两天以示支援，恽祖祁挺身而出，严正交涉，粉碎日本企图用暴力强索租界的阴谋。但是清政府在日本的压力下，只得改派前任兴泉永道台、当时任福建枭司的周莲到厦门协助办理和日本领事划界签字事宜。

（三）抵制划定日租界的斗争取得胜利

周莲是8月12日乘坐轮船到厦门的。他到厦门本是奉命会同恽祖祁办理划界的，可是他怕恽祖祁阻挠，一到厦门，就把恽祖祁撇在一边，自己和日本领事暗地里达成一项协议：自虎头山脚起，西北上至瑞记洋行，下至更楼尾，东南至瑞记栈；西南至海滩；东北由草仔垵沿山脚迤至竹仔河即洗布河为止，划为日本租界。也就是说，西北自现在的晨光路起到东南的厦港海蜃楼（原址现为中华饼干厂），东北沿现在思明南路至镇海路口，经过中医院，草仔垵山脚到同文路，连同海滩这一大片土地，都被划为日本租界。周莲还怕夜长梦多，匆匆忙忙地决定在8月22日，偕同海防厅同知方祖荫会同绅董到龙泉宫（原址今为汽车运输管理处）划界。那天大雨滂沱，划界改在第二天办理。第二天早上，日本领事上野专一派警察官日吉、书记官松年二人，手带一束日本旗到达龙泉宫动手插旗划界，立刻遭到男女老幼群众数百人责骂驱逐。群众竞相拾起石头、砖头，以木棍为武器，向日本人展开猛烈攻击。上野专一见势头不好，抱头鼠窜，向海边逃生。群众追至海边，一个日本人被石头打得鲜血淋漓，赶快逃上船，另一个日本人走投无路，跳入海中逃生。和日本领事一起前往划界的方祖荫，也被愤怒的群众打伤。虎头山、草仔垵的群众看到日本侵略者狼狈而逃，斗争情绪无比高涨。他们又乘势包围了周莲的公馆，责问周莲：为什么置人民的房舍、祖坟于不顾？同时要周莲保全国土，勿媚外人。周莲仓促间来不及逃避，眼看众怒难犯，只好硬着头皮，战战兢兢地出来向群众表示决不将虎头山划作租界。群众直到中午11点多钟才散去。

厦门人民在虎头山跟日本领事、官员和卖国贼周莲展开激烈斗争，保住了国土，然而清政府竟无理地给恽祖祁加上"纵民阻挠划界"的罪名，调往延平府（府治现为南平市）。当他刚到达南平，就被撤职"议处"了。

根据1896年清政府和日本订立的《公立文凭》第三款，清政府允许日本在厦门设立专管租界，让它在中国的神圣领土上建立"国中之国"，但因为厦门人民敢于开展反对帝国主义侵略的斗争，也由于爱国主义者恽祖祁受到厦门人民坚强的斗争意志的鼓舞，坚持寸土不让的原则，日本妄图在厦门设立租界的阴谋胎死腹中，宣告流产。厦门人民取得了反划界斗争的彻底胜利。

厦门人民粉碎日本夺占虎头山为租界的阴谋后，日本驻厦领事上野专一不甘心失败，立即上报日本驻北京公使矢野，再次向清政府施加压力。清政府总理各国事务衙门不胜其烦，同意签订划界条约。双方经过一番密谋，于1899年10月25日由周莲与上野在厦门签订《厦门日本专管租界条款》，其第一款明文规定日本租界的范围："由虎头山脚下起，西至瑞记行面前海滩，东至洗布河西边大路，南至瑞记行栈前面海滩，北至更楼尾市仔街殿后街直抵讲古脚为界。"继而于1900年1月25日又签订《厦门日本专管租界续约章程》，画饼充饥，规定租界内行政权由日本政府管理。

日本驻厦门领事馆始终未敢公开划界，也始终没有行使过所谓的租界权力。1902年，日本参与策划鼓浪屿为公共租界，在虎头山划日本租界事也就不了了之。

三、鼓浪屿公共租界

（一）鼓浪屿沦为公共租界的经过

鼓浪屿沦为公共租界以前，英国、德国、日本、美国都曾经妄图占为租界，彼此之间有过激烈争夺，但由于势均力敌，谁都独吞不了。

八国联军进攻北京时，西太后、光绪帝匆惶出奔，朝廷混乱，厦门炮台驻军领不到饷款，几将哗变，此事被美国驻华领事馆参赞巴詹声侦知，别有用心地掏出一万元给厦门驻军发饷，还假惺惺地前往炮台，劝告士兵继续为清政府效劳。后来，清政府对巴詹声深表感激，拟把鼓浪屿优先给美国作租界，以答盛情。关于这件事，美国人毕腓力在他所著《厦门概况》一书中曾吹嘘说："兴泉永道台和福建总督同美国领事巴詹声来往函件中，很明显地表示，美国领事对于维持厦门炮台饷款事，是有功绩的。清政府要把鼓浪屿优先给美国作租界地，美国领事对此表示感激，但有礼貌地谢绝。"巴詹声为什么那么客气地谢绝了清政府呢？这是因为巴詹声意识到多国争夺鼓浪屿，独吞不了，只能按照美国"门户开放，利益均沾"的对华政策，联合驻厦各国领事，共同策划变鼓浪屿为公共租界。于是他亲自带了通译许文彬，私下到福州拜访闽督许应骙，向其献策说："如果把鼓浪屿划作公共租界，既可杜绝日本独占的野心，又可以兼护厦门，一举两得。"

许应骙听了巴詹声这番富有蛊惑性的辞令，尤其对"兼护厦门"更感兴趣，于是欣然同意，即派省洋务局委员，按照通商条约，面议章程，并电示兴泉永道与美国领事妥善办理。可以这样说，鼓浪屿之所以沦为公共租界，正是因为为首策划的美国驻厦领事巴詹声。

清政府委派和各国领事洽商公共租界的三个委员是，兴泉永道台延年、厦防厅同知张文治和洋务委员杨荣忠。以后，许应骙又增派漳州知府孙传衮，厦门税厘局提调郑煦作为委员与前派的三个委员一齐同各国领事酌议。1901年10月14日，在英国领事馆进行的一次讨论具体细节的会议中，发生了争执，英国领事强调鼓浪屿中国政府就无权干涉岛上的事务。但按许应骙的意思，公共租界应包括中国人和外国人在内，中国且是东道主，更不应该被排斥在外而不过问岛上的事务。因此，在"租界""公地"这两个不同含义的名称上纠缠不能解决。最后，由延年专电请示。许应骙和洋务总局的复电竟说："鼓浪屿或作公地，或作租界，均无不可，唯必须加入第十五条款'兼护厦门'，以鼓浪屿做公地，各国官商，均在界内居住。厦门为华洋行栈所在，商务尤重，应由中外各国一体保护，以杜东邻（日本）觊觎，如无此节，即作罢论。"（引自《清季外交史料》，光绪朝）这种把自己的土地拱手让给外国，还要求外国"兼护"的提法，真是荒谬绝伦。

这样，兴泉永道台延年率同各委员和各国领事再次会议时，对"公地"或"租界"就不再争论，而把重点放在"土地章程"的条款上。各国领事认为，"兼护厦门"一节，须请示驻京公使而后决定，其他各款，则均无异议，遂于1902年1月10日，在日本领事馆举行《土地章程草案》签字仪式。会上提出中文、英文的章程草案六策，然而中、英文不论标题、内容，都有明显差异，如中文本的标题是《厦门鼓浪屿公共地界章程》，英文本的标题译成中文却是《厦门鼓浪屿租界土地章程》。又如中文第十五款内容是"鼓浪屿改作公地，各国官商均在界内居住，厦门为华洋行栈所在，商务尤重，应由中外各国一体互相保护"，而英文本仅写"候驻京公使核定"七个字。可是，在签押前经洋务委员杨荣忠核对，竟认为中、英文本无讹，双方代表就此签押。清政府参加签字的是上述五个委员，外国领事参加签字的有日本领事兼领袖领事上野专一、英国领事满思礼、美国领事费思洛、德国代理领事古阿明、法国代理领事杜里芳、西班牙和丹麦代理领事郁礼、荷兰领事兼瑞典和挪威副领事高士威。

许应骙接到兴泉永道签押章程草案的报告后，于1902年3月3日上奏："自台湾外属之后，厦门地当要冲，民心极为浮动，镇抚维艰，税务商情，关系繁重，所议各款，虽领事办事之议无偏重，唯局董既可酌派华人，定章仍须彼此批准，揆以公地之议，大致尚属相符，且厦门均归一体保护，实于地方有裨益，亦不致失自主之权。"（引文同上）

与上奏的同时，许应骙把章程中文本送外务部核查，上野专一也将英文本送驻京公使团转咨外务部核批。外务部接到中、英文本后，发现中、英文本互有歧义，当即电嘱许应骙复查。许接电后，即饬延年向各国驻厦领事质辩。当时各国领事都已换人，只有日本领事上野还在，上野对章程第十五款，坚持依照英文本，不同意中文的表述。延年不敢自作主张，又复电许应骙咨请外务部与驻京各国使节协商。驻京公使团领衔公使美国康格致外务部照会说："鼓浪屿公界章程，各国兼护厦门一事，各使臣认为仅限于鼓浪屿之租界合同，不能言及兼护厦门土地，各国领事实无此权，即各使臣非奉本国之嘱，亦复无此权力。合同内立此条款，系属无用，请按照前章程办理。"（引文同上）

外务部接到康格的照会后，再电令许应骙奏明办理。许就转饬兴泉永道台和各国领事再行商议。美国领事兼领袖领事费思洛复照兴泉永道台："第十五条款贵道并无撤销之论，谓日本领事意见不同，亦不尽然，实因此款，事关重大，故须候驻京公使核定。"（引文同上）

许应骙根据兴泉永道台的禀告，于1902年10月18日草草上奏："鼓浪屿草约合同第十五条兼护厦门一节，各领事以此条洋文候各国驻京公使复电，现各公使既称领事无权，则此间无从商协。唯华洋合同未便两歧，请饬外务部与各国公使照华文填写，或给以华文为凭。此项草约本已声明必须候朝廷批准，方能遵行；倘各使不允，尽可将前约作废。"（引文同上）许应骙明知章程既经签押就不易更改，奏折中却强调以华文为凭，最后以"倘各国公使不允，尽可将前约作废"收场，这显然是卸脱责任。

外务部看到奏折后，把交涉经过上奏，提出如下意见："厦门地当要冲，实为闽省屏藩，该督议订鼓浪屿租界章程，拟订各国一体兼护，意在预防他国专横窥伺，不为无见。唯厦门为中国地方，本非外人所能干预，若明订约章，强令各国互相兼护，轻失自主之权，于义无取。若因各国不允保护，遽议前约作废，无论各使未必允许，即令就我范围，窃恐名既不正，言又不顺，亦将贻笑列邦汕笑。臣等同商酌，不如将原订中文章程第十五条保护厦门一节，径行删除，较为简净。查该督咨送地界章程共十七款，删去第十五款外，其余十六款于公地之议尚属相符，自应请旨准行，以符原约，而敦辑睦。"（引文同上）1902年11月21日奉朱批："依议。"外务部立即通知驻京使团转电驻厦领事团。1903年1月，成立工部局，同年5月1日，开始执行租界统治。

（二）鼓浪屿统治机构体系

1903年5月1日，帝国主义者建立了一个对鼓浪屿进行殖民统治的体系。现在先将这一体系列表并作简要说明。

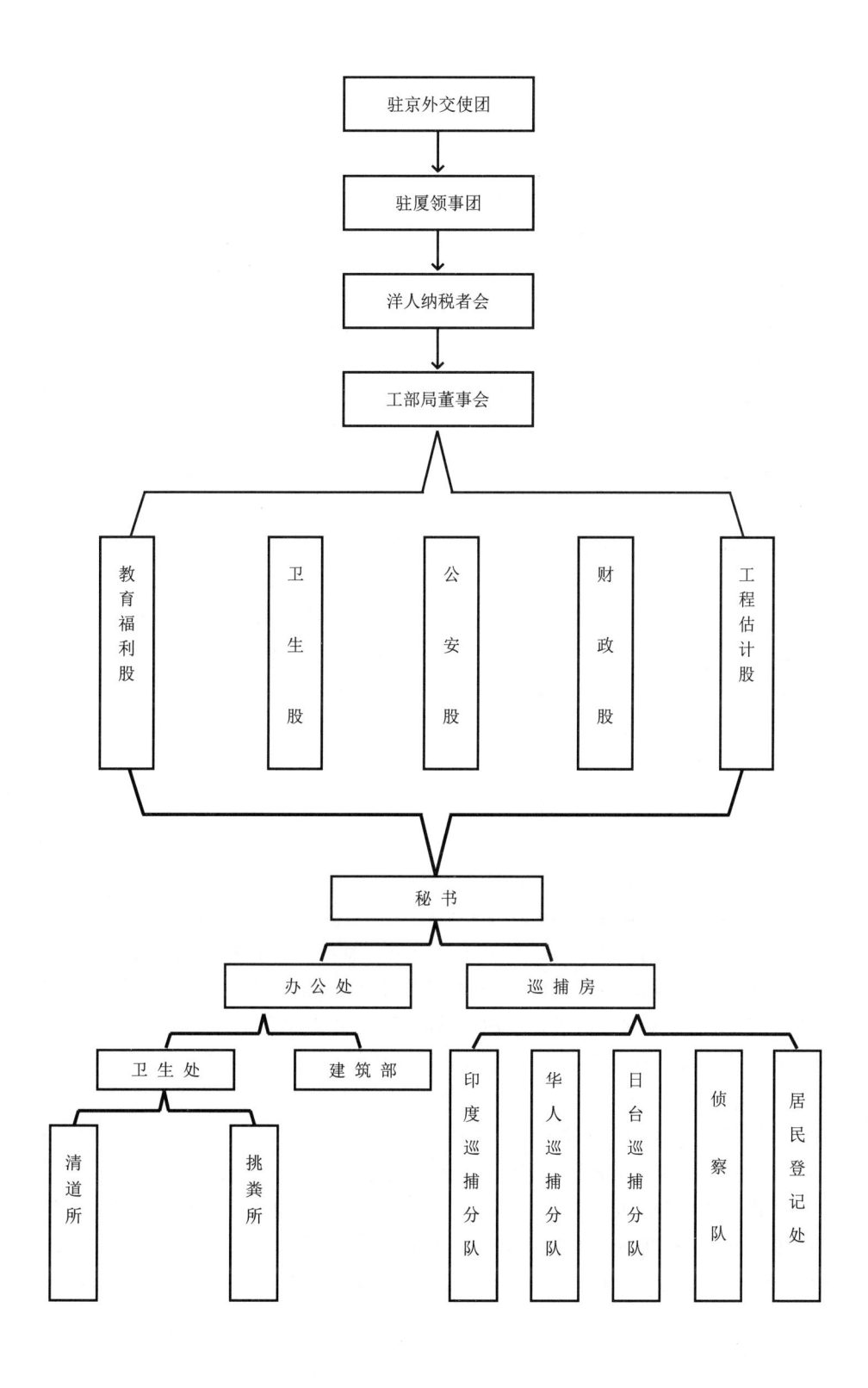

```
                    ┌──────────────┐
                    │ 驻京外交使团 │
                    └──────┬───────┘
                           ↓
                    ┌──────────────┐
                    │ 驻厦领事团   │
                    └──────┬───────┘
                           ↓
                    ┌──────────────┐
                    │ 洋人纳税者会 │
                    └──────┬───────┘
                           ↓
                    ┌──────────────┐
                    │ 工部局董事会 │
                    └──────┬───────┘
                           ↓
┌────────┬────────┬────────┬────────┬────────┐
│教育福利│ 卫生股 │ 公安股 │ 财政股 │工程估计│
│  股    │        │        │        │  股    │
└────────┴────────┴───┬────┴────────┴────────┘
                      ↓
                 ┌─────────┐
                 │ 秘 书   │
                 └────┬────┘
             ┌────────┴────────┐
         ┌───┴────┐        ┌───┴────┐
         │办公处  │        │巡捕房  │
         └───┬────┘        └───┬────┘
       ┌────┴────┐    ┌────┬───┼────┬────┬────┐
    ┌──┴──┐ ┌────┐   │印度│华人│日台│侦察│居民│
    │卫生 │ │建筑│   │巡捕│巡捕│巡捕│ 队 │登记│
    │ 处  │ │ 部 │   │分队│分队│分队│    │ 处 │
    └──┬──┘ └────┘   └────┴────┴────┴────┴────┘
  ┌────┴────┐
┌─┴──┐  ┌───┴──┐
│清道│  │挑粪  │
│ 所 │  │ 所   │
└────┘  └──────┘
```

驻厦领事团是帝国主义者统治鼓浪屿的最高议事和权力机关。领事团由各国驻厦门领事组成。

工部局指定或修改律例，须送请领事团核批。

领事团于每年须成立领事法庭，作为受理工部局或该局秘书被人控告的机关。但领事法庭自始至终未曾受理任何案件。

驻厦领事团的统领是领袖领事。按规定，领袖领事应由来厦任职较早的一个正规领事兼任，领袖领事的职权如下：

每年正月，由当年的领袖领事召集并主持洋人纳税者常年会。

领袖领事有权召集纳税者特别会议。

中国政府要到界内缉拿逃犯，传讯人犯，须事先送交领袖领事签押，方可执行。

所有工部局的一切重要事务，应由领袖领事出面行文或接洽。

洋人纳税者会是一个立法机关。洋人在鼓浪屿有产业估值在1000元以上者，或该产业所有者的委托人，或每年纳税五元以上者，皆有资格参加洋人纳税者会，选举工部局董事，制定税收和通过律例。洋人纳税者会分为常年会与特别会议两种。

常年会，在每年的正月间，由当年的领袖领事负责召集并主持会务，通知书须于会期10日前发出。会上讨论并通过下列事项：

（1）上年度洋人纳税者常年会议案。

（2）上年度工部局报告。

（3）上年度工部局收支报告。

（4）本年度工部局收支预算。

（5）选举本年度工部局董事。

（6）本年度公界内应举办的各项事务。

（7）会议的决议案，须经出席人半数以上同意，方算通过。

依据章程英文本第二款规定，厦门道台可委派一位"有名望"的士绅赴会。但在腐败无能的清政府、北京国民政府和南京国民政府统治期间，除了林尔嘉于1913年1月28日赴会一次外，以后就再没有人参加这个会议。

在公界内如遇有重大或急要事件，经领袖领事本人提出，或其他一个领事，或10个有选举权者联名提出书面要求时，可以召开特别会议。通知书须于会期前10日发出，并说明开会事由、时间和地点，且须有1/3的董事出席，方可举行。会议决议案，须经出席人数2/3赞成，方可通过。

工部局董事会，人们习惯称为工部局，成立于1903年5月1日。鼓浪屿工部局是仿照上海工部局命名的，在表面上像是"公务"性质的组织，其原义是"市政委员会"，实际是一种行政统治的机构，同时拥有立法、司法、行政三种权力。

洋人在鼓浪屿须有产业估计在 5000 元以上者，或每年缴纳租金 400 元以上的税款者，才有资格当选董事。唯该产业税或租税，无论是洋行、公会或公司缴交的，每单位限定只派一人为候选人。董事任期一年，任期内如有出缺，由董事会 2/3 推选通过补充之。

董事会选出后，每年年首召集一次董事会，互选正副董事长各一名。董事会议由董事长召集并主持。当议案碰到赞成与反对的人数相等而无法决议时，董事长可以行使第二次表决权。董事长具有左右工部局局务的权力。

工部局董事会之下，初设公安、财政、工程 3 股，由董事分工掌握。数年后，又设产业估计股，至 1923 年，将工程股和产业估计股合并，再增设公共卫生股。于 1921 年又增设教育福利股，共为 5 股。但其具体事务则由董事会秘书（即章程中称为总经理事人）执行。秘书统辖办公处和巡捕房。办公处包括翻译员、记账员、收税员和建筑部，卫生部又包括挑粪所和清道所。巡捕房包括印度巡捕分队、华人巡捕分队、台日巡捕分队、侦探队和居民登记处等组织。这些机构都是帝国主义者直接统治鼓浪屿的行政统治机构。

工部局的秘书由董事会聘请，向董事会负责，是直接执行章程和律例的最高执行人，中国人称之为"局长"，通常是兼任巡捕长。局内的员工、巡捕、侦探，概由他任免和控制，界内的一切事务，均由他包揽和处理；洋人纳税者常年会和特别会议、工部局董事会的会议，概由他充任秘书。这个职位，大多由英国人充任。

（三）工部局巡捕房

工部局巡捕房是帝国主义对中国人民实行血腥统治的暴力机构，又叫警务处。工部局初成立时，巡捕房设在龙头码头附近的义和炭栈，即现在轮渡码头广场，每年租金 552 元。1908 年才迁入永春路 81 号自建的楼屋。巡捕房是由巡捕长直接指挥的。巡捕长经常由秘书兼任。在巡捕长出缺或假期回国时，他的职务由助理巡捕长或巡捕代理。如 1917 年至 1920 年，曾由总巡 P·Reilly 和 J·Gray 代理巡捕长。1943 年 5 月 28 日，工部局废除后，巡捕房改为鼓浪屿警察分局。

巡捕房下辖三个巡捕分队，一个侦探队和一个居民登记处。

（1）印度巡捕分队：1903 年 5 月 1 日，巡捕长麦根士由上海抵达鼓浪屿，并带来印度锡克教徒的巡捕 10 人。到达鼓浪屿后，立即执勤。

帝国主义者认为第一批印度巡捕不够分配，1903 年底，又把它增加到 27 人。第一批印度巡捕 10 名，是从上海英租界拨来的。其后，大部分印度巡捕都是来自香港受过军事训练的印度人。这个印度分队有少校、警曹、中士、警卫、巡长、巡捕等职衔。

印度巡捕分队中有信奉锡克教的，也有信奉回教的巴基斯坦人，叫可汗，他们时常因教派不同互斗，帝国主义者即利用其矛盾，便于控制和管教。这是帝国主义者统治人民的惯用伎俩。

（2）华人巡捕分队：1930年5月间，工部局曾雇用本地人当巡捕，归印度巡捕管辖。试用数星期后，工部局统治者认为"不中用和完全靠不住"而予以解散。1909年再雇用华人巡捕10人，也因"靠不住"于1910年初被解散。由于印度巡捕时常因语言关系与本地人发生冲突，工部局统治者乃于1917年向天津征募12名北方巡捕来鼓，于1918年再向威海卫征募21名（其中三名被认为"行为不端"解职），所以在1918年底，华人巡捕达30人，增强了巡捕的力量。

1925年初，巡捕长黎德又亲自到威海卫招募一批华捕。

1932年红军入漳，工部局认为："界内治安受到影响，在5月间，有几天甚至威胁着界内的存在。在红军入漳之后，逃入界内的'难民'，约有25,000人。这大大威胁着界内的治安，虽然之前已经做了不少的防备工作，但情况仍很严重，很危险。因为共产党人会和难民混入界内，制造另一种局面，来瓦解本屿的行政机构或进行掳人或暗杀等一系列的事件。犯罪分子也会利用这个非常时期，进行秘密的犯罪活动。"于是，在这年华人巡捕由原来的74人增至102人。这个数字是华人巡捕历年最高的人数。华人巡捕分队，也有少校、警曹、中士、警卫、巡长、巡捕等职衔之别。

（3）台日巡捕分队：1938年5月13日厦门沦陷后，日本在鼓浪屿的势力突然增长，英国的势力却逐渐削弱。日本总领事内田五郎一就任，就向英国代理总领事夺去领袖领事之职。日人阿部和竹村随即恢复他们在工部局董事会的职务。之后，在日本军事当局逼迫之下，领事团不得不同意工部局于1939年增设日台巡捕分队。

1939年日台巡捕分队由一名日本人横谷充任巡捕副总巡，8名日籍台捕和三名日籍台探组成。1940年又增加一名日本巡查部长（少校职），8名日籍台人巡捕，5名日籍台人侦探。日籍总巡由福田繁一充任，日本巡查部长由长川充任。这个日台巡捕分队，到1940年发展为24人。

（4）侦探队：1903年，工部局已雇用两名本地人做侦探，直至1925年，侦探队的人数均在2至4人之间，而且年年换人。工部局统治者认为本地人担任侦探是靠不住的，所以年年都有侦探被解职。1926年起，侦探人数增加到8人。之后屡有增加，至1940年，增至37人。

（5）居民登记处：工部局于1940年2月发出告示，规定凡居住鼓浪屿13岁以上的居民，或过境临时居住的人，均须登记，领用居民证。居民分四等。富商及月薪超过100元者，包括其家属等，属甲等，每人缴交登记费两元。店员、工匠月薪超过50元者及其家属，属乙等，每人缴交登记费一元。学生、伙计、佣人，已婚娶的，月薪30元以上者，或未婚娶的，月薪25元以上者属丙等，缴费0.5元。

凡贫民声明并经工部局查实无力缴纳的，属丁等。这个登记处在1940年雇用人员16人，办理户口登记工作。登记的常住和流动户口计49,572人，未登记的妇女和儿童约20%，发出的居民证17,671张。

（四）华董、华人顾问和华人行政委员

工部局董事会的华董，是依据章程第四款的规定设立的。按照条文，工部局董事会应由中国政府委派"殷实妥当之人"一至二人担任董事。但实际上，最后决定华董人员的权力，操纵在外国人手中，例如，厦门兴泉永道委派前福州府学训导黄赞周为首届正华董，余庆飚为副华董。领事团却以英文本的章程规定只华董一人，只接纳黄赞周。黄任华董数年后，1909年，道台改派林季商充任，领事团却认为林不合格，拒绝接受，道台只好改委林尔嘉接任。1912年至1917年，因辛亥革命和军阀混战，领事团更不征询中国政府的意见，擅自"聘请"林尔嘉为华董。1918年厦门道台恢复委派，也只能仰承领事团的旨意，仍派林尔嘉充任，直至1922年林尔嘉出国为止。

领事团之所以干预中国政府委派华董，在于他们所要求的华董是能与领事团合作的人，例如，1922年春，鼓浪屿商人为反对工部局增设店铺牌照税，掀起反抗斗争。领事团就通过华董林尔嘉出面"说服"中国商人，起了缓和对抗的作用。

在平息鼓浪屿商人反抗增设店铺牌照税风潮的过程中，领事团除了利用林尔嘉外，还邀请了屿中的部分上层华人，如华侨富商黄奕住、宗教界知名人士王宗仁等协同说服中国商人。风潮平息后，他们进一步感到"笼络上层华人"策略的妙用，因而洋人纳税者于同年11月2日，召开特别会议，通过了一个决议案："要邀请公界内的华人纳税者组织顾问委员会，以便将中国居民的意见反映给工部局，协助工部局管理公界。"这个决议案规定：该顾问委员会只是工部局的咨询机构，只能向工部局提出建议，没有参加表决议案之权。领事团认为这个组织可以用来缓和鼓浪屿人民同工部局之间的矛盾，遂于11月6日批准这个决议案。

根据这个决议案，华人顾问委员会就由厦门交涉员刘光谦和工部局董事会唯一的华董林尔嘉发动鼓浪屿的上层人物组织华民公会，然后由华民公会选派顾问。1923年，首次出任华人顾问委员会的委员有黄奕住、王宗仁、淘化公司董事长黄廷元、美商美孚洋行买办卓绵成、厦门大学教授薛永黍等五人。这五人的名单一经选出，即送交领事团审核，并很快地于1923年1月13日获得领事团的批准。

顾问委员会成立之初，首先由顾问委员黄奕住掏出1000元，作为1922年度店铺牌照税。这样，既满足了工部局课税的目的，又使商人免付店铺牌照税。一年多的抗税斗争也就被抑止了。

1926年9月间，领事团被迫允许华董由一人增至三人，顾问委员会因而就结束了。

章程原来规定，工部局董事会只有一个华董的席位，1926年之所以由一人增加到三人，一方面是由于中国人民在"五卅"运动中显示出反帝斗争的威力，另方面也是领事团进一步贯彻"笼络上层华人"策略的结果。

工部局董事会增设华董的经过是这样的，1925年上海"五卅"惨案发生后，全国人民反帝情绪高涨，厦鼓人民也高举反帝爱国旗帜提出"收回租界""废除会审公堂"的口号，声势浩大。工部局局内华人职员岌岌自危，洋人领事更是惶惶不安，纷纷提出辞职。当年辞职和接替的洋董达六人次之多。在鼓浪屿人民反帝爱国的吼声中，工部局董事会被迫通过了一个所谓"董事会须有足额华人代表"的议案，以缓和紧张的局势。

1926年1月29日，洋人纳税者召集常年会，由英国领事兼领袖领事许立德主持，在出席人数不过50人的会议上，他们懊丧地通过了《1925年工部局报告书》，认为鼓浪屿中国人民在过去几个月内开展的反帝爱国运动，影响了公界的治安。公安的行政管理受到极大的"威胁"，不得不在董事会议案追认："洋人纳税者认为华人纳税者需要有足额的代表参加董事会，并请求新接任的董事会向有关当局接洽，将《地界章程》修改，以便这些华人代表可以参加董事会。"

1926年3月间，鼓浪屿人民以"华民公会"名义，向领事团提出修改章程："工部局董事应定为十一人，华董居七，洋董居四"，"收回会审公堂改设特别法庭"。对此，帝国主义者惊慌万分。洋人纳税者不敢露面补洋董的缺额，因此洋董一直是三人。7月27日，全体洋董甚至提出辞职，使董事会陷于瘫痪状态。工部局的行政事务工作一筹莫展。领事团焦急万状，暗中催迫洋人纳税者重建董事会。结果仍无声无息，无人敢出来冒险。

面临窘境，领事团只好请示北京外交使团。外交使团回复："董事会的职务，由领事团执行，以待新董事会成立。"在波澜壮阔的反帝浪潮中，工部局局长（即秘书兼巡捕长）黎德于9月1日提出辞职。为了扭转瘫痪局面，领袖领事许立德不得不于9月13日召集"洋人纳税者特别会议"。会上选出事先圈定的救世医院院长锡鸿恩（美国人）、亚细亚火油公司经理施勿理（英国人）、博爱医院院长川口庄次（日本人）、伦敦差会负责人戈登（英国人）与和记洋行大班斯美士约瑟（英国人）等五人出任洋董，重整工部局。9月24日，外交使团电示领袖领事："准许董事会有三名华董，作为暂时的办法。"至此华人董事由一人增至三人。1926年12月27日，由华民公会推选黄奕住、王宗仁、李汉青三人为1927年首届华董。董事会共有董事七人，其中洋董四人、华董三人。锡鸿恩被推为董事长，黄奕住当选为副董事长。

帝国主义者看到鼓浪屿人民与他们之间的矛盾相对地缓和了，就推翻前议，企图改变董事会的组织，增加洋董名额。1928洋人纳税者会派了洋董六人，硬要将那六人塞进当年的董事会，这样就掀起了一场新的斗争。华董拒绝出席董事会，坚持董事名额限为七人，即洋董四人，华董三人，还提出在原有的公安、财政、卫生和工程估价等4股之外，增设教育股。董事会因华董缺席，事事棘手，不得已于1929年8月间采取折中办法，即工部局董事会由五个洋人和三个华人组成，在原有的4股之外添设教育股，5个股由华人派员充任委员，这是工部局5个股有华人委员的开始。

从1929年起，工部局的5个行政股分别由洋董、华董、华委各一人负责，各股的工作报告，逐月要各股委员签署。

（五）日本独占鼓浪屿和导演"归回租界"丑剧

1941年12月8日0时，日本海军突然袭击珍珠港的美军，爆发了太平洋战争。与太平洋战争发生的同时，驻在厦门的日本海军陆战队，分三路潜渡鼓浪屿，登陆后立即闯入预先指定的机关、学校和外国人住宅，进行全面搜查，先将男女老幼就地集中，并宣布三件事：第一，凡有武器者，须当场交出，否则作为隐藏军火论罪；第二，所有金库（指存放现金、首饰、契据的铁柜）或私人箱柜房门的钥匙，要一律交出来；第三，日军奉令要把所有的人带到指定地点，如果路上擅自脱离队伍企图逃跑的，将被枪杀。宣布完毕，立即整队出发，队伍前后有武装日军随行。各机关、学校的人员和外国人，先后被带到西仔路头博爱医院集中。下午2时左右，一个日本军官带了一名会讲闽南话和英语的译员出现在人群面前，他宣布："今天是大东亚圣战开始，大日本帝国对英、美、荷宣战，皇军奉命占领鼓浪屿，一切敌对国人员，都成为俘虏。今后要听从命令，不能随意离开外出。"接着，日军军官还要大家举手宣誓："拥护皇军。"3时左右，才让大家各自回家。从那天起到鼓浪屿成立伪政府前，各机关、学校、外国人住宅门口，都有两个武装日兵站岗。

过了几天，除天主教神父外，所有住在鼓浪屿的外国人，都被拘留在港仔后菽庄花园附近的中国银行宿舍（现鼓浪屿宾馆5号楼）战俘集中营。这些外国人外出上街，都要在左上臂挂一个白色红边的布圈，用日文和英文写明其国籍和姓名，否则即当逃犯处理，随时逮捕惩办。

12月8日，日军登陆鼓浪屿后，对工部局进行改组，使之为日本人所控制。同时，日军当局还派遣伪厦门高等法院检察官杨廷枢接管会审公堂兼任堂长。会审公堂沦为日伪机构。

日本改组成立的工部局新董事会，没有一个英、美董事，华董也是由日方指派的，日本人小幡次郎被任命为董事长。日伪的一切殖民政策、法令，仍然以工部局的名义发布。例如：12月14日，日伪当局决定对鼓浪屿居民生活必需品进行限价的通告，就是由日本驻厦总领事馆、日伪厦门市政府和鼓浪屿工部局三个机关共同署名联合发布的。12月15日，工部局又发出通告，嗣后一切公私文件一概改用日文、汉文，废除英文。1942年3月12日，决定成立鼓浪屿保甲联合会的通告，也是以工部局名义发出的。当时的工部局，已是日本帝国主义对中国人民进行野蛮残酷殖民统治的机关。

日本独占鼓浪屿初期，除保留工部局的名义外，另设有兴亚院鼓浪屿事务所、日本总领事馆鼓浪屿警察分署、日本海军厦门根据地司令部鼓浪屿派遣队、厦门市政府高等法院鼓浪屿会审公堂、鼓浪屿非常时期参事会等一系列军、政、警、司法殖民统治机构。

日本派兵占领鼓浪屿之后，这个公共租界已成为日本独占的殖民地。1942年10月10日，英、美两国发表放弃在华不平等条约的特权。1943年2月11日，中美、中英分别签订"平等、互惠"的新约，废除在华治外法权及一切特权，并明确指出英、美两国"在上海、厦门公共租界内之行政与管辖权归还中国"。于是，日本又导演了一场"归还租界"的丑剧。1943年3月，汪伪政权在日本帝国主义的授意下，成立了一个厦门鼓浪屿租界接收委员会，汪伪的中央政府还装模作样地指派内政部长陈群前来厦门筹备"收回厦门鼓浪屿租界"仪式。4月8日，汪伪政权先发表了法国政府放弃鼓浪屿公共租界行政权的照会，又于5月20日发出"收回鼓浪屿租界政权"的通告和以伪外交部部长褚民谊名义的"收回鼓浪屿公共租界的声明"，接着在5月26日举行"鼓浪屿租界行政权移交式"和成立日伪"厦门市政府鼓浪屿办事处及鼓浪屿警察署"的仪式。

1944年3月间，汪伪政权把厦门升格为特别市，鼓浪屿办事处也改为厦门特别市政府鼓浪屿区署，警察署改为厦门特别市政府警察厅鼓浪屿分局。

1945年8月日本投降，国民政府于10月3日接收鼓浪屿，根据中美、中英在1943年签订的条约，结束鼓浪屿作为公共租界的耻辱历史。

（原载《列强在中国的租界》，中国文史出版社，1992年4月）

死心效敌的李思贤

李思贤原籍广东省新会县，其父入闽为官，遂定居福州。李早年毕业于福建省公立法政专门学校，历任广东省曲江、番禺和福建省龙溪、永定等县承审员，福建省高等审判厅、广州地方审判厅推事，福建省霞浦、龙溪两县知事。1918年，他弃官落户厦门，自设律师事务所，曾任厦门律师公会会长，中华全国律师协会理事、执行委员。

抗战初期，李思贤曾参加厦门市各界抗敌后援会，被推选为委员，发表过一些抗日言论。

1938年5月10日凌晨，日军发动进攻厦门战役。翌日，李思贤离厦逃往香港。13日，厦门全岛沦陷，日寇授意伪复兴会的张鸣、周寿卿等汉奸从上海赶到厦门，搜罗丑类，筹组伪厦门治安维持会。原与李思贤同在厦门当律师的洪景皓、许世昌、谢若濂、黄培元等，急不可耐地相继认贼作父。7月15日，伪厦门治安维持会成立，洪景皓化名洪月楷，粉墨登场，当上会长。许世昌化名许竺轩，谢若濂化名谢逸溪，黄培元化名黄宪章，也分别出任伪维持会司法处的检察官或推事。许世昌等狐假虎威，滥用职权，敲诈勒索市民，积聚了不少孽财。李思贤与许世昌素称莫逆，在港探知许世昌"飞黄腾达"，多次函询附逆门径，请其指点迷津，许复函允代为引荐。这时，伪维持会会长洪月楷因汉奸罪累及在莆田原籍的双亲，被政府拘留。洪被迫抛弃伪职，逃往鼓浪屿公共租界，乘轮船潜赴香港。抵港后，洪在报纸上发表题为《汉奸十不可为》的文章，表示"悔过自新"、"痛改前非"，然后遄返莆田投案，营救双亲。

洪月楷《汉奸十不可为》的文章给某些妄图投敌为奸之徒敲了警钟。但这时伪厦门治安维持会会长悬缺，李思贤认为良机已到，遂于1938年1月13日携眷回到了厦门，寻径投敌。经许世昌牵线，他叩见了日本海军在厦门的特务部部长原中一，奴颜婢膝地倾诉愿为"皇军"效犬马之劳的心迹。李思贤自忖学历、经历及以往在厦门的社会地位，均在群奸之上，伪维持会会长一职非其莫属，讵料原中一以李参加过抗日组织和发表过抗日言论，未肯遽然委以"重任"，仅让他当伪维持会司法处主任。主子定调,李思贤怎敢抗命,只好先就此职,再图晋升之阶。伪厦门治安维持会会长一席,仍由该会秘书长卢用川代理。

李思贤利欲熏心,为取得更高伪职,投敌之后,竭力巴结主宰汉奸命运的两个关键人物——日本在厦门的特务头子小笠原和泽重信。

厦门沦陷后一直为日本海军所控制,由日本海军厦门根据地司令部执掌大权。小笠原是海军司令官田少将的亲信,伪厦门治安维持会的首席顾问,掌握任免奸逆的实权。泽重信是"大日本南支派遣机关"在厦门的情报负责人,讲得一口流利的厦门话、广州话和客家话,熟稔闽粤的风土人情,号称"华南通"。还在抗战前,泽重信就已在厦门搞间谍活动,以厦门日文报纸《全闽新日报》社社长的公开身份,周旋于闽粤各地的官僚政客和军阀、土匪之间。抗战爆发后被调往台湾,日本进攻厦门时奉命随军入岛,物色汉奸对象,是厦门伪政权班子的幕后策划者之一。

李思贤在厦门有一个名叫吴琐云的谊女,此女会讲日语,又擅长交际,原在一个律师事务所当文书,厦门沦陷后,出任伪治安维持会秘书。李思贤投敌后结识小笠原和泽重信,都是由她搭桥的。她经常陪同李登门拜访小笠原以联络感情。李思贤常藉"汇报工作",给小笠原戴"高帽",以博取欢心,终使小笠原逐渐改变了对他的看法,获得了信任。为了能与泽重信频繁接触,李思贤叫其长子李唐碧拜泽重信为谊父,并指使其女李国华常到泽重信公馆串门"走亲戚",投其所好,以增进"情谊"。

经过一段时间的苦心钻营,李思贤开始与卢用川角逐继任伪维持会会长"宝座"。卢以自己是秘书长兼代理会长,又有伪市商会等社团一班奸伪的"拥护",自认为递升会长可稳操胜券,对李的角逐不以为意,却不料李思贤由于有小笠原、泽重信等实权人物的鼎力支持,竟把会长一席夺去。1939年3月11日,李思贤就任伪维持会会长。此后,他更死心事敌,为虎作伥,深受日本人的宠信,随后由伪会长擢升为伪"厦门特别市"市长,且身兼特别市政府警察厅厅长、新国民运动促进会厦门分会主任委员、厦门经济审议委员会会长、厦门水产会会长、厦门农业改进社社长、厦门地方福利会理事长、厦门运营委员会委员长、厦门海外华侨公会会长、厦门水电公司董事长、厦门劝业银行董事长、厦门大乘佛教会理事长、厦门孔教会会长、厦门艺林社名誉社长、厦门体育会名誉会长以及"共荣会"("中日亲善"团体)厦门支部顾问、厦门"决战生活联盟"顾问等十多个伪职,一人包揽了厦门伪政权的政治、经济、文化各部门的职权。

为报答日帝的"恩赐",李思贤"忠心耿耿"、全力以赴地推行日帝统治沦陷区的殖民政策,卖国求荣。其在出任伪厦门维持会会长和伪特别市市长的六七年间,祸国殃民,罪恶昭彰,兹略举数端于下。

一、政治方面

厦门沦陷初期,伪治安维持会由日本海军司令部管辖。嗣后,日本为加强对中国沦陷区的殖民统治,在东京增设兴亚院,并在各主要沦陷区成立兴亚院联络部。1939年3月10日,兴亚院厦门联络部开张。15日,兴亚院厦门联络部首任长官水户春造少将就职视事。从此,厦门的伪政权改隶于兴亚院。

抗战前,厦门市区人烟稠密,经济繁荣,沦陷后则十室九空,市井萧条。兴亚院以伪政权称为"治安维持会",望文生义,难免令人有治安不靖之感,而且与他们关于沦陷区如何"新生"、如何"明朗"的宣传论调不相吻合,遂有取消"治安维持会"名目,改筹厦门特别市政之议。李思贤闻讯,对未来的市长"宝座"垂涎三尺,认为机不可失,时不再来,于是使尽奉迎拍马之能事,宣布自1939年5月10日至13日,举行各种形式的"乐土建设"活动,为"皇军"占领厦门一周年涂脂抹粉,歌功颂德。李思贤此举甚得日方欢心,兴亚院决定任命他为厦门特别市政府组织委员会主任委员,以他的旧老板原中一、小笠原等为顾问。李思贤喜出望外,在筹组伪市府过程中,一切秉承顾问的意旨,百依百顺,由他主持起草的"组织条例"和"成立宣言",经呈报审核定夺,收到日本人的嘉奖。7月1日,伪"厦门特别市政府"在中山公园举行成立典礼,李思贤袍笏登场,被册封为市长。

李思贤在伪市长任内,一切政治措施,均唯日本顾问之命是从。为配合日帝加紧推行"以华制华""以华治华"政策,他以市长名义,颁布《厦门特别市保甲户口编组暂行条例》(条例31条,附则19条),强化保甲制度和户口管理,规定保甲长应密切配合警察厅警务科户籍股人员,在任何认为必要的时候穿门越户,调查人口,肃清所谓"反动分子"。对被认为有爱国抗日嫌疑的人,一概拘留审讯或逮捕,因此而惨遭迫害、枉死于酷刑之下者,不知凡几。推源祸始,李思贤实难辞其咎。保甲条例第13条第6款规定,保甲长应严密监视"共匪"活动,一经发现,立即向警察厅报告。第29条规定,征召壮丁组成所谓"保卫团",其任务为协助"皇军"搜捕抗日分子和巩固治安;凡拒绝应征者,给以拘留30天以上的处分。1941年11月4日和13日,李思贤又分别颁发实施"户口管制"和"保安条例"布告,严格限制市民集会结社和"有碍治安"的一切活动,违者从严惩处。

1939年8月15日,李思贤率僚属前往东京"考察","晋谒"日本首相平沼,并参与汪伪国民政府将与日本签订的《日支新关系调整要纲》部分条款的制定。同年12月30日公布的日伪新关系调整要纲,其第4条承认日本在厦门不仅有驻兵和过问政治、经济的权力,还享有开发、利用地下资源的权力。在这一条款的制订中，李思贤为自己留下了通谋敌国，出卖民族利益的罪证。

1940年11月30日，日本政府正式承认汪伪政府。当日，李思贤立即分别致电东京日本兴亚院总务长官柳川，驻南京伪国府的日本大使阿部信行和巨奸汪精卫，除表示"热烈祝贺"外，还颂扬所谓"中日亲善"，并祝"友谊永固"。1941年4月10日，日本人定以每月1日为"兴亚奉公日"，李思贤亦步亦趋，以伪市府的名义发出布告，规定自是年5月起，以每月1日为"节约运动日"，要市民切实遵守。同年8月2日，李思贤又受命东渡台湾"考察"司法、行政、教育、卫生、产业，回厦门后大肆吹捧日本统治台湾的"伟大成功"，声称要以日本统治台湾为学习的榜样。

为讨好日帝，李思贤还在任伪治安维持会会长时就曾下令改中山公园为厦门公园，改中山路为大汉路。太平洋战争爆发后，他又是以英美是中日的共同敌人为由，明令各商家，凡中间钳有"英""美"字样的店号，一律不准再用。于是，有关商家纷改店名，如同英布店、华英药房和美兴咖啡厅（都是挂了几十年的老招牌）就被迫分别改名为同兴布店、华安药房和梅兴咖啡厅。太平洋战争爆发后，每年12月8日，李思贤都要率僚属参加日本人举行的大东亚圣战纪念集会，唱日本海军军歌，向东方遥拜日本天皇。

此外，李思贤在其任内还强毁禾山13个村庄的良田，为日军建机场提供用地，并强征青壮年服劳役，为日军开辟军用机场、修建通往云顶岩军事要塞的公路和环海公路。他还强抓民夫押赴海南岛，为敌开发军用资源和兴建军用机场，使数以百计的厦门青年魂断异乡。

1943年3月26日，伪厦门特别市政府升格，划归汪伪国民政府直辖，成为所谓"中央直辖市"。此后，伪政府表面上隶属汪伪国民政府，实际上统治权利控制在由日本大东亚省辖下的日本驻厦门总领事馆手中（1942年10月，日本政府成立大东亚省，撤销兴亚院机构。兴亚院厦门联合部奉命结束）。6月15日，李思贤率团乘飞机赴南京向汪精卫述职，大谈"反共建国"的陈词滥调，并以所谓"厦门市民代表"名义交汪以"捐献"一架飞机的代金。

二、经济方面

李思贤在其任内，贯彻执行兴亚院制定的物资统制政策，开办10多种统税，并实施粮食、燃料、糖油以至火柴等日常生活用品的定制配给制度。市民计口授粮，起先每人每月18市斤，后逐年下降，最后仅为碎米二市斤，市民陷入饥馑，出现饿殍载道的惨状。李思贤还批准伪厦门劝业银行发布辅币，吸吮厦门人民的血汗。又颁布禁止使用国民政府中（中央）、中（中国）、交（交通）、农（农民）

四家银行发行的法币，限期以二元法币兑换一元伪储备券，为日帝掠夺中国人民的财富效劳。

李思贤在伪市政府之下成立所谓"公卖局"（后改名为"戒烟局"），开设福裕、福和等鸦片制造厂，公开贩卖鸦片、吗啡、海洛因、白面、红丸等毒品，卖力为敌推进毒化中国人民的政策。据1945年6月伪市政府戒烟局公布的材料，当时厦门岛内经营批发鸦片的"二盘商"有66家，经营零售并提供吸食鸦片的"三盘商"有340多家，均由伪市府发给营业执照。李思贤还指使汉奸败类开设"大千娱乐场"和"兴南俱乐部""同声联欢社"等大型赌场以及为数众多的妓院，以扩大税源，增加伪市府的财政收入。抗战后期，李思贤更积极地配合日方，加紧搜刮厦门人民的资产，在各区增设稽征处，强征苛捐杂税；并开展所谓"献机"运用，强迫市民"献机"七架。

三、推行奴化教育方面

李思贤忠实地为日帝的奴化教育政策服务，在伪市政府教育局之下，设男女中学4所、小学16所、幼稚园2所。规定日语为必修课程，设"修身"科，在国文、历史等学科课本中篡改中国历史，歪曲中国人民的形象。同时出版《华南新日报》《新江月刊》《孔教月刊》《大乘月刊》《导言月刊》等10多种汉奸报刊，宣扬奴化思想，宣传所谓"大东亚圣战"和"中日同文同种、共存共荣"等谬论，力图冲淡市民的抗日意识，把市民推入"大东亚共荣圈"的迷魂阵。

四、媚敌卖国言论

李思贤发表过大量的媚敌卖国言论，为日帝的侵略张目，并肆意诋毁中国人民的抗战事业。

1939年7月1日伪市府成立时，他在中山公园举行的"成立典礼"上发表"宣言"大放厥词。日本以武力强占厦门后，大肆屠杀我爱国同胞，滥施暴政，陷我人民于水深火热之中。李却说成"在日本国官宪的大力援助下，厦门的秩序得以恢复，社会安定"。日本占领下的厦门疮痍满目，到处断壁残垣，商店停业闭户，路上行人稀少，一片凄凉景象。李却称颂"皇军"给厦门带来"新生"，"明朗"，市况殷盛，把厦门说成是经济繁荣的"王道乐土"。在"宣言"的末尾，李思贤自称"不肖"，对日本的"恩赐"感激不尽，声嘶力竭地鼓吹"加强与友邦合作"，"日本提携，确保东亚永远和平"。

在伪新国民运动促进会厦门分会举行的"青年节"纪念会上，李思贤在"训词"

中竟然要青年们"由民族主义而推到大亚洲主义,由爱中国而推到爱东亚","向复兴中华、保卫东亚的光明大道迈进","来争取大东亚决战的胜利"。1944年5月28日,他在所谓"收回鼓浪屿周年纪念式典"上,极力吹捧汪伪政府,并颂扬日帝,说什么:"我国府还都南京之后,致力于和运工作,使中日亲善提携建设得以实现……使中国得适应新时代而生存,分担东亚共荣圈建设的责任,于是盟邦日本,以固有道义的精神,克尽其援助的厚意……返还鼓浪屿公共租界并移交其行政权。我们对此隆情高谊,不用说是一年,就是千百十年,也是不会忘记的。"

同年11月,李思贤又在《导言月刊》第二卷第二期发表题为《中日同盟条约成立周年纪念》的文章,胡说什么《中日同盟条约》的签订和《东亚共同宣言》的发表"是震撼全球的道义结合,开世界未有的先例","在东亚历史上,成为一大转换的伟观,同时也是东亚一划时代的光荣"。他还竭力为日本掩饰侵略中国的罪行,说什么"日本既为开拓东亚前途而努力,我们当然要一心一德分担大东亚建设的责任,况且日本对中国表示诚意予以起死回生之力,使我们得更进一步的复兴,国力民力也会得更进一步的充实",进而声称,日本"发动的大东亚战争的目的",是"为东亚各民族求解放,举其全国力量,不惜一切牺牲,以保卫东亚为己任"。其厚颜无耻,竟至于斯。

厦门沦陷期间,李思贤死心效敌,始终一贯,罪恶昭彰,是厦门的第一号汉奸。日本投降后,李思贤被捕入狱,但国民政府最高法院仅判其有期徒刑15年。后经其家属散发孽财,多方活动,李竟得以"保外就医",逍遥法外。厦门解放前夕,李潜逃漳州,1949年12月为人民政府捕获归案。1951年1月19日,经厦门市人民政府公开审判,并报福建省人民政府批准,宣布对李思贤处以死刑,立即执行。背叛祖国、出卖民族利益的汉奸李思贤,终于受到了正义的制裁。

(原载《汪伪群奸祸国纪实》,华东七省一市政协文史工作协作会议编,中国文史出版社,1993年10月)

源远流长的港厦关系

厦门与香港本来都是四面环海的岛屿，也同样拥有优良的港口。但就港口的开发利用而言，厦门比香港早了三四百年。

明代，厦门的商船已远航南洋群岛。西方的葡萄牙人，在 16 世纪初就已来到厦门港外进行贸易活动。17 世纪到 18 世纪，西班牙人、荷兰人和英国人接踵而至。清初的厦门港口，已出现了梯航万里的繁华景象。而香港直到 19 世纪初还只是个渔村，因而被西方鸦片贩子作为鸦片走私基地。

1840 年英国发动侵略中国的鸦片战争，清政府打了败仗，于 1842 年与英国签订《中英南京条约》，香港被迫割让，从此沦为英国的殖民地。厦门也与广州、上海、宁波、福州一道被列为对外开放的通商口岸，沦为近代中国最早的半殖民地城市之一。

一、港厦关系话古今

厦门与香港的关系，源远流长。1939 年冬，香港大学教授许地山应香港福建同乡会邀请，向乡亲们作了一场题为《香港小史》的专题演讲。许地山教授断言，明代以前，福建的船户已泊居包括香港岛在内的广东沿海各岛。据许教授考证，"船户祀天后以福建人为先。不论南洋北洋，海内各地，凡福建航商渔户聚居之地，辄建庙祀焉"，"香港天后庙之遗存者颇多……（都是）明代及明代以前遗物"。1994 年 4 月，香港东区区议会出版了一本《港岛东区文物掌故》，也有宋代"很多商船及渔船往来浙江、福建和广东之间，途经佛堂门和柴湾（旧称西湾），船家多到岸上取水"的记载。据此可知，明清两代远航南洋的厦门商船往返途中，或因汲取淡水，或因遇上风暴寄泊香港，也就毋庸置疑了。

距今 150 年前的清道光二十二年（1842），出生于今马来西亚槟榔屿的华侨杨清河，从家乡厦门霞阳乡（今属海沧区）来到香港。清河懂得英汉两种文字和语言，受聘于港英政府巡理厅暨辅政司任翻译，后来改行执教于香港的书院。这是有姓有名最早定居在香港的厦门人。稍后几年，集美有个姓陈的中医随厦门商人移居香港，其女儿陈粹芬，1873年出生于香港新界屯门，因排行第四，人称四姑娘。1892年，她在屯门基督教堂做礼拜，经陈少白介绍认识了孙中山，后来跟随孙中山参加革命，被称为陈四姑。1960年，陈粹芬病逝于香港，享年87岁。可见香港开埠初期，就有厦门人陆续移居香港了。

130多年前，已有客货兼载的轮船定期航行于港厦之间。根据厦门海关报告的记载，1865年"有六艘轮船形成一条往返于香港、汕头、厦门与福州之间的定期航线。其中三艘轮船是由大英轮船公司经营的，另三艘则由德忌利士（洋行）掌管"。1872年，丹麦的大北电报公司铺设厦门连接香港、上海的海底电缆，开办厦门与港、沪的电讯联系业务，加快了两地的信息沟通和经贸往来。

在海关的贸易报告中，1873年开始出现厦门商人直接从香港采办洋货的记录；1880年，"有16家厦门商行从事与香港间的贸易"；1881年，英商太古洋行在香港公开拍卖一艘载重893吨的沉没海底有待打捞的轮船"白毫"号，结果被一个厦门人以1025元买下。这些片断记载证实：最迟在19世纪70年代末80年代初，不仅有厦门人在香港开行设店，且已具有一定资本和竞争能力。

此后，两地的贸易不断发展。清末和民国年间，香港在厦门的输出入贸易中一直名列第一、第二位，显示了港厦经贸关系的日益密切。港厦航线的船数、班次也一再增加。清末至厦门沦陷前夕，穿行于香港厦门航线的轮船公司有太古、渣华、和丰、永福、大阪、招商局等十多家，拥有轮船几十艘，几乎每天都有港厦航线的轮船进出厦门港，有时甚至一日进出两三艘。有一份1875—1938年厦门口岸往返香港乘客的资料，其中前往香港人次最多的年份是1927年的16,871人次，1937年的13,314人次居第二，再次为1934年的13,225人次；平常年份也都有几千人次，没有达到上千人次的仅1875年的817人次和1880年的831人次；万人次以上的年份有1909年、1915—1918年、1925年、1933年、1935年、1936年和1938年。尽管历年由厦门前往香港的乘客中有许多人是来自闽南各县，他们当中也只是一部分人留住在香港，但这些数字从一个侧面反映了定居香港的厦门人的增加趋势。

抗战前，厦门与香港体育运动的交往也相当频繁，如1933年4月，香港南星篮球队远征厦门，与厦门英南、鹭江等篮球队交锋。在此前后，香港篮球劲旅中南篮球队、香港青年会篮球队，以及华南体育会篮球队也到过厦门，与厦门青光、鹭光、精武、同文等篮球队进行友谊比赛。1935年8月10日香港游泳队应邀前来参加厦门游泳比赛大会，观众达4000人，更是轰动一时。香港队来厦前先经选拔，由香港体育协进会游泳部副主任黄少池领队。队员有绰号"美人鱼"的杨秀琼，获1933年全国运动会和1934年在菲律宾举行的远东运动会游泳个人冠军；杨秀珍，1933年代表香港参加第五届全国运动会；伍舜英，绰号"美人虾"，参加广东省运动会获女子跳水冠军；陈玉辉，曾先后代表广东参加全运会和代表中国参加远东运动会；陈震南，第十届远东运动会中国游泳选手；方宗宇，1933年横渡港九游泳比赛个人冠军。其中还有两个闽南人和两名儿童选手。闽南人中的黄义和，龙溪石码（今龙海市）人，第八届远东运动会中国游泳选手，时任香港南华体育会游泳教练，是该次来厦的香港游泳队总教练；陈振兴，同安人，曾在鼓浪屿英华中学肄业，第五届全运会男子游泳个人冠军，在历届广东省运会上都荣获男子游泳个人冠军。两名儿童运动员为：雷永平，7岁，来厦参加50米蛙泳表演；杨昌华，14岁，曾获1933年香港运动会丙组（少年组）游泳个人冠军。还必须提一提的是，厦门游泳比赛大会开幕前，闽南一带遭受数百年来罕见的大水灾，灾区遍及11个县，灾民37.5万多人，死亡500多人。为此，游泳大会发动募捐救灾，凡捐款救助水灾者，赠送"美人鱼"杨秀琼亲笔签名的玉照一张。大会为闽南灾民献爱心的义举，得到杨秀琼和香港队员的支持，三天之中共得捐款3000多元。

1937年7月7日抗战爆发。9月3日，驻厦门的一五七师官兵首次击退来犯的日舰，消息传到香港，香港同胞欢欣雀跃，香港福建商会除发电慰劳守军外，还特地派陈润生、郑静安为代表，带了得胜旗1面、棉衣3000件、毛巾3000条等慰劳品到厦门犒师。接着，居住香港的厦门乡亲又与海外华侨共同组成旅港澳救亡同志会，派出回乡工作团，由陈雪华率领回厦，参加抗日救亡运动。香港吉诚电影公司派遣摄影队到厦门摄制抗战新闻纪录片《武装的厦门》，鼓舞厦门军民保卫厦门的斗志。当日军登陆厦门时，又有香港建华电影公司派摄影队赶到厦门前线，摄制纪录片《厦门血战记》。

1938年5月13日，日寇攻陷厦门，大批难民搭乘"丰庆"号等轮船逃难香港。时适香港福建商会会长杜四端、副会长韩玉堂、香港华人慈善机构东华三院总理康镜波，都是厦门人。在他们的带动下，香港福建商会组成救济难民临时委员会，商借国家医院、维多利亚习艺所和九龙旧巡理府等五处公共场所安置难民住宿，供应膳食，并分发电报向东南亚闽侨社团和香港慈善机构求援，多方筹措救济难民的经费，香港药材宝寿堂、香港抱道堂、香港学生赈灾会、英华女校等纷纷捐资赞助。嗣后，难民中有1000多人由救济会资助旅费转往东南亚各地投亲靠友，有1000多人落户香港，部分疏散到鸭脷洲的闽南人开设的面线厂、米粉厂、纸箔厂、酱油厂以及厦门人设在九龙的淘化大同酱油罐头厂等处就业。由厦门逃难来港的渔民130多人，在香港仔的石排湾形成一片厦门渔民聚居区。1949年八九月间，又有一批厦门渔民为逃避国民党政府抓船夫而移居香港，也在香港仔的石排湾落户。新中国成立后，居住香港石排湾的厦门渔民，陆续有人回家乡与亲人团聚。

留在香港的厦门渔民,有的改行打工或经商。其中有些渔民至今仍与家乡亲人保持联系。

1938—1941年间,香港的鸭脷洲一度成为厦门难民的"大本营"。为了提供给难民学龄儿童就学机会,香港的乡亲们集资在鸭脷洲惠风街现编门牌17号、19号的三楼创办建光学校,由庄希泉主持校务,庄成宗等人组成校董会,筹款添置教学设备。建光学校采用普通话教学、广东话解释,又有英语课程,并兼收香港当地儿童入学。

厦门沦陷后,撤出厦门的厦门儿童救亡剧团继续在闽南、粤东各地开展抗日救国宣传活动。1938年10月12日,"厦儿团"由广州抵达香港,受到香港各界人士的欢迎。香港福建商会、香港儿童保育会、香港学生赈济会等20多个社团,先后对"厦儿团"进行慰问和资助。有关"厦儿团"在香港的宣传抗日救国活动,本书另有专题文章记述,这里就不多赘言。

自厦门沦陷至1941年12月太平洋战争爆发,厦门与香港的海运仍然畅通,只是航班减少,轮船改为停泊鼓浪屿港仔后海面。太平洋战争开始没多久,香港于1941年12月25日被日军攻陷,港厦间海上船运锐减,至1944年"盟军"舰队、机群在南中国海对日本实行封锁,船运始告断绝。

香港沦陷后,不甘心沦为日本"顺民"的在港厦门人开始第二次逃难,冒险越过新界封锁线,沿陆路辗转步行回到漳泉内地谋生。抗战胜利,中断的港厦交往又恢复了。1946年,有1284人从厦门乘坐轮船到达香港。之外,又增加了空运,有两家航空公司开辟了港厦定期航班。中国航空公司每星期二、四、五往返一班次;中央航空公司每星期二、四、六往返一班次,两地的交往更方便了。香港沦陷期间离开香港的厦门人,多数重返香港。1947年初,香港的福建商会和同乡会曾经对旅港的福建人作过一次书面调查,并将材料汇编出版一本《香港闽侨商号人名录》。从调查的材料可知,当年住在香港的厦门人有400多人,占当年在港福建人总数的38%,而厦门人经营的商号有60多家,占在港福建人经营的商号总数的46%。其时,厦门人在香港的商行多数集中在被称为南北行街的文咸东街、文咸西街和永乐东街、永乐西街,主要经营进出口贸易,包括兼营进出口的汇兑信局和船务行。此外,还有药酒厂、面线厂、米粉厂以及蚊香厂、神香厂、纸箔厂等等。

住在香港的厦门人,从事的职业面很广,有律师、会计师、医师、建筑工程师、中小学校长、教师、电影演员、导演、新闻通讯社社长、报社记者、编辑,还有长期在海关任帮办的。

20世纪40年代末,由于国内局势动荡,前往香港的厦门人更多。1949年10月14日,往来于港厦的最后一班客轮"安徽"号载客1300多人离开厦门驶往香港厦门解放后,台湾国民党当局对福建沿海实行封锁,妄图切断厦门的海上对外交通贸易。但就在厦门解放仅 21 天时,来自香港的"永兴"号轮于 1949 年 11 月 12 日晚上进入厦门港,停泊在今客运码头起卸客货后,于翌日凌晨启锭离厦驶往香港。消息在香港报上披露后,继之而来的有"和乐""成兴""捷喜""捷顺""峨嵋夫人"等挂外籍旗的轮船参加港厦航线。1950 年 9 月 20 日,第一艘悬挂五星红旗的"建安"轮从厦门首航香港。不久,又有联通行等三家船务行参加港厦航线。20 世纪 60 年代后,厦门外贸部门和航运部门经香港华润公司协助介绍,由香港英辉造船厂承造 3 艘 500 吨级钢质货轮,取名为"闽海 223""闽海 224""闽海 225",航行于厦门与香港之间,直到 20 世纪 80 年代初,从未间断。与此同时,厦门与香港的进出口贸易,仍保持着良好的伙伴关系,即使是"文革"期间,虽没那么正常,也没完全断绝。以 1969 年至 1972 年为例,厦门出口香港的货物分别为 11,071 吨、63,000 吨、52,500 吨和 62,200 吨。

厦门创建经济特区以来,港厦两地的友好交往,十分活跃。1980 年 1 月 1 日,中断 31 年的厦门至香港定期客轮"鼓浪屿"号开航,继又增加"集美"号客轮。目前"集美"号、"闽南"号两艘客轮每周各两班次,客运量年年递增,从 1980 年的 46,714 人次,增至 1996 年的 12 万多人次。港厦的空中通道,继 1983 年 10 月 25 日中旅社的旅游包机首航成功之后,1985 年 1 月 3 日,厦门航空公司开辟港厦定期航班,港龙航空有限公司也于同年 11 月 30 日营运港厦定期包机。中旅社包机 1983 年至 1988 年底,5 年间安全飞行 1891 航次,载客近 17 万人次。厦门航空公司厦门至香港的航班数与运载的旅客数,1985 年为 36 班、5480 人次,至 1996 年已达 755 班、129,041 人次,11 年来共 6831 班、969,116 人次。方便的海、空交通,促进港厦频繁的经贸、文化交流,两地不同层次、不同政见、不同宗教信仰、不同性别、不同年龄的各界人士,个人或组团到对方考察访问、交流学术、参观旅游、举办展览等多种形式、多种项目的活动,难以计数。

二、香港厦门闻人及其业绩

香港经济的发展有诸多因素,占香港居民总数 98% 的中国人勤奋拼搏的创业精神,是最重要的因素之一。香港中国居民的祖籍以广东占绝大多数,但香港能有今天的繁荣,福建人尤其是厦门人的开拓进取,也是有目共睹的。清末民初,有些厦门人就已经在香港崭露头角,享有盛誉。

中国革命史上讲述孙中山和辛亥革命的历史,都会出现杨衢云这个人的名字和事迹。杨衢云就是上文提到的杨清河的儿子。他幼年由其父亲教授功课,奠定良好的文化基础。年轻时先后当过香港海军船厂学徒、圣约瑟书院英文教员、招商局书记长（秘书）和宣沙洋行副经理。侠肝义胆的他关心时事、富有爱国思想。1892年3月，他与谢缵泰等人组织以"开通民智，讨论时事"为宗旨的辅仁文社，被推选为社长，社址设于百子里1号2楼。这是辛亥革命前夕的第一个革命组织。同年秋天，他在歌赋街杨鹤龄住处结识孙中山，两人畅谈救国大计，志同道合，从此过从甚密。1895年初孙中山自檀香山到达香港，与杨衢云等筹设兴中会，总部位于中环士丹顿街13号，以杨衢云为首任会长。第一次广州起义，孙中山亲临广州指挥军事行动，杨负责筹款和输送武器弹药的组织工作。起义失败后，杨与孙中山都流亡国外。1900年3月，杨偕同孙中山自日本横滨回到香港，筹划惠州起义。这次起义不幸再告失败，杨回香港在结志街52号2楼设校以教学收入维持生计。1901年1月10日傍晚，不幸被清政府派遣的暴徒枪杀身亡，时年仅40岁。遗体成殓后葬于香港跑马地公墓，至今墓址犹存，列坟号6348。前年港英政府已将杨墓列为文物加以保护。在厦门家乡，也有人正在筹资兴建杨衢云纪念碑。

杨衢云遇难的噩耗传到日本，孙中山十分悲痛，亲自具名向中外寄发讣告并主持追悼会，介绍杨衢云的革命事迹并给予高度的评价。事后还发动募捐抚恤杨的遗孀及子女，体现杨与孙之间的深厚情谊。

另一位在香港有声誉的厦门人是杜四端。杜四端于1859年出生在今海沧区马銮乡，因家贫，未成年就到香港谋生，经多年积蓄，始在急庇利街1号创立杜端记行，经营进出口贸易。1893年，他邀集同村的杜来瑶等人，筹资在马銮兴办銮裕纱厂，织造背巾和包被，产品售于东南亚和香港市场。

杜四端热心社会工作和慈善公益事业。清末，旅港福建商户已有福建商会的组织，但机构不健全，会务不振。1914年，他与旅港商界同乡陈雨三、黄本立、陈渭臣、郑瑞甫等倡议改组福建商会，被推选为会长。由于他领导有方，众望所归，连选连任会长达30年。在任期间，他善于团结乡亲，联络乡谊，广行善举，不遗余力。他还任过保良局、东华医院总理，对应兴应革事宜，悉心筹划。他又捐资倡办福建学校，并出面向香港政务司申请拨地，辟建义冢。祖国各地遇有自然灾害，他也都带头捐资并发动同乡解囊相助，曾获清政府诰封的"中宪大夫"衔和民初政府颁发的"嘉禾"章。抗战爆发，他又任救国公债劝募委员，发动各界同胞捐款支援祖国抗战。在香港，他历任团防总局总理、二十四行商联合会副会长、华商总会会董、福建商会会长、福建学校校董、福建体育会名誉会长、香港道德总会副会长。1940年7月在港逝世，享寿82岁。

在各个不同时期香港社会上有名气的厦门人，还可以推出好多位。例如，韩玉堂，历任香港海关监督署及中央裁判署首席书记，是香港政府文员会的创始人。他退休后热心公益慈善事业，曾膺任香港福建商会副主席，其次子韩润燊是香港的名律师。从小生长于鼓浪屿的康镜波，曾任香港福建商会副会长和会长、保良局主席,连任两届东华医院总理。曾任香港福建商会和福建同乡会副会长的陈伯诚,原为缅甸华侨,1930年移居香港,创办源利行,经营南北行出入口业务,资金雄厚,信誉卓著,在香港商界名噪一时,历任香港福建商会副主席、香港福建同乡会副主席、福建学校主任等职。香港沦陷后,携眷沿陆路返回家乡灌口,被福建省政府聘为参议。

抗战前由厦门迁厂香港的淘化大同有限公司(下简称"淘大")的创办人兼大股东有黄、郑两个家族,其先辈都是厦门望族。迁港后的淘大先后由黄笃修、郑正训领导经营,业务迅速发展,成为香港赫赫有名的大集团企业,他们两人在香港工商界和政坛上也都是风云人物。

20世纪五六十年代黄笃修主持淘大时,由于酱油生产须经曝晒发酵,要有大片空地,而当年厂址所在地的九龙牛头角还是一片穷山荒岭。随着业务的拓展,淘大不断申请辟荒扩地,厂址占地好几百亩,不仅兴建多座淘大工业村,还有公司员工宿舍、托儿所等福利设施,其规模之宏大,至今仍没多少个工厂能比得上。

1954年的香港,大部分市民尚不知道股票为何物,而黄笃修已懂得将淘大股票推上市,向公众集资发展公司业务。同时,他还将原来的单一经营改变为多元化经营,20世纪五六十年代的电子产品刚问世,他即从事电子生产,曾拥有三家电子厂,员工数百名,成为香港第一代电子产品生产商。1957年,他又创设汽水厂,制造热带饮料,以香港为基地向外拓展业务,先后在新、马、菲建立淘大分厂,产品绿宝橙汁,风靡一时。此外,还生产百事可乐、美年达、青柠水等六种不同牌子的汽水。一度还在公司设奶粉部,代理日本"美儿"牌奶粉,继与新西兰商人合作生产奶品。1961年又成立淘大纸品厂,从事纸品生产,员工逾千人。1970年更将业务发展到英国,在伦敦分设淘化大同公司,成为港商在英国首都伦敦设立的首家企业。黄笃修同时在香港投资美伦酒店,创办香港印字馆有限公司、香港欧亚机器工程公司、正联企业有限公司,还身兼香港释囚会理事、九龙乐善堂副主席、1948年东华三院总理,香港中华厂商联合会、棉织制成品厂商会、毛织业厂商会、九龙华商会会长、香港大学经济学会名誉副会长、香港租务法庭陪审团委员、香港燕京大学校友会会长、香港工业出品贸易协进会名誉会长,香港贸易发展局、香港生产力促进中心执行委员等政界、社团职务。黄笃修还是个学者,能写文章,擅长国画,著有《游踪寄语》《东鳞西爪》《日本到何处去》等,1968年荣获美国国际大学授予的名誉哲学博士学位。1978年在香港逝世,时年65岁。

淘大另一位主掌业务的郑正训,除担任淘大总经理外,还自己经营大庆石油公司以及百货商场,在香港工商界和政坛上也有很高的知名度。历任香港考试局主席、香港中华厂商联合会常务会董、亚洲区生产力发展中心主席、全国人大香港地区代表，1985年6月被全国人大常委会委任为中华人民共和国香港特别行政区基本法起草委员会委员。

现任全国政协委员、港事顾问、推委会委员的黄克立，1948年自厦门移居香港。陈嘉庚先生得悉后，即邀他出任香港集友银行董事兼副经理。1955年黄克立引进南洋资金，主持成立了海外信托银行，出任副董事长，接着又参股成立香港工商银行，并被推荐为副董事长。后来又组织永固纸业有限公司、大正有限公司、合持有限公司，均出任董事长，并兼任泛印集团及澳门国际银行副董事长，为香港工业、金融业的发展做出了卓越的贡献。

曾任香港厦门大学校友会理事长的孙世俊，厦门人，也是香港金融界的知名人士，历任香港工商银行董事总经理、香港工商财务有限公司董事总经理、工商银行代理人有限公司董事长、香港海外信托保险有限公司董事、1966年东华三院总理。

厦门人在香港的文化教育和其他方面也有建树。香港福建同乡会创办的首家中学：福建中学，第一任校长陈文聪是厦门人，早年在厦门参与发起创办通俗教育社，后来也在报界工作。福建乡亲在香港所办的另一家中学闽光中学，是由厦门的老教育家陈能方发起创办的，他还任过九龙商会会长、香港经济屋宇会主席。长期生活在厦门，毕业于厦门大学，曾执厦门同文中学教鞭、任双十中学校长的吴厚沂，出任香港长洲中学校长多年，并曾在港府教育司任职。

1937年，厦门大学历史系系主任、著名人类学家、考古学家林惠祥教授避难在香港暂住，曾由许地山教授介绍到香港大学参观香港南面的南丫岛出土的新石器时代遗物。随后，林惠祥教授偕同五六个人雇船前往该岛考察，又在岛上的贝壳堆中发现了十多片印纹陶，经考证，与福建、浙江出土的印纹陶很相似。继而，他又在香港岛内东北部一个名叫"大潭"的地方附近，发现一块新石器时代石斧的残段。在香港本岛发现新石器时代遗物，这是首次。20世纪50年代，林惠祥的遗著《香港新石器时代遗物发现追记》发表在《厦门大学学报》社会科学版1959年第2期。近年来，香港考古学家在南丫岛和新界西北部的"涌浪"等地，又相继发掘出一批批新石器时代遗物。因林惠祥教授60年前就已在香港进行考古活动，故可称之为"香港考古学界的先驱"。

国际著名的人类考古学家郑德坤，厦门人，原在厦门大学任教，1947年应聘赴英国剑桥、牛津等大学讲学，后来在香港定居，又再应剑桥大学之聘赴英。1974年，他从剑桥大学退休回港，应香港中文大学之聘任文学院院长，继而又任副校长。1979年后，历任香港中文大学中国文化研究所荣誉所长和中国考古艺术研究中心荣誉主任、香港市政局古籍保管委员会委员、香港博物馆和香港艺术馆顾问，有《中国考古学》（四卷）和《中华民族文化史论》等著作问世。

香港中文大学教育学院院长杜祖贻博士，也是厦门人。上文提到的杜四端是他的祖父，其父杜琢其，曾任好几届香港福建商会董事，在香港商界也很有声望。杜博士对香港高等教育的教学用语有独特的见解，极力主张教学用语应以中文为主，外语为辅。他认为："香港人在有意或无意间对自己的语言和文化的贬抑，已达到令人非常难堪的程度。"他指出："香港社会以华人为主，而中华文化是伟大的，中国文字是优美的。香港学校应以中文为主，外文为辅。这对于文化意义和教育原理来说，都是最合理不过的。"他曾经以日本为例，阐述"母语为主，外语为辅"主张的正确性。他说："近30年来，日本人已拥有世界一流的科技和学术，但他们并没有放弃传统文化和风习，更没有在语言文化上妥协。"杜教授利用各种讲坛，一再呼吁各界摈弃对中文学校和中文课程的偏见，"承认以本土文化为主及用母语作为教学媒介的中文学校的重要性，平等对待中文学校和中文学校的学生而不歧视他们"。

厦门人徐四民，出生于缅甸仰光。1936年回厦门进入厦门大学肄业，次年返缅甸参加抗日活动，曾在仰光创办《新仰光报》，1949年应邀出席新中国的全国政治协商会议。他定居香港后，创办《镜报》月刊，出任社长，并兼香港《镜报》文化企业有限公司董事长，直到1994年公司董事会改组才退下来，十几年来为香港文化的繁荣做出不懈的努力。

1979年从厦门移居香港的归侨作家王尚政，孜孜不倦地埋头创作，在香港出版了《情海波涛》《海峡黎明》等多部文艺著作。从厦门移居香港的作家还有黄河浪、碧沛等。香港青年国画家熊海，厦门鼓浪屿人。1980年，他的作品《厦门虎溪岩》在香港大学画赛中首次获奖。他在1981年第六届亚洲艺术节"当代香港艺术双年展"上参展的作品《石鼓名山》为香港市政局当场购藏。1982年，香港市政事务署艺术馆正式承认其为艺术家。同年在全港青年绘画比赛、新秀图画创作比赛中，其作品又分获高级组冠军及公开组冠军。

美国克里夫兰整脊治疗医院驻港代表、香港整脊治疗协会发起人翁忠展，在香港跑马地摩尼臣山道开设诊所的牙医生张国荣，在德辅道中德行大度开设诊所、擅长心脏病治疗的陈维智医生，擅长小儿科并在铜锣湾百德新街开设诊所的黄树和医生，香港中医学会会立中医学院教授兼副教务长洪敦耕，香港中国海外武术训练中心会长陈文峰，以及香港有名的会计师陈义琨等，也都是厦门人。曾任香港东华三院总理、保良局主席的人士和香港金融界、航运界的人士中也有不少是厦门人，限于资料，容后有机会补写。

20世纪四五十年代在香港崛起的厦门话电影，也是值得一提的。1947年第一部厦语片《相逢恨晚》在东南亚的新、马、菲和台湾地区上演，因观众语言相通，甚受欢迎，几乎场场爆满。以后又陆续拍摄《雪梅思君》《厦门风光》《破镜重圆》《傻女婿》《李三娘》《杜十娘》《桃花搭渡》《陈三五娘》《牛郎织女》等百多部厦语电影。从老板、导演、制片、主要演员到场记,大多是厦门人或菲律宾、新加坡的闽南籍华侨。其中老板如吴源祥,原是在厦门经营侨批业的;张国良,是张国荣医生的弟弟;龚金星,年轻时就从厦门到港谋生,其后经营永升(香港)影业公司、永升电影企业股份有限公司。红极一时的女主角鹭红,是抗战时期厦门女一中的学生,姓曾,其父在厦门经营印刷业;另一位女主角凌波,艺名小娟,20世纪60年代后独资创办今日电影公司,又拍摄了《新红楼梦》《金石情》等厦语影片。导演黄檬,原名黄文熙,厦门鼓浪屿人。男演员金戈,原名邱延德,曾在厦门镇邦路一家钱庄任职,抗战胜利后赴港;杜丕国、陈列、刘尼、王清河等,也都是厦语电影的演员。

  1964年被委任为香港市政局第一位女议员的曹秀群,原籍海澄县(今龙海市),抗战前在厦门海关工作,后应聘到香港协助开办中南银行。抗战胜利后香港中国妇女会重建,她任第一届会长。1950年任香港家庭计划指导会(优生学会)主席、会长,1966—1973年任立法局议员,1969年获香港大学荣誉法学博士,1974年被授予C.B.E.勋衔和太平绅士头衔。她还先后任过香港大学校董、香港中文大学校董、香港国际妇女协会会长、香港大学奖学金遴选委员、英联邦大学奖学金遴选委员、香港政府教育委员、长期囚禁复检委员、社会福利顾问委员等政府、社团职务。长期从事妇女工作的曹秀群,在香港妇女界享有很高声誉。1973年退休。

  20世纪70年代以前,香港的经济没有现在这么繁荣。几十年来,香港发生了很大的变化,在香港的厦门人增加了好几倍,他们的经营范围和所从事的职业,也与往昔大不相同。不少人在金融、房产地产、制造业和贸易等行业占有重要一席,甚至成为举足轻重的人物。其间,还有一些东南亚华侨、华人抓住机遇,挟其雄厚的资金进入香港市场,大显身手。这当中,有原籍安溪县的钟氏兄弟集团经营的总统大酒店及房地产业。钟氏兄弟的父亲钟铭选,抗战前在厦门镇邦路开设振华金铺,后来到香港经商再转新加坡,20世纪80年代回过厦门,捐款重建天界寺名胜。

  早年在集美商校肄业的厦门籍新加坡华人张明添,是香港海外信托银行的发起人之一。其后,该行发展为拥有外国分支行最多的华资银行之一,在香港拥有香港工商银行、香港华人银行、大捷财务公司及附属机构多家。张明添一度成为香港工商界、金融界的大红人。20世纪70年代初,曾捐资东华三院在九龙兴建张明添中学。祖籍厦门的新加坡华人黄大椿,1961年到香港拓展实业,创办南顺(香港)有限公司。20世纪60年代中期,他在香港官塘开设第一个厂房,专营食用油包装服务,接着又生产食用油,推出该公司的第一个名牌产品——刀唛花生油。后来又在香港长沙湾建造了综合性食用油生产和包装厂房,生产规模不断扩大。"南顺"在食用油市场取胜后，1969年推出又一家庭必需品——清洁剂。南顺生产的斧头牌洗洁精销量占香港市场的三分之一。1973年，南顺再推出丽宝牌洗衣粉。为适应香港人低热量的饮食习惯，1984年南顺又推出刀唛粟米油。"南顺"生产的几十种食用油和洗洁剂、洗衣粉在香港市场上销量分别居第一和第二位，有六种产品获"香港优质产品"标志。黄大椿致力于多元化发展，1978年5月与五丰行合作投资创建美特容器（香港）公司，1979年成立日达电脑系统公司，1980年创立鲜美食品有限公司。20世纪80年代初，他果断收购香港最大的面粉厂——香港面粉厂，使事业迈向新的里程。他现任香港南顺集团主席，国内20多个城市有南顺投资的企业。柬埔寨厦门籍华侨黄盛光，因1967年柬埔寨政变时被宣布为"不受欢迎的人"而迁居香港。在香港，他继续经营独资或合资的公司有东元公司、东联布业公司、长春药材有限公司、大成酒业有限公司和大中贸易公司等。

这些年来，在香港的厦门人中，涌现了黄宜弘、郑明训、梁钦荣、王英伟等一批学有专长、脑筋灵活、经营有术、勇于进取的时贤俊才。他们发挥知识优势，善于运用现代化企业管理方法，投身商战，以香港和国内的工厂企业为依托，迈向国际市场，驰骋于五大洲，效益显著，成就非凡。他们都很热心于社会服务工作，赢得香港乡亲们和各界人士的钦仰。

在全国人民和海外华侨、华人满怀豪情喜迎香港回归祖国怀抱前夕，回顾源远流长的港厦关系，我们有理由相信，在香港主权收回之后，祖籍厦门的香港人，将会继续奉献他们的聪明才智，在香港这块有"东方明珠"美誉的土地上辛勤耕耘，创造更加辉煌灿烂的明天。

（原载《厦门与香港》，厦门市政协文史资料委员会厦门市地方志办公室编，鹭江出版社，1997年6月）

厦门的海洋航运史

厦门背靠闽南大陆的漳州、泉州平原，濒临台湾海峡与台湾本岛、澎湖列岛遥遥相对。拥有海峡性港口，地处福建南部金门湾内九龙江出海口，北距泉州港80海里、福州港200海里、上海港561海里、长崎港816海里，东距高雄港160海里、基隆港222海里，南距黄埔港389海里、香港251海里、马尼拉677海里，正好填补中国北起宁波、南至黄埔几千公里海岸线上深水港的空白。

厦门港分西港和外港两个港区。西港指厦门岛西与高集海堤、嵩屿之间的海域，外港指九龙江河口以南的海域。厦门港少淤少雾，终年不冻，岸线总长64.5公里，大多是岩石岸壁，港宽水深，港城面积275平方公里，进港航道全长约30公里，港区航道宽度一般有200—400米，大部分水深13米以上，最深达30米，五万吨级船舶可乘潮进港。港外小岛屿星罗棋布，沿岸群山环抱，为船只避风提供有利条件。本文谨探讨古近代的厦门港及其航运业。

一

宋朝时候，厦门岛上已辟有五通、东渡和土地公祖（在今开远路中段）等码头。五通古码头的遗址，至今犹存。

明代，中国的对外航海交通贸易有较大的发展。

明初，实行由封建中央政权垄断海上对外贸易的政策，既允许东南亚一些国家和地区以"朝贡"名义"附载方物"前来中国贸易，且于永乐年间（1403—1424）组织由郑和率领的庞大船队七次下西洋，开展睦邻友好的外交和经贸活动。近年，有人根据《郑和航海图》上一幅海图标有明代厦门地名的"嘉禾千户所"，断言郑和下西洋的船队曾经经过厦门海面，并对厦门港的航运产生过影响。明朝中叶以后，民间私有经营的海上对外贸易，也开始在东南沿海的一些偏僻港口，"私造巨舶，岁出诸番市易"。[①]漳州的月港和邻近厦门的嵩屿、海沧[②]、大小担[③]，私商活跃，海舶屯集。朝廷禁不胜禁，乃于隆庆元年（1567）"恩准"开放月港为对外贸易正式港口,厦门港成为出洋商船往返必经之地。为确保对出洋商船的监督和管理,朝廷在厦门岛上设立"南路参戎防汛处",规定月港出洋的商舶,都得在该处检验,然后"移驻曾家澳候风开驾"东西洋。④

明末天启、崇祯年间出现的海寇商人和海商集团,也都以厦门为航贸活动的中心。在日本平户拥有雄厚资财和大批船舶的海商李旦,就曾"以祭祖为名目,突入厦门",策划在厦门"密买丝绸,装载发卖诸夷",建立航贸基地。⑤拥有"千艘以上"大帆船的郑芝龙(郑成功之父)占有厦门后,"成了长江、珠江之间沿海的无可争辩的霸主"。⑥郑彩、郑联和郑成功的一些族亲,也都将商船集中到厦门港及其周边小港,加速了厦门港的开发和经营。在此前后,海商将他们航海的实践经验和见闻著述成书,其中《顺风相送》和《指南正法》⑦记载的往长崎、柬埔寨、爪哇、麻六甲、暹罗(今泰国)、交趾(今越南)等十几条航线,都以厦门港及其港外的大担、浯屿作为"放洋针路"的起航点。

1516年,葡萄牙人来到厦门港外的浯屿,开展贸易活动。接踵而至的还有西班牙人和荷兰人。1575年,占领菲律宾的西班牙殖民总督,派了一个代表团乘船前来福建谈判通商贸易事宜,均以厦门为进出港口。此后,每年有25—30艘大帆船往返于厦门与马尼拉之间。荷兰贡使彼得·范和伦爵士晋京"访问",也是从厦门入境转陆的。其时,荷兰殖民者曾一度窃据中国领土台湾。荷兰东印度公司屡次派遣人员和船只,"岁岁泊中左(厦门)"⑧,与厦门绅商贸易。

也有厦门商人的船舶直接前往印尼和荷兰人交易,《巴达维亚商馆日记》等史料记载,1622—1683年间,每年平均有7—8艘商船从厦门驶往巴达维亚(今雅加达)。前往荷兰殖民者盘踞的台湾的厦门商船为数更多,以杨彦杰《荷据时期台湾史》的一份统计材料为例,1637年6—12月大陆开往台湾的19艘帆船中,有14艘是自厦门出港的,同一时间段从台湾返航大陆的15艘帆船中,有九艘属于厦门船;1638年1—11月赴台的22艘大陆船,其中厦门船15艘,同一时间段台湾返航大陆的20艘帆船,厦门船占了半数。荷兰人首先从厦门运茶到欧洲,由此厦门成为"中国第一个出茶的港口"⑨并开始了厦门直航欧洲的记录。

明末清初,厦门因为郑成功的锐意经营,出现了与国内其他地区不同的繁盛景象。郑成功采取鼓励航海贸易的政策,各地商人想方设法,"厚赂守口(清军)官兵",让商品顺利地通过封锁线,"以达厦门,然后通贩各国"。⑩

郑成功管辖厦门期间,有几十艘商船从事东西洋贸易。他的部属和闽、粤、浙的一些私商船舶,也到厦门参与远洋航贸活动。其时,厦门有三条航线:一条从厦门开航长崎,一条开航今东南亚的印尼、泰国、新加坡、马来西亚和菲律宾、越南、柬埔寨诸国的一些港口,还有一条从厦门先开航东南亚再转航日本最后回航厦门。郑成功经营的航海贸易范围很广,踞厦期间,每年派到日本贸易的船数估计约 30 艘，派到东南亚贸易的船数约 16—20 艘。⑪郑成功去世后，其子郑经继续保持与日本、东南亚的贸易。西瓜哇万丹船、暹罗船和安南船经常出现在厦门港海面。此外，郑经还发展与英国东印度公司的贸易。1670 年 6 月 23 日，第一般英国商船进港停泊。1676 年，英国东印度公司正式在厦门建立商馆。康熙二十八年（1689），有大批茶叶从厦门港出口输往英国，"开中国内地与英国直接贸易的新纪元"。⑫

二

康熙二十三年（1684），郑成功后裔归顺清朝，全国实现统一，海禁解除。翌年，清政府在厦门设立海关，宣告厦门成为正式对外开放的口岸。原先在厦门港内停泊的商船，"无分大小，络绎而发"。据统计，康熙二十三年至雍正元年（1684—1723）从厦门开航日本的商船计 170 艘⑬；而自厦门出航东南亚的商船从康熙二十四年（1685）的十多艘⑭，到康熙五十六年（1717）已"多至千余"艘了。在开禁的头 19 年进入厦门港的英、荷等外国商船，共有 46 艘。⑮

自康熙二十三年（1684）台湾归清至乾隆四十九年（1784）的整整 100 年间，清政府只开放厦门港对渡台湾鹿耳门港。凡大陆"往台湾之船，必令到厦门盘查"，其从台湾回大陆者，"亦令由澎（湖）到厦，出入盘查，方许放行"。台湾盛产的大米、蔗糖源源不断地通过厦门转输到大陆各地，而台湾同胞所需要的日常用品，也需要依赖厦门供应。道光《厦门志》卷五记载："厦门商船对渡台湾鹿耳门，向来千余号。" 1725 年福建巡抚毛文铨在呈送雍正帝的一份报告中说，每年至少有 500—700 艘台湾商船停靠在厦门，而实际数量可能还不止。台湾海峡"舳舻相望，络绎于途"。

清初海禁开放了 34 年，因发现台湾有人"私聚吕宋、噶喇巴地方，盗米出洋，透漏消息，偷卖船料诸弊"，康熙五十六年（1717），又再恢复海禁。

海禁延续了十年，到处见到的是"居民萧索岑寂，穷困不聊之状"⑯。因福建、广东的地方官纷纷"以弛禁奏请"。清政府于雍正五年（1727）重开海禁，"南洋诸国，准令福建商船前往贸易"。⑰且明文规定，所有"洋船出入，总在厦门、虎门守泊。嗣后别处口岸，概行严禁"⑱。这一政策的出台，使厦门成为东南沿海唯一合法的对外航运贸易口岸，省内外许多客商从四面八方来到厦门，搭船出洋。⑲厦门出洋的商船日益增多，前往的港口遍及南海所有区域，包括"噶喇吧、三宝垅、实力、马辰、赤仔、暹罗、柔佛、六坤、宋居朥、丁家卢、宿雾、苏禄、柬浦、安南、吕宋诸国"。⑳

东南亚各国以及英国、日本、朝鲜的商船再次前来厦门贸易。雍正十三年

（1735）八月，停泊在厦门港的英国商船"雷顿"号的船长菲利普·沃思在他的航海日记上写道："从3日到16日已有15艘外国船进入厦门，它们分别来自巴达维亚、暹罗、柬埔寨、马尼拉和其他地方。"㉑而自雍正六年十二月至七年三月（1728—1729），厦门贩洋的船只共有25只。㉒"梯航既通，南琛北赆。""服贾者，以贩海为利薮，视汪洋巨浸如衽席。北至宁波、上海、天津、锦州，南至粤东，对渡台湾，一岁往来数次。外至吕宋、苏禄、实力、噶喇巴，冬去夏回，一年一次，初则获利数倍至数十倍不等。""故有倾产造船者"，"其大者可载万余石，小者亦数千石。""舵水人等借此为活者，以万计。""非特有利于厦门，闽省通得其益。"㉓

此后至乾隆二十年（1755）的近30年间，厦门是中国与泰国大米贸易最繁忙的港口，也是厦门港最鼎盛的黄金时代。据统计，雍正六年（1728）从厦门港出洋的商船为21艘，雍正十一年（1733）为28—30艘。乾隆六年（1741）增为30多艘，十九年（1754）续增至65艘；进入厦门港的商船，乾隆七年（1742）为38艘，十六年（1751）为46艘，十七年（1752）增至65艘，十九年（1754）增至68艘，二十年（1755）、二十一年（1756）分别为75艘和69艘。㉔这期间，经常停泊在厦门港内的，还有清政府为调运台湾米谷和运载兵眷的军粮船4000艘。"港中舳舻罗列，多至以万计。"出现了"市肆日闹也，货贿财物日增而日益也，宾客商旅日集而繁也"的景象。㉕

乾隆二十二年（1757），清政府颁布法令，限定外国商船只能在广州贸易，又禁止茶叶从厦门出口，厦门港内的外国商船，几乎绝迹，往返东西洋贸易的厦门商船也逐年减少。乾隆二十九年（1764）返航的厦门贩洋船从九年前的75艘减至40艘，三十三年（1768）入港的贩洋船只剩23艘。㉖而嘉庆年间蔡牵武装集团长期在闽台海域骚扰，海面不靖，洋船停航。厦门虽不如以前那么繁华，但至嘉庆元年（1796），港内仍有大小"洋船、商船千余号"。㉗其后，由于"地方政府非正规的勒索性的苛征暴敛"，"使得厦门的许多大商人迁移到上海、广州以及其他地方去了，他们在那里利用从家乡随来的船只和人员经营贸易"。㉘这对走向衰落的厦门港，无疑是雪上加霜。

厦门的国内外航海贸易，直至鸦片战争前仍保持一定规模。道光元年（1821），三艘载重250—400吨不等的商船从厦门装运货物到达新加坡，然后从新加坡运货返航厦门。第二年，又有四艘载运生丝、土布和陶器的厦门商船驶抵新加坡港。㉙每年还"至少有40艘大帆船前往暹罗的首都曼谷"。㉚厦门与国内各口岸的航海贸易，"主要是宁波、上海、天津以及东北各城市"，"江南的苏州府、定海"和广州。㉛仅道光十一年（1831）前往澳门和广东江门贸易的厦门商船，就有80艘。㉜道光十二年（1832），英国东印度公司的胡夏米等人乘坐"阿美士德"号船停泊厦门,还看见"每天有一二十艘三百至五百吨的帆船进港,装载大米和糖",其中"不少是从(马六甲)海峡来的,装有很值钱的货物","七天内进港的一百至三百吨不等的船舶,不下四百艘"。"天津的商务的繁盛,还比不上厦门。"[33]

厦门港的兴起和航海贸易的兴旺,使厦门从一个半渔半耕的小岛成为"近城烟雨千家市,绕岸风樯百货居"[34]的封建城市,"市肆繁华,乡村绣错,不减通都大邑之风"。[35]然而,自明末至鸦片战争前的近200年间,厦门港没什么港口设施可言,唯有厦门人称为"路头"或"渡头"的洪本部、大小史巷、岛美、水仙宫、龙泉宫等16个简陋的码头。也谈不上港口管理,清初设立的海关,只管课税,"凡外洋、渡台、南北商船出入,到关请验"。然后到设在岛美路头的"正口征税"。[36]通台贩洋商船进出港,由"厦防同知"为"司口专员",负责"汛口"盘检查验。[37]而"海禁"的时紧时松,出口手续的烦琐以及官吏的贪赃枉法,都制约着厦门港的发展。

三

鸦片战争后清政府与英国签订的《南京条约》,厦门被列为五个开放口岸之一,于1843年11月2日正式开埠。翌年,就有英国船只航行于厦门与新加坡之间。[38]此后,进入厦门港贸易的外国商船与年俱增,取代了鸦片战争前以厦门商船为航海贸易的主体地位。航运和贸易的主动权,也几乎丧失殆尽。厦门成为近代中国最早沦为半殖民地的城市之一。

开埠初进出厦门港的船只,外国居多,以帆船为主。同治九年(1870)以后,轮船一年年增加,帆船一年年减少。航线、航运船只的国籍和航海贸易的地区,也从原来的中国国内和东南亚转向欧美国家,扩大了范围与地域。

自同治三年(1864)开始,进出厦门港船只所属的国别、吨位数、帆船或轮船以及进出港日期,厦门海关的年度贸易报告,都有记载。英、美、法、日等国的驻厦门领事馆,对厦门港的航运贸易也很"关注",经常有报告给各自国家的驻华公使。

1862年有394艘船、129,677吨向海关申报入港,多数是帆船[39]。1865年,大英轮船公司和德忌利士轮船公司各有三艘轮船开辟了香港、汕头、厦门和福州间的定期航线[40]。1866年,又有中日轮船和纳闽(在今马来西亚)煤炭公司开辟新加坡、纳闽、马尼拉和厦门之间的航线[41]。1867年进入厦门港的67艘英国帆船中,有17艘为中国人所有,大多是本地人并居住在厦门[42]。由于这些船只在槟榔屿或新加坡注册,因而名义上为英国船而实际是厦门人拥有的中国船。这一年,德忌利士轮船公司添置了一艘命名为"台湾"号的小型轮船，航行于厦门与台湾之间。还有大英轮船公司和厦门人的商船经常往返于厦门与上海，又有美国轮船"凤顺"号和另一艘英国轮船在厦门与马尼拉之间不定期地往来[43]。

1869 年，美国驻厦门领事在寄给美国驻华公使《关于厦门、台湾地方事务的报告书》里，附有一份"1868 年 9 月 30 日至 1869 年 9 月 30 日进入和开出厦门港的外国船"明细表。据披露，1868 年 9 月 30 日至 1869 年 9 月 30 日进入厦门港的外国船为美国船 19 艘，12,112 吨；英国船 232 艘，164,198 吨；法国船 12 艘，3489 吨；普鲁士（德国）船 66 艘，15,249 吨，包括西班牙、荷兰、丹麦、挪威、暹罗等其他国家的船只 134 艘，37,479 吨。与上述同一时间离开厦门港的外国船为美国船 18 艘，11,305 吨；英国船 214 艘，96,994 吨；法国船 10 艘，2542 吨；普鲁士船 59 艘，13,706 吨；其他船只 107 艘，29,685 吨。1870 年进出厦门港的外国船只 557 艘，223,133 吨；出口船只 551 艘，225,608 吨；进港船只吨位按不同国籍分别为英国 148,868 吨，美国 14,728 吨，北德意志联邦 284,300 吨，荷兰 11,930 吨，丹麦 5183 吨，西班牙 2584 吨，挪威和瑞典 2395 吨，暹罗 5125 吨，秘鲁 110 吨。[44]

19 世纪 70 年代以后，进出厦门港的船只有直线上升的趋势。1873 年 5 月，英商厦门怡和洋行代理的东海轮船公司有"海龙"等五艘轮船参与厦门和汕头、福州、上海、天津之间的客货航运[45]。这一年进入厦门的轮船 294 艘，吨位计 166,012 吨；帆船 304 艘，吨位计 84,896 吨；出港的轮船 295 艘，吨位计 1,670,330 吨；帆船 311 艘，吨位计 87,369 吨，其中中国籍帆船吨位 10,078 吨。俄国船首次在厦门港出现。清政府官办的轮船招商局在厦门设分局，该局的"福兴"号轮船第一次到达厦门[46]。1875 年，新加坡侨商邱忠坡创设万兴船务行，购置"漳福建""漳海澄"等客轮，航行厦门、新加坡之间，并在厦门设立办事处[47]。1876 年，进入厦门港的船只增至 708 艘，364,801 吨，出港 708 艘，363,779 吨。"许多属于葛连轮船公司和长涩尔轮船公司的大型轮船也抵达本港，载茶叶运往纽约和伦敦。"[48]

1880 年，有 183 艘船只进出厦门港，其中轮船 90 艘、帆船 93 艘。90 艘轮船进港 547 船次，载重量 407,897 吨；出港 547 船次，载重量 40,789 吨。93 艘帆船进港 180 船次，载重量 56,486 吨；出港 176 船次，载重量 54,676 吨。进出港船只中，英国船占船只总数的 72.07%，总吨位数的 82.15%。德国分别占 15.10% 和 8.07%，居第 2 位。英商太古洋行有十艘平均为 700—800 吨的轮船航行于厦门和其他口岸之间；三艘荷属东印度轮船公司的船只平均载重量为 800 吨，不定期航行于厦门和爪哇之间；21 艘蓝烟囱轮船公司的轮船，平均载重量为 1480 吨，进出厦门港各 55 次。厦门海关税务司吴得禄在这一年度的贸易报告中写道："厦门作为航运中心的有利条件是非常明显的。她是一个极好的港口,船只易于进入,并有着灯塔设施、极好的航道,同时船只停靠也极方便。她是南部沿海地区唯一与其余的世界保持联系的港口。她是一些轮船航线的中途站或者是它们的终点站,因而处于一种中枢的位置上。"[49]

1881年进出厦门港的轮船、帆船总数为1640艘,1,047,747吨,吨位数首次突破100万吨。是年,有25艘运载茶叶的轮船出港前往纽约。蓝烟囱轮船公司有21艘轮船载重30,996吨进出厦门港。[50]

19世纪初的1905年,"在旺季,厦门港梯航云屯……一次就可以看到14或15艘从他处口岸入港的轮船"[51]。1907年,进出厦门港船只的总吨位数突破200万吨。英国航运,几年来被日本的竞争而削弱[52]。1911年辛亥革命推翻了清政权,结束中国2000多年的封建王朝统治。这一年进入厦门港的船只总数1710艘,2,127,689吨,帆船25艘601吨,仅占吨位总数的0.03%,[53]微不足道。此外,据《厦门海关志》记载,1906—1911年按内港行轮章程行走的小轮船共有62,346艘次、1,695,600吨。这些船只分属中国、美国、英国、日本和西班牙等国,对厦门港的航运,起了辅助作用。

民国元年(1912),老家在厦门灌口镇的缅甸华侨林振宗在仰光开设了协德轮船公司,拥有双美、双安、双春三艘轮船共8431吨,航行于厦门和仰光之间,并在厦门设立了分公司。原籍海澄县(今龙海市)的新加坡华侨林秉祥,在新加坡开设和丰航运公司,设分公司于厦门,置丰美、丰远、丰盛、丰义等四艘2000吨级轮船,穿梭于厦门经汕头、香港至新加坡、槟城等航线。和丰公司在厦门的航运业务,一直延至1949年9月始告结束。[54]

第一次世界大战期间,欧美各国和日本忙于战争,中国民族工商业抓住机遇,扩展实业。随着社会经济的发展,改造厦门老城市的问题被提上议事日程。民国九年(1920),地方各界人士成立厦门市政会,开始策划开发新市区。厦门大兴土木进行市政建设,吸引了许许多多华侨回到厦门,投资金融业、房地产业和公用事业。有些闽南籍华侨还将他们在海外经营的航运业扩展至厦门,缓解了大战后海上运输力量之不足。从20世纪20年代初迄抗战前,相继在厦门经营航运业务的有菲律宾华侨吴云择的福记轮船公司,吴汇祝、吴安禄等的安记轮船公司,蔡本油等合资兴办的锦丰船务行等,购置"殊山那"号和"四山马"号、"华东"号、"振东"号、"振通"号等3000—5000吨级的轮船,航行于厦门与马尼拉之间[55]。还有祖籍厦门灌口李林村的爪哇华侨黄仲涵的"建源行",拥有两三千吨级的轮船六艘,也在厦门设立分行,参与厦门、汕头、中国香港和新加坡、泗水、三宝垄间的航运。[56]

厦门港进出的船舶吨位数,以20世纪二三十年代为最高峰。1922年还不及

300万吨，1928年增至5,030,464吨，此后的三年间稳定在500万吨以上。其中1930年达5,756,875吨[57]。在进出港的2352艘船只中，以英轮2,304,234吨最多，荷轮982,826吨第二，日轮59,625吨居第三位。其余分别属于中国、美国、挪威、法国、德国。同一年，航行内港的船只进出口总数计14,262艘533,306吨。这期间在厦门设立的航运公司、洋行以及代理商的有：招商局厦门分局、英国太古轮船公司、荷兰渣华轮船公司、英商德忌利士轮船公司、日商大阪商船株式会社、和丰航运公司、协德轮船公司、英商和记洋行（代理英印轮船公司）、大英公司、印度轮船公司、中国日本轮船公司、海洋轮船有限公司、谦利公司、渣甸公司等20多家。[58]

注释：

① 何乔远：《闽书》卷八。
② 《海澄县志》卷二十四，《漳州府志》卷四。
③ 《同安县志》卷三十二。
④ 张燮：《东西洋考》卷九。
⑤ 《诏安县志》卷十二。
⑥ 博克塞：《郑芝龙（尼古拉·一官）兴衰记》，《中国史研究动态》，1984年第三期。
⑦ 向达校注：《两种海道针经》，中华书局1961年版。
⑧ 邹维琏：《达观楼集》卷八。
⑨ 《二十世纪中国商埠志·厦门》，译文载《厦门文史资料（选辑）》第2辑，第156页。
⑩ 郁永河：《裨海记游》之《郑氏逸事》。
⑪ 韩振华：《郑成功时代的对外贸易和对外贸易商》，《厦门大学学报》（社会科学版），1962年第1期。
⑫ 侯厚培：《华茶贸易史》，《国际贸易导报》，第1卷，第2号。
⑬ 陈希育：《清代福建的外贸港口》，《中国社会经济史研究》，1988年第4期。
⑭ 《试论康熙从"开禁"到"海禁"的政策演变》，《光明日报》，1981年1月3日。
⑮ 《清实录》，康熙卷二十七。
⑯ 《清经世文编》卷八十三。
⑰ 《大清会典事例》卷六百二十九。
⑱ 《清经世文编》卷八十三。

⑲《朱批谕旨》，第46册，第34页。
⑳周凯：《厦门志》，卷五。
㉑李金明，廖大珂：《中国古代海外贸易史》，广西人民出版社1995年版。
㉒《宫中档雍正朝奏折》卷十二，转引自《中国海洋发展史论文集》，第4辑，台北1991年3月版，第70页。
㉓周凯：《厦门志》，卷五，卷十五。
㉔李金明：《清代前期厦门与东南亚的贸易》，《厦门大学学报》（哲学社会科学版），1996年第二期；陈国栋：《清代中叶厦门的海上贸易（1727—1833）》，《中国海洋发展史论文集》第4辑，第71页。
㉕薛起凤：《鹭江志》，鹭江出版社1998年版，第18页。
㉖陈希有：《中国帆船与海外贸易》，厦门大学出版社1991年版，第226页。
㉗周凯：《厦门志》卷五。
㉘姚贤镐：《中国近代对外贸易史资料》（第一册），中华书局1962年版，第250页。
㉙姚贤镐：《中国近代对外贸易史资料》（第一册），中华书局1962年版，第66页。
㉚列岛编：《鸦片战争史论文专集》，三联书店1958年版，第40—41页。
㉛姚贤镐：《中国近代对外贸易史资料》（第一册），中华书局1962年版，第68页。
㉜姚贤镐：《中国近代对外贸易史资料》（第一册），中华书局1962年版，第249页。
㉝姚贤镐：《中国近代对外贸易史资料》（第一册），中华书局1962年版，第63页。
㉞薛起凤：《鹭江志》，鹭江出版社1998年版，第33页。
㉟薛起凤：《鹭江志》，鹭江出版社1998年版，第26页。
㊱周凯：《厦门志》卷七。
㊲周凯：《厦门志》卷四。
㊳聂德宁：《中国与新加坡的早期贸易往来》，《近代史研究》，1997年第一期。
㊴《二十世纪中国商埠志·厦门》，译文载《厦门文史资料（选辑）》第2辑，第158页。
㊵厦门市志编纂委员会，《厦门海关志》编委会：《近代社会经济概况》，鹭江出版社1990年版，第2页。
㊶厦门市志编纂委员会，《厦门海关志》编委会：《近代社会经济概况》，鹭江出版社1990年版，第7页。
㊷厦门市志编纂委员会，《厦门海关志》编委会：《近代社会经济概况》，

鹭江出版社 1990 年版，第 15 页。

㊸厦门市志编纂委员会，《厦门海关志》编委会：《近代社会经济概况》，鹭江出版社 1990 年版，第 16 页。

㊹《厦门与台湾》，1871 年华盛顿国家印刷局印行，周学普译，收入《台湾研究丛刊・台湾经济史九集》，第 152—153 页。

㊺《中西闻见录》，第十号，同治十二年四月。

㊻厦门市志编纂委员会，《厦门海关志》编委会：《近代社会经济概况》，鹭江出版社 1990 年版，第 98 页。

㊼《厦门华侨志》编委员会：《厦门华侨志》，鹭江出版社 1991 年版，第 691 页。

㊽厦门市志编纂委员会，《厦门海关志》编委会：《近代社会经济概况》，鹭江出版社 1990 年版，第 178 页。

㊾厦门市志编纂委员会，《厦门海关志》编委会：《近代社会经济概况》，鹭江出版社 1990 年版，第 212—215 页。

㊿厦门市志编纂委员会，《厦门海关志》编委会：《近代社会经济概况》，鹭江出版社 1990 年版，第 236 页。

(51)（美）华腓力：《厦门概况》第 12 章《贸易中心的厦门》，1912 年版（英文）。

(52)《二十世纪中国商埠志•厦门》，译文载《厦门文史资料(选辑)》第 2 辑，第 388 页。

(53)厦门市志编纂委员会，《厦门海关志》编委会：《近代社会经济概况》，鹭江出版社 1990 年版，第 363 页。

(54)《厦门华侨志》编委员会：《厦门华侨志》，第 691 页。

(55)《厦门华侨志》编委员会：《厦门华侨志》，第 170 页。《华声报》，1931 年 11 月 9 日。

(56)《厦门华侨志》编委员会《交通史航政编》，第 2 册，第 617 页。

(57)《二十世纪中国商埠志•厦门》，译文载《厦门文史资料(选辑)》第 2 辑，第 435 页。

(58)《厦门交通志》编纂委员会：《厦门交通志》，人民出版社 1989 年版，第 31—36 页。

《福建文史资料》，第 5 辑，福建人民出版社 1981 年版，第 156—157 页。

《厦门指南》第 3 篇《航业概况・各埠轮船》，1930 年版。

《闽南交通事业》，《厦门大报》，1936 年 6 月 4—6 日。

（原载《迈向 21 世纪海洋新时代——厦门海洋社会经济文化发展国际学术研讨会论文选》，厦门市社会科学界联合会编，厦门大学出版社，2000 年 2 月）

筼筜湖的由来

厦门筼筜湖源自筼筜港，位于厦门岛西部，原是一个美丽的港湾，长十多里，宽四里多，涨潮时一片汪洋，退潮时浅滩毕露。20世纪70年代初，在筼筜港口部筑堤围堵，港湾从此成为封闭水体的筼筜湖。

一

据地质工作者对筼筜港进行地质钻探的资料显示，在港中40—50米深处有一层断层角砾岩。角砾是花岗岩和火山喷出岩破碎后又重新胶结而成的。卫星照片也反映出筼筜港至钟宅一线为黑色阴影带，证实了筼筜到钟宅港是一条岩石破裂带。之后，因地表长期经受暴雨的冲刷，特别是在海浪挟带着砂石强有力的冲蚀下，这条断层的岩石破裂带慢慢地被冲毁破坏，海水不断地侵蚀，破碎带不断地被加深和加宽，日久天长，终于形成了筼筜港湾。

地质勘探资料还揭示，古时候厦门岛上有好几个面积大小不一的海湾，筼筜海湾是其中一个。其范围较大，向南延伸到现在市区的溪岸、故宫路、双莲池一带，向东北深入岛内五六公里，海水可抵达江头。

直到1970年筑堤围坝前，筼筜港的水域面积尚有十平方公里。如今湖明路中段那一座六层的石塔，原在筼筜港中，是筼筜港沧海桑田的历史见证。

据说，明末清初，筼筜港北岸遍植一种名叫"筼筜"的竹子，绵亘数里。港以竹名。这是筼筜港名称来源的一种说法，此外还有两说。《海澄县志》的说法是港当汐时，中流一带，宛转纤长而未分支，形如竹，故名"筼筜"。此其一。其二是，有人以港湾由岛内的西海岸向东伸入而称之为"弯东港"（向东弯的港）。筼筜港盛产鱼虾，味道鲜美，背呈金黄色的江鱼，更是闻名遐迩。每年秋深气候转冷，水温下降，鱼群纷纷由外海游入港湾。入夜，在港中捕鱼的小船以数百计，渔船上的灯火随波浮沉闪烁，若隐若现，构成饶有风趣的"筼筜渔火"景观，这是几百年来一直存在的厦门的旧"八大景"之一。

筼筜港两岸山峦起伏，是个天然的避风坞。它还曾经是江头、牛家村对外海上交通的要道。宋末元初，南宋丞相陆秀夫等拥宋帝赵昺逃难南下，就是从筼筜港渡海登上对岸嵩屿转往广东的。明末清初，福建黄檗山寺高僧隐元应邀赴日本弘法，其所乘的大帆船，也是从筼筜港起航出海的。厦门解放前后几年，江头与厦门第一码头之间，还有小船往来运载旅客和货物。尤其值得一提的是，1933年至1935年间，筼筜港还曾经作为中国航空公司民航客机的水上机场。

二

古时候筼筜港的范围究竟有多大，地方文献没有记载，已难稽考。至于筼筜港的开发始于何时，同样没有文献可据。父老相传，大约350年前的明代正统年间，吴仓（今梧村）社的吴姓族人已在今凤屿一带填滩为旱田，种植农作物。明末郑成功驻师厦门，岛上人口骤增，开始小规模地在筼筜港南岸浅滩填土成陆，搭建民居。清初，厦门海上对外贸易发展迅速，商业兴隆，市井繁华，在开发岛上西南隅滨海地带的同时，不断向筼筜港南岸扩伸，到清代咸丰、同治年间，在如今的厦禾路西段出现了一大片"新填地"。

1920年厦门开始进行近代化城市建设，改造旧街市，扩展新市区。1930年前后，相继在筼筜港南岸滩地，填筑了从毗邻第一码头的原海军造船厂起，经豆仔尾到龙船河的厦禾路西段、中段以及小学路、角尾路等纵深半个多公里的陆地。期间，主持厦门城市建设的周醒南曾经提出过填筑筼筜港的倡议，他制定了分为两期施工的计划，第一期在北岸邦坪尾山（狐尾山）与南岸浮屿之间建造一座木桥，贯穿两岸。木桥长约5000尺（1666.37米），高约30尺（10米），待有经济实力再改为钢筋混凝土拱桥。工程计划先行"填筑南岸计由厦门造船所起，折而之东至豆仔尾山止，计全部面积770多万方尺（85.56多万平方米），定为商业区域"。第二期"填筑北岸，沿邦坪尾一带，此地山川明媚，空气清新，定为住宅区域"。又"邦坪尾山之右方，海深至40余尺（13.33多米），可泊大轮，则定为工业及屯栈区域"（周醒南：《填筑厦门筼筜港报告书》，原本存厦门市图书馆）。

周醒南将填筑筼筜港的计划呈报当时的福建省道局局长史耕岩，后转呈兼省长李厚基，经李厚基核准拨款兴办并成立事务所，责成周醒南与许丽东共同主持工程。正当筼筜港填筑计划付诸实施之际，政治风云突变，李厚基被赶下台，省府拨款不继，工程被迫中止。

1937年7月厦门市工务局开办厦鼓轮渡，大批小舢板的船夫失业，呼吁救济。事搁多年的填筑筼筜港计划被改为兴建渔场，开展养殖以解决船工失业问题。工务局拟就计划后，发函邀请集美水产学校校长杨振礼前来参与规划。杨校长实地考察，认为厦门市区思明北路、福茂宫、斗西路及海岸路等地的"路沟污水秽物，均汇入筼筜港，水分无法清净。更溯而上，如禾山之文灶、双涵、莲坂、江头等四条溪流，一遇水位高涨，亦均倾泻而下，是筼筜港除容纳海咸水外，又混渗淡水，故不能养放咸水鱼类或纯淡水鱼"，从而提出养殖"乌鱼"的建议。至于筼筜港围筑渔场的计划，"系由本市新填地起，跨海筑成一条石基混凝土之长堤，直达禾山崩（邦）坪尾，堤面极广，足以行驶汽车"。实现计划，工程费至少需100万元法币，因财政枯竭，难以实施，其后将原计划改动为堤坝"由后江墘筑起，仍衔接对岸崩坪尾，堤身用土筑，堤面修小，仅容行人"。"而思明北路等线路沟污流，则流向堤外。堤坝则分段安置水闸，承受外海退潮，涵蓄禾山四条溪流。如遇溪流猛泻，或雨水冲溢时，则开闸放诸外海。"唯此计划，仍需工程费十多万元。没几天，抗战就全面爆发了，计划落空。

日本帝国主义者占领厦门期间，也曾于修筑东亚码头（今海军炮艇码头）的同时，勘测筼筜港并提出修建计划。其计划也是先填筑南岸次及北岸，建堤将两岸连接。1941年12月，响起太平洋战争的炮声，日本帝国主义者的侵略矛头转为南进东南亚，填筑筼筜港的计划，再次告吹。

自1945年8月抗战胜利至1949年10月厦门解放前夕，先后有厦门禾山区公所，厦门市农会以及好几家华侨投资组建的公司，向福建省政府和厦门市政府提交填筑开发筼筜港为农场或渔场的申请。1946年4月，禾山区公所"拟自乌石浦、屿后海滩连吕厝、江头堤岸，筑成长坝，化海为田"。继而，厦门市农会为实现"填筑禾山筼筜港化海为田事"，与禾山区农会共同派人勘察，编造工程费用预算。同年3月，有胡王仪照具呈厦门市政府，请求准许开发筼筜南岸海滩垦殖。接着，又有缅甸华侨林文炳等呈文福建省政府，发起组织华侨实业公司，说是该公司已集资国币五千万元，拟开发筼筜港，从事捕鱼、垦田、筑坝围地经营房地产业，未获批准。同年9月，华侨企业有限公司的李世源，拟围垦乌石浦社海滩，一再呈请厦门市政府要求核准。厦门市政府以"该地经奉省政府指令，统筹围垦，候省建设厅海滩查勘队到市查勘决定后，再行饬知"批复。

1947年7月，东南亚各地华侨集资创办的福建经济建设公司，也提出投资筼筜港的填筑计划，拟从"美头山脚至官浔社，筑堤岸一道堵截，长1.2千公尺"。"中部沿江头一带为全岛中心，规划为政治区，南部后江墘一带为海运吐纳江道，划为工业区"。但只听楼梯响，不见人下来，闹了一阵子，空雷无雨。1948年，曾任厦门市政府地政局局长的苏宗文邀集印度尼西亚、新加坡、马来亚、菲律宾的黄超龙、杨纯美、陈焕其、苏汉瑞、陈耀荣、刘有土等华侨富商组成福建土地开发公司，向福建省政府建设厅申请开发筼筜港。翌年4月20日，获福建省政府代电厦门市政府云前据该黄超龙等呈请筹组公司以便开发该港以来，业经（1948

年）6月24日提出省府委员会第574次会议决议准予筹组办理在案。该公司立即成立工程施工机构，积极准备动工。但因解放战争神速推进福建，8月福州解放，厦门解放指日可待，股东纷纷出国，公司胎死腹中，填筑筼筜港的计划随之破灭。

三

新中国成立前厦门老市区局促在岛上的西南隅，面积仅8.08平方公里。新中国成立后，随着经济建设的开展和人口的增长，城市用地越来越紧张。第一个五年计划期间，厦门市拟扩建新建的几家工厂，都因厂房、仓库缺地安排而推迟兴建，厦门城市的发展受到制约。为解决生产和生活的用地需求，除逐步向郊区扩展外，填海扩地成为政府有关部门优先考虑的问题。20世纪50年代，有一份报告这样写道：

"厦门市区的发展为地形所限制。可资利用的地区已大部分开发，所余者已属不多。而西北面又为筼筜港所隔，若向北面江头方向发展，则该狭长之地带面积有限，亦不能使新市区作合理的安排，若以将来厦门人口发展至50万（按厦门市建设局对都市规划的计算），则需市区面积为20平方公里。如是，非将筼筜港内滩地填塞则不能得此面积。"

另一份标题为《填筑筼筜港土堤工程说明》的报告再次强调只有向筼筜港北岸扩展才有较宽广用地，才能解决市区发展的基地问题。筼筜港北岸自东渡过濠头、湖里至薛厝、寨上一线，港道水深，轮船可以入泊。岸上有宽阔的陆地可供布设较大型工厂，只要从筼筜港南岸北岸填筑一道土堤沟通两岸交通，则与旧市区联系就很方便。

1953年，筼筜港筑堤计划征求陈嘉庚先生的意见。陈先生提出：筼筜港应考虑同时能修造5000吨至1万吨轮船六七艘规模的船厂用地，以适应华南一带轮船修造方面的需要。规划建设部门同意陈嘉庚的意见。是年年底，市里还邀请参加高集海堤工程施工的苏联专家沙士可夫到筼筜港实地考察，征询他对工程施工的意见。1954年8月，由参加高集海堤工程施工的中央航务工程总局、福建省水利局的几位工程师和高集海堤指挥部及厦门市建设局的部分技术干部，组成了"筼筜港勘察设计队"。勘察设计工作从1954年8月开始，到1955年5月结束。根据收集的资料进行分析研究，汇编了《筼筜港初步规划草案》，并上报中央和福建省政府。

《筼筜港初步规划草案》除前言、港湾资料、港区规划计算、码头建筑物拟议、堵港堤堤口断面检算、基础检算及初步意见外，还附了土壤试验成果表以及筼筜港地形图、厦门岛附近港外海底地形图等11张图、表。为尊重陈嘉庚先生的意见，规划了港中留一条宽500公尺的航道用于航运之需，规划草案再次送请陈先生审阅，陈先生有不同意见，工程施工搁了下来。

1956年福厦公路改道，为减少路程，从现在香江花园大厦附近建筑一条小海堤直达乌石浦，使江头一带与筼筜港隔离，成为陆地。高集海堤竣工后，厦门市政府将修建海堤节余的资金用于投入工业建设。到1956年底，筼筜港南岸厦禾路北侧的几家工厂，利用工厂背后的筼筜港浅滩填土成陆，扩大厂区范围。后江埭工业区形成后，筼筜港南岸仍有一大片浅滩可供填土造地。市建设局于1957年采用分期分段投资在筼筜港填土造地的办法，以适应工业发展建厂的需求。这一年的4月中旬先投资50万元，开始实施筼筜港第一期填土工程，填土范围自后江埭至文灶，土方来源于工地附近的塔厝社山丘。12月3日，开始在原后江埭养殖场填土。工程竣工后，在这一带兴建了筼筜港盐场，为卤化厂提供生产化肥原料。

筼筜港第一期填土工程的顺利进行，为后来继续在筼筜港浅滩填土造地积累了经验。市建设局认为，采用这种填海扩地的办法，显然比整理地形、拆迁民房、征购农田或使用远离市区的土地来得经济合理。第一，厦禾路以北近期工业区位于筼筜港南岸，沿岸可以停靠小汽船，又紧接厦禾路主干道，水陆运输很便捷，与现有市区联系亦方便，可以大大减少运输费用和降低生产成本；第二，填筑成本平均每平方公尺约4.25元，对使用单位来说可能比整理地形拆迁民房及征购农田所付出的地价还便宜。对整个城市建设来说，既可增加城市用地，又可收回投资成本；第三，从城市发展自近而远的原则来看，比较合理，可节省城市道路管网建筑等费用。从整个城市造价来看，更为经济，对市民生产及生活，更为便利。

接着，市建设局又于1957年12月完成《筼筜港南岸梧村海滩围堤计划》，主要内容如下：

1. 围堤第一段从后江埭罐头厂东北角小山起围至凤屿西北角止，长1220公尺，围内面积为1346市亩（897,333.33平方米）。

2. 第二段从凤屿东角起埭头社西边止，原有围堤320公尺，尚有一缺口40公尺长未堵，围内面积为260市亩（173,333.33平方米）。

3. 以上两堤围内共有面积1606市亩（1,070,666.67平方米）。

4. 该工程包括堤顶五公尺宽的全部围堤，三孔涵闸及双孔涵闸各一座，以及排洪用之导水沟渠，但不包括盐田本身基建之投资。围堤用就地海泥填筑（围内结合挖取排洪沟沿堤坡脚全线外15公尺取土），但上层一公尺即用山上之沙质土，堤面可行驶车辆。

5. 梧村之码头迁移至第二段围堤线外,该处有20公尺宽之自然航道,稍加修整,并可缩短至火车站仓库之运距。

6. 以上围堤、涵闸以及排洪渠道之全部投资为25万元。

由于三年自然灾害调整政策,计划中止执行。1960年,为解决粮食问题,由民政局组织,采取以工代赈形式,从莲坂修筑一条海堤到屿后,海堤长1000多米,现在的仙岳路一带由海滩变为陆地,用以种植农作物,并先后建了厦门罐头厂塘边农场、粮食局畜牧场等。原来的筼筜港盐场也改为筼筜港农场。此后至"文化大革命"爆发前,文灶至梧村之间的一些工厂,采取蚕食的办法陆续在筼筜港浅滩造地,扩展地盘。筼筜港的水域面积日益缩小。

四

20世纪60年代,毛主席发出"备战、备荒、为人民"和"必须把粮食抓紧"的号召。为落实毛主席的指示,6月15日,厦门市革命委员会召开贯彻中央34号文件会议,提出厦门争取三年实行粮食自给的目标。7月1日,同安县(今同安区)划归晋江专署,加大了厦门粮食三年自给的压力,于是在7月9日上午,市革委会召集各组负责同志开会,通报情况,为围垦筼筜港"吹风""打招呼"。有一位领导在会上报告称:厦门全市40万人口,其中郊区18万人,市区22万人,粮食生产只能满足郊区的需要,但在现有水平上,三年争取翻一番是有可能的。他罗列了好几条有利条件后,大谈围垦筼筜港"为革命备战夺粮"。

之后,市革委会领导又连续开了好几次会议,讨论研究围垦筼筜港的计划和具体问题。会上提出"筼筜港是一个面积很大的海滩,海土很厚(十多米)、很肥沃。除了中间有400米深滩外,其余都是浅滩。准备从外海社做条堤到东渡的突出部,全长1700米,围垦面积有7000多亩(4,666,666.67平方米),可耕的6700亩(4,466,666.67平方米)左右。这围垦工程要由市区来承担,土地由各厂、企业、街道来种";"城市各行各业搞农业,对促进思想革命化有重大意义,也是贯彻毛主席'五七'指示的落实";要以"为革命,备战夺粮围垦筼筜港""支援世界革命,打击帝、修、反"为指导思想,"把毛主席的革命路线体现得更加充分"。会议强调:"全市各部门要有人出人,男女老少齐上阵,为围垦贡献力量。"

对围垦筼筜港的具体事项,除提出工程土、沙、石的需用量和要求各区局领导小组指定一人负责工程组织工作外,劳力的来源是从各工厂、企业和街道抽调,仿照军队编制组织十个营、两个直属连。十个营是由轻工食品、商业、财政、卫生、文教、交通、电讯、市政建设等系统和鼓浪屿区、东风区(思明区)、向阳区(思明区)组成,直属连由机关组成。食宿和工具由各营自行解决。居民参加劳动每日补贴八元，集体单位因为有小积累，原则上不补贴，较穷的适当补贴，全部经费预算为63万元。

筼筜港围垦工程成立指挥部，首批动员劳力五万多人，街道居民以完成土方为主，石料和砌石由省四建负责，运输沙、石和各种材料的船只每天30艘，由交通系统负责。除大造"革命舆论"外，还编写围垦筼筜港可生产多少粮食的教材，让大家树立"备战夺粮"思想，为围垦筼筜港添砖添瓦。

1970年7月29日上午，举行声势浩大的"围垦筼筜港工程誓师大会"，围垦工程破土动工，1971年9月竣工，建成堤长1700米，顶宽12米，堤内围成面积10,076亩（6,717,333.33平方米），其中水面3000亩（2,000,000平方米）。堤建成后，由于淡水资源不足，造田未成，1973年改为建筑用地，辟为新区，并在新区开始修建湖滨南路，从筼筜海堤南部堤头到达莲坂。继而又在湖滨南路与厦禾路之间，修建了禾祥东路、禾祥西路。至此，筼筜港成为筼筜湖。

在填筑筼筜港湾时，所需土石大多从文灶、金榜山一带和厦门港不见天挖取，吃掉了文灶附近的小山丘和金榜山、不见天的一部分，在厦禾路沿线和不见天形成大片可以利用的土地。

（原载《从筼筜港到筼筜湖》，卢昌义主编，厦门大学出版社，2003年11月）

《搏状元饼的由来》质疑

中秋博状元饼起源于洪旭及其幕僚并经郑成功批准推行的说法甚为流行。最先提出这种说法的文章，有杨恩溥先生发表于1986年9月21日《厦门日报》的《搏状元饼的由来》，作者对博状元饼由来是这样描述的：

"三百二十五年前，郑成功的部将洪旭……与……兵部衙堂的属员，经过一番推敲，设计巧制中秋会饼……全会六十三块饼。由于搏饼可让战士以玩释念，寓教于乐，所以郑成功批准自十三至十八日止前后共六夜，军中按单双日分批搏饼赏月。"

文章中作者没写清楚洪旭"发明"博状元饼的具体年代，但读者只要以1986年推算"325年前"，就可得知作者指的是1661年。

其后，杨先生又发表题为《话说中秋博饼》的文章，刊登于《厦门政协》1997年第4期。作者将"发明"年代提前为"明永历十三年（1659年）"，但没否定原先1661年的说法。这篇文章，又增加了一段阐述中秋博饼流行的过程：

"明末郑军的玩会饼，由军营传入民间，广为流传。清初布政使钱琦的《竹枝词》云：'玉宇寒光净碧空，有人觅醉桂堂东。研朱滴露书元字，奇夺呼卢一掷中。'诗后注释：'中秋士子欢聚，用6颗骰子掷到4颗红4点，可得书红字状元大会饼。'"

2000年9月9日，杨先生又在《厦门晚报》上发表《博状元饼的由来》，除题目"搏"字改"博"字外，其他内容与前两篇大同小异。

上述三篇文章所说的博状元饼由来，似乎言之凿凿有据，笔者仅仅围绕"由来"的中心话题提出几点疑问。

一、1659年中秋，郑军是否具备博状元会饼的条件？

任何事物的发生和发展都有个时代背景。1659年郑军北伐，五月十八日（农历，下同）进泊崇明，六月十六日破瓜州，七月七日抵达南京观音门，七月十二日兵临南京城下，久攻不克。中秋前后，郑军移动频繁，八月初九攻崇明城；十三日从崇明撤兵出海。中秋夜，郑军的战船行驶在江苏、浙江海面；十八日，在浙江林门整顿改编……九月初七，郑成功回抵厦门。

郑军北伐时，洪旭奉命留守厦门。很难设想，在那战火纷飞、军踪频移的日子里，洪旭是怎样跟远在江浙的郑成功取得联系的。即使能联系上，在南京失利班师回厦途中的郑成功，其心情的沉重是不言而喻的，何况八月十三日至十七日，郑军的战船又都在海上，十八日才进泊浙江林门，怎会有"在佳节期间，让将士玩个不亦乐乎"的场面？

二、1661年中秋，处于郑、荷两军对峙局面的郑成功，有否可能批准博状元饼六夜？

1661年农历二月，郑成功做出收复台湾的决策，洪旭等受命留守厦门、金门。三月二十三日，郑成功亲自率师东征。四月初一日，郑军船队乘潮进入台湾鹿耳门，从禾寮港登陆围攻荷兰殖民者坚守的赤崁城。此后，荷军几次突围失败，派人向巴达维亚（今雅加达）的荷军舰队求援。八月，郑军与荷军多次在台湾海域展开激战。很难想象，此时此刻的郑成功，会"批准自十三至十八日止前后共六夜，军中按单双日分批博饼赏月"。

值得指出的是，凡经郑成功批准要办的事，都有颁布"谕"或"戒谕"，有时也以"令""传令"或"行令"的方式"刻版颁行"。在郑、荷两军激战方酣之际，若郑成功有批准博饼六夜之事，必定要有"谕"或"传令"的"文件"，为何正史、稗史和闽台地方志都没有片言只语的记载？

三、《竹枝词》诗后注释的"元"是"解元"还是"状元"？

在《话说中秋博饼》文章中，杨先生引用过钱琦的《竹枝词》及其诗后注释，在《博状元饼的由来》文中，再次引用。但只要查一下《台湾府志》，就不难发现钱琦的诗后注释根本没有"6个骰子"和"状元大会饼"这些字眼，其原文是："中秋士子聚饮，制大饼朱书元字，掷四红夺得之，取秋闱抢元之兆。"

封建时代的科举考试，名列第一者称为"元"，有"解元""会元""状元"之分。考场称为"闱"，有"秋闱""春闱"之别。明清两代，每隔三年的秋季都要在各省省城举行一次考试，考中者称为"举人"，举人的第一名称"解元"。因为是秋季举行的考试，所以称为"秋试"或"秋闱"。每次秋试过后的翌年春季，各省举人汇集京城会考，中榜的称"贡士"，第一名称"会元"。因为是春季举行的考试，故称"春闱"。会试后皇帝召集贡士在殿廷上亲自"策问"，称为"殿试"。殿试分"三甲"录取，"一甲"限三人，第一名称"状元"，第二、三名称"榜眼""探花"，这三名同样享有"赐进士及第"的荣誉，"二甲"称为"赐进士出身"，"三甲"称为"赐同进士出身"，统称为"进士"。钱琦是乾隆年间进士，熟知科举场上事，其诗后注释，不至于分辨不清"解元""会元""状元"和"秋闱""春闱"。他的注释很明确：大饼上用红石石朱写的"元"字，是"取秋闱抢元之兆"。秋闱只考举人，只有"解元"，没有"会元"和"状元"。不知杨先生文中的"6个骰子"和"可得状元大会饼"何所依据？

综上所述，中秋博状元饼源于洪旭及其幕僚"发明"并经郑成功批准在军中推行的说法，无法令人置信。

（原载《厦门晚报》2000 年 10 月 2 日）

附录

"厦门博饼起源争论"回顾

厦门博状元饼的民俗，起源于何时？由谁发明的？以往从没引发过争论。1986 年 9 月 21 日，有人写了《博状元饼的由来》，继又三番五次发表了内容大致相同的文章，认为厦门人博中秋会饼是洪旭发明的，并经"郑成功批准由十三至十八日止，前后共六夜，军中按单双日分批博饼赏月"。有人据此邀请文史专家进行论证，在鼓浪屿日光岩造起郑成功士兵博状元饼的雕像。从此，开始有了争论。1992 年中秋节前，厦门电视台张雷、陈文化等三位同志就厦门中秋习俗来采访我，我指出厦门中秋博饼与郑成功无关。2000 年 10 月 2 日，我又在《厦门晚报》发表《〈搏状元饼的由来〉质疑》。几年来争论的焦点，在于肯定或否定博饼与郑成功有关。

2000 年 10 月 24 日，市郑成功研究会和闽南文化学术研究会，联合举行了"博饼起源"专题讨论会，有近 20 名文史研究者参加。翌日，《厦门晚报》以"中秋博饼起源何时？"为题报道说：我市文史研究者普遍认为，洪旭发明博饼之说缺少证据。

《厦门社科联简讯》第 22 期，刊载郑成功研究会秘书长陈洋有关这次专题讨论会的详细报道，将与会学者的讨论归结为三个基本观点。

1. 厦门中秋博饼习俗与郑成功无关。
2. 假如认为是传说，同样是毫无根据的。
3. 中秋博饼形成时间，当在 1830 年以后至 1905 年之前。

2003 年 8 月，厦大刘海峰教授等关于状元筹与博饼起源的文章发表后，在文史界与广大市民中引起关注，鼓浪屿前届中秋博饼文化节组委会，特为此邀请我市文史界部分专家，对厦门博饼民俗的起源和发展进行研讨。据 2003 年 9 月 2 日《厦门日报》第 5 版的报道，与会专家达成三点共识。

1. 博饼并非郑成功发明，起源无史料可考。
2. 博"状元筹"到博"会饼"，是群众的推动。
3. 博饼文化厦门独有，应打造成旅游品牌。

（原载《厦门晚报》2004 年 10 月 9 日）

思明行政建制和政区演变

厦门原是个四面环海的岛屿，1955年10月高集海堤竣工，变厦门为连接大陆的半岛。

厦门的行政建置始自宋代，隶属于同安。宋代的同安辖有3个乡11个里，厦门岛只是11个里中的1个里，称"嘉禾里"。此后直到发生了辛亥革命，清政府被推翻，厦门岛都是同安区基层政区，但在郑成功父子于厦门建立政权和闽南小刀会占领厦门期间例外。

"思明"作为厦门市的一个"区"建制，是在1948年才出现的。在此之前，冠上"思明"字样设立的各级政区，先后有思明州、思明县、思明府、思明市。

一、设区前的"思明"州、县、府、市

（一）思明州、县

明清两朝交替之际，民族英雄郑成功以厦门、金门两岛为"抗清复明""驱荷复台"的根据地，遥奉南明永历"正朔"不用清顺治年号。永历九年即顺治十二年（1655），郑成功受南明永历帝朱由榔封为"延平王"，在厦门岛上置"思明州"，寓意思念明朝的"思明"作为厦门的别名，沿袭至今。

永历十六年（1662）5月，郑成功病逝台湾，子郑经继位，于永历十七年（1663）一月改思明州为思明县。前后存在20多年的思明州、思明县，其辖境包括厦门岛、鼓浪屿、大金门岛、小金门岛和周围小岛屿。

康熙十九年（1680），清军攻取厦门、金门，废思明县，复名厦门。此后以迄清末宣统三年（1911）的230多年间，厦门岛仍只是同安县的一个基层政区。至乾隆年间，共设四个社四个都（21—24都）、41个保。道光年间，城内4个社增为18个保，直至光绪三十四年（1908）不变。

（二）思明县、府

辛亥革命成立"中华民国"，福建军政府厦门分府参事会推派代表黄鸿翔、

黄廷元赴福州，向福建省政务院请愿设县。民国元年（1912）4月15日，福建省政务院批准析同安县（今同安区）嘉禾里（厦门岛）和翔风里的金门、大小嶝及附属各岛置思明县。4月28日，思明县政府正式成立。同年9月12日，思明县升格为思明府。翌年3月20日，复原为思明县。

思明县建立之初，城区实行警区制，不设政区，全岛共45个保，其中禾山26个保，城区19个保。辖区仅本岛和周围小岛屿。鼓浪屿已沦为"公共租界"，不属管辖而金门和小大嶝，于民国四年（1915）的元旦分出单独设县。

（三）思明市（筹备处）、思明县

民国二十二年（1933）2月，福建省政府批准设立厦门市政筹备处。3月1日起，奉命改厦门市政筹备处为思明市政筹备处。禾山仍称为思明县。市县并存，厦禾分治。3月16日，省令将禾山划入思明市区之内。6月，省府明令撤销思明县，实行县、市合并。11月7日，福建省政府接行政院训令，着将禾山划入思明市区，结束厦禾分治。1935年4月1日，厦门正式设市，成为福建省的第一个市，比福州设市早11年。

筹备设思明市期间的辖区，仍为厦门岛和周围小岛屿。

二、抗战胜利后始设思明区

民国三十四年（1945）8月抗战胜利，10月4日重建厦门市政府，下设5个行政区，即厦西区、厦南区、厦港区、禾山区和鼓浪屿区。民国三十五年（1946）4月25日，厦门市政府奉令调整各级行政机构。6月1日，厦西、厦南两个区并合为1个区，取名"中心区"，下辖33个保：思东、思南、思西、思北、大同、升平、中山、中华、同文、水仙、户部、文渊、外清、霞溪、黄厝、同西、同仁、开禾、开营、开南、开洪、鹭江、厦禾、新西、斗西、双莲、美仁、溪岸、园东、靖山、浸（深）田、将军、后江。民国三十六年（1947）中心区整编，缩为25个保。不久又增为26个保。

民国三十七年（1948）2月，厦门市参议会向市政府提出建议，将中心区划分为两区，中心区区名保留，新增开元区，以"大同路分为上下两段，由海口起至思明南北路交界处仍属中心区；开元区自下段大同路起到观音亭进入佑福路、溪岸路、西滨社、将军祠、后江埭、美仁宫、厦禾路循筼筜港各地区扩至海口为终点"。同年9月21日，经第47次市政会议决议，中心区改名思明区。这是厦门第一个冠上"思明"字样的区级政区。思明区下辖南溪、中华、黄厝、外清、靖东、深田、升平、思西、思东、大同、同文、水仙、户部、中山共14保。

三、新中国的思明区

1949年10月1日中华人民共和国诞生，10月17日厦门解放。10月21日，厦门市人民政府正式成立，属福建省人民政府直辖。政区仍将全市分为思明、开元、厦港、鼓浪屿、禾山5区，下设60保，其中思明区14保：思东、思西、大同、升平、南溪、中华、黄厝、外清、靖东、同文、深田（浸田）、水仙、户部、中山。11月28日，大同保划归开元区，只剩13保。

1950年3月，全市开展民主建政工作，废除保甲制，市区改设街政委员会，禾山改为乡、村。同年5月2日，厦门市人民政府政务会决定撤销厦港区，将厦港区的长塔、曾溪和大澳部分农户划归禾山区。鸿山、新生、太平、水上、福海和大澳部分并入思明区，而将思明区的靖东、深田改隶开元区。

民主建政结束时，市区设31个街政委员会，其中思明区16个、开元区15个。思明区的街政委员会是思西、思南、思东、中山、南溪、升平、同文、中华、定安（户部）、民光（黄厝）、新安（外清）、泰山（水仙）、大学、鸿山、新生、新民（福海）。

在改造旧政权、废除保甲制过程的实践中，自1951年至1954年，部分街政委员会进行调整、合并。截至1954年12月，思明区设9个街政委员会：中山（思南并入）、思明（思东、思西合并）、泰平（泰山、升平合并）、文安（同文、定安合并）、中华（南溪并入）、民安（民光、新安合并）、厦港（水上）、碧山（新民、鸿山合并）、大学（新生并入）。

1955年3月，街政委员会进行合并，改名街道办事处，1956年6月完成合并，思明区下辖思明、泰平、文安、中华、厦港5个街道办事处。公社化时期，街道办事处再次调整合并，将街道办事处改名公社，思明区所辖的4个公社为：中华公社、思明公社、文安公社和厦港公社。1964年4月，全市政区又有一次调整，市区取消城市公社，恢复街道办事处。

"文化大革命"期间，思明区改名向阳区，思明街道办事处改名东方红公社，文安街道办事处改名向东公社，厦港街道办事处改名前卫公社。1966年底，前线公社曾塔大队调整并入向阳区，升格为曾塔公社。由于农村管理体制与城市管理体制不相适应，1970年2月，不得不将曾塔公社降为大队，仍隶于前线公社。1979年10月1日，上述改名全部恢复原名。

1980年底，思明区下辖文安、思明、中华、厦港四个街道办事处，有43个居委会，详见表1。

表1   1980年思明区街道、居委会一览表

街道办事处	居民委员会	
	名　称	数　量
思明	思西、思明、思中、升平、局口、镇邦、大中、中山、思东、南桥	10
文安	金新河、文渊井、定安、思南、同文、晨光、泰山、水仙、朝阳、永红	10
中华	仁安、下井、镇海、石壁、桥亭、中华、古城、霞溪、南田、新华	10
厦港	福海、鸿山、永福、顶澳、厦港、下澳、大学、厦大、民族、碧山、圆山、蜂巢山、巡司顶	13

随着市区新居民住宅群的落成，大批居民乔迁新居，1982年9月，经厦门市人民政府批准，思明区增设白城、巡司顶、南义和、大生里、苏厝5个居委会，分别划入厦港、中华街道办事处。1987年8月，原郊区禾山乡的黄厝、曾厝垵划归思明区。1991年，思明区又新增寿彭、不见天、沙坡尾3个居委会。到1995年底的统计，思明区辖境面积20.48平方公里，共有4个街道办事处、56个居委会、2个村委会，详见表2。

表2   1995年思明区街道、居（村）委会一览表

街道办事处	居（村）委员会	
	名　称	数　量
厦港	鸿山、永福、新村、福海、碧山、圆山、蜂巢山、巡司顶、民族、厦港、大学路、顶澳、下澳、大桥头、南义和、大生里、寿彭、沙坡尾、不见天、北村、厦大、白城、海滨新村	23
文安	思明、升平、镇邦、大中、思西、局口、思中、南桥、思东、中山	10
中华	仁安、下井、镇海、石壁、桥亭、古城、中华、霞溪、新华、南田、苏厝	11
思明	思南、定安、泰山、水仙、晨光、同文、文渊井、金新河、石坊、马柱、虎头山、青石巷	12
	曾厝垵、黄厝	2

1996年，思明区下辖的街道办事处进行调整，将原厦港街道办事处的厦大、白城、北村、海滨新村四个居委会划出，增设滨海街道办事处。1997年，中华街道办事处新增石泉居委会。1998年续增加两个居委会，分别为厦港街道办事处的南华居委会和滨海街道办事处的龙虎南里居委会。2000年，街道办事处下辖的居

委会又作了个别调整,滨海街道办事处增设东区居委会,而文安街道办事处撤销晨光、同文两个居委会。2001年,厦港街道办事处也撤销不见天居委会。

从2002年开始,居委会经合并后调整为社区居委会。思明区共设5个街道、30个社区居委会和2个村委会,详见表3。

表3　2002年思明街道、社区居委会一览表

街道办事处		社区居民委员会、村民委员会
厦港	10	鸿山、新村、蜂巢山、福海、大学路、下澳、顶澳、南义和、寿彭、沙坡尾
文安	5	思南、定安、石坊、金新河、水仙
中华	6	仁安、镇海、中华、新华、霞溪、石泉
思明	6	镇邦、大中、思西、思中、思东、中山
滨海	3	白城、上李、演武、曾厝垵、黄厝

四、市行政区调整后的思明区

2003年5月下旬,福建省人民政府就厦门市政府《关于调整部分行政区划的请示》作出批复。经国务院批准,同意厦门市调整部分行政区划。调整内容的第一项为:思明区、鼓浪屿区和开元区合并为思明区。原三区的行政区域划归思明区管辖。

调整后的思明区位于厦门岛南部,北面与湖里区毗邻,东、西、南面与大担、二担、金门、漳州隔海相望。全区总面积76.35平方公里,下辖的鹭江、公园、梧村、筼筜、嘉莲、莲前、文安、思明、中华、厦港、滨海、鼓浪屿等12个街道办事处,设有97个社区居委会。总人口约76万人。而调整合并后的思明区,又于2004年9月对下辖的行政区划作了微调。详见表4。

表4　思明区管辖区域的调整前后划分

调整前	调整后
思明、中华、文安三个街道	并成新的中华街道
公园街道	更名开元街道
梧村街道文灶社区文塔片区	划归开元街道西边社区
虎头山南片区(原跨文安和厦港两街道)	划归中华街道
原公园街道办事处靖山片区	划归中华街道中华社区
厦港街道下澳社区大学路595号、595之一、595之二	划归滨海街道白城社区

(原载《思明文史资料》第一辑2004年12月)

20世纪二三十年代厦门地价研究

土地是人类最宝贵的自然资源，也是最大的社会财富，且随着经济和社会的发展而不断增值。近代城市地产市场的建立和发展，不仅土地增值现象相当普遍，且增值的幅度大、速度快。然而土地并非真正的商品，土地价格也不属于商品价格。土地通过利用体现价值，价值的货币表现为地价。地价的高低，既受自然条件和社会条件的制约，也随着经济环境和市场供求关系而上下波动。本文就20世纪二三十年代厦门地产市场出现的地价猛升和惨跌为例，探索土地开发、土地投资、土地用途和土地供求与地价波动的关系。

一、城市改造催生地产市场

厦门原是个四面环海、遍布山峦的岛屿，厦门港是个海峡性港口，港宽水深，终年不冻。十六七世纪，厦门就以其优越的港口闻名国内外，成为中国对外交通贸易的重要口岸之一，也是福建华侨出入祖国的门户和台湾同胞的主要祖籍地。清代中叶的乾隆、嘉庆年间，厦门已经是个"市井繁华，乡村绣错"的"通都大邑"了，但街市和商行皆不在城内，而在城外西南面的滨海地带。厦门开埠后至1920年的70多年间，厦门旧市区一直局限在岛上的西南隅，总面积约3.46平方公里，实际使用面积仅有2.93平方公里，人口密度每平方公里高达4万余人，地狭人稠，各种建设和住房用地不足，影响城市经济的向前发展。

厦门既是福建华侨出入祖国的口岸，又是福建侨汇集散的中心。华侨普遍存在宗族观念和家乡观念，他们到海外谋生，定期寄钱回乡维持家计，其中有些人经营的企业发达了，还会寄钱回乡买田地、建楼房、投资家乡生产建设和捐资兴学育才、办公益慈善事业。第一次世界大战结束后，南洋的华侨医治了战争的创伤，经济复苏，工商企业的经营者普遍赢利，职工收入也较多。1919年以后，厦门的侨汇与年俱增。厦门海关《十年报告（1912—1921年）》写道："华侨'往家乡汇款的能力比前几年有很大的提高'。"在《十年报告（1922—1931年）》中，厦门海关税务司更以一段生动的文字描述侨汇对厦门社会经济的影响："值得注意的是，这一代人的富裕并不十分依靠本地工业的发展，而是依靠海外侨民往国内汇款的增加。这种增加使厦门一直是一个良好的市场"。20世纪二三十年代，正当厦门一些有识之士呼吁改造旧市区以适应城市经济发展需要的时候，一批批侨汇进入厦门，在城市建设中的房地产业投入巨额资金，送来了厦门的土地开发、扩展新区的催生剂，孕育了厦门地产市场，出台了地价。

1920年春，厦门市政会正式成立。会董人选由总商会、教育会和各界社会人士推选出林尔嘉（菽庄）、黄庆元（世金）、黄廷元、黄奕住、黄仲训、林文庆、洪鸿儒（晓春）、李禧（绣伊）、周殿薰、王人骥（选闲）、郑煦等31人组成，并互选林尔嘉为正会长，黄庆元为副会长。市政会为决议机关，执掌各种章则规划的制定、工程的设计，以及审议和筹款。政府方面相应成立厦门市政局，作为执行机关。设市政督办1人，由厦门道道尹陈培锟兼任；市政会办1人，由警察厅厅长易兆雯兼任；委员长1人，由思明县县长来玉林兼任。同时聘请委员若干人，办理市政会决议事项。为解决市政建设的经费来源，市政会"坐办"（职务）周醒男提出"开辟新区，扩地卖地"的建议，得到多数会董的赞同并付诸实施。

1925年，厦门市政局被撤销，取而代之的是厦门市政督办公署，并开始实施开辟新区方案。经研究选择试点，决定从填薤菜河（今思明南路、妙香路一带）入手，并计划拆除厦门城墙，利用城墙土石方填薤菜河，节省运费。1926年春动工，翌年完成，辟地23,886.5平方米，除思明南路西段、妙香路等马路用地外，可供建筑楼房用地面积约12,221平方米，出售地皮得款27万余元，连拆城基（今古城东、西路）建马路后所剩余地，共得土地售款30万元。房地产公司或个人买到土地后，即进行楼群建筑。1928年，楼屋还未竣工，就有人争相买楼租屋，房租骤增二三倍，地价从原每平方米18余元涨至90余元。薤菜河填河辟地工程完成后，由于投资者获得厚利，因此引起人们对投资房地产的兴趣，尤其是引起东南亚华侨的注目，在此后的十年间，地产市场相当繁荣，经营或兼营房地产的公司一度达到百余家，其中有本地富商巨贾合资和独资开设的房地产公司，资金较雄厚的有兴兴公司、鹭江地产公司、正业公司等十几家。华侨投资开设的专营和兼营房地产的公司多至数十家，仅1927—1931年的统计，资金银圆20万元以上的侨资房地产公司就有36家，其中如印尼华侨黄超龙、黄超群兄弟兴办的龙群公司，资金银圆130万元；印尼华侨黄奕住的黄聚德堂，资金银圆245万元；菲律宾华侨李昭以兄弟兴办的李民兴公司，资金银圆300万元。这时候厦门"地产市场之活跃，较'九一八'以前之上海，并无多让"。

1920年起步，1935年停顿的厦门改造旧市区、兴建新城市过程中，大力开发土地，不断扩展新区面积。据统计，1927—1932年的五年间，总计开发土地30处，面积达 116.22 万平方米，使市区土地实际使用面积从 2.93 平方公里扩展到 4.2 平方公里，在一定程度上缓和了城市发展与土地紧张之间的矛盾。市政当局利用出售土地的收入修建道路，推动了市区建设的发展。在拓宽和开辟市区主要道路时，规定了道路两侧建筑的层数、层高、高度、开间尺寸和建筑形式，然后分段定价出售，业主取得土地后按规定盖房，从而形成了市区内，特别是商业区完整、统一的列柱式骑楼建筑形式，大大改变了过去杂乱无章的城市景观。1937 年 4 月出版的《厦门市政府公报》就曾经明确指出："查厦岛自开辟马路，改良新市区，旅外华侨不惜以多年勤劳累积之金钱，返回投资。重金购买地皮，建筑新式房屋，繁荣市区，提高厦岛地位。虽然政府提出有方，如非华侨热心桑梓，踊跃投资，则建设新厦门恐非易事。"

二、厦门地价与省内外若干城市地价的比较

1926 年，厦门首条新马路开元路建成，昔日的荒地顿成繁华之区，土地用途改变引起明显的地价上涨，向市政督办公署求购地皮者日数十起。为此，市政当局根据土地所处的不同区位，分等级制定地价。

随着土地的开发利用，城市的建设，地价不断看涨，经营地产业的年利率高达 1.5 分至 2 分。于是海内外资金拥至厦门，房地产买进卖出频繁，有的地产晨购夕售，有的日易数主，房地产交易市场异常热闹，地价不断上升。

20 世纪二三十年代市政建设过程中，厦门地方政府重视评定地价的工作，曾遴选数十位熟悉地方情况的各界人士为地价调查员，由工务局具体领导，专门从事地价调查和评定工作，及时公布不同地区、不同等级的地价评定结果。但由于土地需求日见殷切，土地开发供不应求，土地市价超过政府评定的价格甚至高达二三倍。

1928—1930 年，厦门市内新建城区的地价以大同路、中山路最高，每平方米 117 银圆以上；次则为升平路、镇邦路、海后路，每平方米估价也值 90 银圆左右。这一带地价之所以特别高，主要是有多家银行、钱庄、洋货商场及大商店集中于此，而且其地理位置正居于市区中心，交通运输极为便利。

此时，厦门籍的华侨和银钱业在地产上所投下之资金总计不下 8000 万银圆。市场繁荣，百业兴旺，军阀、政客和农村豪绅也前来购置产业，促进了厦门地产业的勃兴和土地价格之飞涨，尤以 1930 年至 1931 年为最高峰，地价居高不下，波动的幅度极小，详见表 1。

表1 厦门1930—1931年地价表

单位：银圆/平方米

年份	等级	商业地	宅基地	园圃地	农地
1930	上	156.684	8.667	10.401	13.521
	中	72.804	4.334	5.200	9.359
	下	10.400	2.774	2.912	2.600
	平均	79.963	5.258	6.711	8.493
	指数	100%	100%	100%	100%
1931	上	156.684	8.667	10.401	13.521
	中	72.804	4.334	3.702	9.360
	下	10.401	2.774	2.912	2.600
	平均	79.963	5.258	5.672	8.494
	指数	100%	100%	100%	100%

注：原表地价以亩为单价，引者换算以平方米为单位。

厦门市各地段的地价，随着市区的开发而不断变化。如在开始对旧城区改建时，开元路是市区唯一的马路，商业繁华，人口稠密，为当年厦门商业的中心点，因此地价昂贵，售至每平方米72银圆。中山路、大同路在开辟前因街道狭小，商店稀少，房屋简陋，地价不及开元路的50%。开辟后，洋行，商店鳞次栉比，商业兴盛，地价不断上涨，每平方米售价达270银圆，有的甚至高达450银圆。而开元路则因为商业中心的转移，地价逐步下跌至每平方米36银圆。1933年3月8号，《江声报》记者曾就地价悬殊，高低不一的问题，采访工务局长兼处理房租争议事件会议评价组主任周醒南。他回答记者的提问时说："查本市大街108条，小巷200余条，大小街名400余。这400多条路、巷地价各有不同。以大同路而论，附近海关一段，地价每方丈（11.11平方米，下同）约1500元（折每平方米约135银圆），四空井一段，每方丈仅约200元（折每平方米仅约18银圆），关帝庙每方丈约2千至3千元（折每平方米180—270银圆），同是一条大同路，而其地价的差异如是。盖视商业之盛衰与交通之便否也。"

20世纪二三十年代的厦门地价，不仅一度高于福建省内最繁华富庶的福州、晋江、龙溪，而且曾经遥遥领先于位居全国政治中心的南京，全国商业、金融枢纽的上海，古今文化荟萃的北平以及天津、青岛、汉口、杭州、广州等八大城市，真有点令人不敢置信。

根据土地委员会《福建省研究报告》第七章《地价》这一节的材料，全省四种不同用地类型的地价都以厦门为最高，详见表2。

表2 1934年福州、厦门、晋江、龙溪城厢市地价比较表

单位：银圆／平方米

地级	商业地（上、中、下每平方米平均价）	宅基地（上、中、下每平方米平均价）	园圃地（上、中、下每平方米平均价）	农地（上、中、下每平方米平均价）
福州	26.842	2.358	0.315	0.374
厦门	55.470	3.175	4.507	5.443
晋江	17.016	1.529	0.390	0.067
龙溪	0.325	0.190	0.119	0.184

注：原表地价以亩为单价，引者换算以平方米为单价。

从上表的数字可以看出，各种不同类型用地的亩平均地价，厦门都位居第一，相差一倍多至好几倍。要是再以福州与厦门同类型用地的地价细化比较，厦门的地价高于福州二三倍甚至七倍半，详见表3、表4。

表3 1934年福厦两地各区地价比较表

单位：银圆／平方米

区别	福州 最高	福州 最低	厦门 最高	厦门 最低	备注
第一区	13.50	1.80	67.51	3.60	福州最高价格在宣政路，最低在西洪路。厦门最高在思明东路山仔顶一段，最低在外海滩新区。
第二区	18.00	1.80	117.01	5.40	福州最高在上南路，最低在水部河西等路。厦门最高在鹭江道第二段，最低在外海滩新区。
第三区	18.00	0.45	117.01	4.50	福州最高在上杭路、下杭路，最低在国货、洋中等路。厦门最高在中山路岛美街头一段，最低在南义和街。
第四区	45.00	0.45	32.40	1.35	福州最高在中亭路，最低在福新路。厦门最高在同文路寮仔后一段，最低在镇北关。

（续表）

区别	福州 最高	福州 最低	厦门 最高	厦门 最低	备注
第五区	18.002	1.80	63.006	3.60	福州最高在观井路，最低在程墓头。厦门最高在鼓浪屿龙头街，最低在鼓浪屿内厝澳。
附注					（1）厦门市内只有四区，今权以鼓浪屿充为第五区。（2）福州低价材料系根据福建省政府统计室估计的，厦门是根据工务局的评定。

注：原表地价以亩为单价，引者换算以平方米为单价。

表4　1934年福厦两地商业区住宅区地价比较表

单位：银圆/平方米

区别		福州 最高	福州 最低	厦门 最高	厦门 最低
商业区	价格	45.00	0.45	117.00	4.50
商业区	地点	在中亭路南段、台江、新填地等。	在国货路、洋中路、福新路等地。	在中山路岛美路头一段，鹭江道第二段。	在厦禾路豆仔尾一段和南义和路。
住宅区	价格	9.00	46.26	29.70	1.44
住宅区	地点	在宫巷、杨桥巷、华群路、开国路、跑马场。	西洪路（自打铁桥至洪山桥）。	在鼓浪屿中路。	在第四区大南新区。
附注		福厦两地对于商业区住宅区之划分，并无明确规定。今之显然分为商业区与住宅区者，系根据一般人之普通认识，及研究人员之观察，认为某路纯粹为商业区，某区某路纯粹为住宅区。此种划分方法与社会实际情形相符。			

注：原表地价以亩为单价，引者换算以平方米为单价。

出人意料的是，根据土地委员会公布的一份《中国八大都市地价研究报告》，

30年代初厦门的地价仅低于上海的公共租界和法租界,位居第三,但却高于上海、广州、南京等所有都市的市区地价,与北平地价相比,竟超出其60倍。详见表5。

表5　20世纪二三十年代厦门地价与国内八大都市地价比较表

单位:银圆／平方米

市别 类别		每亩最高价			人口密度	地价高低之次序	人口密度之次序
		价别	年份	数额			
上海	市区	估价	1930	89.96	3892.90	7	8
	公共租界	估价	1930	670.99	50832.79	1	1
	法租界	估价	1930	331.30	48746.87	2	2
南京		买卖价	1931	64.32	1436.37	8	11
北平		估价	1931	3.00	2109.92	12	10
天津		税务登记地价	1930	92.96	16751.04	6	4
汉口警区及特区		买卖价	1926	110.19	4648.25	5	5
广州		估价	1931	137.75	4237.79	4	7
青岛		让售价	—	14.84	805.96	11	12
杭州		陈报地价	1932	59.98	2392.27	9	9
厦门		调查价格	1932	117.94	4527.71	3	6

注:此表参考土地委员会《中国八大都市地价研究报告》制成,原表地价以平方丈为单价,引者换算为以平方米为单价。

三、厦门地价下跌原因探究

然而好景不长,一度红红火火的厦门地产市场被冷落了。1932年地价开始下跌,1934年春节过后,出现地价大滑坡,详见表6。

表6 厦门1932—1934年地价表

单位:银圆/平方米

年份	地价等级	商业地	宅基地	园圃地	农地
1932	上	150.69	8.67	10.40	13.52
	中	72.80	4.33	5.20	9.40
	下	10.39	2.77	2.91	2.60
	平均	77.96	5.26	6.17	8.51
	指数	99.72%	100%	100%	100%
1933	上	103.86	5.20	7.80	9.40
	中	52.00	3.29	4.68	7.80
	下	10.40	2.08	3.29	1.56
	平均	55.42	3.52	5.26	6.25
	指数	69.37%	67.03%	85.21%	73.47%
1934	上	104.00	4.85	7.28	8.32
	中	52.00	3.12	4.16	6.76
	下	10.40	1.82	2.08	1.25
	平均	55.47	3.26	4.51	4.48
	指数	69.27%	62.09%	73.03%	64.08%

注:原表地价以平方丈为单价,引者换算以平方米为单价。

厦门的地皮从高价竞求不得走向低价出售还少人问津,如大同路仁记店楼一排的十个店面(在今大同路44号至62号),闽南土著军阀陈国辉曾出价40万银圆购买,因中介人索取两万元佣金而未成交。到1935年业主拟以18万元出售竟无人承买。蕹菜河中心(今思明南路光华大药店附近)开发区,初开辟时规定每平方米13.5银圆,后涨至每平方米36—45银圆,最鼎盛时的1929—1930年间,每平方米增至90银圆。而1934年每平方米售价跌至45—54银圆,不及原价的20%。大同路关帝庙前一带,最初以竞投方式出售每平方米90银圆,而李民兴公司竞投至每平方米270元,后跌至每平方米四五十元犹没人下手,一起一降,竟达五倍。鹭江道通帆礁沿海一带新填海地,原价每平方米180银圆,1934年降至每平方米108银圆,无人过问。厦门港、晨光路、思明西路、同文路一带,每平方米原售价 27 银圆，1934 年跌至每平方米 18 银圆左右。厦禾路、模范村（今深田路一带）原每平方米 9.0 银圆，1934 年减为每平方米 5.4 银圆。美仁宫、后江埭原每平方米 3.6 银圆，减为每平方米 2.7 银圆；南普陀寺附近原每平方米 2.25 银圆，降至每平方米 1.08 银圆。这些地段降至如此低价，仍难脱手。

厦门地价下跌的原因何在，当年厦门《江声报》等新闻媒体都有过分析报道，综合归纳，有以下这么几点。

1. 世界经济危机波及南洋，市况不佳，侨汇大为减少。
2. 侨汇的锐减严重影响厦门的经济，百业不景气，购买力萎缩，空店日增。
3. 新区越辟越多，供过于求。
4. 经营地产者，并非皆有实在资本，大都辗转抵押，挪东补西，一旦银行不接受抵押，就出现银根周转失灵，地产市场无法运转。
5. 地产公司因房地产少人问津，而向银行押借的款项无法如期归还，利息承担很重，只好降价求售，于是竞相降价，甚至一降再降。卖主降价越多，买主越观望不前，成交也就越少。

当然还有新闻媒体忽略的其他原因，例如日本加快侵华战争步伐，继 1931 年的"九一八"和 1932 年的"一·二八"之后，华北、华南战云密布，局势动荡，一旦战争爆发，土地无法带走，投资房地产者的热情大不如前。

对 20 世纪二三十年代厦门地价的研究，限于资料，尚只能作初步探索。但这种探索，对当前土地的合理开发利用、土地供求的协调、规划，房地产市场和土地增值的管理，以及对土地的有偿出让、拍卖、招标等，都有一定的参考、借鉴作用。

（原载《厦门社会科学》2009 年第三期）

新中国成立前厦门的报纸

一、概况

厦门地处我国东南沿海,是福建华侨出入国境的必经口岸。《南京条约》后,厦门被辟为通商口岸之一,列强纷纷在厦门设立领事馆,欧美传教士、商人蜂拥而至,当地人们较早地接触海外的思潮和事物,作为舆论工具的报纸,如香港、广州、宁波、上海等地外国人所办的《中外新报》《中外杂志》《孖剌报》等,在厦门都可见到。

厦门出版的报纸,肇始于外国人。起初主要供各自的侨民阅读,多采用外文,后来开始刊行中文,供中国人阅读。其中多由教会刊行,以宣传基督教义为目的,同时也输入西方文化。

传教士在厦门办的第一份报刊是《厦门航运报道》,1872年创办,1878年改名为《厦门公报和航运报道》。后来又创办了 *The Amoy Gazette*(译为《厦门钞报》)、《漳泉公会报》。这些都是外文报,既报道省内外消息,也介绍当地风土人情,主要是供外侨看的,以增进外侨对厦门的了解。

随后,传教士开始创办中文报纸。主要有1887年博德创办的《厦门新报》、1888年打马字用闽南语罗马拼音文字办的《漳泉公会报》(亦说《漳泉圣会报》)。1904年英人傅氏创办的《厦门报》,以及1902年英国牧师山雅各创办的《鹭江报》。这些早期报纸的共同特点是由外国教会创办,外国人任主理,由中国人主编,内容除宣传宗教教义、报道宗教消息外,很重视论说和社会新闻报道,具有反映社会舆论和交流社会消息的某些特征,有些还为其政府的殖民事业服务。这些报纸的发行,对当时社会产生一定的影响。

清末,厦门地方爱国人士和爱国华侨也起而创办中国人自己的中文报纸,反对封建专制和外国侵略,具有鲜明的爱国主义、民主主义色彩。先后出版的报纸有《博物日报》《鹭江日报》《福建日日新闻》《福建日报》《厦门日报》《南声日报》《漳泉日报》。这些既是资产阶级维新思潮的反映,也是1901年清廷施行"新政"以来，要求发展工商业和提高国民素质的社会思潮的反映。这时期的名报人有张海珊、黄鸿翔和连横等。

日本人在厦办报是这一时期的另一特点。1907年由在台湾基隆出生的江蕴和（江保生）发起创办的《全闽新日报》，后来被日本政府渗入，公开以隶属于台湾总督府的"善邻协会"的名义出面经营，不仅成为地道的日本政府喉舌，还成为日本在厦门的特务机关。

辛亥革命时期，报纸与革命运动进一步结合，造成很大声势。中国同盟会会员张海珊等人创办的《南声日报》，其宗旨为"标榜革命主义，鼓吹民权"，与《全闽新日报》相抗衡。

1912年元旦，中华民国临时政府成立于南京，民气活跃。为适应社会的需求，民主革命志士许卓然和谭在眉、黄莪生等创办了《声应日报》。1913年，吴济美把《南声日报》改为《闽南报》继续出版。但这些报纸都只出版了几个月，就先后被军阀政府封禁了。此后两三年间，整个厦门的报坛就由《全闽新日报》独占。

辛亥革命后，更多的爱国人士和爱国华侨在厦门创办报纸。1916年10月，旅菲华侨林翰仙邀闽南革命志士许卓然等人合作，创办了《民钟日报》，1918年5月被标封。1918年11月，《江声报》问世，因为是宣传爱国主义和民主主义思想，颇受社会欢迎。1919年的"五四"新文化运动，蓬勃的新思潮点燃了桎梏中的厦门，《厦声日报》《思明日报》和《信报》等相继于1920年诞生，和《江声报》组成了反帝反封建的进步文化战线。但《厦声日报》仅出版两周就受警厅行政科威逼停版，《信报》也只出版两个月就停刊了。那时，各报对开4版的篇幅里，全部用四号字印刷，新闻大概占三分之一，论说文、散文占六分之一，剩下的都是广告。每天至多印三五百份。

1920年后，从《江声报》开始，各报都有一种趋势，灌输新思潮，鼓吹新文化。初始仅限于副刊上，登载少量新文化文字，继而特辟专版进行介绍。并延聘专人，恭司其事，如陈文总、张觉觉、徐炳勋、傅伊谷、赵邦杰等，即应此趋势之要求，一跃而登论坛者。1922年前后，《江声报》《厦声日报》更增加篇幅，以登载新文化文字，出版对开10版至12版。

自1921年起，厦门报界新兴报纸不断涌现，到1925年达到极盛。如《厦门商报》《时潮日报》《道南日报》《天南日报》《厦门晚报》《厦门晨报》《中华日刊》等等，都是在这段时间面世的。各报的报份，没有超过1500份的。

1922年，《民钟报》复刊出版，采用五号字印刷，各报先后仿行。此时报纸已有增加新闻数量之趋势。1923年以后，厦门的报纸还开始以一种夹叙夹议的长篇文字记载比较重要的消息，以吸引读者，如1924年的《民钟报》，1925年的《厦声日报》，皆因此博得好评。名报人有陈三郎、苏眇公等。到了1925年，或因政治封禁，或因经济困难，纷纷停刊，继续出版的仅有《民钟日报》《厦声日报》《江声报》《思明日报》《全闽新日报》《厦门商报》六家，其他都是昙花一现，长者数月，短者24小时，没有超过一年的。各报缺乏资本，无法在外地设记者，很少有每日能发150—300字的粤、沪专电的，当时厦门报纸能获利的，只有《江声报》一家。

1925年，厦门报界还发生了一件事，《厦声日报》与《民钟日报》《思明日报》《江声报》合力揭发军阀张毅的罪行，但因军阀势力根深蒂固，张毅未倒，《厦声日报》反遭标封。

在五四运动和中国共产党的影响下，厦门的进步学生创办了一批进步报刊。1924年集美师范学校的福建青年协进社创办的《星火周刊》，是厦门地区第一份宣传马列主义的刊物。1927年"四一二"政变，厦门的共产党人和进步群众组织遭受残酷迫害和摧残。当时在厦门的中共福建临时省委、中共厦门市委陆续创办了《福建红旗》《厦门工人》《烈火》《战斗》《实话》等刊物，在险恶环境中坚持战斗。

1928年到1930年间，小报一度在厦门盛行，如《厦门如是小报》《厦门小报》《厦门周报》《昌言》《鹭门》等，但不久就被禁止出版发行。

20世纪二三十年代，政局表现得异常混乱，军阀土匪、日籍浪人横行无忌，骚扰滋事。厦门报界，除了《全闽新日报》仍在替日本帝国主义者作侵略的工具外，大多能站在严正的立场，口诛笔伐，不遗余力，与土匪争，与军阀争，与日籍浪人争，惨淡经营，艰苦奋斗，甚至不惜以性命相周旋。

"九一八"事变发生后，厦门的报纸加强了抗日救亡和争取民主的宣传。1931年9月21日，厦门各报都刊发了日本侵犯我国东三省的号外。

自1929年第一次资本主义世界经济危机开始后，南洋群岛遭受不景气巨潮的影响，许多闽南籍华侨回国，或参加政治活动，或投资房地产和工商业。1932年谢镜波等人筹办了《华侨日报》，就是其中一例。《华侨日报》因资本筹得比较充裕，一出版即登上厦门第一流新闻报纸之林。那时十九路军入主闽政，允许言论自由，厦门报界颇为活跃，各报竞争激烈，副刊一度大活跃，平均每日各报副刊接到数十封投稿信，一时投稿者众，佳作如林。《华侨日报》出版后，星期日继续出版一张，名为《星期增刊》，《江声报》遂亦星期日不停刊，照常出两张，与《华侨日报》相竞争，他报无力追随。那时篇幅曾一度提倡三大张，后因进口纸张价格昂贵，广告又少，利不及费，遂又减少。

1933年秋，又有《厦门日报》创刊，然而，十九路军将领发动"闽变"失败后不久，也就自动停刊了。1934年初，柯孝昌等组织的《时代日报》和读者见面了。1934年冬，江声报社自建大厦于思明东路与思明南路交叉口，为厦门报纸自建报社之始。1935年9月，虎标万金油主人胡文虎派员来厦筹备出版《星光日报》，这家报纸凭借财大气粗，一出版就每天刊行三大张，星期日更有增刊《星星》赠送。

1937年"七七"抗战爆发后，报界困难程度尤倍于曩日。纸张、油墨、铅字、机械等印刷必需原料的来源异常困难，而价格亦随之逐渐高涨，各报张数遂不得不逐渐减少，由二三大张减少到一大张，有些竟减少到半大张（二版）。同时，受抗战的影响，报纸内容也骤行转变，减少副刊及不重要的新闻，增加富有战斗精神及与抗战有关的国内外重要消息，并以简洁文字刊出。1937年底，张圣才等人办的《抗日新闻》在厦门创刊。为了加强军事新闻报道，《星光日报》更是派出战地记者到前线采访。1938年3月，中华全国文艺界抗敌协会和中国青年记者学会在武汉正式成立，组成广泛的抗日民族统一战线，厦门的战地记者赵家欣参加了这两个成立大会。

1938年5月，厦门沦陷，各报随即停刊。

厦门沦陷后，原有报纸全都被迫停刊或撤出。厦门报人不愿在日寇铁蹄下当顺民，纷纷出逃。

厦门沦陷期间，日本侵略者为了实现其"以华制华"的阴谋，占用了厦门各报的设备，在厦门办报，作为欺骗、奴化和毒害被占领区中国人的宣传工具，散播汉奸理论，制造谣言，鼓吹"王道乐土""新生明朗"，以诱惑民众。

1938年6月，《全闽新日报》占用星光日报社在中山路的社址复刊，每日出版华文对开一大张，为满足日侨需要，还增加日文四开一张，住厦门、鼓浪屿的日本人和台湾人，均须订阅。

在日本占领当局除了继续经营《全闽新日报》外，也指使亲日分子办报。1938年9月，又占用原江声报社在思明南路的社址及设备，出版了中文汉奸报纸《复兴日报》，担任向沦陷区内的中国人宣传的任务。1939年7月1日，伪厦门特别市政府成立时，《复兴日报》更名为《华南新日报》，其内容几乎是《全闽新日报》的翻版。最初每日出版中文报纸对开一张，后来扩大到两张。经费仰赖日本特务机关和伪市府提供。

两报电讯均采用东京、南京、广州、汉口等地的同盟社电，比较重要的世界性消息，以及日本国内重要动态，都由东京同盟社供给。《全闽新日报》有副刊《大观园》，《华南新日报》有副刊《朝暾》，笼络了一批"落水"文人。

1943年初，日本侵略军在太平洋受到重创之后，战争的形势出现转折。厦门至南洋的航线经常中断，侵略者的新闻事业逐渐陷入困境，《华南新日报》改为早报四开一张，"夕刊"八开一张。1943年11月，两报均舍弃副刊，缩为四分之一，每日出刊四开一张：一版电讯，二版本埠新闻。《全闽新日报》日文报也缩小为四开二版。

此外，沦陷期间还曾出版过一份四开四版的《同光报》。

1945年8月抗战胜利，日伪在厦门的报纸先后停刊。《华南新日报》的几个汉奸文痞还一度将报纸改名为四开的小型报——《新华日报》继续出版，妄图作为投靠国民党新权贵的敲门砖。

1945年8月，日本投降，国民党中统、军统争夺舆论宣传阵地，争办报纸。在日本投降厦门尚未接收期间，9月28日《太平洋晚报》出刊，为光复后之第一家晚报。接着，军统控制的《闽南新报》《立人日报》《厦门青年日报》和中统掌握的《中央日报》相继出刊。侨办的《星光日报》《江声报》则先后于同年11月29日和12月16日复版。到1946年年底，厦门岛上，创刊的、复刊的和由内地迁来的报社，总共达十几家，再加上各地在厦门设立分社、办事处，出现了"有街皆报，无巷不社"的现象，真可谓蓬勃一时。于是招牌沿户挂，新闻记者满街飞。虽然有的只看到报名，未看到报纸，有的只出版一两期，把所收的报费和广告费吞没就停办了。大报除《星光日报》出对开一张半外，其余皆对开一张，小报则出四开一张。

光复后的半年中，只见招牌不见出版的还有《华侨日报》《商学日报》《厦门导报》《厦门商报》《厦门小报》《抗日新闻》《抗日先锋报》《大道报》《导报》《警报》《厦门新闻报》《侨光报》等12家。

到了1946年春，币值猛跌，物价暴涨，斗米万金，白报纸、油墨随物价直升，加上海运尚未畅通，白报纸来源匮乏，而报纸广告费收入又追赶不及，报社经济威胁开始降临。那些未出版的仍是"只闻楼梯响，不见人下来"，已出版的也跟着物价高涨而消逝倒闭，曾经一度蓬勃过的厦门报业又逐渐凋零了。《厦门青年日报》则由对开版缩小为四开一小张的晚报。但1946年6月间，泉州《时代晚报》、南靖《宇宙报》迁到厦门，报社又有增加。1947年元旦起，《前哨报》复刊改称《厦门民报》，《宇宙报》改出晚报。7月，《厦门大报》复版，社工通讯社出版八开小报《厦门社工》；各报电讯大部分由中央社供给。9月4日，《宇宙报》又宣告停版。9月中旬，厦门有《中央日报》《星光日报》《江声报》《立人日报》等日报四家，《厦门大报》《厦门日报（晚刊）》《时代晚报》《厦门民报》《厦门社工》等晚报五家。厦门新闻事业除上述困难之外，地方派别各以其势力压迫或操纵报纸，将报纸作为私人工具，是非混淆、黑白倒置的现象时有发生。报人不团结，甚至互相攻击。时厦门市有新闻从业人员三四百人，然专业及合于《记者法》规定资格的不过数十人。新闻从业人员的待遇，除《江声报》外，其余都极为低微，一个编辑或记者月薪不足以维持个人生活费用。

1948年国民政府"八一九"币制改革后，以金圆券取代法币，物价稍见安定，久困于物价高压下的厦门报业，又骤然发展起来，除原有的《江声报》《星光日报》《中央日报》《立人日报》四家日报及《厦门大报》《厦门日报（晚刊）》《厦门民报》《时代晚报》《宇宙报》等晚报外，新办的有《南侨日报》（小型日报）、《海疆日报》（小型日报）、《南天日报》（午报）、《大同报》（晚报）以及三日刊《凯声》和《济世》等林林总总十余家。

然而，不到一个月，经济风暴又来临，喘息刚过的厦门报业，又开始了与物价角斗挣扎的日子。1948年九、十月的报资是日报每月3元，晚报每月2元；11月日报每月9元，晚报每月7元；12月日报每月24元，晚报每月16元，而且情形越发严重，金圆券的贬值，就像江河奔腾而下，虽然各报为了应付物价，逐月调整报资，而物价仍一路飙升，月初的预算，到了月底，每每要亏空一两倍以上。

1948年底1949年初，在厦门新闻市场上有《海疆日报》《宇宙报》两家小型日报，《厦门民报》《厦门日报（晚刊）》《厦门大报》《时代晚报》《南侨日报》等五家晚报，另有《南天日报》出午报，《大同报》《建军报》《凯声报》《济世报》等四家小报，和中央、南侨、社工、经济、海外、国民、中美、海洋等八家通讯社。一个上海来的新闻界前辈参观了厦门的新闻事业后感叹地说："比例言之，厦门的报馆比上海还多。"

1949年秋，解放大军南下，势如破竹，厦门外围都已解放。汤恩伯、毛森来厦，四处抓人，厦门陷入白色恐怖之中，许多老报人都被列入黑名单中，报社也纷纷关闭，只有《江声报》及《星光日报》两家报社的部分人员仍坚持工作，直到厦门解放。

二、清朝末年的报纸

（一）鹭江报

鸦片战争后，厦门作为开放的通商口岸，既是商贸的基地，也是外国传教士传教的据点。传教士从厦门登陆，然后逐步向内地扩展。传教士发现办报较之图书对社会的影响要大得多，报刊易于传播且时效性强。所以，传教士除了办学、办医外，印书、办报也是他们进行宣传的一种方式。

英国基督教伦敦会牧师梅迩·山雅各于1850年到鼓浪屿传教办学，其后创办了《鹭江报》。

《鹭江报》何时创刊，报纸本身就有两种说法：在1903年3月19日出版的

《鹭江报》第 25 册上提到，该报创刊于光绪二十八年（1902）农历三月二十一日，即 1902 年 4 月 28 日，而在 1903 年 6 月 16 日出版的《鹭江报》第 34 册登载的《本馆账目》中提到："本馆开办报册自上年西二月起，迄本年西五月止业已出版三十三册。"究竟哪种说法准确，因没找到创刊号，难以判断。报馆的社址，1903 年 11 月 18 日和 11 月 28 日出版的《鹭江报》第 50 册、第 51 册登载的《本馆告白》中明确记述：最初设在厦门海后滩德忌利士洋行，因在太史巷起盖新馆舍，于光绪二十八年（1902）农历九月暂移鼓浪屿鹿耳礁，光绪二十九年（1903）农历十月十七日（即 1903 年 12 月 5 日）迁到太史巷的洋式楼房（今大同路西段吴再添饮食店斜对面的小巷），也就是说，《鹭江报》第 52 册起是在新馆舍出版。

关于办报经费，在 1903 年 6 月 16 日出版的《鹭江报》第 34 册登载的《本馆账目》中，云"在本股份银 8350 元，保商局资助银 3000 元，友人另捐银 159 元"。报馆曾经遭受火灾，机器及什用器皿只得重新购置。编辑部成员先后有 13 人，除担任总理兼主笔的山雅各外，其余都是中国人，他们是马约翰、胡修德、郭子颖、周之桢、冯葆瑛、徐有白、卢懋章、雷崇真、林砥中、陈梦坡、汪荣秋、连横等，其中有的是厦门当地的贤达闻人，有的是厦门及闽南教会的牧师或教士，有的是受聘的知识分子。前两类人，现存的报纸上，未曾见到署他们姓名的文章，很可能是挂名而又有代表性的人物，如董事会的董事，或者是负责经理部的工作人员。后一类是采编人员，经常在《鹭江报》上发表署真名或笔名的文章。

《鹭江报》名为报，实为一份旬刊，装订成册的书本式，每十天刊行一期，竖排、四号铅字、连史纸印刷，每期 25 页，三万多字，以后扩大篇幅，每期四万多字。

《鹭江报》看似一张私人办的宗教性质报刊，实际上是以英国驻厦门领事馆为后台的政治性报刊。山雅各写的发刊词《叙》中说："……今之策时变动者，谓外洋之成规宜仿，中朝之弊政宜删，二者诚为近今当务之急。然成规之可见者易仿，不可见者不能仿。弊政之可见者易删，其不可见者不能删也。其不可见者，即此能否融洽之情耳？每慨朝廷有所兴革，信以为是者固多，而疵而为非者亦复不少，意见互歧，凿凿不相入，此无他，情不合故也。不合则上有情下未能仰体之；亦下有情上不能曲原之。上下相蒙，欲求其治，难乎不难？……因念欲通此隔阂之情，莫如报馆。报馆之例，有见辄书，有闻必录，联上下为一气，通声息于四方。"也就是说，山雅各办报本意是自谓中国的好朋友来参与中国的内政，仿效外洋成规，通过报纸上传下达，革除中国"弊政"。

在冯葆瑛写的发刊词中，声明创办《鹭江报》是为了帮助读者开阔视野、增长见识、广益民智、增补史乘，口气颇受当时维新派报纸的影响，与《时务报》《国闻报》所强调的广开民智，重视新学新政的观点类似。

而雷崇真写的发刊词（英文），其中提到要介绍东南亚各国，以及台湾的"商务工艺诸良法"等,以促进闽南工农业生产,繁荣厦门市场经济。

《鹭江报》作为厦门及闽南一带基督教会的宣传阵地,只是一个方面。而报馆的背后有英国驻厦门领事馆及为外国人控制的厦门海关税务司的强有力支持,也就必然要为英国在华推行的殖民政策和强权外交美言,并为英国政府和商人在华剥削、掠夺等行径辩护。当然,《鹭江报》上发表的文章中,也有不少反映了爱国主义和进步的观点,但这改变不了报纸的性质。

《鹭江报》既然是教会办的报纸,它的内容也就少不了宣传阐述基督教教义,解说基督教理,报道宗教消息。这主要体现在山雅各及身为牧师的中国编辑写的社论中,但所占比例不大。有人就迄今能看到的81份《鹭江报》做过统计,在《论说》栏里共刊登243篇文章,其中宗教性言论10篇,占4.6%;称得上政论的有206篇,占95.4%。在206篇政论中有82篇是山雅各写的,占39.8%;中国籍编辑写了73篇,占35.5%;其余51篇是社外作者、读者的投稿,占24.7%。由于社论作者的政治背景和立场不同,随着国际风云的起伏和中国局势的变化,《鹭江报》的论说文章反映出不同的政治倾向。

山雅各写的社论,带有鲜明的为列强侵略中国的政策辩护的立场。在《论日本助华》中,山雅各写道:"日本常以赞助华人为己任。甲午之战,日本所以警中国也,以为中国遭此挫折,必豁然醒悟。庶知小国能胜大国之故。从此细为推究,必然奋起以西法之可师,而勿甘退处他人之后,果其知所变计,则东方两国联为一气,日本之受益多矣。而乃忽忽至今,已九阅寒暑,华人之旧态犹是也。于是日本之心冷,日本之势孤,辗转踌躇,而谋他顾。近者不可倚,远者尚可图,遂迫而为英日联盟之举,盖不得与中华协力为强,乃转与英国同心倚重,日人之心亦良苦矣!然其爱中国,望中国者,犹未有艾也……如台湾全岛,华人经营其地,熙来攘往,毂击肩摩;日人治理全台,业已就绪。华人但能以实心相与,体其惠爱,与之合办,与之共襄,则利益甚大,非益日人也,华人自受其益,而日人亦在受益之中耳。"把日本帝国主义强占中国领土台湾美化为"助华",为日本的侵略行径进行辩护。

有时,《鹭江报》也通过报纸向读者介绍西学,介绍近代科学技术的基本知识及西方国家的社会、政治制度及其有关学说等,以此来抬高基督教的地位,并扩大其社会影响,争取更多的读者。《鹭江报》第25册上刊登了山雅各撰的《论报馆访事之关系》及所译《英富商荷君尘传》,介绍办报知识,宣传新闻自由,讲解资本主义经济关系。虽然打的是西学的牌子,但对清末的维新运动起了推波助澜的作用。

《鹭江报》上也有反对帝国主义侵略和要求社会改革倾向进步的文章。如:1902年鼓浪屿沦为公共租界时,该报在论说中刊登了《论鼓浪屿充作万国公地之关系》，指出"某国借我军饷万金，假以市义……游说于我政府，迫我签订此约，政府惑之，气议遂成"，揭露美国在鼓浪屿沦为公共租界过程中的阴谋；1904年，日本在中国的土地上发动了日俄战争，冯葆瑛在《论中国索还满洲之大关键》的社论中疾呼："夫满洲，中国之满洲也！"有人用史学的角度撰写了长篇专论《满洲最近外交史》，在《鹭江报》上连载了十多期，为读者提供了一份清政府卖国外交的历史档案。社外作者、读者写的社论，如署名"东海弃民"写的《日俄战记》写道："吾恐日俄之战未了，而中国之土地，中国之人民，已将斯磨绝灭，先日俄而归于尽……战机日迫，识者早料其有今日，所维持，所企望，在中国之自强。不图戊戌一变，中国之伎俩毕呈；庚子再变，中国之元气尽丧。瓜分保全，各执其说。环球震动，举措皇皇……嗟我黄种，其沉其浮，为之戒惧不已。"在当时能有这种反帝的呼声，实为可贵。

《鹭江报》第25册刊林砥中撰的《论力》中提到："泰东六千年，泰西廿世纪之历史，强力支撑之世界也。""闭关时代，幼稚之时代也。""今各国无理要挟之事，何以不施于匹敌之国而独屡试我东亚，毋亦以孱弱无力之帝国易于欺侮乎！""俄之灭波兰也，日杀之不尽，服之不久，权力所在，奴隶由人，牛马由人，刀俎由人。吾言及此，鼻为之酸，胆为之战，手足为之麻冷，吾尝含涕啜泣以道之，喷血秉笔以记之。""冀吾四百五十兆同胞能出其脑力心力抵制列强之力，以振此垂局之危也。""窃愿吾政府国民其敢听吾言，上去其压力，下结其爱力、群力，完固团力，以求自强，勿为印度、波兰、犹太、菲律宾、土耳其之续也"。言词相当激烈。其他还有仰光李竹痴写的《劝立中西学堂序》、安溪林辂存写的《裁冗员议》、泉州黄鹭写的《论变法为兴国之方针》、温陵陈毓英写的《论厦门合闽省通商口岸宜公请律师》、叶秀挺写的《论中国宜广译书籍》、厦门忧时子写的《秋灯读报说》等等。字里行间，表达了知识界一些人士反对外国侵略、忧国忧民的爱国情怀，在当时不仅对社会思想产生了一定的影响，而且客观上推动中国资产阶级改良思想的传播和资产阶级民主运动的开展。

《鹭江报》保留了中国传统官报的某些特点，登有奏章、上谕等宫廷文牍，这能得到清政府的支持和士大夫的喜爱。在每一册的《鹭江报》的《论说》栏后，都设有《上谕恭录》《紧要奏折》两个栏目，刊登清朝廷的诏令以及官员的奏折（包括闽省官员的奏折）。

此外，《鹭江报》每期刊载时事，报道国内外及地方新近发生的事件，如《中国十日大事记》《外国十日大事记》《专件》《电音》《路透新电》以及刊登地方新闻的《闽峤琐闻》等栏目，具有新闻报纸的某些特点。新闻约占全部篇幅的70%—80%，其中福建各地的新闻占一定的篇幅，闽南新闻较闽东、闽西、闽北多。每则新闻之前冠以四个字的标题，短的几十字，长的也不过一二百字，分别按地区排列，显得醒目、简练、有序。以第6期《鹭江报》为例，这一期刊登各种新闻88则，其中国际新闻22则，国内新闻16则，福建地方新闻50则。内容包括社会治安、税收、走私、疫情防疫、社会奇事趣闻、文化教育、市场经济、封建迷信、政府文件，例如《闽峤琐闻》中的1904年厦门的跑马场事件，厦门及鼓浪屿开办彩票公司，日本人在漳州等地包揽诉讼、聚众闹事，法国人在石码印发彩票、骗取钱财，安溪乡民围攻英国教堂，漳州洪水为灾，同安商界反对百货加捐等等。

《鹭江报》还设有《诗界搜罗集》《杂谈》《译谈随笔》《名家丛谈》等类似文艺副刊的栏目，带有一定的知识性。诗词作者署名的有苏大山、邱菽园、黄遵宪、丘逢甲、林鹤年、潘飞声等，其中有些作者的姓名还多次出现。第61册的《诗界搜罗集》中刊登了台湾史学家连横受友人林景商之托为《惜别吟诗集》而作的一篇序文。文中写道："台南连横归自三山，留滞鹭门，访林景商，观察于怡园，纵谈人权新说，尤以实行男女平等为义……中国女权不振，一至于此欤。三纲谬说，锢蔽人心；道德革命，何时出现？夫政治之原，造端夫妇；族制之化，肇立家人；婚姻之礼正，然后家齐国治而天下平也！晚近士夫，倡言保种，推原于女学不昌，是诚然矣！是诚然矣！……向使女权昌炽，人各自由，则早晚专制之界线矣！"

文中对"人权"问题提出"新说"，通过兴办"女学"，提高女性的文化素质，提升女性的社会地位，打破禁锢蒙蔽人心的"三纲"谬论，实行男女平等，从而建立起非"专制"的社会制度。"习俗移人，贤者不免"，现实的这种社会现象只能怪罪于创立"父为子纲，夫为妻纲者之流毒"；大声呼吁"同此体魄，同此灵魂，男女岂殊种哉？""彼苍岂任其咎哉！"他认为"中原板荡，国权丧失，欲求国国之平等，先求君民之平等；欲求君民之平等，先求男女之平等"。先有男女平等，然后有君民平等、国国平等，体现出了强烈的忧国忧民的爱国情操。然而综观现存《鹭江报》，仅此一篇署连横姓名。

《鹭江报》还通过刊登广告等营利手段来维持报社的生存。刚开始广告多登在报册的最后页，后来则提到报册的《论说》前。

以上是《鹭江报》设立的相对固定的栏目，但其也曾设立临时性的专门栏目以登载新内容，如山雅各撰的《哲学源流考》等。

《鹭江报》从1902年创刊，到目前发现的最晚一期第102册，前后坚持出版了四年，实属不易。当时许多报刊维持不了多久，很多是由于缺乏报业经营经验，陷入经济拮据的境地，最终导致破产的。《鹭江报》则有它自己的一套经营方式。

首先，报纸的内容较为丰富、翔实，符合读者的需求。报纸报道了国内外新闻，突出了本埠消息，还刊登了社论、汇论，成为读者了解国内外新近发生的事实的报道。另外，报纸不仅设有类似副刊的文艺版面，而且能联系名家，发表名家的新作，对知识界颇具吸引力。还鼓励读者投稿，录用一次送报一册，录用两次送报一个月，录用五次送报一季度，丰富稿件来源，有利于报纸质量的提高，同时与读者形成互动。这是报纸能够长期坚持下来的主要因素。

其次，价格优惠。在每册的目录之后，都附有"本报价目"，"本报全年三十三册，售大洋银三元，闰月加银三角，外埠加邮费五角，外洋加邮费一元五角，零售每本一角"。全年订阅比零买便宜，鼓励读者定购全年报纸。为了吸引本地读者，报馆实行了以下办法：(1) 先赠阅后订购。收到赠阅报纸后，"倘若订购，请书明台甫地址，当按期呈送不误"。(2) 拉开零买与整订的差价，鼓励读者成为该报的长期订户。订购一年比零买一年，报费便宜 10%。(3) 增版不增价。在第 25 期《鹭江报》上刊登一则《癸卯年发行广告》说："本报篇幅页数，较旧年增多三分多一，报中各项，亦逐一改良。本拟重订报资，以充经费，因念风气初开，不欲阻文明进步，故价目仍然曩例。"

第三，多种发行渠道。每册报纸的目录后都附有"本埠售报处"，告知零售点。报馆还在周边及国内其他地区设立发行所、代派处，后来还向东南亚、东北亚扩大发行，先后在菲律宾、新加坡、印度尼西亚、安南（越南）、缅甸、日本等国和香港、台湾等地，共建立 16 个发行所和代派处，名单则列在"外埠寄售"中。为了鼓励代销者，扩大本地和省（境）内外发行量，报馆实行优惠代销者的办法：扩大批零差价，"每份抽出二成，以作酬谢"，同时声明外地读者订购时"另加邮费五角，外洋加邮费一元五角"。该报把优惠代销者的代销费定在 20%，比本地长期订户优惠 10% 还高出一倍，这就调动了外地代销者的积极性，迅速扩大省内外的发行网，先后在福州、连江、宁德、泉州、惠安、同安、金门、漳州、龙溪以及广东、上海、天津等地，建立起 32 个发行所或代派处。报馆通过教会系统的礼拜堂、福音堂、圣教会，外地的药房、书店、布店，外地报社同行，以及外地的知名人士等多种渠道发行，形成一个庞大的销售网络。当时国内除极少数大报如《申报》等有能力向国外发行外，一般报纸都在本地发行。福建报纸虽有依靠教会和华侨关系向东南亚发行的，但都没有《鹭江报》那样广泛的发行范围。

第四，通过刊登广告营利。当时《鹭江报》上已经出现了广告，有报馆自己的广告，也有商业广告，如"本馆告白""漳州金诚美丝线行"的广告，在《闽峤琐闻》里刊登的一些公司的《章程》，实际上也是广告。为了拉来更多的广告，报馆采取边际收费的办法：刊登次数越多，收费标准越低，鼓励客户长期刊登广告。它把广告分为三类：第一类是零星简短广告，按字数计算收费；第二类是成篇整版广告，按行数计算收费；第三类是外文和图画广告。具体收费标准为："第一次每字取洋银五厘，第二次至第七次每次每字取洋银三厘，第八次以上，每次每字取洋银二厘半；综合的每行取洋银一元；代译外国文字及刻图画另议。"不久，该报又修订广告收费标准:"第一次每行取洋银一元;第二次至第七次每行取洋银五角,全年每行洋银二元半。"这样,报馆很快改变了广告少、品种单调的状况。除在版面刊登广告外,有时还另用红、绿纸加印整版广告专页,附带装入报册,如第47册上刊登的漳州金诚美丝线行在厦门设立分销处的广告;第61册上刊登的厦门鼓浪屿育生公司从英国引进一批织袜机车,向闽南推销的广告;第63册上刊登的福州勘验公司筹建邵武金矿有限公司的招股广告等。通过刊登广告来获取利润,增强报馆的经济实力。

第五,代发行外地报纸。《鹭江报》通过与外地出版的报刊协作,代理外地的报纸在厦门一带发行,并收取一定的代销费,如仰光的《中华日报》等。

第六,多样化经营。《鹭江报》除了经营报纸外,还承接点校书籍的业务。如承印宣传基督教的刊物,此外还有民间著作,《送米溪先生诗文》一书的扉页上就印有"光绪三十年夏四月厦门鹭江报社校雠"的字样。

鸦片战争后,部分西方传教士利用不平等条约无视中国的主权和法律,或强占地宅包揽诉讼,或藏污纳垢欺压中国民众,因而激起公愤,不少城乡发生殴打、杀死有民愤的传教士或捣毁教堂的事件,史称"教案"。列强利用"教案"向清政府施加军事或政治压力,提出各种无理要求,甚至借此发动战争扩大侵略,而清政府往往对列强妥协让步,"袒教抑民"时有发生,造成许多"民冤不伸"的案件。1904年夏天,金门(时隶属泉州府同安县)发生了一起教案。与以往不同的是,金门这次教案,县丞李受禄主持正义,明断是非,判牧师败诉。这一事件惊动了英国驻厦门领事馆,立即向福建省宪施加压力,要求重审。省宪明知金门教会不对,李受禄是秉公办事,但怕得罪洋人,改判农民败诉,同时将李受禄调离金门,以平息这次教案的风波。

从金门教案发生到农民败诉,《鹭江报》未做任何报道或评论,只是在事件平息的数个月后,才在第81期的《闽峤近闻》里刊了一则泉州发来的简讯,题为《金门分县调任》。内容是:"本月二日省宪牌示:兴化府经历彭恒祖与金门县丞李受禄,互相调署。查李因教案之故,与洋人意见不合,故省宪调李任兴化府经历,而以兴化府经历转署金门分县。"1904年12月11日出版的第86期《鹭江报》,在《闽峤近闻》栏里又刊登一则泉州发来的新闻,题为《金门分县李贰尹之去思》,内容是:"金门分县李受禄氏,自去年莅任以来,办事认真,百废俱兴。每遇民众与教会交涉之案,尤能据理力争,秉公详办。虽被某教牧挟嫌图陷,诬款登报,而绅民仍然极相爱戴。此次与兴化府经历恒祖互调,贰尹以宦囊萧然,不得已留眷金门,只身前进。临行诸绅咸赴当道,公禀请留,排日筵饯,赠诗颂德者,不下数十人。四境乡老,公送匾伞,有'万家生佛''政平颂理''守正持平'等字样,足见公道在人,非平日实心实政,易克臻此。"还在《诗界搜罗集》栏目里刊登了李受禄与《鹭江报》的主笔冯葆瑛两人的唱和诗四首。简讯和李、冯的唱和诗见报后，厦门一带才了解到半年前金门教案的部分情况，引起了一些社会人士的反响，有些读者给《鹭江报》写信写诗。主笔冯葆瑛选了三首赞扬李受禄品德和为官清廉的诗文刊登在第87期的《鹭江报》上。

为此，《鹭江报》总经理兼主笔的山雅各就接到某教会来函，便在第88期的《鹭江报》登了《次韵以驳之》两首七言律诗，并在诗后附注："国初西教始传中国，圣祖仁皇帝以及当时阁老，优礼教士，予地予银。"用此要求金门县丞也得"优礼教士，予地予银"，引起读者议论和批评，于是山雅各又以总经理的名义刊登了一则《正误》的文章，强词夺理，指责冯葆瑛是"与该贰尹旧有交情，阿其所好，擅登报端"，才刊登与金门教案有关消息和李受禄的诗文等。此后，不准《鹭江报》再刊登与金门教案相关的内容。

从金门教案可看出，外国教会势力的猖獗，恣意横行。戈公振著《中国报学史》第四章说《鹭江报》"出至八十六期而止"。"厦门鹭江报以载金门教案失实，英领事请厦门道封禁"，此说有误。现存有1905年1月20日出版的第90册《鹭江报》，有人甚至发现了第102册的《鹭江报》。《鹭江报》何时终刊，还有待史料的发掘和进一步考证。

（二）福建日日新闻

《福建日日新闻》的创刊时间，在1904年10月4日出版的《东方杂志》第一卷第八号《各省报界汇志》上，有这样一则简讯："某志士近于厦门太史巷设立福建日日新闻社，已于七月初一日出版，每日正附两张。"即报纸在1904年8月11日试版。而1904年9月4日出版的《鹭江报》第76册上登有一则消息："连雅堂近邀同志在厦门太史巷创设福建日日新闻，每日出版一大张，全年报费五元，定于八月初一日发行。其内容优美，外采飞扬，实为报界上之特色。连氏笔法杂横恣肆，著作如林，现未出报，而同业已咸称贺。"即报纸于1904年9月10日正式发行。《福建日日新闻》原报已轶，史料奇缺，只能根据前人的一些记载加以综合考证。

《福建日日新闻》是由台湾人连雅堂（后改名连横），邀集友人利用《鹭江报》的原有设备创办起来的。连雅堂任发行人兼主笔。

报纸创刊不久，因销路不佳，经费拮据，报馆陷入困境。"当时仅雅堂先生一人负责笔政，繁忙不堪，随即有周寿卿、黄廷元、林辂存、施范其诸友资助以金钱，并出力襄助社务"。1905年二三月间，林辂存等人力邀名报人黄乃裳接任报馆主笔，成为"该报实际上最主要之负责人，社务多由他决定，而雅堂先生仅主持编务"。经过充实调整，《福建日日新闻》面目一新，销路有了明显的增加。

《福建日日新闻》设有言论、国政、国内新闻、国外新闻、史传、电报、商况、杂著等八个专栏。

《福建日日新闻》旗帜鲜明地反对封建专制和反对帝国主义,在当时产生了重要影响。就在黄乃裳接任后不久,由于美国政府胁迫清政府继续签订限制和排斥华工的条约,激起中国人民的愤怒,爆发了一场声势浩大的反对美国华工禁约运动。

这场爱国运动的中心是上海,厦门、广州、香港等几十个大中城市在各地都受到热烈响应。《福建日日新闻》从一开始就密切注视事态的发展,并加入"拒美"的洪流。该报报道了各地拒约和抵制美货的消息,发表了一些专栏文章,抨击美国政府歧视华人的政策。该报刊载的《阅筹拒美禁华工公启系之以论》,是当时影响较大的一篇文章。阿英编的《反美华工禁约文学集》收入这篇文章,硕果仅存,录以传世:

谁谓中国人无爱国心?吾于筹拒美禁华工之事见之。
谁谓中国人无保种心?吾于筹拒美禁华工之事见之。

虽然,中国人有爱国之心也,不过百人中之二三尔;中国人有保种之心也,亦不过百人中之二三尔;若谓举四万万人而均有此心也,吾未信。

美国之禁华工也,用强权,藐公理,污人道,破邦交,是我四万万人之大辱也。彼敢悍然而行之,而吾竟默然而受之。盖彼合而我离,彼众而我寡,彼强而我弱也。吾随欲拒之而不能。

华工之被禁也,一国之中,唯粤人最有关系;而筹拒禁工也,亦唯粤人最为痛切。其他各行省之人,或不知有此禁约者,或知之若无睹者,或思拒之而虑力不足者,呜呼!是不解全国之大局焉。禁工之约,非特粤人之愤,中国四万万人之大辱也;以四万万人之大辱而不为粤人之援助,是瞀昧国家之原理,顿忘种族之大义也。吾愤之!吾恨之!吾欲骂之!吾欲诛之!

且美之禁约,非仅禁工已也;若经商,若教习,若留学,若游历,均在禁约之中,所余者,唯官员而已。然官员之到美者,受种种苛例,任意挑剔,暴戾款待,甚于罪囚,是官员亦在禁外之禁矣。名曰禁工,是举中国四万万人,而悉禁矣。

美之禁工也,为排斥黄种人而起见也。然彼何不禁日本人?藉日本国强人智,不得以非理相待,然则彼何不禁朝鲜人?何不禁暹罗人?夫朝鲜、暹罗,国弱于我,而彼之禁约,不施于彼而施于我者,则以我国虽大而势分,人虽多而力散也。呜呼!中国人可以思矣!呜呼!四万万中国人可以起矣!

禁约之期,于今迫矣,粤人思破弃之,而筹以对待之,会于上海,见于电争,布于公启,危言正论,凄楚动人,义愤之论,应同挽救。若反以此为粤人事也,坐视不闻,是非中国人耳!上何以慰祖宗,中何以对同胞,下何以贻子孙?吾不愿我国有此人!吾尤不愿我种有此人!

粤人之筹拒禁约,粤人之义侠也。四万万之同胞而均如粤人之义侠,则美国必不敢禁我,即世界各强国亦必不敢凌我,辱我,奴隶我,牛马我,而中国四万万人乃得侧立于天壤之间。

幸也,此时之中国人颇知权利之竞争!一闻筹拒,应者云从,而闽帮更分电二十一埠,不办美货,不受美国雇工,所有人货,不搭美船,今日筹拒美约,莫善于此策者。何也?中国今日之国势,既不能以理争,又不能以力抗,所持者民间之团结力,则以其人之道,还治其人之身,彼号称文明之美国人,应亦哑口无言。夫彼人也,我亦人也,彼人之可来我国,而我保护之;我之人欲往彼国,而彼禁止之;彼之工人可来我国,可夺我利,而我竭力保护之;我之工人欲往彼国,欲谋其利,而彼竭力禁止之;彼之工人之外,而经商,而教习,而游历,而官吏,如可来我国,我均特别保护之;我之工人之外,而经商,而教习,而游历,而官吏,如欲往彼国,彼均特别禁止之,现下不平事,莫此若者。而何期数十年之压制力,至今日而始欲一伸耶?闽帮之提议对待法,文明之公理也。彼禁我往,我亦可禁彼来;彼为保工计而禁我往,我亦可为保工计而禁彼来;彼恐我夺彼之利而禁我往,我亦恐彼夺我之利而禁彼来;彼可不许我之禁彼来,我亦可不许彼之禁我往。是为平等,是为自由!

筹拒工约之事,粤人倡之,闽帮和之,各省援之,我政府而能俯顺舆情,始终不屈,严毅拒绝,美人虽强,应亦幡然修改,不敢结怨于中国人也。呜呼!吾于是而知中国人之有爱国心。呜呼!吾于是而知中国人之有保种心。布之,育之,栽之,培之,灌输之,发达之,俾此四万万同胞均有此心也,则中国之前途可贺,中国国民之前途尤可贺。

《福建日日新闻》除了发表支持反美禁约的文章,"以文字鼓动闽中社会"之外,还翻印了上海寄来的抵制美货传单,广为散发,鼓动厦门绅商民众抵制美货。报纸主笔连横身体力行,投入厦门的"反美拒约"运动,曾被推选任厦门"拒美约会"副主理,多次在群众集会上登台演讲。

反美爱国运动余波未了,厦门又爆发了一起"打番关事件"。第二次鸦片战争后,列强从清廷手中夺走了管理海关的权力,从而使中国海关一分为二:中国政府管的"常关"与列强管的"洋关"(当年的厦门人称外国人为"番仔",称"洋关"为"番关")。根据1901年的《辛丑条约》的相关规定,厦门新关(即洋关)接管了常关。并于1903年起逐步对其进行整顿,大量裁员,为了保证赔款,税务司巧立名目,提高税率,制订了许多苛刻条款,加上关员中饱私囊、敲诈勒索,引起了广大商民的强烈不满。光绪三十一年七月(1905年8月),商民与海关的矛盾激化，以《常关勒罚为害十端》张贴告示，并散发传单，约好八月初一罢市罢港。

光绪三十一年八月初一（1905年8月30日），厦门商民包围了位于海后滩英租地的厦门洋关，强烈要求惩办虐民关员，改良关章。示威抗议的商民与"洋关"发生冲突。当"洋关"受到冲击、捣毁时，税务司下令开枪，打死商民五人，击伤数人。其后，厦门人民以罢港罢市等方式开展斗争，持续五天。

八月初三（1905年9月1日），《福建日日新闻》第26号内刊登了请斩虐民、病商之常关总书邓书鹃等文章，这引起了代理税务司嘉兰贝的愤怒，致函兴泉永道员玉贵，指责《福建日日新闻》"实属坏人名声，逼人毁抢"，漫骂该报馆所作所为"甚于土匪之造谣生事"，要求兴泉永道"即行申饬该报馆，责令罚缴巨款充作善举"。

未几，连横主笔的《福建日日新闻》，继续撰文揭露邓书鹃的腐败行为，该报载道："西边'福隆'号于本年六月二十一日曾向常关包办兴化商船，拢靠西边海口，每年例纳公款二百元。此外，总书邓书鹃每年私索规费一百元，系由某某过付，六月二十八日先付龙银五十元。"这样，"打番关事件"就与反美拒约运动交汇一起，海关税务司嘉兰贝联合美国领事向《福建日日新闻》报馆开刀，多次向清政府施加压力，要迫使《福建日日新闻》停刊。最后，《福建日日新闻》更名为《福建日报》继续出版，此事才告一段落。

改名为《福建日报》后，发行人为山雅谷（即《鹭江报》创办人），前后担任社长的有黄廷元、李竹痴等，黄乃裳任主笔，吴玉昆任编辑。苏眇公尝作论文投寄该报。李汉青在《福建新闻史》中说，"据国民党党史载福建革命前辈郑祖荫所述，福建日报乃黄乃裳在厦主持，聘福州同志郑权任编辑，郑权同时加入同盟会，由乃裳主盟，该报鼓吹革命，不遗余力"。郑权，字仲劲，福建侯官县人，是一个思想激进且主张革命的知识分子。他肄业于南京水师学堂，因痛于祖国的危亡，曾托名撰著《瓜分惨祸预言记》（清政府列为禁书）及《福建存亡记》，希冀能够唤醒国民。1903年春，郑权与郑祖荫建立了福建第一个社团益闻社，后来创办益闻学堂，培养革命分子。1904年夏，他因参与组织学生联合会，被福州藩司周莲追捕而走兴化转厦门。此次黄乃裳力邀郑权共同办报，除了两人志同道合要在厦门建立宣传革命的阵地外，更是想通过他使福建的革命派与广东、南洋等地的革命力量联合起来。1906年3月29日的《汉文台湾日日新报》上，有一则题为《福建日报内容》的简讯，内容如下：

厦门福建日报社，系连氏雅堂创设，以民族为主义。连本台人，其社挂本邦商之招牌。讵客岁因拒美约，创会著论，与美为敌，日本领事上野君，念日美邦交敦睦，不准连氏扬美之短，着其归台，收回招牌，改隶英商山雅谷牧师为发行人。所刊报章，大非昔比。动辄交涉，如闹关设赌投函等事，直至请地方官标封乃止。幸股东极力斡旋，始得仍准发行编辑，而于报界上之义务，恒掣肘不能达其目的。兹闻因外人向清官，私买嵩屿之地若干坪，以为储蓄洋油之所，恐将来有碍铁路之码头，此系录他报，而该社不担任责成，孰意报甫发行，交涉立至。英领事欲仿上野君故智，收回商牌，标封该社。旋经山牧师再四维持，故许更正了事……况闻该社股本支绌，侵蚀颇多，上下人等，薪金累缺，日用饮食，拮据时形，乃使总理李竹痴出洋招股，妄冀他日改良……

1906年2月13日，南洋中国同盟会在新加坡成立。同盟会在南洋者，阅报大喜，适逢报社总理安溪人李竹痴前往南洋招股，就让他回厦商讨将《福建日报》改组为同盟会机关报。但改组后仅三个多月，就被清政府地方官员下令停刊。其原因据1906年5月20日的《台湾日日新报》题为《福建日报停派风潮》的简讯说，5月11日，《福建日报》于厦门栏内，刊登马丽生提督发财票一事，提督即派兵缉拿投稿人，不料投稿人已先逃跑，报社出面担任责成，"军门知报社系耶教山雅谷为发行人，于是照会英领事"，于5月18日停派报张。清政府以该报宣传革命思想，本来就很猜忌，遂于六七月间，借口该报揭露水陆提督贪污案为公然反对政府官员，勒令其停刊。

（三）厦门日报

《厦门日报》创刊于1907年12月25日，报社社址初在厦门番仔街（今中山路"华联商厦"旁的升平路段），后迁海后磁街路头，社长叶大藩，主笔黄猷。据厦门最早老报人之一的苏眇公在1931年出版的《厦门指南》中发表的《厦门报界变迁概述》说，《厦门日报》是由光绪三十二年（1906）被迫停刊的《福建日报》更蜕而来。报纸有时出四开六版，有时仅出四版。1909年2月5日出版的报纸，刊有"今日本报目次：（1）宫门抄；（2）上谕；（3）论说；（4）中外要闻；（5）外省新闻；（6）闽闻；（7）本埠新闻；（8）杂俎；（9）要件；（10）小说"。报纸的版面：一版为广告；二版为论说、要电汇录、中外新闻、各省新闻等；三版有本省新闻的"闽闻"、本埠新闻等，而"闽闻"又根据地区进行划分，其中还包括"督辕抄"等；四版为广告；五版有要闻、来函照登等；六版有专件、杂俎、本埠商情、广告等。开办之初，该报实行赠报七天，赠刊广告一栏，都不取分文。七天之后，报资按八折收取，广告费按六折收取。

关于办报的资金来源，在1907年12月21日的《汉文台湾日日新报》上有一则按语："该报之得以成立者，则因总办陈某某办事不公，受人指责极多，欲藉一报纸以为洗驳，且欲以粉饰内容一切之腐败，并欲安置其侄与门人之地位。

为此种种之故，是以提公司三千金，帮助该报。而该报遂得有今日之成立也。然铁路局自夏间开办以来，百弊丛生，局中位置私人，月薪以百金计者，竟有四十余人之多，而吃空额束者，尚不知其几十辈。至于开筑轨道，遇有富人宅第，或巨商坟墓，若得贿赂，便可迁曲路线以回避，否则铁面无私，迳情直行，不少迁就。他若工程师私设石灰窑，买料暗定内外价，此皆铁路局内容暧昧之怪现状也。因此风声所播，传闻及于南洋各埠，故南洋各股东，顿起疑虑，均不满意于陈总办，而有公举胡子春易充之信。近又加以苏杭甬铁路风潮，影响及于闽路，于是路股更为摇动，几有瓦解之势，故陈总办惶急异常，立刻赶厦，催迫该报速日开办，因而该报乃得有此次决定斯日之出版。虽然，该报成立之原因既如是，则将来叫嚣于社会者，总不外表扬陈总办之能干，盛称陈总办之功德而已矣。似此之报，其价值可想见，无怪乎降价招徕也。"《汉文台湾日日新报》是日本在台湾的殖民统治机构"台湾总督府"办的报纸，其对《厦门日报》的评述，未可尽信。但从中我们得知，《厦门日报》的资金主要是福建铁路局总办陈宝琛拨给的3000元资助。1908年4月12日的《汉文台湾日日新报》又有这样一则新闻："《厦门日报》，迩来经济困难异常，势将不支。幸近日诸股东再竭绵力，各提出三百金，共集得三千多数，以为社中经费，于是该报命运，又得赖以增长云。"

1908年12月，该报因刊登讽刺地方高官的《竹枝词》，社长改由黄廷元担任。在1908年12月出版的《汉文台湾日日新报》有这样一则新闻："《厦门日报》社长叶某，因承印匿名《竹枝词》一案，经刘道庆汾观察，访得确实证据，日昨传叶入署，并商会保董等，同赴道辕，意欲当众惩办。幸有商会林总理为之缓颊，予以宽限日期，始得无事释出。然叶因付稿之人碍难指明，恐终不免，遂于越日潜逃省垣。唯社务责任其（甚）重，势难久悬，当经该社各股东，佥议延请黄廷元君担任社长责务，闻黄君日昨已入社矣。"原社长叶大藩辞去后，主笔黄猷也辞职他去。

《厦门日报》作为一张由商办福建铁路公司创办的机关报，宣称其宗旨是："说明国家宪政、国民义务，兼招徕海外华侨向内之心。"从目前能见到的几百张报纸来看，该报在反对外敌入侵尤其是日本侵略方面，是相当突出的。1909年初，日本觊觎中国大东沙岛，3月至4月的《厦门日报》连载论说，从七个方面论证大东沙岛为中国领土，"唯愿我政府坚持此据，以与力争，勿稍退让，庶几终保领土，无失主权。不然思启封疆者，将竞起而效日本之故智，我政府何以善其后也"。日本吞并朝鲜，该报发表题为《论各国宜鉴于韩亡急于猛省》的论说，并连续发表《韩亡之哀音片片》《哀哉，朝鲜之近情》等文章，报道朝鲜情况。此外，还发表《唇亡齿寒之满洲》等文章，警告国人注意中国东北。对于日俄协约占领中国东北、德国侵略山东、英兵入侵西藏，《厦门日报》都有论说，加以评论，爱国立场鲜明。

清政府在国内外压力下,被迫于1909年实行"预备立宪"。对此,《厦门日报》发表评论《论革党宜绝其来源》:"实行立宪庶政公诸舆论,即足以联公民为一体,不使蓄谋者乘间而窃发,则斩绝革党兆祸之深根,令不得复生;消散革党愤激之气焰,令不得复张。"鼓吹推行宪政。

1909年6月1日,《厦门日报》发表"选论"《论领事裁判权》,指出:"中国官吏素以畏葸甲天下,对于外人只求相安无事,所计遇有交涉案件,无不极力左袒,以博外人之欢心,然后禄位借以巩固。吾国民无论受何等冤,抑求为吾民争一点气者,能有几人?由是外人之暴横日益甚,怨毒已深,遂酿成焚杀之案层见叠出。官吏之办善后,民之生命等于鸿毛,民之财产轻于故雁,抵价赔款不一而足。"外国人在我国领土内横行无忌,而软弱的清政府往往偏袒他们,置老百姓于不顾。文章说"今日试游通商口岸,彼外国人民孰不趾高气扬,吾国民对之有不重足而立、侧目而视者乎?谁生厉阶至今为梗,令人叹息痛恨于领事裁判制度也"。对不平等的领事裁判权进行批判。

此外,《马关条约》割台后定居厦门的台湾举人黄鸿翔,曾在《厦门日报》上发表了一系列文章,与台湾籍民创办的《全闽新日报》展开笔战,反对日本侵略者侵占我国台湾,谴责日籍浪人在厦门和闽南各地的胡作非为。

宣统元年(1909)2月,《厦门日报》就华侨问题刊载论说四篇:《论国民对于侨民之观念》《哀华侨》《论厦门宜急筹对待和(荷)属迫华侨入籍》《论荷国强迫华侨入其国籍事敬告政府》,还不时报道侨胞动态。

作为福建铁路公司的机关报,《厦门日报》就免不了为铁路公司服务。报上经常刊登一些铁路公司的信息,包括福建铁路公司股东会议的公告、各阶段福建铁路公司发息的广告、福建铁路公司的工程情形、福建铁路公司呈复邮传部的文件、福建铁路公司资金使用情况、福建铁路公司章程布告、福建铁路公司与外界的交涉以及列车时刻表、收费情况等等。

1909年,厦门发生了与外籍商号冲突的天仙戏园事件,《厦门日报》对整个事件进行了跟踪报道。西班牙籍瑞记洋行黄瑞曲(本为中国人,洋名玛甘保)所开设的厦门寮仔后天仙戏园(茶园兼营演戏),1909年初因国恤,道宪谕令暂停演唱。园主有恃无恐,抗不遵谕。道宪示谕华人不得前往听戏。阴历宣统元年(1909)元月十二日夜里,警局人员到戏园内查看违禁演戏现场与园主发生冲突,园主鸣枪抗官,还殴禁某巡士,两日后才由代理西班牙领事之法国领事释回。释回时,该巡士遍体鳞伤,引起警局上下极大愤怒。该园地属华界,地方官例有干预及保护之权,然而,由于外籍人士拥有治外法权,清政府对这种涉及外籍的事无权干预。元月十六日下午,黄瑞曲次子黄雷,又在寮仔后街与站岗巡士发生冲突,后黄雷被送往道署，经法领事交涉即释放。事件激起了厦门绅商学各界的公愤，遍发传单，呼吁国人永远不要入该园观剧、不要购买瑞记货物、不要与瑞记洋行的人来往，《厦门日报》登载了传单全文。厦门绅商学界还于元月十七日午后2时聚集外关帝庙（今大同路横竹路口）协筹抵制策略，陈紫衍、邱汝明、钟南屏等相继登台演说。事件发生后，兴泉永道宪刘子贞当即照会代理西班牙领事的法国领事，据理力争，闽督委派汀漳龙道何碧鋈观察及洋务局提调赖辉煌太守办理，但事件交涉的结果仍以清廷的要求"和平了结"收场，刘子贞却因外国人的忌讳而被调离厦门。

1910年初，针对社会上贩卖"猪仔"之风又起的现象，《厦门日报》及时将贩卖者的真相在报上揭露，并报道"猪仔"非人的生活情况，呼吁"此风断不可长。有牧民之责者，若不趁早严禁而痛除之，贻害地方，实非浅鲜"。

《厦门日报》关心弱势群体，1910年3月中旬到4月上旬，报纸详细地报道了一起虐媳命案的经过，引起厦门社会对此案的关注。报纸不仅将勘验现场情形及时公之于众，并发表"闲评"，还登载受害人《王尹氏之冤启》，呼吁仁人君子施援。《厦门日报》密切关注事态的发展，在报上登载《悬赏购访之榜文》并加按语，还将堂讯的口供揭载于报上。正是在《厦门日报》的舆论压力下，才避免了含糊了事的恶习的再次发生，凶手最终得到应有的惩罚。

宣统二年（1910）农历九月十七日，美国商团一行42人抵厦访问。《厦门日报》详细报道了欢迎场面、各学堂学生演唱欢迎歌、刊载欢迎会颂词等来访的全过程。

历经将近三年，《厦门日报》因经费无着而办不下去。在1911年8月15日出版的《汉文台湾日日新报》有这样一则新闻："厦报为闽路机关，尽人皆知，故闽路之命运长存，则厦报命运亦与俱存，倘闽路一旦失效，有所变动，则厦报自不能安然无恙，势必随之而变更，此又在人人意中所预料者也。自日前闽路局接北京邮部来电，谓陈侍郎入直内廷，奉旨准卸去闽路总理，所有局中诸务，均著叶崇禄、郑煦等暂肩其责，候开股东会定议候（后），另选补充。云云。于是闽路局中，诸多变动，叶绅既不愿与闻其事，而股东等又不肯再筹续股，将来闽路，定归官办无疑。彼无价值之厦报，又谁欲肩其责乎，遂不得不为出售拍卖之举……"

据老报人苏眇公的《厦门报界变迁概述》称，《厦门日报》在1911年蜕变为《南声日报》，大造革命舆论，报道各地起义消息，抨击日本侵略者的侵略政策，与当时为日本驻厦领事馆操纵台湾人办的《全闽新日报》相对峙。此为民国成立前，厦门仅有的两家相抗衡的报纸，苏眇公称之为"民国开幕之润饰鸿叶者"。

三、民国时期的报纸

（一）民钟报

1914年，为开展反对袁世凯专制独裁妄图恢复帝制的斗争，孙中山在日本集合部分国民党员成立中华革命党。《民钟报》就是由中华革命党人、旅菲华侨林翰仙（南安人）从菲律宾马里拉募款200元来厦邀许卓然等合作筹办的。报名"民钟"，取意"国民警钟长鸣，以防袁世凯之流再次复辟"。

当时，倒袁之役才结束，福建省许多革命党人（包括回国参加反袁斗争的华侨革命志士）纷集厦门，所有革命同志都认为必须通过办报以宣传革命，发动民众参加革命，因而都热烈支持办报，几乎所有同志都列名为发起人，包括戴愧生、陈允洛等。于是承购前《声应报》的印刷机和铅字，于1916年10月1日发刊《民钟报》，每日出版对开一张半。社址在局口街，林翰仙为经理兼编辑主任，编辑有李爱黄、黄莪生、杨持平等，议员（即记者）有郭喜助。许卓然在报社没有担任具体职务，但报社遇到困难时就设法接济，并与南洋的革命党首领联络。

1916年冬，日本帝国主义侵犯中国主权，欲在厦门设立警察及拘留所，《民钟报》突出报道厦门各界抗议的呼声和行动，要求政府"严厉交涉，以维国体"。1917年2月2日，《民钟报》发表社论《厦门日本设警为全国存亡之关》，指出："日本此次在厦设警，其侵害吾不特政权丧失，实即亡国亡种先兆也"，痛述"吾国自甲午之战，丧师赔款，庚子之役，国体尽失……故一遇交涉无不俯首听命丧权辱国"，"日人未设警以前，中日人民交涉诸案尚多掣肘，有强权无公理，地方官亦莫敢以抗之，以强弱悬殊也。若设警，则予夺生杀尽操于外人之手，吾恐三千万之闽人将无尺寸为立足容身之地矣"。这篇社论，在社会上引起很大反响。"护法运动"中，《民钟报》发表文章，抨击北洋军阀政府，如1917年1月11日的"时评"上登了一则题为《将以总理制易内阁制耶》的文章写道："段祺瑞野心一露，而平时狠辣手段，竟接三连四来矣。"告诫段祺瑞"强权如袁氏，而八十一日之洪宪伪朝，尚如昙花幻影，遑论其他，殷鉴不远，如段者诚可谓弗思甚矣"。

出版数月，报社经费支绌，适陈允洛将回缅甸仰光共和学校执教，许卓然便托他在南洋招股济急。陈允洛慨然应许，先后在新加坡、马来亚和缅甸的仰光募集股金五六千元，汇厦为《民钟报》济急。其后有南安绅士潘举翎到槟榔屿建议侨商吴成春在厦门开办报社，吴成春筹募了2000余元交潘带回厦门筹办报纸。潘举翎到厦门后，认为仅2000元难以创办一张报纸，决定与《民钟报》合作。由潘举翎任经理，林翰仙专任编辑事务。过了一段时间，经费又陷入困境，难以维持，陈允洛接受许卓然的建议，放弃仰光的职业，募集资金带回厦门接办报社，于1917年10月中旬，邀李硕果一起由新加坡返回厦门，准备接办报社。

1917年11月1日，许卓然、林翰仙、潘举翎与陈允洛办理了《民钟报》的移交手续。当时的社址已由最初的厦门局口街迁移到鼓浪屿和记崎的"似邨"洋楼。陈允洛任经理,傅无闷(原名傅振箕)为总编辑,林翰仙、黄莪生为编辑,总务李硕果(原名李引随),书记员邱大鹏。陈允洛接办后,逐家清还欠款,纸商皆争相减价招徕。每月租金40元,为节约开支,乃于1918年春节报社休假期间,将社址迁移到大宫口一座小三层楼。报社经理陈允洛回家省亲,不料夏历正月初二发生大地震,三楼倒塌,不久转移到隔邻一列名"五间仔"(又名"鬼厝")的平屋。

陈允洛接办后的两三个月,其新闻言论大受社会欢迎,报份广告,日有进展。但因言论触怒福建督军李厚基,李遂下令厦门当局标封报社,抓捕经理和主笔。1918年6月12日的《申报》上,有一段《民钟日报被封》的新闻:"厦门民钟日报社,于上月二十八日上午十一点钟,突有思明县警备队长率带警探多人到社,声言要捕经理、主笔,标封机器。其时,经理、主笔均不在社,机器、字粒遂被标封并将大车车心、铅字、账簿、银项等物抬去。该报遂即停版。至因何事被封,无从探悉。该社员正将往来账条,设法清算,以备理楚。"1918年6月21日的莆田《奋兴报》上也有相关报道。

1919年,《民钟报》启封,物产归还,检点器物,损失不少。李硕果把归还的机件器物放到鼓浪屿三坵田一间平屋暂存。陈允洛自1917年11月1日接办到1918年5月28日,期间除赠送股东报份外,尚有盈余2000余元,被标封损失则估值4000余元。

1922年,南洋的《民钟报》股东代表集议,由在新加坡的王雨亭回厦门准备复刊工作。王雨亭先租鼓浪屿龙头街一楼屋为社址,李硕果将存在三坵田的报社机件器物交给王雨亭布置。王雨亭任经理;李硕果为股东驻厦代表;聘梁冰弦为编辑主任;陈言任副编辑主任;李汉青于此时辞去《江声报》职务,接编本埠新闻;陈敷友编各县新闻;梁一余编中外新闻;傅维阁(即傅伊谷)编副刊。复刊后,广告少,全刊采用五号字,充实内容,增加新闻数量,篇幅增加到两大张8版。篇幅安排如下:第一、四、五版为广告,其余各版也有少量广告;文字版面安排均划分为六通栏,多为文言体,第二版以登国内要闻为主,时而有国际简讯,固定栏目有《社论》《紧要专件》(当局的有关文告、决策、判决书之类)、《特电》(报道政界动向、要人行止),还有《鹭岛闻见录》(报道厦门社会新闻);第三版刊登省内各地消息,左下角有《时评(一)》,着重评论省内问题;第六版的标题是《时评(二)》,着重评述国家政局大事,并刊登一些国际新闻或综述性文章,下端辟有《华侨消息》专栏,每天发一两篇海外华侨动态或侨居国当局对华侨的政策;第七版为《实业界》,刊登论述发展经济的专文,如发展福建省蚕桑业、扶持漳州刁糖生产等;第八版为《商情一览表》,如轮船进出口表、漳厦铁路行车时刻并客票价目表等。该报曾将日本帝国主义胁迫袁世凯签订的《二十一条约》

全文刊出，标题为《破碎山河不忍看》，排在第一版。

总编辑梁冰弦信仰安那其主义（无政府主义），是刘思复的挚友。刘思复早逝，梁冰弦继其志不稍懈，曾与吴稚晖有联系，并为其出版文集及发行有关安那其主义的书刊。梁冰弦在仰光时，和李硕果极相得，李也赞同安那其主义。凡倾向安那其主义者，与《民钟报》社常有往来，报社无异安那其主义的无形机关。后来，陈炯明叛变，与孙中山大战于东江，而报社主笔梁冰弦却撰写长篇论文袒护陈炯明，为厦门警察厅所疑忌。时值许崇智自江西入闽，与南平驻军王永泉合作驱逐李厚基。《民钟报》趁机大肆攻击李厚基，制造李厚基将逃亡，他办的福建银行即将倒闭的新闻，鼓动市民到该行兑现，引发福建银行挤兑风潮。于是警厅决定封报馆，搜捕经理及编辑人员。《民钟报》主事人及编辑闻讯分别避匿。翌日，《民钟报》亦即停刊。

未几，李厚基倒台，驻厦北洋军阀统领派黄淳慰问《民钟报》诸同仁，敦促从速复版。经一番筹划，《民钟报》改由李硕果于1924年4月接任。期间，主要人事情况更动如下：经理李硕果，总编辑先后有梁冰弦（后来回粤）、陈绍虞（写评论及军政新闻），编辑部还有刘石心、刘抱真、潘柔仲、陈士英、陈范予、陈允洛等，王鲁彦、林和清、沈省愚、邵庆元等当过副刊编辑，陈一民翻译电讯，外勤采访主任李铁民，记者有周玉壶、纪昆仑、许辉纯等。

当时，各报本埠版，每天都有头条新闻，很受读者注意，如果头条新闻比其他报纸突出，是一件很自豪的事。《民钟报》头条新闻，常比其他报精彩，其原因就是外勤记者李铁民能展现其才智。地方新闻，除专访外，各报外勤记者常结伴同行，如军政要人请记者谈话，或访要人，各记者皆专心记录，李铁民只记其大要，遇有重要问题，他故意发问，转移论题，遇有连带关系事项，他就记下。待要人谈话过后，各记者互阅记录时，他趋前采访要人，而后写下专访，其内容常为他报所无。

《民钟报》地方新闻，时有揭露黑暗，往往受到威胁利诱。归侨李成器将乘"万福士"号前往爪哇，厦门海关一名外籍检查员意存敲诈，见李的行李颇多，船停泊时不检查，等船将开航时，才要翻箱倒柜检查。李成器无奈，只好付给"买路钱"才获放行。《民钟报》记者李铁民在报上予以揭露。厦门海关派另一洋人到报社，气势汹汹，要求更正，被拒绝。洋人改口要请记者到海关认人。《民钟报》第二天发表新闻，揭露此事，并指出海关如果真的要追究到底，无须记者到海关认人，只需查出当天派谁去检查这艘船便可明白。结果那名外籍检查员被他调。厦门各界曾组织抵制日货纠察队，执行监视任务。有一次，从仰光开来的"双安"号船来厦门，即将客货满载返航。《民钟报》从仰光来函知悉该船已卖给日本人，即在报上揭露，厦门抵制日货纠察队立即阻止货船起航，迁延数天，厦门代理"双安"船的头行派人到报社要行贿,被拒绝,结果客货皆由他船运搭,"双安"号只得空船开走。有一大鸦片烟商,走私一船波斯鸦片土,到厦门后转运一批到同安某村收藏,被厦门禁烟缉私队在同安破获,运回厦门,烟商雇人将烟土劫走,并提款到各报活动,请各报不要登载。《民钟报》依然将这条丑闻刊登,包庇烟商的同安县长在舆论谴责下不得不辞官而去。

《民钟报》还有一段与鲁迅的故事。鲁迅在厦大任教时辅导嗜好的文艺青年学生创办的《鼓浪》周刊,就是借用《民钟报》副刊版面出版的。鲁迅还曾在1927年1月的一则日记中,记述《民钟报》宴请他与林语堂之事:"八日……下午往鼓浪屿民钟报馆晤李硕果、陈昌标及其他社员三四人,少顷语堂、矛尘、顾颉刚、陈万里俱至,同至洞天夜饭。夜大风,乘舟归。雨。"当晚,风很大,李硕果送鲁迅等人到鼓浪屿码头,鲁迅一行乘船返厦门大学。

李硕果接办后,认真整顿,自1924年起,由增加数量,而益以特别剪裁,尝以一种夹叙夹议之长篇文字,记载比较重要之消息,博得读者好评:"在全国地方报中,厦门报殊不让人。"《民钟报》报份广告,日有增进,收支得以平衡,后来尚有盈余。但因报纸对国民党当局常有所批评,致使他们对报社甚为不满。于是《民钟报》和国民党厦门党报之间,不时发生笔战,往复辩论,互相攻击。国民党厦门市党部遂主张标封《民钟报》,初未得福建省党部批准,乃向中央党部申诉,于1930年秋间获得当时国民党中央宣传部主任刘芦隐的批准,下令厦门当局标封。

《民钟报》被封后,发宣言告海内外同胞,并通告厦鼓订户到报社原址领回尚存报费,外埠订户预交报费和广告费,也由邮局如数退还。报社和社会上往来账目,也都逐一算清,获得债权人赞扬。

《民钟报》从1916年10月1日创刊,至1930年秋,计14年,其间停刊无报者数年。

1932年,国民党在洛阳召开四中全会,通过一条议案,即言论自由、出版自由。庄银安(中国同盟会仰光分会老会长)及陈允洛、李硕果三人联名致电大会,要求启封《民钟报》,大会准予所请。报社同仁闻讯,喜出望外,即向会审公堂取回招牌,召集同仁摄影留念,并于该晚在洞天酒店设宴庆贺。但参股办报的华侨人士看破国民政府的面目,劝李硕果等人放弃《民钟报》,因而未再复刊。

(二)江声报

《江声报》是新中国成立前厦门历史最长的民办报纸。

《江声报》创刊于1918年,由一名英籍中国人吴必仁创办,聘周彬川为经理,曾惺为总编辑。时革命党人许卓然,已在南安王巢山举义,进占安海,称闽南靖国军司令,响应孙中山先生的护法运动。周彬川与许有交情,要求他支持办报,许卓然慨然以 3000 元为助，《江声报》遂租赁和凤后保泰山口门牌第二十号旧式楼房两层为社址，略加部署，筹划出报。《江声报》一出版，因其言论较公正，内容较翔实，颇受社会欢迎，营业状况蒸蒸日上。报社先后聘徐屏山、黄莪生、吴玉昆为编辑。黄莪生喜欢饮酒、赋诗，副刊几乎每日有他所作之竹枝词。1920年底，黄莪生辞去编辑职务，1921 年初由李汉青接替，每天撰写社论，批评时事，并辅之以《随感录》，无所不谈。清末秀才晋江人龚笛舟（达周）编电讯及本埠新闻，厦门人杨愈谷编本省各县新闻，陈某编中外新闻，另聘吴梓人编副刊。吴梓人，晋江人，他从黄炎培所办的上海职业教育社毕业后回到厦门，进入《江声报》工作，能写白话文，为厦门各报采用白话文之先河，鼓吹新文化，以后其他报副刊也逐渐刊登白话文章，但新闻及社论仍用文言。

许卓然早年参加孙中山先生领导的革命运动，1921 年冬，《江声报》举行三周年纪念，孙中山题赠"声应气求"以示慰勉。1922 年春，李汉青辞《江声报》职务。1924 年，许卓然赴广州参加中国国民党第一次全国代表大会，后即奉命入闽整理党务。数年后，周彬川因年事已高，亟思退休，报社乃组成董事会，许卓然、陈三郎和周彬川等人为董事，由许卓然说服驻漳四十九师师长张贞出资承购，陈三郎为主笔，杨挺秀为经理。

报社经费主要靠许卓然筹措支持。有一次，许卓然令叶清泉持函访庄银安借款数百元以应急，庄银安慷慨解囊资助，并建议报社向南洋劝募基金，以备青黄不接之急。报社缺款时，也曾向春生堂郭祺祥借贷周转。

报社组织，前期较为简单，后分为三部五室，三部即经理部、编辑部、印刷部，五室为电讯室、通讯室、图书室、编译室、电版室。各部室设主任一人，各部门分权自主不互相干涉。经理部设会计股、出纳股、营业股；编辑部设总编辑、中外编辑、副刊编辑、校对员；通讯室分采访主任、记者、省内外通讯记者、海外特约记者；电讯室分主任、收发报员（三班制）；图书室设主任一人；编译室设主任、编纂员；电版室设制版技术员、摄影员；印刷部（二班制）有机房、字房等。报社拥有自己的印刷设备，对外称由艺华印刷公司承印。

《江声报》初期每日发报 1000 余份。自 1922 年陈绍虞（笔名陈三郎）应聘为总编辑主持笔政，所写社论简练精彩，时事述评较为客观，以正义立场，言事不言人，分清是非，立论公允，因此读者日多，报份随之发展，业务蒸蒸日上，收支接近平衡。1927 年，陈三郎应《大公报》聘请离开。继任者陈枚庵，文墨清秀，不久亦应南京《中央日报》之请而离开了。

《江声报》的报头，初由厦门本地名书法家欧阳少椿题写，北伐后又换成国民党中央政治委员会主席谭延闿（谭祖菴）的题字，该报三周年纪念时，改用孙中山先生题词"声应气求"之旁款"江声报"三字及"孙文"两字。孙文题字匾额在"文化大革命"时被毁。

《江声报》立场鲜明,以"拥护孙中山先生的主张,站在三民主义立场,为老百姓说公道话"为办报宗旨。报社同仁秉承其志,不讲党派的势利与私情,社长或经理不能干涉总编辑的笔政,有"先声夺人"的气概。同时,报社采取多项措施改进报务:(1)购置新铸字机,采用新型的编排方法,轮廓分明,面目一新。(2)设置本市外勤记者,所有本市新闻皆由报社记者实地采访。此前厦门各报都没有设记者,整个厦门只有两名访员,包办了各报本市新闻稿件,每天用复写纸将其道听途说的数十条新闻分投各报。外勤记者的设立,使得本市新闻及时见报,这在当时厦门报界是一大进步,此后各报才随之设立记者。(3)设置特派记者于福州、漳州、泉州等地,逐日寄稿,闽南各县亦设立特约通讯员,拓展了报道的地域和内容。(4)开辟了两个副刊,一个偏重学术性,一个偏重文艺性,并聘请厦门大学教员邵庆元为主编。(5)争取专电来源,聘请上海报馆编辑将上海当夜的要闻打电报来厦,第二天就与上海报纸同时登出同样的新闻,有时收不到电文,则留空白,植"本日专电未到",从不揣摩形势,弄虚作假,因此信用很好。《江声报》的每日专电有200余字,其他各报只有数十字,还是托人在上海抄录当日报纸打来的,总是隔日新闻,实际上已经是旧闻了。(6)几乎每天都有评论,扩大了报社的政治影响。除了中外新闻仍剪自上海等地报纸外,其他各版多是采编内稿或外来新稿,不再是一把剪刀一瓶糨糊的旧《江声报》了。在评论和副刊方面,也有新的突破,为其他报所不及。

1925年,《江声报》曾联同《厦声报》《民钟报》《思明日报》合力揭发军阀张毅罪行。

1927年4月12日的《江声报》上,写明社址在石皮巷门牌16号,每日出版两大张,星期日停刊。同年冬,许卓然、杨挺秀相继自外地返厦主持《江声报》,许卓然延聘苏眇公为社外评论记者。1928年5月,报社由邵庆元代总编辑,以秦望山、杨挺秀和陈一民三人为董事。1929年初,聘王新命为总编辑,改副刊为《社会研究》和《时代》,又增加文艺副刊《白鹭》。

1929年初,厦门发生了震惊全市的"红花惨案",富户李文学夫妇,肆意虐待婢女红花,致使红花惨死。《江声报》闻讯后,将这则新闻登出,并发表社论《马桶刷一甩》,为红花鸣冤,要求政府查清此事。事件引起社会人士的公愤,迫于舆论压力,当局不得不插手,起尸验伤,查个水落石出,李文学夫妇受到制裁,《江声报》受到社会舆论赞扬。1930年初,聘请陈枚庵为总编辑,但陈枚庵干了三个月就辞职了。那段时间内,报社人员多变,甚至有一段时间没有总编辑,由各版的责任编辑自行定稿。

1930年5月28日,国民党右派勾结日本帝国主义,串通流氓把头,派人把许卓然枪杀在厦门丰益钱庄门外，报社栋梁丧断，给《江声报》以极大的打击，报社生存堪忧。许卓然堂弟许荣智自菲来厦奔丧，不忍乃兄遗业沦亡，出资添股支持，扩大经营。另请王志明为经理，李铁民为总编辑，叶清泉回报社帮忙。李铁民善于编辑，版幅编排甚为可观，然不善社论，无人主笔，《江声报》也就"失声"了。报份也因此受到影响，收支难以平衡，亏本日甚，许荣智艰苦支持了三四年之久。后曾一度邀请许卓然生前朋友支持，如秦望山、张贞、李爱黄、周骏烈等共同协助报社，组织《江声报》董事会。但因董事会意见不一，对报社只是口头关心。为贯彻《江声报》的办报宗旨，董事会决定推举陈一民兼任总编辑。经过一段时间的整顿，纠正各版涣散的状态，创设奖稿法，即记者能供给他家所无本报仅有之新闻稿件的，每文另酬若干元，以资提高质量；缩小篇幅，改对开三大张为两大张；裁减人员，节省开支；赠报全部改为收费。如此开源节流，到1930年年底，报份略增，收支基本平衡。

后来，许荣智回菲律宾，将报社交叶清泉暂行代理。为了补充编辑部力量，叶清泉介绍姜种因、洪学礼、谢忆仁任编辑，并函请巴金、范长江、曹聚仁等人为《江声报》写稿，抬高报社声誉。

1931年夏，《江声报》专电每天增加到400字左右，并加收播音、电报栏每日两三千字，标题开始分编。不久，报社又自设无线电收报台，直接接收设在南京的中央社及其他新闻社的无线电报，电讯篇幅扩充到全版。本省新闻有福州方面的专电，漳州、泉州等地也加用长途电话及时传送要闻，副刊也有所改进，注重提高文章的质量。报纸销数达到2000份，成为厦门的唯一大报。其时，国内发生大水灾，《江声报》刊登了灾情的电讯，作了详细的报道，还接受读者的建议，向社会募捐以赈济灾民，每天在报上辟专栏，刊登捐款者的姓名和捐款金额，为时一个月，共募得40600元，推动了社会慈善公益事业。

面对日本帝国主义日益加紧侵略的步伐，《江声报》主笔陈一民以深远的忧患意识，揭露其阴谋诡计，向国人戳穿其侵华本质，报社的爱国主义立场鲜明而坚定。1931年6月，《江声报》连载了1927年日本内阁总理田中义一上奏日本昭和天皇的奏稿原文——《田中奏折》，将日本企图灭亡中国的这一阴谋揭露出来，并发表社论《我们的"贡献"，日本企图灭我铁证》。10月，上海闸北的民众将抗日标语贴到了岗亭，与民警发生冲突，民警开枪，致使二死数伤。《全闽新日报》于10月3日的夕刊上刊载了《上海租界发生惨案》，故意无中生有变更事实，谣言惑众。对此，《江声报》特电请上海特派员查问，当晚接到复电，查清事实真相，将事实公之于众。经《江声报》这么一击，《全闽新日报》于10月5日夕刊上的《附言》自招，称上海来电不是租界，登载"租界"纯属该报日本记者"臆想"。10月6日，《江声报》登载评论《日报自招，变更事实故意造谣》，文章说：

"该报自谓上海来电不是租界,该报厦门记者乃故意改作租界,用意何居,'臆想'?懂得新闻纸的信条否?新闻是'事实'?是'臆想'?新闻纸是否可以刊载远隔数千里外的'臆想'?我做了十年新闻记者,倒没听过新闻记者可以坐在房间里'臆想新闻'?报纸可以'臆想'的子虚骗人是'事实纪实'?试问该报接到东京大地震消息是否可以'臆想'制造皇宫毁灭天皇危险的事实?接到日本大地震的消息是否可以'臆想'制造三岛陆沉全国不免的事实?"指责该报"明明故意造谣,故意在厦门制造恐怖,动摇人心。厦门近来极安宁,这样企图用意何在?"并告诫道"这次日报的故意造谣可以铁证日人之欺诈无信。一切的伪证诬说不攻自破。我们请国际注意,日人一切的宣传脱不了诬人骗人"。"至于为发挥其帝国主义而欺诈无信诡谲阴险的手段都用出,无论在国家,在民族,在个人,都为不光明"。将日人报纸歪曲事实的丑恶嘴脸批驳得体无完肤。

"九一八"事变前夕,《江声报》发表了《今日东北危如累卵》《凛其亡之在望》等社论,对东北局势加以评论,呼吁国人提高警惕。"九一八"事变发生后,《江声报》接连不断发表《时评》《社评》。"九一八"事变百日,该报发表社评,谴责政府"误国误民","连年内战","苟不抵抗,是亡全国国民之国家"。唤醒市民关心时政,报纸发行增至4000多份。

1932年,"一·二八"事变爆发,日本帝国主义侵犯上海,十九路军孤军抵抗。战役发生后,民众非常关心事态的发展,《江声报》逐日报道十九路军和上海人民奋勇抵抗的消息,并根据战况发表一系列评论,声讨日军侵略暴行,抨击国民党蒋介石政府的卖国行径。报社每天下午3月3时以后,即将获得的最新战况写成号外贴在报社门口,直至晚上10时,有时甚至直到午夜,将最新战况及时报道给市民,报纸发行也随之日增,淞沪战争期间,一度日销报纸7000份。

十九路军被迫撤退的前一天(1932年3月1日),形势极为紧张,国民党南京中央社作出与事实相反的报道,当时厦门的有些报纸贴出"好消息",《江声报》认为靠不住,没有贴出。夜里10时,一些激烈分子到《江声报》社责问,将报社的贴报牌、门窗玻璃都打碎。隔日《江声报》写评论,对群众的爱国热情大加赞扬,并解释自己不登不可靠的消息。

1932年3月2日,十九路军被迫撤出上海。蔡廷锴、蒋光鼐向全国发出通电,具述他们孤立无援,又少补给,支撑不住的情况。《江声报》收到了全文。3月3日黎明,国民党南京中央社又发来十九路军退却通电全文,并声言以此电为准,各报如收到其他内容不同的电文不要发表。《江声报》于当天首条加花边印发蔡廷锴、蒋光鼐的原电全文。3月3日下午,十九路军退却的消息已到,看号外的群众达一万多人,消息越来越坏,群情悲愤。到晚上10时左右,《思明日报》贴出十九路军反攻胜利的消息,称日军总司令白川大将阵亡,十九路军收复原有阵地并进占江湾闸北，直逼租界。群众欢呼雷动。《江声报》没有贴出这号外，各机关团体到报社探问消息是否属实，日领以外的各国领事馆也到报社打听事实，厦门电报局长和警备司令部无线电台还特地到报社证实。《江声报》确实收到了中央社的电报，但也收到了其他方面不同的消息，尚未接到上海专电，一时弄不清虚实。到了深夜，接到该报上海特约记者电复，真相大白，情况是上海群情激愤，接近暴动，南京国民政府急令中央社临时制造假新闻，以救一时之急。

3月4日，《江声报》刊登了总编辑陈一民（署名忆明）写的社评《十九路军告无罪于天下，全国人如何》，揭露了真相。文章一发表，轰动全市，却触怒了国民党当局，福建省政府电令厦门警备司令林国赓查封《江声报》，逮捕报社总编辑陈一民解省。林国赓慑于民愤，不敢查封报社，要求陈一民辞职离开厦门。陈一民被迫辞职，离开厦门前夕，在3月11日《江声报》刊登辞职声明，宣称"所望众志成城，中华之魂终返，效死何敢后人，此身到处可掷！"表现了一个爱国新闻工作者的凛然正气。

1932年7月，陈一民于从上海回到《江声报》，继续担任总编辑，仍然撰写评论，从中吸取教训，此后《江声报》发表的评论，都改用"社评"或"社论"发表，不再署名作者。

《江声报》的地方报道，敢于揭露社会黑暗，抨击当局的腐败。1932年7月，该报连发三篇社评：《福建人祸何以不抗？》《福建经济何以枯竭？》《福建革命何以无功？》，指出福建遭受土匪军阀、土豪劣绅及统治阶层的双重压迫。报上一再揭露政府收编土匪，造成祸害，点名批评福建省代理主席方声涛，收编土匪祸害人民，以及坚决要求十九路军逮捕处决陈国辉等。

1933年11月，十九路军发动"闽变"，在福建成立了中华人民共和国人民革命政府。《江声报》在人民革命政府成立之日，发表社评，表示该报一贯拥护孙中山的三民主义，凡是主张抗日救国的都是对的，阻挠抗日的都应打倒，呼吁全国一致，争取全面抗战。报社经理杨挺秀还参加了十九路军组织的文化界反帝大同盟。

"闽变"失败后，蒋介石国民政府卷土重来，林国赓改任厦门要港司令，专司海港军事。另设厦门特种公安局，加强统治力量。地方军阀张贞以《江声报》支持十九路军，并以有要员参加十九路军发动的组织为由，要董事秦望山改组报社，杨挺秀、陈一民应去职。后来，由许卓然夫人出面改组董事会，陈一民、杨挺秀离开，聘菲律宾华侨许荣智任经理，李铁民为代理总编辑。

总编辑李铁民，行文与取题，简练而详尽，伶俐而大方，新闻实事求是，不弄虚作假。1934年冬，《江声报》因其经济充裕，收支对抵，尚可盈余，乃于思明东路与思明南路交叉口购地兴建报社办公楼。1935年初，许荣智任发行人，社长由许卓然妻弟叶清泉担任，主编仍是陈一民。这一年9月，《江声报》还在菲律宾设立代派处。这阶段，在南京国民政府的高压统治下，《江声报》不能如前高谈阔论，不敢顶撞当局对报社的严加检查，虽有言论，也只是些不关痛痒的文章，报份逐渐下降，回至3000余份，每日仅出两大张，版面安排为：第一、二版内除国民党中央社等的电讯之外，不时有内地新闻电，碰到重大的事变发生，还有许多特约的电讯；本埠新闻占第三版全版和第四版的四分之一；其余版面国内外新闻和文艺副刊——《人间》约占一版；广告计占四版。

正当《江声报》处于岌岌可危的困境之时，"七七"抗战爆发，民众关心时局发展，《江声报》买了一台卷筒印刷机，日出对开三大张，版面上是第一版为广告，第二版中外要闻，第三、第四版的三分之一登省、市新闻，第五版经济新闻、商业行情，第六、第七版副刊，第八、第九、第十二版全为广告，第十版常登一些国际性文章和通讯，第十一版登省内外的长篇通讯等，并随报赠阅一份晚报《厦门大报》。由于消息刊登及时，版面内容比较丰富，到1937年年底报份销量回复到4000多份。不久，纸张来源减少，纸价飞涨，减为两大张，以后又缩小为一大张。该报的版面和栏目，受篇幅和形势的影响，变化很大。

自抗战发生后，厦门日趋紧张，董事会中，秦望山极力主张将报社迁入漳州，李爱黄则建议迁回泉州，董事们意见分歧。1938年5月10日，日军登陆厦门，《江声报》于该日停刊。报社同仁无处安身，各自逃离，有的逃亡香港、南洋，有的逃亡同安、南安等，叶清泉也回泉州老家去了。

叶清泉回泉州后，亲友故旧，皆劝其复刊《江声报》。在许卓然的亲戚、老友和海外华侨等的大力支持下纷纷汇款资助，要求叶清泉着手复刊《江声报》。经过一段时间的筹备，于1938年8月在泉州复刊，社址在中山路承天巷口，由和平印刷所承印。

在泉州复刊后的《江声报》，人事几经变动，总编辑也历经数任。编辑主任陈盛明，初为本埠新闻编辑，忠厚老诚，文质彬彬，执笔慎重，未敢大挥"董狐"之笔。后由李爱黄介绍的吴大风任总编辑，不久自行离职。嗣请纪昆仑兼《江声报》总编辑（原任《泉州日报》总编辑），不久被迫离泉而到《莆田日报》任职去了。后得许卓然老友王宣化（在马来亚被视作"赤化分子"而被驱逐出境）支持，慨然应聘为《江声报》主笔，操一把"红笔"（宣传共产党政策），吸引了许多读者的注视，报纸发行量直线上升，引起当地某些报纸的嫉妒，勾结当权军政要员，实行政治迫害。大骂《江声报》社内包藏"共匪"，国民党福建省政府当局即下令通缉王宣化、辜洪涛（电讯编辑）等。王宣化逃匿上海，辜洪涛逃回永春，后被暗杀。

泉州版的《江声报》，新闻及言论承续报社传统，揭露社会丑恶现象，时事评论主持公理坚持正义。副刊编辑先后有许寿祺、曾尼；记者有许荣椿、郭亚友、黄振声等人。

1939年5月，日军对泉州及附近的村镇进行狂轰滥炸，全城紧张异常，各机关、学校无法正常开展工作，纷纷疏散，机关内迁永春，《江声报》也内迁永春，于此时被迫停刊，中断达六年之久。

1945年8月，日本投降。10月3日，国民政府党政军入厦接收，10月4日，成立厦门市政府。经过一番准备，克服种种困难，《江声报》于1945年12月21日复刊。在1945年12月21日的《江声报》上，即复刊的第一号头版上，登载了《复刊辞》。报纸复刊后一年，销量增至8000份，至1949年解放军渡江以前，一直维持在近万份，在厦门位居首位。《江声报》在这时期业务突出发展的主要原因是报纸不为国民党派系所利用，作为民办报纸，记事言论比较公正真实，为公众所乐看。惨淡经营，版面创新，《江声报》的广告业务也相当发达，应付开支，还有赢利。

1947年间，解放战争风起云涌，《江声报》增辟《每周军事》专栏，组编军事评论文章，后又增辟《一周译丛》专栏，选载英美报刊的译文。同时，特约在厦门大学任教的著名教授王亚南、叶国庆、徐元度、郑道传、熊德基、韩国磐、章振乾、虞愚等撰写《星期专论》，请郑朝宗编副刊，提高报纸的竞争力度。

1949年8月，《江声报》还在菲律宾设立办事处。就在当月，汤恩伯坐镇厦门，大肆抓人。8月25日，毛森就任国民政府厦门警备司令部司令，更是大规模抓捕进步人士，白色恐怖笼罩厦门，《江声报》报社多人被列入逮捕名单，得知情人士通报，不得已只能四散隐蔽，报社虽人员锐减，仍坚持出报。

厦门解放后，《江声报》在中国共产党的领导下，以新的面目、新的内容继续发行，为新中国成立后国内少数继续发行的报纸之一。1952年元旦，《江声报》与中共厦门市委机关报《厦门日报》合并，这时，报社除出版对开4版的《厦门日报》外，还办一张面向东南亚侨胞的《江声报》。直到1956年6月，厦门创办了向海外侨胞发行的《鹭风报》，《江声报》才停刊。

（三）华侨日报

1929年资本主义世界经济危机爆发后，南洋群岛遭到经济不景气巨潮的影响，许多闽南籍华侨纷纷回祖国，或参加政治活动，或向政府要求投资，或作地产之类的经营。

1932年10月10日创刊的《华侨日报》，便是谢镜波等华侨募股集资创办的。该报1932年12月13日刊登了厦门市华侨公会的启事称："敝会以吾厦一地，归国华侨为数甚多，尚无相当言论机关，以资联络，乃发起创办华侨日报。筹备之初，系由敝会组织募股，募股范围以个人为限，凡机关社团欲入股者概予拒绝。"

报社社址初在定安路（门牌81号），后迁至厦禾路（门牌304号）。首任社长兼经理为缅甸华侨杨元通，后来任社长兼经理的为庄乃港，董事长是新加坡华侨谢镜波，总编辑先后为张圣才、黄嘉谟、陈舆立（雨笠）等，编辑有李铁民、陈舆立等。采访记者林约翰，与人晤谈，态度诚恳亲切，采取新闻，常占先著。

《华侨日报》篇幅为对开8版，第六版上每天有三分之一是关于南洋各埠华侨的新闻，第三版上的文艺副刊《番椒》约有半版，广告共占四版。副刊常从小处着眼，如华侨入口、乡人来厦被欺诈事件，或渡头工人之苛索，印花局员之滥捕，均为其批评对象。星期天只出对开2版的《星期刊》，少去副刊，广告亦多抽起，内容和平时差不多，星期日刊的第四版上常常是半版描写南洋的散文。

电讯多数是采用国民党中央社的，遇有大事件发生，有泉州、福州、上海之特约电报。广告方面，因《江声报》索价较昂，《华侨日报》低价招徕，后来，报纸因广告拥挤，遂出版对开12版。市闻版虽有十二栏以上，外勤记者所写的不及三数栏，编者必须选剪泉州的《泉州日报》、福州的《福建民报》的新闻。沪粤飞机通航后，福州通讯当日可到，夜则编入市闻于文首注明"福州飞信"，后也和《江声报》一样注明"福州航邮"。谢镜波任禾山海军办事处领导时，《华侨日报》的禾山消息特灵，睥睨各报。1936年3月6日起，报纸出《华侨日报晨刊》（对开4版）、《华侨日报夕刊》（4版）及《星期刊》。

《华侨日报》的编辑和排版方法较其他报纸新颖。封面刊活期广告；电报编排，长题短题，错落相间，仿照编地方新闻形式，在福建新闻史上为一创举；标点用圆圈，市闻用五号字编排，每行十字半；纸张最洁白，印刷最精。

《华侨日报》财力比较充裕，采购比《江声报》更为先进的印刷设备，高薪聘请老报人和文化人办报，与《江声报》展开竞争。报社配备全新的印刷设备，有齐备之大号、一至六号等各种字体铅字，用华侨印务公司名义承印。编辑人员大多为资深报人，加上经营有方，一开始发行量就达2000份，超过同时期的几家报纸。

关于《华侨日报》的办报立场，1935年9月3日发表署名"《华侨日报》同人"的《吾们的立场》一文说："吾们都是年纪不到四十的青年……都是无党无派的公民，自然不愿为任何党派所利用，更不屈服任何势力。吾们只愿为海外处处受排、回国又不能安居乐业的华侨说些应当说的公道话，也愿意为痛苦无告的大众说些公道话。"

《华侨日报》创办于日本帝国主义制造"九一八""一·二八"事变之后，以大量篇幅揭露日本侵略者的野心和行径，积极报道抗日事迹，抨击国民政府的不抵抗政策和妥协行为。1933年3月5日出版《救国专号》，"编者言"写道："我们的政府，先'不抵抗'，继'长期抵抗'，后来个'攘外必先安内'，外皮尽管变换,骨子毫不两样,因循苟且,坐见大难来临。"同年8月13日的《星期评坛》刊登了《冯卸察军政权》,说"冯玉祥在察东抗日,其举动大反乎中央与日签订之塘沽协定精神……冯之下野,一可使中央之不抵抗主义施行无阻,二可使日军之侵华一帆风顺。中央笑,日人亦笑,但热血男儿则欲哭无泪矣"。报上刊登了不少抗日救国的言论。1937年9月,报纸社评《万众一心争取最后胜利》写道,"希望前线战士驱逐敌军出山海关,更望民众踊跃输将助战,同心戮力,敌忾同仇,争取最后胜利。"

在蒋介石大肆围剿红军时期,《华侨日报》也发过"围剿"消息,登过少量歪曲共产党与红军的报道,但其宣传倾向,是主张团结抗日,反对蒋介石"攘外必先安内"的方针。在国共合作抗日,红军改编为八路军后,该报积极报道中共领导人谈话及八路军抗日的消息。中央社不发这方面的新闻,他们就采用路透社等外国通讯社的新闻和通讯,如《在晋北抗战的一群》等。《华侨日报夕刊》开辟《抗战虎将谱》,第一篇介绍林彪与陈赓,第二篇介绍朱德。

《华侨日报》每天都有关于华侨的报道,发表不少有关华侨问题的评论,并设有专栏《侨讯》(后改名"华侨情报"),报道华侨在侨居地的生活状况及艰难处境、侨居地经济兴衰及其对华侨的影响、侨居国对华政策,并常为华侨权益受到损害而发出呼吁。

1935年至1937年间的《华侨日报》上,陆续出现由外单位或个人主编的专刊、专栏。如卫生专刊,由救世医院苏子卿主编,《家庭教育》是大同小学主编,《佛学》由中国佛教学会闽南分会主编,《法学研究》由厦门大学法律学会主编。

1938年5月,厦门沦陷,《华侨日报》随之停刊。抗战胜利后,该报因沦陷时机器铅字被人变卖盗占,无法复刊。

(四)星光日报

厦门为福建省最大通商口岸,商业鼎盛。胡文虎创办永安堂厦门分店的同时,委托汕头永安堂经理胡茂经到厦门筹办《星光日报》。《报学季刊》第1卷的第4期《我国各地新闻界大事记》这样写道:"1935年1月21日,胡文虎派胡茂经赴厦筹办星光日报,4月21日,厦星光日报总经理胡茂经昨乘轮抵沪,赴各大报参观,并采办最新印报机件。"正当发刊前夕,胡茂经患急病去世,胡文虎改派汕头永安堂经理兼《星华日报》社长胡资周到厦门继续筹备。

《星光日报》拥有雄厚的资金,配备了在当时较为先进的设备。胡资周得到胡文虎的应允,用10万元银圆购置中山路原四通汇兑庄的五层大楼作为社址,占地1.3万余平方尺,只留中间店面为永安堂店面,其余全部作为报社办公大楼,又投资20万银圆购置印刷设备,其中购买了一台德国产的卷筒印刷机,可同时印刷4开16版或对开纸四张,每小时可以印刷4000份,还购买了一辆汽车以发送报纸。

经过一段时间的准备,《星光日报》于 1935 年 8 月间试版赠阅,9 月 1 日正式出版发行,每天出版对开 14 版至 16 版,每周日还随报赠送半张(对开 2 版)的《星星晚报》。发行人兼社长为胡资周,聘请复旦大学文学士罗忒士(罗铁贤)为总编辑,胡超良任经理。

编辑人员还有胡一川(美工)、胡其文、张肃初、肖林、苏节(国际电讯版编辑)、胡永东(国内电讯版编辑)、黄绿萍(本市新闻版编辑)、郑书祥(副刊《星星》编辑)以及附报赠刊《星星晚报》编辑林云涛(林东山)等,记者有赵家欣、纪哲、王悲蝉、陈火甲、江茂夫、白震、吴西冷等,校对有陈义生等。报社人员所持观点不一,有不少包括共产党人在内的进步文化人士。

《星光日报》的办报宗旨是"宣扬三民主义,沟通中南声气"。这张报纸面向工商界、市民、文化界和华侨,内容触及各个领域,有政治、经济、文化、教育、科技和医学等。报社还在福州、漳州、泉州等地设有通讯点,聘请特约记者和通讯员,有各地通讯、特写和专稿,所刊登的周边地区的消息也比较及时。报社还设有副刊,刊载诗歌、散文、小说、故事等不同题材的文艺作品。这样,报纸的内容就比较丰富,能满足广大读者的需求。每天出版对开三大张,这比同时期的《江声报》多一张,还不加报费赠送小报《星星晚报》。而且有自备的汽车,得公路局支持,每天自运报纸到福州、漳州、泉州沿线发行,使当地能看到当天的报纸。有了这些因素,《星光日报》的销量自然也就不错,发行不久销量就达一万份左右。

报纸一出版,就以其版面多、印刷清晰、内容丰富的特点,展现在读者面前,给人一种清新的感觉。分电讯、本埠新闻、闽省新闻、国内新闻、国际新闻、经济及副刊等七个栏目。报社社论,立意清新,文笔犀利,不是老调重弹或官样文章,时有扬善弃恶针砭时弊的言论。尤其是从一开始就反映人民的意愿,主张抗日御辱,高举"进步"和"爱国"旗帜。

1936 年 10 月,鲁迅先生逝世,厦门市文化界在小走马路基督教青年会举办追悼会,筹委会 12 位成员中,就有肖林、胡一川、郑书祥、赵家欣、林东山、陈义生等六人是星光日报社的。

20 世纪二三十年代,日籍浪人在厦门为所欲为,横冲直撞,日本当局也频频派出兵舰到厦门耀武扬威,为日籍浪人撑腰。由于《星光日报》经常有抗日的报道及言论,他们就恐吓报社,甚至殴打记者。报纸曾据实刊发一则日舰走私的新闻,日本领事馆向国民党厦门市政府提出"严重抗议",要求查封《星光日报》,逮捕总编辑,并登报道歉。报社社长胡资周据理驳斥,拒绝接受无理要求,但由于得不到政府支持,报社最后只好以总编辑罗忒士"辞职"来应付了事(实际上仍在报社任职)。

"七七"抗战全面爆发,厦门成立了厦门市各界抗敌后援会,团结文化界人士、社会青年、学生及广大人民进行抗战。星光日报社社长胡资周和报社的编辑、记者们积极参加,或报道最新战况,或发表通讯记事抒怀,号召民众支援前线。报社还派记者赴前线采访,发表了《台儿庄血战记》《访问武汉八路军办事处》等大量通讯特写。1937年9月25日平型关大捷,人心振奋,《星光日报》及时作了报道,并发表社论宣扬八路军的英勇善战。能有这样的报道和评论,在当时的国统区报纸中实属罕见。《星光日报》的副刊《繁星》成为当时抗日救亡运动刊登言论的主要阵地之一,不少进步青年如童大林、马寒冰、高云览、童晴岚等都为《繁星》写稿。1938年春,武汉举行中国青年记者学会成立大会,《星光日报》应邀派记者赵家欣前往参加。

抗战爆发后,团结一致抵御外辱已成为社会的主流,但国民党的新闻检查仍极为严厉,他们认为《星光日报》言论过激,常将一些篇幅从已排好的版面上撤掉,并规定不准开"天窗"或印上"被检"。报社只得用广告来填补空白,有时也故意用小的篇幅来填补以留下些空隙来引起读者的注意。国民党当局曾多次要求报纸停刊,在难以应对国民党新闻检查的情况下,《星光日报》社派正在武汉的战地记者赵家欣同国民党中宣部交涉,得到开明人士邵力子的支持和肯定,报纸得以继续出版。

星光日报社还注重培养新闻人才。报纸创办不久,社长胡资周与厦门双十中学校长黄其华合作,在该校举办新闻学习班。学员在学习新闻基本知识的同时,又以《星光日报》作为园地边学边实践。他们中一些人后来成为颇有成就的新闻工作者和文化人,如曾随同毛泽东访问苏联进行采访的马寒冰、在新华社工作的陈湘等。

1938年5月,厦门沦陷,《星光日报》也因此停刊,人员四散,有的随军撤回内地,有的去了香港,有的去了南洋。1938年6月4日,《全闽新日报》卷土重来,占用《星光日报》的印刷设备及社址复刊。

1945年8月15日,日本侵略者宣布无条件投降。厦门光复后,胡资周回到厦门复办《星光日报》,于1945年11月10日复刊。抗战胜利后的《星光日报》,篇幅多变,有时出对开4版,有时因白报纸来源短缺,只出版对开两版的半张,甚至采用土纸印刷。1946年11月起,白报纸货源较充足,每天固定出版对开一大张,不久又增加半大张。胡资周继续任发行人兼社长,吕敬斋为副社长,徐秉修为经理,曾在香港、缅甸办过进步报刊的郭荫棠为主笔,总编辑初由江茂夫代理,后来聘请朱侃为总编辑,1948年冬朱侃离开后,由王成瑚任总编辑。编辑有吴忠翰、许虹、周永权、金懋鼎、王家祥、陈冷等;采访主任先是李光廷,后来由王人言继任;记者有王悲蝉、陈荣仁、许国仁、陈常煜、王寿椿、郭景慈、李天行、郑秉仁、巫日辰、徐迈等；电讯室主任张清渭，1948年5月由胡冠中继任；资料室主任先后有胡镜冰、胡资仲。报纸由永安堂厦门分行设立的虎豹印务局印刷。

复刊后的《星光日报》，版面大致安排如下：一版为经济新闻及国内外要闻，二版为本埠消息及社论，三版为省内新闻，四版为副刊。1947年2月，国民党中宣部对新闻篇幅进行限制，《星光日报》只出版对开一大张，为了刊登较多的内容，报社改用六号字印刷。

复刊后，《星光日报》除周末有《每周杂评》，星期天发《星期专论》外，几乎每天都有社论，这是报社比较突出的地方。郭荫棠为社论的主要撰稿人，经常撰写一些针砭时弊的社论，很受读者欢迎。

1947年1月，美军强奸北大女生沈崇，厦门大学学生上街抗议美军暴行，《星光日报》发表社论《再论美军暴行案》，支持学生的行动。社论说："为了响应平津沪大学生对于北平美军暴行的抗议，昨日本市国立厦大同学于凛冽的朔风中，举行示威游行。庄严的行列，悲壮的呼号，但使人不禁有无穷的愤慨和欣慰。愤慨的，是我们抗战八年把日本法西斯赶走之后，现在还要在自己的国境之内，身受外族的公然侮辱和压迫，以致若干大好青年不能不再度放弃了自己的书本而走上街头；欣慰的，是看到广大青年对于自己国格和人权的热烈维护。"文章认为"如果我们不否认青年乃民族国家的前卫，那么中国的前途，正有无限的光明"。

1947年初，台湾爆发"二二八"事件。国民党当局对群众提出的进行政治改革、反对专制腐败、实行民主自治等正确主张难以容忍，竟然调集大批军警进行血腥镇压，给刚刚从日本殖民统治下挣脱出来的台湾人民的心灵造成极大的伤害。《星光日报》于3月11日发表了《台湾民变正论》，文中指出："至于台胞方面，因不堪黑暗统治的荼毒而变为反贪污反专制之变"，号召全国同胞尤其是福建同胞，支持他们的正义要求。

在国民党统治区，物价飞涨，民不聊生，《星光日报》多次发表社论予以揭露。1947年9月29日《星光日报》的社论《年怕中秋月怕望》中，提到："币值江河日下，物价上凌云霄，把今日和新年比较，食米涨十倍，美金涨十二倍，棉纱涨十五倍，见微知著，来日方长，所谓'年怕中秋月怕望'，可怕的就在这个地方。"1948年8月，国民政府为了挽回经济崩溃的命运，发行了所谓金圆券，《星光日报》于8月23日发表社论《我看新币制》，文章说："去年十二月底止，国币发行是三十四万四千亿元，今年6月则已膨胀到三百五十五万亿元，半年间涨十倍强，根据同样的比率和速度，新币可能维持的时间只不过五个月而已。""政府膨胀财政，增发通货，目的无非为着要搜刮物资。""新币制即使有了冬天，也绝不会有春天！"文章一发，全市哗然，国民党中央银行厦门分行经理吴本景认为这是破坏国家金融威信的大事，邀集有关部门开会，要求省府逮捕该报主笔郭荫棠。不久，国民党省党部调查室主任赖文清密令厦门市中统行动组长兼市中心区区长施振华秘密逮捕郭荫棠。所幸事为郭荫棠好友张圣才知悉，经多方斡旋，郭荫棠才未遭逮捕。1948年11月26日，孙科出任国民政府行政院院长，《星光日报》于12月1日发表了社论《替孙内阁算流年》，文章分析了国内外形势，并根据《大公报》报道的有关蒋介石发表的"无论如何要坚守长江以南，至少在六个月内没有问题"观点，认为"孙内阁如果能组织成功，其寿命大概不会比六个月来得长"。

作为一张侨办报纸，《星光日报》注意报道华侨的海外境遇、侨居国政策法令及国内侨区情况，不时发表评论，反映华侨侨眷的呼声，维护侨胞的利益。1948年5月7日，《星光日报》发表了社论《华侨二三事》，揭露国民党不能为了"骗取华侨一些洋钱"而"仅仅知道牛奶，而不知有母牛，假若母牛病倒了，牛奶又从哪里去挤取得来？"随后，又有6月17日的《华侨的厄运和前途》，6月22日的《港菲华侨反对扶日》，7月23日的《吸收侨汇问题》等等。

1949年元旦，解放军渡江作战只是时间问题，国民党在中国的败亡命运已无可挽回。元旦这天，新华社发表新年献词，提出"打过长江去，解放全中国"的响亮口号。同日，蒋介石通过中央社发表"新年文告"，呼吁"国共和谈"。《星光日报》于1月5日发表社论《新年看和平》，指出："今天中国人民也许已不再希望马马虎虎的和平，而是对于好战分子应如何警惩。因为前者的和平，将为未来更残酷的战争留下毒菌，而后者的和平，才是真正永久的和平。"同日，毛泽东亲自为新华社起草评论《评战犯求和》，明确将蒋列为战犯，拒绝以蒋为谈判对手。1月31日北平和平解放，《星光日报》于2月3日发表了题为《古都充满和祥气氛 共军开始接管》的新闻，2月4日发表了题为《论局部和平》的社论，指出："为着全面的和平，我们不但要反对禁止局部和平，而且要发展局部和平。"2月7日，该报又发表社论《再论局部和平》，认为"反对局部和平实际上就是不要和平，而真正的全面和平，只有从局部和平开始"。这些言论，都是跟国民党当局针锋相对的。

厦门地方新闻报道，是《星光日报》的重要内容之一。举凡厦门大学及各中等学校开展的学生运动，国民党当局的倒行逆施，或赞扬，或反对，《星光日报》都旗帜鲜明地进行报道。1948年5月28日，厦门全市大、中学生举行反对美帝扶日游行，当天游行的情况，《星光日报》作了详细的报道。1949年3月20日，海军军官学校强占侨师附小校舍，引起附小师生一系列的抗议活动，《星光日报》采取支持的态度详加报道，还刊登了以"中学教师座谈会"之名对当局强占校舍的抗议书。

电讯室由胡冠中主持后,《星光日报》电讯发生了极其微妙的变化。原来,胡冠中是共产党员,他在胡资周的密许下,秘密抄收新华社电讯,电头采用"本报专电"在《星光日报》上刊用。1949年1月,国共和谈,胡冠中接受胡以按的建议,每天抄收新华社电讯八小时。在《星光日报》的版面上,经常看到一件事情的两种报道,国民党中央社的骗局,常被新华社电讯戳穿。

副刊也是《星光日报》复刊后办得比较好的地方。副刊一向被视为"报屁股"或文人学士茶余饭后"聊天"的版块,报社社长胡资周则认为,一张报纸是一个战场,副刊是这个战场的一个阵地,不是可有可无的,关键是要有一个好的副刊编辑。1947年7月,胡资周聘用地下共产党员许虹为副刊编辑(至1949年4月)。《星光日报》副刊也根据题材的不同而采用不同的名称:有综合性的,如《星星》;有文艺专版;有妇女专版;有画版,如厦门大学组稿的《正风》;有《读者专页》以及包括剧照、体育、游艺、小品在内的《周末》版等等,在厦门文艺界颇有声誉。"'星星'之火,'星星'之光,固然微不足道,但星星之火可以燎原,星星之光可以让人们在黑夜中看到光明",这是许虹编辑副刊的宗旨。由许虹编辑的600多期副刊中,发表各种体裁的文艺作品300多万字,无论是散文、诗歌、小说、短剧,都着力于反映现实,散发着时代气息,尤其是杂文,极尽讽刺、鞭挞之能事,是当时地下共产党员表达革命情怀、宣传革命思想的一个重要阵地。1947年10月,正值鲁迅逝世十一周年纪念的日子。10月18日,《星光日报》在副刊《星星》的《星星周末文艺》版出版了《鲁迅逝世十一周年纪念专号》。其中一篇题为《纪念鲁迅,学习鲁迅》的文章中写道:"由于今日社会上的一切魑魅魍魉肆无忌惮的摇簧鼓舌手段于光天化日之下,猖獗暴戾不一而足,舆论非但未有声讨,而且受其处处钳制。在这种情形之下,一则使我们感慨万端,更使我们想起了我们缺少了什么,那就是一支为一切恶魔所战栗的如鲁迅先生的笔。"号召大家同恶势力作斗争。1949年春,厦门文艺界的共产党人发起并主持了文艺座谈会,学习《在延安文艺座谈会上的讲话》。座谈会的发言由许虹整理,在4月18日和19日的《星光日报》副刊上发表,石破天惊,公开传播马列主义文艺思想。复刊后的《星光日报》,还曾出版丛书一册,名为《政治协商会议》,由郭荫棠主编。

1949年8月,毛森接任厦门警备司令部司令,四处抓人。郭荫棠获悉被列入黑名单后,乃在友人帮助下逃往香港。

1949年10月17日,厦门解放。《星光日报》继续出版了两天,即奉厦门市军事管制委员会命令,停止发行。印刷排字等工人仍留用,所有报社其他人员,除中共党团员外,一律发工资三个月遣散,将所有物资财产房屋列具清册,交军代表接收。报社一切设施,完整地保存下来,为出版《厦门日报》提供了全套设备。

(五)立人日报

1945年8月抗战胜利，厦门尚未被接收，国民党军统特务闽南站迁回厦门前，该站首要分子刘长泗（漳州警局长）、谢炳煌等便开始在漳州筹备将在厦门出版的《立人日报》，一方面是为了利用报纸为军统特务派系做宣传工作，另一方面，利用报社的名义，在厦门接收敌伪的财产，通过办报以造成其政治势力和地位。抗战期间军统头子戴笠在重庆创办过一所专门培养军统特务人员的学校，名为"立人学校"，报社为了表示对军统派系的忠诚，便将报纸命名为《立人日报》。

　　刘长泗担任社长，谢炳煌为副社长，由社长刘长泗负责筹备。他们从漳州、泉州等地的报社拉了一批人马：聘请当时漳州《闽南新报》覃子豪（原名覃基，留日学生，抗战前回国）为《立人日报》主笔，由覃负责筹备编辑部，邀请他的留日同学周硕生为总编辑，聘请李笔镜为副刊编辑。社长刘长泗聘请当时在漳州中美合作所无线电台工作的郑秉铿为电讯室主任，由他负责筹备电讯室。在漳州经过一番筹备，即由社长刘长泗带了覃子豪、林伯志、林辉明、张省集、周硕生、李笔镜、郑秉铿、沈冠华、程力行等电讯、编辑人员从漳州搭汽船到海澄县浮宫镇，夜里再从浮宫镇搭船到鼓浪屿。几天后，由鼓浪屿渡船到厦门岛。当时厦门尚未被接管，日本侵略军仍占据着，军统闽南站人员事先接管了海后路原"益同仁"二楼上日本某株式会社的办公场所及办公设备，供《立人日报》使用。最后接收了中山路原日本某汽车行的一座五层楼房为社址。社长刘长泗、总编辑周硕生、副刊编辑李笔镜等在那里办公和住宿。从沦陷期间在厦门开赌场的张静山和高标奕（兴南俱乐部两主要负责人）那里取得法币200万元（此款在当时约为300人一个月的工资）作为开办经费。1945年9月26日，国民党海军受降长官刘德浦少将到厦门接收军事。先期到厦筹办的《立人日报》即于9月27日抢先在厦门出版，每日出版对开纸一大张，由人和路振华印刷公司承印。报纸作为厦门军统派的喉舌，为在厦门的军统人员争权夺利制造舆论。

　　开办后不久，刘长泗去福州任福建省水警局副局长，《立人日报》由原军统闽南站长王兆畿任发行人，刘长泗仍保留社长名义，王兆畿拉了他的老师庄庆斯为副社长。后来，王兆畿还想把《立人日报》办成军统的机关报，将报社的组织、设备、销路等安排作了个计划送去军统局，请求按月发给津贴，结果没有办成。只好以报养报，另外组织了董事会，拉了一批"同人"为董事，原想发动这些人与庄庆斯出些钱作为办报基金，但结果亦不如意，不久连庄庆斯的副社长名义也不奉送了。

　　王兆畿自从办了《立人日报》后，渐渐在社会上被人所注目，而且利用他的流氓组织——和凤宫派，在厦扩充势力，还竞选上厦门市参议员。他除了有个环球航空公司外，还在输出入管理处领得一个结外汇的空招牌，不必有固定组织，只需每月配外汇时拿印去领外汇单，一转手之间，就是一笔意外收入。输管会处长许风藻特别买账，报社每月都有5000港币的外汇。

关于经费来源，自报纸创办到停刊，除了报纸的销售、广告等收入外，王兆畿利用"劫收""募捐"等办法，非但不拿出一文钱，还着实地赚了一笔钱。利用报社的印刷条件，经营人文印刷所，也有一笔收入。此外，王兆畿还将他别处企业所收入的拨来做津贴。1948年，报社把中山路房子先后租给和顶给伪中央航空公司和美源百货店，也得款几千美元。1949年初，王兆畿还在局口街盖了一座新房子，一半做报社社址，一半做他住家。

报纸的版面，第一版全是广告，第二版为国内外新闻，第三版是省市新闻，第四版为副刊《原子》，专载文艺作品。1947年7月，原第二版国内国际电讯分为两版，第一版改为国内版，第二版为国际版，第三、第四版照旧。

《立人日报》有印刷对开机一架，六开机一部，无铸字机，亦不收报，故字粒不齐，重要电讯时有遗漏，尤以错字特多。发行1000余份，每月广告收入千余万，报资收入5000余万，员工65人，因待遇较他报为低，支出亦省，每月收支相抵仅亏空数百万元。

《立人日报》因内部机构混乱，报又办得不好，订户大减，经费出现困难，一度改成午报，电讯是从已出版的日报上剪贴的，没有记者，规模大为缩小。到了1946年底，搞到了一笔钱，又恢复为日报，恢复了电讯室，还改换了新五号字印刷。主要人员为发行人王兆畿，社长刘长泗，副社长前后有谢炳煌、庄庆斯、张万弓等；董事会成员有刘长泗、洪允文、连谋、吴贞、张静山（惠安人）、许葆栋、陈式锐（同安人）、陈维钧等；洪玉观、林通国曾先后担任过董事会秘书。报纸发行人王兆畿是特务头子，因此，在报社工作人员中，除了若干真正有业务技术的新闻工作者外，也安插了一些特务分子，作为掩饰或者失业的特务分子的出路。担任过该报总编辑的有周硕生、王云波、潘其霖、王子敬；编辑有林辉明、林伯志、黄风、苏艳邨、郎耀中、练维哲等；采访主任和记者有林直平、黄风、李增玉、杨青、曾子铭等；还有些人为求取得某些便利，也通过各种途径，到报社充当名义上的记者，这两种人在报社中为数不少。

报纸推销方面，多由军统闽南站的有关人员及刘长泗的警察局方面的人代为推销，除在厦门销售外，还向闽南一些县市推销。王兆畿是安溪人，也在安溪设立分社，实际是个分销处，由县城的一个文具店代理。《立人日报》开始出版时，因是抗战胜利后在厦门最先出版的报纸，发行数较多。等到其他报纸也纷纷在厦门出版后，发行数大减，曾一度在本市只发行100多份，连内地订户五六百份。以后经硬派、强派推销，结果最多也不过1000份上下。

1948年6月，《立人日报》社由中山路迁移到曾姑娘巷内工作。报社内部人事也进行调整，报社改由张万弓负责。11—12月间，《立人日报》利用电讯室为地下钱庄收发电讯，替不法奸商、钱庄、侨汇局、信托局、金店及不法资本家等发电报，与香港的不法资本家联系。

1949年厦门临近解放，报纸在外地销不出去，仅凭在厦门的报份收入，经费无法维持。1949年7月，王兆畿前往台湾，《立人日报》改由总编辑王子敬支撑。到了9月，厦门岛外围陆续解放，国民党大批官员逃往台湾，《立人日报》报社的设备也由国民党海军运往台湾，《立人日报》也就告终了。

（六）星火周刊

《星火周刊》由集美学校师范部学生李觉民、罗善培（即罗明）等在1924年9月至11月间创办。

20世纪20年代初，集美学校孕育了许多思想进步的优秀青年，李觉民、罗善培即是其中杰出的代表。李觉民接受马克思主义倾向革命后，与上海共青团中央领导人刘仁静、恽代英有书信联系，受聘担任团中央通讯员，在集美学校积极代销革命书刊，并被吸收为共青团员。其时，罗善培也被广东区团委吸收加入共青团组织，奉命返回厦门着手筹建团组织。他们从列宁、普列汉诺夫等人创办《火星报》宣传马克思主义，鼓吹革命的事迹中受到启发，联络厦门大学学生罗扬才、刘瑞生、邱泮林等组织建立星火周报社，创办了《星火周刊》。

《星火周刊》介绍马克思主义学说，以反帝反封建军阀为中心，宣传革命理论，还涉及青年学生的学习、生活、理想和前途等，研究社会实际问题和国际政治状况。这是厦门乃至闽南地区第一张宣传马列主义的报纸。李觉民在1925年5月向团中央汇报中说："这种周报同学很欢迎，比《中国青年》销售更多，每次出版，一出即尽，对于同学的思想影响甚大。"后来，在星火周报社的基础上发展扩大成立福建青年协进社，继续出版《星火周刊》。

福建青年协进社和《星火周刊》团结了一批思想进步、追求真理、向往共产主义的青年知识分子，在短短三个月里，这个社就发展了100多名成员，培养了一大批厦门和闽西南地区的学生骨干，为厦门地区党团组织的建立进一步奠定了思想和组织基础。

《星火周刊》初为油印，后改为铅印。一部分送阅，一部分出售。一说《星火周报》出到1925年5月，最后一期是"五一"特刊。但据李觉民1925年5月向团中央汇报，《星火周刊》还正兴旺，这一期不像是终刊。一说福建青年协进社在1926年上半年还有活动，《星火周刊》也可能还继续出版，何时停刊，有待进一步查考。

（七）厦门工人

《厦门工人》是第二次国内革命战争前期在厦门地区影响比较大的一份革命刊物。它是1928年3月至1931年6月，先后由中共福建省委、中共厦门区委、中共厦门市委主办的刊物。这一时期厦门党组织变更频繁，期间中共福建省委曾三次直接领导厦门党的工作，这一时期在省、市委的报告、工作计划、信件、决议案中多次提到《厦门工人》，而且把出版《厦门工人》作为党委的一项重要工作，如："继续办《厦门工人》半月刊……加紧党的根本口号和工人日常迫切要求的宣传。"（《厦门工作计划》，1929年）

民国十八年（1929）1月21日出版的《厦门工人》重登发刊词，由省委常委黄剑主编。这期发表了《纪念我们的救星——列宁》。2月15日出版的《厦门工人》刊载厦门码头工人抗缴工会会费的消息，指出"大革命失败后的厦门工会，已变成资本家的忠实走狗、侦探，工人群众的仇敌"，"必须彻底打倒国民党的御用工会，由工人自己组织为自己谋解放的工会"。这年的第26期刊登了《反对国民党军阀战争》《反对日本鬼子殴打起卸工友》《集美电船工友起来斗争了》等，还有中华全国总工会的通告，历述反军阀斗争中各级工会的八项工作。

《厦门工人》为油印16开单面。开始一月出1期，后为半月刊、10日刊、周刊、5日刊。内容不仅有厦门工人的斗争，也有省内、国内大事及国际工运的情况，都是和工人谈心、讲话式的短文，口语化，一两百字，多至三四百字，很少有五百字以上的文章。刊期每期不大相同，刊头下面有简要目录。

至于《厦门工人》何时停刊，据1931年4月4日《中共中央对福建目前工作决议》提到"各市县委不要出版如《厦门工人》一类的刊物，集中力量建立工厂小报、壁报、画报，首要要在可能建立的地方马上建立起来"，说明在1931年4月《厦门工人》还存在。又根据1931年7月《中共厦门中心市委三个月工作计划（8—10月）》中，在谈到党的宣传刊物时已没提到《厦门工人》，而是提及"群众周报要按期出版"。可以认为1931年6月厦门中心市委成立后，《群众周报》已取代了《厦门工人》成为市委直接主办的刊物，而《厦门工人》在中心市委成立前就停刊了。

附录

（一）厦门报刊和通讯社名录

晚清

《厦门航运报道》
1872年创刊，英文报纸，1878年改名为《厦门公报和航运报道》。

《博物报》

1878 年创刊，厦门最早的中文报，出版三天，油光纸，石印，为陈金芳尊人及修君所组织，馆址在泰山口。

《厦门报》

一说 1884 年创刊，一说 1904 年创刊，英国牧师傅氏创办，双日刊，"阅者寥寥，未久而废"。

《厦门新报》

1886 年（光绪十二年）创刊，英国传教士布德创办，月刊，用地方方言写作，刊载一般新闻和教务情况。出数期后停刊。

《漳泉圣会报》

一说为《漳泉公会报》，1888 年创刊，用闽南方言撰写的基督教期刊，月刊。

《厦门画报》

教会创办的儿童画报。1889 年（光绪十五年）创刊。在厦门出版。由中国人主编。不久停刊。

《厦门时事商业报》

1891 年艾伦创办，英文报。

The Amoy Gazette

1902 年 7 月 16 日发刊，英文报，译意《厦门钞报》，既报道省内外消息，也介绍当地风土人情，主要供外侨看。

《鹭江报》

厦门出版的综合性新闻期刊。1902 年由来厦传教的英国牧师山雅各创办的中文报，旬刊，每册 20 余页，连史纸印刷，冯德琪等先后任主编。上海图书馆、北京图书馆、厦门市图书馆藏有部分原件。

《鹭江日报》

海澄孝廉黄亮臣 1903 年创办，出版仅几十天即夭折。后改为《福建日日新闻》。

《厦门时报》

1903 年间创刊，为日本人中川甲子郎所开办，在厦门出版。

《福建日日新闻》

1904 年 8 月 11 日（甲辰年七月初一）创刊，日刊。每天出版正张与附刊共两张。社址在厦门太史巷。后改名《福建日报》。

《福建日报》

1905 年 10 月 30 日（光绪三十一年十月初三）由《福建日日新闻》更名而来，总经理黄复初（即黄廷元），主笔黄乃裳，编辑有吴玉昆、郑权等，每日出版一大张，宣传革命思想。

《全闽新日报》

1907年8月21日（光绪三十三年七月十三日）发行，社址在厦门寮仔后街台湾公会事务所比邻，社长江保生。后由台湾总督府渗入，公开以隶属于台湾总督府的善邻协会出面经营，不仅成为地道的日本政府喉舌，并且成为日本驻厦门的特务机关。前后经理李汉如、江蕴和，社长长川、谢龙阔、泽重信等，前后主笔吴玉昆、江蕴和、江环岩、黄静堂、欧阳少椿、许吉甫、徐炳勋、李介铁等。凡台湾在厦之日本籍民都必须订阅，各界人士则绝少阅者。1937年抗战爆发后被迫停刊，1938年厦门沦陷后卷土重来，1945年抗战胜利后停刊。

《厦门日报》

1907年12月25日（光绪三十三年十一月二十一日）创刊，由《福建日报》更名而来，社址设厦门番仔街。由福建铁路局创办。该报宣称以"说明国家宪政国民义务兼招徕海外华侨向内之心"为宗旨，宣传民主革命思想。1911年蜕为《南声日报》。

《南声日报》

1911年创刊，经理吴济美，主笔黄鸿翔（幼垣）、张海珊、苏君藻、郭公阙等。每日出版对开一张半，除电讯通讯之外，还有社论和散文，其宗旨为"标榜革命主义，鼓吹民权"。宣传民主革命思想。1913年停刊。

《南兴日报》

1911年创刊，张海珊任总编辑。

民初到沦陷前

《声应日报》

创刊于1912年11月25日，由闽南革命志士许卓然等所组织，经理谭在眉，主笔林某、黄莪生、傅振箕等。因反对袁世凯，出版只几个月，即被封。

《闽南报》

1914年，吴济美将《南声日报》改为《闽南日报》继续出版，经理吴济美，主笔先后有黄鸿翔、林籁余、苏眇公、杨持平、徐屏山等。报价每月6角。1915年讨袁时被封，1916年冬复版，苏眇公于那时进入该报，始入厦门报界。1917年再度被封，苏眇公被捕。

闽南报，其前身即厦门日报，1911年改称南声日报，1914年3月，在英国领事馆保护下经营，并改称闽南日报，后因刊载不利于英国的消息，被撤销登记，但再在中国政府许可下，以闽南报之名称继续发行（1914年10月）。虽然名称一再变更，但创办以来该报社之经营者一直为黄鸿翔，其宗旨为排斥日本帝国主义，鼓吹自由民权，1915年12月最后则因反对袁世凯称帝而遭封闭。经常刊载对日本不利之消息。曾有将被德国人收买之风声。

《道南周刊》《道南日报》

鼓浪屿福民学校校长叶谷虚于1913年在该校附设《道南周报》，以宣扬基督教义及报道教会消息。台湾李春生捐100元为倡。叶谷虚自兼经理，以该校国文教员贺仲禹（仙舫）为编辑。一年后因经济困难暂行停刊。叶谷虚并不绥志，复组织董事会，以陈秋卿牧师为董事长，招募赞助员，年捐分10元、5元、1元三等，又得中华基督教会闽南大会承认为机关报，得以继续出版。

1922年秋，原兼任《道南周刊》编辑的李汉青乃鼓励经理叶谷虚，将周刊扩大组织改为日报出版，立刻得若干好友的支持，各捐百元为开办费，于1922年秋编印发行《道南日报》。李汉青为发行人兼义务主笔，撰写社论。叶谷虚为义务经理，职校教员数人任义务校对庶务等，乃聘南安人傅维阁（即傅伊谷）为编辑，月送薪水50元。报价每月5角，社址在鼓浪屿龙头闽南职业学校印刷部。但实力不充，经济辄感支绌。时闽省各地多种鸦片烟，军政界征收烟苗捐，恐报纸揭载，往往拨款赠送报馆，道南报坚决谢绝，一介不取。翌年8月间，《道南日报》因一再反日，适日本总领事兼任领袖领事，令鼓浪屿公共租界工部局予以标封。嗣后，叶谷虚以日报既遭摧残，乃恢复《道南周刊》，宣扬基督教义。1927年2月，社址在鼓浪屿铵仔角，1929年12月停刊。

《台湾公会报》

1915年日本人在厦门创办，已佚。（见胡道静《外国在华报纸》，转见杨光辉等编《中国近代报刊发展概况》）

《民钟日报》

1916年10月1日出版，起初篇幅也和南声等一样，每日出版对开一张半。1917年由陈允诺接办，1918年被封，1919年启封，1921年复版，1922年中秋次日停刊，后由李硕果接办，直至1930年再度被封。1932年启封，但未再复刊。

《中和报》

日本人山下江村在厦门创办，中文旬刊杂志，每份20页，1918年2月创刊。（参见台湾总督府官房调查课《厦门帝国领事馆内事情》140页）后因主办人山下江村死亡，后继无人，终停刊。（见井出季和太《南进台湾史考》170页）一说为1917年创刊，半月刊。（见陈佩真《厦门定期刊物调查（一）》）编辑是日人，在《1923年在邮局登记的新闻纸》中，发行人为山下仲次郎。报价每期3分。

《江声报》

1918年创刊于厦门，革命志士许卓然以3000元为助，租赁和凤后保泰山口门牌20号旧式楼房两层为社址，由英籍华人吴必仁创办，聘厦门港人周彬川为经理人，黄曾惺为总编辑。中间经过几回改组，人员更动较大。1938年5月，厦门沦陷，《江声报》停刊。1938年8月在泉州复刊，社址在中山路承天巷口。1939年5月，日军对泉州及附近的村镇进行狂轰滥炸，全城紧张异常，《江声报》被迫停刊，中断达六年之久。抗战胜利后，《江声报》于1945年12月21日复刊。1952年元旦，《江声报》与中共厦门市委机关报《厦门日报》合并，当时，报社除出版对开四版的《厦门日报》外，还办一张面向东南亚侨胞的《江声报》。直到20世纪50年代后期，厦门创办了向海外侨胞发行的《鹭风报》，《江声报》才停刊。

《信报》

1920年出版，经理张学习，主笔吴钝民等。每月5角。出版两个月就停刊了。

《思明日报》

1920年7月21日，许春草、许振持、张学习等人组织出版了《思明日报》。社址初在草仔垵虎母尿杨家花园。编辑为永春人吴钝民，原来是南洋吉隆坡《益群日报》主笔，1919年因言论反日，倡导抵制日货，抨击奸商，被英国官厅迫令出境，先回永春小住，即到厦门鼓吹办报，遂与张学习等合作。未几，吴钝民离职，该报迁入佩文斋印字馆，继续刊行。由南安人苏鸿图为编辑，林廷栋为经理。后张学习弟弟张圣才由福州协和大学毕业后回到厦门，即入主编辑部。后来，报社迁到中山路（门牌258号），继续出版。前后经理张学习、许振持，前后主笔吴钝民、苏警予、林任先、林廷栋、林仲馥、陈沙仑、尤百熙、赵邦杰、徐玉诺、徐炳勋、张圣才、谢云声、林寿康等，编辑黄寿源（武进人）等，苏眇公曾任社外评论记者。1925年，《思明日报》曾联同《厦声日报》《民钟报》《江声报》等合力揭发军阀张毅罪行。1925年，该社出有《神灯》周刊，附在报纸上，翌年即停。1926年销数只有几百份。1929年10月，附报分送《思明日报月曜刊》。

"九一八"事变期间，为对付《江声报》，国民党就利用《思明日报》，加以整顿创新，扩大篇幅，并另辟蹊径，采用红黑二色墨相间印刷，试图提高报纸的竞争力，对《江声报》展开竞争。他们提出了"先内后外"的主张，要先"剿共"而后抗日，强调内部问题未解决不可能对外抗战，一连好几天对《江声报》进行全力抨击。那时销数1000多份。1932年"一·二八"事变发生后，《思明日报》在厦门最先设置无线电收音机，每天电讯比较丰富，报份增加到5000份左右。淞沪抗战爆发后，《思明日报》也同《江声报》一样采取在报社门口张贴"号外"的办法，但《思明日报》专发中央社的消息，人们都不大相信。1933年"闽变"期间，报纸因为讽刺十九路军"挂羊头卖狗肉"而被封。"闽变"失败后，1934年1月间《思明日报》复版，2月1日，和《商学日报》合并为《思明商学日报》。

《厦声日报》

1920年创刊，由于坚持反帝反封建反军阀统治的立场，仅出版两周即受北洋军阀政府警察厅行政科科长杨舒的恫吓而停刊,主笔苏眇公被迫外逃。后经疏通,1921年复版,每日出版两大张到三大张,苏眇公再次回到报社。该报辟有专版,宣扬新文化、新思潮,军阀政府多方对其迫害。同年10月,闽记者黄曾惺被逮捕,苏眇公外逃,停报数日后才出版。1922年,报社主笔杨愚谷被捕入狱28日。1923年,主笔陈文总遇刺未死,报纸被迫停刊20多天。1925年,《厦声日报》仿效《民钟报》,全刊采用五号字,充实内容,增加篇幅,精心编排,尝以一种夹叙夹议之长篇文字,记载比较重要之消息,受到读者好评。1925年,厦声、民钟、思明、江声合力揭发军阀张毅罪行,但因军阀势力根深蒂固,张毅未倒,《厦声日报》反遭其害,报社被封,苏眇公再度被迫离开。诚如苏眇公所说:"十四年来厦门报界之遭际,盖未有如厦声记者之不幸也!"前后经理黄子镇(晋江人)、黄克绳(一说是黄克强),前后主笔苏眇公、李睡仙、陈廷湖、黄莪生、傅伊谷、杨愚谷(福州人)、陈文总、赵邦杰、张觉觉等。报价每月8角,销路与《江声报》相伯仲。直到1927年,因宣传马列主义思想,被国民党厦门市党部接收,改办厦门版《民国日报》。

《鹭江旬刊》

出版者:鹭江旬报社,1921年创刊,旬刊,非卖品,1926年已停。

《厦门商报》

1921年10月10日出版,社址在布袋街。报纸未出版时,因其倡办者多为大商家,并有商界有力团体作后盾,声势浩大,有报癖者,都认为必后来居上,应预定一份先睹为快,但出版以后,与市民所翼望相去甚远。1924年停办,1925年又在厦门晚报、晨报问世后复版,附报赠送《妇女周刊》。1927年2月,副刊为《虹光周刊》,1928年11月为《枯叶》,1929年6月改为日刊《苹洲》。1934年又停版好几个月,到年末才复版。自《思明商学日报》副刊出影刊后,《厦门商报》随后也出影刊,1935年初改为戏剧,范围较大,但多剪影之作。报社人员甚多,且屡经改组,前后经理吴练芳、江蕴和、黄静仙、傅贵中(同安人),前后主笔江蕴和、陈佩真、苏警予、谢云声、杨清江等。报纸内容平淡,铅字较旧,后来以红黑二色墨相间印刷,也未见出色,报纸于1936年停刊。

《时潮日报》

1923年出版,1923年7月24日出第75号,社址在厦门棋杆巷8号。经理叶祖仪,主笔吴梓人、张某等。每月8角,数月停办。

李汉青则认为,《时潮日报》乃基督复临安息日会所办的定期刊,社址在鼓浪屿内厝澳,宣传教义,用忍耐而殷勤的态度不厌不倦地向人推介报份。

《天南日报》

1924年出版,经理陈长福,主笔张某等。每月8角,月余停办。

《中华日刊》

1925年出版，经理黄伟，主笔黄莪生等。每月5角，两日停办。

《厦门晚报》

1925年出版，经理吴锡煌，主笔陈沙仑、贺仙舫等。每月8角，数月停办。

《晨报》

1925年出版，1日停办。经理沈大鹏，主笔陈民鹤等。每月8角。

《迫击报》

1926年创刊，周报。

《救国报》

1926年6月创刊，1929年12月已停。

1926年创刊，不久停刊，1927年6月接收原《民钟报》机器设备复刊。中间因时局关系，数次停刊和改组。先后经理沈可法、郑淑麟、黄笃奕、甘沄、林幸福等，丘廑兢当过副经理，前后主笔罗相贤、张止渊、曾根、欧阳阙、林君山、郑洁民等，四川人毛一波为总编辑，编辑有马仁波（闽侯人）等。社址在思明南路。《民国日报》系国民党厦门市党部的机关报，直属市党部宣传部，每月由党部补助1200元，本可力求进展，无如党部旋经改组，人事遂有更动，计划无法贯彻，故销路不多。每日出两张半。1929年4月副刊为《地心》，1929年5月有《咖啡座》，1929年11月改为《乐园》，11月还增设了《晓钟》。编排行列疏阔，字粒苍古。"闽变"时期，虽被改作《人民日报》，但只把社长甘沄的姓名换上陈耀焜，内部倒没怎么改变，等那青天白日旗重飘鹭江以后，国民党福建省党部就派了赖文清来改办为《厦门民报》，而后几个月又停刊了。

《铃报》

1927年10月创刊，出版三期即停。一说由《金铃》改名而来。

《厦门晶报》

1929年7月创刊，数月停刊。

《鹭门小报》

1929年8月创刊，三日刊，有时也有增刊，社址在思明南路，1929年9月29日出版第23期，数月停刊。

《鹭洲小报》

1929年9月创刊，数月停刊。

《厦门如是小报》

1929年9月创刊，三日刊，数月停刊。

《厦门小报》

1928年12月出版，前后经理陈涤虑、黄笃奕，前后主笔周了因、陈佩真、黄莪生。

越年停刊。

《厦门晚报》

1929年出版，经理黄天声，主笔徐炳勋，月余被封。一说是前晚报复刊，一个多月后，自动再停。

《晨报》

1929年12月创刊，先是对开，不久改为四开，社址在车加辘。附报赠送《晨报两日增刊》。经理黄胸万，主笔周了因。数月停刊。

《民声报》

1929年11月创刊，11月20日出版第二号，社址在思明南路，由旅菲归侨赵沧浦吸收侨资创办。经理赵沧浦，主笔林石钟。副刊为《一呼》。数月停刊。

《反日画报》

1929年12月由厦大反日会创办。

《昌言》

1929年创办，双日刊。

《商学日报》

1930年3月17日创刊，社址在思明北路。经理林启成，前后总编辑林希谦、赵邦杰、陈佩真、林谷堡、李禧等，编辑有陈师石（龙溪人）等。1932年8月1日出版《商学日报·星期增刊》第一期，刊头欧阳小椿题，订阅《商学日报》一个月以上者附报赠送。1933年曾停刊几个月，1934年2月1日，与《思明日报》合并为《思明商学日报》。

《厦门周报》

1930年4月21日创刊，周报，每周一出版三张，社址初在厦禾路，菲侨陈菊农创办，经理由陈菊农担任，编辑有黄曼生（广州人）等，曾盛行一时。1930年9月29日出版第24期，1933年9月25日出版第155期。社址在思明东路门牌3号3楼。五卷2期署中华人民共和国二年1月8日，五卷4期复称"中华民国"，五卷6期起每星期四另出增刊一小张。五期起聘洪韫郎为总编，马良云为副编辑，版权由陈菊农让与曾乃修，陈菊农办了5年。刊头高怀题写。

《福建新画报》

1931年8月27日出版第一期，社址在厦门中山路东山照相馆内。

《厦门画报》

1931年9月1日创刊，周报，风行印刷厂经理罗丹创办。1932年在思明邮局登记发行时，发行人为叶子卿。1932年4月30日停刊。

《厦门时报》

1931年12月17日创刊，社址在虞朝巷23号。

《厦门民报》

1932 年在思明邮局登记发行的报纸目录：民报，发行地：思明，发行人：江定邦，刊期：三日刊。1932 年 3 月 10 日停刊。

"闽变"失败后，福建省党部就派赖文清来厦门将《民国日报》（厦门版）改办为《厦门民报》，数月停刊。

《华声报》

1931 年创刊，三日报，发行人林浮云，社址在大同路 88 号 2 楼。罗丹题写报头。1931 年 11 月 15 日出版第 39 期。1932 年 3 月 10 日停刊。

《民言》

1931 年创刊，1932 年在思明邮局登记发行的报纸目录：民言，发行地：思明，发行人：叶采芹，刊期：3 日报。1932 年 3 月 10 日停刊。

《闽南圣会报》

1931 年 3 月 10 日，在福建邮局登记发行，发行人何希仁，周刊，出版数目 500 份。社址在鼓浪屿。

《回风日报》

经理林惠元，社址在厦禾路。

《南方晨报》

因设备不周，诸事棘手，徐炳勋任编辑两天即去职。

《南针报》

1932 年在思明邮局登记发行的报纸目录中，发行地为思明，发行人王世庆，日报。1932 年 3 月 15 日停刊。

《华侨日报》

1932 年 10 月 10 日创刊。社址初在安定路（门牌 81 号），后迁至厦禾路（门牌 304 号）。社长杨元通，先后总编辑为张圣才、黄嘉谟、陈与立（闽侯人）等。篇幅为两大张，第六版上每天有三分之一关于南洋各埠华侨的新闻，第三版上的文艺副刊《番椒》约有半版，广告共占四版。星期日刊的第四版上常常是半版描写南洋的散文。电讯多数是采用国民党中央社的，遇有大事件发生，有泉州、福州、上海之特约电报。到 1936 年晨夕合订，每月法币一元，分订仅收 5 角。很受社会欢迎，其销数在 2000 以上，仅次于《江声报》，胜过其他各报。曾几次遭遇抛炸弹或捣毁。1938 年 5 月，厦门沦陷，《华侨日报》随之停刊。

《时事导报》

1932 年 10 月 10 日创刊，发行人庄雪轩，社址在五崎项 3 号。

《厦门日报》

1933 年 7 月 8 日创刊，创办人是陈式锐、叶采真等，陈式锐自任总编辑，有好几个厦门大学的教授受任特约评论记者。每天出版两大张，每月一份定价一元。篇幅的编配和各报差不多，电讯除国民党中央社外，上海、福州都有特约，由倍文印书馆承印。发刊词中称其宗旨为"循时代之展望，应民族之需求"。"闽变"失败后自动停刊。

《厦门新报》

1932年创刊，2月4日出版为第四期，社址在厦禾路。数月停刊。

《人民日报》

"闽变"时期的报纸，由《民国日报》改组出版，社长陈耀焜。

《思明商学日报》

1934年2月1日，由《思明日报》与《商学日报》合并而来。社长林廷栋，日出版对开两大张，星期一只出版一张，定价每月一份大洋一元。编法和各报差不多，封面广告套印三色，广告地位较他报大些。电讯都是采用国民党中央社等。副刊已扩充到三种：第三版有半版《思明影刊》，专载关于电影的文字，为厦门各报最早有影刊；第五版内有专登文艺的《绿洲》；而第六版上的《人间花絮》，多刊小品散文。副刊常抓住小题目及本地风光，加以评论，一时颇引起读者注意。报纸因系合并而来，起初没有列出版号数，然而在1935年3月29日的报纸上，却印着"出版第704号"。报纸印刷以厦门印字馆的名义承印。

《时代日报》

1934年年初，柯孝昌等人组织的《时代日报》诞生。两张8开，星期日跟《华侨日报》一样只印一张，电讯全部是国民党中央社的，副刊每天都有半版刊载社会科学的《巨轮》和另半版刊载文艺小品的《街灯》，售价每月一份1元。总编辑为徐炳勋，4月1日起由庄醒人、张蔚文等人改组续刊，不久庄醒人病故，5月初改由杨挺秀和日籍台人尤新民等人经营，于7月间停刊。

《儿童日报》

1932年1月创刊，但不能持久。而据《厦门报业》载，1934年4月4日试刊，同年9月18日正式创刊。

《禾山旬报》

1934年9月1日创刊，旬刊，陈菊农等创办，董事长叶天来，李伯端书写报头。该报在泗水、仰光、实叻、严务、岷里拉等地设有代派处。1935年8月21日的《禾山旬报》上刊载了一则停刊启事："本报出版迄今，历时一载，回顾过去言论……虽因压力所阻，险象环生，然吾舌犹存，誓为民垒，宁玉碎于高压之下，不蝉噪于寒树之颠……不幸今因登记发生问题，不得不暂时自动停刊，俟备案手续完妥，当再继续出版，尚希读者体谅。"1937年停刊。

《莽突报》

1934年创刊，小报。

《福建英汉新报》
1934年，美籍人士在厦门发行小报《福建英汉新报》。

《星光日报》
1935年8月间试版赠阅，1935年9月1日正式出版发行，每天出版对开三大张半或四大张，计十四版至十六版，每周日还随报赠送半张（对开二版）的《星星晚报》。社址在中山路。发行人兼社长胡资周。报社人员所持观点不一，有不少包括共产党人在内的进步文化人士。1938年5月，厦门沦陷，《星光日报》也因此停刊。抗战胜利后，于1945年11月10日复刊，1949年11月17日，厦门解放，《星光日报》继续出版了两天，后停止发行。

《鹭涛晚报》
1935年创办，每周出版1—2期，由厦门海关创办，发行人陈笃桢，年余停刊。

《厦门晨报》
1935年6月15日出版，经理黄锡珪，编辑徐冰魂。

《民光报》
1936年5月1日发刊，创办人高景行（高仰山），董事长叶振声（即叶清和）。

《厦门日报》
1936年，赵蔚士创办，数月停刊。

《厦门大报》
1936年5月1日创刊，设在《江声报》内。由黄胸万等人所创办，名为大报，实为小型日报，但新闻却不落后于他报，颇有销路。"七七"抗战爆发，民众关心时局发展，《江声报》买了一台日本卷筒印刷机，日出对开三大张，并随报赠送一份晚报《厦门大报》赠阅。

《抗日新闻》
1937年，张圣才与许麾西（牧世）在厦门刊行，日出4开一张，社址在厦门大中路，由信高印书馆承印。第一版为国内电讯，第二版为国际电讯，三版为本埠新闻，四版为副刊（厦门作者救亡协会编辑）。1937年12月27日，出版第0022号。报纸在泉州设有分社及代派处，分社在南大街225号二楼，代派处在南大街美大书店。至日军登陆之日，乃告停刊。

沦陷期间

《全闽新日报》
1937年10月，日军侵占金门，泽重信便纠集些汉奸文人在金门复刊《全闽新日报》。1938年5月,厦门沦陷。6月4日,泽重信返回厦门,占用《星光日报》在市区中山路的社址,夺取各报最好的印刷设备,把《全闽新日报》迁回厦门出版。每日出版华文一大张,1939年初,该报为满足在厦日侨的需要,增刊日文报两版,共发行八版。住厦门、鼓浪屿的日本人和台湾人,均须订阅。1945年8月15日,日本宣布无条件投降,《全闽新日报》的办报人员绝大部分早就各奔东西,只剩几个日籍人员,苟延残喘地继续出日文版报纸,直到10月初国民党派员入厦接收才停刊。

《复兴日报》

1938年9月1日,日伪利用汉奸占用原《江声报》社在思明南路的社址及设备,出版《复兴日报》,每日出版对开4版华文报纸一张。张鸣任发行人,黄勇公为社长,张晋、林谷为编辑。不久,黄勇公离开厦门,由施静鸣代社长,同年11月1日改由吴海天继任社长。1939年4月,吴海天前往武汉,报社进行改组,社长由林谷担任。

《华南新日报》

1939年7月1日,厦门特别市政府成立时,《复兴日报》更名为《华南新日报》继续出版。林谷任社长,林玉河任总编辑,编辑有谢中奇和洪范等,林福桂任营业主任。最初每日出版中文报纸一大张,一度增出副刊半张,后来扩大到八页。经费仰赖日本特务机关"兴亚院"补助。1939年8月,华南新日报社在台北设总支局,在基隆、台中、高雄等地设立支局。太平洋战爆发后,因物资困难,厦门至南洋的航线经常中断,改为早报半大张,晚报四分之一张。1943年11月,同《全闽新日报》一样均舍弃副刊,缩为四分之一,每日出刊一小张。

《新华日报》

1945年8月,日本侵略者宣布无条件投降。《华南新日报》社长林谷,股慄之余,顺风转帆,企图逃脱罪行,改《华南新日报》为《新华日报》,拉出特别市政府宣传科科员林茂担任社长兼发行人,为汉奸辩护,出刊仅20多天就告夭折。

《同光报》

三日刊,每逢星期三、六出版一次,1944年3月11日出版第25期。社址在大汉路(即中山路)106号。

抗战胜利至解放

《立人日报》

1945年9月27日在厦门出版,是抗战胜利后厦门出版的第一张报纸,每日出版对开纸一大张。报纸作为厦门军统派的喉舌,为在厦门的军统人员争权夺利制造舆论。社长刘长泗，王兆畿任发行人。1949年临近解放，《立人日报》在外地销不出去，仅凭在厦门的报份收入，经费无法维持。7月，王兆畿前往台湾，《立人日报》改由总编辑王子敬支撑。到了9月，厦门岛外围陆续解放，国民党大批官员逃往台湾，《立人日报》报社的设备也由国民党海军运往台湾，报纸随即停刊。

《太平洋报》

《立人日报》主笔覃子豪，在报社筹备来厦创办的同时，也在积极筹备自己创办一家晚报。1945年9月28日，《太平洋报》在厦门中山路（门牌号为125号）出版，为厦门光复后第一家晚报。

该报乃一规模不大的晚报，报社没有接收新闻电讯的电讯室，国内外的新闻电讯是从当天出版的日报（如《立人日报》以及以后陆续出版的各报）中去剪下来编印的。也没有自己的印刷所，由大同路"风行"代印。基本上就只有编辑、经理两部的组织，覃子豪自己担任主笔兼总编辑。编辑有黄风、洪景云（副刊编辑）等，记者有柯振爵、林墨痕（又名思杏）等。

开始出版时，因是光复后厦门最先出版的晚报，发行数较大，在千份以上。以后，其他报纸陆续出版后，因各方面条件差，相形见绌，发行数日减。

到了1945年12月，国统区币值猛跌，物价高昂，报纸推销困难，覃子豪去了台湾，《太平洋报》也就随之停刊，报纸前后仅办了两个多月。

《青年日报》

1945年9月国民党官员入厦接收，《青年日报》由漳州迁到厦门出版，是厦门三青团团报。当时，三青团厦门分团设在升平路，《青年日报》也设在升平路。发行人为厦门三青团分团主任郭薰风（海澄人），社长吴雅纯（在厦门三青团分团工作），总编辑吴静吟，采访主任林直平，会计、营业员戴宏谊。1946年春，国统区币值猛跌，物价高昂，报纸推销困难，《青年日报》缩小为4开一小张的晚报。1946年9月，每晚7时出版对开纸一小张，副刊《夜鹰》，杂文、文艺并重，颇适合小市民口味。1947年10月，改名为《厦门日报》。1948年11月，作为晚报出版。1949年9月停刊。

《闽南新报》

军统报纸，1945年10月由漳州迁到厦门出版，社址在海后路。社长陈达元，主笔赵天问，总编辑王云波，副刊编辑雷石榆，吴忠翰任艺术版编辑。1946年春，国统区币值猛跌，物价高昂，报纸推销困难，《闽南新报》迁回漳州出版。

《福建新闻》

由漳州迁到厦门出版。发行人兼社长康庄。1946年春，国统区币值猛跌，物价高昂，报纸推销困难，《福建新闻》出版约半年后就停刊了。

《前哨报》

1945年冬，从海澄迁到厦门出版，小报，国民党厦门市党部主办的地方报，后改为《厦门民报》，发行人兼社长王哲亮，总编辑许国仁，副刊编辑练维哲（当时用名练刚）。晚刊。1946年春，国统区币值猛跌，物价高昂，报纸推销困难，只好停刊。

《少年时报》

1945年冬，由漳州来厦发刊。半月刊，1946年底停版。

《儿童新报》

创刊于1942年10月1日，在龙溪出版，为东南唯一儿童读物。1945年冬，迁厦发刊。社长吴艺生。1946年9月，每周出版4开纸一小张，内容趣味通俗，插图特多，备受小学生及小店员欢迎，保持着8000订户的纪录。后改为半月刊，1947年10月停版。

《星光日报》

在日本宣告投降后，胡文虎就着手复刊他在南洋及国内的星系报纸，厦门光复后，派胡资周回到厦门复办《星光日报》。经过一段时间的准备，报社于1945年11月29日复版。1949年11月17日，厦门解放，《星光日报》继续出版了两天，即奉令停止发行。报社一切设施完整地保存下来，为出版《厦门日报》提供了全套设备。

《江声报》

1945年12月16日复版，社长叶清泉。1946年春，许荣智由菲律宾回国，挂名发行人。1947年春，许祖义任报社副社长，此后社务即由他主持。厦门解放后，《江声报》以新的面目、新的内容继续发行。

《时代晚报》

1946年6月前由晋江迁到厦门，每日出版4开纸一小张，副刊《世纪路》，多刊小品文，另有《霓虹灯》，专载影评及娱乐消息。发行人兼社长王赟，总编辑苏艳川。1949年9月停刊。

《宇宙报》

1946年8月4日由南靖迁厦出版，社址在大同路，10月初正式出版，由原来的周刊改为三日刊，1947年元旦改出四张的晚报。内外埠阅户1000余份，无法以报养报，所以时常停刊或者脱期。《宇宙报》自己没有接收电讯的电台，本埠新闻是采取综合性发表，转载各大报的。报社也没有自己的印刷设备，先由星光日报社承印，后改由新民智承印。副刊《宇宙间》，编排清新，印刷精美，颇受学生界欢迎。1947年初，《宇宙报》改出晚报。1947年9月4日，《宇宙报》宣告停版。1948年11月，出版小型日报。1949年停刊。

《南光报》

1946年9月从南安迁到厦门出版，负责人林瑶琨，每日出版对开纸半大张。副刊《蓝亩》多载杂文。不久即停刊。

《厦门民报》

1947年元旦，原已停刊之海澄《前哨报》迁厦更名为《厦门民报》继续出版发行，社址在镇邦路。由《星光日报》代印，每天出版4开一张。董事长黄谦若，发行人兼社长王哲亮，总编辑先后有孙铁云、许国仁等，编辑纪乃志。报社的经费由国民党厦门市党部拨款补助。1949年1月停刊。

《厦门大报》

1947年7月复刊，属小型版的晚报，附属《江声报》，社长许荣椿，主笔黄胸万。

《厦门社工》

1947年7月，社工通讯社出版8开一张的小报。委托某日报社代印，采用文言写作，内容充实者不多，不及其他小报。发行人郭国威，社长陈山明，郑碧川兼了十几天经理。该社办不到两个月就停刊了。

《凡报》

刊期不定，社址在营平路（门牌1号），负责人庄琼姿。

《南侨日报》

1946年，《星光日报》记者王悲蝉乘旅居菲律宾侨商施性水返厦之机，邀施性水出资办报。并成立机构，进行筹备，施性水为董事长，嘱其返菲进行募捐，聘请厦门富商施伯辉（泉大汽车材料行老板）为发行人。施伯辉出一笔款为开办费，遂于1947年创办了《南侨日报》，社址在和凤宫路（门牌46号），王悲蝉自任社长。电讯新闻是向《星光日报》买的，印刷由《星光日报》代印。人员也用得极少，除经理部有专职职员外，多是从其他报社拉来兼职。主要人员有发行人施伯辉，社长王悲蝉，编辑部主笔由《星光日报》主笔郭荫棠兼（但没几个月因王赖账欠工资，即不兼了），总编辑黄恢复（笔名黎丁，姜牙子，半年多也离开了），编辑陈郓（半年多离职）、万平近（厦大学生兼职），记者原来有黄风等人兼职，专职的有曾于、林某等。经理部有经理张继周及其他一些职员。1948年1月12日，《南侨日报》仍出有晚报。

《益同人报》

光复后的半年中创办，晚报。

《帆报》

小报，见1948年11月21日的《社会》第一卷第六期的《厦门市记者联谊会整肃新闻界害群之马》，后来改为鹭声报。

《时光报》

周报，民办，数月停刊。

《厦门时报》

发行人黄敬贤,社长兼总编辑陈醒民,郑碧川兼副社长十多天。出版约一年后停刊。

《大道报》

抗战胜利初期,从南安(一说晋江)迁到厦门出版,社长谢中立,主笔陈沙仑,编辑许国仁等。当时厦门台湾同乡会主办的《新台报》亦附设在该报社内。报社还兼营大道印务公司,两块招牌,一套人马。出版一段时间后,1945年11月迁往台湾。

《海疆日报》

军统报,发行人兼社长吴贞。1948年8月创刊,1948年11月,仍出版小型日报,1949年8月停刊。

《南天日报》

1948年8月创刊,民办,创办人庄观澜。1948年11月12日改出午报。

《大同报》

前身为《同安民报》,发行人曾文墨,社长白天生,副社长杨云萍,记者陈正忠(又名陈阿尤),数期停刊。1948年11月,仍出版小报。

《凯声报》

1948年8月创办,三日刊,社址在鼓浪屿公平路(门牌8号)。发行人于哲武(国民党闽南军管区司令部参谋主任),社长游必达,副社长陈鸣风,编辑陈天柱。该报系国民党军创办的报纸。1948年11月,仍出版小报。

《济世报》

1935年8月1日在长泰创刊,抗战胜利后迁到厦门出版,三日刊。董事长吴在善(封建帮派头目,水上纵队大队长),发行人伊啸东,社长前后有陈邦烈、吴在川,经理白天生,推销员陈正忠(又名陈阿尤)。1948年11月,仍出版小报。

《杏林报》

1946年3月16日创刊,社址在厦禾路门牌54号,发行人吴鹰扬。该报为东南唯一医学报纸,内容纯粹介绍大众医药常识,出版后颇受东南医药界重视,销路遍及全国各地。1946年9月为每半月出版4开纸一小张,后改出周报、三日报。1949年7月停刊。

《健群报》

发行人周永权,社长吴廷玉,出版不久即停刊。

《建军报》

1948年1月创办,日报,发行人杨健民。福建保安司令部创办,不久停刊。

（二）共产党、革命群众团体报刊名录

《厦门学生》

厦门学生联合会于1924年在"非基"（非基督教学生同盟）运动中创办的进步刊物。《厦门学生》反对帝国主义文化侵略，内容涉及面广，在厦门学生中很有号召力。1927年元旦，在中共厦门地方党组织的领导下，厦门各界民众举行了庆祝北伐军胜利大会，会上通过了"福建民众反帝反封建的十一条总要求"，《厦门学生》第22—23期中刊载了《释〈福建民众的总要求〉》一文，说明《厦门学生》1927年初还存在，但何时停刊不详。

《星火周刊》

1924年9—11月间由集美学校师范部学生李觉民、罗培善（即罗明）等创办，是厦门地区第一张宣传马列主义的报刊。最后一期是民国十四年（1925）的"五一"专刊。

《声援》

厦门大学学生为声援"五卅"惨案，成立厦门大学外交后援会，于1925年6月10日创办《声援》周刊。在7月19日出完第6期后停刊。

当时声援"五卅"惨案的刊物，还有厦门学生联合会创办的《青年思潮》（1925年7月10日创刊）、厦门外交协会创办的《厦门外交协会旬刊》（1925年8月20日出版）。

《党声周刊》

是第一次国共合作时期，中共厦门地方党组织团结国民党左派，向国民党右派开展斗争而合作出版的报刊。在理文、草明撰写的《厦门党团组织的早期报刊活动概述》一文中，提及《党声周刊》至1926年4月16日止，已出4期，目前尚未找到这之后的该刊材料。

《福建红旗》

中共福建临时省委于1927年12月在漳州成立，创办《福建红旗》作为机关报。1928年8月，中共福建省"一大"在厦门召开，省委机关设在厦门。《福建红旗》在福建临时省委结束前停刊，直至1930年12月11日复刊，作为省委的机关报。约半月出刊一期，内容包括工运、农运、青运、苏区工作、白区斗争及革命团体活动的报道等。1931年3月25日设在鼓浪屿虎巷8号的省委机关被破坏后停刊，从创刊至停办共出版了14期。

《厦门工人》

1928年3月至1931年6月由中共福建省委、中共厦门区委、中共厦门市委主办的向厦门工人宣传的刊物。

《烈火》

中共福建省委直接领导厦门工作时期在厦门出版的省委机关刊物。1928年11月15日创刊,原为不定期刊物,后改为周报,主编罗明,至1931年3月25日省委机关被破坏后停刊,共出了17期。内容:(1)阐述中共"六大"制定的各项方针政策;(2)介绍马克思列宁主义,解释党的基本理论;(3)批判改良主义思潮,如《漳属改组派的阴谋》《取消派对世界革命之无理解》《厦门工整会倒台了》《反对福建的资产阶级及其走狗》等;(4)报道和传播厦门地区及各地工农革命的讯息。

《群众报》

创刊于1931年6月间,由中共厦门中心市委编辑出版。报纸曾一度暂停出版。1932年11月30日第一期的《复刊宣言》(社论)说:"本报和工农读者见面已一年了,因为本报是站在无产阶级立场,闽南工农斗争的指导者……受到千百万工农群众拥护,而反动统治用尽一切反革命力量来向本报进攻"。"本报虽受到敌人的摧残和破坏,不会使我们的工作停止"。"我们当前的任务是:顽强冲破敌人的摧残,宣传工农群众自动的武装起来,驱逐日本及一切帝国主义海陆空军出中国","建立民众自己的政权,领导工农士兵劳动群众走上光明道路"。

《群众报》内容包括要闻、社论、评论、歌谣等。要闻方面主要刊登本地工人、学生反帝斗争的消息,如1931年8月间,厦门打铁、提督等码头工人为抗议日本帝国主义的暴行,联合罢工,抵制日货。《群众报》就以"码头工人自发不起(搬运)日货"为题,给予报道。报纸还报道厦门、晋江东石等地的反日运动,福州市公安局长镇压抗日群众,枪杀抗日青年学生领导人郑维新以及安溪农民反对地方军阀陈国辉派款买枪等消息,以及刊登国际、国内及本省各地反对日本帝国主义侵略中国的消息。

《群众报》在每期的头版,都刊有一篇社论。这些社论都带有鼓动性。如1931年11月28日,《群众报》社论《武装起来赶走日本帝国主义》,实际上是中共厦门中心市委和共青团市委共同发布的《告民众》。1932年4月1日《中共厦门中心市委工作总结报告》说:"《群众报》以前一小张,每日出一次……后把它改为大张(四张蜡纸)……发行的数量由二百增加到八百,现在还不够发,党内外都是争《群众报》看的,影响甚大!"

报刊何时停刊,尚无相关资料。

《战斗》

中共厦门中心市委于1931年9月1日创办的月刊,时任中心市委书记王海萍为主编。《战斗》理论性较强,它注意通过总结和整理斗争经验以指导斗争实践。1932年5月王海萍被捕牺牲,由他主编的《战斗》也随之停刊。

《实话》

创刊于1933年7月10日，由中共厦门中心市委主办，以厦门实话报社名义出版。它面向工农大众，主要报道工农运动情况。因客观困难不能经常出版，后成为每月一期的月报。"最后停办于十九路军发动'闽变'的激变时局当中"。（1933年11月9日厦门中心市委总结报告）

《抗敌导报》

1937年7月7日全面抗战爆发，国难当头，中共厦门工委为了给刚刚兴起的抗日浪潮推波助澜，决定以福建省抗敌后援会厦门分会宣传部的名义创办《抗敌导报》，由中共厦门工委文化支部编辑。

《抗敌导报》于1937年9月26日创刊，洪学礼为主编，邓贡直、张兆汉、许展新等为编辑，团结包括林去涛、施青龙、谢亿仁、戴世钦、陈亚莹等中共党员在内的一大批党员和进步青年，成为中共厦门工委领导厦门及闽南地区人民开展抗日救亡运动的主要宣传阵地。

《抗敌导报》以刊登政论文章为主，刊载的文章大都从不同角度宣传民众、鼓起民众的抗敌情绪，加深民众对抗敌前途的认识，动员民众积极投入到抗日救亡运动的洪流中去；宣传中国共产党全面抗战的主张，热情讴歌全民族抗战的意义；报道各地抗日救亡情况，进行抗日斗争交流；敦促国民党当局执行抗日的方针；反映广大民众要求改善生活和热情抗日的呼声。

针对部分群众看不到抗战的光明前途，患了"恐日病"，有的还散布出"沿海必亡"的论调，《抗敌导报》发表了《"沿海必亡"吗？》，文中指出："我国山东、江苏、浙江、福建、广东等沿海各省拥有一亿多人口、二百万平方公里的国土和四十万里以上的海岸线，无论哪一国的海军都没有能力占领，沿海是一定不会灭亡的。"鼓舞民众抗战到底。

《抗敌导报》遵循办刊宗旨，牢牢把握方向，其中大量文章均为共产党员和进步人士所撰写。由于文章和新闻报道内容富有说服力，深受人民群众的欢迎，却引起国民党当局的恐慌，1938年1月中旬，《抗敌导报》被迫停刊。

（三）日本人办的报纸

甲午战争之后，日本攫取了与福建唇齿相依的台湾、澎湖列岛及附属岛屿为其殖民地，将台湾当成"南门的锁钥"，并积极准备以台湾为"南进的基地"。1898年4月，日本政府照会清政府，强迫清政府共同发表《福建不割让宣言》，次年又强迫清政府先后签订福州、厦门日本租界协议书及其附件，福建沦为日本的势力范围，日本派出大批浪人，深入福建各地，遍及社会各个层面。

日本驻台湾总督府认为，"如欲控制华南一带之言论，以推展华南政策，必须在闽粤之枢要地点发行报纸"，试图借助报纸以压制和攻击反日舆论，撒播日本帝国主义思想，加强日本侵略政策的宣传。其方法是选择适当的报纸（立场及经费困乏者）给以补助费而操纵利用，进而伺机进行收购。日本帝国主义在福州收购了综合性报纸《闽报》后，积极着手在厦门筹备创办一张报纸。

《全闽新日报》是日籍台湾人在厦门创办的，由台绅江蕴鋆等数人发起组织而成，资本金2万元。报纸最早的出资者，据1909年驻厦门日本领事馆所提示的资料，主要有下列一些人：

出资者	出资额	住所
林景仁	2900	厦门
江保生	1200	厦门
施范其	510	厦门
张清燕	500	台中
许梓桑	300	基隆
颜云年	250	基隆
赖火轮	250	基隆
林蛾士	250	基隆
林大义	250	基隆
总计	6410元	

注：1917年的资料增加张达源（基隆人）一人。

这些合资创办人，虽住所不一，但籍隶是一样的，都属日本帝国主义统治下的台湾。占总投资额大半的林景仁，是林维源的长孙、林尔嘉的长子。1895年日本帝国主义占领台湾时，林氏举家内渡迁回大陆，择厦门鼓浪屿居住。1907年《全闽新日报》创刊时，林景仁才14岁，可能是林尔嘉以其名义投资。不但是林维源自己一家人，就连日本人也都把林家看成是台湾籍的。根据当时报纸的报道，江保生则应是其弟江蕴鋆以他的名义投资的，是台湾公会的议员。施范其为出身鹿港的贸易商，1906年在厦门成立台湾公会，至1908年连续三年担任台湾公会会长。除了以上三位日籍台湾人外，其他住所在台湾的投资者中只有张清燕是台中人，其余都是基隆人。其中颜云年是著名的矿业实业家，许梓桑后来担任过基隆街助役（副街长）和台北州协议会会员，是地方名士。

江蕴鋆等人于1907年五六月来厦，租寮仔后街（今水仙路）台湾公会事务所比邻陈顺发前楼为社址，共三层，下层为事务所，中层为编辑部及工场，聘请其弟江蕴和为社长（又名江保生，台湾基隆出生，1895年来厦，祖籍永定），主笔为汪偕六（江苏人，不久即离开，由江蕴和兼任主笔），聘请痴珠、璞岩两名中国人为编辑，经过一段时间的筹备，报纸于8月份出版，刚开始为4开的小报，采用4号铅字印刷。

它的创刊日期，有两种说法。一种说法是1907年8月21日创刊。据1909年9月3日的《汉文台湾日日新报》载："全闽新日报，生于丁未清历七月十三日，迄今己酉七月十三日，恰为两周岁之期"，即1907年8月21日。1907年9月15日又载："《全闽新日报》经已从客月二十一日发行初号，至本日计有第十三号。"另一种说法是1907年8月10日创刊，据1938年2月28日的《江声报》载："现在金门设有《全闽新日报》，即前在厦出版之全闽报复版，每日发刊8开之毛边纸二小张。其注明年历，为光绪三十三年八月十日创刊。"1941年伪《华南新日报》社编的《新厦门指南》载："该报始创于光绪三十三年（丁未，日明治四十年，1907年）八月十日。"前后经理李汉如、江蕴和，前后主笔吴玉昆、江蕴和、江环岩、黄静堂、欧阳少椿（即欧阳桢）、许吉甫、徐炳勋、李介铁等。

作为日籍台湾人创办的报纸，创立之初，《全闽新日报》的宗旨是"向清国鼓吹日本文明，同时拥护日本的利益，图台湾人之便益"，是台湾人基于本身利益的考量及贸易上的需求而创办的报纸，为台海两岸的台湾人服务。日本帝国主义认为，台湾成了日本的殖民地，台湾籍人也就理应受日本政府管束，台湾人在厦门的事业要受日本政府控制乃是理所当然的。时台湾人在厦门的利益多少要依靠日本政府政治力的保护，发行的报纸难免受到钳制，《全闽新日报》言论的主要方向不至于偏离日本的政策。报纸起初主要销往台湾人办的会社、商行，到了1908年初，报纸销售数量为300多份。1908年2月，该报进行改革，有五名记者，在闽省各州县设通信员，增加报纸报道内容，将版面增加到八版。广告方面，"厦俗于一应广告之事，皆以揭帖遍挂街衢，其写工与祯工别有专业者，且价亦极廉，大抵每百张只两百余文便可了之，比之新闻广告每行最廉亦须数十文，相去何啻霄壤。虽迩来风气渐开，颇有藉新闻以为广告者，要亦无多也"。报份少，广告少，报社每月亏累数百元。后来，报纸向南洋一带销售。因南洋有许多华侨为漳泉人，需要通过报纸了解家乡情况，但到3月份，《全闽新日报》报份总计还不到800份。报社经费陷入困境，日本驻厦领事馆出面保护，在台湾公会开会，强令凡台湾在厦之日本籍民，都必须订阅。3月18日出版的《汉文台湾日日新报》载："该报为吾台人所创，即为日本帝国籍民所创，其成与否，关乎吾台人之体面，亦即关乎帝国之体面。"呼吁籍民支持该报纸。为了节省房舍租金，缓解报社的经费困难，《全闽新日报》将社址从寮仔后移到和凤宫边。己酉年七月十三日（即1909年8月21日），《全闽新日报》创刊两周年，该报假座台湾公会举行两周年纪念会。

《全闽新日报》除股东出资外没有其他来源，财务基础薄弱，屡生弊病，1909年报社向日本驻厦门领事馆请求补助。当时厦门有《全闽新日报》和《厦门日报》两家报纸，日本驻厦领事馆也需要一份汉文报纸来和采取排日立场的《厦门日报》相竞争。虽然《全闽新日报》此前已受日本驻厦领事馆操纵利用，但尚非其机关报，日本驻厦领事馆计划趁此经营不善机会加强控制，当时的领事官补（初任外交官）森安三郎便建议日本外务省设法施行，其书函提到："在与台湾一水之隔之厦门，住有台湾人民 2000 余人，而他们的一切（言行）几乎听任中国官民妄加推断，故为了向当地人士解释他们的疑惑，以及为了跟《厦门日报》抗衡，必须要有完全属于吾方之机关报……全闽新日报由于台籍经营者之知识肤浅，且财务基础薄弱，屡生弊病，如弃之不问，难保不倒闭。"并计划：（1）要求林景仁每月再支付报社经费；（2）由台湾总督府或日本外务省从机密费之中，每月融资 200 元予报社，直到报社之基础稳固为止；（3）改良报纸内容，以扩展销路。日本驻厦领事馆顾虑对该报社的操纵如果过分露骨，难免产生不良后果，提出："如欲以中文报纸吸引中国人来订阅，而从中培植吾方之势力，则领事馆必须在其背后做严密监督，丝毫不能怠慢，但必须避免公然之指挥，因在当地我国之一切，皆被投以猜疑之眼光，所以需要在领事馆与报社之间，安排可以暗中斡旋双方关系之人；此人必须有丰富知识，精通当地情况，并谙方言与洋文，如不具备此条件，难以发生作用"，并建议向三井物产会社借用人才。经费补助，当初拟令台湾总督府予以补助，但台湾总督府又因经费困难而不接受，最终决定由日本外务省予以补助，但直到第一次世界大战期间，日本经济突飞猛进，厦门的《闽南日报》出现尖锐的反日言论，1914 年 11 月才实行，每月拨给报社"补助资金"100 元。其他建议是否被采纳不得而知。报社与日本政府财务关系的建立，可说完全是驻厦日本领事馆促成，以后该领事馆便可名正言顺地操纵利用该报纸，来宣传日本之政策，甚至利用该报"探求或调查当地外交上的秘密"，为它的"南支政策"和"对岸政策"服务，成为进攻中国的舆论工具，进行殖民侵略。事实是，此后报社的经营逐渐好转，着手扩张报纸，1910 年 12 月 20 日，《全闽新日报》发刊满 1000 号，报纸于当天发刊大号四页。当天，该报又在台湾公会举行纪念大会，宴请厦门当地文武各大宪及绅商学界，还请与会者到聚英茶园看戏。会场筵席由台湾公会奉赠。

辛亥革命期间，《全闽新日报》从不刊登民主革命的言论，不刊登不利于日本政府的新闻，而是不惜笔墨地刊登一些不利于民主革命的言论。1911 年 11 月 15 日，厦门起义。光复后，革命党人分裂成以张海珊为首和以王振邦为首的两派，发生争执，甚至造成流血事件。《全闽新日报》借机挑拨离间，借题攻击，嘲讽革命党人都是一伙争权夺利之徒。

1912 年 3 月，袁世凯在北京就任中华民国临时大总统，辛亥革命胜利的果实落入以亲日派袁世凯为首的北洋政府手中。袁世凯任命刘冠雄为南洋巡阅使，率带李厚基一个混成旅进入福建，在福建大扩军队，掌控福建的军政大权。李厚基派他的新编军队中以唐国谟为旅长的第十混成旅驻扎厦门，于是，厦门的官员清一色是北洋军阀政府派系的人员。当时,在厦门出版的《闽南日报》等报刊,纷纷发表文章,揭发批判袁世凯媚日卖国,而《全闽新日报》却谣言惑众,极力为日本的侵略行径和袁世凯的卖国政策辩护。

1913年7月,日籍台湾浪民在厦门市区行凶打人,激起造船工人和市民的愤怒,他们汇成一支声势浩大的队伍,冲进台湾人在市内开设的赌场,惩罚这些恶棍。驻厦日本领事立即命令停泊在厦门港的日本军舰派海军陆战队登陆,荷枪实弹胁迫厦门要塞司令李心田惩办"凶手"。李心田竟然派兵镇压民众的爱国行动。对此事件,《全闽新日报》先是表示"遗憾",后是连篇指责民众。

虽然日本外务省补助《全闽新日报》,但对该报的经营方针未能完全操控。驻厦日本领事菊池义郎就怀疑社长江蕴和对日本帝国的忠诚心,不满其不愿安插日本人或日本通进报社,1916年7月,甚至建议取消对该报的补助。其理由为:"当时(1914年)在当地,除全闽新日报之外,尚有中国人经营之《闽南报》,其立场为排日主义,经常刊载对日本不利之消息,同时该报社曾有将被德国人收买之风声,故有操纵台籍人士所经营之全闽新日报社之必要,但《闽南报》社已于去年(1915年)12月被封闭,如今全闽新日报成为当地唯一之报纸,已失抗衡之作用。"菊池义郎认为:"将操纵费之提供停止,或许对将来之操纵反而有利。"意图借财务问题逼江保生放手,以进一步控制报纸。补助费拨给一年又九个月,到了1916年8月就断绝了,提出"今后如再在当地,有对抗之报纸出现,以及其他需要补助之因素出现时",可恢复补助。

停止经费补助的结果,不免使《全闽新日报》发生经济困难,一时几乎办不下去。在江保生的社长任内,经营九年多,财务一直不佳,打算出让。对此一消息最为震惊者,系日本领事矢田部保吉,尤其传闻当时福建省长胡瑞霖有意收购后,更为不安,乃于1917年5月8日,致函外务大臣本野一郎,建议"务必迅速研拟妥善办法",以阻止该报社被中国方面所收购。另外,台湾总督府对《全闽新日报》之前途亦颇为关注。在该报决定出让前,总督府已于1916年暗中研议《华南地区之新闻政策》,并计划在闽粤地区发行多种报纸与杂志,包括收购《全闽新日报》。报社决定出让后,台湾总督府民政长官下村宏便准备派人赴闽,与江保生接洽,态度比外务省更为积极。其后台湾总督府改命驻厦领事矢田部保吉与江保生交涉,历经两个月谈判,于1917年11月中旬获得初步同意。同月下旬,台湾总督府突然变卦,取消收购报社而采取由社团法人善邻协会进行补助的办法。善邻协会本质上是台湾总督府的附属机构,其补助报社经费,实际上出自总督府,故由总督府收购报社直接经营与通过善邻协会之补助而经营,在利用或操纵上并无不同。此后,报社的主要人事便受到控制,主要人员如主笔等均由该协会选任,记者则由社长及主笔选任,其中就有日本特务。其编辑部人员,则均为中国人。

在总督府怂恿下，1919年起，《全闽新日报》接受善邻协会每月300元的补助，公开以隶属于台湾总督府的善邻协会的名义经营。善邻协会介入经营后，报社的日本色彩逐渐浓厚，办报宗旨改为"日华亲善、阐明帝国国是、介绍日本文化"，《全闽新日报》由此成为日本侵略福建的舆论工具，日本帝国主义思想毒素"散布于中国人不知不觉之中"。1919年6月1日，善邻协会以5000元收买了《全闽新日报》的经营权及印刷机械、活字等设备，至此，《全闽新日报》已由日籍台湾人的报纸变成日本政府的报纸，成为地道的日本政府喉舌。日本人和亲日分子借助《全闽新日报》，肆意颠倒黑白，歪曲事实，处处为日本侵略政策辩护，报格低劣。

台湾总督府认为，收购外国人或中国人所办的报纸，"仍以原经营者之名义继续经营，方为上策，与日本方面之关系应高度保密"。《全闽新日报》被善邻协会收购后，台湾总督府推荐林尔嘉担任社长（后林尔嘉担任名誉社长，其长子林景仁继任社长），江保生担任顾问，保持着台湾人经营的外在形象。从报纸创刊开始到总督府介入，林家都是重要的出资者，林维源家族和该报社关系密切，但似乎未直接介入该报的经营。林尔嘉担任社长，报社不仅财务状况可好转，亦可听任总督府的操纵及利用。与新闻政策的策划有密切关系的总督府秘书长兼参事官石井光次郎认为，林尔嘉"与总督府有密切关系，可由总督府监督该报纸之发行"。之后《全闽新日报》的经营，善邻协会给予一定的补助金，经费不足部分由林尔嘉负担。林尔嘉接办后，报份略有增加，但他并不对日本领事唯命是听，多次拒绝刊登为日本侵略者涂脂抹粉的专题新闻，更不愿刊登侵略者的言论，对厦门的反日运动、抗日会所议决的案子，也有所披露。由于林尔嘉既"不听使唤"，又拒绝安插日籍特务人员进报社工作，因而1922年2月，日本驻厦领事借口报纸办理不善，解除林尔嘉的社长职务，派曾任《台湾新闻》记者及编辑的日本人宫川次郎担任主笔，经理为长谷川抱星，安插了一些日本人或台湾人。版面为中文报两大张，另外还发行日文的周刊新闻"《南支那》"。报上发表的言论渐渐露出文化侵略的面目，厦门各界多以日本华南机关报看待，厦门各界人士则绝少阅者。

1924年，宫川次郎离职。1925年9月，驻厦日本领事又换用明治大学附属专科毕业的日籍台湾人谢龙阔出任《全闽新日报》社主干（主管业务兼总编辑）。谢龙阔上任后，进行了一些改革：1925年冬，根据报纸发展的趋势，改四号字为五号字编排；更新版面，一、二版为广告和日本东京同盟社为主的电讯，三版刊登本埠和闽省消息，四版为副刊；1928年10月，每星期一还出版《全闽小报》作为增刊附赠；同时注重对报纸的编排。其副刊的版面，自1927年2月起至1928年9月，先后用过的副刊刊名有《亚化》《妇女世界》《花花世界》《一新》《虹》《世事》和《流霞》，后来又改为《咖啡座》等。尽管如此，报份还是提不上去。

1928年秋,谢龙阔也辞职而去了。接替谢龙阔代理主干的是"总督府派遣员"太田直作。

1929年4月,东京帝大文学士林履信(林尔嘉的第五个儿子)出任《全闽新日报》副社长,曾一度遭遇全体职员的罢工反对。同年7月,《台南新报》记者田中钧取代了林履信的职务,直到1934年7月辞职。内部职员除江瘦鹤为华人外,余均更换为日籍台人,露骨地进行侵略宣传,颠倒是非,谣言惑众。

到了20世纪30年代,随着日本帝国主义侵略政策的实施和南进政策调子的升高,台湾总督府更加重视《全闽新日报》的作用。他们利用报社的工作人员去接近中国机关、团体,以收集各种情报。报社不光发行报纸,还兼有收集情报(包括军事情报)工作,成为日本帝国主义在厦门的特务机关。

1931年,"九一八"事变发生后,《全闽新日报》报份一落千丈,据台湾总督府文献记载:"满洲事变勃发前后,中国全国弥漫排日、抗日运动,因此,读者及广告主不堪'抗日锄奸团'的胁迫,纷纷取消购读与广告契约。报社的从业员亦时常在路上遇袭。于是中国人广告主一个也没有了,台湾人为了商业上的顾忌也不愿刊登广告。原本一个月约二千元以上的营业额的广告收入,只剩五十元不到,发行份数也激减到原来的四分之一以下。版面不得不缩减,先是停止夕刊,本刊部分从八页一再递减",报纸的发行份数甚至降到400份,到厦门沦陷前,报纸广告一直都只有日籍商人登载。报社中觉醒的中国人,"岂甘同仇同事而贻走狗之钱",纷纷与该报脱离关系,有的还在其他报上登载启事,如1931年10月10日的《江声报》登载《陈伊村江定邦脱离全闽新日报启事》。

1932年"一·二八"事件发生后,厦门各报天天都有十九路军在上海与日军浴血战斗的报道,《全闽新日报》却突出宣传十九路军违背蒋介石的命令,孤军在上海作战。

1933年,"闽变"发生,在福建成立了中华共和国人民革命政府。12月1日,厦门成立了特别市政府。从"闽变"开始到失败的50天之间,据《热带产业调查会调查书》记载,购读《全闽新日报》的人数大增,曾经一天销数达2400多份。大概是由于政变的消息有时外国报纸的报道会比本国的消息正确,或者报道的角度不同。"闽变"失败后,《全闽新日报》的销售份额又快速递减。《全闽新日报》陷入前所未有经营困难,台湾总督府的补助金也一再减少,1934年只剩1000元,报社难以维持。

1934年7月,台湾总督府派"南支派遣员"泽重信担任代理社长。泽重信,日本和歌山人,警官出身,是精通广东话、厦门话的情报人员,所负的责任除办好报纸外,更重要的是进一步发挥该报的"功能",收集情报,以配合更为积极的"南支南洋政策"。泽重信接任后,由台湾公会李庆红担任主笔。1935年起,台湾总督府增加了对《全闽新日报》的补助金,泽重信对报社进行一些革新:报纸的版面由对开4版增加到6版，不久又扩大到8版，后来又恢复夕刊4版，每日刊行12版，且注重题头版式设计和评论。为了增加副刊稿件的来源，付给投稿者稿费，这是当时其他报纸所没有的。报纸销售量恢复到1000份左右。随着日本南进政策的升高，台湾总督府决定增加总督府对善邻协会的援助，增加优秀记者，整修通信及其他有关设施，以努力改善报纸内容。同时，在报社内成立"南支调查部"，收集整理资料，期待《全闽新日报》社成为"华南通之权威机关"，而且其权威要超过"陆海军及外务省"。总督府认为，由报社负责调查，"与其他的中国方面的报社同样，在对外工作上，很容易接近各机关社团"，应该是"极简单而甚为方便"。意即利用《全闽新日报》是日籍台湾人经营的印象，接近中国的机关社团，收集情报。至此，《全闽新日报》日本官方色彩更毕露无遗，其新闻全与其他各报相反，其间谍工作登峰造极，如厦门要塞地点、港湾深浅、户口人物，无不调查详尽，甚至殷户富商，无一不悉，且绘有袖珍地图，某街某巷均皆注明。

1936年"西安事变"发生时，《全闽新日报》竟刊载"蒋介石被枪决"的消息，无耻造谣。

1937年"七七"事变爆发，中国全面抗战。《全闽新日报》仍故技不改，遮遮掩掩地为日本侵略军辩护，除朝刊夕刊外，还时常发行号外。直到1937年8月21日，在海内外舆论压力下，国民政府调派黄涛带领第四路军一五七师进驻厦门，情况才有所变化。8月23日夜里，一五七师的派兵到《全闽新日报》搜查。8月24日上午，报社社员避难到鼓浪屿后，依然继续誊写印刷做报道工作。25日有八人，26日有六人搭船回台湾去了。代理社长泽重信及另一名职员也在28日结束工作，搭船回台湾。从创刊到1937年停刊的30年间，《全闽新日报》共出版了8944号。

1937年10月，日军侵占金门，泽重信便纠集些汉奸败类在金门复刊《全闽新日报》。12月1日发行复活第一号。

1938年5月，厦门沦陷。6月4日，泽重信便迫不及待地返回厦门，准备复刊。他们占用了原《星光日报》在中山路（厦门沦陷期间，改称"大汉路"）的社址，把《全闽新日报》迁回厦门出版。此时厦门真正的统治者为日本海军，报社得到军方的支持，完全以日本统治者代言人的角色自居，展开全面的新闻宣传工作，作为日本军方的传声筒。复办之初，每天出版对开中文报一大张：一二版是广告和电讯，电讯采用东京同盟社电，南京汪伪国民政府成立后，才增加南京伪通讯社编发的南京、广州、武汉等沦陷区发来的电讯；三版为本埠新闻，除刊登厦门等地发生的桃色事件和一些低级趣闻外，大部分偏重于闽南各县的通讯，因为厦门是闽南华侨出洋必经之地，敌伪为拉拢华侨、侨属和企图动摇他们对抗战的信念，所以每日的消息都是在讲内地物价是如何高涨，某华侨怎样被勒索不遂而遭残杀，以及政治黑暗、土匪横行、恶疾蔓延等等，有一分事他们便加九分虚构；

四版为副刊，辟有《大观园》和《灯塔》等专版，稿费特别高，多是些落水文人写的稿件，内容作风以风花雪月、色情恋爱为主。副刊的作者，时常笔下招祸，因为作品中如果有"环境黑暗""空气污浊"的字句，就有被指为"抗日分子"嫌疑的可能。报纸后来扩大到六版。1939年初，该报为满足在厦日侨的需要，增刊日文报半大张，共发行八版。这时，《全闽新日报》社还经营几种报刊，包括：向南洋华侨发行的小型报纸《华侨新报》《民声报》及《闽铎》月刊。

1938年（亦说1939年）10月19日晚，厦门爱国青年向全闽新日报社掷炸弹，炸毁报馆部分房屋，炸伤报社社员四人。1941年9月（亦说10月）26日下午，台湾总督府派驻厦门嘱托（顾问）、华南情报部部长、兴亚院驻厦门特派员兼全闽新日报社社长泽重信在大中路被国民党特工人员汪鲲击毙，《全闽新日报》社长一职一度空缺，1942年11月起，社长为日本海军特务人员福士繁吉。1944年3月，曾任《台湾日日新报》政治部长的笹盛治平出任《全闽新日报》社副社长，他曾出任善邻协会控制的两份报纸的总经理和社长，后来报社几乎由他全权负责。

1941年12月太平洋战争爆发。中途岛海战，日本受到重创，其后日本法西斯开始惨败。面对日本侵略者屡遭失败，在《全闽新日报》担任采编的文奸无心办报，而且物质缺乏严重，印刷用的白报纸也供应紧张，所以，从1943年11月起，《全闽新日报》中文版舍弃副刊，缩为四分之一，每日出刊一小张，一版电讯，二版本埠新闻；日文版也同样缩小。

《全闽新日报》一味歌颂日本军阀的暴行。日军侵占上海、香港、鼓浪屿，说是"替中国人出气"，并说这些地方要立刻"交还中国"（即是给汪逆掌管）。日军在长沙惨败，报上先载"长沙陷落"，隔两天又说"作战目的到达，日军撤回原有阵地"，其实是日军进攻受挫。沦陷区的赌场、烟馆、妓院的林立，则美其名曰"市面繁荣"。报纸称日军是"建设东亚新秩序的斗士"，而屠杀是为了"扫荡东亚新秩序建设的障碍"，为了"爱护东亚人民"。太平洋战事初起，日军进攻菲岛和马来亚，说成是为了"解放"两地的居民，使他们脱离"英美的压迫和不自由的统治"。诸如此类，举不胜举。报纸过度荒谬的宣传反而引起人们的怀疑与反感。

1945年8月10日，日本投降消息传出。《全闽新日报》首先得知消息，竟夜忙乱，企图掩饰败绩，翌晨将电讯全部停刊，讳称机件不灵，未曾收到。

8月15日，日本宣布无条件投降，该报乃美其名曰"全面和平"。《全闽新日报》的人员绝大部分早就各奔东西，便将华文版停刊，只剩几个日籍人员，苟延残喘地继续出日文版报纸一小张。直到10月初国民政府派员入厦接收前几天才停刊。

（洪卜仁　李跃忠）

（原载《厦门新闻志》，洪碧玲主编，鹭江出版社，2009年12月）

沧海桑田话高浦

高浦依山傍海、东、西、南三面濒临厦门西海域，北与白鹤山相连，犹如白鹤傲立水边，因而又称鹤浦。

明初，江夏侯周德兴奉旨在福建沿海的各险要处，设卫防倭。其中在同安县境内兴建高浦、厦门和金门三大千户所城。

高浦城地处同安县西南隅北部的半岛上，南向宝珠屿，北枕白鹤山，东、西、南三面濒临鳌江，犹如白鹤傲立水边，故高浦古代又雅称鹤浦。其实，从朱熹的《莲道樵歌》的诗文中不仅证实宋代已经有一座鹤浦城，而且还被誉为"同邑名区"。

在同安历史上曾广为流传的"东黄西石，南陈北薛"的美谈，所指的是"黄、石、陈、薛"四大望族迁徙繁衍、科举教育的文明史。其中的"西石"是系指唐光启二年（886）入闽居县西高浦的石姓家族。"西石"第一位金榜题名的，是五代后的唐天成三年（928）的进士石琚，也是同安首位进士，官至内阁中书司勋郎中。宋代，高浦科甲簪缨，在同安首屈一指。北宋、南宋同安一县境内有47名进士，而仅高浦石氏就占九名，还有特奏名三人。在这12名进士当中，有三人还官至尚书之职。故在高浦的西湾（今称西安）、里美宅（今称李仔宅）建造两座尚书府。难怪高浦的石氏祖祠有"宋室尚书府，银同甲第家"，"日间千人拜，夜里万盏灯"的联语。宋代名宦、时任泉州太守状元王十朋曾以"坐看万石门闾大，转觉朋山气象新"的诗句赞誉"西石"。值得一提的是，宋代著名的理学家、教育家曾经多次造访"西石"，并且应石家之邀，亲自撰写《鹤浦石氏祖祠堂记》。

明嘉靖年间，著名的抗倭民族英雄戚继光驻师高浦，在那战火纷飞的年代，不忘兴学，亲自在原千户所署衙创办书院，时称"戚公院"。自此人文蔚起，文风渐盛。据统计，在今集美辖区内，历朝历代所考取的进士共32名，而仅高浦一地就占19名。

上千年的文化积淀，深厚的人文底蕴，得天独厚的地理环境，古往今来，高浦果然是龙盘虎踞，地灵人杰，涌现出许多彪炳史册的杰出人物。在他们当中，有担任过知府、知县、翰林、转运使、员外郎、中宪大夫、奉议大夫、侍郎、千户、百户、游击、守备、都指挥使、都督、总兵、都尉等文官武将计 150 多人，有的甚至被册封为公、候、伯等爵位。其中较为突出的：石氏职官中有三人被誉为宋代名宦，即官居大理寺丞的石赓，官至户部尚书的石亘（其父石选为特奏名探花、吏部尚书），官至吏部尚书的榜眼石起宗；任漕运总督的进士郑升；任户部员外郎的明代名宦、解元范介卿；明末清初的抗清名将、"建国公"郑彩；官至浙江提督、其著作《海国闻见录》辑入《四库全书》的陈伦炯；开台（台湾首任）进士郑用锡；辛亥革命元勋、曾任孙中山大元帅府庶务部长、中央监察委员郑螺生等。

一、历史始于唐代

古代的高浦属同安辖地，为同安明盛乡的安仁里，又称十四都。民国年间，高浦隶于同安县鹤场乡。新中国成立后属同安县灌口区，于 1958 年划归厦门市，现属厦门市集美区。

高浦的历史，可上溯唐代。最早从内陆迁居高浦的族人，是唐代的石蟲虺。石蟲虺，字振卿，唐寿州（今安徽省公山下景仪村）人，出身行伍。16 岁时，他以骁勇征伐黄巢农民起义军有功，获授部尉军职。光启二年（886），他率部入闽，继续追逐黄巢农民起义军进抵福建南部，驻师待命，晋升为南部都尉。不久，自驻地芝溪移居高浦，繁衍子孙。到了宋代，地处同安西部的石氏与地处同安西部的石氏与地处同安东部的黄氏并称同安望族，时人有"东黄西石"的美谈。宋代的高浦，在同安一带已有名气，《同安县志》称之为"同邑名区"，名理学家朱熹曾经亲临此地，并在题为《莲道樵歌》的诗中，就提及"鹤浦"。

二、姓氏三十有余

历经元、明两代，高浦又吸纳了一批批来自五湖四海的移民，《鹤浦旧志》记载，继石氏之后，五六百年间先后在高浦聚族而居的姓氏有粟、张、高、王、刘、方、杨、洪、许、孙、赵、章、范、朱、郑、翁、林、陈、谢、周、李、徐、詹、丕、叶、欧、楚等 30 多姓氏。

高浦高氏开基始祖高士表，是宋末从安海迁入的，至今已 700 多年，传下 28 世。

郑崇，原福建长乐人，明初从戎，永乐年间（1403—1425）调永宁卫高浦所任千总旗使，娶妻生子，从此定居高浦，成为高浦郑氏的开基祖，至今已 500 多年，传下 21 世。其他姓氏迁居入浦，也都有一段来历。

三、遍地宗祠宫庙

中国人自古就有"敬天地、奉祖先、祀鬼神"的习俗，而鹤浦先民对祖先的敬奉，对佛、道、儒和地方神祇的崇拜，更是世代传承。建祖祠，造神庙，正是那个"造神"年代的必然产物。早年鹤浦先民的居住地，其范围大于如今的高浦村：北至徐厝、詹厝（今十中周围），东至烟墩一带（今省化工学校），西至鳌坂尾、洪埭头（今杏林医院），南至鳌江边上，方圆近十平方公里。据初步调查，在此地域内，冠以姓氏的古地名至今仍继续使用的有詹厝、徐厝、范厝、刘厝、杨厝、曾厝、高厝、朱厝、翁厝、钟厝、里美宅（李仔宅）、陈埭头、洪埭头、郑国公埭、许湖、周池、朱池、粟池、范厝堀、楚坂堀、李衙等。这些姓氏建造的宗祠、家庙，连同各宗姓分祠在内将近40座，有的至今保存完好，有的虽已倒塌，遗址犹存。

至于神宫庙宇，又分别有庙、寺、宫、庵、祠等称谓。高浦先民来自八闽九州，随之而来的信俗信仰极其繁杂，这是造成多庙多神的历史缘由。而这些神庙至今可查证的还有44座。其中以庙为名的有城隍、西关帝、东关帝、外关帝、天上、古大王、古灵王、王公娘、婆娘母、徐祖妈、浦山等，以及遍布城内外大大小小的土地庙；以寺为名的有西竺、观音亭、释仔等；以宫为名的威震（烈帝爷）、内妈祖、鳌江（外妈祖）、西龙岩（佛公）、西安（西大道公）、普德（东大道公）、南水仙、东水仙、鸿文（玄坛爷）、五显、玄天上帝、天王、圣王、内王爷、外王爷、鳌美（太保）等；以庵为名的有仙公、杜鹃等；以祠为名的有朱文公、百义、忠义等等。在这些神庙之中，所奉祀的神明既有玉皇大帝、如来、观音、杨戬、赵公明、李靖、吕洞宾、水仙、阎罗、城隍、土地等天仙地神，也有妈祖林默娘、大道公吴本、圣王郭忠福、孙应祖师等地方神祇，又有留名青史的大禹、屈原、伍子胥、鲁班、项羽、关云长、王审知、朱熹、陈布衣、戚继光、范介卿等历代名臣、圣人贤达。

从对如此众多的宗祠家庙、佛宇神宫的分布进行分析，古代高浦确属同安的"名区"。因而理学家朱熹曾在《鹤浦石氏族谱》中著文赞美道："环浦皆山也，襟浦皆水也，山水合则龙聚，龙聚则地真……惟同（安）有（鹤）浦，乃山水之最佳者也"。

这些保留下来的冠以姓氏的古地名，以及许许多多宗祠、神庙的实体和遗迹、遗址，足于让人热望高浦早年的繁华景象。

四、史上厦门地区第一城——高浦城

历史上曾经有过两座高浦城，它们之间存在着承续关系。高浦城的前称为高浦巡检司城。

　　高浦巡检司原建置于同安区的积仓（预备仓）坂尾寨（现同安西塘），洪武二十年（1387），移置高浦，并建有城寨，称之为"高浦巡检司城"。

　　巡检司城规模不大，城墙周围长度只不过140丈，城高一丈八尺，辟有南北两个城门，窝铺四间。巡检司属于地方性质的半军事机构，设有九品文官巡检一员、司吏一员，并配备民兵100名，由同安县令和稍后建置的高浦千户所千户双重管辖。

　　根据《洋防辑要》记载：洪武二十三年（1390），晋江永宁卫中右所的1000多名官兵移戍高浦，而将原巡检司城寨扩建成闽南的军事重镇高浦千户所城。同时又将高浦巡检司再次移至嘉禾里（今厦门岛）的二十二都，其城寨规模大小与旧巡检司城相同，且仍旧称"高浦巡检司城"，别称"附城"。

　　经过近200年的顾酬，到了万历九年（1581），高浦巡检司城裁废，遗址早已湮没在历史的烟尘之中，荡然无存。引起我们关注的，是巡检司城扩建后的高浦千户所城。

　　《福建通志·城池志》记载："高浦城在（同安）十四都安仁里，明洪武二十四年（1391年）江夏侯周德兴檄筑，为千户所城。"

　　高浦千户所城早于厦门城兴建，而且规模和兵力也要比厦门岛上的中左所城大和强。据《泉州府志·城池》记载，其周围"四百五十二丈，高一丈七尺，城基宽一丈，窝铺十六，设四个城门，每个门俱砌月城"。又据《厦门志·城寨》记载，厦门中左所"周四百二十五丈，高连女墙一丈九尺。窝铺二十有二"。《泉州府志》还记载厦门中左所城"基广九尺"。月城之设是在永乐十五年（1417）。相比之下，高浦城的周长比厦门城多27丈（90米），城基宽多一尺，倒是城高少了两尺。在兵力方面，通过《泉州府志》和《厦门志》的"兵制"的比较，高浦城有操海屯种旗军旧额1258名，万历年间存602名，城内有营房1028间，而中左所有操海旗军旧额1204名，万历年间存684名，城内营房987间。以上比较说明，明初高浦所的战略地位要比中左所更突出。

　　高浦千户所城城中竖有三米多高的大石碑，镌刻着筑城、建街、抗倭等碑文。城中商铺林立，是高浦城周围方圆数十里内的集市贸易中心，城内外有书院、社学、书轩、研斋等文教设施，还有众多的宗祠、神庙。

　　高浦千户所城在抗击代倭患的战争中发挥过作用。明正统十四年（1449），倭寇和海盗船200多艘围攻高浦城，被高浦军民击退。在这次战斗中，有百余名义士殉难，故城中建有"百义祠"，奉祀亡灵。现存于厦门大学人类博物的《都间钟山傅君保全高浦海城碑记》（残碑）也有嘉靖四十四年（1565），傅钟山曾据城退敌，保一方平安的事迹的记载。

　　嘉靖年间，"定远侯"戚继光奉旨入闽剿倭"视师驻此"，并亲自在城中东北处创建书院,高浦军民称之为"戚公院"。为纪念烈帝爷戚继光的文功武德,特在东门内西侧建有威震宫。康熙二年(1663),清军攻陷厦门,高浦的抗清名将建国公郑彩之墓被"剖其棺而残其尸",清军入城烧杀掳惊,高浦城被拆毁殆尽。

五、科甲鼎盛英才辈出

隋唐以来的科举考试制度,为历代封建统治者培育了一批人才。历代同安的进士、举人中,就有不少是高浦人。

高浦第一个荣登科甲金榜的,是石氏的二世石琚,为五代后唐天成三年(928)进士,官拜内阁中书司勋员外郎。宋代,高浦科甲簪缨,在同安首屈一指。北宋、南宋,同安一县境内共有47名进士,石氏占了九名,其中三人官至尚书。庆历二年(1042)有石仲甫,皇祐元年(1049)有官至户部右侍郎的石遵。有宋代名宦居官大理寺丞的石赓以及石仲攸等三人。嘉祐八年(1063)的石亘,也是宋代名宦,官至户部尚书。政和五年(1115)有石倪,重和二年(1119)有石邻,官至中宪大夫。绍兴三年(1133)的石佾为高浦石氏的八世,累官礼部侍郎。乾道五年(1169)的石起宗,榜眼及第,吏部尚书。还有特奏名三人:景祐元年(1034)的石选,探花及第,官至吏部尚书,以及政和二年(1112)的石锐之,绍兴二十四年(1154)的石佾。他们或兄弟连登,或叔侄同榜,或父子皆尚书,显赫一时,难怪高浦的石氏祠有"宋室尚书府,银同甲第家""日间千人拜,夜里万盏灯"的联语。又在高浦的西湾(今西安)、里美宅(今李仔宅)建造两座"尚书府"。宋代名宦、泉州太守王十朋,也曾写诗赠送石氏,中有句曰:"坐看万石门闾大,转觉朋山气象新"。此外还有石䕫,为国子博学士,辞藻清节,推重一时,于徽宗崇宁年间隐居文圃山,与谢修、洪文用合祀三贤祠。

尤为可贵的是,明代嘉靖年间抗倭名将戚继光驻师高浦,在那战火纷飞的年代里,不忘兴学,创办书院培育人才,促使高浦文风炽盛。万历年间,有三人考取进士,其中有万历八年(1580)的武进士欧建彬,此人后任高浦千户所镇抚;万历十年(1582)的武进士张铣,后任高浦所副千户、广西军门坐营守备;万历三十二年(1604)的进士郑升,号龙屿,曾任广西平乐府知府、刑部清吏司主事、两淮转运使(漕运总督),还有天启元年(1621)的解元范方,字介卿。其人禀性耿直,博学笃行,与黄道周、卢若腾等以气节相尚。见魏忠贤一伙阉党乱朝政,遂无意仕途。崇祯年初,经黄道周推荐,任国子监助教,后升迁户部员外郎。

明末清初的郑清战争和禁海迁界,社会经济遭受严重破坏。台湾郑氏政权降清后,全国统一,社会相对安定,经济好转。重视兴学育才的高浦人,于康熙四十二年(1703)在朱公祠的故地办起鳌江书院。乾隆十九年(1754),太学士郑绍仁捐翻修书院，扩大规模，增筑廊庑。至光绪三十年（1904），闽浙总督李兴锐奉部咨文就各属书院改设学堂，鳌江书院随之改称为鹤浦学堂。

清代的高浦已走向衰落，登进士的，仅嘉庆二十二年（1817）的郑用锡一人。直到解放初，高浦郑氏祖祠大厅的正中，还悬挂着郑用锡金榜题名时的那块庞大的牌匾。清代中举的高浦人寥寥无几，文武仅有七人。

六、放眼看世界的陈伦炯

除了明清史的郑彩、郑联等人之外，高浦在中国史上出名的人物当推陈伦炯。陈伦炯，字次安，幼为水手，其游踪东极日本，西极波斯湾。中国沿海岸线，周历不下数十次。后袭父荫，康熙末官至提督。近代著名学者梁启超在《中国近三百年学术史》一书中赞誉陈伦炯为"航海探险家"，其所著《海国闻见录》是清代厦门唯一被辑入《四库全书》的著述。《海国闻见录》分上、下卷。上卷有《天下沿海形势录》《东洋记》《东南洋记》《南洋记》《小西洋记》《大西洋记》《昆仑》《南澳气》等共八篇。下卷为地图，有《四海总图》《沿海全图》《台湾图》《台湾后山图》《澎湖图》和《琼州图》该书作于康熙四十九年（1710），乾隆九年（1744）出版，比谢高清著的《海录》、魏源著的《海国图志》早一世纪。

陈伦炯的父亲陈昴，康熙年间任广东副都统。陈昴是水师将领，1683年曾随施琅渡海收复台湾，江日升的《台湾外纪》对此有过记载。陈昴夫妇逝世以后，先后归葬于厦门灌口竺溪山之原，清代桐城派著名散文家方苞为之写过《陈太夫人王氏墓表》。

陈昴暮年对其子伦炯说："沿海生民以海为生，朝廷禁海，民无生计，个中利弊，少有人知。即使有人知道，也不敢提着脑袋上疏为民请命开海禁。我命将终，今留下一折疏奏，你应找机会向朝廷上奏。这是利国利民的大事，愿你从宜计议。"陈伦炯在其父逝世后不久，带着父亲开海禁的遗疏入都晋见皇帝，对皇帝问及外国情况对答如流，查对地图都十分吻合。看罢奏疏，康熙皇帝考虑再三，与群臣商议，终于御批同意，并封陈伦炯为官。

我省已故史学家朱维幹教授的遗著《四库全书闽人著作提要》一书中谈到，厦门籍学人著作收入《四库全书》者有宋代苏颂、明代林希元、许獬、周起元、黄文祒的著作七部，而清代仅陈伦炯的这一部《海国闻见录》。它不仅详细地阐述了清初航海技术，对目前海洋文化的研究也是相当珍贵的资料。

七、海商云集枭雄迭起

早在宋、元时代,泉、漳的海商就已经驾船载货,北赴朝鲜,东至日本,南抵南洋群岛,与各国开展贸易。高浦濒海,居民以海为田,"从海贾游者,经鲸波鼍浪之险而心无畏"。在泉、漳海商群体中,就有为数不少的高浦人。

明代中后期,随着农业、手工业的发达,封建社会内部的商品经济得到较快的发展。与国内市场逐渐扩大的同时,民间私自经营的海上对外贸易,开始在闽南沿海的一些偏僻港口,突破了朝廷森严的海禁防线,"私造巨舶,岁出诸番贸易"。顾炎武在《天下郡国利病书》中就说过:"泉、漳二郡,商民贩东西两洋,代农贾之利,比比然也。"而这种走私贸易,以漳州的月港(即今海澄)最为繁盛,而邻近月港的高浦,港汊纵横交错,周边马銮湾、杏林湾一带,又有大批生产出口陶瓷、蔗糖、布匹的作坊,也就成为海商看中的走私贸易港口。

明末清初,高浦形成以郑明、郑彩、郑联为首的海商武装集团,黄宗羲在他的著作中明确指出,"郑彩以商舶为事"。有学者考证,郑彩和郑成功之父郑芝龙一样,曾经跟从大海商李旦经营日本贸易。李旦,泉州人,曾在马尼拉经商。后来到日本的平户,是当地华商的首领,拥有大批船舶,从事日本、中国台湾、福建沿海之间的贸易活动。天启年间,李旦以祭祖为名,突入厦门,暗中搜购丝绸,"装载发卖诸夷"。张遴白《难游录》也说:天启五年(1625)李旦死后,"芝龙尽以之募壮士,若郑兴、郑明、杨耿、陈晖、郑彩等皆是。"如此看来,郑明、郑彩父子早在天启年间已经发家。郑芝龙后来接受明朝招抚,进一步控制台湾海峡的海上贸易,"海舶不得郑氏令旗不能往来"。郑彩在郑芝龙集团麾下,通过联谱认宗而乘机扩大自己的海上势力。南明弘光朝时,郑彩已有足够的实力与郑芝龙之弟郑鸿逵同列总兵。阮旻锡在《海上见闻录》里说,永历四年(1650)郑联被杀,郑彩的余部被迫并入郑成功水师之际,郑彩剩下的舟师,还有大船"百余艘",可以想见其全盛时期海上势力之强大。

陈伦炯的父亲陈昂,也是明末清初高浦出身的著名海商,《清史稿》和《福建通志》都说他"弱冠贾海上",《同安县志》说他"贾海上,来往东西洋",熟悉海上形势。

八、禁海迁界由盛而衰

星移斗转,几百年前繁盛一时的高浦已不可重现。我们通过对包括解放初几位乡长在内的12位熟悉地方历史掌故的高龄人士的采访以及对遗址的实地调查、考察,初步了解昔日高浦的一些情景。

城内外辟有五条长街：其中在城内有从南门至北门的南北街，东门至西门的东西街。南北街和东西街互为交叉，成十字形，称"十字街"。第三条为北门内向东走向的石埕街，专门经营布匹买卖并设有染布作坊，至今还遗留许多染堀。此外，还有仓前巷、海中馆等等。城中各处掘有水井数十个，六条排水用的大沟涵至今仍在，分别通向城外的西门池、南门池、东门的粟池和北门的宫前潭。在城外，则有土堀下连接北门的南北走向的曾厝街。还有一条从北门外至华表顶（今第十中学附近）的西北走向的西湾街（西安街），以及水仙渡头、妈祖路头等五六个码头。城内街道的路面全部用花岗岩石铺成，南北街长150丈（500米），东西街长90丈（300米），街道宽1丈（3.33米）许。街道的上空，据说当年都用五颜六色的布搭棚，因此有"不见天"之名，又因为夜间茶摊、饮食店通宵营业，灯火不灭，又有"不夜城"之称。在城内外五条狭长的街道上，每天南来北往的人流摩肩接踵，车水马龙。在南门、北门、十字街口和北街中段，各竖有丈许高的大石碑刻，镌刻着筑城、建街、抗倭等碑文。城中沿街开设的各种手工业作坊、客货栈、店铺等数百间。在高浦城最鼎盛时期，城内外民房鳞次栉比，居民上万人。

清初朝廷实行的禁海迁界政策，导致高浦从繁盛走向衰落。顺治十七年（1660），高浦和同安的排头以及海澄方田，沿海88堡居民全部被强迫内迁。迁界令颁布时，以三日为期，执行十分严厉。当时人陈迁鹤记迁界情况："朝命甫下，奉者过于严峻，勒期仅三日，远者未及知，近者知而未信，逾二日，逐骑即至，一时跄踉，富人尽弃其赀，贫人夫荷釜，妻襁儿，携斗米，挟束稿，望门依栖……数千里沃壤，捐作蓬蒿，土著尽流移。"福建总督范承谟也承认："自迁界以来，民田废弃二万余顷，沿海之庐舍化为斥卤，老弱妇子辗转沟壑，逃之四方者不计其数，所余孑遗，无业可安，无生可求，颠沛流离，至此已极。"

大规模迁界从顺治十八年（1661）开始，到康熙二十二年（1683）收复台湾后复界，整整22年，海禁与迁界，使高浦的航运和对外贸易完全停顿。复界后的翌年（1684），清廷在厦门设置海关，开放厦门为对外贸易港口，作为走私港的高浦失去原来的价值，从此退出历史舞台。

（洪卜仁　郑武成　何丙仲）

（原载《杏林史话》，吴吉堂主编，鹭江出版社，2011年11月）

新中国成立前的厦门妇女运动

一、厦门妇女运动的开端

（一）女学和幼儿教育的兴起

在中国漫长的封建社会里，"重男轻女"和"男女授受不亲"的传统观点，根深蒂固，牢不可破。而"女子无才便是德"的思想，无理地剥夺广大妇女受教育的权利。

1. 教会办的女学和幼儿教育。

鸦片战争后，厦门作为中国被迫最早对外开放的五个通商口岸之一，外国传教士纷至沓来，设立教会教堂，创办诊所、医院，他们遵循中国社会的习俗，派遣女传教士利用传教和诊治病人的各种机会，接近妇女，引导妇女唱圣诗、读圣经、学习文化，进而仿照书塾的形式，开办简陋的妇学，招生授课。尽管传教士办学的目的是为了有利于传道，但客观上推动了女子教育的兴起、发展。

道光二十六年（1846），英国伦敦会传教士养为霖夫妇在厦门开办女塾，招收12名学生，这是中国最早的女学之一，是近代福建省内第一所女子学校。之后，英国教会还先后在鼓浪屿创办明道女学、怀德幼师和怀仁女子中学。怀德幼师校址在现人民小学左邻，为培养幼稚园师资而设，学生大部分来自怀仁女中毕业生。该校附设幼稚园，供学生实习。1934年幼稚园幼儿生数，男240人，女75人，规模相当可观。怀仁女子中学的前身是1860年乌埭中女学堂，校长仁历西（女）。当时有人称这所女学为仁女学，或叫红毛女学所。永春路的校舍（今人民小学）是后来新建的。这所学校只办初中兼办小学，全招女生。抗战前一度办家事科，属中专性质，但时间不长，学生不多。

1847年，美国归正教会牧师打马字的第二个女儿打马字·马利亚（人称"二姑娘"）在厦门寮仔后（今水仙路一带）开设一所小学程度的女学堂，1880年间，将其迁到鼓浪屿田尾，当时叫田尾女学堂，由小学发展到中学，也就是后来的毓德中学、毓德小学。美国归正教会，又在鼓浪屿田尾开办妇女福音学院，简称"妇学"。院长（即创办人）是打马字牧师的大女儿打马字·清洁姑娘，人们称她为"大姑娘"。这个学院专为婚后妇女信徒而设的，就学年龄相差悬殊，最年轻的20岁，最老的70多岁。这个学院直到1939年以后才停办。

此外，天主教也曾在鼓浪屿鹿耳礁创办一所维正女子学校且一度改名为维正女子师范学校。

2. 走向社会的女子教育。

至于中国人自办的女学堂，始自1906年4月24日诞生的鼓浪屿女子师范学堂，并附设女子高等学堂。继而是设在厦门的霞溪女子小学校。女师学堂第一届毕业生仅四人，高等小学十多人。鼓浪屿女师有一位在闽南和东南亚都有声望的教师，她名叫殷碧霞，祖籍江苏省常熟县（今为常熟市），生于厦门鼓浪屿，八岁入怀仁女校，14岁转学漳州的中西学校，开闽南男女同学之先河。1904年毕业于福州美以美教会英文女校，留校任教。1906年返厦门任女子高等学校英文教师，成为首位闽南女教师。1908年与林文庆结婚。曾在厦门倡办养老院、保良所。1921年其夫出任厦门大学校长，她随同回厦门。1930年任厦门市养老院院长、保良所所长。1937年返新加坡任南洋华侨筹赈祖国难民总会妇女部主任。1938年任新加坡华人妇女协会会长。1948年受英皇乔治六世封为太平局绅。1972年8月20日逝世。

1908年，厦门社会名流黄廷元在厦门梧桐埕设立女学堂，于3月17日举行开学式，让厦门女生就近入学，不必渡海到鼓浪屿。民初，厦门傅厝墓有女子公学，因来学者多，窄地难容，不久将校址迁到菜妈街，又在梧桐埕设立分校，另以"民立女学校"为分校校名。

民初至20世纪20年代，华侨热心捐资兴学，蔚然成风。在集美，一向重视女子教育的陈嘉庚先生于1916年创办集美小学，由其弟妇王碧莲女士具体负责筹备。1917年2月正式开学，入学女生60名，女教师四名。又于1921年在集美学校增设女子师范部，招收学生100多人。集美女师的创办，为厦门及其周边地区推广女子教育提供师资，得到社会的好评。1930年出版的《厦门指南》，载有鲁戈写的一篇题为《厦门妇女教育概况》的文章，据鲁戈的调查，厦门"女学之设，起自民初，至今而渐昌盛，历年以来，日见增加"。厦鼓两地的女学，已达20余所，校名为厦门女子师范学校、女子公学、毓德女学校、雅化女学校、怀仁女学校、群惠女学校、明道女学校、立人女学校、维正女学校、端本女学校、励志女学校、菁化女学校、励业女学校、南方女学校、励德女学校、怀德女学校、职业女学校、民立女学校、崇德女学校、毓英女学校、厦南女子学校、女子刺绣学校、华侨女学校、女子义务学校。上列共得24校，容有遗漏。

显然，这份调查表罗列20世纪20年代厦门的女校是有遗漏的。迄今能查到的材料,起码还有黄奕住创办于1921年的慈勤女子中学,以及教会办的新街女校、泰山女校等。厦门大学自1922年开始有女生两人,1923年增至三人,1924年增至九人,1929年已有女生20多人。20世纪30年代,更有专收女生的厦门助产职业学校,又有兼办钢琴、国学专修的厦门侨南女子初级中学和小学。

据国民政府厦门公安局公布的《1929年度学龄儿童统计》,抗战前厦门的女子教育相对发达,学龄女童就学率也较高,当年学龄儿童男13,335人,女12,436人;就学男生4362人,女生1485人。但必须指出,抗战前厦门的妇女,绝大多数只接受初等教育,中等教育、职业教育和能上大学受高等教育的,寥若晨星。

厦门女子教育的逐渐普及,有利于提高妇女的文化水平,并为妇女的就业创造机会,让妇女走出家庭,走向社会,关注和参与妇女的解放运动。

(二)戒缠足、倡天足运动

1. 厦门成立中国第一个戒缠足会。

千百年来,缠脚陋习给中国妇女的身心造成极大的伤害。因此,戒除缠脚,提倡天足,无疑是惠及妇女的解放运动。而在中国,1877年成立的厦门戒缠足会,是中国近代史上第一个戒缠足、倡天足的组织。

1879年3月22日,外国传教士创办的《万国公报》刊登署名为"抱拙子",题为《厦门戒缠足会》的文章,披露厦门成立戒缠足会的情况:"每年聚会两次","自设此会,于今三年,入会立约者计八十余家"。证实1877年成立的厦门戒缠足会,早于康有为1883年在广东南海成立的不缠足会六年,且已有相当的规模。厦门戒缠足会一位姓叶的华人牧师,还针对当时有人提出"缠足与无缠足乃欲别妍媸"的论调,写了一篇题为《戒缠足论》的文章,予以反驳,使戒缠足运动继续顺利开展。

2. 天足会的戒缠足运动。

继教会创立的戒缠足会之后,1905年4月,厦门地方人士陈超英等,又成立天足会,并呈请兴泉永道台玉贵出示"通谕"(布告),劝诫妇女,勿再缠足,入会者源源而来。同年8月,天足会在外武庙开宣传大会,邀请厦门名绅陈纲(进士)、黄蔽臣(报社主笔)演讲缠足对妇女的伤害,听众受益甚多。1906年9月1日,天足会在广东会馆举行成立周年纪念会,官绅商学各界以及外国教会男女传教士4000多人参加。天足会成立一年来,会友达3000多户,而且在泉州、漳州、永春、南安、海澄、石码、海沧、石美、铜山、禾山、金门等处分设支会。

厦门戒缠足会、天足会相关人员不辞辛苦,不断开展宣传和劝诫活动,初见成效。然而人们的旧思想根深蒂固,并非五年十年就能彻底改变观念,不再有妇女缠足。1910年农历八月初四的《厦门日报》就有这样的报道:"缠足之虐人人尽知，（且）屡经当轴者示禁煌煌，不啻三令五申；无如诲者谆谆，听者藐藐。厦地虽素号开通，究竟解为天足者，寥寥如晨星可数，一种小户人家，不但以缠足为荣，且变本而加厉焉！可见积习相习相沿，牢不可破也。"

到了民国年间，社会有了新风尚。据1937年3月30日的厦门《华侨日报（夕刊）》报道：厦门缠足妇女，尚有3000余人，但多数是来自内地各县，其中还有未满15岁者八人。现将报道摘录于下：

"有碍民族健康之妇女缠足，自中央颁布查条例……之后，此种不良风尚将成过去陈迹。现除内地偏僻乡村尚有少数者外，若各大都市之中年以下妇女，均已旗袍革履，作时代盛装，缠足少女，已无复可见。最近中央为明了各地查禁缠足情形，曾制发禁止妇女缠足调查表，令各省市县政府查明在案。兹查本市缠足妇女，据警察局调查结果，尚有少数来自内地之妇女未尽解放，其间并有未满十五岁之少女八位……"

（三）废婢运动

1. 厦门的养婢、虐婢恶俗。

旧厦门盛行蓄养婢女陋俗，富商巨贾、官僚豪绅竞相蓄养婢女，有一户养了26个婢女，名居榜首。1933年间，国民政府的厦门警察局曾经进行过市区养婢女户数、人数的调查，根据公布的材料，有1696户养了2580个婢女。其中16岁以上的854人，16岁以下的1696人，国民政府的所谓调查，很多是敷衍塞责、隐瞒漏报的，或把婢女报为养女、报为童养媳的，不胜枚举。这份调查，还不包括禾山和鼓浪屿的。1936年，禾山办理婢女登记、申报的180人。同一时间，据当时《江声报》报道，由于鼓浪屿养婢者不肯主动配合调查，工部局派员挨户登记，直至7月22日，登记尚未结束。人们从这几份不完整的调查材料中，可以看出旧厦门养婢恶俗是何等盛行。

养婢是奴隶制度社会的残余。由于旧社会广大劳动人民深受封建统治阶级的剥削，生活贫困，迫使他们不得不忍心把亲生骨肉出卖给富人当婢女。

穷人的女儿沦为婢女，忍受着非人的待遇。他们日夜操劳，吃主人的残羹冷饭，睡灶下，炎夏不知热，酷寒不知冻。工作稍不小心，或者不能迎合主人、少妇、少爷、小姐的意思，轻则被辱骂，重则受鞭笞。许多婢女还遭受主人的人身侮辱和肉体摧残。

2. 虐婢事件层出不穷。

旧厦门的虐婢事件层出不穷，婢女自杀甚至被主人打死的惨剧，也时有发生。宣统元年（1909）9月25日，普佑殿前某户打死婢女，轰动一时。宣统二年（1910）

11月6日，富户黄大九女婢不甘心被主人奸污，投入相公宫四空井自杀。1924年6月7日，鼓浪屿电灯路朱喻氏勒死婢女春梅，引起厦鼓人民的公愤。1925年，鼓浪屿乌埭角某家主妇打死婢女。1929年11月，谦利洋行老板奸污婢女玉肖后，强迫她用电线自缢。1930年10月，外清石皮仔一个叫粉梅的婢女惨遭折磨，服毒自尽。1936年7月28日，住外清6号的婢女李不治因受主妇马陈氏虐待，跳海自杀。在诸多虐婢惨案中，1929年的"红花惨案"和1932年的"杏春惨案"，引起妇女会以及社会各界的广泛关注和极大的愤慨。

3. 红花惨案。

1929年3月15日，厦门《江声报》登载一则新闻：家住梧桐埕的商人李文学蓄有一婢女，名叫红花。3月10日晚，李文学与红花同房，其妻吴田娟醋海扬波，对红花施以酷刑，红花不堪忍受，服毒自杀。到12日晨，李文学即买来薄棺，将医生诊断后确认剧毒无法救治但尚未断气的红花入殓，并草草埋葬于靖山头。

这则新闻传出，舆论哗然。奉命侦办此案的思明地方法院检察官徐炳元，即率同法警前往曾为红花诊治的周慕卿处取证。周说，12日晨他赶到李家时，红花口合眼闭，无从诊断病状，即以病危难治告辞。时李文学适在周家，徐炳元遂将李拘捕，同时对李家进行搜查，并向其邻居调查，而李文学之妻田娟已闻风逃匿。

红花案发生后，在社会上引起强烈反响和极大关注。市民纷纷要求法院严惩凶手。3月17日，妇女协会召开紧急会议，除做出要求法院对案情进行积极侦查严办外，还呈准国民党思明县（当年厦门尚未设市）党部指导委员会，召集各界声援解放婢女。

在各方面的压力下，3月30日上午，法院决定进行第二次验尸，由鼓浪屿救世医院杨约来等两人担任勘验医生。当时前往现场的除法警、医生、社会组织代表外，还有大批围观市民，人数约1000多人。当棺材被挖出打开后，人们见死者身穿粗布旧衣，头裹破布，纷纷咒骂李文学没有良心。化验结果显示，死者后背、右乳及阴部有明显伤痕，系服用过量鸦片，导致中毒身亡。至此，红花是李文学夫妇虐待惨死的，真相大白。

李文学，同安人，新建成绸缎店老板，红花十三四岁时被李收买为婢女，生前常为主妇吴田娟打骂。这年红花23岁，李文学要纳她为妾，其妻不同意，对她虐待有加。红花不堪忍受，请求择人另配，李文学又不放行。3月10日晚，李文学与红花同房，吴田娟大发醋劲，于次日将红花痛打一顿，并用烧热之铁箸插入她的下部，红花疼痛难忍，不得已服用鸦片自杀。当吴田娟残酷殴打红花之时，李文学毫无相救之意，任由恶妻大发雌威。12日晨，红花命危之时，李文学才请来医生，但因中毒已深，回天乏术。而更令人发指的是，红花尚存气息之际，李文学便买来薄棺，将其收殓活埋。

1929年3月28日，思明地方法院检察处对李文学提起公诉（吴田娟在逃）。同年9月7日，思明地方法院重罪轻判，仅以帮助红花自杀罪判处李文学有期徒刑一年。

4. 杏春惨案。

1932年9月间，婢女杏春因不堪虐待，自杀身亡，再次成为轰动一时的大案。

杏春原为禾山寨上陈有才的养女，1931年间以500元被卖给住莲坂社的薛拱逮为婢，时年仅17岁。薛拱逮买杏春，名义上是作养女，实际是准备纳她为妾。而杏春因薛患有麻风病，屡次拒绝，薛拱逮夫妇因此每当深夜之时，即将杏春捆绑殴打，哀叫之声户外可闻。

9月23日，杏春到溪中洗衣，邻居妇女见她满面忧愁，问其何故，杏春遂将其连日被薛拱逮强行奸污，稍加抗拒即被夫妇俩打骂之事相告。晚上，薛拱逮夫妇又对杏春施暴，哀喊之声惊动四邻。杏春因不堪忍受，于当夜服下大量鸦片烟灰自杀。及至黎明，薛拱逮一面派小孩向驻防双涵海军办事处巡缉分所报告死讯，一面急忙派人到江头街买回一具薄棺，将杏春入殓，并不让邻人前往观看，将其草草掩埋于浦南山上。

杏春暴死及薛拱逮秘密埋尸之事，地保周某当天就到薛家调查。薛以大洋四元贿周，周不接受，并以情节可疑向法院报告，薛拱逮虐婢致死案遂被揭露。莲坂社村民哗然，大家都为杏春惨死抱不平。

薛拱逮虐待奸淫婢女致死，罪证确凿，邻众群起证明。杏春死后，既已报案，未经检验，且不让邻居探望，就急急忙忙将尸体草草收埋，若非冤情，何需掩饰。思明地方法院接到报案后，仅将薛拱逮拘押。验尸当天，观看的群众多达数百人，大家都对杏春的惨死抱有极大的同情心，希望司法部门严惩残酷虐待婢女的薛拱逮。

1933年5月15日，思明地方法院对薛拱逮作出判决，仅处罚金150元，并规定如不缴纳，则以一元折抵一日监禁，裁判之前羁押一日抵罚金一元。实际上，薛拱逮并没受到惩罚，而其妻则更没有受到任何法律制裁。

判决一出，社会舆论惊呼不平，厦门妇女解放协会更是强烈不满，向社会发表沉痛宣言，指责法院枉法纵凶，漠视妇女权益，强烈呼吁禁止虐婢、养婢。

5. 婢女救拔团收容院。

1929年4月19日，厦门有人发起成立解放婢女会，阻力重重，不久就偃旗息鼓。1930年10月4日，厦门社会知名人士许春草、张圣才等在鼓浪屿创办专门收容不堪主人虐待出走而无处安身的婢女，取名中国婢女救拔团，高举"为谋蓄婢制度之废除"的旗帜，团址起先租赁黄家渡左边靠和记路头的一座两层洋楼，大约一年后，因收容婢女人数越来越多，容纳不了，后经上海拒毒会总干事黄嘉惠的帮忙，向上海德国总领事署租来在鸡母嘴口（今英雄山）的原厦门德国领事署为团址，收容婢女，年龄最小的仅九岁，人数最多时达200多人。救拔团规定，凡外界适龄而无力娶妻的妥实青年，可向该团申请选择婢女为对象，经该婢女同意后，即可按一定手续娶为妻子。该团还为婢女安排工作，介绍其为家庭佣人，并在收容所内创办编织羊毛绒衣、棉纱、地毯等工艺，提供婢女的工作条件，充实婢女的生活费用。有个国际调查团曾将这个婢女救拔团的情况披露于《东方妇女解放运动专刊》，由于社会舆论的支持和华人议事会的要求，1936年起，工部局每月补助救拔团经费100元，派代表英国姑娘欧施美参加工作，是年该团收容婢女人数高达105人，直到1941年12月，因日本占领鼓浪屿，救拔团停办。

6. 厦门各界发动废婢。

1933年10月4日，是鼓浪屿婢女救拔团成立三周年的纪念日，厦门各界在中山公园举行规模盛大的废婢宣传大会。这天上午10时，中山公园汇集了毓德女中、厦南女中、怀德幼师、怀仁女中、双十中学、中华中学、大同中学、养元中学、中国婢女救拔团、厦门市图书馆、海员工会、码头工会、民船工会、航业工会、纸业工会、建筑总工会、精武体育会、基督教青年会以及公安局、市商会、市工联会、妇女协会等40多个团体，大约4000多人，会后还整队游行。大会主席商会代表庄金章致辞时，强调指出："我们为什么要举行废婢宣传大会呢？目的就是要大家明白婢女也是人，不应特别对之苛待，而应给以平等的待遇。"公安局长也在会上发表演说："今日中国还有婢女制度的存在，实在是非常的不幸。希望我们能够奋斗努力，达到废婢的目的。"

又过了几年，1936年1月22日，厦门市公安局公布《禁止蓄婢办法》，全文计12条。2月，奉令办理解放婢女案，议定自2月24日至6月24日为调查登记婢女期间。届期，据各分局上报数字统计，全市婢女1832人，16岁以上者801人，16岁以下者1031人，未成年婢女，实居多数，而《禁止蓄婢办法》也因厦门"蓄婢之风，相沿已久"而难于贯彻执行。

抗日战争以后，厦门的养婢恶俗虽然逐渐减少，但是还有人以养女为名变相养婢。一直到厦门解放，妇女当家做主，政府禁虐待婢女，自1949年11月到1950年下半年，连续公审陈识治虐婢、林全英虐婢、吴兴基虐婢等十多起虐婢案，真正维护了婢女的人权，养婢恶俗才彻底消灭。

二、辛亥革命的一位厦门妇女

辛亥革命史上，有一位追随孙中山从事革命十几年的厦门妇女，她的名字叫陈粹芬。

陈粹芬，原名香凌，出生于香港的厦门人。因为她在家中排行老四，人称"四姑娘"或"陈四姑"。1891年，19岁的陈粹芬经陈少白介绍认识孙中山。两人初次见面即畅谈推翻清王朝、效法洪秀全、石达开，相率中原志士收复河山的豪言壮志。陈粹芬对孙中山万分崇拜，自愿追随孙中山奔走革命。不久，她与孙中山结为革命伴侣，在香港红楼租屋居住。从此陈粹芬不仅照顾孙中山的饮食起居，身兼护士与卫士，与孙中山共同生活，过着流离转徙、担惊受怕的日子。1895年，她还亲自参加了第一次广州起义，由她经手暗藏的武器分散在广州河南、河北各据点，行踪隐秘，相安无事。广州起义失败后，清廷悬赏千金缉拿孙中山。陈粹芬得知消息后与孙中山连夜离开广州，前往澳门、香港，后来又到了日本横滨，继续从事革命工作。

1896年，孙中山伦敦蒙难，在横滨的陈粹芬四处奔走设法营救。孙中山脱险东归后，将其恩师康德黎博士赠送给他的一块金质怀表赠予陈粹芬珍藏。这只怀表的金壳上刻有孙中山的英文名字——Y. S. SUN，并配有一条金链。这块怀表也成为中国革命史上的传世之宝。

1900年惠州起义前，秘密运输军械的邮船经过横滨，都由陈粹芬独自接洽传递情报。人们称赞她的勇敢机智，她却说："我当时传递书简，并不害怕，大家拼命去做，总会有办法。"1907年孙中山先后策划的四次武装起义，她都随侍左右。1910年，她随孙中山及其他眷属避居槟城橘仔园，继续从事革命活动。孙中山在南洋各地奔走革命，陈粹芬也一直跟随服侍，还亲自动手印刷宣传品——反清檄文，亲自登门向侨眷筹募捐款，为革命做了大量有益的工作。无论在横滨或是南洋，陈粹芬陪伴孙中山，接待革命同志，照顾大家的生活，几乎无微不至，从烧饭做菜到洗衣服和袜子，任劳任怨，一切粗活样样都做。胡汉民、汪精卫、居正、戴季陶、冯自由、廖仲恺、蒋介石等，都曾受到她的照顾与接待，大家亲切地称呼她为"四姑"。孙中山的英文秘书池亨吉在1908年所写的《支那革命实见记》中说："陈粹芬工作非常忙碌，性格刚强"，颇有"女中豪杰"的气概。宫崎寅藏的夫人槌子在《我对辛亥革命的回忆》一文中说："照顾孙中山先生日常生活的那位中国妇女同志，真是个女杰……"

陈粹芬虽非书香门第出身，但甚知人情世故，秉性朴实敦厚，待人和蔼亲切。她追随孙中山革命前后17年之久，为革命奔走，浪迹天涯，多次站在革命最危险的前列，却始终默默无闻，无怨无悔。民国成立后，孙中山荣任大总统之际，她却悄然从人们的视线中消失，功成身退，不提当年勇，也从不向人炫耀自己的特殊身世。1914年，她单身赴马来亚槟城定居，抱养了一位华侨女孩，欢度晚年。孙氏族人对她十分尊重，视同家人，并载入孙氏族谱。

1960年10月，陈粹芬病逝于香港，葬于香港九龙荃湾，后由孙中山后人迁入中山翠亨村孙氏家族墓地。

三、抗战前后的妇女运动

（一）学运、工运中的厦门妇女

"五四"爱国运动爆发的消息传到厦门，在鹭江两岸激起强烈的反响，同年5月8日，厦门各校女生与男生分别举行集会，声讨北洋军阀的卖国罪行。5月16日，厦门一部分中、小学校女学生参加4000多名学生举行的示威游行。5月20日，厦门各界妇女参加两万余人举行的国民大会。会后，女市民根据大会提出的抑制日货六项办法，拒买日货、提取在日本银行的存款，将日本银行发行的银券兑成银圆，迫使日本开办的银行关门停业。同年6月，福州发生日商买办勾结军阀镇压爱国学生的事件，厦门国民大会干事部发出通电，要求释放爱国青年，严惩卖国贼。厦门妇女积极参加厦门各界举行的罢工、罢市、罢课行动。

1922年，厦门大学开放女禁，招收四名女生，成为中国最早实行男女同校的五所大学之一。校园内经常就妇女问题等举行专题讨论。1922年，厦大学生婚姻改革同盟发表《宣言》主张尊重妇女的意愿，婚姻自主，提倡女子接受教育，并号召男子不娶缠足女子。

新加坡华侨庄希泉、余佩皋夫妇被英殖民当地驱逐回国后，在爱国侨胞的资助下，于1921年在厦门创办女子中学厦南女学（厦南，即厦门、南洋之意）。这所学校主要招收华侨学生，第一学期有学生100多名。庄希泉为董事长，余佩皋为第一任校长，聘请思想进步的教师任教。厦南女学后改为厦南女子中学（简称厦南女中），并附设小学。余佩皋在厦南女中提倡讲自由，讲科学，反帝反封建，开展歌舞、戏剧活动，推广普通话。厦南女中办得生气勃勃，闻名于闽南和东南亚的华侨社会。

1924年，余佩皋投身国民革命，任国民党福建省临时党部执委。她积极进行争取妇女解放的斗争。曾在公开会议上斥责那些养婢纳妾的国民党官员。

1925年席卷全国的"五卅"反帝爱国运动推动了厦门妇女的反日高潮。妇女各界立即成立国民外交后援会，余佩皋成为后援会委员之一。同年6月5日，厦门大学女生参加全校罢课行动，她们集队到市区游行、演讲，散发传单。6月6日，厦门女子公学、厦南女校等校女生参加全市90多个机关、团体、学校共2万余人举行的"厦门各界人民声援'五卅'惨案大会"和示威游行。厦门各中小学校的女生还和男生一道，走向街头，组织纠察队，在码头搜查日货，进行反帝爱国宣传和募捐。

"五卅"运动后，余佩皋离开厦门到广东省海陆丰一带，1925年7月，到绍安县创办平化女子小学，自任校长。翌年11月，随北伐军至泉州，任国民党晋江县临时党部执委、妇女部长、晋江县妇女解放协会主任委员,并筹组妇女工读学校。1927年2月,调福州任国民党福建省党部筹备处委员、妇女运动委员会主任。是年4月国民党右派发动反革命事变,她被通缉,避居菲律宾,后返上海继续革命活动。病逝于苏州。遗嘱将遗体献给红十字会医院解剖研究。

厦门妇女解放协会成立后,明确地提出"提倡男女平等、同工同酬、反帝反封建"的口号,深入大街小巷,进行破除迷信、移风易俗和反对日本侵略、抵制日货的宣传。特别是在解放被压迫婢女、促进妇女走出家门等方面做了许多有益的工作。如红花婢女被资本家李文学虐待致死,妇女解放协会勇敢地站出来伸张正义。又如轰动全市的"红花惨案"发生后,协会组织编写剧本《孰非人子》到各处上演,反响热烈。

1926年,中国共产党在厦门建立党组织,当时正值国共两党合作时期。厦门共产党和共青团组织成立后,积极帮助、支持国民党左派和国民党"二大"福建妇女代表组织妇女团体,并设法为妇女团体筹集经费。

1926年2月19日,在厦门召开福建妇女团体第一次筹备会议。出席会议的代表30余人,其中多数是电话接线生,余下的为女学生、女教师。会议讨论了迎接"三八"国际劳动妇女节、妇女解放协会筹备工作等问题。此后,又多次召开福建妇女解放协会筹备会议,动员各界妇女参加了纪念"三八"国际妇女节,还举行了孙中山先生逝世周年纪念会。

在厦门成立的福建妇女解放协会,拥有四五百名会员。协会发表了《为国际妇女节告女同胞》指出:"我们中国妇女在宗法社会种种束缚之下……过着非人的生活,只有我们自己才知道我们妇女所受的种种痛苦,也只有我们自己的努力才能得到妇女真正的解放!我们应该在今天的国际妇女节团结起来,高呼我们的口号:女子在政治上、经济上、教育上一律与男子平等,打破奴役女性的旧礼教!反对纳妾蓄婢!女子婚姻自由!女子应有财产继承权!保护女工!中国妇女解放万岁!全世界妇女解放万岁!"

1927年4月,蒋介石发动"四一二"反革命政变,共产党组织转入地下活动。党领导的妇女解放运动一度陷入困境。1928年7月,中共福建省临时委员会机关从漳州迁到厦门。中共福建省军事行动委员会,共青团省委等重要机关也都移设厦门。同年8月,中共福建省委在厦门召开第一次党代会,设立妇委,直接领导了厦门妇女运动的开展。女工为争取自己的正当权利而开展斗争,农妇为反对封建婚姻也开展了斗争,不少知识妇女踊跃参加游行集会,许多妇女参加了党领导的反帝大同盟、妇救会、青年读书会等。

1928年3月,厦门市妇女解放协会与厦门市学生联合会联合各界组织巴黎公社及三一八纪念筹备会,在报上刊发《巴黎公社及三一八纪念专号》,登载宣传大纲及《历史上的第一次无产阶级革命——巴黎公社》等文章。不少女学生和妇女参加这次纪念活动。翌年5月，妇女解放协会组织两次群众集会。"五九"国耻日，全市学生（包括女生）于中山公园集会，会后游行。"五卅"纪念日，由厦门大学学生倡导，全市学生（包括女生）在中山公园举行公祭。

1929年7月，中东路事件发生。为声援苏联，揭露帝国主义侵略本质，厦门与福州两地女生参加了反帝大同盟领导的示威游行。她们沿途高呼"反对国民党勾结帝国主义武装进攻苏联""反对国民党出卖中东路"等口号。

20世纪20年代至抗战前，有些妇女冲破家庭的禁闭，参加通俗教育社排练新剧（话剧），与男士同台演出，也有女青年办刊物、写文章，为妇女解放运动推波助澜，其中《妇女之声》《前进妇女》《妇女周刊》《星芒半月刊》等妇女刊物，迄今还能看到。尤其值得提出的是，知识女青年组织的妇女文化研究会、彷徨文艺社等社团，学习和传阅进步书刊，揭露社会黑暗面，为妇女解放运动做出可喜的贡献。

为争取自身的正当利益，厦门大同淘化罐头有限公司的女工于1929年春与男工一道，要求改善劳动条件，他们推举"索薪代表团"与厂方交涉，先后举行两次罢工。由于女工们团结一致，并得到男工的支持，斗争获得胜利。

1930年5月，厦门打石子女工不满工头欺压，联合起来与工头斗争，强烈要求发薪。同年7月，因资本家不发工资，生活无法维持，打石女工再次展开斗争，最终迫使资本家发清女工工资。

同年，电话公司女工在共产党的领导下，也举行了罢工斗争，提出增加工资、缩短工作时间、女工产假一个月、不得侵犯人身自由等21个条件，并挫败资本家企图破坏罢工的阴谋，斗争取得胜利。此外，厦门烟厂女工也纷纷参加烟厂工会，联合男工开展维护工人正当权益的斗争。

正当妇女运动蓬勃发展之际，国民政府军警采取严厉镇压的手段。1931年3月25日，设在鼓浪屿的中共福建省委机关遭到破坏，领导妇运的中共优秀党员梁惠贞与机关工作人员一起被捕，同年5月1日凌晨，她怀着胎儿，与中共福建省委宣传部长李国珍等人，壮烈牺牲。

日本帝国主义在我国东北制造的"九一八"事变，激起全国人民的极大愤慨。1931年9月20日，在抗日救国会召集下，厦门市大、中学校男女学生约5000人举行反日示威大游行。10月20日，厦南女中等学校成立抗日救国会。11月下旬，厦大学生抗日救国会组织赴粤请愿团到广州请愿，呼吁统一救国。厦门大学半数以上的女生参加请愿团。

1932年"一·二八"事变，十九路军在上海奋起抗日，华侨女中与社会团体一起，募款262元汇沪慰劳十九路军。1932年1月底，在中共厦门中心市委领导下,以曾志为主要领导人,成立了厦门妇女救国会。曾志,湖南人,时任厦门中心市委秘书长,闽南特委组织部部长。厦门妇女救国会下设四个分会,四个小组。分会以学校为单位,小组以家庭妇女、女工为主要成员,会员200人左右。主要由学校女师生、家庭妇女和女工组成。救国会中有党、团员四人,互济会会员七人。发表宣言,组织募捐队,开展募捐工作,募得大洋300多元。华侨女中、女小师生,也募捐262元,全都汇往上海慰劳十九路军爱国将士和失业工人。

1932年3月初,国民政府强令十九路军从上海撤退的消息传到厦门,为阻挠厦门民众了解抗战前线真实情况,当局出动军警驱逐和逮捕阅读壁报的群众,酿成震惊厦门的"三五"惨案。惨案发生后,厦门妇女救国会筹委会立即组织"三五"惨案后援会筹委会,发出"快邮代电",表明自己观点,并派出代表团慰问死难家属,组织宣传队,利用"三八"节上街和到工厂宣传,号召广大女工,女市民参加斗争。

期间,国民党厦门市党部也成立了一个妇女组织——妇女会。中共地下团员黄楚云利用其姐夫陈联芬是厦门市国民党党部特派员的身份,与团员许雪玉进入妇女会,教育团结妇女会成员,把它变为发动全市妇女抗日救亡的合法阵地。

抗日战争前夕,厦门市妇女解放及救亡运动逐步发展。知识界妇女积极加入救国行列。1936年初,毓德女中、慈勤女中与厦门大学、双十中学、中华中学等相继组织学生剧团,社会上戏剧团体如蓝天剧社、鸽翼剧社也先后成立。

1936年12月,上海救国总会派刘良模到厦门开展救亡歌咏运动,中共厦门工委在中山公园召开了学生与男女市民1000多人参加的民众救亡歌咏大会。从此厦门的土地上到处响起抗日的歌声。

正当中华民族危机日益严重、全国抗日浪潮不断高涨的时候,德国希特勒鼓吹妇女回到厨房去、妇女的位置在"厨房、教堂和床上"的谬论也传到中国,国民党厦门市党部主办的刊物《妇女报》,立即响应,跟着鼓吹"妇女应该回到厨房去""要做新的贤妻良母"等论调。为击退国内外这股"妇女回家"的逆流,动员广大妇女起来反对帝国主义侵略,在中共厦门临时工委领导下,女共产党员谢怀丹等利用《江声报》副刊,创办《前进妇女》周刊。谢怀丹,又名谢亿仁,抗战爆发后,担任中共厦门妇女支部书记、厦门市抗敌后援会慰劳工作团团长、厦门青年战时服务团副团长,深入开展抗日救亡活动,在厦门产生广泛影响。

《前进妇女》周刊从创刊到1937年6月27日停刊,前后共出28期。先后刊登文章数十篇,从先"齐家"还是先"治国"妇女走入社会对社会的影响、妇女运动的方向等方面驳斥法西斯污蔑妇女、阻挠妇女抗战的种种谬论。

(二)抗日救亡运动中的厦门妇女

1937年7月,抗日战争全面爆发。同年8月,厦门工委妇女支部在市中山公园成立。支部书记谢怀丹,党员陈康容(又名陈亚莹)、黄楚云、王筱光。这个支部延续到1938年5月厦门沦陷前夕结束。

1937年7月28日，厦门市各界抗敌后援会成立，下设宣传、募捐、慰劳等11个部，其中慰劳部全部为妇女。8月19日，中国妇女慰劳前方抗敌将士总会厦门分会由国民党市党部筹备成立。大会通过分会章程和宣言，选举执委25人、监委7人。中共女党员黄楚云担任筹备会主席。黄楚云，广东人，1933年在厦门加入共青团，1935年因党组织被破坏，避难前往新加坡。抗战前夕由新加坡乘船到上海而后转回厦门，未几入党，是抗战初期厦门妇女抗日运动的领导人之一。

中国妇女慰劳前方抗敌将士厦门分会成立后，向全国发出《发动全面抗战》的通电，并做出决议：向各界妇女募捐金银首饰，慰劳前方将士。中共厦门市工委派谢怀丹、陈康容、黄楚云、王筱光等七位女同志以文化界人士身份参加分会工作。谢怀丹，又名谢亿仁，山东人，在中学念书时已经是共青团员。1926年18岁时到莫斯科中山大学学习，1930年转为中共党员。同年8月，在莫斯科的学习结束后回到上海，一度被派往南洋做华侨妇女工作。后来调回晋江再到厦门，任地下省委机关刊物《福建红旗》编辑，抗战初任《江声报》编辑。

1930年8月27日，厦门市各界抗敌后援会慰劳部动员妇女到中山公园助产学校缝制慰劳品，参加缝制者三四十人。同文中学校长徐声金夫人当场捐献一枚金戒指，慰劳部共募得17枚金戒指。当一五七师的部队来厦驻防的时候，慰劳部代表厦门的妇女大众，予以热烈的欢迎。

9月初，中国妇女慰劳前方抗敌将士总会厦门分会并入厦门市各界抗敌后援会（陈康容是后援会负责人之一）的慰劳部，后改为慰劳工作团。团员全部由女工、女学生、女教师、知识妇女，职业妇女和部分家庭妇女组成。当时厦门是个消费城市，只有几家工厂，女工极少，团员大部分是知识界妇女。全团约200余人，所联系的妇女群众不计其数。会址在定安路保生堂三楼。谢怀丹任团长，黄楚云任组织股股长，陈康容任宣传股股长。工作团成立九个月，成为厦门妇女救亡运动的中坚力量。慰劳工作团在表面上属抗敌后援会，也就是厦门市国民党市党部领导，实际上由中共地下党领导，有一个妇女支部，成员是黄楚云、陈康容、王筱光和谢怀丹。谢怀丹当支部书记。慰劳工作团的任务是发动、组织厦门市妇女起来参加抗敌救亡。具体工作是宣传抗战及慰问前方将士。

9月18日，慰劳工作团发动了"九一八"慰劳运动，慰问了击退"九三"敌人进攻的胡里山炮台将士与受伤士兵。21日，慰劳工作团以厦门市各界抗敌后援会的名义发出《告各界同胞书》，征募棉背心及布鞋。

10月初旬，厦门开始了劝募救国公债的运动，慰劳工作团动员全体工作人员分队分区向各家庭宣传，使厦门妇女大众了解救国公债的意义，以鼓舞其购买热情。在劝募救国公债的宣传工作中，工作团教民众唱抗日歌曲，歌词以劝募救国公债为内容，深受群众欢迎。歌词是："你也唱，我也唱，千人万人齐欢唱。全民抗战开始了，摧强惩暴声势壮，有气力的出气力，披坚执锐上战场，有钱财的出钱财，救国公债买几张。妇女一样知爱国，同心协力保国疆……"工作团吸收了许多新的会员，有30多名家庭妇女参加到慰劳团来，使慰劳团的工作人员从43名增加到100名。10月底，慰劳工作团参加了全市文化人纪念民族革命战士鲁迅先生逝世周年祭，在大会上发动了捐募棉背心，慰劳前方抗敌战士的活动。

11月10日，日军舰艇四次炮轰厦门，日军飞机五次临空，厦门胡里山炮台发炮还击。为了鼓励海军将士，中共厦门工委妇女支部决定组织妇女登上胡里山慰劳。妇女由谢怀丹带队，在日军飞机不断临空的威胁下，高唱《牺牲已到最后关头》等抗日歌曲，步行到胡里山慰问。11月14日，为慰劳前方将士，厦门慈勤女中学生连日加班编织200副羊毛手套，募得700余件寒衣及慰劳品。

11月25日，敌机整天骚扰，四度投弹。另有敌舰五艘，向五通开炮20余发，守军还击。11月26日，厦门市各界抗敌后援会慰劳工作团骨干李清彬、王晓光带队，率家庭妇女朱红柑等七八人赴五通慰劳驻军将士。这次慰劳活动，完全由家庭妇女组成，慰劳品也是由家庭妇女募集而来。夏去秋来，天气渐凉，为支援前方抗战将士，同月，慰劳工作团向全市妇女募征寒衣，并计划制作3000套内衣裤送给前方将士。

1937年10月26日金门失陷，慰劳团慰问了逃厦的金门难胞，成立了金门难民教导团，按时派员到难民收容所进行教育难民的工作。

12月11日，鼓浪屿怀仁、怀德、慈勤、教儒园、维正、毓德等校女生赶制431件寒衣，送交厦门市各界抗敌后援会转寄前方。12月13日，集美学校女生积极购买公债，集美小学师生缝制棉衣送给前方将士。

年底，厦门市各界抗敌后援会组织慰劳队，慰劳驻厦门的一五七师，并在部队驻地开展"献力运动"，组织群众帮助驻军修筑工事。她们一面高唱抗日救亡歌曲，一面挥锹挖土。"献力运动"历时一个多月，共动员三万余人次，就连妙法林斋堂的菜姑也到驻军阵地上献上她们募捐来的生活用品和药品。

"抗日情绪，如春花怒放！"厦门许许多多的儿童也与成年人一道，利用各种方式进行抗战宣传鼓动工作。同年9月3日，厦门儿童救亡剧团成立。中共党员洪凌、陈轻絮担任领导，少儿团由60多名从7岁到17岁的少年儿童组成。他们排演《古庙钟声》《炮火中的儿童》等剧，宣传抗日。厦门沦陷后，少儿团编入厦门青年战时服务团第九分队。在党组织的关怀领导下，他们途经福建、广东的30多个县市，于1938年8月到达广州市，随后又到香港、安南（越南）开展宣传活动，募捐了大量的款项、物品，于1939年8月回到广西，1940年在桂林被迫解散。

同年秋，厦门鼓浪屿青年抗敌服务团成立。女团员占半数，卢琳、刘佩霞等女青年是该团的骨干分子。该团出版《战时妇女》刊物，鼓励各阶层妇女参加抗日斗争。

1938年2月23日，厦门市抗敌后援会慰劳工作团召开全市妇女反侵略运动大会，到会妇女1000多人。《江声报》登载："年幼女童，龙钟老妪，济济一堂，情况十分热烈。会上首先由谢怀丹以慰劳工作团团长名义致辞，接着黄楚云、方美侬、陈冰等人演讲。大会致电全国妇女，呼吁：一致奋起，抗战到底；彻底肃清汉奸亲日派，巩固抗日民族统一战线。春节期间，在中共厦门工委领导下，市12个抗敌团体举行抗敌宣传周活动。厦门市各界抗敌后援会慰劳工作团参加这次活动。

"三八"节期间，慰劳工作团也开展抗日宣传，大规模活动两天。8日上午召开纪念大会，1000多名妇女出席。谢怀丹、黄楚云、何美玉、吴淑端在会上先后发言。会后游行，队伍从市教育会出发，沿途高唱救亡歌曲，至思明南路口解散。中途遇警报，避入泰山礼拜堂内。1000多的妇女在警报声中，秩序井然。下午，分小队进行街头宣传。晚上，在戏院连续演出《打日本鬼子去》《三小姐的职业》《毒药》等三部剧，并通电全国妇女奋起抗敌。3月9日晚，又在厦门、鼓浪屿各大戏院公演抗日戏剧。

同年5月9日晚，厦门各界民众举行纪念"五九"国耻的万人火炬大游行。全市救亡团体响应，鼓浪屿青年抗敌服务团也渡海前去参加。游行队伍从中山公园出发，火龙在中山路行进，口号声和歌声此起彼伏。

厦门沦陷前夕，厦门妇女到胡里山和禾山挖战壕、修工事，其中年龄最小的才13岁。

1938年5月10日，日军进犯厦门。厦门军民奋起抵抗，中共厦门工委领导抗敌后援会宣传工作团、慰劳工作团，奔赴前线，救护伤员。同时，募集食物送往前线慰劳抗日战士。

当天，厦门沦陷。晚上，厦门工委领导的几个抗日团体撤到鼓浪屿，同鼓浪屿青年抗敌服务团骨干会合。深夜，六个团体成员集中在英华中学大礼堂开会，决定联合成立厦门青年战时服务团，会上谢亿仁被选为副团长。11日，渡海到嵩屿转海沧，当晚，在海沧小学礼堂召开团员大会，黄楚云被选为干事会干事，兼一个工作队的队长。全体团员先组成四个小队，以后分为九个工作队。厦青团开赴漳州，以漳州为中心，在周围县城、乡镇宣传抗日救亡。

厦门沦陷期间，各界团体坚持斗争。1938年9月26日，厦门妇女慰劳工作团与宣程工作团合作出版刊物《抗敌导报》。陈康容、谢怀丹等妇女经常在这个刊物上发表文章。《抗敌导报》不断刊登有关教育、动员妇女参加抗战的言论。

（三）抗战烽火中的厦门妇女

1938年12月，厦门落入日本帝国主义的魔掌已有半年。面对日本侵略者的暴行，由男、女团员数百人参加的厦门中国青年复土血魂团坚持在厦门岛上打击日本侵略军，在禾山等地击毙日军哨兵，焚烧日军海军司令部，在全市散发传单，高呼口号。日军极为恐慌，悬赏1000元缉捕。

厦门沦陷时，市民扶老携幼逃难到鼓浪屿。地方人士在黄家渡建了二三十座难民所，收容来自厦门的难民，还创办难童学校，知识界妇女主动担任难民所的义工和在难童学校义务任教。

更可贵的是有些知识女青年走上了北上抗战的路线。1937年10月，在抗日救亡运动风起云涌的时候，曾就读于鼓浪屿慈勤女中的莫耶辗转来到革命圣地延安。1938年，年仅20岁的莫耶创作了激情洋溢的《延安颂》："哦！延安，你这庄严雄伟的古城，到处传遍了抗战的歌声。哦！延安，热血在你胸中奔腾！千万颗青年的心，埋藏着对敌人的仇恨，在山野田间长长的行列，结成坚强的阵线……"这支闪耀着战斗光芒的《延安颂》，以奔放豪迈的热情，高亢激昂的旋律，记录下整整一个时代的音符，燃烧着一代青年的革命热情和理想。

在"救亡高于一切"的前提下，华侨妇女也开始踏出闺房，卷进救亡的浪潮。1938年，曾在集美中学就读过的印尼归侨李林赴雁北前线参加抗敌斗争，成为山西抗日战争历史上第一位女游击队长。李林，原名李秀若，福建龙溪人，曾侨居荷属爪哇。1924年回国，就读于集美女中。"九一八"事变发生后，参加学校组织的抗日救勇队，投入抗日救亡斗争。1933年，集美女中召开第一次学生代表大会，当选会文书股长。她积极发动学生参加街头抗日宣传，抵制日货，带头捐献，登台演讲，表现出色。1936年8月，考入北平私立民国大学。在校期间，参加中华民族解放先锋队，在反帝爱国学生运动中矢志不移。同年年底，加入中国共产党。1937年投笔从戎，奔赴山西参加牺牲救国同盟会（简称牺盟会）军政训练班。抗日战争爆发后，请缨杀敌，驰骋长城内外，英勇善战，为创建雁北抗日根据地屡建功勋。历任山西雁北地区游击队政委、八路军第一支骑兵营教导员，牺盟晋绥边委会宣传员，雁北第十一专员公署秘书主任等职。1940年4月25日，在抗击日军"围剿"战斗中，为掩护边区专署机关工作人员和群众转移，以身殉国，年仅25岁。周恩来总理称赞她是"民族的骄傲，华侨的骄傲，妇女的骄傲"。

还有一位缅甸归国华侨女子陈康容，1930年父亲送她和姐姐一起回国，在集美中学念书，后来她又考入厦门大学，并在厦大加入中国共产党。但时间不长，她就回缅甸了。1937年初，战争的硝烟越来越浓的时候，她同一批爱国青年一起回国。"七七"事变前后，她是厦门妇女抗日救亡运动的骨干（以陈亚莹的名字），任中共厦门妇女支部委员，厦门抗敌后援会慰劳工作团宣传股长。1938年初，党派她到闽西永定工作，1940年秋，因叛徒告密，不幸落入敌手，牺牲时同样25岁。

在后方，华侨妇女也加入了救国的行列。"七七"卢沟桥事变后，南京成立中国妇女慰劳自卫抗战将士总会，菲律宾爱国华侨妇女闻风而动，组织菲律宾华侨妇女慰劳自卫抗日将士分会（简称华侨妇慰会），颜敕被推选为主席。颜敕，全名颜受敕，出生于晋江，是爱国华侨领袖李清泉先生的夫人。李清泉年轻时在厦门同文书院读书，后又在厦门创业，并于鼓浪屿鹿耳礁建有一座"榕谷"别墅，颜敕在这里生活一段时间。抗战前到菲律宾。

抗战爆发后，颜敕的丈夫李清泉积极投身抗战工作，被推选任南侨总会副主席（主席为陈嘉庚），颜敕也带领华侨妇慰会成员，经常深入各个华侨学校，号召组织华侨童子军，上街挨家挨户筹募支援祖国抗日战争的捐款。组织华侨妇女和学生上车站、码头、广场等公共场所卖"爱国花""爱国面包"等等。她们把募集的款项汇回祖国支援抗日战争，还购买大批药品、急救包、寒衣、雨具等物资寄给前线将士。据1940年6月4日延安出版的《新中华报》报道，当时由颜敕领导的菲律宾华侨妇女慰劳会，仅救伤袋一项，就捐献了十万个。在海外得悉中国共产党领导的八路军、新四军在前线英勇抗战的消息，1938年3月6日，颜敕以菲律宾华侨妇慰会主席的名义汇款一万元给八路军购买雨具，并于同月10日，专门写了一封热情洋溢的慰问信给八路军总司令朱德。得到朱德、彭德怀的联名复函致谢。在宋庆龄发动为前线将士捐棉衣时，妇慰会捐献了几万元菲币。

1940年3月8日，马尼拉市的华侨妇女第一次集会纪念国际劳动妇女节，颜敕利用这个机会开展了一次爱国抗日宣传活动，同时向侨胞作一次妇慰会成立以来的工作汇报。她们编写一个剧本，把一些基本数字和活动情况结合在剧情中加以介绍。在纪念三八节前夕，妇慰会就印了一些爱国抗日歌曲，分发到各个华侨学校去演唱。同时约请一些社会名流撰写有关纪念三八节宣传抗日文章，分别在《新中国报》《新闻日报》《公理报》《华侨商报》等几家华文报的副刊上刊登，壮大了纪念活动的声势，扩大了抗日宣传的影响。1942年1月，日本帝国主义南进入侵菲律宾，菲律宾广大华侨与当地人民同仇敌忾，奋起与日寇搏斗，开展地下抗日活动和游击战争。颜敕和她领导的华侨妇慰会同店员救亡协会的骨干组成了菲律宾华侨抗日反奸大同盟（简称"抗反"）抗反和菲律宾华侨抗日游击队（简称为"华支"）等组织，同中、菲、美友军合作，积极开展斗争，直到抗日战争取得全面胜利。

四、解放战争时期的妇女运动

（一）中共厦门地方组织的重建和发展

抗日战争胜利后，以蒋介石为首的国民党政府，顽固地坚持内战、独裁和卖国的政策。1946年6月，在美国的支持援助下，蒋介石发动全面内战。

1945年夏，中共闽中泉州工委派出许集美、高景春同志考进抗战时内迁安溪县的集美中学，抗战胜利随着学校来到厦门集美。他们以学生身份为掩护，一方面寻找已回到厦门的党团员，一方面培养发展新党团员，为恢复发展党的组织做准备。1946年4月，闽中厦门工委成立，隶属中共泉州中心县委。在工委成立之前，已先后建立侨民师范支部、集美学校支部和集美学校女生支部，发展了一些女党员。

抗战胜利后，郑秀宝是最先进入厦门开展建党和妇运工作的。郑秀宝，又名林秋萤、黄毓秀，晋江人。1945年在南安加入中国共产党，翌年春到厦门，与丈夫施能鹤以教师身份作掩护，在禾山建立十多个中共党组织。1948年，调任中共厦门工委代理书记、书记。任职期间，在城市和农村中建立20多个中共党组织，并承担中共厦门党组织与周边地区党组织的联络工作，为中共领导的武装提供情报、药品、武器等。厦门解放后，历任厦门市妇联筹委会副主任兼组织部长、市妇联主任、中共厦门市委妇委书记、中共厦门市委委员、福建省妇联执行委员等职务。

1946年7月，中共闽浙赣党委闽江工作委员会（城工部前身）派王毅林和苏尔兰前来厦开展工作，他们把工作重点放在大、中学校。

1946年底，中共闽南地委任命陈华为中共厦门市委书记（闽西南）。该组织以厦大和侨师为据点，以青年学生为工作对象，设立青年、职工、妇女等四个委员会，成立女生支部、妇女支部和女生直属小组各一个。

这三个系统的中共党组织在重建和发展过程中，都很重视妇运工作，吸收一批又一批的新党员。由于党的活动不能公开，为适应斗争的需要，建立了党的地下工作据点，为推动党领导民主爱国运动的联络站。

1946年年初，中共厦门工委选定九条巷7号作为党的活动据点。女主人自觉站岗放哨，机警地掩护地下党员脱离危险。

1947年，思明北路117号老元成夫妻杂货店成为中共厦门工委的重要联络站。杂货店女主人郑纳与丈夫一道，冒着生命危险为党组织、游击队收藏情报、药品、生活用品、黄金、银圆、美钞、首饰和子弹，接待中共党员2000多人次。

1949年冬，中共闽中地委决定重建厦门地下组织，选择励志路1号妙法林斋堂作为党的联络据点。该斋堂主人苏碧芬、胡水仙及菜姑们全力支持革命。她们严守机密，接待中共党员，供应食宿，站岗放哨。她们在斋堂后面开荒，种瓜、菜，在经济困难时，出售棉被和家具，以维持地下党员的生活。

（二）投身民主爱国运动

1946年12月24日，北平发生美国士兵强奸北京大学女学生沈崇的事件。消息传来，1947年1月6日，厦门大学成立抗议美军暴行委员会，金珍君、力伯珍、谢雪如、林齐雄四位女生当选为委员，参加抗暴行动的领导工作。1月7日，厦门大学全校学生罢课，举行游行，女生三人一排走在队伍前列。新生院全体男、女学生从鼓浪屿渡海而来参加游行。一路上，女生不断高呼口号，还站在街头，用闽南话演讲，声讨美军暴行。1月11日、1月15日，厦门女生通过抗议美军暴行委员会致电蒋介石、北京大学学生和全国学生团体，要求国民政府向美国当局提出严重抗议。

1947年5月，"反饥饿、反内战、反迫害"运动在全国学界爆发。5月17—19日，厦门大学女生连续罢课三天，参加校党支部发动的"反饥饿、反内战、反迫害"斗争。5月28日，为声援南京"五二〇"惨案的受害者，在校党支部的发动下，厦门大学女生参加持续五天的罢课行动，并筹划参加6月2日全国统一举行的"反饥饿、反内战、反迫害"大游行。国民党当局闻讯，提前于6月1日进行全市大逮捕。厦门大学三名男生被捕，金珍君、力伯珍、谢雪如、王雪卿等四名女生被"管教"，软禁于校长公馆。消息传开，群情激愤。厦大部分女生与男生一道，涌向校长公馆，抗议逮捕、"管教"学生，并派出代表与国民党政府交涉，最终迫使当局释放被捕、被"管教"学生。

1947年6月，在共产党的领导下，国立侨民师范学校（简称侨师）掀起"驱陈"学潮，驱逐陈永康校长。女学生陈壁人参加学潮领导工作。她与学潮的其他领导者一起，以校长扣服装费、伙食费、殴打工友等为由，发动全校同学签名，向校长请愿，迫使校长承认错误，进而要求校长辞职，并要求教育部另派与华侨有联系、有威望的专家学者主校。同时，发出快邮代电，举行记者招待会，向社会呼吁，取得厦门大学学生会支持。国民政府教育部派员到厦门支持校长镇压学生，开除、处分一批学生，并以解散侨师相威胁，但侨师男、女学生紧密团结，坚持斗争，迫使教育部收回解散侨师成命，为侨师的爱国民主运动创立良好开端。从此，校内气氛焕然一新，开辟民主墙，成立学生自治会。女学生林希圣、黄八西当选为理事。学生自治会开展驱逐监督学生言行的训导主任的斗争，获得胜利。

同年10月，厦门大、中学校开展为期两天的义卖助学、自救活动。厦门大学三位女生担任学校助学运动委员会委员。她们以进步女生为骨干，动员全体女生一起动手做纸花。各校女生以义卖"助学章""助学花"，举行体育、文娱表演，举办展览、发售义卖券等形式筹集助学金。在这次活动中，一些家庭比较富裕的女生和平时不参加政治活动的女基督教徒也走上街头参加义卖。毓德女中共制作277朵绸花，怀仁中学出售153朵鲜花。全市男、女学生共筹集助学金1.2亿元（旧法币），补助各校生活困难的同学。在要求配售平价米、开展"活命自救"的活动中，集美女生与男生一起到厦门郊区、同安等地开展宣传，举行游行，自编自演街头剧，并散发传单。

11月13日，厦门大学召开追悼于子三大会，控诉国民党特务杀害浙江大学学生会主席于子三的血腥罪行。厦门大学校本部和新生院的进步女生都参加了大会。会后，女生罢课三天，节食一天，将节约的捐款汇往浙江大学，转交于子三亲属。集美各校女生参加学校赴厦门、同安农村的游行示威。集美高中女生党支部发动同学签名罢课，反对反动教员对于子三的污蔑；发动班组利用民主墙等学习园地登载于子三被害真相，揭露国民党对民主运动的血腥镇压。

1948年5月，厦门大学学生自治会发动组织了声势浩大的反对美国扶植日本侵略势力复活的游行示威。女党员金珍君参加领导和发动工作，李毓华负责编印快报。游行过程中，会讲闽南话的女生在群众比较密集的轮渡码头做街头宣传，引导群众回忆日本在厦门沦陷期间的种种暴行，揭露美国扶植日本军国主义的罪恶阴谋。

同年12月，国民党福建省政府田粮处处长陈拱北来到厦门，厦门大学地下党组织发动要求配售平价米的请愿斗争。学生自治会理事在理事长的带领下，于12月13日清晨在游行队伍未到之前，先到民主大厦，守住几个楼门，防陈潜逃。理事长据理与陈力争，全体男、女生在陈拱北下榻的厦大旅社门口高呼口号，内外呼应，密切配合，迫使陈签字，同意配售平价米。

1949年2月，厦门大学开展"活命自救"运动，在市公园西路通俗教育社举行四个晚上义卖演出。厦大海音歌咏队女队员全部参加。

在厦门解放的前一天，1949年10月16日，一个年轻美丽的生命倒在了鸿山脚下，她就是刘惜芬烈士。刘惜芬，厦门人，原是一位从事医务工作的女护士。1949年5月，她加入中国共产党。游击队缺医少药，她积极开展劝募活动，动员一家药房老板的儿子捐献一大批止血包、消毒盒和针筒等医疗器械。还动员家里的亲人，把手上佩戴的金戒指支援游击队。1949年7月，国民党反动派大力加强血腥统治，在白色恐怖日益严重的情况下，她和她所联系的革命青年，以巧妙的方法在厦门街头张贴革命标语和厦门党组织的《告厦门同胞书》，以及给国民党党政各部门的《约法八章》。同时还接受中共党组织交给她的各项重要任务。她利用护士的职业为掩护，一次又一次地深入"虎穴"——国民党厦门要塞司令部去刺探军情，收集情报，出色地完成了党交给她的各项任务。1949年9月14日，因叛徒告密被捕。她在敌人的严刑拷打下坚贞不屈，1949年10月16日，她被国民党反动派的刽子手绞死在鸿山脚下，牺牲时年仅25岁。

在解放厦门、鼓浪屿战役中，龙海市许多妇女动员丈夫、兄弟、儿子当船工参战。石码镇50多岁的渔民妇女张锦一家（夫妇及三个儿子）和三条船参加支前，在渡海战斗中，全家五人全部牺牲。

1949年10月1日，中华人民共和国成立。10月17日，厦门解放。12月18日，厦门市各界联合举行"厦门死难烈士追悼大会"，悼念为解放厦门而英勇牺牲的烈士们。大会为刘惜芬烈士所题的悼词是："新中国的奠基石"。张锦被评为"支前特等功臣"。

（原载《厦门妇运百年》，原标题为《厦门妇女运动的开端》《抗战前后的妇女运动》《解放战争时期的妇女运动》，洪卜仁主编，厦门大学出版社，2011年12月）

早期中美合办的同文书院

厦门同文书院起先由美国驻厦门领事巴詹声倡办，但经费由厦门富商承担和自华侨募捐，是一所中国人掏钱请美国人办学的中美人士合办的学院。自1898年3月开办，至1941年12月太平洋战争爆发被日本帝国主义封闭，前后存在44年，有43届的高中毕业生和47届的初中毕业生，校友数以万计，分布地区很广，国内的福建、广东和台湾、港澳地区，以及海外的菲律宾、新加坡、印尼、缅甸、越南、泰国的一些大城市，都有同文的校友，还有少数侨居美国、英国和法国，其中有些校友是社会活动家、企业家和华侨领袖人物，是近代厦门一所在华南地区和东南亚甚负盛誉的学校。

同文书院存在的44年间，大体上可分为三个阶段，从1898年到1926年，是美国人主持校务的阶段；1926年7月北伐以后，反对帝国主义文化侵略的浪潮日益高涨，各地纷纷开展收回教育权的斗争，同文书院也由中国人组成的校董会收回自办，改称同文中学，这是另一阶段；1938年厦门被日本占领前，同文迁移鼓浪屿公共租界，恢复书院名称，聘美国驻厦副领事欧德福兼任院长，未几，欧德福介绍美国牧师卜显理充任。自是，标榜与宗教无关的同文，与基督教搭上关系，开设宗教课程，这是最后阶段。

本文叙述从1898年到1926年这一时间段的同文书院。

一、巴詹声倡办同文书院

1842年中英《南京条约》签订后，厦门被迫开放为五个通商口岸之一，在外国侵略者进行军事、政治、经济侵略的同时，传教士也随之涌进厦门，以创办学校、医院推动传教。在巴詹声倡办同文书院之前，先后在厦门设立的教会学校，已有英国教会的观澜圣道学院、福音小学（即福民小学的前身），美国教会的浔源书院、毓德女子学校、养元小学等等。然而那时候的老百姓大多不拜洋教，也不愿让子弟进教会学校读书，怕被洋化。

甲午中日战争中国惨败，彻底暴露了清政府的腐朽无能，1898年前后的变法维新运动轰轰烈烈地展开，废八股、办学堂、学习西方文化的呼声，响彻全国。驻厦门的美国领事巴詹声，利用中国舆论"求新"愿望的时机，拜会兴泉永道台杨执中（字子权）提出美国人要办一所与宗教无关的学堂，专门介绍西方的进步科学，为中国培养人才，帮助中国维新自强。他的倡议得到杨执中的支持，经过几次商议探讨，定校名为同文书院，组织同文书院董事会，巴詹声和当年的厦门海关税务司穆好士任正副董事长，聘叶清池、邱华绕、邱振祥、付孚伯、陈阿顺、陈北学为董事，负责筹集办校经费。

同文书院首届华人董事中，叶清池是菲律宾华商巨富，邱姓两人都是今海沧区新垵乡望族，海峡殖民地富侨，付是德记洋行买办，陈阿顺是本地绅商，陈北学是台厦郊商。学院开办后，院董事会不断扩大，厦门的富商、绅商林尔嘉、黄仲训、黄奕住、黄庆元、黄秀烺等全都被延聘为董事。

1897年冬，巴詹声选择在寮仔后日本东亚书院的对面租赁一座民房当作临时校舍，于1898年3月12日开始上课，以"美国哥伦比亚大学中国厦门同文书院分校"的名义在美国立案。1922年在望高石顶兴建校舍，由美国医生、传教士兼建筑师郁约翰设计。其中清池楼、秀烺楼、奕住楼分别由他们三人捐资兴建。

同文书院开办的第一学期，只有41个学生，第二学期增至92人，1899年为180人，1900年为201人。学生大多数来自从事对外贸易的家庭，也有富家子弟和华侨子弟，还有来自台湾和广东省潮汕以及泉州、漳州等各县的官家、富家子弟和侨眷。有的学生上学时带着童仆，有的甚至乘坐肩舆。每年学费22银圆，寄膳费3～5银圆，寄宿费25～50银圆，可以说是贵族学校。杨执中的儿子和水师提督衙门的师爷鲍诚衷的儿子，也是这个时期入学的。

1900年间，日本趁八国联军攻进北京之际，纵火自焚山仔顶东本愿寺，制造"教案"，并以此为借口调遣军舰侵入厦门港，派水兵登陆驻扎通衢大道，又架大炮于望高石顶上，厦门形势顿时紧张起来，商店停业，居民闭户，中国学堂也休学，唯独同文书院因为挂美国旗，照常上课。据说当时有个日兵误入同文书院，学生奔告院长韦荃荞，韦闻讯追出来，日兵见到洋人，回头逃跑。自是以后，颇有人认为在同文书院上课安全有保证，于是1901年生数骤增为201人。又因同文书院毕业或肄业的学生，可由美国院长介绍谋个"洋饭碗"。倘若想出国到菲律宾，只要美国院长写张条子，持往美国驻厦领事馆，没有拿不到赴菲护照的。这样，使同文的生数大大增加起来了。1903年，书院给第一届毕业生颁发证书。《厦门海关十年（1902—1911）贸易报告》提到厦门的教育情况时写道：同文书院"在本地各校中是学生出勤率最高和最受尊敬的"。1920年院方公布，当年生数达409人，跃居厦门各院校之冠。

巴詹声后来离开厦门，调到菲律宾任职，在他晚年退休回国之前，还特地前来厦门探望他创办的同文书院，表示无限"关心"。他曾经会见一些中国教师，讲述他倡办的同文书院，目的在于与日本的东亚书院争夺年青学子。原来，日本从清政府手中攫取台湾，得陇望蜀，又把侵略的触角伸进厦门。1897年间，日本在寮仔后（今晨光路）创办一所东亚书院，培养亲日分子，作为它向中国华南地区扩张侵略势力的代理人。而巴詹声倡办的同文书院，故意租赁东亚书院对面房子为校舍，其目的也就在于让厦门年轻人亲美不亲日。

二、经费来源

同文书院的经费来源有五个方面。

一是董事会的董事们掏腰包。为此，同文书院扩大院董事会组织，凡是厦门地方上的富商豪绅都延聘为董事。巴詹声在《厦门同文书院沿革》一文里坦言："同文开办时一切经费都是叶（清池）君等负责，后更蒙中国富有远见的其他绅商……亦乐为本院董事"，"而南洋华侨，尤其热心赞助"。1922年新校舍建成后之所以分别命名为"清池楼""秀烺楼""奕住楼"等等，也正是厦门的中国董事捐款的证明。

二是向华侨募捐。韦荼荠和吴禄贵任院长期间，数度到菲律宾、新加坡、印尼各属向华侨募捐，尤其是菲律宾，韦荼荠前后去过五六次。这些地区的华侨，有不少是同文书院的校友，并在当地组成校友会。韦荼荠、吴禄贵赴南洋募捐，主要以同文校友为对象，并通过校友请当地的富商巨贾慷慨输将。例如有一次到菲律宾，单是校友、侨领李清泉经手的捐款，就达20万元菲币。又如到印尼，曾经由在井里汶经营土产的德丰行老板钟锡照出面协助筹款数十万荷盾。韦荼荠赴南洋募捐，常带郑培敏（同文书院教务，厦门交涉员郑霁林之子）偕行当翻译。有一两次，也曾由韦荼荠的得意门生邓世熙（在同文任教30多年）代表出洋募捐。

三是以筹捐同文书院常年经费为名，由驻厦门的美国领事馆规定：凡赴菲律宾的华侨，不论是新侨、旧侨，每张护照附加大洋2元，其中50%称作检验费，50%拨充同文书院基金。自是以后，成为定例。

四是提高学杂费。同文书院的学杂费，比别个学校高达二三倍。学费根据年级的不同，每学期从大洋12元到24元。杂费有书本费、簿籍费、实验费、体格检验费、补考费（学生每补考一科，需交大洋2元）、制服费等等，合计每学期约需大洋50～60元。寄膳每月大洋3～5元，寄宿每月大洋25～50元。书本、簿籍、文具、制服，都统一由书院里的商店代办，一概不能在市上购买。毕业拿文凭，也要交文凭费，说是用美国特制的羊皮布印制的，开初一张大洋4元，后来一直涨到大洋8元。

五是临时性募捐。1915—1916年间，同文书院宣布兼办大学，在本市和东南亚一带进行临时性募款活动，根据笔者看到的一份募款清单，仅厦门就募得1.3万多银圆，其中1000元以上八人，为叶崇禄（清池）3000元，邱世乔、吴颂三各2000元，叶崇华、黄猷炳、黄仲训、黄庆元（世金）、陈锡华各1000元。

海外华侨的捐款更为踊跃，印尼三宝垄共捐银3.86万元，其中黄青云独捐银2万元，黄奕住、郭河北各捐银5000元；印尼泗水的王振煌也捐银5000元，其他500元、1000元的有几十人。仅厦门和印尼捐款就达银7.7万多元。

不难想象，当年同文书院的经费是很宽裕的。

三、院长、课程和教材

同文书院的首任院长，称为毛尔先生。不久离职他去，由一个曾经当过船长和在厦门海关任过稽查员的顾伯尔接任。1900年顾伯尔辞职返美，巴詹声改聘韦荼荠继任。韦荼荠主持了21年的院政，一直到1921年才离开，带着同文书院名誉院长的头衔回美国去。继韦荼荠当院长的吴禄贵，原在埃及开罗的一所美国教会学校教书。1926年冬，同文改由中国人的董事会自办，书院更名中学。

同文书院参照美国的教学方式，没有严格的分班制度。第五年以上的，采取某教师固定在某一教室，让学生自找教师上课的方式。同一个学生，第一节课在这班这一教室，而第二节课又属于另一班另一教室。它起初分为文法科五年毕业和高等科七年毕业，设置英语、英美文学名著、英语修辞课、算学、三角、几何、代数、天文学、物理、化学、政治学概论、万国历史、地理、地质学、商业簿记、商业法律、矿学、打字、身体学（生理卫生）等课程，学生可以凭自己的需要选修。而所有这些课程，都是采用原版英文课本，采用英语授课。

辛亥革命前夕，在民主革命浪潮的冲击下，部分学生和社会人士对于同文书院的美国学制表示不满，曾经发生过罢课风潮。院方不得不改变学制，分为英文、汉文两部，实行汉英并重，中西兼顾的教育方针，让学生任选一部或兼学两部。英文部有幼稚园班、小学班、中学班；汉文部有小学班、中学班。大学部有文、理两科。英文部的小学班四年毕业，中学班七年毕业。照韦荼荠的说法，凡在同文英文部小学、中学毕业的，相当于美国小学、中学毕业的程度。中学班成绩优良的学生，毕业后可直接升入美国哥伦比亚大学肄业。大学部文科仅有一个班级，只在每天下午全校放学后上课两小时。1921年陈嘉庚先生创办厦门大学，同文书院的大学部于1922年停办。

同文书院的课本，除了非用中文不行的《四书》《五经》《古文观止》和唐诗、宋词之类外，其他各种教科书，最先是采用伦敦出版的《皇家读本》。1905年以后，中国人民反对美国排斥、侮辱华工，全国各地掀起抵制美货运动。美国为了收买中国人心，同文书院全部改用美国出版的课本。据了解，当时我国的商务印书馆早已出版了外国文学名著，书中附有中文注译，如《英文商业常识》《英文商业文版备要》，而同文书院却舍近就远到美国采购原版教科书。

四、教师和学生

同文书院的师资，具有不同于其他学校的特点。改为中学以前的同文，规定以英语作为教学用语，因而它的师资通英语的占90%多，不懂英语的不及10%。通英语的教师有三个来源。

第一，是来自美国的教师，先后达40多人。除上文提到的几个院长外，有加勒不、星咸和、郁约翰、宣为霖、高礼、韦荼荠夫人、吴禄贵夫人、孝诗、孝诗夫人、顾恩、伊理雅、石敦信、白质、何恩、孟列绰（何恩夫人）、勿礼邵、万纽威、麦坚志、安乐、思那、雷敏、王等。这些美国教师，有的是兼职的，例如安乐当时是美国驻厦门领事，同文聘他兼职教政治学概论，勿礼邵一面任美国驻厦门副领事，一面在同文教英语修辞学，伊理雅是厦门基督教青年会总干事，每星期到同文上一小时的心理学，孟列绰也是厦门基督教青年会干事，并在同文兼职教体育。

第二，是聘自国内或香港的华人教师。比较早期的有陈超运（香港大学毕业）、谭泽民、郑文生（广东学堂毕业）、林志诚（福州鹤龄书院毕业）、杨建南（南洋学堂毕业）、马怀德、张文涛、赵璧等。

第三，是选拔同文书院毕业的学生留院任教。辛亥革命以前有陈大弼等，辛亥革命后居多，如陈瑞清、吕城都、吕山河、邓世熙、郑培敏、叶清华、黄河源、陈金钟、曾亚西、邓世英、吴文传、黄传宗、王远昌、陈清保、林家寿、杨添水、郑天祐、曾玉林、唐伯湖、杨文昭、曾西村等。

第四，是从社会上聘来的教师。这些教师担任汉文课教学，不懂英语，他们有不少是科举出身或国学较渊博的人。早期的汉文教师有海澄县（今龙海市）庠生余鉴堂、同安县（今同安区）庠生戴敬堂，稍后有蓝璜，是个秀才，蓝璜离职后的马文卿、马怀德、陈南谷、徐屏山、赵璧等等，不是秀才，就是童生。李禧、萧幼山、苏警予、谢云声、陈桂琛、吕猷等也曾在同文任汉文教师。他们对国学都有很好的修养。

后来学制改为英文、汉文两部，汉文老师增加了。周墨史当汉文部主任，汉文部按年级的不同，分别讲授历史名人书简、古文、历代诗选、四书、五经。周先生对学生要求较严，学生对汉文较前重视，有的学习还认真。但一般来说，在当时西方势力显赫的社会中，崇洋思想很严重，而同文书院又一向以英文教学为主，当然英文在同文仍然占有重要的地位，实非汉文教学所能望其项背。

当年同文书院的学生受到西方文化的影响，幻想着读好英语，毕业后能到外国银行、洋行、海关或邮政局谋个好缺，思想上认为要吃洋人的饭，重要的是英语，汉文学不好没啥关系。同文书院的校刊《同文声》第一期刊载过一篇题为《我们所负的责任》的评论，其中就有这么几句话："（同学）个个都是希望做洋书记（即文书、文秘）而来的，因为如果会讲几句洋言，认得几个洋字，便可以在海关、邮政……当差，至少一个月也得拿三四十两银子。"而书院当局推行重洋轻汉的教育方针，对学生也有负面的影响。

五、学生的爱国运动

与巴詹声办学的主观愿望相反，同文书院也有一部分具有民族自尊心、思想进步的老师和学生，他们在中国民主革命形势的影响下，曾经起来反对帝国主义妄图摧残中华民族文化，戕害中国青年灵魂的文化侵略，闹过学潮，如1904年美国胁迫清政府续订《中美合订限制来美华工条约》，内有许多苛待华工的规定，激起中国人民的强烈抗议。1905年，全国许多城市开展反美爱国运动，成立拒美约会，抵制美货，举行聚会和示威游行。同文书院学生"有感各埠学生筹制美约，亦相约罢课一天"，响应厦门各界的反美爱国运动。没想到一向标榜民主、自由的美国人，院长韦荼荠，竟然使出强硬手段，制止学生参与拒美爱国运动。又如1907年，即将毕业的第七班全班学生要求院长韦荼荠增设汉文课程，院长悍然拒绝，并威胁如不取消增设汉文课的要求，就要开除全班学生。学生们据理力争，院长坚持不接受要求，导致罢课学潮。七班同学们不屈服，全体离开同文书院。

1911年辛亥革命前夕，同文师生参加中国同盟会的有徐萌山、蒋保和、陈昭光、周连茂、吴锡煌等好几人。继武昌起义成功之后，各省纷纷起义响应，厦门也于11月15日光复。为推动周边城镇光复，厦门学生组成学生军分赴泉、漳的安海、海澄（今龙海）等地。同文书院参加中国同盟会的师生吕城都、周连茂、吴锡煌、邱世定等人也组成一支拥有170多人的火车军，奔赴海澄协助当地人民进攻县衙。

1919年5月，以巴黎和会外交失败为导火线而爆发的"五四"运动消息传来，厦门同文书院、省立十三中学和大同、竞存、紫阳、蒙泉等小学的高年级学生，从5月6日开始，先后分别聚会，愤怒声讨北洋军阀政府的媚外卖国罪行。各校学生还联合举行反帝示威大游行，声援各地的爱国运动。5月16日中午，厦门和鼓浪屿30多个中小学校的四千多名学生，从四面八方汇集同文书院大操场。2时整，参加游行的学生从同文书院出发。学生们还携带宣传反帝爱国、痛斥军阀政府卖国罪行的传单、宣言，沿途分发。

在青年学生的革命热情推动下，5月18日，由商会、教育会等各界代表和学生共同组织的厦门国民大会干事部正式宣告诞生。19日，干事部发出"抵制日货，实行经济断交"的传单，并宣布20日下午3时在同文书院大操场召开国民大会的决定，号召各界人民积极投入"五四"运动。在声势浩大的爱国运动中，同文的院长想要阻挠也阻挠不了。

1923年5月1日上午，同文书院的学生为了庆祝国际劳动节推举各班班长为代表，联袂去见院长吴禄贵，要求放假一天让学生们集会庆祝。吴禄贵一口拒绝说："昨天才放假，今天不能再放假。"学生代表说："昨天放假是院方要我们去给王校董的父亲送殡，与庆祝劳动节无关，不能以此作为今天不放假的理由。"吴禄贵被学生代表说得无言可答，竟然蛮不讲理地怒斥代表："不放假就是不放假，你们快给我回教室去！"他自以为这样一来就能把代表吓退，没想到学生胆敢与他顶撞。有一个学生代表提出责问："一个校董的父亲死了，就要全院放假一天，全体师生赴丧家吊唁送殡，而劳动节这么一个重要的节日，反而不肯放假庆祝。"吴禄贵还是强词夺理，说："校董捐钱让你们读书，劳动节同你们有什么关系？快给我上课去，否则你们代表一律要受到停课一星期的处分。"代表们还是屹立不动，另一个学生代表发言，并带着讽刺的口吻："劳动节是始自你们美国的，院长你不是时常告诉我们美国最讲民主、自由的？那么，庆祝劳动节放假一天，不是比给校董的父亲送殡放假一天意义更重要吗？"吴禄贵听了，恼羞成怒，一面声色俱厉地呵斥代表，一面回头叫另一个美籍老师石敦信拿皮鞭驱逐代表。代表们看到这些美国人不可理喻，回身下楼，把交涉经过向同学们传达。同学们说，不管他同不同意，庆祝会我们一定要举行，于是大家纷纷走出教室。就在这时，石敦信满脸杀气地冲进学生群中，扬起皮鞭，任意抽打。这突如其来的袭击，同学们再也无法容忍，有人高喊："大家到黄厝宫教育会开会去！不上课！"霎时，学生成群结队地往院门外冲，齐奔教育会集会，举行庆祝大会。没想到院长竟悍然贴出通告，处分充当代表的各班班长和部分违抗院令的学生，并停课一星期，由此引发学生罢课，并成立以林镜屋、杨绪宝、潘再传、陈湘潭、洪天生、卓柏鹤、林镜民、吴子健、陈森绵、柯天水等24人为委员的罢课委员会，刊发《罢课宣言》、举行记者招待会，报告罢课经过情形，呼吁舆论界及各方面支持声援。一方面又通电国民政府福建省教育厅，要求接办同文书院，改为中国学校。

之后，在多方面强劲压力下，罢课斗争最后不了了之，但它前后坚持了三个多月，铁的事实撕下美国民主、自由的画皮。新学期开始后，参加罢课的学生，大部分转到其他中学，部分家庭经济富裕的转学上海，家庭经济不好的，有的在本市中小学执教，仍然回到同文的，为数不多。至于所有罢课委员，全部他去，没有一个再回同文。而经过这次的学潮，同文书院的学生锐减，一向执本埠体育界牛耳的篮球队也几乎溃不成军。到了1926年，在全国反对列强文化侵略的浪潮冲突下，同文也由中国人的董事会收回自办。自此以后，同文改称中学。抗战爆发后，搬迁鼓浪屿，又恢复书院的名称。

六、校友会和校友

厦门同文书院最早的校友会，诞生于清末宣统二年（1910）三月，至今已有百年历史，不过当年不叫校友会，而叫同学会。据民国四年（1915）刊印的《厦门同文书院章程》记载，成立同学会的宗旨是"欲使本书院肄业及离院各学生互相研究……推促书院之进步"。章程对同学会成立后的工作，给予充分的肯定："做了许多有益于母校的事。"

早年同文同学会的正、副会长等职务的人选，都是通过民主选举产生的。从一份民国三年（1914）同学会公举的名单，得知早年同学会的正会长是李槃煌，副会长是陈允彩、陈大弼、黄天一、邱世乔，还有曾西村、郑培敏、吴彩耀、林嘉秀、戴森然、陈瑞清、林安登等九人，分别担任英文、中文秘书和会计、干事。

辛亥革命推翻了清王朝，结束中国漫长的封建专制统治。民国初期，同文同学会人数不断增加，组织也较早期健全，改名同文校友会。

同文书院的学生在校期间，接受的英语训练和当代科技知识，学有所用，不论是升学或是谋生，也不论是在本地或异国他乡，大都能尽各自的知识和能力，奉献社会，服务人群。

早年在本地的同文校友，大多在海关、邮政、洋行和外国驻厦的领事馆等部门任职，如汇丰银行的叶鸿翔、宝记洋行的李朝基、亚细亚洋行的李盘璜、德忌利士洋行的陈金榜、德记洋行的叶益六、太古洋行的邱世定、丹麦大北电报局的吴金秋；在美国、法国、德国驻厦领事馆任秘书、翻译的有林西锦、陈清池、唐伯湖、叶鸿书等三四十人；在海关任帮办、税务员、稽查员和在邮政局任职的有陈允彩、周家森、刘丕扬、唐崇熹、方建农、陈瑞清等二三十人。这只是笔者从老师和学长听来的一部分名单。

同文书院早年在厦门的校友中，也有中国共产党党员，并有为革命付出鲜血的烈士。其中一位叫作陈三民，厦门人，1926年加入中国共产党，1934年从苏联留学回厦门后，一直在厦门和闽南一带从事革命活动，1935年底被国民党反动派的特务暗杀。

在台湾的同文校友也不少,笔者有一份20世纪50年代在台湾的同文校友名录,其中有中国招商局局长陈德坤,"国军"某部高官黄蔚庭,台湾大学法学院教授、大法官洪应灶,国防医学院教授陈耀朝,台北市议会副议长陈少辉,台北厦门市同乡会会长李宗吉等80多人。

香港的同文校友会,有文字记载可稽考的,是民国五年(1916)在香港南北行街(文咸西街)广源盛行行东的林子丰。

林子丰,广东揭阳人。他经商致富后,热心基督教会工作和教育事业,长期担任香港中华基督教青年会会长、香港浸信联合会主席,曾任香港政府高等教育委员会会员,力主创办中文大学。1957年被英女皇伊丽莎白二世授予O.B.E勋衔勋章、纪念章和奖状。他还曾鹰任香港各界纪念孙中山先生百年诞辰大会筹备委员、常务委员和联合国难民年的中国委员等职。1971年4月病逝于香港。

几十年来一直是香港社会知名人士的黄长水,也是早年香港的同文校友。黄长水,祖籍福建惠安县,菲律宾华侨。抗战前,他襄助其父在香港永乐西街经营泉昌有限公司。抗战期间参加抗战。抗战胜利后,他积极支持中共领导的解放战争,掩护南来北往途经香港的中共要员和著名爱国民主人士,还捐献巨资购买药品和医疗器材支援解放区军民。新中国成立后,历任福建省政协副主席、广州市副市长、全国侨联副主席、中侨委副主任、第一至第五届全国人民代表大会代表等要职。

早年在香港的同文校友较有名气的还有,曾任香港福建中学首任校长的陈文总,电影导演吴村等。

同文学生到菲律宾的最多,不少校友还是菲律宾华侨华人社会的领袖人物,如名闻遐迩的李清泉,历任多届马尼拉中华商会会长、菲律宾华侨基督教青年会会长、国民政府福建省政府委员。抗战初期,他发起组织菲律宾华侨抗战后援会,并出任主席。南洋华侨筹赈祖国委员会成立时,推举陈嘉庚任主席,他与庄西言两人被推选为副主席。林西锦,历任马尼拉中华商会副会长、菲律宾华侨各社团副会长、华侨教育会会长。陈掌谔,菲律宾华侨体育总会主席。李天送,中兴银行总经理。菲律宾各文教社团、同乡会、宗亲会和各行业商会的"长"字人物,如曾廷泉、王江水、蔡扶西、洪天生、李锋锐等,都是同文书院的校友。

菲律宾的同文校友多达二三百人,有个厦门同文旅菲校友会,1923年成立于马尼拉。名誉会长李天送、曾廷泉、林西锦,正副会长王江水、虞永容。校友会经常开展各种联谊聚会,增进友情,并组织文体活动,有一个厦门同文旅菲校友篮球队,有一年,华侨举办庆祝国庆运动会,还获得乙组第二名的优秀战果。

1926年,校友会成立三周年,出版一本纪念刊,请陈丹初(桂琛)老师作序。陈老师勉励校友们要"淬砺自强,以立己立人为心,以爱国爱群为志,谋所以为祖国光，庶不负母校育人之旨也"。在菲律宾宿务中华学校任教的校友陈智平也有一篇"序"。他写道：1925年秋天，旅菲校友举行宴会，他在席上参与校友们谈论母校的话题，当谈起母校进步则喜，谈到母校退步则悲，使他深信旅菲校友们"之不忘母校，亦犹出嫁女儿之感念慈母也"。隔了一年，他因送胞弟回国再次途经马尼拉，适逢校友会举行三周年纪念会，耳闻目睹旅菲校友会的"言词行事"，不但不忘母校，"且能竭其心力，谋所以益母校光母校者"，使他"更乐且慰矣"。旅菲校友对母校的深情跃然纸上。

旅菲同文校友会三周年纪念刊还有校长周殿薰的赠言和教师杨文昭的詹言，激励校友们要"振奋"，要"建立事业以为母校光"，"借着群德群力，来替人类播公正的佳音，给社会下确切的针砭，则将来风雨飘摇的祖国，受着你们的援助未可限量"。在年刊里，也有苏宗信等校友写的《校友会前途之希望》和《同文旅菲校友会应具之精神》的文章，相互切磋，共同奋进。

（原载《厦门老校名校》，洪卜仁主编，厦门大学出版社，2013年12月）

厦门美术专科学校

创办于 1923 年的厦门美术专科学校，晚于 1918 年 4 月诞生的北京美术学校五年，而先于杭州的国立艺术学院五年，是近代中国最早的美术专业学校之一，抗战前福建省唯一的一所美术专业学校。

厦门美术专科学校原名为厦门美术学校，创办人黄遂弼，毕业于菲律宾国家艺术大学。1921 年，他学成归来，在今厦门中山路黄厝巷的迎祥宫开设真庐画室，教授西洋画。

在传授西洋画过程中，黄遂弼有感于厦门西洋画人才奇缺，很有创办一所美术学校的必要，但限于人力、财力，未敢轻易从事。1922 年，他与也是从菲律宾学成归国的同学杨赓堂，以及先后在集美学校和厦门十三中学担任美术教师的挚友林学大商议办校之事，两人都表示全力支持。志同道合，三人也就成为共同发起创办的厦门美术学校创办人。经过一番筹划，因陋就简，以真庐画室作为临时校舍，于 1923 年 9 月 1 日宣告正式开学，校名为"厦门美术学校"，推选黄遂弼为首任校长，林学大任训育主任，杨赓堂主持教务，先开设西画系、国画系和艺术师范系。

厦门美术学校开办的第二年，生源增多，临时校舍已无法容纳，就在毗邻的顶释仔街租赁几栋民房，有的作为校舍，有的作为来自外地学生的宿舍。随着学生数量的逐年递增，师资、经费、校舍等一系列问题亟须解决。鉴于学校既没政治背景、经济背景，又纯粹民办私立，政府不拨款补助，只有依靠自力更生，才能推动学校健康发展。

于是 1926 年成立校务委员会，明确分工，各尽其责，学校开始走上正轨。继而组建校董会，翁俊明、陈金方两位台胞知名人士出任董事会正、副主席，厦门知名房地产商柯清源、台胞张寿龄、郭水生以及本地社会人士陈朝煌、陈朝麟、陈长明、黄天乙等为董事。

有了董事会的常年捐助，经济问题得以缓解，充实师资、教具和设备的难题，也就迎刃而解。此后，校名加上"专科"两字，全称是"厦门美术专科学校"，简称"厦门美专"。

1930年秋,厦门美专敦聘刚从法国留学回乡的艺术大师周碧初任教务主任。1931年春,邀聘也是法国留学归来的郭应麟为西洋画教授。同年,增设雕塑系,聘荷兰人葛默和女士为教授、系主任。1932年秋,周碧初教授另有高就,聘前国立北平大学艺术学院林俊德接教务主任兼西画系主任。

厦门美专重视品德教育和爱国主义教育,师生们都怀有爱国不落人后的情怀。

1931年"九一八"事变爆发后,全国人民同仇敌忾,厦门美专也迅速成立抗日救国会,是全市学生反日救国联合会的常务委员、宣传部和图画股长,并出版《抗日画报》。直至日本占领厦门,厦门美专师生以画笔抗日的行动一直都没有停止过。

厦门美专拥有一支强大的教师队伍,除上文提到的外,还有许多大师、名师。如国画系主任赵素教授,西画和日文教授张万传,西画和美术史教授陈再思,国文教授邱应葵、曾玉林、苏警予、谢云声、陈丹初、欧阳桢等。1933年9月,当厦门美专庆祝创办十周年出版纪念刊时,国立北平大学艺术院院长林仲子、国立杭州艺专校长林风眠、上海美专校长刘海粟、苏州美专校长颜文梁、厦门大学校长林文庆等都惠赐题词,赞扬厦门美专为培育美术人才做出的贡献,"誉满艺林"。

1934年以后,厦门美专更上一层楼。这一年3月1日在报上刊登的厦门美术专科学校招生广告,说明学校分设两部一组:专科部有国画、西画、雕塑三个系;高中部包括艺术师范和女子图案;职业组设立肖像专业。4月下旬,厦门美专增设绘画研究室,登报公开征雇模特儿,进行实习模型的研究,主持这项课程的是郭应麟教授和新聘的谢投八教授。裸体的人体素描作品,在当时的厦门社会被视为惊世骇俗之举。6月下旬,厦门美专迁入中山公园东门内,在新校舍举办第三届暑假学校,开设的课程有模型人体、静物风景图案、国画、艺术教育学、色彩学等,分别由郭应麟、谢投八、赵素、林学大、郭明盘、钟鸣世、吴怀椿任教,面向社会,服务人群。此外,还多次举办师生画展,丰富多彩的展品,备受观众称赞。

1935年间,出身名门的林克恭自欧洲回到鼓浪屿。他先后在英国、法国和瑞士的艺术院校深造,荣获瑞士日内瓦美术学院美术硕士学位。他回鼓浪屿的第一件事是发起组织厦门艺术协会,将美术创作活动推向社会。期间,厦门美专校长黄遂弼以自己年迈体弱,承担美专繁重校务力不从心,诚邀林克恭继任厦门美专第二任校长。林克恭接长后,聘谢投八教授为教务主任,郭应麟、林俊德等名师继续留校任教。林学大教授因接受新加坡侨校邀聘而离开厦门美专。

1937年初,厦门美专增设木刻科,聘胡一川教授授课。厦门美专培育了一批又一批人才,分布在闽南、台湾、香港和东南亚一带,他们对国内外的美术教育和美术创作影响不可估量。1938年5月10日，日军进攻厦门。5月13日，厦门沦陷。有15年历史的厦门美专被迫停办，师生星散。

抗战胜利后的1947年5月，几位曾经在厦门美专肄业、毕业的师生发起组织私立厦门美专校友联谊会，参加的有二三十人，大多在中学任教，如陈再思、黄敏、刘怡馥、叶永年等。20世纪50年代和60年代，在厦门各中学任教或在文化部门任职的厦门美专人，仅我认识的就有校董会董事郭水生、学生林英仪、叶永年、张（李）彦英、林维仁、杨柳溪、黄敏、陈绿声等。张丽娜已90多岁，至今健在。本文有些资料就是得益于他们的提供。

（原载《厦门老校名校》，洪卜仁主编，厦门大学出版社，2013年12月）

厦门民用航空学校

1928年至1929年间，厦门有个侨办的民用航空学校，其全称是福建厦门五通民用航空学校。当年，全国仅杭州、广州有航空学校，因而厦门民用航空学校的诞生，在神州大地和东南亚各国的侨居地名噪一时。

一

1925年的上海"五卅惨案"和1928年的"济南惨案"相继发生后，举国上下，同仇敌忾，"航空救国"的呼声响彻云霄，于是出现了一个全国性半官方的航空救国同志委员会（以下简称"航委会"），下设常委会，由李济深任常委会主席，陈际熙、关汉光、萧佛成和崔明三四人为常委。1928年夏天，航委会将"航空救国"宣传募捐运动向海外华侨聚居地推进，委派刚从法国留学归来的飞行员陈国梁和赵鸿汉两人为代表，前往菲律宾宣传"航空救国"、筹组航委会菲律宾分会，并为发展民用航空事业募捐筹款。

陈国梁、赵鸿汉抵达菲律宾的首府马尼拉后，拿着航委会的介绍函分别拜访了中国国民党马尼拉总支部主席吴记球，委员吴记霍、沈祖征、何祖炘，并通过他们的介绍先后拜访了中华总商会和华侨社团的头面人物薛芬士、薛敏老、李清泉、陈迎来、薛煜添等，得到他们的鼎力支持。发动侨众捐资办航空学校，吴记霍尤为热心，捐款最多，对办校也最积极。

二

1928年五六月间，在航委会菲律宾分会成立的同时，组建以吴记霍为主任的航空学校筹备委员会（以下简称"航校筹委会"），决定在厦门选址办校，培育飞行人才，发展航空事业以报效祖国，并聘陈国梁为航空学校筹备主任，回国筹备办校事项。

在陈国梁等筹备建校期间，曾经前往厦门大学造访林文庆校长。时林校长在新加坡办事未回厦门，张副校长出差上海公干，由校办秘书长厦门禾山祥店村人黄开宗博士接待。陈国梁介绍筹办民用航空学校经过和将来计划，黄博士甚表赞同，并答应暂借几间空置楼房解决航空学校开学之需。期间，江头、薛岭等村的陈、王、李姓村民，也表示愿为航空学校提供建校用地。未几，航空学校选定五通为校址，立即联系厦门堤工处选派测绘员多人，对校址周边地形进行测量、绘制图纸，以备招商承建工程。与此同时，边向国外订购练习机，边物色教学人员和选购教学设备。

当马尼拉的航校筹委会接获厦门建校筹备工作就绪的报告后，就在侨办的《公理报》等华文报纸刊登通告，公开招考华侨子弟回国就学，并借侨办普智学校为考场。菲律宾各地华侨青年闻讯报名应考的有57人，笔试后经严格的体格检查，录取的仅11人。当年回国在民用航空学校就读的11位华侨青年中，有一位曾仁南先生，1982年还健在，居住于梧村，我获知消息后，立即驱车前往拜访。据他回忆，当年录取的11名学生，都是闽南籍华侨青年，其中厦门三人，是他和刘领赐、王耀庭。此外，泉州城区和晋江、南安各两人，惠安、金门各一人。加上在国内招考的89人，开学时全校学生数正好100人。采访后，我写了一篇《一所华侨办的航空学校》短文寄给《福建侨乡报》发表，并收入1984年1月《福建侨乡报》编印的《华侨史话选编》第一辑。

三

1928年10月10日，厦门民用航空学校正式开学，分别设置飞行、机械、无线电三个班，由陈国梁出任校长，飞行教官是陈子文、李逢煊和一位德国人。课程设机械学、航空理论、气象、外文、物理、数学、地理、无线电和摄影等。军事教官先是五通乡田头村的菲律宾华侨孙嘉武，后由漳厦海军司令部的一位副官接任。

按照航空学校原先的计划，首批招生100人，以后每年招生450人，学制一年半，用一年时间完成各科学业，半年时间飞行实习，学生经考试成绩及格者就可以毕业。

厦门民用航空学校开办前，虽募集了20多万元经费，但有八万元尚未收齐，筹备期间用掉开办费五万元，订购练习机用去13万元，开办后每个月经费8000元，仅德国教官月薪就得1000元，开办伊始，各项设备都需要钱，未及半年就已陷入经济窘境。

1929年元旦过后，在校的国内学生和华侨学生之间由于生活琐事发生冲突，校方处理不当，开除几个学生，致使学潮日益扩大。1月15日，校学生会召开大会议决，推举马冰若、李益众两人为代表，前往马尼拉向该航校筹委会请愿，提出了几点要求。

　　甲（教员）：（1）撤退害群之马的教师某；（2）聘富有专门科学知识之物理、气象、数理、地理等科教员。

　　乙（建设）：（1）建筑校舍；（2）开飞机场；（3）置应用仪器；（4）置大架飞机预备长途飞行；（5）置快枪40支以为守卫之用；（6）置汽车两辆。

　　丙（经济）：（1）筹备本校基本金；（2）确定本校每月经费。

　　丁（学生待遇）：依照广州航空学校之待遇办理。

　　戊（校务）：（1）务以党化、军事化、科学化、纪律化为本校之根本原则；（2）改良校中组织系统，指定校长，规定办学人员细则。

对于学生会代表提出的要求，航校筹委会只对其甲项第一条认为需待切实调查后办理，其余均予接受。之后，航校筹委会任命薛拱年为全权代表，回厦门处理校务。薛拱年，祖籍厦门庵兜而出生于菲律宾，从小受西方教育，不擅中文。他毕业于美国陆军学校，是个建筑工程师。2月初，他从菲律宾回到厦门，并没接任校长，而是以福建厦门五通民用航空学校执行主任的身份，掌管校政。他既没办学经验，又不深入调查学潮真相，到校后的第一件事就是发出布告，限令寒假回乡的学生于2月10日到校上课，过期除名。继而又在《厦门商报》刊登"添招新生"广告，"因欲将原有学生试验体格以为分班标准，仍有部分学生不愿来校应考，无从分配，特添招新生一班，学额20名"。考场设在厦门小走马路基督教青年会内，报名考试的学生需携带本人照片和拥有五万元资本的股东出具的保证书。这么一来，非但原先的对立得不到解决，反而加深矛盾，危机毕露。

四

　　经费困难加上管理不善，民用航空学校出现了诸多难以解决的问题。

　　1929年4月，在马尼拉的航校筹委会开会商讨，决定委派吴记霍的女婿杨剑光前来厦门处理校务。杨摸清情况后，建议马尼拉航校筹委会将厦门航空学校交给南京中央政府航空署接办。经航校筹委会同意，仍委派杨剑光前往南京办理申请接办事宜。

　　1929年5月初，航空署接受申请，指派沈德燮、刘芳秀两人前往菲律宾和厦门调查。18日，沈、刘两人从上海起程，23日抵达马尼拉，下榻酒店后，立即趋访吴记霍、李清泉、薛敏老。是晚，航校筹委会为他们举行洗尘宴会。席间，沈、刘两人提出接办后校址必须从厦门迁往上海的几个原因，筹委们答以需待26

日召开全体大会后，方能决定。席散后，李清泉和薛敏老与沈、刘私下交谈，表示个人赞同民航学校迁沪。

5月26日，航校筹委会举行全体大会，沈、刘两人未能受邀列席，只好将准备好的六条意见，用书面提交大会参考，以下为原文。

（一）此次奉派来岷，任务有二：
1. 政府以侨胞热诚爱国，提倡民用航空，特命前来宣慰，（表示钦佩）并望继续努力筹款，以期我国航空发展。
2. 贡献办理及筹划航空学校意见，并为学校自身种种便利起见，校址必须迁移至上海西虹桥。（此点政府毫无其他用意，幸勿误会！）
（二）校址必须迁沪之理由：
1. 厦门飞行场狭小，扩充困难，四围又多障碍；而附近且难寻觅预备飞行场，甚非初级教练所宜。
2. 上海西虹桥有政府现成之宽阔飞行场，教练及练习飞行时，得免许多危险及经济损失。
3. 政府航空工厂即在上海西虹桥，将来校机如有损坏，及技工不敷分配时，可直接得其种种帮助之便利。
4. 桥机在沪，可得购买材料时间上之便利，且接近中央，凡事即可立时解决。
（三）处置厦门旧址办法：厦门原有飞行场可留作将来沪厦航线航站及长途飞行或其他航线之用。
（四）政府对于侨胞创办民用航空学校之纪念办法：校址迁沪后，可用种种方法以纪念之，即校名、飞机名、棚场名等均可用任何名义纪念之。
（五）学校学生之选择：完全考取侨胞子弟。
（六）经费之办法：政府按月维持该校之经费；惟开办费（即购机及建筑等费）及将来补充费，归侨胞完全担负。政府航空署有处理学校之全权，而飞机式样之选择，亦归航空署办理；但侨胞可设立任何名称之委员会，以监督开办，及补充两项财政，并望此种委员会永久存在，与学校发生越密切关系越好。

会后，航空学校筹委会主席吴记霍回访，将会上的三项决议告知沈、刘两人。以下为原文。

（一）校址仍在厦门，因以前募捐系以厦门名义，如校址迁沪，恐有异议；已募成之款，难于收集，以后募集，亦不易进行。（二）用人行政，归政府航空署办理，以一事权。（三）每月经常费，由政府担任。

5月31日，沈、刘离开马尼拉乘轮赴香港。先赴广州参观，于6月6日上午由港抵厦，寄寓鼓浪屿厦门酒店后，立即前往五通厦门民用航空学校，先与校务主任薛拱年会晤，了解情况，继而巡视学校设施。返回南京后，写成《调查厦门民用航空学校报告书》，向中央航空署汇报在马尼拉和厦门调查的经过。其中关于厦门民用航空学校部分，言之甚详，摘录于下。

飞行场——场设在五通山上，南北约长二百米达，东西仅四十米达，中心高而周围低，成斜坡形，且有公共汽车路横贯中心，不但绝对不能用为教练起落之场，即用为临时飞行场，驾驶稍乏自如者，亦必感下落之困难也。

停机棚厂——飞行场之西南角有蘆蓆棚厂一座，矮小无门，仅容小飞机两架。

飞机——飞机共有七架，式样计有五种如下：（一）美机两架Eagle Rock双翼，前后双座位式，发动机为Curtiss 0×5水凉式九十匹马力。此种机尚未开箱装置。

（二）德机五架：

1. Klemm单翼前后双座位式两架，发动机为Erlmson汽凉式四十匹马力，该校即用以教练学生者。

2. Grasunrike单翼前后双座位式一架，发动机为Anzani汽凉式三十五匹马力，也已装好，因无棚场，放在露天之下。

3. Schwalbe式一架，发动机为Siemeng汽凉式一百二十匹马力，此种机尚未开箱。

4. Pelikan双翼前后双座位式一架，发动机为Walts汽凉式一百二十四匹马力，前为场教练摔坏，尚未修理，放在祠堂之内。

以上飞机除散架也已装好、放在蘆蓆棚厂及露天之下外，其余为开箱三架，及摔坏一架，分存于相距颇远之古庙祠堂中，且有数部分放在天井之内，毫无掩盖，长此以往，该机必至不能用而后已。

校舍——教室、教员宿舍、学生宿舍共三处，均借用民房，地方狭小，不合卫生，每处相隔约六七百步。

教职员——该校现有校务主任薛拱年一员，飞行主任二员，一为李逢煊，一为德人Cammann，无线电教授一人，由学生吴金良担任。德教授人极粗鲁，自言欧战时曾任航空队队长（以吾等观其举动谈论，及所写之文字，似系工人出身）。言谈之间，极为藐视中国人，并言中国无一人可任教官，及技工。且将来非请菲律宾委员会，任彼为校长，及再聘请德国教授来华，该校必不能办成。兹拟先带学生数名，即向菲律宾委员会作上项之要求，此彼固由该校所得之经验，竟敢武断，发此狂言，殊失礼貌，当即答以尔因坐井观天，致敢发此狂言，将来必有自悔项刻言谈失礼之日也。

　　学生——该校前有学生十八名，后经陈国梁添招二十名，共三十八名。陈国梁去后，薛拱年主持校务，以检查身体，发生风潮，相继离校，现留校者仅十八名。身体健全，精神佳。

　　工作情形——内课已完全停止，飞行每早六时至八时，午后四时至六时。因飞行场狭小，现在只用四十匹马力飞机教练飞行，学生中飞行时间最多者，为两小时。刻下该校放暑假两星期。

　　技工——无。

　　守卫——无。

　　拟筑之飞行场——五通飞行场既万不能适用，薛主任拟在厦门高崎地方之盐池修筑飞行场，该池面积约五百米平方，惟当潮水涨时，竟低于海面三四尺，海水即行布满盐池。薛之计划，系四围筑堤，使海水不能流入场中，预计须时六个月以上，工料洋六万余元，地价尚不在内。惟吾等以为此场纵使费巨款而筑成，亦不合用，因筑堤虽可阻潮水之流入，其奈下雨时场低积水，无处排泄，且地质又系盐池，难免阴天潮湿，雨后难干之弊。此外，在厦门万难寻觅可用之飞行场。

　　经费——薛主任云：自去年八月至现在，已用经常费约五万元左右。此后维持月需八千元，德人薪水每月一千元。

　　以上系调查厦门民用航空学校所得之情形。

　　8日，漳厦海军警备司令林国赓君对于该校事，特约前往谈话如下。

　　"希望航空署即行发给该校民用航空学校条例，以资遵守。因该校飞机，常以极低高度飞行繁盛街市炮台，以及其他警戒区域之上，且时常未通知随意降落海军飞行场，并飞机符号系用青天白日红圈与军用飞机无所区别，请航空署设法指导并制止之。

　　又该校要求将高崎盐池拨归该校修筑飞行场一节。查此池系人民私产，只可照价收买，司令部无权拨给该校使用，且该校办理以来，殊欠条序，希望航空署派员常驻该校指导，以免发生误会情形……"

　　该校筹备情形既如上述。设校址仍在厦门，将来定无结果，非至数架飞机，完全损坏，数十万筹费无用，辜负侨胞一片热诚爱国之心不止也。

五

厦门民用航空学校不愿意迁址上海，中央航空署也就无法接办。1929年11月的厦门《昌言报》有一篇报道是这样写的："五通民用航空学校，自创办以后，好事多磨，波澜起伏，迄于今日，俨然弄成不生不死之僵局，偌大事业，委顿如斯，亦可惜也。该校重要职员薛拱年，其态度近亦趋消极。9月15日，曾向菲岛委员会力辞厥职，委员会固留，薛坚决不干……闻菲岛委员，已决派杨剑光来主该校……"

到了1930年春夏间，厦门航空学校实际上已处于停顿状态，在校学生只剩下14人。"以毕业之期，行将届满，今一旦中途辍学，功败垂成，于是联名请求飞行教官李逢煊设法让学校归并于广州航空学校，以经所业。"李逢煊原是广州航空学校第一期毕业生，与广州航空学校关系甚深，为了学生的前途，经他事先联系，由杨剑光和两位学生代表孙昌成、李吉星联袂赴广州，于7月28日谒见航空学校教育长刘植炎、航空处代理处长胡汉贤磋商归并细节，达成协议。厦门航空学校愿将现有的七架教练机、13名学生和全校器材无条件由广州航空学校接收。厦门航空学校这13位学生于1933年在广州航空学校以空军准尉衔结业，编入国民政府空军部队服役。

至于转学厦门海军航空处的刘领赐，原先毕业于厦门双十中学，热爱体育，1927年参加全国运动会，被录取为出席第8届远东运动会选手。1937年"七七"抗战爆发时，他已当上教官，参加过在上海、南京、汉口、长沙等地上空追击敌机的空战，曾在武汉空战中击落敌机一架，荣获国民政府授予金质蓝星奖章一枚。

（原载《厦门老校名校》，洪卜仁主编，厦门大学出版社，2013年12月）

厦门洋行初探

近代中国的各个口岸，都有外商开设的企业。不管外商经营的是金融业，或是交通运输业，也不管是商品贸易的洋郊、商社，以至仓库等，都通称之为洋行。

厦门是最早出现洋行和洋行最多、存在时间最长的口岸之一。厦门的一些华商为借助洋人势力加入外籍，这些假洋人开设的假洋行也是其他口岸少有的。据有关资料统计，光绪三十二年（1906）厦门华商挂洋商牌号者达340家，其中挂英籍牌的53家，挂美国牌的十家，挂日本籍牌的239家。因而，对厦门洋行的研究很值得重视。

一、厦门洋行的兴衰

（一）英商洋行占据优势（19世纪40—90年代）

道光二十五年（1845），英商德记、和记两家洋行就开始在厦门"安营扎寨"，随后又陆续开设了汇丰、裕丰、振记、怡记（义和）、宝顺、水陆、协隆、台湾记、广顺、德建、新钦兴、利记、丰记、福昌、成记、麦南美、福士特、嘉士、查士、约翰斯顿、利伯恩、威尔逊与厦门船坞等20多家，还办了龙头酒店及屈臣氏、主利两家药房。同时，英属印度也设立裕记、安记、庆记、英印轮船公司等四家。

道光三十年（1850），德国先后设立宝记、新利记两家洋行和一家铁锅厂。继之，美国开设旗昌、美时两家，西班牙开设瑞记及天仙茶园，丹麦开办大北电报局。这一时期，厦门的各国洋行有30多家，其中英国占三分之二强。这些洋行大部分觅址于海后滩（今海后路的滨海之处），毗连一片，被称为"番仔街"。他们在这里建楼房、盖仓库、筑码头、设屯船，横行霸道，为所欲为。

同治元年（1862）起，列强控制了厦门海关。

光绪元年（1875），成立外国商会，董事五人，其中英商三人、美商一人、德商一人，由英商德记洋行、和记洋行的大班勿汝士、高微担任。此后的二三十年间，英商还增设太古洋行，经营航运。增设亚细亚石油公司等，最多时候英商洋行达 30 家，在洋人的经济社团中，英国洋行都占居多数，保持优势。

然而好景不长，由于日本洋行的迅速增长和竞争，到了民国二十六年（1937），英国洋行只剩下德记、和记和太古等 11 家，昔日的那种气势已不再现。

（二）日商洋行跃居首位（20 世纪初至 20 世纪三四十年代）

甲午战争日本侵占台湾后，得陇望蜀，加快侵略中国的步伐，视福建为其囊中之物。光绪二十六年（1900），成立台湾银行厦门支行。次年设立三井物产株式会社厦门出张所，专营进出口贸易，设大阪商船株式会社厦门出张所，专营海上运输。这三家是后来日本人在厦门从事大规模掠夺的经济基地。

民国三年（1914），第一次世界大战爆发，日本野心勃勃，趁西方列强无暇东顾之机，除策动大批日籍台湾浪人涌入厦门进行种种间谍破坏活动之外，经济方面则以台湾银行为中心，由台湾公会组织厦门金融组合，吸收日籍华人和台湾商人参加，以控制市面。当时全厦钱庄有 70 多号，其中不少挂着日商招牌。商业方面，继三井、大阪株式会社之后，增设柏原、广贯堂、日龙、志信、菊元、久光等 30 多家，以及"御料理"（餐饮）等。日本成药仁丹、眼药等遍销内地，穷乡僻壤的墙壁上都贴有日本药的广告。

民国二十年（1931）5 月出版的《厦门指南》，有一篇《外商营业一览》，是英商洋行与日商洋行转换位置的最好说明：厦门因接近台湾，侨居厦门的日本人和日籍台湾人甚多，设有学校、报馆、医院等事业。在贸易场中，势力尤大，除华商及该国籍民采配日货销售外，日本人自营之商店，亦属不少，其次则为英、荷、美三国。

民国二十二年（1933）6 月 2 日的厦门《江声报》也有一篇报道说，当年厦门有洋行 40 家，其中日商 15 家、英商 11 家、美商五家、荷兰商三家、法商两家、印度商两家，德商、葡萄牙商各一家。报道特别声明，这 40 家洋行，"挂籍牌的不计算在内"。可见这期间的日商洋行已取代英商洋行跃居首位。

民国二十三年（1934）至民国二十四年（1935）间，在全国反日浪潮中，日货进入厦门的价值仍在千万元以上。历年入超少则数百万元，多则两三千万元。民国二十六年（1937），抗日战争开始，日本在厦门的一切机构包括洋行在 8 月下旬全部撤走，日本侨民 398 人和日籍台湾人近万人相继离厦。民国二十七年（1938）5 月，日军占领厦门，撤离厦门的日本人及三井等洋行卷土重来，那些西方洋行都移设于鼓浪屿营业，业务大不如前。民国三十年（1941）12 月太平洋战争爆发，西方洋行除挂中立国葡萄牙的杜记洋行等三四家外，英、美、荷兰在厦财产全被日军作为敌产处理。日本成立了各种经济统制组织，形成独霸的局面。日本洋行除了倾销日货外，还从东北、华北及上海等地采办大批土产，经厦门转销于内地，而输往日本的仅限于平和烟叶，金门瓷土和乌龙茶三宗。

厦门沦陷期间，除移到鼓浪屿的英、美、荷兰等国洋行外，直到民国三十四年（1945）8月日本无条件投降，厦门洋行几乎全受日本控制，据不完全统计，规模较大的洋行有49家。

（三）厦门洋行走向衰微（20世纪上半叶）

日本投降后，在厦门所有的日本财产被接收，英、美等国的一部分洋行，如英国的汇丰、太古、亚细亚、卜内门、和记等，美国的三达（美孚）、德士古两个石油公司等，都相继复业。

战后新增的洋行，主要有美商的国泰太平洋航空公司、环亚航空公司。美国的两家航空公司，与国内的中央、中国航空公司联票，开辟厦门经香港至菲律宾航线。美商还有两家远洋轮船公司，一家是黎拉喃吗轮船公司，另一家是垠里拉船务行。此外还有挪威的和兴船务公司。

1949年10月1日新中国诞生，厦门的洋行大多迁往香港，直到1980年改革开放后，外资企业才重新现身厦门。

附录

厦门主要洋行一览（1845—1949年）

◎美国

1. 德士古石油公司，设在鼓浪屿复兴路26号。
2. 美孚石油公司，设在鼓浪屿港后路1号。
3. 关鸿公司
4. 怡美公司
5. 维美利

◎英国

1. 亚细亚石油公司，设在鼓浪屿旗尾路3号。
2. 太古船务公司，设在鹭江道3号。
3. 德忌利士船务公司，设在大同路507号2楼。
4. 怡和船务公司，设在大同路507号2楼。
5. 和丰船务公司，设在海后路6号。
6. 中逻船务公司，设在升平路47号（代理）。
7. 英印船务公司
8. 和记洋行
9. 雀巢牛乳公司

10. 德记洋行
11. 颐中烟草公司,设在海后路 26 号。
12. 卜内门洋碱公司,设在博爱路及海坛路 46 号。
13. 汇丰银行

◎日本(主要的)

1. 三井物产株式会社厦门出张所,设在海后路 7 号。
2. 三菱商事株式会社厦门出张所,设在鹭江道 7 号。
3. 株式会社福大公司厦门支店,设在海后路 30 号。
4. 株式会社南兴公司厦门出张所,设在升平路 42 号。
5. 株式会社厦门扳口定吉商店厦门出张所,设在海后路 19 号。
6. 株式会社新兴洋行厦门支店,设在鹭江道 25 号。
7. 株式会社厦门建和公司,设在海后路 1 号。
8. 株式会社西村商店出张所,设在中山路 227 号。
9. 株式会社新兴公司,设在开元路 310 号。
10. 株式会社安宅商会厦门出张所,设在海后路 2 号。
11. 株式会社桑田商店厦门出张所,设在升平路 15 号。
12. 株式会社菊元商行厦门出张所,设在思明西路 56 号。
13. 株式会社发记洋行,设在开元路 303 号。
14. 株式会社民报商事社支店,设在大中路 2 号。
15. 株式会社永丰洋行厦门分行,设在中山路 312 号。
16. 加藤株式会社厦门出张所,设在升平路 50 号。
17. 钟绍厦门出张所,设在升平路 21 号。
18. 柏源洋行,设在思明西路 64 号。
19. 吉田号厦门出张所,设在海后路 82 号。
20. 横山洋行厦门出张所,设在海后路 1 号。
21. 大陆贸易公司厦门出张所,设在镇邦路 42 号。
22. 大丸兴业公司株式会社厦门出张所,设在海后路 12 号。
23. 玉井商店,设在局口路 5 号。
24. 福兴产业株式会社厦门出张所,设在海后路 5 号。
25. 江藤株式会社厦门出张所,设在海后路 2 号。
26. 日商株式会社厦门出张所,设在升平路 7 号。
27. 大东洋行,设在中山路 230 号。
28. 大日洋行,设在公园南路 26 号。
29. 老义发洋行,设在大中路 46 号。

30. 厦门荷役仓库股份有限公司，设在海后路 42 号。
31. 台湾银行厦门支店，设在海后路 32 号。
32. 大兴行，设在升平路 40 号。
33. 大福公司，设在思明南路 429 号。
34. 大成洋行，设在思明东路 74 号。
35. 南厦洋行，设在思明东路 102 号。
36. 南进洋行，设在镇邦路 50 号。
37. 南邦洋行，设在大中路 54 号。
38. 四维煤炭公司
39. 劝业银行，设在中山路 385 号。
40. 福兴产业株式会社厦门出张所，设在海后路 5 号。
41. 福裕百货公司，设在中山路 243 号。
42. 兴厦公司，设在升平路 9 号。
43. 宜和洋行，设在横竹路 41 号。
44. 明昌洋行，设在思明北路 67 号。
45. 全闽水产股份有限公司，设在沙坡尾街。
46. 蝴蝶公司，设在思明南路 427、429 号。
47. 南大文具公司，设在中山路 225 号。
48. 大新旅社，设在中山路 168、170 号。

◎德国
1. 宝记洋行
2. 谦记洋行

◎荷兰
1. 渣华船务公司，设在海后路 8 号及自来水公司。
2. 安达银行，设在海后路 26 号。

◎丹麦
大北电报局，设在鼓浪屿田尾路 21 号。

二、厦门洋行的主要业务

（一）输入毒品

厦门进口鸦片已有很长的历史，曾长期占进口货物的第一位。早在鸦片战争前后，英国的德记、和记，印度的安记、裕记等洋行就竞相输入。迄至清末民初，据美国牧师毕腓力在《厦门见闻》一书中统计：1910 年，厦门进出口贸易总额为

2400万关两，鸦片占52.92万关两。闽南人民每年被鸦片毒害，吸去的金钱约达银圆1800万元左右。

民初，日本商人收购大量印度大土，在台湾设专卖局，鸦片经加工后，用红罐头改装，每罐十两。还有一种是用黄铜盒装的，每盒一两。另外有一种是牙膏式的锡罐，叫作"支仔烟"，是在厦门秘密设厂改装的。这几种鸦片都是通过日籍台湾浪人开设的洋行在厦门秘密贩卖。后来日籍台人和日籍厦门人叶清和等，在升平路惠通巷公开设立鹭通公司、福裕公司，设厂煮制，运销内地。台湾浪人和日籍华人明目张胆开设很多烟馆，寮仔后及麦仔埕一带并被称为烟窟。

吗啡，又名海洛因，也叫白面、红丸，种类繁多，分有粉剂、球状及液体三种，都是用鸦片复制的，成本仅及鸦片的十分之一。进口的吗啡大半是德国产品，德商宝记洋行大班马天士曾多次干这种买卖。日本柏原洋行把吗啡装入药瓶，充当白药入口，数量很多。有些洋人凭恃特殊地位，顺利地从德国、法国等处用包裹投邮，运进厦门。虽然国民政府曾施行所谓的"禁政"，但鸦片和吗啡的买卖，始终是洋行的如意交易。

（二）贩卖华工

厦门开埠后不久，有几家洋行不仅从事走私贩毒，还干起贩卖苦力的罪恶勾当，也就是雇用本地的一些流氓地痞，到处拐骗掳掠善良的老百姓，贩运到美洲、非洲和澳大利亚，强迫他们开荒山、挖金矿、筑铁路……从1845年至1852年间，数以万计的厦门老百姓被押上运载苦力的"猪仔船"，漂洋过海被强迫在深山丛林或杳无人烟的荒岛上，开山筑路，挖矿种植。掠卖苦力的罪恶勾当，给厦门人民带来严重的灾难。

1945—1952年期间，在厦门一带臭名昭著的洋行有四家。

1. 德记洋行：德记洋行设于鼓浪屿。这家洋行的老板德滴是个英国商人，但由于他同时身兼西班牙、荷兰和葡萄牙的驻厦领事，享有其他外国商人不能享有的权力，目中无人。他经营的德记洋行是厦门最大的贩卖苦力的洋行，在该行的地下室设有关押华工的"猪仔馆"，在邻近洋行的海面上设有"猪仔屯船"。

2. 和记洋行：英商洋行，在有关资料中，和记也被译为"合记"，其实是一家，但过去也曾经有人说成为两家。和记与德记洋行同样有关押苦力的"猪仔馆"和"猪仔船"。和记洋行1845年开设于鼓浪屿，一直存在到1949年底。这家贩卖苦力的洋行，也是臭名远扬，至今鼓浪屿还留有"和记路""和记崎""和记码头"的老地名。

3. 怡和洋行：英商洋行，总行在香港，1845年来厦门设分行。英国驻厦门代理领事柏克豪斯是这家洋行的大股东。

4. 瑞记洋行：1850年西班牙籍华人黄瑞曲开设于厦门寮仔后，即今水仙路与晨光路交界口。据民间传说，清咸丰年间有个来自永春县的武术大师林桃，也被一个同乡诱拐卖给瑞记洋行，当他被关进"猪仔馆"时，发现自己被卖为"猪仔"就要被押上船远渡重洋，火冒三丈，掀开"猪仔馆"的门窗，不但个人逃了出来，还救了好多位被卖的难友。

（三）进口洋货

厦门是洋货的集散地，进口的洋货除一部分就地销售外，其余则转运闽南各地和闽南以外的地区。历史上进口的洋货以英、日两国最多，美、德等国次之。第一次世界大战后以迄抗日战争前，日本渐占上风，形成压倒的优势。

洋货进口的品种，英国的有鸦片、纱布、呢羽哔叽、石油、肥田粉、烧碱、香烟、西药、奶粉、水泥、五金器材、机器等；日本的有纱布、成药、咸鱼、水产加工品、肥田粉、味之素、啤酒、火柴、香烟、人参、高丽参、儿童玩具、机器及零件等；美国的有面粉、石油、药品、化妆品、塑胶制品、汽车及零件等；德国的有颜料、布匹、药品、水泥、烧碱、钟表、油漆、肥田粉、机器及零件等。此外，法国的化妆品、荷兰的爪哇白糖、瑞士的钟表、瑞典的火柴，也一直营销闽南。

由于洋货倾销，厦门的工厂和手工业作坊被摧残殆尽。

英美烟草公司每月进口的香烟约3000箱左右，值50万元。1936年，南洋兄弟烟草公司出品的白金龙香烟来厦推销，市商会为提倡国货，协助宣传推销，在销货证明书上签注白金龙质量较老刀牌为优。英美烟草公司向市商会提出强烈抗议，并大耍无赖手段，向市上大量收购白金龙香烟，待囤压发霉后以贱价出售，一面唆使流氓到处散布谣言，中伤白金龙质量如何低劣，以打击其销路。南洋兄弟烟草公司因资本有限，无法和洋行较量。

福建原是重要渔区之一，由于没有冷冻设备，鲜鱼无法销入内地。日本的咸鲳鱼、咸鲢鱼、鱼干、干贝等水产品则运销于福建广大农村。日本的味之素、仁丹、胃散、眼药等也成为老百姓生活的必需品。西药一直被英、美、德、日的产品所垄断，甚至连滋补品如人参、高丽参、燕窝等物也全是进口货。

（四）出口土产

1. 茶叶。

福建茶叶在国际市场上早享声誉，曾是压倒一切的出口物资，欧美各国都按厦门话叫茶为"Tea"。闽茶的产区地域广阔，闽南的华安、南安、安溪等县，和闽东、闽北的福鼎、福安、政和、崇安等县，都是茶叶产区。而早期茶叶出口，多操纵在英、美洋行手里。乌龙茶本来营销国外，后来因为茶质不纯，1875年左右，驻厦美国商务领事建议其政府停止乌龙茶输美，由是茶叶出口步入暗淡时期。乌龙茶丧失销路时，泉、漳茶商已开始在台湾新竹一带投资种植红茶。不多年红茶运来厦门试销，洋行认为红茶有出口前途，英商德记、和记两家抢先在台湾的淡水设立分行，专办红茶。随后又有英商水陆、协隆两家洋行和美商旗昌等洋行也到台湾插手茶叶生意，将茶叶运厦转输欧美。这五家洋行垄断茶叶出口，一时称为五大行。台湾红茶运厦转口出国，规定可以免税，洋行办茶的佣金按茶价计算，每百元抽2.5元，采办数量既大，利头又好。德记洋行购了两艘1000多吨的舺舨船，经常往来于厦门、淡水之间，并且常有巨轮来厦运茶前往欧美。甲午战争后，日本占领台湾，从此红茶的输出转入日商手里。台茶来厦数量锐减，到了1907年几乎绝迹。

2. 红糖。

红糖出口本来仅次于茶叶，1910年输出额为7.09万余担，值55.32万余海关两。后来由于爪哇、古巴等地的机制白糖大量生产，红糖的出口急剧减少，以至于停销国外。

3. 水仙花。

水仙花是漳州的特产，早期由英国洋行输往欧洲销售，主要市场是比利时。1908年，由厦输出水仙花300万颗，其中有200多万颗直接运往美国，法国也曾行销一时。水仙花出口，长期以来销路都很旺，但亦由德记洋行所包销，华商染指不得。烟草出口，主要是由日本三井洋行经营的，它在平和的小溪专设机构，建有仓库，进行大量收购，把烟草集中厦门转运台湾，制成香烟后，返运我国各地销售。

（五）设立工厂

1. 船坞。

外商洋行在中国设立工厂，除了可以就地利用原料外，还可以雇用比本国廉价得多的劳动力和节省商品的运输费用。清末民初，外轮经常到厦，沿海和内河也开始航运交通，由于维修船只的需要，垄断茶叶出口的五大行和当地富侨巨商集资20万元，在帆礁第一码头创办了厦门船坞。由中国人叶芳哲担任督办，英商德记的洋大班担任总办。

船坞占用的土地面积为186市亩，坞长340米，可容300吨以下的船只。造船厂内设铸铁、铸铜、锻铁、机器、造船、木模、造炉等各个部分，延聘葡萄牙人密陶氏为工程师。其主要业务除维修外轮，还制造一些小轮船。

1918年李厚基统治闽省时期，英商德记洋行一度改组，把船坞股额出让给台湾富绅辜显荣，定金已经过好，厦门商会和社会团体反对，李厚基乃令厦门道尹向驻厦英国领事提出交涉，结果由政府备款14万元赎回船坞，省方及厦门商会各认股一半，实际上全部股款是由厦门商会付出的，改英商船坞为厦门造船所。

2. 汽水厂、制冰厂。

英商屈臣氏汽水厂亦设在鼓浪屿龙头路，附设有制冰厂，洋商发财后打算回国，于1900年间把该厂卖给中国商人，改名为东方汽水厂。日商山海制冰厂设立较晚，但销量很大，使东方汽水厂的业务受到很大打击。这家冰厂在抗日战争爆发后被接收。

3. 制瓦厂。

德商宝记洋行在厦门设置瓦厂，厂内设备如制瓦机、印模机等都是从德国运来的。每块水泥瓦的成本只需几分钱，售价一角多，获利倍蓰。因为机件并不复杂，制造很简易，怕中国人依样仿制，拒绝参观。

（六）操纵金融

外国金融资本的侵略，直接支持了洋行的营业活动。外国银行在中国吸收了大量的游资，然后用借款的形式贷与各国洋行，洋行把借款当作流动资金的来源。因此外国银行和洋行的资金，实际上都是出于中国人。厦门、闽南又是华侨的家乡，侨汇较多，吸收游资较容易，英国、日本、荷兰等国都先后在厦门设立银行。

1. 汇丰银行（英国）。

英国汇丰银行于1873年成立厦门分行，1875年5月发行票面5元、10元、25元、50元的四种钞票，流通闽南各地。由于中国关税不能自主，厦门海关税款一向被指定缴交给汇丰银行，而且必须以白银缴库，外汇的升降都受这家银行控制，升降比率由其首先开盘。1937年，它还自设电台，掌握内外金融行情，更便于操纵市场。汇丰银行的存款户多系侨眷，起初利息为二厘，是市上最轻的利率，后来它借着帝国主义骗人的招牌，实行存款无息，仅仅代收代付，最后甚至还要倒贴保管费。它把吸收到的资金，对洋行专门办理押汇和放款的业务，以利于洋行进行各种经济掠夺。

2. 台湾银行、新高银行（日本）。

日本于1899年在台北成立台湾银行，资本为5150万日元。1900年9月在厦门设立分行，作为对福建进行经济侵略的中心。它的主要业务是筹划在福建建设铁路和开采煤矿。它的放款对象，主要是日、台人，凡三井洋行所需要的流动资金，都是由台湾银行贷给的。当时有一日籍台湾浪人康守仁囤积大批鸦片，其资金也是由该行供给的。台湾富豪林尔嘉在主持厦门保商局时，把价值40万元的足赤金叶（标准金）存入厦门台湾银行，该行以此为准备金，大量发行纸币。

"五四"运动时期，市民在反帝运动中，拒用台湾银行钞票，存户争提现款，发生了滚兑的风潮。自此之后，市民对台钞一直没有信心，最后台湾银行不得不收回全部钞票。1927年9月，在反日运动高涨时，商民不敢出入台湾银行，迫使该行业务一度陷于停顿。

1907年，日本在厦门开办新高银行，1920年改组为商工银行，资金为200万元，由台湾金融株式会社社长李京盛为董事长，1927年反日运动给予该行严重打击，随即宣告结束。

3. 安达银行（荷兰）。

荷兰安达银行于1922年派总行副经理亚坚士来厦门筹设分行，于1923年正式成立。当时厦门填海工程包给荷兰的一家筑堤公司，这个工程是经安达银行介绍的，因此工程费100万元全部存入该行，听其支配。其他如美丰银行是美国人和闽南商人合资开设的，总行设于上海，厦门与福州均设分行，厦门分行的经理为陈启发，1930年左右因亏本停业。还有一些洋行，都曾代理汇兑业务，如德记洋行代理英国渣打银行，和记洋行代理英国有利银行，德商宝记洋行和英商德忌利士洋行都先后代理过荷兰小公银行。

外国银行一直垄断着外汇。仅侨汇一项，一年之中可收两三千万元，加上国家贸易上来往贷款，数额更巨。汇丰银行与安达银行机构遍及东南亚地区，收付款额较大，台湾银行只收付日、台与厦门之间的汇款，数额较小。在外汇行情变化中，这些银行都争相兴风作浪，投机倒把，从中捞取比平常要多得多的利润。

流通于厦门地区的银圆至少有六七种：中国银圆、墨西哥洋、香港洋、法洋、叻洋（英国海峡殖民地造）、吕宋洋及日本龙元等等。汇丰银行却以不流通于市面的西班牙银圆按每千元等于720两白银的比值，作为货币的计算标准。前几种银圆的价值，因供求关系，时常发生变化。

1934年，国际白银协定签订后，白银收归国有，白银一元与纸币票面一元，一时不能等价，纸币每元须贴水六分。

由于侨乡土匪如麻，一般侨眷为了财产安全起见都把侨汇款存入外国银行，甚至有许多农村的侨眷，只收汇单，不支现款，认为收存汇单较为妥便，日子一久，有的汇单遗失或执单人亡故，存款无人提领，这笔款就变成外国银行的额外收入。厦门五崎顶华侨杨水莲有一笔存款50万元，25年未前往提取，被汇丰银行宣布没收。这种无人提领的存款，仅汇丰一家，可能就有百万元左右。

所有外国银行都把储户存款转存于它们的国外总行，在厦门分行中，只有少量现款应付储户。有一次印尼归侨柯清源持汇单向安达银行支现金100万元，该行一时无措，费了几天周折，才把现款凑足应付。

除了银行之外，英国于第一次世界大战后，在上海开设万国储蓄会，同时在厦门设立分会，法国同时也开设中法储蓄会。英国还在厦门先后开办永年和华洋两家人寿保险公司，不久相继歇业。1934年，英商又开设旗昌保险有限公司，直至厦门沦陷时才结束。

（七）垄断海运

厦门口岸轮船来往频繁。1853年6月间，宝顺洋行有艘轮船航行上海、厦门间，船名"宝雄"号。甲午战争前后，外轮的来往数量，英国占55%，日本占23%，其余是荷兰及其他国家的船只。

1. 太古洋行（英国）。

1896年，英商太古洋行成立，它的船只最多，都是黑烟囱的，分航南北两线。南线由厦门往返于汕头、香港及东南亚各大商埠，以客运为主。北线由厦门往返上海、天津、牛庄、烟台等地，以货运为主，大半是包载，业务较南线为盛。太古洋行除了拥有成百艘船只外，还代理 D. Len1 公司的青烟囱轮船。它机构庞大，供职的洋员有十多人，买办办房及仓库的人员约有上百人。为了扩张业务的需要，一面制备大型屯船，一面占地建筑专用码头，盖起面积达万平方米的仓库，可储存数万吨的货物。太古船票初由华商钿记号代理。

2. 德忌利士洋行（英国）。

英商德忌利士洋行的红烟囱轮船，航行东南亚各大商埠。同时置有"海阳""海澄""海宁""海坛""爹利士"等艘轮船，1871年开辟定期航行于厦门、汕头、香港、台湾之间的航线。起初它和太古洋行发生业务上的冲突，通过谈判，一度议定汕头货运归太古洋行，厦门客运归德忌利士洋行，这两家的船票均由华商"川记"号代理。

3. 英印度轮船公司（英国）。

英商和记洋行代理英印轮船公司在厦门的业务，船只都是黑烟囱的，顶端加两个白圈，厦门人叫它作"鸭家船"。它们航行于厦门、马来亚及印度之间，船票均由华商"谦利"号代理。

4. 渣华轮船公司（荷兰）。

荷兰渣华轮船公司，设立以前，它在厦门的业务曾由太古洋行代理了一二十年，后由安达银行兼理。1926年，才在厦门独立设行，它拥有万吨巨轮七八艘，如"芝巴德""芝沙丹尼""芝沙连加"等号，故有"芝"字船之称。这些船长期航行于厦门、东南亚各大商埠，计有13处之多，所以也叫它们为"十三港船"。同时，荷兰 K. P. M 轮船公司的"金马""万福士"两号远洋轮船也由该公司代理。其船票先由华商黄日兴银号代理，后由华商合福庆号代理。

5. 大阪轮船株式会社（日本）。

日本大阪轮船株式会社分驻厦门的机构，专门代理日本船只，主要经营日、台人的客、货运，一线航行于厦门、台湾和日本之间，一线航行于厦门和香港。还有更多不定期的货船往来。由于航路不同，与西方船只较少竞争。为了便利日、台商人走单帮，有"广东丸"和"香港丸"两只船经常航行于日本、香港、基隆、汕头、厦门之间，每星期各对开一次，其中大部分乘客是干走私的。

内河方面，1904年太古洋行买办陈玉英包租了载重300多吨的"黄河"号轮船，航行于厦门、泉州和惠安的秀涂，最后因超载沉没，死了100多人，陈玉英因有洋人的庇护，得以无事，接着换了一只"闽江"号轮船行驶如故。还有"顺利""顺发"两号轮船行驶石码。这些船只都悬挂英国旗。此外，泰利船务行的"驾鳌""美利"号等轮悬挂葡萄牙旗，行驶于泉州、秀涂等处。仁记船务行的"仁和""飞凤"号等轮悬挂日本旗，行驶于安海、同安等地。"南京""北京"号等轮，悬挂西班牙国旗，行驶温州等地。这些船只实际上都是本地人经营的，他们为了图利，加入外国籍，弄到一两面外国旗插在船尾，凭借洋人势力，可以逃税。内河航权收回后，这些船只立即改悬中国旗，仍行驶如故。

不论是国际航线或沿海航线，中国人自办的航业多数受到外轮的打击，相继蚀本停业，幸存的都是托庇于外国旗下，业务要受洋人支配。1948年，厦门旅港的工商界人士钱文显和张镇世等集资港币40万元，租用"华中"号轮船，行驶于厦门、香港及菲律宾等地。渣华轮船公司代理人陈竞辉威胁张镇世说："船务经营非易，外国人有经验，你最好不干，否则会被压死，你们开办费若干，我们可以负责。"一面串通各个客栈抵制华轮营业，一面降低荷轮票价。"华中"号轮船终被打击不振，只好停航。至于厦门的大帆船及机帆船，更不待言。

在华洋轮船的竞争中，洋轮总是占上风的，但偶然也有不如意的例子。如招商局的"海漠"号轮船与太古洋行的"安庆"号轮船曾同时行驶于厦门、菲律宾之间，有一次招商局轮船得到华侨的支持，旅菲侨领号召中国人乘中国船，华侨资本家也对雇员和职工言明，如乘中国船回国可资助旅费，乘外轮则票费自理。结果被招商局揽到了大部分乘客。

同样，外轮之间，甚至同国而不同公司的轮船，为了争夺利益，有时也互相倾轧。在厦门至新加坡航线上，太古洋行为打击英印公司的"鸭家船"，每张客票降至2.5元，"鸭家船"亦不示弱，每张票降至5角发售。最后两败俱伤，双方同意"停战"。为了协调利益起见，成立了厦门六和公司，由外商太古、和记、德忌利士、渣华和华侨的和丰、永福等六家组成，协议统一了南洋各埠的客票价格。

轮船公司（头盘商）不直接发售船票，船票一概归到二盘商即船票业公会手里，然后分别转到三盘商即旅栈业卖给待轮出国的华侨。由于殖民当局限制华人入境，华侨出国争先恐后，在这种情况下，船票业公会就上下勾结，垄断船票，任意抬价，在客旺时期，原票价每张60元的，到旅客手里却要120元，原票价80元的，竟要150元，这种疯狂的掠夺施于初次出国的新客身上最为普遍。

货运业务增多后，各洋行多数都附设有保险部门。厦门的保险业务组织，经国际保险组织承认并作为它的分支机构，由英商和记洋行大班为驻厦代表，凡水上失事，经他证明后，才给予依章处理。英商德记洋行的"格林"号轮船在大担海面附近沉没以及棉纱失火等案，均经和记洋行证实后，才给予赔偿。当然，这笔保险费都转嫁于消费者身上。

（洪卜仁　陈子扬）
（原载《福建史志》2014年第1期，第2期）

日本图占厦门蓄谋已久

一、日本强占租界未遂

甲午中日战争之前,日本侵略者就已对厦门进行过一系列的侵略活动。1874年,日本在美国的支持下进攻台湾的同时,曾经派遣军舰以"借地操兵"为理由前来厦门,刺探厦门港。接着又有日轮"孟春"号到厦门海面测试水文地理。清政府不敢干涉,只是命令守军沈葆桢、李鸿年"严密备御"。甲午战争前夕,日本军队中将伊东祐嘉派军舰八艘到广东、福建海面耀武扬威,首站到达厦门。日本首相伊藤博文也曾经秘密来过厦门,亲自策划对厦门的侵略。

厦门与台湾、澎湖群岛一衣带水,是中国东南的重要门户。《马关条约》签订以后,日本占有了台湾,之后得陇望蜀,更把侵略矛头指向厦门。1896年,清政府被迫与日本签订《公立文凭》,允许日本帝国主义在上海、天津、厦门、汉口等处设置专管租界。1897年3月,日本政府正式照会清政府,提出要在面对嵩屿的鼓浪屿西北部沿海地带10万坪(一坪折合3.3平方米)范围内以及厦门岛火仔垵(今虎头山下一带)、沙坡头以及该沿海一带12万坪范围内设立日本专管租界。日本此举将占有鼓浪屿三分之一的面积和厦门本岛西南沿海的部分区域,其意在控制整个厦门港内港,即占据虎头山沿海一线,控制进入厦门港南水道和鹭江,扼住进入厦门港内港的咽喉,把持鼓浪屿西北部,扼制漳州九龙江入海口和进入厦门港北水道的两条水上大动脉。清总理衙门唯命是从,立刻令福建总督边宝泉转饬兴泉永道道台周莲照办。周莲接到命令后,积极准备,后因其他帝国主义对日本欲霸占的地带也虎视眈眈,周莲一时不敢应允。1898年夏,周莲离任后,护道管元善因居民反对,恐滋事,不敢应允。日本向清政府提出"不割让上述地段给别国"的照会,并得到清政府同意。日本以福建为其势力范围,因而在厦门设立租界的野心也就越发膨胀。1898年11月,衔有扩大侵略重要使命的日本驻厦领事上野专一到任后,日本侵略厦门的野心,就更加昭然若揭。

当年农历七月十八日上午,因反对割让虎头山下地段为日本租界,厦门各行各业罢市，而日本领事上野专一尚未知情。还不到八点，他就带着随员威风凛凛地来到虎头山下的龙泉宫，等候兴泉永兵备道道台来划界。当他与随员们高谈阔论的时候，数百名群众突然从龙泉宫的四面八方涌来，将他团团围住。木棒瓦石，如雨点般地向他掷去，更有妇女们以扫帚抹上粪便，打到他头上去。上野专一见势不妙，抱头鼠窜，一直往码头方向跑。这时，船工们也罢航了，厦鼓海面上一艘小船都见不到。上野唯恐后面群众追来，被逼无奈跳入水中，直向鼓浪屿西仔码头日本领事馆方向泅去。堂堂的大日本领事变成狼狈不堪的落水狗，日本警官日吉、书记官松本等其他随员也作鸟兽散。厦门人民的这场反抗，再加上日本与列强之间的矛盾不可调和，日本强割租界的"美梦"也就胎死腹中。

二、制造借口出兵欲占厦门

1899年，北方发起义和团运动。义和团曾派人到厦门来发动群众，反对外国人对中国的侵略。日本也发现"该地方的所谓企图收回台湾的排日党，亦有进行策动的迹象"，因此企图借着这个机会制造事端，伺机侵占厦门。1900年6月，日军在福建海面的警备舰，有"和泉""筑紫"二舰。6月23日，日本海军大臣训令："和泉""筑紫"中之一，应尽可能碇泊于厦门，另一艘可伺机泊于厦门、澎湖岛，或与台湾通电方便的地点。

8月12日，日海军大臣又令火力强大的"高千穗"号巡洋舰急驶厦门，命以"高千穗""和泉""筑紫"中之一，务须泊于厦门，担当警备。同日命令佐世保镇守府司令长官，应给"高千穗""和泉""筑紫"共增加定员100名，乘"高千穗"舰驶赴中国南部，并命令"高千穗"舰长将增加的定员连同固有定员适当编成陆战队，做好以应不时之需的准备。

据日本防卫厅防卫研究所战史室编著的《日本海军在中国作战》一书记录，8月14日，日海军大臣给停泊在厦门的"和泉"舰长斋藤孝至大佐的训令如下：

"应做好以'高千穗''和泉''筑紫'之兵员于必要时机占领厦门港两岸炮台的计划。如与外国协同动作之时机到来时，当然不得落后他国，更应经常有占据主位的准备。应尽量使他国致力于其居留地，而我兵则极力占领炮台。如无力占领全部炮台时，应着眼于夺取主要炮台，希秘密且慎重地制定计划，并应迅速将要点直接报告海军大臣。又，厦门地方，如有不稳状况或其他可乘之机，应与该地驻在之帝国领事协商，以保护帝国侨民之口实，力争使我若干兵员登陆，注意切勿踌躇，坐失良机。特此密令。"

此训令的重点，日海军"已通知总理、外务、陆军各大臣。陆相已密令台湾总督儿玉源太郎大将"。8月23日，陆相训令台湾总督：

"帝国认为今后一旦有机会，需要立即占领厦门港，已训令在厦门的'和泉'舰长应事先制定占领厦门炮台的计划，机会一到，立即派兵登陆占领该港。据此，当'和泉'舰长向贵官提出请求时，应预先做好从驻屯你地的各队中，派遣步兵一个大队、炮兵两个中队、工兵两个中队以内的兵员，适时地去厦门与海军协力完成准备工作。"

海相获得陆相的训令后，即将上述训令意旨，通知了在厦门的首席舰长"高千穗"舰长武井久成大佐。"高千穗"舰于8月18日到达厦门，成为当地日本海军在厦门的"先任舰"。

1900年8月24日凌晨1点，即日方上述备战令下达后的第二天，日本在厦门的"东本愿寺布教所"发生了火灾。这其实是日寇煽动指使一些日僧和浪人，令其放火烧毁在今天思明西路山仔顶的一座小寺庙，以为神不知鬼不觉。他们造谣厦门人民跟义和团配合烧了日本人的寺庙，按事先的计划，以"保护领事馆和侨民"为借口，两小时后"和泉"舰派出陆战队一个小队，"高千穗"舰于25日派出一个小队，两队共计85人，欲把事态扩大。厦门道台及英、美、德领事要求日本撤兵，日军不但予以拒绝，还在26日又从"高千穗"舰派遣两个小队，进驻东亚书院（今鹭江道东段英迪格酒店附近，原寮仔后妈祖宫埠头），美其名曰"保护东亚书院"，其实是将侵厦陆战队的指挥部设于此。日军还架炮于虎头山上，直指城内的提督衙门。日军气焰嚣张地向厦门提督杨歧珍发出通牒，要求厦门驻军撤出炮台的兵备，或交出炮台，并在指定时间内答复，如不答复，即武力占领。

上岸的日本兵在滨海地带站岗放哨。据当时亲身经历过的老人讲，日本兵就部署在沿海（今大同路、镇邦路、横竹路、水仙路和海滨大厦）一带，引起了市民的恐慌。在今天的镇邦路，当时的港仔口亦有日本军队驻扎。市民纷纷逃难到内地，商店闭门，市场萧条，厦门的经济损失不小。

28日晨，日本海军总务长官斋藤实少将命在上海的"高雄""大岛"舰分别到厦门、霞飞，又命在霞飞的"筑紫"舰火速返回厦门。

同日清晨，台湾总督儿玉给日本陆、海军大臣电称：根据"高千穗"舰长的请求，已向厦门派遣陆军。第一批次两个中队乘"宫岛丸"运输船，由基隆出发，预定29日晨抵厦门；第二批次派遣由土屋光春陆军少将指挥的步兵二个中队，山炮、工兵各一个中队，乘"台南丸"及"明石丸"运输船于29日出发，预定30日晨抵达。

"东本愿寺事件"后日军的所作所为损害了西方列强的利益。西方列强认为东本愿寺火灾系日本人的故意行为，当地并无"暴徒蜂起"危及外国侨民的事实。美国驻厦领事馆的报告则揭露了"纵火"的真相："事件当天，僧侣们把贵重物品全部搬出去，当夜住宿寺院的只有住持和尚一人，他在凌晨1点跑到日本领事馆报告说中国暴徒放火烧寺。除了住持和尚外，没人看到暴徒，只看到中国士兵和民众帮忙灭火。"

此后，英、美军舰也赶来厦门，向日本施压。8月29日，英舰进入厦门港。8月30日午后，该舰陆战队约60名队员于厦门登陆。此外，德舰也于8月30日进入厦门港。美、法、俄等国军舰也有到达的报告。此时，从台湾赶来的日军不敢贸然登陆，陆相密令儿玉电令运输船折回澎湖。据儿玉的秘书官横泽次郎描述，心有不甘的儿玉眼泪"夺眶而出"，咬牙下令部队推迟上岸。8月30日夜，日本驻厦门东亚书院的陆战队只得撤回领事馆及军舰内。

9月3日，中日双方和英美海军指挥官展开谈判，刚开始日本还不想将领事馆内的部队撤离，但西方列强群起而攻之。日本内阁研究，感觉自身实力尚不能与西方列强相抗，不得不考虑"本帝国政府独占厦门的计划是否可能实现，既然出兵厦门的阴谋已经外泄，是否中止派兵"等。9月6日，日本被逼无奈，在接受清政府所谓的《烧毁东本愿寺的谢罪书》后，于第二天拉扯上英兵，同时退兵回舰。日本以武力侵占厦门的阴谋再次失败。

清末民初，当时日本鼓励甚至指挥一批罪犯和日籍台湾浪人来厦门肇事，企图制造借口出兵侵占厦门。冲突最厉害的有1913年"台纪事件"、1923年"台吴事件"、1924年"台探事件"等。在这些事件中，日本故意挑事，引发日人和日籍台湾人与厦门老百姓发生冲突，然后以此为借口，利用厦门当局畏缩怕事的心理，出兵压服厦门民众，扩大势力范围。

三、日舰炮轰厦门海关缉私舰

甲午中日战争之后，台湾在沦为日本殖民地的同时，也成为福建沿海走私的渊薮。日本发动侵华战争前夕，中国进口关税税率提高，日籍浪人走私活动不断加剧，严重扰乱了中国金融秩序。厦门关税遭受巨大损失，不得已加强了台湾海峡的缉私工作，却遭到了日本当局粗暴的武力干涉。

1934年6月19日，国民政府公布《海关缉私条例》，其中第十条规定："船舶在中国沿海十二海里界内，海关缉私巡逻艇鸣放空枪，令其停驶，而抗不遵照者，得射击之。有前项违抗者，处船长二千元以下之罚金，并得没收其船舶。"1935年5月29日，厦门海关"专条"号巡缉舰在乌龟屿海面缉获两艘走私的中国渔船。5月30日清晨6时许，从乌龟屿自南而下，遇雾停航。日本两艘驱逐舰从马公港驶来，将"专条"号夹于当中，雾散后，日本军舰仍随行。直至九节礁2.5海里海域，日舰升旗命令其停驶，"专条"号置之不理，日舰立即开炮强迫停航。日兵登船检查，擅自查看"专条"号海图，诬指"专条"号在距大担 3 海里外的公海上缉私，强行索要船上记事簿。"专条"号上的官员严词拒绝，强调即使以武力胁迫也不能交出，日军水兵只好作罢。延至 9 时 25 分，日军兵舰始放"专条"号续航。

5 月 31 日清晨，厦门关税务司 Goddard（戈达德）向日本领事塚本毅口头抗议，日本领事借以各种理由推托。面对日本领事的蛮横无理，中国政府和军方态度也暧昧不明。"专条"号事件后，厦门海关的缉私工作受到极大的束缚，日籍浪人走私更加猖獗。后因日军在澎湖设立海军基地，不再对商船开放，台湾海峡走私少了澎湖这个中转站，才逐渐趋于低潮。

四、荒诞的"华南国"

1933 年冬，福建发生"闽变"后，中国共产党和十九路军订立《抗日作战协定》，这对国民政府是一个严重的打击。蒋介石为了对付十九路军，于 1934 年派杜起云（原北洋军阀的一个旅长，住在闽西，和闽西南的土匪头子有密切的联系，后来投靠蒋介石，被蒋封为"暂编福建第三师第五旅旅长"）任军事特派员来厦，进行拉拢闽西南土匪的活动。

在十九路军的打击下，闽西南土匪头子纷纷逃匿。南安土匪陈国辉的部下陈佩玉等都秘密跑来厦门，匿居在十八大哥的东南旅社、福星馆等处"避难"。杜起云一到厦门，便和日本间谍勾搭起来，阴谋组织成立"华南国"。

日本帝国主义在厦门策划的"华南国"阴谋活动，是和伪"满洲国"、伪"内蒙自治"、伪"华北五省联盟自治"相呼应的。军事特派员杜起云来到厦门以后，就在思明北路海陆春旅社二楼设立办事处，以自己为汉奸首领，以日籍浪人吴万来为秘书长兼人事主任，以谢阿发为总指挥。海陆春旅社对面就是十八大哥之一谢阿发的东南洋行，活动极为便利。

杜起云和日本间谍泽重信，日籍浪人林滚、谢阿发、陈春木以及王昌盛等笼络、搜罗了漳、龙（岩）、泉、莆、仙各属土匪，颁发伪旗、关防印信，委派伪职等等。厦门地方败类，如流氓头子宋安在、许振润，堕落文人叶沧州和广东军阀余孽梁海余（当时在鼓浪屿以经营东方旅社为掩护，专门结交军阀、土匪）也都投入泽重信、杜起云的怀抱，积极参加"华南国"的活动。1934 年夏，土匪张雄南潜返德化，和土匪张克武组织、发动附近各地土匪参加的"福建同盟军"，就是日本极力撺掇的结果。直到 1939 年，长泰土匪叶文龙还把伪"华南国"发给他的委任状、军旗、关防印信，当成宝物珍藏在家里。

杜云起出卖祖国的"华南国"阴谋活动被揭发后，面对全国抗日运动风起云涌的形势，国民政府将他抓去南昌枪毙，"华南国"宣告流产。但日本帝国主义并不因此而偃旗息鼓，1936 年，和华东的"冀东自治""冀察自治"等伪组织相呼应，日本帝国主义者在福建又进行了"福建自治运动"。于是，厦门汉奸团体如"亚细亚大同盟""中日亲善会""郑成功事业彰显会""勖社"等，在日本帝国主义分子和日籍浪人的策划下，活动频繁。4 月 7 日，在鼓浪屿中华旅社，由日籍浪人林火星（日本在厦警察本部部长、高等特务）召开所谓"福建自治委员"会议，与会者 17 人。除林火星外，其余 16 人中，5 人为漳、泉土匪头子的代表，11 人为厦鼓臭名昭彰的汉奸及所谓"闻人"。会上秘密讨论"福建自治章程"及发展汉奸为日本侵华效命等危害祖国的活动。德化匪首张雄南背叛祖国、拥军称变的事件，肇因就是"福建自治运动"。

五、日本舰队武装恫吓

日本凭借庞大的海军舰队，对中国实行武装威胁，以扩大其势力。"东本愿寺事件"后，日军派水兵登陆，进行恫吓。在厦门人民反对日本设立警察所和抵制日货期间，也不断派军舰来威胁，并与厦门保卫团发生冲突。日本海军借口保护侨民，派来军舰，并下令水兵携炮登陆，以武力逼迫厦门当局禁止人民抵制日货。1924 年，厦门军警搜查私带军械的日本籍民，日本又派驱逐舰等来厦门示威。1926 年 4 月 8 日，日本第一舰队由司令率领，浩浩荡荡进入厦门港，接受在厦日本臣民的热烈欢迎，大肆炫耀所谓的日本海上威力。1934 年后，大批日舰来厦，水兵登陆"游览"，并且声称海军陆战队一连队准备长驻厦门。1935 年，日本第三舰队司令亲自到厦门活动。除了日本军舰经常出入厦门港外，厦门海关缉私船也常被日舰包围、监视，甚至开炮威胁。

据 1936 年 7 月 11 日的《江声报》报道："日第五次水雷舰队旗舰'夕张'号，离开马江赴厦门各埠，率'朝颜''芙蓉''刘萱''若竹'等舰，沿途演习，定十四日开返台湾。"日军一方面对福建沿海展开试探行动，另一方面又高唱"中日亲友谈"以迷惑中国人民。1936 年 3 月 2 日，日军松井石根大将在厦门发表讲话，声称日舰造访"非欲侵略福建，乃欲以台湾为楔子"，以促进"中日两国民族之亲善提携"。日本处心积虑地在厦门进行政治、军事活动，是深度考量到厦门是实施南北夹击中国战略的必争之地。而企图息事宁人的国民政府在外交上的软弱无能，更加纵容了日本的勃勃野心。

1936 年 6 月 20 日，10 艘日本军舰到厦门示威。过了不久，日本第十三驱逐舰队司令西岗茂泰又率带吴竹、若竹两艘军舰由汕头窜进厦门，更有"朝颜""芙蓉""刘萱""早苗"等日本军舰，不断地在闽南、粤东沿海巡弋，"待机而动"。1936 年 8 月初，日本联合舰队从佐世保军港千里迢迢地前来厦门"会操"，"扶桑""长门""那珂""长良"等76艘日舰，官兵2800余名，将校1600名，自8月3日到5日上午7时陆续抵达。此时厦门的港内外已是"一杆杆烟筒，一只只海鸭，洋洋大观"。正值国民政府"西南异动"及华北紧张之际，日军导演如此一出大戏，其司马昭之心早已路人皆知。日本海军大佐须贺彦次郎却百般狡辩地说："此次大规模演习属于通常演习，并无政治作用"；"期待与中华民国军官亲近，正确认识日本帝国海军之实相，以达舰队平时和平之使命。"

上海《申报周刊》对此次"会操"评论指出："向例外舰赴厦，须于事前数日，由该国领事馆通知厦门要塞司令。民国二十三年（1934年）以后，日舰到厦门，不复履行此项手续，而现在竟进一步要在厦门附近作大规模的演习，真可谓得寸进尺，且不啻视厦门为它自己的禁脔。"

强盗"舞剑"，意在华南。主人却开门揖盗，以礼相待，可笑之至。停泊在厦港的"逸仙"号国舰，于5日晨奉命出港，鸣贺炮17响，表示欢迎。福建省主席陈仪因政务"未能躬与盛事"，特嘱李时霖市长领取500元进行招待，以尽地主之谊。于是李时霖和外交参事陈宏声等人赴鼓浪屿，邀日领事山田芳太郎共乘"若叶"驱逐舰赴"长门"旗舰，访问高桥三吉及各舰司令官，以尽"友邦亲善"之谊。

对日舰会操一事，厦门人民的警醒与当局的隐忍退让形成了鲜明的对比。《江声报》犀利地问道："为什么我们不曾有大的舰队到日本海去会操？""什么时候我们到日本海会操，让他们招待欢迎？"《厦门大报》也呼吁人民和政府警惕日寇的狼子野心。

除了台面上的耀武扬威，不断试探中国政府的底线和军民抗敌的决心外，暗地里，日本还为战争做了详细的准备。1933年，日本海军绘制了《厦门港图》和《厦门内港图》，图中既有1903年中国海关的厦门内港测量数据和1905年英国人测绘的海图参数，又有日本人根据实地踏勘得出的水深、潮水高程等信息。特别明显的军事用途还体现在：图中有关于鼓浪屿信号所（即海上瞭望哨）的经纬度、号炮时间的详细记录。此外，有关赟笃港、思明等处山形、地貌、建筑、道路的等高线也有明确标注。

1937年春天，日本海军部水上特别攻击队曾多次派遣敢死队队员进入胡里山、白石、磐石等炮台进行秘密侦查，企图摸清这些炮台的大炮口径、炮弹库存量及部队的训练情况等。中国守军发现后，曾追击到五通海边，击毙杉繁春等三名日方间谍，从他们身上找到侦察时所绘的阵地地图和相关情报。

六、日本觊觎厦门目的何在

日本从 1874 年起，一直图谋占领厦门，特别是甲午战争后占据台湾，对厦门更是垂涎三尺。为什么日本对厦门如此"情有独钟"？

厦门是福建的主要城市，也是中国东南沿海的重要口岸。日本一直将福建视为自己在华的势力范围，因而对厦门的"区位优势"格外重视。

让我们来听听日寇的自白。

1938 年 5 月 13 日，厦门沦陷。日本人创办的《台湾日日新报》在 5 月 12 日发表了一篇社论，题为《占领厦门是必需的》。社论写道：

"'南支那早晚要拿下'这句话说很久了……战斧挥向南支那一隅是我们的需要，虽然该岛只不过是一个方圆 40 哩的海岛，但它隔着内港有一个公共租界鼓浪屿。东面海上有金门岛，是南支那海岸要冲，是一个海港。敌人因为海上被我海军封锁，断了物资输入通道，除了利用粤滇铁路外，还企图利用厦门输入物资，很多迹象显示他们利用第三国船只偷偷避开封锁线，所以该岛不能再放任不管了。"

"另，该岛是南洋华侨的出入口岸，华侨……受反动分子煽动，在南洋抵制日货，对国民政府进行资助。所以必须坚决堵住这个出入口，阻止华侨运动，这是当前最为紧要的大事。"

"第三，南支那与台湾一衣带水，从国防上看，不能轻视对岸的动向。台湾离敌方基地那么近，总是有害无益。总之，占领离台湾最近的福建省要港厦门，杜绝以此为中心的各种策动，是帝国的必然措施，从国防和作战上看也是必需的。"

同一天，该报还有一篇稿件，称："厦门港是上海至香港航线的中间点，距离台湾和南洋诸岛很近，是沿海五大通商口岸之一，也是向南洋移民的出港地，每年输出 5 万移民。由于有华侨汇款，金融界异常繁荣，国民政府为了弥补战时财政亏空，近来出台政策鼓励华侨汇款。我军占领厦门后，可截断汇款通道，这对国民政府是一个严重打击。"

"蒋介石赌下命运的徐州大会战正在如火如荼进行，我自豪的精锐海军陆战队突然于 10 日攻下厦门。" 5 月 23 日，《台湾日日新报》又刊发一稿，再次强调占领厦门的意义。

"自从我海军布下绵延 1000 哩的封锁线以来，作为蒋介石军需用品输入港的九龙、广州、厦门三港依旧源源不断运转。这次海军占领厦门，将使蒋介石在徐州大会战失利，并加速战败进程。战前号称每年 6000 万元出口贸易额，福建省第一大贸易港的厦门，如今再也不见繁荣。厦门原本还是 2000 万南洋华侨的出入口，也是南洋华侨 4000 万元汇款的接收港。蒋介石已经在上海失去了财政来源的浙江财阀，如今又失去厦门，与南洋华侨的交易被阻断，可以说命数已尽。厦门岛如此重要，却是利用公共租界对外以及南洋华侨恶意宣传反日的舞台，岛上尽是反日标语。从这点看，我海军就该开这一枪。我海军占领厦门还有另外一个重大意义，就是通过断绝与南洋华侨的联系，直掐蒋介石的咽喉。"

　　日本觊觎厦门，看中的是厦门的地理位置：中国东南沿海重要良港，离日本已经占领的台湾最近，离南洋也不远。侵占厦门，占其为海军基地，南可与台湾相呼应，北可断我海上交通，还有利于日本实行"南进政策"，侵略东南亚。此外，厦门是个侨乡，占领厦门，可从心理上打击祖籍地在闽南的海外华侨，切断侨汇，阻止华侨参与抗日救亡。

　　1937年8月25日，日本宣布封锁中国中部和南自吴淞至汕头一带海域，厦门也属禁区。在此禁区内，不准中国国籍船舶航行。1938年春天，日军对华北的狂野攻略，在台儿庄受到重挫。徐州大战在即，为了达到迅速击溃中国军队，压服中国投降的目的，日本华中方面军司令官松井石根大将认为："日本海军现在闲散无事，应加以利用，在中国沿海扰乱；如能攻占一处要港，华军将被迫分散实力，以巩固海防，不能开往北方前线……沿海如有扰敌，中国军火亦将受阻，不能运入。"日军大本营于是决定，在华南另辟战场，让中国军队腹背受敌，同时彻底切断对华中华北的海上补给线。日军大本营在1938年5月3日下达的"大海令112号"中明确提出，为使封锁收到彻底的效果，占领厦门。

　　厦门沦陷后不到一个半月，连云港、南澳列岛相继陷落。日军终于对中国的华中、华北实施了彻底的海上封锁。

　　（原载《厦门抗战岁月》，洪卜仁主编，厦门大学出版社，2015年12月）

军民浴血奋战保卫厦门

一、日军密谋进犯厦门

抗战爆发前夕，日本政府就拟定："必要时使用约一个师团的兵力，以主力占领福州，一部分占领厦门。如需要，可占领汕头。"1936年6月，日本政府派10艘军舰到厦门港附近武装挑衅。抗战爆发后，日本帝国主义的武装挑衅更加频繁。当时"厦门、汕头间日舰如穿梭"。1937年8月5日，日本联合舰队司令、海军大将高桥三吉率领大小军舰76艘、官兵2.8万余名，其中将校级军官达1600余人，从佐世保军港出发，驶到厦门港，进行大规模"军事演习"。此后，日本的"秋风"号等四艘驱逐舰，经常在厦门与汕头之间游弋，日本第五水雷舰队司令细萱、第三舰队司令及川、第五驱逐舰队司令江户兵太郎等重要军事长官先后抵达厦门，窥探闽粤防务，随时准备袭击厦门。同时，日本派遣大批浪人，指使汉奸加紧策划所谓"自治运动"，并派遣大小奸细到厦密布情报网。

抗战全面爆发后，作为交战国的日本，其驱逐舰"疾风""追雨"号和巡洋舰"夕张""若竹"号，仍然肆无忌惮地进出厦门港口（据《江声报》1937年8月4日的报道）。日本驻厦门的总领事馆及其主要的经济、文化侵略机构如大阪株式会社、三井洋行、全闽新日报社等，也照样屹然不动，高升他们的太阳旗。日本特务的间谍活动和日本浪人的骚扰破坏不但没有稍戢，反而更加疯狂。厦门侨务局局长江亚醒曾回忆称，"七七"事变后的头几天，厦门的政府机关几乎都被日本浪人或特务窜入，拍摄机关"首长"的"尊容"，以备日军攻占厦门后搜罗汉奸的张本。

1937年8月13日，日军大举进犯上海，十多艘日舰环集厦门港外示威，制造紧张气氛，显然带有武装侵占厦门的意图。东南亚各地的福建华侨闻讯，十分担心家乡的安危，认为厦门是闽南的门户，漳、泉的屏障，厦门一失，漳、泉各县势必受到日本的威胁，因此函电交驰，要求国民政府调遣得力部队守卫厦门。

在海内外要求增强厦门军事力量的舆论压力下，国民政府于8月21日调派第四路军一五七师第四六九旅驻防厦门,开始在各码头站岗,检查来往旅客。23日,一五七师勒令《全闽新日报》停刊,又大张旗鼓地逮捕和枪毙了一批浪人和汉奸,迫使日本总领事馆宣布将撤走日侨。自24日起至28日止,日侨分批搭乘日轮"长沙丸""福建丸"离开厦门。驻厦日本总领事高桥茂28日降下领事馆的日本国旗,封闭驻厦门的日本总领事馆,将馆务委托英国驻厦门总领事馆代理。高桥茂用心很深,临走前部署40多个日籍浪人潜伏下来,秘密组织"邦人义勇团",其任务为刺探军情,瓦解驻军,准备在日军进攻厦门时充当内应,扰乱社会治安。一五七师虽然破获"邦人义勇团"这个秘密组织,并且逮捕枪毙了团长柯阔嘴等人,但没有一网打尽,留下后患。

一五七师的官兵有不少是从原十九路军转过来的,抗日情绪较高。他们入驻厦门,立即积极进行备战,着手兴筑云顶岩、何厝等处的防御工事,组织训练壮丁常备队上万人次。此后,日本军舰虽还时常在港外示威,但不敢如以前那样直窜港内。

8月25日,日本第三舰队司令和东京的日本外务相联合发表声明,宣布封锁中国中部和南自吴淞至汕头一带海域。厦门也属禁区。在此禁区内,不准中国国籍船舶航行。声明发布后,就有十多艘日舰在福建海域巡弋,其中两艘停泊厦门港外,"图断厦交通运输"。

1937年9月3日,厦门首次遭受日舰的炮击和日机的轰炸扫射。入侵的日机有12架,分成4排,飞得很低。日机先在漳厦海军警备司令部(今市公安局一带)上空盘旋,十多分钟后开始扫射投弹。这次空袭,将近2小时才解除警报。而"羽风"等3艘日舰则驶近大担岛,列成阵势,分别炮轰白石、胡里山炮台和曾厝垵海军机场。胡里山炮台的守军奋起开炮还击,命中日舰"若竹"号。白石、胡里山的大炮也怒吼起来。日舰见势不妙,悻悻离去。这次战役,三个炮台的守军亡5人,伤4人,却赢得击中一艘日舰的战果。今年(2015年)98岁的陈火甲,时任《星光日报》记者,当日就在胡里山炮台目睹了这一幕。

嗣后,在9月12、14日,10月22、25、26、30日,11月8、10、19、25日,12月6、8、27日,1938年1月3日、2月4、8日,都有三五成群的日舰连续不断地向禾山炮击。其中,1937年10月25日、12月8日和1938年1月3日,日舰进入何厝、五通海面,放下小艇,窥探中方反应。据《江声报》1938年1月26日报道,自1937年9月3日起至1938年1月3日止的4个月中,日机空袭轰炸厦门共37次。其中1938年1月25日一天之间,空袭7次,投弹23枚。2月4日,从拂晓鸣警报,到下午3时才解除。瓮王巷、砖仔埕、出米岩和民国路(今新华路)一带被炸毁大小楼房60多间,罹难市民血肉横飞,惨不忍睹。

二、厦门驻军顽强抵御

1937年10月26日，日军攻占金门之后，开始以金门为基地，觊觎中国东南沿海的主要港口厦门。

1938年春天，日本的北进战略在台儿庄受挫，徐州会战在即。为了牵制中国兵力，获取进攻华南的跳板，同时截断通过南太平洋海运输入中国的抗战物资，日本大本营决定由积极主张南进的日本海军单独进攻厦门。日军侵厦还有另外一层目的，即占据福建华侨的主要进出口岸获得外汇，并方便日后向东南亚进军。

1938年4月起，这一行动紧锣密鼓地展开。

日军大本营海军部"大海令112号"文件显示，中国方面舰队司令官川古志郎中将于1938年5月3日对所辖第五舰队司令官盐川喜一郎中将下令，必须攻占厦门岛。

而在这之前数月，即1938年1月15日，厦门驻军却偏偏换防，一五七师他调，改由七十五师守卫。七十五师由师长宋天才、副师长韩文英统领，名为一师，实际兵力不足两个旅，武器弹药装备和官兵们的抗日情绪，都不如一五七师。且七十五师师部移设漳州，警卫厦门的厦门守备队伍，仅仅是二二三旅旅部率四个步兵营和两个炮兵连（每连炮两门），一个工兵排组成，由副师长韩文英坐镇指挥。此时金门已沦陷数月，日本以金门为跳板，准备进攻厦门，军舰不时抵近炮击，军机不断从金门岛飞来厦门侦察、轰炸。师长宋天才接防后，虽然竭力加强沿海岸所有工事，但已把重心移到厦门对岸的大陆。而市长高汉鳌则早早为自己准备退路，在鼓浪屿鹿耳礁租了一幢洋楼，以便厦门战事发生后随时可以托庇于"公共租界"当局。厦门市档案馆的资料显示，厦门市政府也拟就了撤退方案，将辖内所有老幼妇女人数统计成表，拟定角尾路码头、海岸码头、篔筜港码头、小学路码头、外王路码头、担水巷码头、洪本部码头、新填地、旧路头等九处，指定为老幼妇女撤退码头。市政府同时训令："沿海公路未完成者应停工；已完成者必要时应给予破坏，免为敌人利用。公路破坏方法与需用材料及破坏地点应于事先安排妥当，令当地区长明白了解，并于破坏时监视其实行。"市政府并订定战时公路、桥梁、渡船及码头破坏方法，如破坏木桥因火油（汽油）有限，不得以火油焚烧。

七十五师厦门守备队进入厦门后加紧设防，预判日军将从厦门岛东部地势平坦的五通泥金、何厝一带登陆，决定在东部沿海一带加强防守。

厦门要塞方面，胡里山炮台炮两门，磐石炮台炮两门，白石炮台炮一门，何厝炮台炮一门。敌我相持阶段，这几个炮台曾炮击日军军舰。4月19日，厦门警备司令部召开党政长官会议，称"海面防御之工事，惟经费困难，难以周到。胡里山炮台经加用石灰层掩护（上架铁丝网），但屿仔尾、磐石、白石三炮台因无经费尚未掩蔽，倘被敌机所毁，则胡里山炮台亦难以独挡"。

由于厦门为孤岛，未有海空军参与防卫，七十五师厦门守备队入驻厦门四个月，即感独木难支，防守吃力。

据七十五师师长宋天才警卫员能志成（湖北人）介绍，1938年5月9日夜晚，厦门各界人民正在举行纪念"五九"国耻的火炬游行，七十五师厦门守备队部分官兵赶赴市区参加，深夜徒步走回五通驻地，已人困马乏。谁能想到，早已获知动向的日本侵略者已偷偷揭开进攻厦门的序幕。

日本海军档案显示，日本海军为了增援华南地区海上力量，1938年编成了第五舰队。为了攻打厦门，他们又强化兵力，调派航空母舰"加贺"号和30艘舰艇（旗舰为一等巡洋舰"妙高"号），以及第二联合海军陆战队、舰艇联合陆战队和金门守备队第一防备队，共三支部队，配备装甲战车和重型机关枪。日军陆战队由海军少将宫田义一率领，兵员来自冈本、志贺、福岛三个支队，还有龙田和天龙两个大队，共4895人的兵力。

"加贺"号是日本最强大的航空母舰，三层甲板，可搭载60架舰载飞机。加贺舰上的航空部队，也是日军最有飞行战斗经验和实力的航空部队。加上各舰搭载的飞机，日本各类军机总数达到126架。这样庞大的海陆空阵列，战斗力极其强大，说明日军侵厦志在必得。

5月3日，日本海军陆战队乘运输舰从日本佐世保军港出发。7日上午到达澎湖马公港，与日本第五舰队会合。5月9日上午，日军舰队共31艘舰艇，在澎湖马公军港补充给养。调整人员后，一路向金门疾驶而来，傍晚进入大小金门之间的料罗湾隐蔽。料罗湾在金门岛的东面，金门岛的西面是厦门岛，军舰隐匿料罗湾，厦门守军监视力所不能及。

10日凌晨1点，日军舰队开离隐蔽之所料罗湾，驶向厦门岛的东南方海域。日本舰队利用农历初十的弦月微光，悄悄地潜入厦门禾山五通浦口海岸外2500米的海面抛锚。日军侵厦拟定了八个登陆地点，最后认为五通突出于厦门东面，与金门接近，防守薄弱；五通附近的香山炮台，在厦门炮台阵列里威力最小。而且五通海滩平缓，利于登陆。如果从鹭江道直接攻击市区，不但要经过厦门岛南部海域，那里布有香山、白石、磐石、胡里山，以及对岸大陆的屿仔尾南炮台，而且附近还有英国的军舰。因此，日军选择了从五通突破。

5月10日凌晨2时30分左右，日舰开到五通至香山一线海域，满载海军陆战队的登陆艇，分四路悄悄驶向凤头至浦口一线海岸。3点15分，第一大队敌人首先从浦口社南部海岸登陆。接着，第二大队也在浦口社登陆。双方接火，厦门阻击战打响了。

日军舰炮向我四四六团二营阵地猛烈炮击，日寇海军陆战队在炮火掩护下突击上岸。天明后，日军飞机开始轰炸，掩护地面部队强攻，同时开始轰炸我军高射炮阵地、重要军事设施。从 3 时 45 分起，日军舰炮也对白石炮台及虎仔山炮台我方阵地进行了掩护射击。

经过三个小时的浴血奋战，我军不支，四四六团二营泥金守兵第五连连长安治国倒在枪林弹雨中。副营长马忠喜重伤无法撤退，爬到树上，待日军经过时，以仅存的子弹射杀敌人。最后被敌军包围射击，尸挂树上。二营营长王建章带领营预备队反复逆袭，与敌人争夺阵地。事后，日军在《作战研究》中承认："敌方在海边展开布设的铁丝网和水泥碉堡等，以机关枪和手榴弹等进行了激烈顽强的反抗。"

日本海军陆战队登陆后，分左右两线进攻。左路从五通的泥金沿着东海岸线直扑鸡山、何厝、前埔、黄厝，直抵白石炮台；右路通过厦门岛中央的全禾公路（即五通到轮渡的公路），从五通的凤头杀向高林、金山、后坑、江头、莲坂，再攻入市中心美仁宫、轮渡、胡里山炮台、曾厝垵，再到白石炮台，与左路部队会师。

五通滩头阵地吃紧时，七十五师师长宋天才急派四四五团一营增援，副师长韩文英亲率队伍上午 7 点步行到达高林，与日军右路部队第一、二、三联队遭遇。守军官兵与日军展开肉搏，战斗非常激烈。守军虽伤亡惨重，但仍不退却。

从上午 5 时开始，日军 15 架战斗机分五个批次，每次三架，轮替飞升在加贺航母和厦门周边上空警戒。与此同时，18 架轰炸机和 24 架攻击机也分为五个批次配合陆战队地面作战的进展，对我军阵地、军事设施和村庄、市区，甚至对厦门大学进行轰炸与扫射，一直到傍晚。

而自 7 时开始，另有 13 架轰炸机与攻击机混合编组，对厦门周边的闽南大陆，从最近的嵩屿开始，一直到龙溪、漳浦、漳州、南靖、龙岩，以及泉州一带，进行轰炸与机关枪扫射，同时侦察我军的动向。

根据日军《作战研究》的统计，仅舰载飞机，在 10 日这一天，就投下了 222 枚炸弹，发射了 11629 发的穿甲弹、曳光弹和 2585 发燃烧弹。陆战队耗费的弹药就无法计算了。上午 5 时 20 分至 7 时 15 分，我军坂尾社南方的战壕与机枪阵地被敌军摧毁，我军撤退至金山南部时，又遭到敌军空袭，抵达高林又遭敌军轰炸。丧失制空权、制海权的我军，渐渐扛不住敌军的狂轰滥炸。且敌军后续部队持续上岸，至 8 时 45 分，日本陆战部队全部登陆完毕。

据收藏于中国第二历史档案馆的《厦门守备队战斗详报》记载，到中午 12 时多，韩文英身先士卒，因伤势严重，流血过多不能行动，下了火线。四四五团一营营长宋天成阵亡。敌人趁势进攻，打到东芳山、龙山、江头一带。我军退到江头抵抗，四四五团团长水清溎从洪山柄率领四四五团二营赶赴增援。激战中，营长杨永山臂部受伤，七十五师二二三旅司令部主任参谋樊怀明（《厦门守备队战斗详报》为"楚怀民"，此以中国第二历史档案馆馆藏阵亡将士名单为准）遂在前线督战。

坚持到下午5时，莲坂、龙山、东芳山失陷，樊怀明上校在莲坂壮烈牺牲。他是此役我军牺牲的最高军衔的军官。下午5时之后我军残部归四四五团三营营长杨永山指挥。七十五师驻守嵩屿的四四六团三营（仅两连，欠一连兵力）赶到莲坂一线支援，在金鸡山、大厝山坚持抵抗。

日军左路部队则于下午1时，突破石胄头、黄厝四四五团三营阵地，在海空军协助下向我军猛烈攻击。我将士喋血奋战，与敌近距离肉搏，进退反复五六次。何厝、黄厝一线阵地相继失陷后，我军转移到曾厝垵、虎山、观音山、云顶岩，利用山地殊死抵抗。

下午5时30分，敌军一、二、三大队陆续进入莲坂。敌军四大队在前埔与五大队分开后，沿前埔到江头道路前进，此时也到达莲坂，与一、二、三大队汇合。至此，日军完成了对厦门岛东半部的包围占领，然后合力攻击驻守梧村的我方守军。

敌军五大队则继续往前埔进攻，晚上8时40分进入前埔南部战线。根据日军《作战研究》记载，10日夜我军有屡次的反攻，但悉数被日军击退。

5月11日，太阳冉冉而升，照亮这座在日军炮火下奄奄一息的岛城。经过一天的战火焦灼，日军已占据我厦门岛一半土地。我军多数退守到厦门市区一线。

这一天，四四九团二营营长杨凌岫带领三个连队从漳州赶到厦门，地方壮丁队、警察队等200多人也到金鸡山增援，由梧村向江头发起反攻，拂晓收复了莲坂、江头，并且乘胜夺回东芳山、龙山、薛岭山一带阵地，双方在此拉锯恶战。

11日晨，我驻泉州第八十师二三九旅以汽车两辆装运机关枪二挺、迫击炮五门，由泉赴厦增援，在泉州附近浮桥地方被敌机炸毁。日军知道我方完全没有空中力量，更是嚣张地实施超低空轰炸和扫射。井上小队舰载轰炸机1号机被我军战士用步枪击中，子弹贯穿油箱，紧急降落于江头社西边的海岸上。从溪头到胡里山一线执行轰炸任务的江岛中队1号机，也被我方用枪弹击穿机体。

日军在鹭岛上狂轰滥炸，仅11日一天，又消耗了60公斤陆用炸弹168枚、穿甲弹4593枚、燃烧弹2749枚及其他炸弹共计10091颗。我军下午4时被敌压迫，退入市区，展开巷战，血肉搏击至12日，厦门岛大部分地区被占领。13日厦门全岛沦陷。不过，在16日的日军记录中，高崎仍有日本士兵受到攻击，说明我军还有零星的剩余力量，没有放弃最后的抵抗。

保卫厦门的战斗从5月10日到13日结束，一共四天。我方除了七十五师守军，加上地方警察、壮丁队等等，投入的兵力大约3000人。据《厦门守备队战斗详报》统计，我军阵亡的军官有上校参谋主任、营长、代营长等29人。受伤的长官23人，两位营长生死不明。士兵阵亡597人，受伤177人，失踪134人，连同军官共计伤亡963人。壮丁伤亡虽然没有统计数字，应该也不在少数。日军"作战研究"称，日军战死20人，伤员84名。

厦门要塞的炮台，在保卫战中也与日寇激战多时，弹尽援绝，相继失守，员兵死伤殆尽。据海军总司令陈绍宽电告国民政府，"胡里山、磐石两炮台台长张元龙下落不明，参谋龚庆霖被俘，生死不明"。

在厦门保卫战中，我军通信器材匮乏，联络不通，欠缺协同作战；武器陈旧，装备不完整，火力不如日军。但官兵抗敌英勇，连续昼夜作战，即使没有后援，但仍主动攻击敌人，与敌短兵相接，近战肉搏，血肉横飞，无畏牺牲。七十五师在战后总结中感慨道："厦门一孤岛，我陆军装备既不如敌人，海空军又属绝无，我军民以血肉之躯守土抗敌，不可谓非壮烈矣！"

厦门陷落，七十五师厦门守备队残部退往嵩屿和集美、排头（今海沧区鳌冠附近）。日军占据了虎头山作为他们的指挥中枢——日本海军厦门根据地队部，并派扫雷艇清除鹭江和厦门海域的水雷，开始着手建立伪汉奸政权。

日军攻占厦门的最强悍兵备"加贺"号航母，于战局逐渐明朗的12日撤离厦门，但17日，日军另一艘航母"苍龙"号进入厦门，戒备我方可能的反攻。然而，国民政府其实早在1936年已经准备把闽南作为游击区了，并没有反攻收复厦门的打算和力量。

19日，日军在中山公园举行阅兵式，耀武扬威，宣告胜利。据日军密报估计，日军攻打厦门四天，厦门市损失达到两亿元国币，相当于福建省三年的财政收入（抗战胜利后，国民政府曾对损失进行过调查统计，因时隔七年多，数据并不完整）。

九天后，连云港陷落。此后不到一个半月，攻占厦门的原班人马，复在两三天内攻陷了南澳列岛，华南地区由此全面吃紧。日军终于对中国的华中、华北实施了彻底的海上封锁。

（洪卜仁　叶胜伟）

（原载《厦门抗战岁月》，洪卜仁主编，厦门大学出版社，2015年12月）

抗战胜利后的厦门

1945年8月10日6时，日本政府分别电请瑞典、瑞士，将投降之意转达中、美、英、苏四国，"日本政府决定无条件投降"的消息通过无线电波迅速传遍了全世界。8月15日中午，日本天皇的《停战诏书》正式播发，宣布无条件投降。"8•15"成为亚洲国家乃至国际社会历史记忆中的一个特殊符号。

抗日战争期间，厦门是较早被日本占领的沦陷区。厦门人民遭受日寇铁蹄的践踏长达近七年五个月之久。日本以旭日为国旗，厦门沦陷的头几年，真可谓"焰日炽热"。直至抗战胜利之际，日本军国主义还在垂死挣扎，但老百姓却已在白色恐怖之下细声密语："夕阳就要下山了。"

胜利的曙光照耀在厦门的天空，厦门人民终于从噩梦中醒来。

一、日军洽降气焰消

1945年8月15日，日本宣布无条件投降，厦门接受日军投降相关事宜也提上了议事日程。

当时，厦门和金门地区的陆军行政机关受降长官是严泽元少将，所有入厦机关和部队由他指挥。出生于1913年的抗战老人李度青回忆说，他到漳州九龙饭店向严泽元报到后，正式成为受降团的一名官员。8月16日，他率领水警60多人驻扎在漳州石码待命，准备作为回防厦门的先遣队，随时出发乘船回厦。

然而，厦门受降并非一开始就很顺利。1945年8月18日，严泽元派出代表向厦门区日军总指挥原田清一说明接降事宜，不料原田清一态度蛮横地拒绝了。原来日本宣布投降以后，驻华日军最高指挥官冈村宁次还抱死硬态度，幻想"是停战而不是投降"。至8月底，原田清一接到上级的指示，才彻底醒悟过来：日本战败了！

战后的厦门岛一度出现权力真空，一些流氓帮派、黑社会势力趁机肆意劫掠，一时间群魔乱舞，日军根本控制不了。侵厦日军的头领和领事馆迫于安全问题，派人来到漳州，请求中国方面的受降官早日莅厦。

龙海石码和厦门隔海相望，是当时漳厦交通的咽喉，严泽元便指定石码为接见地点，命令日方请降代表于1945年8月28日，来石码商会会所洽谈投降事宜。

原田清一于是主动派出海军少佐驹林力，以战败国军使的身份到石码洽降。驹林力带着一名翻译，乘船抵达码头。驹林力30多岁，矮矮胖胖，身穿日本军服，肩披一条白色降带，左手拿着白皮降书，右手拿一把较短的指挥刀。他一下船就脱下帽子，毕恭毕敬地端在手中，据说这是战败方向我军行大礼。李度青命令他前往石码商会指定接见地，一路上驹林力都是正步走，一扫往日嚣张态度。

听说日军来投降，街上人群奔走相告，因积愤已深，都要一睹为快。从码头到商会会所，国民党宪兵严阵以待。正是下午3点左右，天气炎热，人们默默地围在夹道上，一看到日军出现，群情激愤，驹林力一踏上码头，就被一群小孩投掷沙石。严泽元全副戎装，在会所接见了日方海军少佐驹林力、厦门总领事永岩弥生。

在石码商会，驹林力谈起东京情形时，脸色惨变。据说驹林力在东京的家已经被炸毁，何时回国尚不清楚。驹林力还态度恭敬地请求对在厦门的日侨宽大处理。

举行洽谈仪式时，驹林力换上海军制服，除去佩剑，向我方代表交上请降书。严泽元问到驹林力的军阶和职务，发现对方的级别太低，而且没有携带身份证明，马上命令他们返回，换人来谈。这一次不成功的洽降手续仅仅用了不到15分钟。

8月29日，驻厦日军最高司令部指挥原田清一派遣海军大佐松本和日本领事馆书记官林乃恭加上随从共六人，搭乘"阳台山"号电船到石码洽降。

同样是炎热的下午，日军降使经过的路线由保安队警戒，自电船码头经中镇路至商会会所，一路步步岗哨。商会附近，实行戒严，闲人不得接近，进入会场须持出入证。但街上则人山人海，观察者如堵，"途为之塞，两旁楼窗阳台万头攒动"。

日军登上码头后，指挥刀上挂出白布。松本大佐50岁左右，个子瘦长，仍穿日本军服，肩披白色降带，左手白皮降书。与驹林力不同的是，他的右手拿着一把较长的指挥刀。

下午3时30分，接见开始，松本大佐毕恭毕敬地呈上请降书，恭聆受降官训令。厦门警备区司令部副司令阙渊少将当场宣读了第三战区司令长官、福建省政府给厦门日军最高指挥官原田清一的两份备忘录，由松本大佐签字。这一过程持续了约40分钟。结束后，降使一行立即退出，循原路上船回厦门。这时候，石码的百姓撵着松本一直赶到码头，"打倒日本帝国主义"的口号声此起彼伏。

日方代表回厦门后，还就举行受降仪式的时间、地点以及接收、移交、造册等具体问题，多次来漳请示。直到9月25日，原田清一派人到漳州补送财产清册时，仍表示盼中国方面早日前往接收。

二、接收厦门波折多

抗战刚刚胜利，厦门处于无政府状态，百业俱废，流氓横行。沦陷了七年的厦门群众，盼望中国政府能早日接收孤岛。

1945年8月15日日本投降后，国民党第三战区司令顾祝同和副司令、浙江省政府主席刘建绪立即组成接收厦门委员会，决定任命福建省保安处处长、保安纵队司令严泽元少将为受降主官，并为接收金门、厦门的主任委员。严泽元为黄埔三期毕业生，曾任驻日武官，熟悉日本情况，对日本的政治、经济、军事素有研究。同时，福建省政府委派省府委员黄天爵（海澄籍，厦大毕业生，后在台湾任国民党中侨委代委员长）兼任厦门市市长。

严泽元即日率领上校参谋丁维禧、秘书任仲泉，警卫大队长邬学义中校，英语翻译官陈振福（惠安人，福州协和大学毕业生），及一大群随从人员等，由大田、德化经泉州抵达漳州，租用龙溪九龙饭店办公。第三战区副司令长官部同时派参谋处长唐精武来漳协助。

当时市长黄天爵带领市政府一批人马在漳州待命，住在现厦门路的原福建省银行漳州分行内。此外，尚有漳厦党务督导专员黄谦若（惠安人，厦大毕业生），厦门市党部书记长谢联奎，市府代理主任秘书吴春熙、陈烈甫（后任厦大政治系主任、厦门市参议会议长）、严焰（后任市商会理事长）等一大批政要，一时将星云集，龙溪县长应接不暇。

关于厦门的受降接收问题，国民党当局曾多次开会，部署研究。1945年8月31日，严泽元在龙溪县政府以福建省保安纵队司令部名义，召开接收厦门座谈会。出席者有中美合作所华安班的陈达元、雷镇钟，漳厦区党务督导专员黄谦若，市党部书记长谢联奎，市商会严焰、庄金章，福建高一分院院长李襄宇，宪兵四团第一营营副郎文光，《中央日报》驻厦特派员吴邕，《中央日报》厦门分社社长郑善政，厦门三青团干事长郭薰风，中央社特派员冯文质，中宣部闽粤区厦分处指导员叶英，海军陆战队方馥藩以及各银行、邮局负责人20多人。经讨论做出下列八点决议：

1. 接收初期出入厦市人口应如何管制案。

议决：出入均应请求许可，由市政府负责办理。

2. 交通船只应如何管制案。

议决：设管制委员会，由保安纵队司令部、闽南区指挥部、市政府、市党部、三青团厦门分团、海军陆战队、水警队、厦市警局、宪兵连等九个机关组成之，并以纵队司令部为主任委员，其他各机关为委员，办理登记。

3. 禁止民间私藏军火及便衣携带武器，以维地方治安案。

议决：由纵队司令部、闽南区指挥部、市政府等机关会衔布告——①对未曾领照枪支，限期缴呈警察机关保管；②前项布告同时请军风纪巡察团揭示民众遵照；③各机关公务人员因公携带武器者，应报请纵队司令部发给临时枪照。

4. 汉奸案件应如何统一处理案。

议决：①设立敌奸罪行调查委员会，由市政府、市党部、三青团、保安纵队司令部、闽南区指挥部组成；②检举汉奸应向敌奸罪行调查委员会检举，经初步侦查认有确证时，由宪警予以逮捕，移送司法机关办理；③委员会组织规程由市政府草拟。

5. 逆产应如何处理案。

议决：汉奸经敌奸罪行调查委员会拘捕时，应同时标封其财产，并通知市政府管理之。

6. 关于善后救济柴米供应问题案。

议决：柴、米、医药除由市政府准备外，鼓励商民自由营运，但交通工具须经管制委员会允许。

7. 机关人员迁入厦市，应如何予以规定案。

议决：①机关进入厦市，应事先将人数通知保安纵队司令部；②各机关入厦先后由纵队司令部定之；③各机关进入厦市以驻旧地为原则，其无旧址者，由市政府设法调整；④应迁入市区各机关，以石码为集中地点，候船输送。

8. 禁止非法团体活动案。

议决：①党部、政府认为健全者当然存在；②凡不健全者，由党部、政府派员处理；③非法团体，禁止活动。

9月12日，严泽元又召集接收厦门市的党政机关人员负责人开会，规定接收厦门的四点意见。

1. 接收步骤：前进指挥所进入时，其他任何机关团体人员不必随同前往，党政机关须随接收部队同时进入。

2. 接收范围：包括各种设备、仓库、工事、器械、邮信等。

3. 接收之顺序。

4. 接收之纪律：凡扰乱治安、破坏秩序者，一律以匪徒论罪，并严禁便衣带枪私相授受。任何接收须在我接收长官及负责接收之机关与缴降之敌伪，按照所具清册点收，会同盖印。

受降主官严泽元在日本多年，一向讲究仪表，认为来厦受降，应有战胜国威仪，所有的工作人员不能像战时一样穿布军装。为此，他派专人来厦门采购上等咔叽布，赶制笔挺军装并配备崭新皮鞋，一切准备就绪正待出发。

不料在与厦门日本海军中将原田清一洽谈接收事宜的时候，原田清一以"奉中国派遣军总司令冈村宁次之命，本地区应向中国海军投降，未便遵办"为词拒绝。

原来，国民党高层初时对受降接管这一大事步骤并不一致，尤其是海陆军双方。海军总司令陈绍宽电令海军第二舰队司令李世甲少将（李亦是福建省政府委员）为接收厦门日本海军的专员。8月20日，李世甲奉命率领海军陆战队第四团第一营（营长林苞）300多人，由福州马尾出发，于8月26日抵达集美，拟由集美渡海入高崎，准备接收厦门。此时福建省政府主席刘建绪已先派陈重率领省保安队一个团，集结集美待命接收厦门。陈重对李世甲说，接收厦门是第三战区司令长官顾祝同和副司令长官兼福建省主席刘建绪做出决定并交省保处负责执行的，劝阻海军不要渡海。这时双方互不相让，气氛甚为紧张。

严泽元闻讯，乃邀请李世甲到漳洽谈。最后严泽元急电第三战区正副司令长官部请示。当时，国民政府中央陆军以何应钦为首主张台闽战区序列接收，而海军以陈绍宽为首则主张台、澎、厦门要港应归海军接收。眼睁睁看着集美海陆军双方陈兵对峙，都难以渡海。

这时，又发生了枝节，严泽元突然接到国民政府财政部来电称："奉总裁手谕：凡全国敌产，应由财政部统一接收处理。现派李致中少将兼厦门市接收组组长。"并称："在李未莅任前，不得擅自接收。"严接令后，急电敦促李致中来漳，但当时李尚在广州接收，一时无法前来。

同时，原来设在华安县的中美合作所第六特种技术训练班（俗称"华安班"）的副主任陈达元也率领4个营，计3000多人，认为应由他们来接收厦门。陈达元和另一个副主任雷镇钟（战前曾任市同文中学、中华中学军训教官），早在8月20日就命令4个营移防厦门附近。第一营驻海沧，第二营驻嵩屿，第三营驻石码，第四营驻海澄，随时准备过海接收。

由于多方插手，互相掣肘，情况相当复杂。最后第三战区副司令长官、福建省政府主席刘建绪亲自来漳坐镇，与各方反复磋商，但以谁为主接收厦门日军投降问题一直无法解决。

8月29日，日军虽已完成石码的请降任务，但国民政府方面因内部倾轧，仍无法来厦接收。此时日军已无法控制局面，日本海军中将原田清一多次派人到漳州呈送财产清册，表示急盼中国政府早日来厦接收。而国民党内部为争权夺利，钩心斗角，从日军投降起至9月20日，僵持一个多月。其间文电交往，大费唇舌，仍无法协调。

原来，9月9日国民政府在南京接受侵华敌酋冈村宁次投降后，已组织全国统一接收委员会，以何应钦为主任委员，海陆空三军选派人员参加，海军方面以海军总司令部中将参谋长曾以鼎主办接收日伪海军任务。9月下旬，曾以鼎委派刘德浦少将为厦门要港司令，要求刘赴厦协助李世甲办理接收事宜，何应钦同时命令第三战区，厦门受降改由海军主持。

至此，刘建绪不得不电令严泽元将各项清册图表移交刘德浦，并派保安团协助海军搞好接收工作。

刘德浦带上校参谋长郑沅、少校副官刘景篁和翻译李择一等由上海乘日本专机于9月24日抵厦，然后转至漳州龙溪与李世甲会面商谈，刘德浦以接收厦门日本海军前进指挥所名义，向日本海军司令原田清一发布命令。同时李世甲用长途电话向永安的刘建绪报告准备与刘德浦率海军陆战队渡海的决定，并表示接收范围仅限原海军厦门要港司令部、海军厦门要塞、海军飞机场、海军厦门造船所、海军医院和海军电台等机构，其余地方行政单位、金融机构、海关、税务、司法、邮电等均不过问，请省方自行派员接收。刘建绪至此不得不同意。

刘德浦返厦后，立即命令原田清一编造投降官兵名册及舰艇、军械、弹药、物资等清册，并规定9月28日为受降日期。

1945年9月28日，海军在鼓浪屿海滨饭店（今鹿礁路2号）举行受降仪式。李世甲主持受降。这是厦门地区最高将领参加的接收日军投降仪式。参加仪式的有国民党海军第二舰队司令兼接收厦门海军专员李世甲少将、厦门要港司令刘德浦少将、参谋长郑沅上校及副官等人，李择一（福建省政府顾问）任翻译。

日方的驻厦海军司令原田清一中将及参谋长等五人。原田低声下气，向中方海军献上请降书，状极狼狈。

事后，我海军接收厦门日本海军舰艇4艘（最大为400吨的炮艇一艘，其余为机帆船），投降官兵共2797名，以厦门大学为战俘营。武器有步枪1000余只，轻重机关枪、机关炮数十，山炮几尊。这些武器被装上两艘机帆船，经布雷队官兵押送运往福州，交海军马尾要港司令部点收归库。

空军方面，有飞机4架，飞机用油711桶，大小炸弹290枚，车辆5部，由空军部派空军上尉萧棣信前来厦门接收。

李世甲在鼓浪屿主持受降后，即接到海军司令部指派他为接收台湾日本海军专员的任务。厦门的具体接收工作和遣返日俘事宜，则交由刘德浦继续办理。

9月29日当晚，严泽元、黄天爵召开"接收厦门委员会"紧急会议，决定所属各单位人员准备30日上午10时，从漳州赶赴石码集中，待命入厦接收。严、黄及机关高级官员即定10月1日专轮抵厦，其余各级机关2日向厦推进。

不料，当晚强台风袭击闽南，狂风大作，连续多日，船只无法启程，石码至厦门的交通全部受阻，严泽元等人全部被阻停在石码。10月3日台风停止，严泽元等人才上船入厦。

李度青先生还记得，10月3日受降那天，风止天晴，李度青雇了"金再兴""金再发"和"菲菲"三艘平底汽船，安排受降团官兵100多人，准备入厦。不料那天早上临行前，码头突然来了很多人，大家都要坐船回厦门，互相挤压，女医护人员都上不了船。人们冲他喊："为什么我们上不了！怎么还带女眷？"他解释说："这些都是医护人员，没有医疗保障是不行的。"

受降团官兵有100多人，回厦的船只满载，所有人的心情都异常激动，大家感慨万千。由保安纵队先遣指挥官阙渊（新任厦门警备司令部副司令）率领前进指挥所宪警300多人，当天上午也从海沧乘轮船出发，10点抵达第五码头登岸，分乘2辆大卡车、5辆小汽车，绕市区一周。市民蜂拥，途为之塞，鞭炮之声不绝于耳。中午11时许，从石码驶来的3艘汽船同时到达厦门港内，码头早已经等候了数千名市民，鞭炮与欢呼声大作。

严泽元传令3艘汽船先在海面上鸣笛，再环行3圈，用以报慰沦陷了7年又5个月的受难同胞。这时岸上的同胞欢声雷动。

日军官兵及驻厦领事馆全体人员在码头上弯腰致敬，列队欢迎。午后3时，前进指挥所命令日军撤岗。10分钟后，市区各大街小巷皆换上了保安团队及警察岗哨。全市人民欢欣若狂，争上街头，观看接管盛况。

下午3时许，严泽元等人乘坐的专轮抵厦，鹭江道上人流拥挤，万头攒动，鼓掌欢呼。在大批军警保护下，严泽元等由中山路步行进入柏原旅社（今思明西路民主大厦），接受日军的投降。群众也拥着他们一路走去。半小时后，严泽元见围观市民仍围绕在柏原旅社门前久久不肯散去，于是登上五层楼，在阳台上挥帽致意，一时间人群里爆发出雷鸣般的欢呼声。

这是被压迫者翻身的欢呼，这是受欺侮者夺回尊严的欢呼。日寇铁蹄蹂躏鹭岛7年有余，厦门人流离失所，啼饥号寒，度日如年。7年间，厦门经济损失惨重，社会发展大大倒退，日寇"抢夺厦民，奸淫妇女，逼良为娼，任意杀伐，摧毁教育文化机关、医院、渔船，强迫栽种罂粟，开设烟馆，征募兵役，滥发伪币，罪大恶极，罄竹难书"。厦门市政府在战后的厦门市抗战损失调查报告中这样痛斥日军的罪行，并且写下这么一段饱含胜利泪水而又泛现心酸的文字：

"当民国三十四年（1945年）十月三日，本府莅厦接收之时，厦民列队迎接，其狂欢神情，莫不令人心碎。民众曰：'设日本再延六个月投降，则厦市将无中国人存在。'言词沉痛，闻者恻然。"

厦门终于重光了。10月4日上午10时，厦门市政府及所属机关职员队警百余人,前去公园南路市政府大楼接收伪市政府与伪警察局。各项表册清单,都已由日领事永岩弥生抄呈市长黄天爵审阅,并由伪秘书长陈见园导引至各科室点收。厦门光复后的首次升旗仪式随后举行。厦门的天,从此晴朗了。

厦门、金门、鼓浪屿光复区的防务,经由严泽元重新部署,市区由保安第二团陈言廉部和华安班驻守,金门由保九团朱应波驻守,鼓浪屿由华安班驻守,宪兵第四团的一个营,协助维持治安。至此,厦门的接收和接管事宜宣告就绪。

国民政府因内部争权夺利,推迟来厦接收,致经济上损失惨重,若干机关的物资、财产散失,部分于日军投降后即被盗卖,另一部分日敌内部自行窃取,后来又被一些接收大员劫收。

10月12日,严泽元在第二次党政军团联席会议上,继续决议五点:

1. 成立报缴处,收缴散藏民间武器物资,限10月底自动报缴,逾期不报以军法从事,曾用款买进的武器物资,交出原发票由司令部代为追还原款,并严禁私自买卖武器及军用物资,违者处死;同时奖励检举,凡由检举查获之物资,以价值1%~10%奖给检举人,武器酌情核奖。

2. 伪币应即向银行登记,并由市府布告禁止进出口。

3. 日侨及台胞财产及日本人占用之房屋,由市府组织清理委员会清查处理。

4. 组织台胞财产纠纷调解委员会,负责调解台胞一切产业纠纷。

5. 汉奸财产由法院及市府负责处理。

三、惩治汉奸伸正义

应该说,"汉奸现象"是抗战期间中华民族最大的"痛点"。

国家危难,大厦将倾,无数精忠报国的壮烈之士慷慨赴死,而部分同胞却变节投降,卖国求荣,认贼作父,助纣为虐,沦为民族败类。

1945年10月3日,厦门日军投降后,国民政府宣告厦门光复,第二天恢复厦门市政府建制,黄天爵任市长,吴春熙为主任秘书,各局各部门恢复投入工作,各就其职,惩治汉奸的工作被提上了日程。福建省保安纵队司令严泽元下令缉拿汉奸,十几天后,伪厦门市长李思贤、伪经济局长卢用川、伪财政局长金馥生、伪禁烟局长林济川、伪教育局长叶则庵、伪市府秘书长陈见园、伪秘书张修荣、伪金门特别区署长王廷植、伪金门特区署科长王天和、伪开发公司董事蔡文篇、伪稽征所主任陈刚池、伪法院书记长郭光斗、伪警长傅炳宽等19个厦门、金门奸逆被拘获,移交法院审讯,财产被查封。

除了厦门市伪政权的首恶,厦门市面上还有许多日籍台湾浪人在日据时期仗势欺人,为非作歹;一些商人投靠日寇,大发不义之财,暗助日军搜集情报;流氓地痞则附逆卖命，充当鹰犬，捕杀我抗日志士。这些都是厦门老百姓痛恨的汉奸。1946年2月，厦门市临时参议会第一届第一次会议召开，参议员丘廑兢、杨绪宝提案，许杨三、陈清波连署提议：

　　调查奸伪罪迹，以便向肃奸机关告发法办，俾伸国法。提案称："查厦鼓沦陷期间，敌人作恶，固属可恨，而一班无耻汉奸及附逆败类，摧残祖国，欺侮良善，尤为可痛。现虽有一部分就捕，但逍遥法外者，亦不乏其人，市民慑于淫威积习，亦多不敢告发。本会为代表民意机关，告发奸伪，责无旁贷，自应积极进行，而伸法纪。"

　　"办法：一、本会各参议员应负访查告发奸伪之责，如访得实情，当密报驻会委员会报请肃奸机关办理，惟驻会委员会须为保守秘密。二、本会应置意见箱，接受民众意见。"

　　该"参议员投入访查汉奸"的提案获市临时参议会通过，成为决议案。参议员吴雅纯又提出："厦门沦陷近八年，民众冤苦最重，亟待申雪"，动议："广征民隐，招纳民众告诉，以伸民冤"。临时动议案获得通过，由参议会通告，并登载厦门各报。

　　市政府和参议会发动群众检举、揭发汉奸，具体的肃奸工作则由金厦肃奸会负责调查汉奸罪行，交由司法机关审判处置。据《闽台汉奸罪行纪实》透露，肃奸会半年接收各军政机关移解汉奸案件及该会自行逮捕的人犯，总数为245名，属于汉奸者231人。231人中，除两名人犯在侦讯中死亡外，被确定触犯《惩治汉奸条例》解送福建高等法院第一分院及该分院检察处讯办的有197人（包括日籍台湾人96人，本国本地人99人，另有一军人查无实据报批开释）。这其中，除了上述伪厦门市长李思贤、伪经济局长卢用川、伪财政局长金馥生、伪禁烟局长林济川、伪教育局长叶则庵等汉奸外，有一个民愤极大，即"军统局受训人员"林光明。此人1939年4月奉派担任厦鼓情报员，却叛变投敌，与日伪勾结破坏我兆和公司地下情报组织，杀害我地下工作者。金厦肃奸会遂"呈请委座处以死刑"。

　　此外，还有385个汉奸未逮捕，肃奸会将他们的罪行调查资料函送福建高等法院第一分院及该分院检察处继续调查。

　　金厦肃奸会在公开经办汉奸案件情形时指出，汉奸的财产都被查封，但多是不动产。"各汉奸并非无动产可封，实因已预早严备脱逃所致。观其在高检处获准保释之后，动辄交纳数十万数百万之保证金，即可知梗概。此外各汉奸委托律师所交辩护费，每案亦动需数十万元，由此可见各奸逆私藏孽钱为数尚多。"肃奸会因此提议司法当局和敌伪产业处理机关要切实调查，以防遗漏。另外，汉奸委托律师的辩护费、缴纳法院的保证金，应视同逆财，一旦判决没收财产时，要一并收归国库。

汉奸人人喊打,有人却打起歪主意,假借肃奸会的名义,在外招摇撞骗,私下向汉奸家属诈取财物。肃奸会为此破获了几起诈骗案,抓了九个人移送法院追究。这九人中,竟然有军委会华安特种训练班的高级军官。

惩治汉奸的工作从1945年10月起,到1946年四五月结束。本来惩治汉奸是件大快人心的事情,不料却爆出司法丑闻。高检处首席检察官张慎微将惩办汉奸作为发财机会,只要出钱,就可以将汉奸保出。一些不肖律师与张慎微串通,巨额贿赂到手,张即纵放汉奸,据传闻达百余人。消息一经披露,舆论大哗,引起社会强烈不满。市参议会、肃奸会相继向高层检举,张慎微受到闽台监察署检发惩处。

然而,1946年4月,张慎微堂而皇之地调到淮阴,而其调任前所负责的汉奸案件,根本不敢公之于众。《江声报》记者经过调查,"为使社会明了张慎微惩处汉奸之是非",索性将肃奸会移送高检处交由张慎微处理的情况公之于众。其他各报也以大篇幅对张慎微的行为予以抨击。

《江声报》1945年5月16日刊发了一则新闻《奸逆处理启人疑窦,市参议会严切注视》,称:

厦市奸逆,包庇有人,掩护有人,为之奔走运动有人,而先后主办处理奸逆之机关,或纵而未捕,或捕之释放,或久押而迟迟不予侦查,或一经侦查而轻易准予保外。其间侦查起诉者,或大奸小罪,小奸大罪,扑朔迷离,遂令市民疑团莫释,舆论沸腾。市参议会对此,昨经召集全体参议员会议,由副议长严焰主席,决议大要为:

1. 组织厦门市奸逆处理研究会,推党、团、农、工、商、教、妇女等首长及记者、律师、专家等共21人为委员。

2. 网漏奸逆,督促严缉彻办。

3. 保外奸逆,务请还押。

4. 在押久未侦查者,促速侦讯起诉判决。

5. 已侦查终结起诉者,汇案研究。

6. 确无奸逆罪证之在押嫌疑犯,促迅查明开释。

7. 就捕后释放之奸逆,予以发动检举,查实罪状,督促仍予拘押法办。

总之,对于奸逆之制裁,务求于国法许可下,采纳民意,尤当以全厦民众力量,作有效之督促,做到无枉无纵。

由此可见,在肃奸过程中,涉及司法不公,社会各界不甚满意。市参议会遂发动群众予以监督,以期公开、公正。

对汉奸的量刑,当时的国民政府有一定的尺度。伪省长以上处以死刑,伪部长一般为无期徒刑，伪次长为 7 年至 15 年徒刑，伪局长为 3 年至 5 年徒刑；普通通敌的，一律处以 6 个月到 2 年的徒刑。在此期间，一个个汉奸卖国贼被押上了历史的审判台，落得身败名裂、遗臭万年的下场。

四、遣返日俘与日侨

1945 年 8 月 15 日，日本天皇宣布无条件投降，厦门是沦陷区，国民政府本该早日派员到厦门受降，并将日军俘虏、日本侨民（以下简称日俘、日侨）集中看管，遣送回国，但由于"谁当受降官"之争未能及时解决，一直拖到 10 月 3 日国民政府军政人员才进入厦门受降，接管日伪军政机关、企业，由是，遣返日俘、日侨的工作，也推迟了一个多月。

厦门的日俘、日侨究竟有多少？现存于福建省档案馆的一份电报（由接受厦门日军投降的陆军少将严泽元、海军少将刘德浦共同署名，发给第三战区副司令刘建绪，发报时间 1945 年 11 月 11 日）显示，厦门的日俘共 2778 人，日侨 910 人。

厦门的日俘包括海军与陆军，其中海军 2549 人，军属 52 人；陆军 229 人。海军有"日本海军厦门特别根据地队""厦门在勤武官府""第九〇一海军航空队厦门派遣队"等 6 个"番号"，陆军只有一个由各部队抽调凑合的"美浓部队"。海军军阶最高的是中将，即海军司令原田清一，还有大佐、中佐和少佐；陆军军阶最高的仅两个中尉。厦门日本海军和陆军势力的悬殊，以及投降前夕厦门日军兵力的单薄，于兹可见一斑。

厦门的日俘集中于厦门大学，由海军要港司令部派员监督，并在周围配备士兵加以监视。日俘集中营被铁丝网围着，日俘在里面盖了 40 多座铁皮小屋，还开辟了菜圃。

日侨起先分住 6 处，旋撤销一德里和灵应殿门牌 14 号两处，改在新世界（厦禾路临近厦门六中初中部）、虎园路武德殿（原为日本神社，今厦门宾馆）、深田内（旧名皇帝殿，沦陷期间被占为日本兴亚院厦门联络部）和信义里（现编门牌 7 号）4 个集中所，每所各设有代表，由厦门市政府派员管理监护。信义里集中所的代表叫广户晴吉，住有日侨 29 户 125 人，每户住一个房间，男女老少都在一起，睡的是通铺。作息定时，5 时半起床，6 时点名，6 时 10 分早操，6 时半至 7 时半早餐，8 时至 10 时作业和儿童教育；下午 1 时至 3 时体育运动，3 时至 5 时沐浴，5 时至 6 时晚餐，6 时至 8 时读书和唱歌，8 时点名，9 时熄灯就寝。这个集中所还由各户集资办了一个贩卖部。武德殿集中所住日侨男 46 人，女 49 人。代表名叫齐藤康彦，原为日伪警察局副局长，会讲厦门方言。这里没有每户住一个房间的条件，而是像搭乘轮船的统舱那样，90 多人都席地生活。深田内集中所住的日侨最多，男女共390多人，代表是滨田林藏，设有一个由常务、庶务、会计、厚生、膳食、卫生、娱乐、劳务、纠察委员组成的管理所务委员会。住房没有分户，采用和旅馆一样的编号，房门上还有姓名卡。没丈夫的妇女集中住在3楼。新世界集中所住的都是单身男子，绝大多数是商人，其中有些人会讲厦门话和福州话，代表名叫世盛治平。他们利用空地种菜，还办有一个小图书室，藏书370种。

遣返日俘、日侨的工作，由第三战区日本官民管理处厦门管理所负责，厦门港口运输司令部执行，并由国民党党政军宪机关、海关、社会团体、厦门大学的代表和驻华美军代表组成具体工作班子。1946年1月30日下午，厦门港口运输司令部召开上述单位负责人举行遣送日俘、日侨归国首次会议，经讨论做出五项决议：

1. 日俘、日侨携带回国的财物，分为初次检查和复查两个阶段。初查在集中所进行，上船前进行复查。日俘的初查和复查都由日俘管理所会同港口运输司令部、美军运输联络官派遣组和宪兵队共同执行。日侨的初查由市政府警察局会同港口运输司令部、美军运输联络官派遣组、国民党市党部、三青团厦门分团共同执行。复查由港口运输司令部会同市政府警察局、美军运输联络官和海关共同执行。

2. 日俘、日侨上船时沿途及码头的警戒，由驻厦军警担任。

3. 初查时间由市政府警察局和日俘管理所分别通知，复查时间由港口运输司令部通知。

4. 准备7天半的主副食品，供途中生活之需。

5. 由参加初查的各机关代表组成扣留溢额财物保管委员会。

翌日，厦门市政府又召开"遣送日侨回国"专题座谈会，讨论30日会议决议案的具体执行细节，形成19条规定，主要有：

1. 日侨遣送时准携带30公斤物品，不得超过。

2. 每人准携带日币1000元，其他各国钞票不准携带。

3. 非必需的药品禁止携带回国。

4. 文件、书籍要经市政府审查认可，才能携带回国。

5. 日侨财物登记表由财政局印发。

6. 重要的日侨人物要留有照片。

7. 卫生检查由卫生局办理。

8. 日侨遣回前成立搜查、保管、监察、登记四个组；搜查组、登记组各20人，保管组、监察组各10人（单位和人员从略）。

9. 即日（31日）下午通知日本领事馆转饬日侨每人造具详细财物清册3份备核，应带物品限期次日（2月1日）上午8时前整理清楚，下午1时开始检查，超过规定者集中保管。

10. 即日通知各机关将征用日俘名册于2月2日以前送达日俘管理所备查。

1946年2月2日，厦大集中所的日俘经清点后送上美国军舰运载回国。但有三类日俘可以暂时不用遣返，一是在战争中对中国有帮助，可以拿出确实证据的人；二是一些参与市政建设的技术人员；三是犯有战争罪行的。在厦门的日俘中，被扣留的"战犯"共19名：松本一郎、管名瑞人、池田利平、长谷川寿夫、友金一、木匹直治、富高增木、引田佐金留、古山嘉四郎、久保卯一、浅川浅人、江住岩、四本尧明、岛田朋、佐藤力、武吉元海、三好正一、柳原兼次、正本寅夫。

日本方面是从广东派了个大佐参谋井上正规来厦门接洽日俘、日侨配运手续。遣返时，日俘每个人都背了约60斤的行李，从集中营出来经过中山路转赴太古码头（今客运码头），首批600多人的日俘队伍经过海后路时，益同人公会门外施粥厂（今中山路华联商厦）周围的难民，眼睁睁地看着日俘背后的行李，都愤愤不平。而市民围观者也认为当局太宽容了，这些日俘大多都在厦门掳掠东西，在集中所里就把抢来的东西换购日用品，个个吃得肥肥胖胖的。但是当他们得知回日本时，每个人最多只能带60斤的东西时，就把超重带不走的，全部在走的那天早晨烧掉了。为此，有报刊载文抨击道：与中国政府的宽容相比，日本人的气度太狭隘了，居心不良，与战时一模一样。第二批日俘2000人所携带的盐、柴及罐头等物，放置于太古码头，堆积如山，当局还派汽车帮他们运柴米，足够他们在船上吃7天半。这些日俘因为可以回国，个个都笑逐颜开。围观的厦门人，看了都不是滋味。

日侨的遣返始于2月8日。他们分别从4个集中所到太古码头（今鹭江道国际银行大厦对面）集合，分批登上小艇，转运至停泊港外的日本轮船"院柴丸"回国。日侨自带行李鱼贯穿过市区，市民围观如堵，纷纷指斥。谁都没想到日本人行装那么盛大，根本就不像是战败国。当时还有一个小病的日侨，竟想雇坐人力车，被监护警士阻止。

日俘、日侨集中待返期间，有几件可记的事。

1. 中国政府每月需承担日俘大米13.4万斤，副食品费用820多万元；日侨每月得供应大米1.4万斤，小麦粉188斤，糖和油500多斤，盐300多斤，燃料木柴2.5万斤。中国政府规定日俘给养参照国民党军的补给标准，另外还发给零用钱：将官每月法币8000元、校官每月4000元、尉官每月2000元。这些是要登记在册的，以便以后向日本索取赔偿。可以说，日俘、日侨的生活还是很丰裕的。他们没有受到虐待，遭到报复。饱受欺凌、苦难的中国人，展现了以德报怨的恢宏气度。

2. 复兴打捞股份有限公司向管理所申请征用具有打捞技术的日俘福岛寿雄等

28人，协助打捞工作，实际上是包括他们的家属。日俘遣返前，福岛等都表示志愿长期留在厦门服务，不愿回日本，甚至希望归化中国国籍。公司总经理叶金泰为此具呈市政府，市长黄天爵批转日俘管理所酌办。

3. 日俘集中后，厦门市政府工务局申请利用日俘劳力维修市政工程，其中汽车驾驶员6人，土木技工100人，技术指导20人，小工374人，共计500人，不付工资，仅提供副食品。据洪卜仁回忆，一些日俘曾在此期间修整中山公园，清理街道的水沟。当局利用日俘劳力原拟半年，实际仅两个多月即因日俘遣返而作罢。

4. 日侨尾崎幸则等29人请求归化中国国籍。在审查待批期间，有3人擅自从集中所潜逃。原来，女日侨荒关宫子已嫁给福清县高山乡人陈友通为妻，陈友通买通管理所的西区区公所人员和当地保甲长，将其妻带回福清原籍。另两名女日侨中岛久子、中岛昭治的丈夫也是福清人，又是陈友通的朋友，所以偕同荒关宫子一起潜逃。

晋江人王芳琼在台湾经商多年，1930年经人介绍与日本人三好召子结婚，后生一子。1945年到厦门，正碰上厦门光复，三好召子及其子被拘在集中所里，孩子还小，经常在集中所里啼哭，非常可怜，不久也将和其他日侨一起被遣送返回日本。王芳琼恳请市政府让三好召子归籍中国，得以一家团圆。市政府向上呈请，经奉陆军总司令电示，如果三好召子确实在战争期间没有敌对及危害国家的行为，可以不拘在集中所并准予入中国籍。

有些日侨就没那么幸运了，日侨青木静子两次申请归化入籍，为留在中国煞费苦心，不惜采用不正当手段。青木静子汉名陈秀青，嫁给台湾人陈思平做姨太太，生两男一女。后陈思平在海面走私船上被盟国战机炸死，青木静子就以未亡人的身份申请归化。但是因为她是姨太太，并未与陈思平办理结婚手续，政府不予批准。青木静子于是把别人的结婚照的头像换成自己和陈思平的，以制造假的结婚照，但被识破。

5. 新世界集中所有个日侨名叫神永铃泉，要求与深田内集中所的女日侨新居久米子同在一个集中所。据称他们是一对夫妻，不该分开，但经日本领事馆查证，那个女日侨只是该男日侨的姘妇而非夫妻，其双宿双飞的愿望无法实现。

6. 在集中所期间，有9个新生命诞生，5个死亡。暂时留下没遣返的57人，其中战争罪犯19人，技术人员9人，申请归化中国国籍的29人。19名罪犯移送海军要港司令部，5月21日预审后转送上报依法审理；9名技术人员于4月22日乘美国军用飞机赴广州集中；中岛久子等12名日侨获准入籍，可以不用被遣返日本。

日俘遣返后，所留口粮、行李、图具等物有11座仓库之多，大都是在厦门抢掳之物。遗物由日俘管理所会同管理港口运输司令部及军政部厦门派遣组清理完毕，并造具清册。日俘遗物军用品大部分是旧军毯、蚊帐、药品等，由厦门派遣组接管；非军用品大部分是办公用具及日常用品等，由上述三个机关封存在厦大，一起保管，等上头决定后再作处理。有些不易保存的物品，如食物，行政院准予立即拍卖，共拍卖面粉500余斤，黄豆200余斤，罐头数百箱及白米数百包。

清点日侨遗留物资也在同时进行，单单米谷就有6万多斤，其中糙米42008市斤，谷25644斤。光深田内集中所就有米21346斤，被褥805床，棉胎180床，毡124条，坐垫211条，枕头442个，蚊帐224件。

清点出来的日俘、日侨遗留物资，除了封存留待奉电处理外，有些划拨为救济物资，有些有偿供给部队。社会各界向上申请，把这些原本就属于厦门人的物资用于救济社会民众，经多方努力，有一部分物资就拨给社会使用。如深田内清点出来的物资，拨借给贫民习艺所被褥50床、蚊帐10件。救济院棉胎150床、被褥50床，市立医院被褥50床，隔离病院被褥30床，警局拘留所20床。军部厦门派遣组奉准将接收的日俘遗留副食品，如罐头、鱼、牛肉及油、豆、盐、干菜等，作为补助驻厦部队官兵营养。宪兵、海军陆战队、交通警察队等中央直属各部队都可以获得，但他们的副食费相应扣回。扣回的办法就是按照市价及官兵日支副食费定额折合适当价格，以每市斤计黄豆180元，植物油290元，鱼、牛肉236元，干菜80元，盐20元折算。各部队按照现有官兵人数，带钱到派遣组领取，总计该批物品估价1000余万元，所得价款缴存中央银行国库。各部队领到此项副食品后，依照规定，不得转让变卖。

日俘、日侨遗留物资除救济社会及配发给官兵外，还有一些物品也准予拍卖，具体物品数量、价格及拍卖方式如下：

1. 火柴共60篓，评定价格每小盒国币50元，由本市机关团体按照人数函请配购。

2. 日侨遗谷1.5万斤，评定价格每百斤8000元，由难童救济会备价领用。

3. 变质糙米750斤，评定价格每百斤8000元，由法院备价购领，发充囚犯口粮。

4. 寿星牌香烟一批，每小包评定价格30元，公开拍卖。

5. 无敌牌牙粉一批，每包评定价格20元，先提出八包公开拍卖，又圆盒装牙粉每打评定价格1800元。

6. 红料（建筑所用之灰砖瓦）每百斤评定价格4.8万元，酒精每听5加仑，评定价格2万元，定期公开拍卖。

其他如热水瓶、白布、肥皂、米酒、药材、毛毯、纸等物资，指定市商会、工会、海关、货特税局、中央信托局等机关负责调查市价后决定其价格。定价后，从1946年6月14日起至10月27日举行多场面向百姓的拍卖，拍卖场所分别在中山路106路临时拍卖场、深田路日侨遗物仓库、轮渡码头海滨茶园。拍卖品主要是衣服、家具、皮箱、碗碟、帆布袋、布料等日常用品等，多为普通市民购买。

在清点遗物期间，发生了一起案件。1946年3月8日，宪兵林威杰途径公园东路，碰到一辆人力车载着一件麻袋包裹，车后有一个头戴毡帽、穿着中山装、身披雨衣的人。林尾随其后，见行踪可疑，便上前检查，发现包裹中有两大捆帆布，问这些东西的来路。车夫告诉他是车后那个男子从深田路雇他载的。该男子称自己是市府自卫队的士兵，叫卢基伯，这批物品是奉命运往市府的。林威杰问他有没有搬物证明条，卢拿不出来。林威杰又对卢基伯进行搜身，从他腰间搜到一条带日本花的被单，口袋里搜出日本红茶一罐、福神菜两罐。此时，卢基伯吓得面如土色，不得已承认物品是偷来的。卢基伯怕承担责任，愿将这些东西送给林威杰，以求放他一马。林威杰不肯，把他连人带物抓到宪兵队。宪兵队认为事关重大，随即发动人马四处侦察，搜求有关线索，希望查找出幕后指使人。在日俘松本武官仓库内，还发现有毛绒西服及衣料数套被人拆封盗去，三方所派保管人全部被扣押追究。

当时，光复重生的厦门百废待兴，物质奇缺，对日俘、日侨遗留下来的物资，除了日本人留下的药品，因为不好鉴别，只好统一收纳外，当局极尽善用，这也从另外一方面说明市民百姓生活的困顿、艰辛。

五、战后损失大调查

厦门市收复后，国民党福建省政府即组织福建省抗战损失调查团莅厦，会同厦门市政府进行抗战损失调查，为时两个多月，以作为救灾施赈的依据。

（一）总人口不及战前的三分之一

据不完全统计，战前厦门人口总数为265631人，战事发生时，随军迁入内地者约3万人，留厦的尚有20余万人。但到厦门收复之日，厦门人口仅有8万余人，此数目还包括当时住在厦门的日籍台湾人、日本人、朝鲜人在内，因此总人口不及战前的三分之一。

厦门沦陷前，1937年9月至1938年5月，遭受日军空袭和炮击共达63次（其中空袭46次，炮击17次），造成人口伤亡75人，其中死亡38人。（见《厦门抗日战争档案资料》，厦门大学出版社1997年5月版，第45—46页。）

在厦门保卫战中，中国守军、保安队、武装警察、壮丁阵亡和群众遭到日军杀害者约7000人。（见《厦门市志》第2册，中华书局2004年1月版，第1524页。）

沦陷后（1938年5月至1945年9月），无辜百姓因各种原因导致伤亡者数以千计。据1945年11月国民党厦门市政府统计室编的《厦门市抗战损失》，

1938年5月至1945年9月，厦门市人口伤亡总数1125人，其中受伤125人，死亡1000人。《厦门市抗战损失》的"说明"指出："抗战损失调查，为时二月有余。唯因厦市收复未久，流亡外地民众还未返厦，漏报殊多。"因此，中共厦门市委党史研究室和厦门市档案局（馆）在合编的《抗日战争时期厦门人口伤亡和财产损失调查》一书中，引用该数据时也认为："此调查系战后根据民众填报材料编制，因时间仓促，漏报殊多，并不能反映沦陷期间厦门市人口伤亡的真实情况。"（见《抗日战争时期厦门人口伤亡和财产损失调查》，中共党史出版社2009年6月版，第22页。）

（二）沦陷期间厦门损失2216亿元（1945年币值）

抗战时期，厦门由于战争破坏、敌军掠夺、死难伤病救治及流转迁徙等原因造成的财产损失数以亿计。据战后国民政府的调查，沦陷期间，厦门的财产损失高达2216亿元，其中还不包括间接财产损失。

1. 市面萧条，十室九空。

战前厦门工业虽有所发展，但并不发达。"沦陷期间，此仅有之工业，亦遭敌伪破坏，损失甚巨。"

战前原有手工业包括竹器、制绳、纺织及成衣等，有从业人员约4万人。沦陷后工人减少约2.5万人，造成损失约5000万元（1937年币值）。

战前原有合乎《工厂法》规定的工厂21家，沦陷后各工厂均被敌伪没收，以停产7年半计，损失1364.98万元（1946年币值）。

战前厦门商业已具相当规模，共有约5202家商铺遍布厦门的大街小巷。沦陷后，因战事关闭1500家，损失约60万元。沦陷期间，日伪当局对粮食和果蔬实行统制，由几大公司垄断经营，厦门市面萧条，十室九空，原有商铺要么停业，要么人去楼空，能够支撑下来的，不过十分之一。

2. 九成渔民被害或改业。

战前耕地4.2万亩，沦陷后减少1.35万亩，估计损失价值47,356.23万元。

沦陷期间林业损失5700亩，约20万株，行道树损失300公里，约4万株，总计损失600万元。

因战事，渔民被害或改业约占渔民总数的90%，加上渔船渔具受损、渔厝被毁等，损失达103,640万元。

（洪卜仁　宋俏梅）

（原载《厦门抗战岁月》，洪卜仁主编，厦门大学出版社，2015年12月，略有删节）

厦门商业城市的成长

厦门是福建省第二大城市,同时也是闽南的区域经济中心。地处福建省南部九龙江出海口,背靠闽南大陆的漳州、泉州平原,濒临台湾海峡,与金门一衣带水,和台湾本岛、澎湖列岛隔海相望。厦门是中国东南沿海重要的商业城市,是中国对外贸易的重要口岸,也是侨胞、台胞的主要祖籍地和出入祖国的主要门户。

自唐宋以来,厦门即与海洋文化结下了不解之缘。宋代称厦门岛为嘉禾屿,此后一直到民国建立前,厦门是泉州府同安县管辖的一部分。此时岛上已有五通(遗址至今犹存)、东渡(今已不存)两处官渡。南宋末年,宋帝赵昺经东渡码头逃至潮州,可见厦门在宋代已是闽南海陆交通的其中一个中转站。

一、厦门海商的崛起

明洪武年间,厦门城竣工。明中后期,东南沿海私人海上贸易发展迅速,明廷碍于形势与财政需要,在漳州府海澄县(今龙海市)月港开放海禁,准许私人出海到国外贸易。厦门湾乃漳州海道门户,当时华南水域海盗猖獗,厦门岛上有官兵驻扎,能为沿海商船提供较大保护,加上商船从远洋驶回月港,需在驶入月港前寻找港口进行补给与维修,厦门作为贸易港的地位逐渐形成。16世纪地理大发现,葡萄牙等欧洲国家来到厦门港附近的浯屿等岛屿进行贸易,开启了厦门商人和西方商人之间的接触。明末,厦门取代月港,成为闽南地区贸易的中心。海商李旦与厦门的许心素合作,由许氏在大陆收集中国货物,运至台湾交与李旦行贩日本,形成厦门与日本间的经贸关系。

明末清初厦门著于史籍,与郑芝龙、郑成功父子有密切关系。天启七年(1627),郑芝龙入据厦门。顺治三年(1646),厦门与金门两岛为海商郑彩、郑联(今集美高浦商人)兄弟所据。顺治七年(1650),郑成功在厦门袭杀郑联,顺治十二年(1655)易厦门之名为思明州,设海商义字行从事海上贸易,从此以厦门、金门作为抗清复明、驱荷复台的根据地,同时也是郑氏航海贸易的大本营。明末清初的民族战争给中国经济社会带来严重的破坏,而厦门却因为郑成功沿袭其父辈的海上贸易大业,出现了与国内其他地区不同的繁盛景象。郑成功在厦期间,每年派到日本贸易的船只约 30 艘,派到东南亚贸易的船只约 16 到 20 艘。

郑成功家族从事航海贸易期间,厦门也已有来厦经营贩洋贸易的外商。康熙九年(1670),英国东印度公司派来厦门贸易的第一艘商船"万担·宾克"号进港。康熙十五年(1676),该公司正式在厦门建立商馆。1681 年 8 月 13 日,东印度公司伦敦总公司董事在给郑成功之子郑经的信中,表达了扩大贸易的愿望,并希望"厦门成为中国的商业中心"。

康熙二十二年(1683)八月,台湾重新纳入中国版图。康熙二十三年(1684),清廷设台湾厦门兵备道,统一管辖厦台两地军政和经济事务。同年解除海禁,在厦门等四个港口设立海关,征收关税。

二、厦门商业网络的形成

闽南地区的海洋商业传统孕育了厦门商人的成长。厦门城市经济的发展,则为厦门商人提供了一显身手的舞台。清代厦门商业发达,与中国沿海城市及东南亚建立了广泛的商贸关系,此即新加坡学者吴振强教授在《厦门的兴起》一书中所称的"厦门网络"[1]。

先言闽南居民致力于商业活动与航海事业的原因,可从推力与拉力两种因素予以解释。推力因素方面,闽南农村人地比例失调及地主对农民的压迫,驱使农村人口大量外移,增强人民从事商业活动的愿望;拉力因素方面,商业经济活动所带来的丰厚利润,吸引了企图追求更美好生活的人从事商业活动,是以"闽中巨室皆擅海舶之利","嗜利走死习以为常"[2]。

其次,厦门网络得以发展的一个重要因素是汉人对台湾的开发。郑芝龙经营台湾与荷兰殖民台湾时期,两者都招徕闽粤移民入台垦殖。清初,跟随郑成功到台湾的军人及其眷属有数万人。清廷统一台湾初期,施琅禁止广东移民渡台,造成康熙年间闽南移民在台湾一枝独秀的局面,闽台贸易活动自然掌握在以厦门为基地的闽南海商手上。到乾隆中叶,台湾汉人数量已达 100 万左右。

第三,闽南居民的开拓精神为闽南海上贸易带来了强劲的原动力。明末以来,东南亚与闽南地区的经济关系日渐加强,为闽南商人带来机遇。明代中叶以后,闽南地区的人口压力日趋严重,部分人口相继前往东南亚从事贸易活动。华商从东南亚输入大米、香料等当地土产与白银,购买中国的丝绸、茶叶与陶瓷等特产,构成中国与东南亚海上贸易的桥梁,清代厦门网络即在此基础上发展与延续。

明末以后,闽南地区海上贸易日趋繁盛,厦门能够脱颖而出,进而成为清代中叶福建沿海第一大港的原因，除厦门自身的港口优势外，实为清廷的海防与商贸政策所致。自康熙二十三年（1684）设立台厦兵备道以来，清廷只开放厦门港对渡台湾的鹿耳门港，为两岸来往的唯一通道达100年。台湾与厦门联为一体，往来更加密切。一些厦门商人移居台湾，从事两岸贸易，从厦商变成台商。直到乾隆四十九年（1784），清廷才增开晋江蚶江与台湾鹿港间的对渡。

三、厦门商人的国内外贸易

厦门作为闽南政治、商贸、文化中心，已有280多年的历史。雍正五年（1727），清廷将原设泉州的兴泉兵备道衙门移驻厦门。雍正十二年（1734），又增划永春直隶州归兴泉道，改称兴泉永兵备道。清代，在省与府之间设立了道一级的行政权力，相当于民国时期的行政专署。厦门非县衙、府衙所在地，清廷之所以在这里设置道署、委派正四品道员掌管，不外乎就是因为厦门作为商业与战略价值的海外贸易中心，具有中心地位。此时的厦门已是福建南部的政治、经济、军事、文化中心。

清代厦门商人的足迹遍及东南沿海，北至锦州、天津，南至广州、香港。厦门商人从东南沿海运出土产品，如糖等，至北方沿海口岸，从北方运回豆饼与土产回闽发卖。台湾更是闽南商人的活跃区域。时人黄叔璥谓：

"海船多漳、泉商贾，贸易于漳州，则载丝线、漳纱、剪绒、纸料、烟、布、草席、砖瓦、小杉料、鼎铛、雨伞、柑、柚、青果、橘饼、柿饼。泉州则载磁器、纸张。兴化则载杉板、砖瓦。福州则载大小杉料、干笋、香菇，建宁则载茶；回时载米、麦、菽、豆、黑白糖饧、番薯、鹿肉，售于厦门诸海口。"③

台湾与厦门的经济联系也可以从台湾地区专门从事对大陆贸易行郊组织的兴盛中得到证明。嘉庆年间，鹿港有所谓八郊，其中厦郊专门从事与厦门、金门、漳州地区的贸易，所属商号百余家，也有兼营布郊、糖郊、染郊者。因此可以这么说：在这一历史时期，闽商包含厦商与台商。鸦片战争后，厦门与台湾仍保持密切的经济往来。《厦门海关十年（1882—1891年）报告》中明确指出，"厦门一直是运往台湾货物的集散地。台湾的贸易往来大部分经过本口岸。""1881年经厦门港转入大陆的台湾乌龙茶，与过去的任何一年相比，数量是最多的。"甲午战争后，清廷割让台湾给日本。在此期间，厦门与台湾的贸易不再是国内的区域贸易，而是转化为对外贸易，且走私贸易极为猖獗。

清代厦门对外贸易的繁荣，刺激了市区人口的增长以及都市商业功能的扩张。

乾隆年间，厦门街道约有 25 条，光绪三十四年（1908）发展至 220 多条。清代厦门因商贸和航运事业的发展出现了航运码头的区域集中化和专业化分工，13 个路头的形成正是此种趋向的表现，市区商业活动多集中在 13 个路头附近进行。从道光十五年（1835）至宣统三年（1911），厦门商业市场最繁荣的是洪本部一带，主要是批发商和经营海上贸易的大行郊。另一个是寮仔后街（今水仙路一带），菜馆、旅栈、侨批局、钱庄、日用品商店、戏园等行业都集中在这里。洋商、洋行、银行、保险则主要分布在番仔街、镇邦街、港仔口、新路街一带。"近城烟雨千家市，绕岸风樯百货居"，正是对当时厦门商业繁荣景象的写照。此时的厦门，已从一个半渔半耕的小岛成为"市肆繁华，乡村绣落，不减通都大邑之风"的商业城市。鸦片战争前后，有一位外国人在他的著作中写道：

"中国没有一个地方像厦门那样聚集了这许多有钱的能干的商人。他们分散在整个中国沿海各地，并且在东印度群岛的许多地方开设了商号。……他们最短的航行是去台湾……在西南季节风的时候，他们的船只在厦门装载砂糖，运到北方各港口出售，主要是宁波、上海、天津以及东北各城市，回程则载运豆类与药材。他们在江南的苏州府和定海等城镇以及广州之间，也进行大宗贸易。

对外贸易的极大部分由厦门地方的一些资本家所经营的。他们在马尼拉虽然遇到极高的关税……但他们和这个岛屿依然继续维持着商务关系。他们和东京及印度半岛的贸易并不多，但是每年也至少有四十艘大帆船前往暹罗的曼谷。前往婆罗洲、孟加锡、巴达维亚以及苏禄群岛去的福建帆船都是最大型的，其中有的载重达一万二千担，即将近八百吨，他们在这些地方大量装载一般称为"海峡土产"的货物。……

地方政府非正规的勒索性的苛征暴敛，近年来使得厦门的许多大商人迁移到上海、广州以及其他地方去了。他们在那里利用从家乡随来的船只和人员经营贸易。"[④]

中英的《南京条约》签订后，厦门被辟为五个通商口岸之一，为厦门的商业发展带来了新的机遇，也使过去厦门的对外经贸关系出现巨大转变，刺激了厦门自身商业结构的转型，为厦门商人提供了更多一展身手的机会。

鸦片战争后，西方国家为满足通商和推销本国工业产品的需要，必须加强各东亚商业中心与欧美各国的联系。首要工作是引入西方近代交通和通讯科技，建立一个由西方主导的交通网络。

此后，不少经营帆船贸易的东南亚闽南商人转而从事轮船航运，如新加坡的薛荣樾、邱忠波等人。19 世纪 70 年代，盛宣怀创办的中国轮船招商局也参与厦门的航运事业。至20世纪初期，帆船的沿海埠际客运业务已大部分被轮船取代，近代厦门轮船运输网络宣告完成。

通讯事业方面，同治十年（1871）大北电报公司在上海与香港间铺设电缆。次年，该公司将厦门和上海及香港部分的电缆连接起来，厦门可透过电报与欧美市场联系。随后，大北电报公司建成两条通往福州和鼓浪屿的电报线。光绪十三年（1887）至光绪三十年（1904）间，泉州、漳州、云霄、诏安等地电报业务相继开展⑤，确立了厦门作为闽南地区通讯中心的地位。

西方近代交通、通讯事业对厦门商业的发展影响深远。20世纪初，厦门和闽南以外城市间的旅客流量达到16万人次以上。新式通讯事业则加速了东亚各城市间的信息交流，配合汇票、汇款单、银行支票等新式交易手段扩大了商业信贷的使用，促成区域市场整合，产生跨地域的金融体系。埠际金融流动的活跃，使流入厦门金融市场的资金不断增加。光绪二十七年（1901）至宣统三年（1911）间，市场资本额从1000万元增至2200万元⑥，奠定了20世纪上半叶厦门作为华南侨汇中心的地位。

四、侨资与市政建设助力厦门商圈的确立

辛亥革命结束了清朝的统治，厦门光复。民国元年（1912）4月，厦门与金门从同安区析出，设置思明县。民国四年（1915）元旦，金门从厦门分出，另置金门县。

民国二年（1913），北洋军阀势力伸入福建，地方军政大权落入北洋军阀手中。民国三年（1914）5月，皖系北洋军阀的福建督军李厚基派其部属唐国谟为厦门镇守使，北洋军阀在厦门的统治由此开始。此后又历经童保暄、潘国纲、臧致平、杨树庄、林国赓等人的统治。其中在臧致平统治时期，经过数月的罗掘，到了民穷财尽的地步⑦。海军司令杨树庄垂涎于厦门，利用臧致平失去靠山和厦门人民日益滋长的反臧情绪，于民国十二年（1923）6月率军舰攻打臧军，图占厦门未遂。其后，海军通过和臧致平进行政治交易，于民国十三年（1924）4月兵不血刃进驻厦门，掌握统治大权。海军为了扩大地盘、增加饷银，就必须设法开辟财源。民国十三年（1924），时任海军司令的林国赓拉拢一批官僚政客，联系地方商绅和华侨富商，筹划建设厦门新城区。从此，厦门掀起了开辟马路、建设商业楼房的第一波热潮，岛上西南部滨海地带次第出现一幢幢洋楼，开元路、大同路、中山路、思明东西南北路、升平路、海后路都在这一时期先后建成。港口城市建设的触角从岛美路头延伸到传统街区。堤岸、公园等市政设施相继建成，商业中心

由最初的开元路移至大同路。

民国初年,华侨资本大量涌入,厦门的商业市场逐渐繁荣起来。到20世纪二三十年代发展至鼎盛时期。20世纪初,厦门已经有了电灯、电话、电报。到了20世纪20年代,厦门地方人士倡设市政会,进行大规模的城市建设,扩展市区面积,兴建街道、楼房、店铺、货栈、码头、市场、公园、公共交通、自来水公司,改变了厦门的城市面貌,促进了商业鼎盛、经济繁荣。据有关资料记载,自民国十五年(1926)至民国二十二年(1933)间,岛内开辟大小新区50多个,兴建马路90多条(共40多公里),实际扩地面积2.2千亩,约等于原来旧市区总面积的50%。厦门的近现代城市建设吸引了许多华侨和国内企业界人士来厦投资工商业、房地产、交通和公共事业。华侨商人旅居海外,目睹机器生产与西方经营模式的优点,回国创业时予以仿效,在厦门地区工业投资中扮演了先驱者的角色。第一次世界大战后,荷属东印度等地施行排斥华侨资本的政策,东南亚华商对前途未敢乐观,部分侨商挟巨资回国定居,投资于本地区的工业,促成了侨资企业的蓬勃发展。光绪三十三年(1907),华侨杨格非与本地商人陈天恩等收购英人在鼓浪屿所办的慈化酱油厂,创办淘化公司,经营酱料罐头。后来因两人意见不合,杨氏得到陈嘉庚的支持,于宣统三年(1911)另创大同公司。及至民国十七年(1928),两家公司因面对兆和酱油厂的竞争,合并成为淘化大同股份有限公司。

厦门是闽南华侨出入国境的门户。据厦门大学戴一峰教授估计,从光绪十六年(1890)至民国十九年(1930)的40年间,累计约136万人迁移海外,每年净迁移人数高达34000人。庞大的人口流动带动了运输、旅馆、饮食、百货业的繁荣。厦门是闽南最大的区域经济中心,也是本地区洋货进口及土货出口的最大集散地。外洋食米输入闽南,多经厦门转运内地,土货出口及洋货进口也多以厦门为枢纽,因而厦门进出口商行业务特别兴盛。厦门输入巨量外国货品的其中一个原因是本区有大量华侨,他们生活方式西化,拥有较强的购买力。但由于有大量侨汇流入厦门,足以抵消巨额的贸易逆差。仰赖侨汇的挹注,市场也因为有华侨频繁进出的消费和侨眷侨属的购买力而重现繁荣景象,反过来带动了金融业、航运业、建筑业、食品工业、服装业、服务业等相关行业的兴起和发展。华侨回乡途经厦门,购置成衣、绸缎、苏广杂货等礼品馈赠亲友,漳泉各县的侨眷和侨属也被接到厦门买房定居。

大多数闽南华侨有定期汇款回乡以赡养家眷生活的习俗,致富闽侨也有落叶归根的传统思想,将财富汇回故乡,购置产业或投资以保安享晚年,侨汇遂构成资金流动的主要内容。大量的华侨汇款涌入厦门,刺激了厦门本地钱庄、侨批局、银行业的兴盛。此外,第一次世界大战后,由于东南亚各地殖民政府采取排华政策,加上银价下滑,中国货币币值相对低落,导致20世纪20年代东南亚华侨出现回国投资的热潮。近代闽南地区治安不靖，厦门相对较为稳定，私人产权能得到较好的保障，加上环境较好，使厦门成为民国时期华侨的主要投资地区。20世纪20年代后期，厦门开展市政运动，市容焕然一新，造成地价飞涨，吸引侨资向厦门房地产市场流入。据1961年厦门市人民政府的调查统计，当时厦门市属于华侨的房产尚有7536幢，总建筑面积140.7万平方米，占全市私有房产的73.2%。

民国初期，厦门主要商业街市只有25条，街道狭窄，屋檐相搭，壅塞不堪。民国二十年（1931）后，随着海滨堤岸（今鹭江道）和新马路（今开元路）主干道的陆续建成，各种类型的商店如雨后春笋般遍布全市，并设立了十个市场。据民国二十一年（1932）统计，有78个行业、4004家企业，到民国二十六年（1937）发展到5344家。这些企业分布在99条大街小巷，主要经营百货绸布、粮油果品、旅馆饭店、五金化工、银行钱庄、侨批汇兑、参茸药业、金银首饰、影院戏院、律师所等。比较繁华的地段是大同路、中山路、开元路、思明东西南北路、鹭江道、海后路一带。

20世纪20年代末，受到东南亚华侨经济萧条的影响，厦门商业经济总体经营欠佳。民国二十三年（1934）至民国二十五年（1936）间进出口贸易和商业市场恢复繁荣。这一时期，厦门与世界各地、特别是东南亚以及国内各埠的商业贸易十分活跃。据不完整统计，民国二十六年（1937）初，在厦门设立的船行有35家、洋行105家、洋郊148家、港沪商帮47家、南北郊30家。同年，在国际贸易中与新加坡、荷属东印度、马来亚、菲律宾、缅甸、日本、英国等22个国家和地区有商业往来，运销商品80余种。

厦门沦陷期间，由于日本的破坏和摧残，厦市损失极为惨重。值得一提的是，自光绪二十一年（1895）4月至民国三十四年（1945）9月，台湾沦为日本殖民地整整半个世纪。由于台湾居民中祖籍闽南者占人口总数的80%以上，地缘和血缘因素决定了日据时期台湾继续保持与厦门的密切联系，航运畅通。厦门仍是闽台往来的重要口岸。

抗战结束后，厦门与台湾恢复国内正常经济贸易联系，继续充当商业对台辐射的作用。日本战败投降后，第一艘进入祖国口岸的台湾商船，以厦门港为首选港。民国三十四年（1945）10月25日，国民政府台湾行政长官公署成立台湾省贸易公司，厦门与台湾之间的区域贸易也随之恢复。抗战胜利后，厦门的电灯电力向来靠台煤的供应。厦门居民所需的日常生活必需品，如白糖、水产品、水果等也有赖于从台湾进口。厦门与台湾有固定的航线，有国营招商局的轮船，也有民营的英杭轮等，定期往返厦门到基隆的航班。中国、中央两家航空公司也开辟了厦门和台北、台南的航线，厦台两地的商业往来极其频繁，一直保持到1949年10月。与此同时，不少侨商打算回国发展。民国三十五年（1946），缅甸侨商胡文虎邀请新马各地侨领组织福建经济建设股份有限公司,在厦门设立总办事处,计划开采闽西矿产。但由于国民政府的腐败统治以及恶性通货膨胀,厦门的经济复兴再度遭到挫败。马来亚华侨黄重吉筹划将吉隆坡的 13 家企业设备迁到厦门。但因国民政府官员的种种刁难,机器设备堆放码头,被海关扣留的汽车至厦门解放后才得以发还。

五、新中国厦门商业的改制

1949 年 10 月 1 日,新中国成立。10 月 17 日,厦门解放。10 月 21 日,厦门市人民政府成立,属省辖市。1953 年 10 月,厦门行政区划开始跨出岛外,11 月 1 日,原同安区的集美乡划归厦门市管辖,成立集美镇政府。1957 年 5 月,同安区再次划出灌口的东孚以东 12 个乡(镇)归厦门市,与禾山区、集美镇合设厦门市郊区。1958 年 10 月,原海澄县(今龙海市)的海沧区三个乡划归厦门市,并入厦门市郊区。与此同时,同安区从晋江专区改隶厦门市。1970 年初,改同安区属晋江地区,1973 年 6 月又重归厦门市。截至 1980 年上半年,厦门市下辖五区一县。

就城市总体发展而言,新中国成立后至实行改革开放以前,厦门作为一个海防城市,一直处在两岸军事对峙的前沿。1955 年,厦门开始受到美国第七舰队和国民党海军的封锁,空中也经常受到美机与台湾当局飞机的骚扰,甚至扫射、轰炸,严重影响了正常的生产生活秩序。1958 年金门炮战爆发,厦门的港口海域封闭、航道封锁、口岸萧条,城市建设受到严重制约,经济社会发展速度缓慢。

港口和海上对外交通被封锁使原先厦门消费性商业的繁荣景象消失,工业生产和人民生活陷入困境。面对严峻的形势,厦门人民防空、防炮、防特,反封锁、反禁运,航运业者想方设法冲破封锁,往返于香港与厦门之间。同时,恢复汕头、晋江、惠安、涵江、石码、白水营、东山的航线。海内外航线的局部开通,让厦门这座商业城市恢复了生机。

新中国成立前的厦门,消费性服务的行业较为发达,约占全市商户的三分之一强。在进口物资中,消费资料多于生产资料,而价格昂贵的奢侈品占进口额的 80%。1956 年,厦门口岸开始改变过去对外贸易一向入超的现象,出口商品的销售地区也不断扩大,开辟了对苏联和东欧各社会主义国家的出口贸易,对香港、澳门和东南亚国家、地区的出口商品的品种和金额也有所增加。同年,厦门的出口商品已增加到 600 多种,主要是闽南的土特产品和手工艺品,还有各类水果、海产、肉类罐头。出口贸易换回工业原料、装备和器材。

新中国成立初期,政府对商业市场进行整顿登记,并有组织地开展内外物资交流活动。

在恢复和发展生产的过程中,党和政府接受了陈嘉庚先生的建议,先后组织修筑了厦集和集杏两条海堤。鹰厦铁路，福厦、漳厦公路相继建成，加强了与福建各地、广东潮汕地区的商业联系，为改革开放时期厦门市的交通运输发展提供了坚实的基础。厦门由一个海岛城市转变为半岛城市，与内陆腹地的连接更加顺畅。

从1950年到1956年的七年间，厦门工业逐步复苏，扩建、兴建了一批机械工业企业，在岛内城区逐渐形成后江埭工业区。1958年"大跃进"后，岛外开辟杏林工业区。从厦门解放到1980年的31年间，厦门已经从消费型城市转变为一座粗具规模的工业城市。

在此期间，经历社会主义改造和"文化大革命"，厦门的商业氛围愈加低迷。1956年底，全市基本完成对农业、手工业和私营工商业的社会主义改造，实行全行业公私合营和小商贩合作化，私营商业已纳入各种形式的国家资本主义轨道。市区改造的私商达5650户，从业人员8327人，资本额390万元，改造私商占总数的99%以上。对私改造后，全市有公私合营商业477家，合作商店83家，合作小组498家，仅存私营商业29家。

"文化大革命"期间，商业活动不能正常进行，造成商品来源短缺，市场再度萧条，一些商店在"红卫兵"的"破四旧"中更换招牌，不少商品因商标被视为"封、资、修"而予以停售，商业网点锐减，个体商贩、摊贩也在所谓"割资本主义尾巴"的冲击下大大减少。到1978年，个体摊贩仅剩395户，从业人员395人，农贸市场被关闭，农民、渔民自产的农副水产品被禁止进入市区销售。

六、改革开放后的新景象

1978年中共十一届三中全会后，改革开放给厦门带来了前所未有的发展机遇。1980年10月，国务院批准在岛上西北部的湖里划出2.5平方公里设立厦门经济特区，成立厦门经济特区管委会。1984年3月，国务院决定厦门经济特区范围扩大到整个厦门岛（包括鼓浪屿和周边岛屿），面积131平方公里。1987年8月，厦门市行政区域做出调整，下辖六区一县。1988年4月，国务院批准厦门为计划单列市，继而又于1989年5月批准杏林、海沧为台商投资区。1991年12月，经福建省人民政府民政厅批准，厦门市农村11个乡全部改为镇建制，至此完成城镇化，城区面积进一步扩大。1994年2月，中央编制委员会批准厦门市的行政级别升格为副省级，经全国人大批准，拥有自主制定地方性法规的权限。

1980年厦门经济特区建立之后，厦门人口增长速度加快。1980年，厦门户籍总人口为933,927人，1984年突破100万人口大关。截至1995年年底，厦门市人口总量为1,213,642人，比1980年增加0.36倍。随着经济特区扩大到全岛，全国各地到厦门办厂、经商、从事劳务的外来人口迅速增长。据1984年统计，特区外来单位人员6000多人，外来基建单位工人38,684人。1995年，外来人口达到40万人左右。人口的迅速增长刺激了消费，是厦门商业进一步发展的动因之一。

1980年后，厦门的城市建设步入大规模发展时期。首先是发展供水、供电、运输、通信、机场、码头等基础设施建设，努力改善投资环境。其次是城市新区开发和旧城改造成效显著。自1980年以后，先后综合开发湖里工业区、海沧投资区、杏林投资区、集美投资区、火炬高科技产业开发区、象屿保税区等。建成湖滨、莲花、槟榔、东渡、松柏、江头、仙岳、康乐、金鸡亭、吕岭等居住小区，城区面积由1980年的13.8平方公里扩大到1995年的58.1平方公里。完成厦禾路、江头旧城区改造，取得显著的社会效益和环境效益。

与此同时，厦门城乡集贸市场蓬勃发展，集市贸易成为全市居民副食品消费的重要市场，小商品市场也日趋活跃。在市区七个小商品市场中，霞溪路、人和路、镇邦路具有一定的规模和知名度，经营范围以百货为主，其中又以服装业居多，经营者以个体商贩为主。这一时期，厦门的商业网点也进入到改造发展的新阶段。全市主要街道的沿街商店大都进行装修改造，一些老字号商店也重新恢复店号和传统名牌产品。

随着经济特区的发展和经济体制改革的逐步深入，厦门城乡市场由过去的封闭式转变为开放式，初步形成了多种经济成分并存的商业新格局，有证个体商贩从无到有，迅猛发展；国有、集体、联营、内联、合作、股份制、中外合资和外资等各种经济体制蓬勃发展。到1995年，全市拥有批发、零售贸易业和餐饮业法人机构1521个，网点21,115个，从业人员70,776人，全市社会消费品零售总额达92.35亿元，分别比1978年和1990年增加40.21倍和2.26倍。商业经济的发展和人民生活水平的提高使城市居民的消费水平、消费习惯和消费结构发生明显变化，市场需求趋向求优、求新、求美，高档、名牌、进口商品销售日益增长，商品经营档次不断提高，开架经营、自选商场、引厂进店、连锁店、专业（卖）店、精品店、仓储式商场等新的销售方式和经营形态应运而生。农村消费水平也逐步提高，1995年全市农村消费品零售总额达5.21亿元，成为经济特区的一个广阔市场。至此，厦门已基本建立起适应社会主义市场经济发展要求的城乡畅通、多层次、多元化、多功能的商品市场体系，并逐步成为中国东南沿海地区的商品贸易中心。

特区范围的扩大和人口的快速增长促使厦门行政区划做出相应的调整。2003年5月下旬，经国务院批准，厦门市行政区域调整为思明、湖里、集美、海沧、同安和翔安六个区，全市面积1516.12平方公里。截至2010年，厦门市总人口

308万人，其中常住人口178.75万人、流动人口129.43万人。

2010年，厦门市加快推进岛内外一体化建设步伐，打破了长期以来形成的岛内城市和岛外农村的二元结构，实现城乡统筹发展。当年相继启动集美、海沧、翔安、同安四个新城建设，岛外的178个新城建设、基础设施、社会事业和产业项目以及岛内的62个旧城旧村改造，城市综合体和东部新城区建设项目全面开工。2010年，厦门市坚持实施项目带动，推动城市功能拓展和经济结构优化。基础设施方面，翔安隧道、福厦高铁、泉厦高速（扩建）顺利建成通车，厦门火车北站投入使用。2010年，厦门市突出发展先进制造业和现代服务业，中心城市的辐射服务功能日益凸显。根据福建省委部署要求，厦门市进一步发挥海峡西岸重要中心城市的功能和作用，按照构建厦漳泉大都市区、推动闽西南五市同城化的要求，加强产业协作互动、基础设施共建、旅游共推、环保共治、民生共享，促进海西南翼发展。

总之，厦门已经从一个近代商业城市迈向现代化中心城市的发展轨道。展望未来，厦门商人将在传承闽商精神特质的基础上，朝着全球化、现代科技的道路阔步前进。

注释：

① Ng Chin-Keong, Trade and Society: *The Amoy Network on the China Coast*, 1683—1735 (Singapore: University Press, 1983).

② 王澐：《闽游纪略》，载王锡祺辑《小方壶斋舆地丛钞》，第九帙，第11册，杭州古籍出版社1985年重印本，第104页。

③ 黄叔璥：《台海使槎录》卷二，台湾省文献委员会1996年版，第47页。

④ Lindsay: *Report of Proceedings on A Voyage to the Northern Ports of China*, 1833, pp.13—15. 转引自中国科学院经济研究所中国近代经济史参考资料丛刊第五种，姚贤镐编《中国近代对外贸易史资料（1840—1895）》，第一册，中华书局1962年版。

⑤ China, The Maritime Customs, Decennial Report, 1902—1911, p.106.

⑥ China, The Maritime Customs, Decennial Report, 1902—1911, p.104.

⑦《晨报》（北京），1923年11月10日。

（原载《闽南发展史·厦门卷》，洪卜仁、周子峰主编，厦门大学出版社，2016年6月）

天一信局倒闭风波初探

天一信局，在清末民初的侨界，曾因"诚信经营"的声誉脍炙闽南华侨之口。鼎盛时期，其海内外信汇交兑机构遍布东南亚各国及祖国沿海主要城市，位于厦门的天一信局总部，因而被称为"埠中钱业巨擘"。然而，叱咤一时的侨汇巨头，却于1928年以"突然停业""刁倒华侨款项"的结局结束其历史。其倒闭的原因，以及在当时造成了何种影响，目前涉及天一信局的文章均鲜有着墨，对我们探究那段历史造成了窒碍。本文根据现能搜集到的有限材料，对天一信局的倒闭风波进行初探，希望借此还原遗漏之部分史实，并补充及带动关于天一信局的全面探究。

一、信局年关停业拖累中外汇户

天一信局自1901年第一代经营者——漳州郭有品过世后，便由其子郭和中、郭诚中继承，总部亦由漳州迁至当年厦门最繁华的地带——寮仔后水仙宫。惟两兄弟仍于漳州海澄流传村建造规模宏大的天一总局（后改为流传分局），并持续扩大海内外网点布局。鼎盛时期业务份额占整个闽南侨批业界的三分之二。当时如日中天的天一信局，却突然于1928年1月18日宣告停业，支兑汇票、收寄信件的业务亦随之停止。

当天正是农历十二月廿六日，为送神日刚过的年关，家家户户正在准备迎春庆新，许多华侨家庭更是翘首等待着南洋华侨汇回家的过年家用。信局的停业，是因为其严重亏损导致"银根紧缺"，换言之，即是南洋华侨辛苦赚攒的血汗钱、侨属急需的过年钱，以及各商行的往来资金，都随着天一的关门而蒸发一空。

天一的停业给百姓带来的苦楚，当时的本地报章均有记述。当年《厦门警钟》援引1月19日的《思明日报》报道："查该局欠人人欠甚巨；各汇户家属年关需款，盼望甚切，无从支领，最感苦痛"[①]。同年厦门大事亦记载："凡有付印信者，受累不浅矣"。事件甚至引起了美国驻厦门领事馆的关注——美领馆副领事米伯恩于该年 2 月向上级提交的《1928 年 1 月驻厦领馆辖区内事件总汇》报告中提到："春节期间唯一严重之倒闭事件，为一中国信行之倒闭；据报乃因其马尼拉分局人员误用钱款，欠账百万所致"。②

厦门天一总局宣布停业之后，新加坡的天一局立刻在新加坡《南洋商报》刊登紧急启事，声明新加坡天一局是由其主人黄琼瑶独资经营，与厦门天一局并无从属关系，亦无责任连带。同时表示已将信汇业务交予他行办理，自己将负新加坡天一局全部责任。③据该启事所述，厦门天一总局主人郭和中于致海外天一部门的电告中表示：厦门天一局为"暂停营业"，并表示会处理相关事项，等待"整理就绪"。然而，"暂时停业"却随着时间的推移以及没有积极有效的补救措施，演变成了天一局的彻底倒闭。

历史总有相似之处，回顾早在信局创办人郭有品的时代，他押运侨汇的船只覆海翻沉，登岸后便变卖自家田产，悉数将款项赔还汇户，因此立下了"诚信"的名声。然而 1928 年天一总局倒闭时，后代经营者的处理方式却与其先人大相径庭，导致后来福建省军政高层也介入此事。

二、刁倒财款民间军政齐追讨

天一信局倒闭后，经营者郭和中兄弟即电告各交收批局，称其已委托律师陈李樑清理账户，并请各汇户将所欠款项报至厦门天一总局以作备案。④然而，到了半年后的 1928 年 8 月，据新加坡黄琼瑶所刊启示，新加坡天一局除了已向厦门天一总局索回的未寄送银信外，其余款项仍为厦门天一所欠。⑤自信局倒闭已经过数月，经营者虽表态将清理账户，却迟迟未还欠账，此事引起福建省侨务委员会的关注。经福建侨委会"调查郭有品天一局产业委员会"调查，郭和中兄弟等相关人士暗中转让财产，私相授受，甚至欲携巨款出逃，侨委会乃致信当时的闽南军政大员——国民革命军独立第四师师长张贞，请军方扣留郭氏兄弟等人，并查封天一局及其相关产业，提出其账簿，以免其避责潜逃，同时将天一局在厦门及漳州拥有的庞大资产［厦门银行股份 10,000 元、自来水公司股份 1000 元、九六公债票 10,000 元、电灯公司股份 1250 元、亭仔下雨泰成（注：应为南泰成）店一座、布袋街永福堂一座、关帝庙前志昌号一座、鼓浪屿三丘田柏原一座、镇邦街东明店一座、港仔口东方一座、番仔街谦吉一座、五崎脚土海藻一座、广仔井黄文灿一座、水仙宫全华号、广源、寄阔、金记、天一、电报局、马康然，漳州流传厝带洋楼一栋、北楼一座花园水池假山粟仓、小店仔、江东实业公司股份 18250 元、漳州流传各地田产总计 30 石 2 斗半，以及全部器具］公开于报刊，一并请军方查封。⑥6 月，郭氏兄弟即被拘拿在案。⑦其后，第四师回函侨委会，称此事"原关刑律",缉拿郭氏兄弟等人纯属"激于义愤",请侨委会于厦漳两地组织债权会与债权人登记事项并调查天一总局产业,"以清手续"。⑧9月,福建省侨委会将于7月16日至31日登记的天一总局债权者名单送至独立第四师。据该份名单显示,登记的175名债权者中,被拖欠大量银款者不少,其中有个人汇户,如:黄协裕,被欠24,133元;白长玉,被欠5445.38元;蒋自然,被欠5300元;潘恒前,被欠2500元等。有商会组织,如泗水中华总商会,被欠15,738元。亦有许多商行,如仰光永发兴,被欠9077.85元,其余许多债权人被欠一千元到五元不等。⑨有些被欠的钱款虽然是小数目,但考虑当时的购买力及社会商业环境,亦是债权人不小的经济损失。

1928年9月25日下午2时半,天一局债权团大会于漳州开会,到会者55人,推举薛一震为主席,戴春熙为速记,施志霜为司仪。⑩经债权团大会统计,大会成立时已在福州、漳州、厦门各债权机关登记之债权者有600余户,欠款总额为617,980元,除去重复登记部分,总欠款为50余万元,并有84户寄来12,000余元逾期登记欠款。⑪会上,侨委会代表、新加坡债主代表痛斥郭氏兄弟,指其宣称清理账目一事实为欺骗,并揭出郭氏于该年3月在厦门商会拒绝按要求出示账目一事。⑫据与会者发言称,天一倒闭之后,郭氏一直采取回避态度,导致南洋各债主怨声激起,纷纷写信向侨委会及军政方控告,并入禀厦门法院。⑬大会通过了"郭有品天一局债权者委员会组织规条",并选举郭龙术、洪文淦、郭北星、庄温谟、邱厪竞、邱子文、陈子德为委员会委员;其后,洪文淦于9月27日的债权者委员会第一次会议上被推选为委员会主席。⑭

债权团虽然成立,但天一所欠的债务一直到两年之后的1930年下半年仍未开始清偿。原因除了债务人郭和中及其亲属被羁押外,又有双方对于赔偿的数额有较大争议。协商还债及赔偿一事,由天一局债权者委员会、债务人代表,以及公亲(调解人)洪晓春(时任厦门总商会会长)、马厥猷(南洋侨领)、蔡雨邨三人共议,最后于1930年7月7日议成还款条件:债务人郭和中等偿还欠款总额的25%(折二成半),交由公亲转交侨委会及债委会分还给各债权人,共分三期偿清:第一期还10%,于7月22日前还清;第二期还5%,于10月22日前还清;第三期还5%,于年底还清;剩余5%的款项立"兴隆单"。由公亲担保债务人不得逃避,若逃避由公亲交出债务人并移送法办。债务人被查封的财产,于前两期还清后解封拍卖,所得用于偿还第三期款项。除偿还固有债款外,赔偿债权团8000元损失费,由公亲负担,于郭和中释放20日内交清。⑮至此,天一信局刁倒款项一事的赔偿处理才有实质进展。

三、天一信局倒闭的前因及影响

碍于资料有限，达成协议之后天一债务人有否按约换款，还至何时，还清未有，目前仍不得而知。惟达成还款协定后，天一局债委会曾于1930年7月21日首期还款到期之时致信公亲洪晓春等三人催促还款，洪、马、蔡三位公亲于7月24日复函表示郭氏兄弟于7月20日方被准许保释，请求以保释之日为起始日再订还款期限[16]。其后查无更多相关资料。

至于天一倒闭之原因，也是众说纷纭：有军政勒借说、滥发山（本）票说、滥炒外汇说、滥营期货说，以及滥营糖业说。根据目前可见的材料，综合当年厦门《思明日报》等报刊[17]所载以及当时美国驻厦门领事馆的文件[18]中所述，"海外（马尼拉）部门滥营糖业"导致投资失败应为天一信局倒闭的直接原因。

纵观天一信局的历史，中前期因"诚信"而发展壮大，后期却因做投机生意而迅速崩溃，最后以欠人钱款拖累汇户的"失信"为结局，实在引人唏嘘。曾有文章称，天一倒闭后仍每年给予漳州流传小学2400银圆作为办学经费。若此事为真，为何天一有银根存底，却不先偿还曾经信赖其声誉的各汇户的损失？支持教育固然是好事，然而对客户负责更是一间金融机构的首要职责。由此不得不令人对天一后期经营的方式和可信度再生疑问。

因为资料欠缺，本文主旨仅在从当年材料还原天一倒闭后，鲜为人所提起的状况，为此块历史遗漏之补充，在深度填补历史的同时，也为现代商业经营者提供一前车之鉴。

注释：

① 《厦门警镌》，1928年，第一期，《纪闻》。

② *RECORDS OF THE DEPARTMENT OF STATE RELATING TO INTERNAL AFFAIRS OF CHINA*, 1910—29, Roll181, 893.00 Political Reports: Summary of Events and Conditions in the Amoy Consular District during January, 1928.

③ 《星洲天一局紧要启事》，《南洋商报》，1928年1月28日、2月1日。

④ 《星洲天一局紧要启事》，《南洋商报》，1928年2月7—9日。

⑤ 《新加坡黄琼瑶天一局广告》，《南洋商报》，1928年8月15日。

⑥ 《祖国要闻——福建——请标封天一局产业》，《南洋商报》，1928年8月3日。

⑦ 《天一债权在厦设登记机关——四师复侨委会函》，《南洋商

报》，1928 年 8 月 1 日，*RECORDS OF THE DEPARTMENT OF STATE RELATING TO INTERNAL AFFAIRS OF CHINA*, 1910—29, Roll81, 893.00 Political Reports: Summary of Events and Conditions in the Amoy Consular District during June, 1928.

⑧《天一债权在厦设登记机关——四师复侨委会函》，《南洋商报》，1928 年 8 月 1 日。

⑨《天一局债权表（侨委送四师函）》新加坡《南洋时报》，1928 年 9 月 8 日。

⑩《天一局债权团大会》《南洋商报》，1928 年 10 月 17 日。

⑪ ⑫ ⑬ ⑭同上。

⑮《郭有品天一局债权团委员会启事》厦门《民钟日报》，1930 年 7 月 8 日。

⑯《郭有品天一局债权团委员会启事》厦门《民钟日报》，1930 年 8 月 5 日。

⑰《思明日报》，1928 年 1 月 19 日，"天一汇兑局倒闭：……又外埠分局滥营糖业，亏累尤多，以致金融窘迫恐慌，宣告歇业"；《厦门大事》，1928 年，"厦门天一局为闽南华侨大信局，本日歇闭，为糖业亏累数十万元"。

⑱ *RECORDS OF THE DEPARTMENT OF STATE RELATING TO INTERNAL AFFAIRS OF CHINA*, 1910—29, Roll81, 893.00 Political Reports: Summary of Events and Conditions in the Amoy Consular District during January, 1928.

（洪卜仁　陈子扬）

（原载《福建文史》，福建省文史馆，2016 年第二期）

鼓浪屿记忆

2017年7月8日，在第41届世界遗产大会上，中国申遗项目——"鼓浪屿：历史国际社区"正式通过世界遗产大会的终审，成功列入世界文化遗产名录，成为中国第52项世界遗产项目。在世界遗产大会审议的文件显示："鼓浪屿见证了清王朝晚期的中国在全球化早期浪潮冲击下步入近代化的曲折历程，是全球化早期阶段多元文化交流、碰撞与互鉴的典范，是闽南本土居民、外来多国侨民和华侨群体共同营建，具有突出文化多样性和近代生活品质的国际社区。"鼓浪屿成为人们关注的焦点，本期《讲坛》邀请90岁高龄的洪卜仁教授从历史的角度、以文化人才辈出的例证讲述鼓浪屿的人文记忆。

一、鼓浪春秋八百年

碧波环绕的鼓浪屿，是个面积不到2平方公里的小岛，与中国东南沿海港口风景城市——厦门一衣带水、隔海相望。

七八百年前的宋朝末叶，来自福建南部沿海一带的移民入岛拓殖。到了明代，岛上已有半渔半耕的村落。远自明朝天启年间，学者池显方已有吟咏鼓浪屿的诗篇："连天荡溟渤，小峦揭突兀。古树夹寒烟，兴波相出没。"绘声绘影地描述鼓浪屿在海阔天空、烟波浩渺中的风姿。

明末清初，民族英雄郑成功据守鼓浪屿建寨驻兵，训练水师，开始反清复明，"驱荷复台"的伟业。1661年，郑成功挥师东征，收复了被荷兰侵占38年的祖国领土台湾。于是，"鼓浪屿"与"郑成功"的名字一起扬名于世。之后，鼓浪屿移民日增，世代繁衍，居住区域不断扩展。

鸦片战争期间，英军占领过鼓浪屿。《南京条约》的签订，厦门被迫对外开放，洋商、洋教士纷至沓来，开办洋行、银行，创办医院、学校，西方列强和东邻日本相继在鼓浪屿设置领事，其中五六个国家在岛上建有领事馆。光绪二十八年（1902），鼓浪屿沦为"公共租界"。翌年5月，经驻厦多国领事决议，设工部局作为社区行政管理机构。直到抗战胜利后，1945年10月，国民政府收回公共租界，设鼓浪屿区，隶属厦门市政府。中华人民共和国成立以后，鼓浪屿成为厦门市人民政府管辖的一个区。2003年4月，鼓浪屿撤区并入厦门市思明区，直到现在。

在这几百年的历史跨度里，许多华侨在鼓浪屿大兴土木、营建别墅，并将原住闽南乡村的家眷乔迁鼓浪屿定居。从20世纪二三十年代的资料显示来看，华侨在鼓浪屿兴建的楼房达1014幢。古色古香的中国式传统庭院民居、西方人和东洋人带来的欧美式洋楼、日本式平屋和华侨引进的东南亚热带建筑和中西合璧建筑，色调不一、形态各异、林林总总，令人目不暇接，展示了鼓浪屿这个"万国建筑博物馆"的无穷魅力。

二、人文鼎盛英才辈出

从1840年鸦片战争到太平洋战争的100年间，岛上华洋杂处，中西文化相互碰撞、交融，使其在科、教、文、卫等方面形成了独特的人文景象，也令这座美丽的小岛熠熠生辉。

鼓浪屿文教事业相当发达，中外人士创办的学校、医院、报馆、杂志社、图书馆一应俱全。在这不到两平方公里的小岛上，有地方人士创办的中山图书馆，有华侨创办的《民钟日报》，有英国人创办的《鹭江报》，还有教会创办的《道南报》以及《石生》杂志。

在这座历史悠久、人文鼎盛的小岛上，由于学校教育和家庭教育并重，不仅培养出了众多的博士、专家、学者，更是培养出几十位享誉全国以至全世界的科学家、文学家、教育家、音乐家。一个多世纪以来，岛上英才辈出，人文素质高雅。如今，遍布世界各地的高精尖科教和各类人才数不胜数。

在学校建设方面，鼓浪屿原先只有几间私塾。鸦片战争后，西方教会在开展传道的同时，创办了一些半私塾式的机构——改良私塾。清末戊戌变法、废科举改学校后，教会开办的改良私塾采用分班教学方法，这便是学校最初的形式。与此同时，英美教会合组了寻源书院，于是，开始有了中等教育。新式学校兴起后，有牧师开始积极筹办厦门女子师范学校，当然，还有人创办小学。苏格兰公会韦牧师娘就招收教友的几十名幼儿，在她的住宅办起了幼稚园。这些英国人创办的学校自然特别重视英语教学，除了中国语文以外，其他各科都是用英语课本教学，并运用英语会话。直到20世纪20年代，中国人也开始在鼓浪屿创办中小学。

由于鼓浪屿独特的历史条件和人文环境，加上鼓浪屿新式学校的创办和建立，造就了鼓浪屿一大批有名的书院和学校，且各具特色。闻名中外的英华书院，便是1898年由英美教会合作创办的，1900年改由长老会接办。最初是英国学制的高等学堂，附设大学预科两年。1924年以后，分高初中两部，改叫"英华中学"，它有一个重要的特点是，只收男生，不收女生，就连教职员工也全部是男性。与之特点相对的便是全收女生的怀仁女学，它的前身是1860年乌埭中女学堂，1930年改名为怀仁女子小学，该校只办初级中学和小学，只是在抗战前，该校曾一度办家事科，因属中专性质，时间不长，学生也不多。说起幼儿园，那便不得不提1900年创建的怀德幼稚师范学校和幼稚园，其中，怀德幼师专为培养幼稚师资而设，学生大部分来自怀仁女中毕业生，附设幼稚园，以供学生实习。还有著名的养元小学和中学，养元中学专收男生，而养元小学在1906—1910年间，学生达200人左右，居当时全鼓浪屿各小学之冠。相比之，普育小学虽称不上小学之冠，但它曾是黄姓家族的私塾，为适应时代潮流，改名为"普育小学堂"，最重要的是，学校规定黄姓子弟皆可免费入学，外姓酌情收学费。

教育是发展之本。梁启超曾说："少年强则国强"，鼓浪屿这众多名校便是造就优秀人才之根本。

在医疗卫生方面，鸦片战争前，鼓浪屿已有传统的中医。1842年，传教士兼医师雅裨理抵厦，将西医传入厦门，鼓浪屿成为近代中国最早传入西医西药的地方。同年，美国归正教公会的传教士在鼓浪屿的住宅施诊。1871年，英籍医学博士孟逊等人在鼓浪屿发现首例疟疾病人，继又发现首例丝虫病人，开创了厦门热带病学、寄生虫学的调查研究工作。1898年，美国归正教会在平和县小溪镇创办的救世男女医院（简称救世医院）总院迁至鼓浪屿。1900—1932年，救世医院附设医学专门学校，还附设护士学校，成为福建首例，其后又办助产士班。其中在1928年，日本外财团法人在鼓浪屿西仔路头设立博爱会厦门医院（简称博爱医院），并于第二年创办附属医学专门学校等，开设西医临床医学和医学教育。1925年，救世医院锡鸿恩医师创立宏宁医院，自任院长。1931年锡医生回美国，由鼓浪屿地方人士和华侨组建董事会，于1933年在该院原址创设中国人自办的鼓浪屿医院，聘原新加坡的名医林文庆博士任院长。近代鼓浪屿医疗事业发达，除医院外，还有为数甚多的中西医师开办的诊所。

鼓浪屿的教育、医疗事业极其发达，它建立在多元文化共生的基础上，成为闽南文化发展的一部分。除此之外，在鼓浪屿天然的地理条件和优越的自然条件下，体育运动一直是当地人喜爱的生活方式之一。

受自然条件的影响，鼓浪屿的传统体育项目以武术和泅水（游泳）为主，及至近代，西方体育项目相继传入，鼓浪屿成为中国近代体育发达地区之一。据1983年牛津大学出版社出版的《中国赛马》一书中记载，近代外国人在中国大陆举办的首次赛马，地点就在鼓浪屿。该书中写道："《南京条约》厦门辟为对外开放商埠时，留在鼓浪屿的英军尚有500多人，英军即在驻地鼓浪屿修建了跑马场，并于1842年秋举行了首次赛马……"

1908年，美国舰队访问中国，清廷指定在厦门接待。访问期间，美舰官兵曾在厦门举行三场足球比赛，其中一场比赛在鼓浪屿番仔球埔（今人民体育场）举行，促使英华书院学生出现"足球热"。英华学生的足球运动，推动了厦门足球运动的发展。

鼓浪屿人最喜爱的体育活动莫过于游泳了，游泳成为鼓浪屿人人必备的技能，男女老少都把游泳当成了一种本能。历史上的鼓浪屿也是福建最早开展游泳比赛的地方，如1931年9月26日举办的第一次横渡厦鼓海峡（即厦门至鼓浪屿）泅渡比赛活动，由鼓浪屿黄家渡游至厦门海关码头，游程700米，有54人参加，45人旅抵终点。1932—1948年，共举办了十次横渡厦鼓海峡、三次环游鼓浪屿岛（游程约七公里）、两次长途泅渡等游泳比赛。参赛人数最多的一次是在1934年9月29日举行的横渡厦鼓海峡，有104人参加，80人到达终点。第二年的8月3日，举行的横渡厦鼓海峡比赛活动，首次有19名儿童参加。

不仅是足球和游泳，凡西方近代体育竞赛项目，鼓浪屿几乎都举办过。英华、寻源、美华、养元、福民、毓德、怀仁、慈勤等男女中小学经常举办校运动会。早年被选拔参加全国运动会、远东运动会和奥运会的厦门运动员，如郑享绶、苏炳泰、李嘉和、陈嘉僖、余怀安、陈振兴、陈镇和等运动员，都是鼓浪屿寻源、英华、美华等校学生，其中余怀安于1923年参加在菲律宾举行的第七届远东运动会获跳高冠军，为中国田径队夺得唯一的一块金牌，返回厦门时，被市民戴上桂冠，拥上白马，像迎接新科状元似的"游街"，当他登上鼓浪屿进入寻源书院校门时，就被师生们托起，恍如归来的英雄，受到了热烈欢迎。

享誉国际的老一辈体育教育家马约翰便是从鼓浪屿走出来的体育运动杰出的人才。他小时候就读鼓浪屿福民小学，后考入上海圣约翰大学，一直是圣约翰大学体育队的主要成员。大学毕业后，应聘到清华学校（清华大学的前身）任教。1936年，担任中国参加在柏林举行的第11届世界奥林匹克运动会代表团总教练。新中国成立后，马约翰先后出任全国体育总会副主任、国家体委委员、全国体育总会主席。

曾经有过30多年"公共租界"历史的鼓浪屿，在20世纪的前半个世纪里，重视发展教育，培养了许许多多享誉国内外的各学科专家、学者。据有关人士提供的1986年、1987年不完整的调查材料，遍布于世界各地的鼓浪屿人当中，具有各学科博士学位的近200人。其中余青松、林巧稚、黄祯祥便是其中的佼佼者。

余青松少年时在归正教会的养元小学读书，1918年赴美国匹兹堡大学留学，获博士学位。他创造的光谱分类法被纳入国外天文学教科书中。1927年回国后，任厦门大学天文学系教授兼系主任，他对恒星光谱的研究在国际上居领先地位。随后，他主持创建了中国第一座拥有现代设备的南京紫金山天文台，后又主持兴建昆明凤凰山天文台。他出任中国天文学会会长，专门从事中国天文学的研究和发展，抗战胜利后出国访问、讲学，后在美国哈佛天文台工作。为了纪念和表彰他在天文学方面的成就，1987年12月22日，美国奥克里奇天文台以"余青松"命名新发现的一颗小行星。这是一位优秀的科学家，为世界的天文事业做出了很大的贡献。

下面这位女士，相信很多人都听到过她的名字，因为全国著名的一所医院——北京协和医院就跟她有关，她就是林巧稚。林巧稚1901年12月23日出生于鼓浪屿一个普通的教员家庭，幼年时期入鼓浪屿蒙学堂，后就读于鼓浪屿厦门女子师范学校，即高等女校。1921年考入北京协和医科大学，毕业后获医学学士学位及美国纽约州立大学博士学位，同时被聘为协和医院妇产科住院医师。后被选派赴英国伦敦医学院和曼彻斯特医学院、美国芝加哥医学院进修。她知识渊博，临床经验丰富，科研成果为美国医学界所瞩目，进修期满回国，成为协和医院第一位中国籍女科主任。20世纪30年代末，北京协和医院停办，她便开设了林巧稚诊疗所，收费很低，为贫穷的病人服务。协和医院复办后，她被聘为妇产科主任、教授，立志把毕生的精力无私地奉献给祖国的医疗科学事业。她一生未嫁，没有儿女绕膝，却是世界上最伟大的母亲，不仅亲手迎接了五万多个小生命，在弥留之际还不停喊着："拿产钳来，拿产钳……"于是，她被人们尊称为"万婴之母"。她医德高尚，医术精湛，是中国妇产科学的开拓者之一。她逝世后，鼓浪屿建造了名为"毓园"的林巧稚塑像和纪念馆。

同样毕业于北京协和医学院，获医学博士学位的黄祯祥，也在鼓浪屿度过了幼年和少年岁月。1941年赴美国普林斯顿洛克菲勒医学研究院进修，在美国哥伦比亚医科大学任教时，首创病毒体外培养法新技术，实现了病毒研究的一次技术大革命。他一生致力于病毒学方面的研究，他的乙型脑炎研究成果，在许多方面超过国外学者的水平。他第一个发现自然界存在不同毒力的乙脑病毒株、发病机理、变异规律等，对病毒学的发展做出卓越的贡献，先后被多种国外病毒学刊物聘任为国际编委。他逝世后，留下科学论文80多篇，成为医学界重要的文献研究资料。

三、多元文化交汇融合

2017年7月8日，鼓浪屿成为世界瞩目的焦点，因为中国世界文化遗产提名项目"鼓浪屿：历史国际社区"成功列入《世界遗产名录》，这是一件值得庆贺且令人感动的事件。东西方多元文化在这里碰撞、融合形成了一个具有历史见证的美丽小岛，这座美丽的小岛至今依然散发着它生机勃勃的活力，这也是世界遗产的核心价值所在。

被称为"浪漫之都""海上花园"的鼓浪屿，它的自然、人文景观别具一格，不仅显示着世界不同文化之间的交流，也反映着自身吸纳、包容的品质。鼓浪屿人文气息浓郁，它的音乐气质、文化品质在这里碰撞，不仅成为东西方文化交流的砥柱，还是鼓浪屿人文精神和文化传承的组成部分。

有"钢琴之岛"之称的鼓浪屿钟灵毓秀，具备着滋生音乐才华的天然条件。在古代，民间喜爱的是享有"御前清音"雅号的南曲和雅俗共赏的锦歌。19世纪中叶起，随着基督教的传播，近代西洋音乐开始涌入这座小岛上，与鼓浪屿优雅的自然、人文环境相融合，与中国传统的音乐相交流，还造就了鼓浪屿独特的音乐文化传统。特别是20世纪二三十年代，西洋音乐盛行，孕育了举世闻名的音乐人才。比如，有"中国第一个声乐女指挥"之称的周淑安、前上海声乐研究所所长林俊卿、钢琴演奏家殷承宗、小提琴演琴家许斐尼，以及李嘉禄、许斐星、许斐平、陈佐湟等一大批著名音乐家，使岛上人们的音乐素养得到提高。岛上人均钢琴拥有量为全国之冠，成就了"钢琴之岛"的雅称。近年来，鼓浪屿音乐节也成为岛上的一大亮点，充分显示了鼓浪屿"音乐之岛"的传统品质。

鼓浪屿的人文价值和文化遗产的特征还体现在它的名人文化上。它不仅拥有众多的历史文化名人，还拥有名人们的故居、遗址遗迹，如我国拼音文字的先驱卢赣章，他少年时参与基督教活动，受西方文化影响，放弃科举功业。后赴新加坡半工半读，专攻英文。再回厦门，便住鼓浪屿日光岩下，应英国传教士的聘请助译《英华字典》。由于他兼通英语华语，许多中外人士奉他为师。1892年，他创造出中国拼音文字的第一种方案——"中国切音新字"字母，撰写了中国拼音文字的第一本著作《一目了然初阶》。13年后的1905年，他又写成第二套汉语拼音方案《中国语音新字》，还专程送到北京请求推行，却未被采纳。在回厦门的途中，经过上海，便再次修订方案内容，以《中国字母北京切音教科书》书名出版，并制定官话、福州、泉州、漳州、厦门、广东等六种切音字方案。直到1913年，他参加教育部主持的读音统一会，会议决定采用注音字母。他回到厦门以后，又修订了原切音字母，改名为"国语字母"，于1915年出版《中国新字》，提出第三套汉语拼音方案。翌年又出版了《中华新字国语通俗教科书》和《中华新字漳泉语通俗教科书》。1920年，他接受了注音字母方案，设计了一套供拼写厦门、漳州、泉州方言用的国音字母，制成一套闽南国音——《闽南语注音字母、卢赣章中华新字字母、罗马字字母对照表》，被誉为"中华首创音字之元祖"，是一位非常了不起的语言学家。

无独有偶，毕业于上海圣约翰大学的周辨明，不仅是提倡汉语拼音的先驱之一，还是最早把国际音标运用到中国的英语教学中的人。他青少年时期生活在鼓浪屿，毕业后在清华大学任英文教师，后转到厦门大学，创建外国语言文学系，任第一任系主任。后留学海外，学贯中西，在汉语拼音化、方言语韵及汉字检索法等方面颇有造诣。

说到鼓浪屿的文化名人，不能不说被人们所熟知的著名作家、翻译家、学者林语堂。他十岁入鼓浪屿归正教会养元小学就读，后升入寻源书院学习。上海圣约翰大学毕业后，任教于清华大学。留学攻读文学、语言学。回国后任教于北京大学英文系，回到家乡，出任厦门大学文学系主任兼国学院总秘书。后来，在上海创办《论语》《人间世》《宇宙风》等杂志，提倡幽默闲适文学，并与宋庆龄、蔡元培、鲁迅、杨杏佛等人发起组织民权保障大同盟。20世纪30年代，到美国教书且致力于中西文化交流，并做出了积极的贡献。

鼓浪屿不仅记录着东西方文化交融曲折的发展历程，还真切地反映了激烈变革时代的历史。它的发展不仅见证了海外归来的闽南人民积极开展近现代化建设的风貌，更清楚地记录了西方人民初登海岛、传播西方文化的足迹。

比如，近代第一个到鼓浪屿的美国人雅裨理。他在1830年受美国归正教会的派遣来到中国。在广州与裨治文、马礼逊两名牧师一起工作，他精通中文，还曾在东南亚闽南籍华侨居住地学会闽南话。1842年2月，他前来鼓浪屿传教，是鸦片战争爆发后第一个进入鼓浪屿的美国人。说到这里，他和当年清廷的福建布政使徐继畬还有一段小故事。1843年9月，徐继畬在厦门兼办通商事务。1844年1月，徐继畬和英国第一任驻厦门领事纪里布见面，就是雅裨理给他担任的翻译。此后，徐继畬便多次向他请教世界各国的历史和地理，在厦门写了《瀛环志略》一书。在这本书中，徐继畬还写了一段赞扬美国首任总统华盛顿的话，后来，美国首都公园华盛顿纪念塔内竖立的一块中文纪念碑，刻的就是徐继畬在厦门写《瀛环志略》时的那段话。这个中文纪念碑，一直被认为是中美两国人民友好的见证，这也是雅裨理的贡献之一。

还有，被称为"中国摄影第一人"的林针，是近代第一个到美国的鼓浪屿人。他曾赴美国教授汉学，遍游美国南北各地。任满回国后，便写了著名的《西海纪游草》，记述他在美国的教学生活和见闻，首次向中国人民介绍中国亲历者眼中的美国。《西海纪游草》中，以大量篇幅介绍美国的教育，特别是科学技术，对美国的博古院（博物馆）、盲人院、养老院、报纸等，也有简略的记述。他还从美国买了一架"神镜"（即银版照相机）带回厦门。鼓浪屿日光岩东面巨石上那幅楷书"鹭江第一"摩崖石刻，就是他题写的。

同时，这片美丽的小岛上还记录了一个在鼓浪屿写书的美国人，他就是打马字，27岁被美国归正会派到厦门传教。他会讲厦门方言，了解闽南人的民情风俗。当时教育不普及，尤其是妇女绝大多数不识字，不能阅读《圣经》《圣诗》。他便和罗啻、宾为霖合作，创造了一套以23个拉丁字母连缀切音的厦门话白话字（又叫厦门话罗马字），几个星期就能掌握应用。他们还于1894年编纂出版简明易懂的《厦门音字典》，既有汉字读音，又有释义，这也是构成鼓浪屿独特文化的因素。

当然，在鼓浪屿这片宁静质朴、多元包容的文化沃土上，还记录着很多这样的人物和故事，这些人物和故事汇聚成了一条通往全球化的道路，它们各具特色又相互影响，成为鼓浪屿这座"海上花园"的一张张名片。

（原载《人民政协报》2017年7月17日第11版）

沧桑百年的厦门船坞

鸦片战争以前的中国，是一个主权完全独立的封建国家，但是从道光末年就呈现出江河日下之势，封建制度严重地阻碍着新的生产力的发展，统治腐朽，吏治败坏，海防空虚，军备废弛。长期实行的闭关锁国政策，又严重地阻碍了中国对外贸易和社会政治、经济的发展。1840年，英国对清政府发动了第一次鸦片战争。清政府在英国炮舰的威逼下，于1842年8月29日与英国签订了中国近代史上第一个丧权辱国的不平等条约——中英《南京条约》，开放广州、厦门、福州、宁波、上海为通商口岸。英国在中国的进出口货物关税，须由中国与英国共同议定。从此，中国逐渐沦为半殖民地、半封建社会。

五口通商开辟后，福建的福州和厦门作为被迫开放的对外贸易港口，开始有大量外国商品输入，并长期在对外贸易上成为入超商港。太平天国运动爆发后，太平军进军长江沿岸，以崇安为中心的福建山区通往九江的内陆商路阻塞，茶贩们陆路裹足不前。1854年，福州开禁海上茶市。随后，由厦门输出的茶叶、糖类、纸张等开始逐年增加，进出福、厦两口岸的外国商船数量也骤然猛增。为了满足为数较多的船只维修的需要，一些外商选择在厦门直接投资设立修船工厂，加紧对中国的经济掠夺与劳力资源的榨取。1859年2月12日，在华出版的英文报纸《北华捷报》第二版刊载了一篇关于厦门船坞有限公司开业的《厦门船坞启事》。

这家公司的建立早于1866年左宗棠在福州马尾成立的福建船政局八年，是鸦片战争后西方国家在福建建立的首家工厂，英国人马丁在文章中称："这是中国机器工业之第一株幼苗。"由英国人在厦门设立的这家厦门船坞有限公司，厦门本地人称之为"大船坞"。

咸丰九年（1859），厦门船坞公司开业，起先只经营帆船和小汽轮的修理以及销售造船材料业务。公司最初在厦门的英国租借地海后滩附近海滨浅滩草创两处勘验船底的设备，并在鹭江畔北侧兴建一座300尺长、60尺宽的花岗石干船坞，修理不超过300米长的船只。英国人魏尔特主编的《二十世纪香港上海及中国其他商埠志》有这样的记载，厦门新船坞公司的船坞虽然建于1858年，然而公司直到1892年才以67500美元的资金在香港注册登记，"该公司主要经营船舶、机械、动力机器、船体、锅炉的建设以及铜铁铸造等业务。公司拥有一个极好的花岗岩干船坞，能修造长度为310米的船只。船坞里还设有金工车间、铸造车间、锅炉房、锻工车间、木工房，这些车间都装配着先进的设备。在防波堤上安装了一台20吨的起重机，用于装卸重物，车间内常用机器有能轧制18.5米金属板的机床，能冲剪1.25英寸金属板的冲床以及加工大尾轴的镟床，铸造车间能制造5吨的铸件。该公司拥有200名优秀工匠。"

由于厦门的潮水涨落差很大，潮水涨落平均为4.4米，满潮超过4.9米，因此船坞的建造与使用就特别方便。

1863年，外商又在厦门建成另一家修造船只的白拉梅船坞。

虽然清政府与英国签订的《江宁条约》有"因大英商船远路涉洋，往往有损坏须修补者，自应给予沿海一处，以便修船及看守所用物料"的内容，并为此割让香港作为修船之处，但条件并没允许英国在香港以外的地方设厂修造船舶，可见英商在厦设立船坞，完全是侵犯中国主权，损害中国权益的行为。但是因为清政府官吏的腐败无能，根本不知其中的利害关系，对英商的违约行为不闻不问，任其所为。

1864年，英国人加斯出任厦门船坞公司经理。为了和上海、香港地区的船坞竞争，同治六年（1867），船坞公司兼并了白拉梅船坞。当年9月间，公司在鼓浪屿内厝澳动工新建第一座船坞。在鼓浪屿新建的船坞，与上海、香港的船厂相比，规模比较小，但是其设备"能应付进出厦门各种船只修理的需要"。

同治六年（1867），该船坞还建造一艘小型汽机拖船，并航行于厦鼓海峡之间，其吨位虽小，但比马尾船厂首次制成的"万年清"号轮船（排水量1450吨）则早了三年。在国内，当时这已是颇为轰动的事件。

自1862年至1867年，厦门船坞公司共修理木壳帆船328只，因生意很好，从而着手扩充设备。接着，公司开始制造小轮船在厦门港内航行，和本地的小舢板争抢生意。公司还参照外国先进的轮船制造技术制造小轮船，不仅能适用于厦门内港和邻近乡镇之间的航行，还能够进行较短距离的远洋航行。1868年7月，英国莱克公司在上海购得一艘取名"飞云"号的小轮船，重量为28吨，就是1866年到1867年间厦门制造的。这艘轮船悬挂英国国旗，开赴日本长崎。

厦门船坞公司的生意，好坏取决于两个因素，一是依靠进出厦门船只的多寡和附近海面船只损伤而需要机器修理的情形。另一个是依靠自身设备充足的船坞工厂的价值，在于能够适应中国东海岸的这种需要。因为1868年发生了几次船舶灾难，所以厦门船坞公司的生意比1867年要好。与此同时，厦门船坞公司仍继续经营造船材料的销售。例如同治七年（1868）12月，清政府的船政大臣沈葆祯，就曾派员到厦门船坞公司购置"曲木四十一片，直木一百二十九根"。

航运的发展总是推动着修造船业的发展，而修造船业的发展又增强了港口的功能。一个港口的繁荣兴旺，很大程度上取决于船坞的工作效率及维修能力。经过 100 多年的风雨沧桑，这两处造船船坞在中华人民共和国成立后成为今日厦门造船厂的前身。尽管厦门新船坞公司不是清政府的官办企业，与洋务运动也没有关系，但它是当时中国国内最早的具有近代先进技术造船厂的这个史实，却是毋庸置疑的。

（原载《丝路帆影》，厦门市人民政府新闻办公室主编，海峡出版发行集团鹭江出版社，2017 年 8 月）

台湾史研究

台湾自古是中国领土笺证

自古以来，台湾就是我国神圣领土不可分割的一部分，但是美帝国主义者为了混淆是非，掩饰它对我国领土台湾的侵略罪行，曾经不止一次地故意歪曲台湾是中国神圣领土这一历史事实，甚至在第五届联合国大会上提出所谓"台湾问题"，无耻地要求联合国大会考虑台湾的归属问题，可是铁一般的历史事实是最有力的见证，它绝非任何帝国主义者所能抹杀或改变的。因此，美帝国主义者只好狗急跳墙，采取公然的武装侵略。

台湾是我国东南海上的一个大岛，与东南沿海各省仅一水之隔，最短的距离，由福建平潭到台湾新竹只有73哩（约117公里）。

中国人最早到台湾的年代，有些史籍上的记载说是在三国年间[①]，而因古今地名名称不同，尚待考证，我们也就不以此为据。确有文献足资稽考的，则始自隋代，隋代称台湾为"琉球"[②]，隋炀帝时，曾派大将经略台湾，《隋书琉球列传》载："琉球国居海岛之中，当建安郡（今福建省）东，水行五日而至。""大业三年（607），炀帝遣虎贲将陈稜，朝镇大夫张镇州，率兵自义安（今潮州）浮海至高华屿，又东行二日至句鼊屿，又一日便至琉球。"关于这一段史实，还有《续修台湾府志》和《福建通志》的记载可作亲证。《续修台湾府志》云："隋开皇中遣虎贲将陈稜略澎湖卅六岛。"《福建通志》的《海防考》也载称："隋开皇中遣虎贲将陈稜略澎湖地，其岛屿迄立巨浸中，环岛三十有六如排衙"[据连横《台湾通史考证》，陈稜拜虎贲中郎将，事在隋大业三年（607）]。由此证明，我国先民早在美国独立之前的1176年，就已经略台湾了。

元和元年（806），有进士施肩吾（汾水人）率领其族人开垦于澎湖，曾著有咏澎湖的诗篇。五代十国以至宋元，国内战争频繁，徭役苛重，沿海各地人民渡海到台湾避乱的逐年增加，因此，元代至元廿年，我国就在澎湖设置巡检司，隶福建泉州同安辖治。

当时"澎湖岛分卅六，巨细相间，坡垄相望。乃有七澳居其间，各得其名，自泉州顺风二昼夜可至，有草无木，土瘠不宜禾稻，泉州人结茅为屋居之"。[③]

几百年来，由于我们的先民从祖国大陆上带去进步的耕作方式和辛勤劳动，才使台湾这块原始荒芜的岛屿成为耕地，由本来不宜种米谷的瘠土变成今天盛产稻禾的沃野良田。

洪武五年（1372），曾命信国公汤和驻兵台湾，因倭寇时常到沿海侵扰，乃议迁徙居民于漳泉。嘉靖年间，置澎湖巡检司。其时倭寇对我国沿海侵扰更形猖獗，都督俞大猷出兵击败倭寇后，驻大兵于澎台，防备倭寇再犯。从那时起，台湾就成为我国的国防前线。万历二十年（1592）日本丰臣秀吉侵略朝鲜，我国出兵援助，也曾派兵驻守澎台，防备日寇进犯东南沿海。

十六世纪，葡萄牙人航海经过台湾海峡，遥见台湾林木苍郁，山水秀丽，因称台湾为"美丽之岛"。那时葡萄牙与西班牙已萌芽资本主义，开始在东方争夺殖民地，嘉靖三十六年（1557），葡萄牙窃据我国的澳门为其殖民地，西班牙也占据了吕宋岛，后来荷兰脱离西班牙独立，也参加东方殖民地争夺战，荷兰占取爪哇做根据地后，就动了侵略我国澎湖的念头。

天启二年（1622），17艘荷舰至澎湖，掠夺我国渔船600艘，并强抓我国人民1500人为其筑城，图久占据。被抓去的我国人民遭受荷兵残酷虐待，每日仅给米半斤，1500人中，不久就饿死了1300人。④城筑成后，没死的我国人民，又被强运到巴达维亚（雅加达）卖做奴隶。从澎湖登船时有278人，到达巴达维亚时仅存137人，其余的人都因中途被虐待或生病不救致死。⑤这是外国侵略者侵略我国台湾所欠下的第一笔血债。

天启三年（1623）6月，明廷派巡抚南居易等率兵收复澎湖，战八月，荷兵大败，荷将高文律以下将官12人都做了俘虏。本来，明廷军队是完全可以把荷兰侵略者驱逐出去的，但因当时居住台湾的正是明廷所认为的"叛贼"颜思齐（漳州人）、郑芝龙（郑成功之父，泉州南安石井镇人），昏聩的明朝统治者以台湾不服朝廷统治，想借外人之力压服颜、郑，因而允许荷兰和议。天启四年（1624），和议达成，战败的荷兰反而得以进据台湾南部的一部分。这是我国领土台湾第一次为外国侵略者所占据。

天启六年（1626），西班牙追随荷兰之后侵入台湾，是年5月，西班牙从吕宋岛出兵登陆鸡笼港（基隆）。1628年西班牙在淡水筑城，设官驻守。西班牙占领台湾北部，妨碍到荷兰的利益，因而荷兰于1641年自南部出兵攻西班牙，到翌年9月，荷兰得胜，西班牙逃回吕宋岛。西班牙占领台湾北部的一部分，计16年。

荷兰占领台湾时期，用"结首制度"（类似过去的保甲制度）统治我国人民，规定七岁以上的中国人民要纳人头税，又强迫我国人民为其开发富源，把我国人民当农奴看待。我国人民不堪压迫，曾经不断进行反抗。永历六年（1652）9月，郭怀一领导人民进攻荷兰总督驻在此地的赤嵌城，当地的少数民族也参加这次起义。起义经过三个月被荷兰的武装镇压下去，各地汉族人民被杀死 4000 多人，少数民族人民也被杀死 1000 多人。荷兰侵略者屠杀我国人民的暴行传到大陆后，全国人民深为痛愤，永历十六年（1662），郑成功由厦门出师收复台湾，把占据台湾 38 年的荷兰侵略者驱逐离台。

由于明朝统治者的苛重剥削，泉漳一带人民受不了封建朝廷的压迫，陆续迁居台湾，天启四年（1624），颜思齐、郑芝龙因反抗暴政，杀死官吏，就率众渡台湾，聚居北港，开荒垦殖，兴建家园。越年颜思齐病死，众推郑芝龙做首领。后来，芝龙受明廷招抚，积官至提督，时适福建大旱，芝龙建议巡抚熊文灿，移漳泉饥民数万人到台湾开荒，自是漳泉人民来台的日益众多。

满清入关后，郑成功不甘事奉异族，据金门、厦门为基地，奉明正朔，兴兵抗清，永历十四年（1660）率兵北伐，进攻南京。越年失败，回师返厦，以金、厦弹丸小岛，不足以谋大举，乃决定收复台湾作为反清复明根据地。

永历十五年（1661）农历三月初一，成功留世子经镇守厦门，亲率兵士 2.5 万人攻台湾，三月初四平澎湖，三月初八由澎湖入台江，攻制赤嵌城，初次出击，即将迎战的荷兰兵打败，四月廿三日成功致函荷兰总督科业特声明要"复先人故土"，劝其投降。科业特覆书拒降，但却派使见成功，"愿年输饷"，成功不许⑥。筑长围封锁赤崁城，断其水粮，"岛上汉人闻讯，四起云集，以迎郑师，近社土著（少数民族）亦俱来附。"⑦荷军由巴达维亚派船十艘载兵来援，也被成功击退。

成功围困赤嵌城九个月，毙荷兵 1600 余人，科业特终于俯首投降，永历十五年农历十二月十三日（1662 年 2 月 1 日），荷兰总督率领残兵败将退去。

成功收复台湾后，整顿吏治，奖励农业。清廷为防止沿海人民与成功互通声气，反清复明，强把福建、广东沿海人民移居内地，以断绝接济郑成功，沿海人民不愿从清，纷纷渡海到台湾，从此台湾越发繁盛。

永历十六年（1662），郑成功病逝，由长子郑经继承治理台湾，1681 年郑经病逝，内部为夺嗣位发生纷争，本来郑经把继承权交与长子克臧，次子克爽（臧爽土旁以下同）借口克臧是庶出的，不能继承，就谋杀克臧而自立。清廷趁郑家内争，命福建水师提督施琅进攻克爽，康熙廿二年（1683），克爽向清廷投降，清收回台湾，隶福建省统辖，光绪十一年（1885），清廷改建台湾为行省。

清廷自 1683 年统治台湾起到 1895 年将台湾割让日本时止的 200 多年间，由于实行残酷统治，引起台湾同胞大小 30 多次的反清运动，其中以朱一贵、林爽文所领导的两次规模最大。旧史籍记载当时的情况，说是"三年一小叛，五年一大乱"。也就可以看出台湾同胞反抗残暴统治的英勇了。

在此期间，1854 年，美国海军统领皮雷，就曾向美国政府建议占领台湾作为海军根据地，1868 年美国政府又借口"罗佛号事件"，命令水师提督拜耳率海军陆战队进攻台湾,企图以军事力量占领台湾,但结果惨遭失败。1873年有琉球商船漂至台湾,船员被当地少数民族杀死,日本借口向清廷交涉,美国就在背后怂恿日本动武,1874年与日本联合出兵进攻台湾。这一次美国侵台的军队是由其前任驻厦门领事李仙得率领的,因为当地人民的猛烈反抗,美日侵略者感到情势不利,不敢恋战,美国政府乃急命驻天津副领事毕得格出面"调停",迫使清廷订立"台事专约三款",赔偿50万两了事。[8]

甲午中日战争后,清廷与日本签订《马关条约》,把台湾割让给日本。当台湾同胞听到要把台湾割给日本的消息,非常悲愤,曾请巡抚唐景崧代奏清廷,"愿抗战不愿割让",绅士丘逢甲、林朝栋等看到人民抗敌情绪高涨,就倡议成立"台湾共和国",以清廷的巡抚唐景崧做总统,丘逢甲做副总统。但是这批官僚士绅并没有抗敌的决心,日兵遂从基隆登陆,唐景崧就乘英国商船逃往厦门,不久,丘逢甲、林朝栋也内渡。日军攻陷基隆港后,不知台北民军力量的虚实,未敢冒进,6月8日,美国新闻记者达菲德逊(后来任美国驻台领事,著有《台湾之今昔》一书),与英国人汤姆逊、德国人奥利[8],率带台奸辜显荣(鹿港人)为日军引路,欢迎日军。日军乃于8日入台北。14日,日本首任台湾总督桦山资纪至台北。17日日本侵略者在台举行"始政式",台湾人民却把这一日子称为"死政日"。

日军进占台湾北部后,刘永福驻台南的黑旗军在人民的要求与支持下坚决抗战,给予进犯台南的日军沉重的打击,坚持近半年,粮尽援绝,永福逃往厦门,台湾南部才为日军占领。日军登台湾"其恶战苦斗的事实却超过想象以外,日军保卫师团长(陆军中将)北白川宫能久亲王以下的将卒也伤亡不少"[9]。

1895年11月下旬,日军宣布"全台平定"。回答日本侵略者的"平定"的是全台湾同胞的猛烈反抗,12月林大北围攻宜兰城,越年元旦,陈秋菊、胡阿锦袭击台北,各地人民群起响应,占领村庄,包围城市,攻击日军,弄得日军寝食不安,急由日本抽调大军前来支援。"一位日本官员这样描写当时情形,'只要我们的军队一经打败,四周乡村的居民无论老少便都变成我们的敌人,甚至连年青的女人也武装起来,加入民军大喊杀敌'"。[10]日本侵略者也自己供认:"台湾归入日本版图以来,自桦山资纪……传至现今的总督田健治郎已有三十年了。……统治上一切都归失败。""统治台湾最感困难的……是镇定'不良土民'(指台湾同胞),与'理蕃事业'(指统治台湾的少数民族)。镇定'土民'是日本占领台湾后最感困苦的事情,曾经有一个时期因为此事而倾注全力,以致总督府无暇顾及民政。"[11]在日本占领台湾后的50年间,台湾同胞为了不愿当亡国奴,前仆后继,接连不断地进行顽强的抗日斗争,其可歌可泣的英勇事迹极多,本文因篇幅关系,只好从简。

日本自1895年占领台湾到1945年为我国收复,前后统治台湾50年。50年间,日本侵略者为了要达到永世占领台湾，变台湾为他属国的迷梦，曾经使用各种强迫手段，实行奴化教育，为了使后世的台湾同胞忘记祖先的来历，日本侵略者将台湾同胞所奉祀的祖宗神主牌强贴上"皇恩"两字，而且强制台湾同胞的姓改成日本人的姓，对于"改风俗易习惯，日寇也不遗余力"。"语言方面，日寇也加以强制，在校学生一律用日语，若偶尔夹进几句闽南语，则加以无理殴打。"[12]尽管如此，台湾同胞却永远不能忘怀于祖国，迄今台湾同胞还保持着祖国的语言风俗习惯。

1945年日本投降，依照开罗宣言和的波茨坦公告，台湾由我国收回，台湾重归我国版图。"王师北定中原日，家祭勿忘告乃翁"，我国接收台湾的那一天，台湾同胞欣喜若狂，"全台湾的同胞家家户户点燃香独举行家祭"，[13]祷告祖先，台湾已回归祖国的怀抱。

由于接收台湾的国民党反动派的残暴统治，带给台湾同胞仍然是严重的痛苦和灾难，台湾同胞为争取自由解放，几年来与国民党反动派进行各种各样的斗争，1947年就曾爆发过有名的"二二八"运动。1949年，蒋介石残余集团被中国人民赶出大陆逃到台湾以后，接着是美帝国主义者公开的武装侵略，700万处于水深火热中的台湾人民在美蒋反动派的双重压榨下，无时无刻不在盼望着祖国解放大军的降临，早日把他们从美蒋残酷统治中解放出来。

台湾是中国领土的历史事实不容歪曲。美帝国主义者企图占领台湾作为侵略中国并进一步侵略亚洲的基地，造成世界紧张局势的阴谋绝对不能让其实现。中国人民一定要彻底消灭蒋介石卖国集团，把酷爱战争的美帝国主义者从中国神圣的领土上清除出去！

注释：

①《三国志·吴志》载："黄龙（孙权年号）二年（230）正月，孙权遣将军卫温诸葛直率将士万人，浮海求夷亶州，但结果仅到夷州……"有谓说夷州即今台湾，周荫棠《台湾郡县建置志》、王松龄《台湾开辟小史》等主张此说。

②琉球是台湾的古名，不但是我国史家所证实，法国学者Hervey de Saint Denys和日本学者和田清氏的考证，亦谓随之琉球即今台湾。

③汪大渊：《岛夷志略》，转引自李震明编著《台湾史》。

④*Ben the Eantern Sea*, 1875，转引同上。

⑤Riess: *Gaschichte der Insel Formosa*, 1879，转引同上。

⑥⑦伍远资：《郑成功开拓台湾史略》。

⑧刘大年:《一八七四年美国与日本合作进攻台湾的经过》,载《新建设》,第五卷,第三期。

⑨⑪(日)大丰监雄,刘涅夫(译):《日本殖民史》。

⑩《日寇统治下的台湾》,原载《太平洋季刊》,王清彬译载于《台湾研究季刊》创作号。

⑫石沧夷:《日寇在台湾的黑暗统治》,载福建新闻副刊《热流》特辑第二号。

⑬张帆编:《新生的台湾》。

(原载印尼雅加达《新报半月刊》,原标题为《台湾是中国领土的历史事实不容歪曲》,1954年10月16日)

郑成功收复台湾的经过

一

中国人民永远以崇高的敬意，纪念着我国明末民族英雄郑成功第一次领导我国人民武装力量从外国侵略者的手中收复台湾的光辉事迹。

台湾，它自古以来就是中国的神圣领土。在台湾全岛范围内和澎湖良文港，曾前后发现中国新石器晚期的"仰韶文化"（彩陶文化）和"龙山文化"（黑陶文化）的遗物。这证明，早在公元前20世纪前后，台湾就已在文化上和祖国大陆密不可分。①吴大帝黄龙二年（250）时，祖国和台湾也有交通往还，史称其地为"夷州"。②在台湾也曾发现过三国时代的指掌型的古砖。③自隋至元，台湾名为"琉球""流球""留仇"及"流虬"。隋炀帝曾两次派遣羽骑尉朱宽、虎贲郎将陈稜深入"琉球"联系④。宋时，台湾澎湖列岛隶属福建泉州府晋江县。元时我国更在台湾设立巡检司，把台湾正式列入版图。明初始称现在的琉球（冲绳列岛）为"大琉球"，把台湾称为"小琉球"。明朝德宗、宣宗年间改称为"台员"。万历二十七年（1599）才名为"台湾"。明朝继承元制，仍在台湾设立地方政府（巡检司），并派军驻防它的前哨基地澎湖列岛。从南宋以至明末，福建、广东沿海人民纷纷移居台湾，构成了台湾居民的主要部分。天启七年（1627），福建大旱，沿海饥民迁移台湾"芟舍开垦荒土"的也达数万。⑤台湾的某些地区在明末虽然一度沦于荷兰侵略者之手，但终被郑成功领导义勇军民收复回来，郑氏在台历25年，传国四代。闽、粤人民迁入台湾的更是"如水赴壑"，仅厦门一地就有57,000余人⑥，清政府又将台湾正式改为行省。台湾自古以来就是中国神圣领土不可分割的一部分，台湾人民从来就是中国的人民，正如太阳和星星从来就镶嵌在蓝天一样，是无可辩驳的历史事实。

二

17世纪初叶,荷兰是欧洲一个新兴的殖民主义国家,为了扩大国际贸易,组织了一个庞大的侵略机构——荷兰联合东印度公司⑦,不断派出配备武装的远洋队,四出掠夺殖民地。它先后侵占了非洲好望角、印度的锡兰、马来半岛的马六甲、印尼群岛的雅加达(占领后改名为"巴达维亚")、安汶、班达和日本的长崎等许多土地,气焰不可一世。就在17世纪初叶,它的侵略刀锋也指向我国的领土来了。

荷兰侵略者先是在万历三十二年(1604)和天启二年(1622)两次侵占澎湖,役使澎湖劳动人民在岛上替他们建设城寨,被虐待饿死的达1300人,还有170人最后被强掳到爪哇卖充奴隶。天启四年(1624)荷兰侵略者被明朝总兵俞咨皋(民族英雄俞大猷之子)带领武装逐离澎湖,转而侵占了台湾南部的一些地区。1642年,他们又从西班牙侵略者手中转占了台湾北部的一些地区。

荷兰侵略者侵入台湾以后,由东印度公司派遣领事进行统治,并从荷兰调来战舰、炮艇,企图永远把台湾夺作殖民地。他们在安平县外围一鲲鯓岛上建筑了赤嵌城(又称"热兰遮城"),"城垣叠砖凡3层,雉堞俱钉以铁,广277丈6尺,高3丈有奇。瞭亭螺梯,风动机井,鬼工奇绝"⑧。"东畔四隅置炮二十,南北置炮十,皆重千斤。外城倚城有一楼,亦置炮数尊"⑨。以后又在今台南市镇北坊建赤嵌楼,又称"王楼"。在台北则扩建了西班牙人旧筑在淡水和鸡笼的城堡,"皆石磊火煅,融结如天城"⑩。"弯环处皆有炮台、设巨炮以守"⑪。除此而外,"又有土城数十处"⑫。所有这些城寨和炮台,都是掠夺我国渔舟载运土石并迫民助筑,他们就用台湾人民——包括汉族人民和少数人民的血汗、冷泪来拌和着泥土,建设了他们的军事基地。

荷兰侵略者对台湾物产资源也极尽其残酷掠夺之能事,他们每年搜刮米粮出口达十万盾,糖达15万盾;羽毛齿革之类也达数万盾。另一方面又横征暴敛,他们课收所谓"人头税",每丁每年四盾,权估税的岁收则达十余万盾。此外还有工商税、山林税、渔盐税、矿物税以及其他种种苛捐杂税,即使是买卖花或是豢养猪、马、羊之类的牲畜,也非缴纳"花捐"或"六畜税"不可。他们把台湾当日的可耕土地全部夺作"王田王园",向农民进行着农奴式的剥削。⑬他们这样贪欲无厌的榨取,使台湾人民的经济生活陷在极端的苦痛中。

荷兰侵略者对台湾人民,除了压迫、奴役和剥削而外,并在新港等所谓"土社"的少数民族地区设立教堂和学校,派遣牧师宣传耶稣教,强迫少数民族人民学习《新旧约》《耶教问答》《摩西十诫》和荷语荷文,来实行其文化宗教侵略政策。同时使用阴谋诡计,制造民族分裂。像"贌社之税"就是一个典型的事例。他们把每季要征收少数民族人民的"社饷",以"招标"的办法包给汉族商人前去索取,使少数民族人民和汉族人民之间有时产生隔阂。

尽管荷兰侵略者在侵略区内竭力巩固其暴虐的殖民统治，但热爱祖国的台湾人民，不断以英勇的反抗行动来回答敌人。最大规模的一次是永历六年（1652）9月在安平爆发的以郭怀一为首的起义斗争，战事持续三天三夜，结果遭到敌人的残酷镇压而归于失败，被屠杀的起义人民约4000人以上。荷兰侵略者从此在台湾更加紧其血腥统治，动辄派出武装进行户口突击检查，抓人杀人。永历十四年（1660），郑成功打算进军收复台湾的风声传出后，荷兰侵略者便长期戒严，增强军备，多次逮捕汉族商人为质。凡是他们认为有"通郑"嫌疑的人，有的立被杀害，有的被投进了监狱，日夜拷打，不少人惨死在刑杖下。⑭恐怖气氛笼罩全岛，使台湾成为黑暗无边的人间地狱！

荷兰侵略者还把台湾作为侵略基地，多次向福建沿海的泉州、漳州、厦门和金门发动疯狂进攻。

三

祖国人民对荷兰侵略者悍然侵入台湾扩张侵略的狂妄行为同感愤慨，收复台湾、击逐敌人出境是大家的衷心愿望。坚决完成这一艰巨而光荣的神圣任务的，就是我们永远热烈敬爱的民族英雄郑成功及其领导的东南沿海人民起义军。

郑成功名森，别字大木，他由明朝的隆武帝赐国姓"朱"，永历帝封他为延平郡王。在他青年时代，清政府已夺取了北京、南京两都和黄河、长江流域的大部疆土。这时明朝的永历帝朱由榔播迁广西一隅，全国只有西南各地以李定国的大西军、李赤心的大顺军为主干的农民起义军还在坚持抗战。他激于爱国义愤，就从家乡福建省南安县石井村进入广东南澳组织人民武装，不久便以厦门、金门两岛作为根据地，轰轰烈烈地展开了抗清的民族斗争。他领导的起义军都是福建、广东、江苏、浙江爱国人民的最优秀的子弟，在抗战中不断壮大，在闽、粤战场上屡次使清军遭到惨重打击。永历十三年（1659）大举北伐，克复了长江下游的20余县，攻入镇江，进围南京。后来虽然因为延迟攻城，致被敌人调集援军击败，退守老根据地金门、厦门两岛，但清政府仍然畏惮他们的正义威力，不敢妄犯。当日祖国人民也把收复台湾的热切希望，完全寄托在他们身上。

台湾处在我国南北海上交通要道上，又是我国东南沿海的国防重镇。郑成功早已蓄志收复，以便把台湾同胞从水深火热中拯救出来，并使抗清根据地得到扩大和巩固。只因连年都集中全力在回击那来自塞外的敌人，迟迟未果。荷兰侵略者听到消息后，虽然一面增强军备，大事演习，虚张声势，但另一面却不免深感不安起来。因此，在郑成功从南京回师厦门时，在台湾的荷兰侵略者就马上派出代表和中国通译何廷斌前来"修好"和"议贡"。[15]何廷斌是一位可敬的爱国主义者，他向郑成功表达了台湾同胞被奴役、被迫害的痛苦和渴望投回祖国怀抱的心情[16]，并密献台湾地图，竭力主张把台湾收复回来。郑成功经过一番计划后，就决定先进军收复台湾，然后再光复中原失地。

永历十五年（1661）1月，郑成功在厦门召集文武部属讨论进军台湾问题。咨议参军陈永华、建威伯马信、协理五军戎政杨朝栋都认为这是一场正义的、光荣的爱国行动，一致主张速麾义旗，决不可再容荷兰霸占祖国的锦绣河山，辜负了人民的爱国愿望。但也有个别将领如宣毅后镇吴豪，认为敌人的战舰、炮艇密布台海，炮台林立，战斗实力雄厚，而且鹿耳门港路险恶，水浅难渡，进攻终必"徒费其力"。这种把敌人估计过高的错误看法，立被马信加以纠正。马信指出：蜀有高山峻岭，尚可攀藤而上，捲毡而下；吴有铁缆横江，尚可用火烧断。我们有收复台湾的决心和钢铁般的战斗意志，敌人虽然布置周密，炮火厉害，也是可以把它击败的。[17]广大文武部属都赞同马信的正确意见，收复台湾受到与会者的支持和拥护。郑成功随即传令大修船只，各船俱驾到金门料罗，准备收复台湾！

四

永历十五年农历三月廿三（1661年4月21日），金门料罗海上舳舰相接，旌旗蔽空，锣鼓震天。郑成功发布了进军令，亲自率领包括战船百余艘、将领百余员、水陆战士25,000千人的第一批讨伐大军，直捣台湾！

暮春三月，这是飓风降临台湾海峡的季节。当讨伐军在农历三月三十的晚上从澎湖峙内澳正要开赴台湾鹿耳门港口时，咆哮的风暴突然挟着骤雨而来，浓雾在四周布下黑暗的帷幔，台、澎海道惊涛鼎沸，怒浪排空，险恶万分。管理中军船的将领蔡冀、陈广提议暂缓出征，但郑成功却坚定地下令："开船！"他斩钉截铁地说："冰坚可渡！"这也就是说，即使大海结成了冰，也要强渡过去，讨伐军收复台湾的坚强意志绝不是狂风骇涛所可阻挠的。这表现了中华民族何等可歌可赞的英雄气概啊！在当日，台湾的鹿耳门又是一道有名的"铁板关"，它既"水浅"，港路"纡折难入"[18]，而且"海底皆铁板沙线，舟触沙线立碎"。[19]四月初一日黎明，潮水适涨数尺[20]，大小战船鱼贯毕入。讨伐军这种克服一切严重困难和障碍、横渡台湾海峡的英勇行动，使荷兰侵略者大为吃惊，竟至诧为"兵自天降"[21]。他们慌乱地发射出企图拦阻讨伐军靠岸的猛烈炮火，鹿耳门登时变成了一座硝烟弥漫的雾海，讨伐军奋勇冲击，终于神速地穿过了敌人遍布的炮台和严密的火网，全部在禾寮港登陆扎营。

农历四月初二早上，赤嵌城的荷兰守将毛兰实汀指挥着敌军出来冲杀，赤嵌城边烟火冲天。在讨伐军的奋勇痛击下,敌军死伤过半,残部狼狈遁入城中,荷兰殖民长官揆一在初三派遣大将军巴葵亚带队袭击讨伐军的前沿阵地——北线尾,讨伐军又以锋锐无比的战斗再一次取得了巨大的胜利,击毙了巴葵亚,歼灭了几乎全部的来犯的敌军。人民讨伐军显示的强大威力,使荷兰侵略者慌成一团。毛兰实汀初四就势蹙力穷而献城投降,受到了宽大待遇,郑成功令他协同守卫原城及劝说揆一献还台湾,争取立功赎罪。揆一也在初五连忙从王楼派遣代表及中国通译胡兴前来议和,居然想以致送"劳师银10万两",并"年年照例贡纳白银若干万及土产货物"[22]的条件,要求郑成功停火退兵。实际上,这也就是"等于要中国人民同意他们无限期地霸占台湾。荷兰侵略者这种"停火"的荒谬和议,郑成功断然加以拒绝。他以"劝降书"致揆一,义正词严地指出,台湾是中国的土地,中国人收回台湾是天经地义的事情。他在书中明告敌人必须撤出一切武装力量,把台湾归还中国。保证"严饬将士",一任荷兰军队和住民离境。最后,他坚决地表示,中国人民讨伐军不达到收复自己的神圣领土的正义目的,绝不停止战斗。

敌人虽然陆战部队遭受痛歼,失却战斗力量,但他们自恃在台湾还有着优势的海军舰队,因此妄图顽抗到底。郑成功"劝降书"送达的翌日,揆一便做出了战斗挑衅,在王楼上升起红旗来了。郑成功于是向宣毅前镇陈广、左虎卫陈冲所部的水师下令:立即对安平港外的荷兰舰队发动攻击!英勇的水师们驾着战船,第一次和敌人的所谓"铁"的舰队展开了激烈的战斗。安平港外炮声震天,炮弹在舰船的周围爆炸激起无数巨大的水柱。庞大到"长56丈,广6丈"的敌舰,遇到浅水便转动困难,讨伐军的平底的战船虽小,但在浅水中也能灵活作战。他们以连环炮准确和迅速地向敌军舰艇进行猛轰,一只炮艇旋被击沉,一只在浅水中疯狂发射着"2丈巨铁炮"的敌舰,火药库房也中弹而炽烈地燃烧起来,浓烟几乎淹没了整个安平港的上空,不久它便被熊熊的大火所吞没了。敌军的其他舰艇,一边继续慌张地发炮作为掩护,一边就纷纷曳尾向远海逃遁。荷兰侵略者一向自夸为"铁"的王家舰队,在讨伐军的坚决搏击下,终于失败了。[23]

揆一一面派遣炮艇驰往爪哇巴达维亚请求援兵,一面毁台南市街,以枪杆、刺刀把青壮年男子驱入王楼集中起来,强迫他们补充炮灰。讨伐军在夺取王楼的战役中,虽因敌人的炮火猛烈而不能迅速攻克,建威伯马信光荣负伤,还有一些战士为了祖国献出了生命,但也给予敌人以"伤亡累累"的重大打击。王楼的弹痕恍如蜂巢一般,并击毁了敌楼上的一座炮台。农历七月的一天,敌将比德尔上尉曾经一次带领了所谓"义勇队二百人从楼中突围出来",妄想"破阵解围",讨伐军就如摧枯拉朽一样,把敌军杀伤到"生还的只80人"。[24]农历八月间,揆一尽出其台南的残余陆军和安平港的残余舰队,配合着爪哇敌将嘉禹率领前来增援的700海军和10艘舰艇大举反攻。这时郑成功命令黄安、刘俊、胡靖、颜望忠等部将统率的我国人民第二批讨伐军，包括六镇的战士和20艘的战船，也早已从金、厦两岛开抵台湾，战斗力量比之前大大增强。敌人虽然倾巢来犯，鏖战竟日，结果仍受痛歼，讨伐军击毙、杀伤和俘虏了480名敌军，并夺获了敌舰两艘和炮艇三艘。敌人经此一次惨重挫败，他们在台南的有生力量已经丧失殆尽，完全成为强弩之末。

然而，揆一依然没有从悲惨的失败中吸取足够的教训。他下令撤退住居台湾的荷兰妇孺，把戍守台北鸡笼、淡水的薄弱兵力抽回台南，准备死守王楼，待机反扑。但在讨伐军的铁拳下，敌人的绝望挣扎是徒劳的。据江日升的《台湾外纪》说，讨伐军在10月11日的最后一次战役中再把敌人的残余舰艇焚毁了三艘，并消灭了一大部分的残余敌军，便列营把王楼环围起来。残余敌人龟缩危楼，寸步难行，弹尽援绝，断水缺粮，那种惊惶和沮丧的情况，与"釜底游鱼"毫无二致。到了1662年2月1日，在郑成功一面挥军急攻、一面派遣通译李仲招降的压力下，他们只好结束了在台湾罪恶的殖民统治，无条件地投降了。郑成功准许他们携带私有财产离境，并把敌俘全部释放回国。从此，台湾回到祖国的怀抱。

五

我国人民讨伐军的艰苦战斗，固然是收复台湾的决定性因素。然而，这一光辉胜利也是和台湾人民热情的支援分不开的。

久受荷兰侵略者残酷压迫的台湾人民，一见祖国的讨伐军开拔前来，恍如大旱中盼望到甘霖，人心极度振奋。他们除了竭诚表示拥护之外，纷纷把对敌人的仇恨化为力量，竭尽一切可能来支援自己的军队。当大军在3月27日开抵澎湖岛峙内澳即告乏粮时，岛上36屿虽然土瘠民贫，"五谷最贵无稻粮，薯干作食呼薯米"[25]，但在澳长（即村主任）们的发动下，人民竟以大麦、番薯、禾黍100余石劳军。大军在四月、七月、八月战斗最频繁也最激烈的时候，经常严重缺粮，台湾人民或自动配合讨伐军的"户都事"（粮官）搜查缴获敌人在各乡社的仓储，或"输纳杂子番薯"，或尽量节食，把余粮充实军粮。从10月起，满清政府为要迫使我们的讨伐军饿困在台湾，就使出了"坚壁清野"的恶毒手段，"尽迁山东、江苏、浙江、福建、广东滨海居民于内地，立边界，着令寸毋入海，粒米毋越疆，犯者死连坐。"[26]祖国人民的援粮既已被阻，讨伐军虽然这时已开始从事屯垦，也非马上就可收获。如果不是台湾人民持续大力支援，暂时是没有别的途径可以取得两批四万余名大军的粮食的。

当讨伐军叠攻王楼不下时，台湾人民便急急查探出王楼内别无井泉，仅靠楼外的一条山泉作为饮料，并引导讨伐军“塞其水源”以困敌人。讨伐军把王楼围困到12月，过去被敌人集中到王楼的台南人民便密派同伴冒险走出报告敌楼虚实，“请急攻”。郑成功遂改变了长期围困的计划，以全力猛施攻击，“陷其南隅”。日暮途穷的敌人，至此大恐，俯首出降。

由于台湾同胞的拥护和支援，祖国讨伐军得以扫清前进道路上的障碍，收复台湾的正义战争终于赢得了伟大胜利，把荷兰侵略者驱逐出境。台湾各社少数民族兄弟也到处“男妇壶浆塞道”[27]以迎大军，“跳跃欢舞”[28]，庆祝胜利。

六

台湾土地膏腴，在收复后，郑成功便着重发展农业生产，立即派出水、陆各镇战士从事圈地开荒。他严申纪律：“不许混圈土民（指少数民族人民）及百姓（指汉族人民）现耕田地”，违者“从重究处”，保护了台湾人民的正当权益。同时“通令全岛，奖励农业，所有各处田园，不得无故荒废”。[29]当日，台湾少数民族兄弟还“不知（铁）犁、耙、锄，垦一甲之园必一月”，“禾稻逐穗采拔，一甲之稻采数十日方完”。[30]郑成功不但普遍以耕牛和农具帮助他们，还派遣“农师”到各社指导耕作技术。在他和郑经的时代，福建厦门、漳州、泉州和广东潮、惠二州人民先后有四五万人前来参加大规模的垦荒生产，耕种五谷，插蔗植麻。军民先后开垦了台湾西南部的大部分土地，把一片片的荒原变成肥沃的良田，农业产量不断增长。稻米“一岁三熟，民无饥患”，每年都能“以其余粮供给漳、泉”。[31]蔗糖年产量也达到30万担，运销至福建和国外各地。从此，台湾也就成为我国一个重要的“谷仓”和“糖库”。

郑成功又动员讨伐大军和文职部属们“圈地起盖房屋”。郑经统治时代，工官更“教匠取土烧瓦，往山伐木斩竹”[32]，并进一步广兴学校，“延中土通儒以教子弟，凡民八岁入小学，课以经史文章”，“台人自是始奋学”[33]。此外，郑经又积极扩展国外贸易，和英国、日本、暹罗、安南、吕宋、咬𠺕吧（即巴达维亚）进行通商，并大力鼓励台湾人民发展制糖、晒盐、采金、冶铁等手工业。

七

郑成功——我们杰出的民族英雄！他在300年前领导我国人民和人民武装力量收复并建设台湾的英雄事迹，永远是鼓舞中国人民的伟大榜样！

英勇的、富有反抗侵略的光荣传统的中国人民，英勇的、不可战胜的中国人民子弟军队，从来不曾，而且也永远不会容忍他们的神圣领土台湾被人宰割。今天正在霸占台湾来推行其东方侵略计划的美国帝国主义，它如果不撤走它的一切武装力量，胆敢直接干涉中国人民收回台湾的正义斗争，过去荷兰侵略者的可耻结局，必然是它的共同下场。我们一定要以雷霆万钧的力量，永远把台湾拥抱在祖国温暖的怀抱，永远把五星红旗插在台湾郑成功的庙前和玉山上。并要与台湾同胞一道努力，把台湾建设得更美丽、更富饶，使它真正成为祖国的"宝岛"！

注释：

①金关丈夫：《台湾先史时代关于北方文化的影响》。

国直分一：《有肩石斧有段石斧及黑陶文化》。

②陈寿：《三国志》卷四十七。

③林惠祥：《台湾蕃族之原始文化》。

④《隋书》卷八十一。

⑤黄宗羲：《赐姓始末》。

⑥据《澎湖厅志》卷三《经政》编《户口》记载：顺治十三年（1656），郑成功收复台湾后，厦门移民至台湾者"三万有奇"。康熙三年，郑经统治台湾时，又有"六七千人"迁往，"分住台、澎"（清光绪二十年编纂本）。

⑦荷兰在1602年3月，将七个小公司合并组成"联合东印度公司"。荷兰政府授予该公司以下列特权：对东洋贸易暂定21年的独占权，必要时可以延长12次；印度洋航行权；宣战媾和权及领土获得权。该公司可以代表国会与外国缔结条约，并可征募军队、建筑城塞、发行钱币、任命地方长官和司法官等。

⑧高拱乾：《台湾府志》。

⑨连横：《台湾通史》卷十三。

⑩吴梅村：《鹿樵纪闻》卷中。

⑪刘献廷：《广阳杂记》卷三。

⑫南沙三余氏：《南明野史》卷中。

⑬《台湾通史》卷八，卷十七，卷二十五。

⑭连横：《台湾通史》卷一。

⑮阮文锡：《海上见闻录》卷二。

⑯邵廷采：《东南纪事》（福建邵武徐氏所刊木版本）卷十一《郑成功》上篇。"成功积苦海上"，自南都败回。红夷译何廷斌进曰："公何不取台湾？土番受红夷凌侮，每欲反噬久矣。以公威临之，如使狼逐羊群也。"江日升《台湾外纪》卷十一："（何廷斌）遂出袖中地图以献，历历如诣诸掌。并陈土番

受红夷之苦，水路变易情形。若天威一指，唾手可指。"

⑰江日升：《台湾外纪》卷十一。

⑱《澎湖厅志》卷一。

⑲《厦门志》卷四。

⑳鹿耳门为当日台南台江的内港，北有加老湾、北线尾二岛；南有一鲲身至七鲲鯓七个小岛。关于当日水涨情形，邵廷采《东南纪事》、魏源《圣武记》、阮文锡《海上见闻录》、徐鼒《小腆纪年》及《凤山县志》均谓涨达"丈余"；惟杨英《从征实录》则云："是日水涨数尺"。杨英系当日讨伐军中的粮官，身历目睹，所记最为可靠，故从其说。

㉑徐鼒：《小腆纪年》卷二十。

㉒杨英：《从征实录》。

㉓《明史》记载当日荷兰的战舰大炮说："舟长三十六丈，广六丈，厚二尺余，树五桅。下置二丈巨铁熕，发之可洞裂石城，震数十里；世所称'红夷炮'，即其制也。"S. Kalff的《荷兰人在台湾的史迹》记载说："荷兰侵略者自夸其战舰为'铁船'，讥郑成功的水师战船为'纸船'。"并说，"但华兵的平底海舶，在浅水中却能作战自如"，而巨大的"荷舰不能"，每次"作战颇为艰阻"，终于"大为炮火所毁"，遭到"创钜痛深"的惨重失败（引自1930年暨南大学南洋美洲文化事业部出版的《南洋研究》第3卷第2号所载译文）。

㉔S. Kalff：《荷兰人在台湾的史迹》。

㉕胡建伟：《澎湖歌》。

㉕邵廷采：《东南纪事》卷十一。

㉗杨英：《从征实录》。

㉘江日升：《台湾外纪》卷十一。

㉙许浩基：《郑延平年谱》。

㉚杨英：《从征实录》。

㉛连横：《台湾通史》卷二十。

㉜连横：《台湾外纪》卷十三。

㉝连横：《台湾通史》卷十一。

（吴紫金　洪卜仁）

（原载《光明日报》，1955年6月23日，《史学》版，第59号）

厦门日籍浪人记述

厦门自辟为"五口通商"的口岸以后，就沦为英、美、法、日等帝国主义的"冒险家的乐园"。从此厦门人民在封建主义的压迫下，又加上帝国主义和买办资产阶级的压迫、剥削，苦难更为深重了。

日本帝国主义自明治维新以后，即处心积虑地对我国进行侵略。甲午战争以后，清廷李鸿章出卖台湾及澎湖列岛，日本帝国主义获得了南进的重要基地，而厦门与台湾一衣带水，首当其冲。日本帝国主义派遣大批日籍浪人来厦，从事各种公开的或秘密的阴谋活动。1905年台湾人来厦者仅为100余人，1915年为500余人，1922年为5000余人，而1933年激增为9500多人，迨抗战前夕最高数字达到10,000余人。来到厦门的台湾人，有正当的工商业者，也有爱国的抗日分子。但毋庸讳言，也有依靠日本帝国主义的特权，来厦门为非作歹的日籍浪人。

日籍浪人像抗战前华北的朝鲜浪人一样，是日本帝国主义的鹰犬，是侵略中国的先锋。他们在厦门为非作歹，罪行滔天，真是罄竹难书！为了将他们的罪恶记录下来，让我们的后代不会忘记过去厦门人民遭受的苦难，我们从1959年以来，就着手搜集这方面的史料。去年（1962年）组织了日籍浪人史料征集小组，从事调查、了解和查证书面资料工作。三四年来，我们通过个别访问和座谈的形式，作了一系列的调查工作。我们访问过老工人、老农民和一些被害人的家属，他们向我们控诉了许多日籍浪人的罪行。政协的老人之家中，许多老先生和在厦门的台湾爱国同胞，也热诚地把他们自己亲身的见闻告诉我们或者撰成稿件，不断丰富我们的材料。我们也从一些接受改造比较好的旧社会的流氓头子、侦探和反动政府的军、政、警人员中得到了一些材料。根据这些材料，我们加以整理，写成初稿，而后召开有各方面人士参加的座谈会，加以核实、补充，最后整理出这份材料。但由于我们工作还不够深入和水平的限制，这份材料还只能反映日籍浪人罪恶活动的一个轮廓。我们认为，关于这方面的材料，还可以大量挖掘，希望各界人士支持和指导。

一、十八大哥

日籍浪人侵入厦门以后，仰赖日本领事的庇护，搜罗亡命之徒为其爪牙，为非作歹，并占据角头，逐渐形成为厦门社会的黑势力。远在1876年，日本帝国主义就在厦门设立了领事馆。1899年，日本要求自寮仔后（现水仙路）瑞记洋行沿虎头山直到厦门港沙坡尾一带为日本租界，昏庸无能的清政府居然同意。就在这一年的7月18日，厦门清政府官吏会同日本领事到虎头山一带划界。日本领事上野专一，派遣的警察官日吉、书记官松年带着竿旗，一到虎头山就要插界，但由于草仔垵一带居民团结抗争，一时砖头、石子横飞，群情激动，日人走投无路，只得狼狈奔至渡口上船潜逃，日帝阴谋未逞。越年，日本驻厦领事上野专一又暗使僧侣纵火焚毁山仔顶的日本东本愿寺（原址现为山仔顶巷门牌39号），制造借口，并命令"和泉"号军舰的海军陆战队登陆厦门，占据通衢要道，公然设置岗哨，搜查行人，并在望高石地方的顶端架设大炮，炮口指向市内，企图用武力霸占厦门。这个事件震惊了各帝国主义，他们为了分赃，立即从各地调军舰来厦。英国"爱雪斯"号首先到达，接着，俄、美、德、法各帝国主义也电召战舰来厦，终因各帝国主义之间的矛盾，一时不能取得分赃的协议，日本侵略军只好撤退。但日本帝国主义并没有死心，公开侵略既然不能立即达到目的，就转而采用比较隐蔽的形式，即组织日籍浪人建立黑势力，破坏金融，捣乱治安，来达到侵略的目的。日籍浪人十八大哥的出现，绝非偶然。

十八大哥是厦门日籍浪人头子在日本领事授命下的一种帮会组织，事实上，这就是日本帝国主义指挥日籍浪人侵略厦门的一种组织形式。当台湾沦为日本殖民地时，台湾人民和日本帝国主义之间民族矛盾非常尖锐。那个时候，台湾民间就有二十八宿等秘密社会组织，遍布台北地区，抗日复土运动时有发生，给日本帝国主义以严重的打击。日本帝国主义一方面采取残酷的镇压，一方面则派遣内奸渗入，并搜罗一批流氓，组织武德会和二十八宿对抗，进行分化。先使两派互为水火，各不相容，继则诱以权利，调虎离山，驱遣来厦。1905年夏，李康、林阿虎、陈阿食、康守仁等首批来厦，在石皮巷开赌场，豢养一批日籍浪人，由日本领事授意组织东瀛公馆。1912年至1913年间，二十八宿的中坚分子柯阔嘴，武德会要角郑有义、李良溪、陈懋明、林清埕等，率领大批日籍浪人来厦。林滚、王昌盛、王海生、谢阿发、何兴化、林猪哥等先后继至。这些浪人一到厦门，便在日本领事庇护之下，占据角头，走私贩毒，开设赌场，甚至公然行劫，杀人越货，无所不为，大发不义之财。1919年以后，日籍浪人更是滚滚而来。这些原来在台湾被日本人分化的二十八宿、武德会分子到了厦门，也常因派系不同，利益有矛盾，不时发生冲突事件。这和日本人的意图是相违背的。因为在台湾，日本人对他们进行分化,是为了便于自己的统治,而日本入派他们到厦门来却是为了对我国实施进一步的侵略,毒害厦门人民,就不希望他们再闹什么对立。为了调和浪人之间的派系矛盾和便于驱使,日本领事初则授命日籍浪人头子林滚、谢阿发、柯阔嘴、郑有义、陈春木、王海生、林清埕、李良溪、何兴化、陈廷萍、林猪哥、吴天赐等12人组成寿星会。之后,有一个台湾青年名叫陈阿臭的,想杀死日本警察署野上部长。事泄,日本警署命令寿星会分子将陈击毙于禾山。寿星会更加得到日本领事的信任。旋即由日本领事批准,再吸收日籍浪人头子陈金傅、郑德铭、叶天赐、张维元、廖河、吴通周等6人为会员,连原有12人,计18人,号称"十八大哥"。

十八大哥多数是台湾不务正业的流氓,因犯案被日本鬼子缉捕押解来厦"戴罪立功"的,或者是自己逃亡来厦,做了一些坏事,对日本人有"立功表现"以后,由日本政府加以赦免的。因此,这些流氓一到厦门,无不狐假虎威,极尽走狗之能事。例如,林仔滚在台湾自幼流氓成性,因做贼犯案不见容于台湾总督府,于1915年逃亡来厦,做了一些坏事以后,就由台湾公会李朝光出面,托日本律师田台向日本领事"报功"。林滚在日本领事馆除宣誓效忠天皇外,还交了300元保证金,不久撤销案件。还有一种情况,例如同安石浔人吴崎(绰号狗屎崎),原是本地流氓,趋炎附势,甘心为虎作伥,加入日籍,换名吴通周而成为十八大哥之一。

兹将十八大哥占据角头范围及所营黑业列成下表:

姓 名	绰 号	占据角头	所营黑店黑业
林滚	贼仔滚	寮仔后(现晨光路)	原挂义丰洋行牌,后来开"福星旅社",经营赌场、烟馆,贩卖军火,走私,放"日仔利",还在思明南路开设蝴蝶舞厅。
王海生	王仔海	寮仔后	贩卖鸦片、吗啡
谢阿发		思明北路	开"东南旅社",内设赌场、烟馆,放"日仔利",勾结内地土匪贩卖军火、鸦片
柯阔嘴		水仙宫,势力及于晨光路一带	开赌场、妓馆(四花楼)
陈春木	矮仔木	局口街	开设赌场、妓馆,放"日仔利"
郑有义		后岸壅菜河一带	开赌场、烟馆、放"日仔利"
林清埕		柴桥内(现和凤街)	开烟馆、赌场、妓馆

（续表）

姓　名	绰　号	占据角头	所营黑店黑业
陈廷萍	戆明	周厝巷，势力远及厦禾路、禾山一带	开赌场、烟馆
何兴化		中山路	挂顺兴洋行牌，贩卖鸦片、吗啡
林猪哥		思明北路	开赌场、烟馆
吴天赐		梧桐埕	开赌场、烟馆，放"日仔利"
李良溪		局口街	开赌场、烟馆
陈金传	陈猴猴	寮仔后	开赌场、烟馆，放"日仔利"
郑德铭	消膏德	妙香路湾角	开赌场，后来担任蝴蝶舞厅经理
叶天赐	九婴	赖厝埕（现大元路）	开赌场
吴通周	狗屎崎	开元路近磁街处	开赌场、走私、贩毒
张维元		寮仔后	开赌场、鸦片烟馆
廖河		大井脚	开赌场

除上列十八大哥以外，日籍浪人中，像康守仁、谢龙阔、王昌盛、曾厚坤等人，虽未列为"大哥"，但论其罪恶，则不在十八大哥之下。实际上，在日籍浪人中，坐第一把交椅的，前期就是康守仁，康死后就是谢龙阔。

康守仁是台湾二十八宿的老前辈，来厦以后，就在关仔内、桥亭街各设有顶盘、二盘的鸦片烟行公开买卖。凡所交易，均大主顾。货色则诸凡印度土、云南土以及内地土，应有尽有。当时日本人侵略厦门的第一步，系从毒化入手，康守仁就是在日本人驱策下的贩毒先锋。所以日本人除予以庇护外，还示意台湾银行予以资金的支持。这个鸦片大王在大发横财之后，即制造绿呢官轿，并购买了高头大马数匹。出入不是乘马，就是坐官轿，跟着一批保镖前呼后拥，非常阔绰。不知他底细的人，还以为是什么大官，其实，只是一个流氓头、一个鸦片贩子而已。因为他死得早，所以十八大哥就未列他入内。

谢龙阔因为挂有日本明治大学政治系毕业的衔头，受过日本的间谍训练，为日本帝国主义分子所信任。因此，当他接受台湾总督府的命令来厦时，极得日籍浪人所推重。谢龙阔实际上是日籍浪人的首要分子。他来厦之后，就担任日本人喉舌《全闽新日报》的社长，并组织所谓"东亚大同促进会"，以台湾人与厦门人互相"尊重"，互相"亲善"为名，拉拢一些奸商、文化界败类和土匪、流氓参加。他尤注重于联络内地土匪头子，为日本帝国主义的侵略蓄积力量。《全闽新日报》以优厚的薪金（有的高达百元，比一般记者的待遇高两三倍）雇用日籍的记者，到处刺探情报。抗战前厦门反动报刊的高层，如《厦门商报》社长傅贵忠、《思明报》社长林廷栋（沦陷期间做汉奸时，化名为林谷），都和谢龙阔往来甚为密切，后来都当了汉奸。1930年谢龙阔赴华北，在平津一带进行活动，《全闽新日报》由日本间谍泽重信接任社长，日籍浪人的侵略活动更加紧锣密鼓。

王昌盛（绰号王公子）曾经做过安溪土匪头子高扁（即高义，势力遍及闽南）的军需处长，与闽南各地大小土匪头目都有密切的关系。他虽然没有像十八大哥那样，占据角头，豢养爪牙，但大宗军火、鸦片的买卖，都离开不了他。他在棋杆巷的公馆就是联络闽南各地土匪的机关。闽南各县土匪势力兴起，荼毒生灵二三十年，王昌盛实起着推波助澜的作用。王昌盛手腕圆滑、善于辞令，极得日本领事的信任。他是日籍浪人文治派的领袖。王昌盛是日本帝国主义忠实的走狗，抗战发生以后，台湾人从厦"引扬"（就是撤退），而他却匿居鼓浪屿组织日籍浪人成立邦人义勇团，阴谋做日寇侵略厦门的内应。厦门、汕头沦陷以后，王昌盛担任了厦门兴亚院和汕头伪市府的顾问，积极从事特务工作。1944年日本侵略军向汕头方向撤退，他还为日寇"开路"。日本投降以后，他在国民党反动政府纵容之下，自汕头逃往台湾。

曾厚坤，他的父亲叫曾粪扫，原是晋江人，本来在洪本部开坤记烟丝店。台湾被日寇占领以后，因台湾居民习惯于吸食祖国烟丝，日本三井洋行就通过曾粪扫采购平和、温州的烟丝，运往台湾销售。三井洋行供给曾粪扫采购烟丝的全部资金，并由曾粪扫代理三井洋行在厦推销日货。曾粪扫将所采上等烟丝交给三井洋行配运台湾，次等的留在本地销售。因为他到平和小溪采购烟丝，是由麒麒烟店代办的，麒麟烟也就名噪一时。曾粪扫、曾厚坤父子为了贪图发财，竟不惜认贼作父，加入日籍。后来曾厚坤继承父业，在洪本部又开了厚祥、坤吉两店，大量贩卖鸦片、日货。其中尤以鸦片生意为大宗，经常到货就有四五百桶。而每次日本轮船抵厦，日本领事都派遣日本警察下船，为曾厚坤起卸鸦片打掩护。曾厚坤除代理日本三井洋行外，还代理日本浅野洋行。他豢养一些流氓，以日籍浪人李大憨为首做他的保镖。他和厦门"三大姓"封建把头，也有密切关系。

曾厚坤在大发横财之后，表面上装得文质彬彬，和厦门商界的上层人士多有结交，俨然是厦门的一个"绅士"。日本帝国主义者也利用了他的两重身份来笼络厦门士绅，所以曾厚坤从1914年起到1930年先后担任十一次的台湾公会会长，这充分说明了日本帝国主义者对他的重视和信任。曾厚坤在日本帝国主义的庇护下，不但是贩卖鸦片的头盘商，而且还是赌场"头家"。他在坤记设赌，和一般赌场不同的是，平时只吸收厦门商界巨子和官僚政客聚赌，但都是大输大赢。只在每年春节到上元节半个月中，才对一般赌徒开放。曾厚坤表面有点"绅士"的样子，实际上完全没有脱离浪人的本色。这从下面这个兽行，就可窥见其罪恶的一斑。

有一个钟表匠,人家叫他时钟胡的,他有一个女儿名叫紫苏,长得非常漂亮。十八岁出嫁,生了一个儿子,不幸丈夫夭亡,紫苏立志守寡,抚子成人。曾厚坤涎其姿色,托人向时钟胡示意,要以两座洋楼求紫苏为妾,被紫苏拒绝。曾厚坤遂叫爪牙把时钟胡绑去禁闭。时钟胡的妻子托人向曾厚坤求情,曾厚坤施用欺骗手段,提出由紫苏到他家里"捧茶",作为释放时钟胡的条件。紫苏迫于母命,不得已到曾厚坤家里"捧茶",曾厚坤见鸟已入笼,就想强行奸占,紫苏愤而以头撞壁,坚决表示:宁可自杀,不能受辱。曾厚坤看到紫苏没法欺侮,才不得不把父女释放回家。

不管日本鬼子把谢龙阔、王昌盛、曾厚坤这些家伙,叫作文治派也好,绅士派也好,但我们不难从他们的罪恶中,看出他们只是比穷凶极恶的十八大哥更加阴险而已。因为他们善于伪装,容易欺骗一般人的耳目,也的确欺骗过一些人。

二、抢劫绑票

1910—1920年间,厦门地方秩序最为混乱。在这时期,日籍浪人抢劫绑票,大发不义之财。十八大哥中如林滚、柯阔嘴、郑有义、矮仔木、陈懋明、林清埕等都是以抢劫、绑票起家的。当时郑有义占据后岸一带的矮屋,作为窝赃和囚禁肉票(黑社会暗语,被土匪绑去勒赎者称为"肉票")之所。那时商行的收账人员,每于傍晚出街收账,把收来的银圆装在草袋里,肩负回店,常常在路上为日籍浪人当街抢走。约在40年前,兴安街三美信局,就是这样被他们抢去侨汇款500元。有一个小学教师张振声,好不容易向教育会领到学校教师数月工资40元,也在土堆巷口被他们抢走,生活几至陷于绝境。一些富家子弟或归侨、富商是日籍浪人的绑票对象,一旦被他们骗入圈内,就被蒙眼绑到后岸囚禁,迫使肉票写信回家用钱取赎。禾山前埔著名菲律宾归侨林珠光先生(林云梯之子)就曾在双涵地方被陈懋明绑去,勒赎数万元。有时肉票的家长没有按时携款来赎,他们就把肉票割了耳朵或斩断一个指头寄给肉票的家长,以此胁迫。碰到勒赎不遂时,甚至断然采取撕票(杀死肉票)的残酷手段。林滚在发财之后,在晨光路盖了一座福星馆,还专门设立一间地下室,暗无天日,室内并私设刑具,专门用作秘密囚禁肉票和无钱偿付"日仔利"的债户之所。

50年前,住在相公宫的一个著名阁旦名叫彩花的,被日籍浪人绑票,因为彩花原是雇草仔垵流氓做保镖的,还因而引起草仔垵流氓和日籍浪人之间的一场恶斗。1919年恒胜街(人和路)黄卓麦被劫万余元,同年10月间协美行又被劫,1920年1月6日镇邦街建银钱庄被劫现洋20,900元,都是林滚等人所为。

在1920年前后，厦门又来了一个日籍浪人叫陈粪扫。因为他来的时候，角头都被十八大哥占据了，而他又和二十八宿、武德会没有关系，分享不到地盘。于是他就趁军阀混战、地方秩序混乱的机会，纠集十几个浪人、内地散匪和散兵游勇，开始在偏街僻巷拦路抢劫行人财物，没有十几天竟聚集了歹徒三四十人，在其住所麦仔埕设立"聚义堂"，公然掳人勒赎，当街抢劫，毫无顾忌。这些匪徒有时亦有被缉获，但因为不平等条约规定帝国主义享有"治外法权"，中国政府对日籍浪人无权处理，只好把匪徒送交日本领事馆，而领事馆亦大都随即将其释放，所以抢劫、绑票层出不穷。

三、走私贩毒

厦门是日籍浪人走私日货进口的一个重要口岸。日本大阪商船株式会社有两艘客货船，定期来往于基隆、厦门、汕头、香港之间，专门运载私货。这两艘轮船，一艘叫"广东丸"，一艘叫"香港丸"，载重均3000吨左右，每逢星期日由基隆、香港对开，由基隆起航的，星期一晨到厦，同日下午3点开去汕头，星期二早晨抵汕，同日下午4时开往香港，星期三到香港。由香港起航的，星期一到汕头，星期二到厦门，同日下午2时开去基隆。日本鬼子对华走私是有通盘计划的，在上述航程中就可以看出来。从基隆走私到厦门的，星期三就可以转到香港，而由香港走私到厦门的，星期三就可以回到基隆。从星期四到星期六这三天时间，不论在香港或在基隆，都有充分的时间，做好下一次走私的准备。这对日籍浪人走私来说，十分便利。对厦门走私进口的货物，从基隆来的有呢绒哔叽、布匹、人造丝、味素粉、鲍鱼、沙丁鱼、日用杂货、台糖、煤油，甚至有吗啡、海洛因等毒品，以及军火等等。从香港来的有欧美呢绒哔叽、罐头、烟、酒、洋参、燕窝、西药、杂货，以及鸦片毒品等等。而从厦门走私出口的，则是黄金、白银、珠宝、古玩文物、外币等等。日籍浪人伪装旅客，往来于台厦之间，在"行李"中夹带私货。每次日轮进口，甲板上都有一大堆衣服褴褛的人，其数目总在300以上，每人携带四件"行李"。当时日本领事与厦门海关当局（根据不平等条约，海关控制在帝国主义手里，当时税务司是英国人）有过一个"谅解"，即每次日本船可有此类旅客300人，每人可携带"行李"四件，每件大可四立方尺。船到时，每人只需呈验"行李"两件，"照章"纳税，其余两件，则认为个人行囊，免予检验课税。开始时，每件四立方尺，可装日制疋仔布（每疋15码）二三十疋。后来逐渐加大容积，装疋仔布可达五六十疋。经常充当"旅客"的日籍浪人，仅基隆一地，就有五六百人。这些旅客携带的私货，大体都是体积较小、价格较高的货品。至于粗笨货品如台糖、煤油等等，则用小火轮或机帆船偷运到五通及内地小港口，于黑夜中武装护卫卸货（谢阿发就是以走私台糖起家的）。有时走私军火进口，为了掩人耳目，往往船一入港口，就将私货装在橡皮船里投入海中，由事先雇好的"大船"运走。参加走私的，除了大部分是日籍浪人之外，还有一部分是本地流氓，而像吴通周（狗屎崎）还具有日籍浪人和本地流氓的两重身份。他拥有"双桨仔"十余艘，艇上暗藏武器，经常在港口候轮入口，即由其爪牙缘绳登轮，迅速卸走私货，海关缉私人员无可奈何。因此，当时狗屎崎有"海上霸王"之称。日籍浪人走私都是和厦门奸商事先有勾结的，船到随手交货，周转十分灵活。

在厦门几次抵制日货的运动中，有的甚至由十八大哥武装护送，送货上门。日本海军舰只，除了参加走私，于三更半夜偷偷将私货搬上岸外，还用武力阻止中国海关缉私人员执行任务。单 1935 年 5 月，厦门海关缉私船就有两次被日舰包围监视，无法执勤。

走私船只除上述两艘定期客货轮外，高雄、淡水也常有不定期日轮来厦。此外尚有为数众多的帆船、小火轮、电船等专运私货到闽南沿海小港，如崇武、獭窟、安海、刘五店、五通、石码、旧镇、东山等地。这些船只都是有武装的，万一遇到海关缉私船，就常常造成火拼事件，双方时有死伤。至海关关员于执勤时被日籍浪人殴打的事件，则属司空见惯，无时无之。

日籍浪人也勾结内地土匪头子，大做贩卖军火、鸦片的不法勾当。日本帝国主义利用这个手段，不但武装了福建的土匪和地主反革命武装，荼毒生灵，使民不聊生，而且为侵略中国积极准备了内应，大发横财。林滚、谢阿发以及王昌盛、谢龙阔等都是秉承日本领事意旨，善于结交、串通内地土匪头子，因而臭名远扬。1931 年 11 月间，王昌盛回台湾购运"驳壳"500 余支，"曲九"300 余支，并两项子弹百余箱来厦，事前雇电船两艘，驶往热屿泊锭，候轮船入港时，在港口偷卸，转运内地供应土匪。柯阔嘴也是以押运军火往来于厦门、泉州、永春之间，而为闽南土匪头目所赏识。他们以军火供应内地土匪，换来金银、鸦片（按：长泰叶匪文龙在岩溪、林墩一带，同安叶匪定国在莲花一带均大量种植罂粟，生产鸦片）获取暴利。在军阀混战时期，日籍浪人还向败兵收购军火，而后以高价卖给内地土匪。1924 年臧致平在厦门兵败时，林滚曾以"驳壳"一支 20 元、来复枪一支 10 元的价格，收买臧致平败兵一整连的武器，转手以"驳壳"一支 200 多元，来复枪一支 100 多元的价格，卖给同安土匪头子叶定国获取暴利。浪人王庆云（绰号"猴仔庆云"）除走私鸦片外，还为同安、南安、安溪、晋江及漳属一带的鸦片贩子包带、包运，并且订有"保镖条例"，公然招徕生意。当时漳、泉一带的鸦片贩子，都称他为"保镖大王"。

日本帝国主义是用走私来倾销它的过剩产品的，以煤油为例，1935 年，台湾市场上积存着大量的煤油，遂极力资助、奖励煤油走私出口。单这一年上半年，从福建沿海口岸（主要是厦门）走私进口的煤油多达190万加仑，价值64万银圆。其余货品如食糖、火柴、鱼干、人造丝等，走私进口的数量也很大。

走私进口的货品，充斥市场。当时在厦门的洋鬼子中流行一句笑话："没有一磅黄油不是私货，没有一个外国居留民不吃黄油。"许多外国酒类、香烟都未曾完纳关税，所有饭馆内用的方糖（即太古糖）都是私货。

日籍浪人的走私活动，除了政治上依靠日本帝国主义的特殊势力外，在经济上还得到厦门台湾银行的大力支持。这家银行在厦门吸收反动国民党官僚、土匪头子及本市工商业者的存款，然后贷放给日籍浪人作为经营走私、烟馆、妓馆、小典等的资本。1932—1933年间，日籍浪人从厦门走私大量白银到台湾，后转送东京。这些白银就是以钞票向台湾银行兑换的，而当时市面上白银是非常缺乏的。

四、日本籍牌

说起日本籍牌，厦门人民目睹当时内幕者，至今还觉得愤恨不已。因为当时凡是门口挂着日本籍牌的，无一不是藏污纳垢的黑店。这里有一句用来概括抗战前厦门市场情形的话："烟窟多于米店，赌摊多于货摊，妓馆多于旅馆"。而这些烟窟、赌场、妓馆，还有咖啡座、跳舞厅、小典业……绝大部分都在门口挂着令人目眦欲裂的"日籍××洋行"，或是"大日本籍民×××寓"的牌子。

洋行只需日本领事馆发给牌照，就可随意开张，不必向中国官厅注册，也不必向中国官厅纳税。洋行搞些什么生意，中国官厅更无权过问。这种洋行，像日本人的柏原洋行，谢阿发的东南洋行等，都臭名远扬。而日籍浪人在其住所自行挂上的猪腰形的"大日本籍民×××寓"的牌子，居然也成为日籍浪人为非作恶的护身符。有的浪人还把籍牌送给亲戚挂。曾厚坤的儿子曾金城一个人就挂了四五个籍牌。由于当时的反动政府惧外、媚外，日籍浪人一旦挂起籍牌，就不敢过问。那时厦门居民说："一旦乌龟爬上壁（日本籍牌形如猪腰，厦门人都鄙视之为"乌龟"），连苍蝇、蚊子都不敢飞进去。"其气焰之高，可以想象。

这些挂日本籍牌的店铺和住所，多数集中在寮仔后、局口街、梧桐埕、大井脚、轿巷、土堆、思明西路、大中路、曾姑娘巷等处，形成日本帝国主义在厦门的一个特殊势力范围。局口街就是典型的日籍浪人的穴窟。在厦门马路未开辟以前，局口街是交通要道，局口头连接塔仔街、五崎顶（即现在的定安路），尾接南轿巷、火烧街（即现在的大同路），街中有四条横巷，靠东有大中普巷、浸水埕，靠西有局内、山仔顶。在这四条巷内，日籍浪人都设有妓馆。在局口街头有日本人的玉井商店和鬼塚商店（鬼塚商店是日本帝国主义分子鬼塚开的，以经营古董业为名，实际上是盗窃我国文物的文化特务。鬼塚还以收购古董为名，深入福建内地，搜集各种情报和组织盗匪发掘有历史价值的古墓等。1929年五月间南安郑成功墓被盗掘，据说就是鬼塚策划的）。在局口街中部，宗记钟表店附近有籍民开设的赌场，天然楼附近有籍民钟耀波开设的烟馆及魂亭馆，靠大中普巷附近有籍民经营的小典及破铜旧铁店两三家，街尾有矮仔木开的妓馆，南轿巷也有籍民的破铜旧货店。以蛮不讲理、凶悍而臭名远扬的矮仔木，就占据局口街为他的势力范围。在这个地区，凡酒楼、菜馆除供矮仔木及其爪牙白吃外，还要向矮仔木交纳"保护费"。带有首饰的妇女经过这里，常常受到日籍浪人的公然劫夺。衣服穿得比较华丽且有姿色的妇女经过这里，也常常受到这些流氓的无耻调戏。王昌盛早期也住在局内。他西装革履，出门经常带几个爪牙，杀气腾腾，路人见到，避开唯恐不及。还有一个日籍浪人施仔龠（hui），绰号叫"是耶非"的，经常穿着绸衫绸裤，满脸横肉，上衣不扣，带着一只狼狗，手持木杖，走起路来大摇大摆，行人偶有避让不及，就横遭狗咬杖打。每年阴历七月最后一日为台湾浪人做普度的日子，人称"台湾普度"。局口街一带，每家每户都被矮仔木分派纸旗，有的两枝，有的四枝。两枝的就要备办上等菜肴两碗，四枝的就要四碗，由浪人挑去，没有人敢提出异议。那个时期，局口街简直是日籍浪人统治下的"鄷都城"。

在许许多多的挂日本籍牌的黑户中，属于日籍浪人亲自经营的只有几百家，其余都租给厦门人，由日籍浪人坐收"看头钱"。那些日籍浪人亲自经营的，不是鸦片烟馆、赌场、妓馆，便是小典、咖啡馆、大和餐馆。规模最大的，多数是十八大哥开的，如林滚的福星馆，谢阿发的东南旅社等。东南旅社还设有地窖，窝藏军火。谢阿发甚至公开扬言，在几小时之内，就可以武装占领厦门。十八大哥还经营多种行业，例如林滚既是赌场、烟馆的老板，又是蝴蝶舞厅的老板。

1928年蒋介石反动派为了欺骗人民，曾经装出禁烟的样子，在南京成立中央禁烟委员会，并派一个禁烟委员来厦"禁烟"。当时厦门为福建唯一的准许烟土出口的口岸，每年鸦片烟营业达两三千万元以上。厦门自奉令"禁烟"以后，鸦片贩子大多数都向日籍浪人租得籍牌一张，以作护符。而日籍浪人开设的烟馆，更加肆无忌惮地张灯营业，巡警过其门而不敢入。当时思明县政府请交涉员与日本领事馆交涉，日本领事坂本龙起则大打官腔，说什么"贵国烟馆尚未禁绝，未便委屈敝国臣民的烟馆"。是年11月24日，厦门公安局遣派巡官、巡警，会同思明县政府警备队，到局口街要取缔日籍浪人苏扁的烟馆，到达时门前聚集了日籍浪人百余人，一声喊打，拳棍交加。巡官郑威被殴重伤，巡警刘秉清当场晕倒。肇事日籍浪人李炳辉，被警察当场捕获，却由日本领事引渡到领事馆，加以释放。

厦门人租用日本籍牌的，多数也是一些地痞、流氓。他们依靠籍牌为护符，既可免向官厅纳税，又可免受官僚、政客以及伪军、伪警的敲诈、勒索，还可以大做不法生意，例如同安石浔人吴蕴甫，托庇日籍，在老叶街开了一间鼎美行，专做鸦片、吗啡的大宗买卖，发了不少孽财，盖了好几座洋楼。

也许有人会问，日本帝国主义开了这么多鸦片烟馆、赌馆，是否日本鬼子和日籍浪人特别爱赌、爱抽大烟呢？绝非如此。日本人和日籍浪人是被绝对禁止抽鸦片和聚赌的。这些烟馆、赌馆，据说都是要和我国人民"亲善"的一些具体措施。

日籍浪人在厦门租屋、租店，始则口蜜如饴，唯恐不能租赁到手。迨至租成付出一个月房租，搬进新居，挂出了"大日本籍民×××寓"的金字招牌以后，就片面提出削减租金。房东如能自认倒霉，逆来顺受，还可以多少收几个钱，如与计较，则一个铜板也收不到。万一房东要求他退租，就要房东拿出大笔"迁移费"。有的房东甚至因为向他们收房租，被无理殴打一顿。

1920年间，开元路修建马路时，日籍浪人的房屋是最大的阻碍。在二王宫（南猪行巷口）有一家籍民的招宝楼，依靠日籍的招牌坚持不拆，闹了一年多，最后媚外无能的反动政府，不得不从旁边绕过去。至今开元路南猪行巷口，还留下一个大弯。蕹菜河要填筑时，有一个洲子，日籍浪人硬说是他们的，后来由反动政府贴了许多钱，才让填筑。1924年市政公会要收买妨碍开辟中山路而需要拆毁的日本籍民的房屋，日本领事公然出面反对，说什么"对于敝国臣民私有财产执有命令权者，依条约规定，唯有敝国政府及本领事而已，至于贵国政府无直接命令拆让房屋权"，要我国地方官吏克日停止办理。

1929年，日籍浪人又再阻梗大同路的开辟。凡是日本籍民产业，都贴有日领事的保镖条："此业现经交涉在案，不得擅自拆卸。"

五、"十二支仔"

日籍浪人设赌，种类繁多，有"大小""天九""八面仔""钱摊""辇宝""麻将""十二支仔"等等。市民受害最烈的，要算"十二支仔"了。

所谓"十二支仔"，即"帅、仕、相、车、马、炮、将、士、象、车、马、炮"12字。赌东以这12字作底，开赌时由赌东择一字装入小盒子里，让赌客猜押。如果赌客押中，由赌东按押码十倍赔付。后来又出现了一种开"双字"的"十二支仔"，是由赌东拟定第一字是哪一字，第二字是哪一字，例如，赌东拟定第一字是"车"字，第二字是"仕"字，写好封入匣内，任人猜押。赌客如果正好猜中了第一字、第二字各是什么，就由赌东按押注100倍赔付。猜中一字的或次序猜错的都无效。"十二支仔"开"二字"以后，赌客猜中的可能性虽然更少了，但"一百倍"的偿金却更加吸引人，堕入彀中的越来越多。一般赌客贪图侥幸，趋之若狂，愈押不中，愈是发狂。当时厦门少数贪官污吏、洋行买办、封建把头以及富商巨贾，虽然纸醉金迷，挥金如土，点缀厦门外强中干的市面，但正由于这些吸血鬼对人民无穷尽的榨取，大多数人民陷于生计无着，走投无路的境地。因此，有些"升斗小民"是拿着全家一日的生活费到赌场、赌摊去"孤注一掷"，妄图侥幸的。结果，是有钱的变无钱，贫苦的连衣服、家具甚至连烧饭用的锅子，也不得不送到日籍浪人开的"小典"为抵押品，忍受高利盘剥了。

到赌场、赌摊聚赌的，究竟还只限于一些赌客，一般家庭妇女和有正当工作的人是很少涉足的。日本帝国主义者为了使厦门人民群众的精神更加颓废和对市民扩大搜刮，设置了所谓"封仔"，把"十二支仔"变成了群众性的赌博。

所谓"封仔"，就是"押封"。是由开赌场的日籍浪人指使他们的爪牙于每天早上到处串门收集的。"封仔"由押注的人将他们在这一天要猜押某家赌场"十二支仔"的某一个字写在纸上封好，并在封外写上押多少钱，交给收"封仔"的人，汇交赌场。赌场收到"封仔"以后，就公然拆开，由赌场指定12人，每人代表一字，统计每字押注数目，最后即以押注最少的一字，为这一日的"底"。实际上，这是公开的抢夺。赌场每天大约于上午10点钟左右"露底"，如果被猜中了，又由"收封仔的"按户将赌东赔付的钱送上门，押注的人还要送给"收封仔的"10%的佣金。如果没有猜中，则由赌东给予"收封仔的"以优厚的赏金4%—5%。一些无业游民，本来不是浪人的爪牙的，为了贪图佣金，也自动到处收集"封仔"，为赌东效劳。有些"收封仔的"更是别出心裁，自己做起"小赌东"。他们自己没有设摊，而是申明以日籍浪人的某赌场每天开出的字为决定输赢的根据，向左邻右舍收集"封仔"。这么一来，日籍浪人开了一个"十二支仔"赌场，无形中有无数的"分号"，像一只毒蜘蛛把毒丝向每一个角落延伸一样，几乎是整个厦门市落入了"十二支仔"的网罗中。"今天柴桥内矮仔木开什么字？""寮仔后福星馆林仔滚开什么字？"成为市民关心的中心。一般市民废寝忘食，不务正业，今天赌输了，就想明天捞回来。"十二支仔"成为厦门市民的灾祸。许多无知市民赌输了，便到处拜佛求神，烧香许愿。有的家庭妇女还把马桶当作神明，戴了帽子，穿了衣服，对它膜拜祷愿。有的妇女则抓了蟑螂来请"蟑螂神"猜字。一些神棍趁机活动，散布一些迷惑赌徒的谣言，吸引赌徒来扶乩问谶，大捞一把。更可笑的是，有些人甚至不惜冒风寒，露宿荒塚上面，祈求"横死鬼"托梦。有的则到荒塚上找来死人骨骸，拿回家里，装在龛上，当作"神明"来奉祀。当时崇德学校校长许文彬老先生（清时秀才出身）的家属，赌"十二支仔"赌到入迷，也到山上捡回一个骷髅放在架子上奉祀，许老先生全不知就里。有一天许老先生在床上午睡，大概是由于老鼠在架上走动，那个骷髅从架上掉到他床上。许老先生骇得魂飞魄散，自此一病不起，没过多久就死了。这也可以说是"十二支仔"的"牺牲者"之一。

1935年间，打铁街有一个开客栈的名叫吴喜（绰号矮仔喜），他的老婆也嗜赌"十二支仔"，如痴如狂，每天叫她婢女到柴桥内、布袋街或泰山口压注，渐渐把闺内积蓄都输光了。有一天，她交代婢女说："今天去赌，如果得胜，你就从后门进来，如果照旧输了，你从前门进来。有一次侥幸被她猜中了，而她的婢女竟高兴得忘记了主妇的交代，仍旧从前门进来。吴喜的老婆在楼上望见她的婢女从前门来了，一时躁急万分，急急忙忙从楼上冲下来，想问一个究竟，不料因为心慌意乱，下楼梯时竟不幸被梯旁的竹竿插进鼻内，流血不止而亡，遗下襁褓女孩一个，她的丈夫只好送人抚养。厦门人民被"十二支仔"弄得家破人亡的事例，真是不胜枚举。

"十二支仔"使无数市民走上绝路，以至流为小偷、扒手、暗娼的，不知有多少人！家庭妇女因陷入"十二支仔"的泥潭中不能自拔，因而与丈夫反目终至离异的，屡有发生。至于市民因赌"十二支仔"在精神上受到毒害，因而道德沦丧，精神颓废，其影响更为深远。

抗战前，厦门人民由于帝国主义分子、买办阶级和反动政府的巧取豪夺，市面百业萧条，唯独酱料业生意兴隆。这是因为市民迷于"十二支仔"，一方面钱都被日籍浪人的赌场抢走了，无力买好东西吃。另一方面，一般妇女迷于"十二支仔"，如痴如狂，哪有心思做吃的，只好将就买点酱料来下饭。因此酱料业生意特别兴隆。

受"十二支仔"毒害的，还远及闽南侨区和南洋华侨聚居之地。诸如晋江的青阳、石狮一带，以及缅甸、暹罗、马来亚等地，"十二支仔"都十分鼎盛。

日籍浪人还惯用"牵倒头马"的邪恶手段，对厦门市民诈取财物。所谓"牵倒头马"，是日籍浪人设置的一种圈套，骗取别人与他们一起合作，以赌博为手段，对另一个他们拟议中的对象诈财。一旦此人堕入彀中，和日籍浪人合作，结果必然赌得大输特输。原来真正和日籍浪人合作的，是本来他们拟议中要向他诈财的人。印尼老归侨张振声老先生在抗战前就曾因为堕入"牵倒头马"的彀中，在大三元（现中山路中百公司大楼）为日籍浪人诈去银圆两三百元。当时张振声先生有一个朋友，同是印尼归国的华侨。他的这个朋友，有一天忽然来了一个自称是从安南归来的叔父（这是日籍浪人化装的，大概摸清了他的家庭底细），讲起家庭情况如数家珍。他的朋友信以为真，居然认他做叔父。不久，那个"叔父"告诉他有一个侨客，广有资财，要他再招一个比较有名望的归侨合作，用赌博进行诈财，于是张振声先生被他的朋友邀去大三元赌"番摊"。结果，张振声先生和他的朋友两人计被诈去数百元，而他的朋友的"叔父"也就不见了。不少归侨，或因年事过轻，轻信歹徒的话，或因对厦门当时社会情况不甚了解，或因贪图一些小便宜，堕入日籍浪人的圈套，而被无端诈取者，屡见不鲜。

六、放"日仔利"

"日仔利"是日籍浪人对厦门人民,特别是对贫苦阶层吮吸最后一滴血的最残酷的、杀人不见血的手段。所谓"日仔利",顾名思义,就是按日生息。当时国民经济凋敝不堪,一般劳动人民无以为生,明知借了"阎王债"后永无翻身的日子,但迫于生计无着,不得不饮鸩止渴。日籍浪人的十八大哥没有一个不放"日仔利"的。借"日仔利"时,须有三家连保(有的也规定一个保家就可以的,主要是看对象如何而定),议定利息以后,实行先扣,按日还本,隔日不还,递加罚金,再逾还期,罚金加倍。譬如向十八大哥借款十元,先扣去利息一元,再扣除买"红单"(即借据)二角,借"日仔利"的,实际上只拿到八元八角。从第二天起,在十日内每日还本一元。有的是按40日摊还的,每日还本二角五分。但借款时,本金十元先要扣除利息一元五角。如果不能按日偿还,便按"几何级数"递加罚金,例如约定40日还清的,从第二天起,每天要偿付二角五分。万一还不出,第三天起便要加付罚金二角五分(连二日应还本金五角,计应付七角五分),第三天再还不出,第四天罚金便要按二角五分递增一倍变成五角,第五天罚金按五角再递增一倍变成一元,第六天罚金再按一元递增一倍变成两元,以后罚金,第七天为四元,第八天为八元,第九天为16元……第十五天为1024元,以此类推。有些小商小贩,缺乏资金,联络了三四家,今天由某甲出面借"日仔利",其余三人作保家。今天某甲借的,大家分了去做营生的本钱,明天某乙借的就用来逐日偿还本金。最后四个人都借了"日仔利",还不出钱,罚金越递加越多。实在榨不出油来的时候,十八大哥就叫手下爪牙把债主抓去囚禁、绑打,分文不容宽欠。1925年间,关仔内文通号(卖账簿的)的老板方生,有一个从内地来的亲戚住在他店内。因他的这个亲戚向林滚借"日仔利"不能按期归还,林滚派两个爪牙到店索款,因而发生冲突。方生的亲戚竟遭林滚的爪牙公然击毙在文通号柜台内。方生慑于日籍浪人的气焰,连哼一声都不敢。1936年4月4日市民陈福清因欠十八大哥爪牙、日籍浪人江阿俊"日仔利"40余元,被骗到晨光路,由江阿俊喝令打手将陈福清抓入林滚的福星馆,将其用绳捆绑,一时拳脚交加,迫令其偿还。许多借"日仔利"的被逼得连最后一条裤子也不得不拿出卖。有的被迫卖妻鬻子,甚至跳海自杀。有一个小贩名叫高加走的,住在大中普巷,因病向谢阿发借了"日仔利"十元,无法按日清还,怕被递加罚金,反复向别人借"日仔利"来还"日仔利"。虽然移东补西,但三个月之间仍积欠"日仔利"130余元。高加走触目惊心,跟他老婆小娥商量,要把独生子卖来还债,他老婆舍不得,反复向别人借"日仔利"来还"日仔利",再拖了一个月,积欠"日仔利"已达200余元。谢阿发天天催逼,高加走不得不忍痛卖儿还债。小娥爱子心切,愤而悬梁自尽。高加走因家破人亡,又为生活所迫而发疯，流落街头，竟不知其所终。

日籍浪人还开了许多"小典"，对厦门市民进行高利盘剥。"小典"就是典当。当时厦门典当因为典期长短不同，因而有"大典""小典"之分。"大典"的典期为12个月，多数是本地人经营的。"小典"典期为一个月，全部是日籍浪人经营。抗战前这种"小典"最多时达200余家。凡向"小典"借款，必须以实物为抵押，押品上至金银首饰，下至衣服、家具均无不可，而利息则高达月利二角。到期不能偿还，抵押品即由"小典"拍卖。

日籍浪人的"小典"还兼营收买旧货。他们夜间也开门营业，专门收买赃货。1936年8月23日早4时许，开元路美川号老板黄大勋失窃电扇一架、刀牌香烟十五盒、汗衫一件、钞票一元五角，约计被窃七八十元。后来查明系小偷陈诚行窃之后，卖予思明东路141号日籍浪人叶金龙。由于日籍浪人的"小典"有日籍招牌作护符，失主被窃，明知失物就在"小典"，也无可奈何。因此，"小典"尽为藏污纳垢之所。一般小偷、扒手的赃物皆有出路，又无受追究的顾虑，更加无所忌惮。难怪抗战前，厦门窃风之盛，甲于全省。

"日仔利"和"小典"的兴起，是和"十二支仔"的盛行有着极为密切的关系的。由于日本帝国主义利用日籍浪人，将"十二支仔"变成厦门群众性的赌博活动，赌场的白银滚滚而来，"日仔利"和"小典"业务也就蒸蒸日上了。

七、逼良为娼

娼妓是日本帝国主义对外侵略的别动队。日本帝国主义不但利用娼妓作为摇钱树赚取外汇，而且利用娼妓于床头卧榻之间搜集各种情报。从日籍浪人在厦门开设的妓馆来看，情况正是这样。

日籍浪人开设的妓馆，厦门人称为"台湾间仔"。里面的妓女，多数是台湾人，也有少数是本地人。台湾妓女都经过特别训练，大抵都会唱南曲来迎合厦门嫖客的口味，同时也学会"灌迷汤"的工夫，来猎取情报，为诸如国民党阵营中的党、政、军人员等，窃取我国军事、政治、经济的情报。日本派来厦门搞间谍活动的头子，如《全闽新日报》社长谢龙阔和日本帝国主义分子泽重信，都不时在"台湾间仔"中钻来钻去，其目的如何，不问可知。日本领事经常向日本政府提出的民情报告，"台湾间仔"就是它的情报来源之一。

日籍浪人的妓馆，当时最著名的有柯阔嘴的四花楼、黄仔鳖的招宝楼、矮仔钱的南隆洋行和女浪人鸳鸯的鸳鸯堂等。寮仔后、曾姑娘巷等处都是"台湾间仔"集中的地方。1929年间，反动政府命令把妓馆集中于大生里，唯独"台湾间仔"恃势不搬，国民党反动政府无奈，反而造成了"台湾间仔"在市区独占"花业"之势。

咖啡店的"女给"，是变相的娼妓，和"太阳啤酒"一样，都是日本帝国主义对厦门输入的麻醉剂。

这些台湾妓女、"女给"都是日籍浪人在台湾从贫苦人家贱价收购来的。日籍浪人为了让她们为自己赚钱而不得不给她们吃饭穿衣，除此之外，她们的零用钱都不得不依赖于她们的"顾客"的"小赏"。抗战前，山仔顶的招宝楼有四个台妓，因为不堪黄仔鳖的迫害而集体自杀。她们是被残酷剥削的一群。抗战前，有一个安南归侨名叫柯贤英，原在同文学校做教员，因同情一个妓女的身世，想替她赎身脱离苦海，遭日籍浪人的怨恨。后来柯贤英竟在"台湾间仔"里面惨遭日籍鸨母的毒手，在酒中暗下毒药被毒死了。他的遗体满身发黑，经验尸证明确系被鸩死无疑。而日本鬼子诿罪于柯所钟情的台妓，并将台妓秘密遣回台湾。反动政府惧日敌如虎，不敢追究，柯贤英含冤九泉，竟不能申。

"台湾间仔"的本地籍妓女，则都由她们的父母，受尽日籍浪人"日利仔""十二支仔""小典"的残酷、循环的盘剥以后，无法还清日籍浪人的"阎王债"，被迫到"台湾间仔"去的。抗战前，山仔顶有一个姓陈的医生（安溪人、归侨）因被日籍浪人吴天赐敲诈，付不出钱，被迫将女儿卖予日籍浪人为娼，后不知下落。十八大哥中的柯阔嘴、矮仔木就是以善于逼良为娼而臭名远扬的。当这些良家妇女被迫到"台湾间仔"卖淫时，柯阔嘴、矮仔木还要享受"初夜权"。

至于被日籍浪人高利盘剥，被迫沦为暗娼的良家妇女，那就更多了。

八、同恶相济

十八大哥依靠日本帝国主义的庇护，在厦门建立"滩头阵地"以后，日籍浪人蜂拥来厦。这些浪人在台湾因打人、杀人或抢劫遭日本警察拘捕时，日本警察告诉他们："要做坏事到火烧岛（日本帝国主义在台湾囚禁抗日分子和重刑犯的集中营，后是台湾美蒋匪帮囚禁革命人民的集中营）去或者到厦门去。"他们在日本帝国主义的鼓励之下，投奔到十八大哥门下充当打手、保镖和毒品推销员，也是日本警署的得力助手。日本警署是1916年在厦门梧桐埕设立的，不久迁到箭道口。每逢日籍浪人抢劫、杀人、打人，被中国官厅逮捕时，日本警署就出面到中国官厅，把罪犯带走，加以释放。如果中国官厅要求会同日本警署到日籍某洋行或日籍浪人的寓所查赌、查鸦片时，日本警署就先用电话通风报信，结果什么也抓不到。中国官员还因此被大大奚落一番。有时碰到厦门爱国人士进行抗日或抵制日货活动时，日本警署不便出面干涉，就唆使日籍浪人大打出手，进行破坏。台湾人中有些是抗日爱国分子，要是被日本特务发现了，就命令十八大哥驱使爪牙，加以暗杀或逮捕。台湾赤色复员会（原称台湾农民组合，是抗日复土组织）

会员褚阮进、张沧海因在台湾进行抗日活动,为日敌搜捕,逃亡来厦,为十八大哥侦悉,被暗中监视。1929年末的一天,褚阮进在思明戏院看电影,公然被十八大哥的爪牙劫走,送交日敌。张沧海逃往内地,后来也被国民党反动派杀害。抗战前由台湾爱国同胞游振煌、叶永青、朱重光等在厦门组织的台湾抗日复土总同盟,进行抗日活动,为日本特务侦知,后来叶永青(现为厦门市粮食局医疗所医生)就是被日籍浪人"请去"台湾,坐了八年的牢。十八大哥还和国民党特务交换"防共"情报,对我地下党进行破坏和镇压。

日籍浪人杀人、抢劫,有的被官厅抓到,日本领事迫于民愤过大,不得不暂时配遣回台。当然,过了些时日还可以卷土重来,还可由日本领事指使台湾公会出面发给一笔钱,资助回台。根据1924年9月11日厦门《江声报》报道:"此次某方(按:指日方)匪徒(按:指陈袭扫等20余人)系台湾公会出面调停配遣回籍,而所有资遣各匪之经费,俱由该公会出面向各大商巨贾捐资充用。"日籍浪人在厦门杀人越货,大不了是遣配回籍,还可以得到一笔"回乡费"。在日本帝国主义这样庇护鼓励之下,他们还有什么坏事干不出来呢?!

日籍浪人像十八大哥这样穷凶极恶的,日本人称为"武力派";像谢龙阔、王昌盛、曾厚坤、施范其、殷雪圃等那样"温文尔雅"的,日本人称为"文治派"。文治派是武力派的"智囊",武力派是文治派的后盾,一文一武都以效忠日本帝国主义为中心,正是日本帝国主义侵略中国的反革命的两手的具体运用。

十八大哥中的每人都豢养一批爪牙。有的是二三十人,有的六七十人,而林滚一人就有100多人。柯阔嘴每次出门都随身携带手枪两支,并有流氓、打手多人护卫。碰到他上菜馆喝酒,附近还要布置岗哨。他们的爪牙除了日籍浪人外,还有许多本地流氓,甚至也有一些无耻文人,趋炎附势,拜十八大哥做"契父"的。这些本地流氓,为虎作伥,对厦门人民也是极尽敲诈勒索的能事。林滚曾雇了一个福州人林鹿皋为"军师",勾官结吏。当时伪警察局局长如王宗世、谢绍曾,伪警备司令部侦缉队长胡震,鼓浪屿工部局侦探长郑西海,以及厦门角头流氓头子宋安在、许振润等,都和林滚结拜为兄弟。国民党反动政府的官员,也有很多和日籍浪人勾结,朋比为奸的。抗战前有一个伪公安局长林鸿飞,就是因垂涎林滚的势焰,和林结交,大谈特谈同宗的情意。有一次林滚为他母亲做寿,大开筵席。这个无耻的伪公安局长,竟以林滚"亲人"的身份,负责招待宾客,在日寇、流氓面前,极尽阿谀奉承的能事。真是不知人间还有什么叫羞耻了。

林滚的福星馆,谢阿发的东南旅社,以及王昌盛的公馆,还是闽南土匪头子的避难所。他们和闽南各地土匪头子,如惠安的汪汉民、汪云龙,南安的彭棠、陈佩玉,德化的张雄南、林清龙,安溪的吕振山、郭宗,长泰的叶文龙,同安的叶定国,海澄的郭老硿、陈明扬、吴仔赐等,都有密切的往来。这些土匪头子从日籍浪人中得到军火的供应，建立反革命武装，捣乱治安，踞地称霸。偶因风声不妙，就跑到厦门"避风"，一进日籍洋行，就稳如泰山，中国官厅不敢过问。有些土匪流氓，因犯案不能在厦门立足，往往由柯阔嘴护送出境，逃往内地、台湾或者香港等地。有一次，一个世家子弟杀人犯罪，侦探追捕甚急，王海生乘汽车到其藏匿的地方将其挟走，别匿他处。侦探跟踪来搜，王海生威胁那些侦探说，要是搜无，他将对侦探不客气。讲完就把大门关起来，叫侦探去搜。那些平时专会鱼肉人民的侦探，在王海生面前，竟成懦夫，终不敢搜。第二天，王海生就把那个人犯挟出，登上日轮逃往上海去了。有时内地土匪还将肉票蒙了眼睛，送到林滚的福星馆地下室囚禁勒赎。"台吴事件"发生时，一批安海土匪还充当了日籍浪人的"狙击手"。

九、三次火并

由于政治腐败，地方派系林立，在反动官僚政客的扶植之下，厦门社会逐渐形成了草仔垵、城内、大王、二王、厦港，海脚李及纪、陈、吴三大姓等势力范围，其中以三大姓和城内派、草仔垵派势力最大。这些派系的"大哥"，各自网罗流氓，占据角头，平日以欺压市民、包庇烟赌、敲诈勒索为生，与日籍浪人行径相去不远。日籍浪人势力侵入厦门，首先和这些"地头蛇"的利益发生冲突，也和反动军、警发生了矛盾。互相殴打枪击事件，时有发生。其中冲突得最厉害的是1913年的"台纪事件"、1923年的"台吴事件"和1924年的"台探事件"。

1913年7月31日"台纪事件"的发生，导火线是一个日籍浪人在关帝庙（现大同路同英布店对面的鹭江防保医院）吃"刨冰"，和纪走来发生口角，引起互相殴打，结下冤仇。继则有一个日籍浪人叫"鲨鱼"的到八卦埕嫖一个名叫"金竹"的妓女，和纪竹、纪挺吃醋生端，那个叫"鲨鱼"的日籍浪人，被纪竹等殴打一顿，自此双方结怨更深，过了几天，即7月31日，纪挺到关仔内凤仪宫在一个日籍浪人名叫建丢的赌摊赌"天九牌"，被鲨鱼看见，遭到日籍浪人的围殴。纪挺不大甘心，随后即由纪竹、纪乌山、纪集、纪已等（多数是当时浮屿造船寮的工匠）率领一批打手，先到凤仪宫"除赌场"，又到福茂宫后"后井仔"（旧称内柴市），一个以日籍浪人周土为首聚居的台湾公馆闹事（当时称为"除公馆"），发生互相殴斗事件。日本领事急电日本海军陆战队来厦登陆，胁迫北洋军阀李心田惩办凶手。李心田立即率兵要去缉拿凶手，当他们来到大王塚山顶（现厦禾路原华康烟厂附近），为纪姓族众包围，用砖头、石头攻得狼狈溃逃，连李心田的绿呢大轿也被砸得稀烂。翌日，纪竹被拘到竹仔河（现双十路），企图挣逃，被官兵砍去一手，押到镇南关时被杀头。后来驻军又抓了著名殷商纪赐福去关押，纪赐福被关了两个多月，才贿通官厅买人顶替。

"台纪事件"除了照日本领事的要求"惩凶"以外，后来还由中国官厅向日本领事道歉，厦门商会向台湾公会道歉，才算了事。

1923年9月18日又发生了"台吴事件"。

"石浔吴"是厦门三大姓中最有实力的，他们一向占据着磁街、打铁、提督（现开元路头）、史巷、港仔口（现镇邦路、升平路交叉处）、水仙宫（现公安局水上分局前）、妈祖宫（现晨光路口）等码头。当时厦门街道除开元路外，都还没有建设，街道狭隘，而横竹街是商业荟萃的地区，属于吴姓势力范围之内。横竹街与日籍浪人势力范围的赖厝埕（现大元路）比邻，台吴利益时有冲突。有一次矮仔木（即陈春木）从台湾来厦，搭吴姓舢板上岸，吴姓高抬船资，矮仔木不买账，这条舢板在海上兜了好多圈子。矮仔木被勒，心有不甘，上岸后就率领打手数人，到码头寻衅，双方发生冲突。其余如对烟窟、赌窟、妓馆收取"看头钱"，双方也常有冲突事件发生。这是一方面。另一方面，当时市场上，由于日籍浪人及其爪牙横行无忌，强抢财物、白吃，甚至发生公然行凶的事件，又因日籍浪人和本地流氓时常发生冲突，有时一日之中店门要关四五次，秩序混乱，严重地影响了正常的商业活动，于是商界要求三大姓组织保卫团，在各自的势力范围内维持秩序。横竹路地段由新建成布店老板李文学向各商铺募捐保卫团经费，有的捐50元，有的捐100元、200元不等。保卫团是由吴纯波组织的，以吴在臣为队长，应募为团员者计30人。每月发给生活费30元。保卫团员荷枪实弹，挂臂章，沿街巡逻。日籍浪人也以十八大哥为主组织了自卫团和保卫团相对抗。日籍浪人自卫团以李良溪为总头目，其下分十队，其分布地点及队长姓名如下：

第一队设五崎，队长王庆云（即猴子庆云，一说是庆芬）；

第二队设寮仔后，队长林滚；

第三队设水仙宫，队长柯阔嘴；

第四队设局口街，队长陈春木；

第五队设柴桥内，队长林清埕；

第六队设后岸，队长郑有义；

第七队设思明北路国公府，队长林猪哥；

第八队设赖厝埕，队长吴天赐；

第九队设蕹菜河，队长李良溪；

第十队设麦仔埕，队长陈粪扫。

双方自此剑拔弩张，大有一触即发之势。

作为"台吴事件"的导火线，是日籍浪人林汝材因收"日仔利"，和吴森、吴香桂的冲突。9月18日午后5时，林汝材到大井脚向妇女林罔索讨"日仔利"，刚好保卫团团员吴森（绰号猫森）、吴香桂也在林罔家里，林汝材和吴森、吴香桂初则发生口角，继则互相扭打。当他们扭打到大井脚，另一名叫加善的日籍浪人的门口时，加善在楼上开枪两响，吴香桂当场被击毙。吴姓保卫团闻讯当即驰援，台人自卫队队长王庆云闻讯，也率日籍浪人数名驰援。经过石埕街时，双方就互相枪击，一时枪声大作，行人远避，店户关门。其时有一个福州人，是剧团艺员，拜吴姓流氓头子吴堕为"契父"，当场被杀死于石埕街（现大同路南泰成门口）。接着，日本警署也派小谷部长（警长）及警士山田、范二人率领大批日籍浪人到石埕街增援。后来中国警察到现场劝解，枪击才停止。其时吴方为报复，常于晚上偷袭赖厝埕，将日籍浪人抓入麻袋内，加上石头，裁入海中。日籍浪人被吴姓用这个方法处死的有三四人。"台吴事件"发生后，日本海军趁机将驱逐舰四艘开到第七码头停泊，并派遣海军陆战队于9月20日登陆示威。还把陆战队三队（每队十余名）分别驻扎于老叶街吴蕴甫的鼎美行、赖厝埕陈长福店内，思明北路阮顺永楼上（现公共汽车公司），在这些房子的屋顶架机关枪，如临大敌。日本侵略兵经常在街上巡逻，耀武扬威，蹂躏我国主权。英帝国主义也赶忙从香港调来战舰两艘，停泊在电灯厂海面，以防止日本帝国主义乘机独占厦门。"台吴事件"在最紧张的几天中，商业停顿，港口几乎成为"死港"。

台吴冲突的过程中，在日籍浪人的势力范围内，日籍浪人见到姓吴的就抓去五崎顶台湾公会禁闭，并加毒打。后来见到同安人也抓。厦门人民激于爱国义愤，对保卫团纷纷支援。厦门商会支援了保卫团经费的大部分，建筑工人也募捐支援，臧致平部队的下层士兵也暗中用武器支持。就是台湾同胞，也有人支持吴姓，如台湾举人黄幼垣（凤翔）就为吴姓草拟对外交涉函电。但也有一些败类为虎作伥，戕害自己同胞的，如当时刚好有一批安海土匪到十八大哥的店内"避难"，就充当了日籍浪人的"狙击手"。

"台吴事件"到同年10月21日才在厦门市商会二楼由双方会商解决。

厦方出席的有驻军司令臧致平、警察厅长陈为铫、厦门大学校长林文庆，思明县知事邢蓝田等人。

日方出席的有领事佐佐木、副领事河野、警察署长境田、海军陆战司令高桥、警察分署长下田、台湾公会会长曾厚坤、副会长廖启埔，以及陈境山、阮顺永、李启芳、王昌盛、钟耀煌等。

此次会议，决定成立调查委员会，由华方陈延庭、蔡维馨（时为警察署长）、潘雨峰、傅式说（系厦大教授，温州人，日本留学生），日方陈长福、陈春木、陈镜山、庄火炉等组成之。

在调解过程中，鼓浪屿五个牌海边，曾发现浮尸一具，日本领事硬说是被暗杀的籍民，但又提不出确切的证据来证明他是被保卫团击杀的，还硬要商会赔偿人命，最后由商会蔡雨村负责捐募1100元给日本领事了事。

双方还成立了台吴事件解决委员会。厦方由蔡雨村、林文庆、吴纯波、吴锡煌，日方由右田吉人、冈本要八郎、曾厚坤、廖启埔、阮顺永组成之。

"台吴事件"一直拖到1924年初，由双方在商会设筵四席（各负担两席）"聚餐"，后不了了之。双方还在商会门口摄影留念（这张照片写："台吴事件"和平解决纪念摄影），参加摄影的有林文庆、傅式说、日本领事、蔡雨村、阮顺永、曾厚坤、吴纯波、吴锡煌、陈延庭、谢龙阔、吴蕴甫等25人。

这是日籍浪人和地方封建势力的许多次冲突中日本帝国主义唯一没有沾到便宜的一次。1938年5月日寇侵略厦门，铁骑刚到将军祠，就将吴姓宗祠的吴英祠放火烧毁，这就是对"台吴事件"的报复。

"台吴事件"发生之后不久，又发生了日籍浪人和侦探火拼的事件，时称"台探事件"。

日籍浪人和侦探的火拼，先后发生两次。一次发生在臧致平统治时期的1924年2月5日，而另一次则发生在海军林国赓统治下的1924年五六月间。

"台探事件"的发生，是军阀、地痞和日籍浪人之间矛盾的总爆发。

1922年，军阀臧致平在厦门拥军独立，自称"闽军总司令"，军饷主要仰给于厦门的鸦片税、赌税和"乐户捐"（按：北洋军阀和国民党反动派向妓馆征收的税款叫"乐户捐"或叫"花捐"），而当时厦门经营这些黑业最多的却是日籍浪人。这就孕育着军阀臧致平和日籍浪人之间的矛盾。

臧致平为了对付日籍浪人，特别设立一个"护大营"，委派草仔垵流氓头子李清波为营长，并在臧致平的司令部内设立稽查队，由刘竹波任队长。另外，警察厅（时厅长为陈为铫）也有侦探队的组织，以陈尚志、黄昆火为正副队长。稽查队队员和侦探队的侦探以及陈尚志、黄昆火等都是当时城内派和草仔垵派的角头流氓，也都是李清波的爪牙。他们平素也都以包庇烟、赌、娼和走私为生。据说李清波在厦门黑社会中势力很大，连日籍浪人也怕他三分。臧致平利用李清波及其爪牙组成的便衣侦探，给以秘密符号，三五人为一组，三五十人为一队，来对付日籍浪人。有一个侦探叫陈协的，在北门外杀死了三个日籍浪人，另一些侦探也在靖山头、车辘辘等地方杀死了两三个日籍浪人。有一个侦探名叫永生的，则被日籍浪人杀死。而在局口街头警亭内的一个警察，有一次也被日籍浪人暗中摸到警亭边，以短枪自瞭望孔伸进，加以击毙。在此期间，侦探和日籍浪人互相仇杀之事，时有所闻，彼此结怨更深。

1924年2月5日，臧致平因为获得一个消息，说日籍浪人联络驻在嵩屿的另一个军阀王献臣，要袭击臧的司令部。他就下令警察厅没收日籍浪人枪械，因而双方发生火拼。日籍浪人被击毙七人，侦探、警察方面也有死伤。日本领事向臧致平严重交涉，并派海军战舰到厦示威。不久，臧致平兵败，4月16日，海军占领厦门，此案尚无结局。

海军入厦后，名义上杨树庄任厦门警备司令，林国赓任参谋长，实际上是林主其事。那时，地方秩序极其混乱，日籍浪人以陈粪扫为首大肆抢劫掳掠。林国赓为对付日籍浪人，安定地方秩序，巩固地盘，乃于司令部内，以林明（林国赓奶妈的儿子）为队长，仍以臧致平侦探队的原班人马组成侦探队。当时林国赓部下有一个海军陆战队团长叫马坤贞，颇为坚强有毅力，下令遇有当街抢劫及便衣带枪者格杀勿论。马坤贞曾抓到日籍浪人，都在口供上迫使他们自认是同安人或晋江人、南安人等，然后以抢劫罪枪毙。日本领事提出抗议，马坤贞则以口供为证，否认有枪毙日本籍民之事，一时日本领事也无可奈何。其时，陈粪扫的急先锋名叫"肚才"的，被侦探逮捕以后，立被斩首，并将首级割下，在寮仔后一带示众。又有名叫"偷鸡福"的，以偷鸡著名厦市，时称"小鼓上蚤"，也被捕杀于玉屏书院门口。日籍浪人被活埋者也不下十余人。

1924年五六月间，日籍浪人陈跷全（李良溪的异父弟）和一个叫"胡须阔嘴"的到九条巷侦探李有铭开的妓馆"金凤"寻衅，双方发生冲突。李有铭及另一流氓名叫矮仔河的都当场被陈跷全用扁钻刺死。马坤贞为报复，立即下令侦察队全体出动，包围麦仔埕陈粪扫的公馆。陈粪扫被围之后，即居高临下，开枪抵抗。那些侦探冲不进去遂用煤油淋屋，放火焚烧。日籍浪人从屋顶潜逃，侦探从楼下开枪射击，当场击毙的有日籍浪人三四人，还打死一个充当日籍浪人"狙击手"的泉州著名土匪卢剪花。双方从麦仔埕一直打到开元路，侦探中也有一个被击毙。

事件发生以后，日本海军陆战队立即登陆示威，日本领事向林国赓严重交涉，要求惩凶。林国赓见事态扩大，恐慌万分，随即派遣林振成（惠安人，日本留学生，后来担任海军禾山办事处的参谋）去找日本海军司令和日本领事。据当时参加火拼的一个侦探陈亚胜说："林振成告诉日本人，日本海军可以暂时撤退，如果将来日本占领了中国其他地方，厦门可以拱手让日军占领，不必动武。"双方交涉结果是，日本将陈粪扫等20余匪徒遣回台湾，厦门将警察厅长陈为铫撤职，并将李清波枪毙。这个事件遂以林国赓和日寇成立秘密卖国协议告终。据说，枪毙李清波时，林国赓以封他为营长为饵，骗他到司令部吃受封酒，而当李清波跨入海军司令部，立即被预伏的刽子手枪毙。

"台探事件"结束后不久，马坤贞就酒后中风死了。因为他生前曾经做了一件镇压日籍浪人的事情，厦门人民于马坤贞的棺材运回福州时，所经街道有些市民还排了香案祭奠。

十、"华南国"

1931年"九一八"事变在蒋介石反动政府的不抵抗之命令下，三日之间东北沦亡。1932年"一·二八"事变，十九路军淞沪抗敌，而蒋介石抱定投降政策，把抗日的十九路军调离前线，和日本帝国主义签订了卖国的《淞沪协定》。从此，日本帝国主义对我国政治侵略、军事侵略、经济侵略更加疯狂。

1933年冬"闽变"发生，11月12日中国共产党和十九路军订立《抗日作战协定》，这对蒋介石的卖国行为是一个严重的打击。蒋介石为了对付十九路军，于1934年派杜起云（本是北洋军阀福建第三师第五旅的旅长，驻在闽西，和闽西南的土匪头子有密切的联系，后来投靠蒋介石，被蒋封为"暂编"）为军事特派员来厦，进行拉拢闽西南土匪的活动。

当时闽西南土匪头子在十九路军的打击之下纷纷逃匿。南安陈匪国辉的部下陈佩玉等都秘密跑来厦门，匿居在十八大哥的东南旅社、福星馆等处避难。杜起云一到厦门，便和日本间谍勾搭起来，阴谋组织"华南国"的活动。

日本帝国主义在厦门策划的"华南国"的阴谋活动是和伪"满洲国"、伪"内蒙自治""华北五省联盟自治"运动相呼应的。这个蒋匪帮的军事特派员杜起云，可以说是善于体会蒋介石秘密卖国"旨意"的。他来到厦门以后，就在思明北路的海陆春旅社的二楼设立办事处，以自己为汉奸首领，以日籍浪人吴万来为秘书长兼人事主任，以谢阿发为总指挥。海陆春旅社对面就是十八大哥之一的谢阿发的东南洋行，活动极为便利。

杜起云和日本间谍泽重信，日籍浪人林滚、谢阿发、陈春木以及王昌盛等笼络、搜罗了漳、龙（岩）、泉、莆、仙各属土匪，诸如长泰叶文龙、德化张雄南、华安吴仔赐、海澄郭老硔，颁发了伪旗，关防印信，委派伪职等等。厦门地方败类，如大王流氓头子宋安在、许振润、堕落文人叶沧州和广东军阀余孽梁海余（当时在鼓浪屿以经营东方旅社为掩护，专门结交军阀、土匪）也都投入泽重信、杜起云的怀抱，积极参加"华南国"的活动。1934年夏，张匪雄南潜返德化和张匪克武组织福建同盟军，发动附近各地土匪参加，就是"华南国"猖狂活动的结果。长泰叶匪文龙直到1939年还把伪"华南国"发给他的委任状、军旗、关防印信，牢牢地保存在家里。

杜起云出卖祖国的"华南国"的阴谋活动被揭发以后，由于当时全国抗日运动风起云涌，蒋介石迫于舆论，不得不"掉泪"把他抓去南昌枪毙，"华南国"宣告流产。但日本帝国主义并不因此而偃旗息鼓。1936年，和华北的"冀东自治""冀察自治"等伪组织相呼应，日本帝国主义者在福建又进行了"福建自治运动"。于是，厦门汉奸团体的组织不断冒出来，什么"亚细亚大同盟""中日亲善会"等，在日本帝国主义分子和日籍浪人的策划下，都在进行活动。这一年的4月7日在鼓浪屿，由日籍浪人林火星（日本警察部部长、高等特务）召开了所谓"福建自治委员会"会议，与会者17人。除林火星外，其余16人，5人为漳、泉土匪头子的代表，11人为厦鼓著名汉奸及所谓"闻人"。会上秘密讨论

《福建自治章程》及发展汉奸为日寇效命等危害祖国的活动。作为"福建自治运动"的结果，就是德化匪首张雄南背叛祖国拥军称变的事件。

1939年，福建军统特务头子张超秉承蒋介石"曲线救国"的意旨，策划德化土匪张雄南、平潭土匪张逸舟投敌。是年5月，张匪雄南于永泰宣告"独立"，组织"福建和平救国军第一集团军"，自任"总司令"，并以张匪逸舟为第一路司令、黄匪玉树为副司令。张超、张雄南这些汉奸，出卖祖国的罪恶活动，本是蒋介石匪帮投降日本政策的一部分，后来却因为反动阵营狗咬狗的斗争，军统特务头子张超被陈仪秘密处死，张雄南也被击毙。日本帝国主义费尽心机策划的"福建自治"的汉奸组织，始终没有正式"开张"。

1938年日本帝国主义侵占厦门以后，日寇"兴亚院"在厦门搜罗了一个名叫郑旭的人，将其送往台湾、东京受训。这个郑旭是日本的情报员，自称是郑成功的后裔。日本帝国主义本想利用民族英雄郑成功的英名，叫郑旭重组"华南国"，但因郑旭是福州人，并不是郑成功故乡南安人，威望不高，骗不了人，遂作罢。日本投降以后，就是这个郑旭和汉奸廖文毅一起，又充当美帝的走狗，搞什么"台湾'独立'运动"去了。

十一、群魔乱舞

1937年七七事变发生以后，日籍浪人为了密切配合日本军国主义的入侵，由王昌盛、郑石为秘密组织邦人义勇团，下设四个分队，并由他们两人担任正副团长。团员有黄庆、赖晓春、柯朝根、王永福、周天启、陈龙汇、柯阔嘴、郑秋云等40名。是年8月25日至28日，台人撤离厦门，王昌盛、郑石为、陈龙江、柯阔嘴、柯朝根、郑秋云这些浪人却由日本领事布置在鼓浪屿潜伏下来做内应。后来因为陈龙江遭到暗杀，柯阔嘴、柯朝根也遭驻军逮捕枪毙，郑秋云也受到逮捕，王昌盛只好逃亡香港，团员也就四散奔逃，内应阴谋没有实现。

1933年5月10日，日本侵略军在禾山登陆，日籍浪人陈木士等充当了日军的向导，并在阵前喊话策反。当日本侵略军登陆以后，潜伏在市区的日籍浪人即在市内各地活动，到敌骑接近市街时，就急忙在台湾公会、旭瀛书院、新世界、福星馆，最后在海后路台湾银行、海关各处的屋顶上，升起了日本国旗，为日寇的内应。

厦门沦陷期间，日籍浪人狐假虎威，对厦门人民极尽搜刮、压迫之能事。

日籍浪人王昌盛在棋杆巷设立的铁公馆，是敌酋、汉奸、间谍及反动国民党军统特务的活动中心之一。日本侵略军铃木师团德本大佐就住在那里。汉奸金馥生（伪市府财政局长）、卢用川（伪市府民政局长）、林谷（即林廷栋，伪华南日报社社长）和军统特务林顶立，还有前面讲过的那个自称为郑成功后裔的郑旭等经常在这里活动。这个铁公馆设有情报部，就是由王昌盛、林顶立、林谷、郑旭这些败类负责联系内地土匪、特务，搜集情报，供给日本帝国主义的。他们还组织了一个金合成船务公司，由敌酋拨给"交通船"两艘，来往于漳厦间，载运鸦片毒品，套取内地粮食资敌，并暗中搜集政治、军事、经济的情报，供日寇参考佐证。1944年4月间，德本部队由白水营、浮宫附近登陆，向汕头集中，就是由王昌盛、林顶立、林正乾这些家伙为前导的。

　　日籍浪人林济川、陈长福、蔡培楚、陈裕乞，在沦陷期间是贩卖鸦片的四大巨头。林济川当时担任伪"公卖局"局长，创办福裕鸦片公司。以陈长福为常川董事，专门制造和贩卖鸦片。后来又设福隆、福和两鸦片公司，为制造浆料膏的工厂。鸦片来源除由上海、香港搜购外，林济川还依靠日寇的淫威，于1939年强迫金门农民扩大罂粟的种植，其面积竟占金门农地的五分之一。福裕公司制造的鸦片，最多时月数达万两，数目甚为庞大。这些鸦片除在厦门销售一部分外，主要是通过交通船和内地反动国民党的军政人员和特务串通，以鸦片套取大米。号称"禾山皇帝"的日籍浪人林身和吴友谅等也从高崎贩运鸦片至同安、泉州一带套取粮食。当时同安伪商会会长王登沂（后来还当了同安反动国民党县党部书记长）和伪同安县长李品芳、伪区长王善如等勾结在一起，以大米在同安后田、下尾下海，运至半海和林身、吴友谅等交换鸦片，发了一笔很大的孽财。在沦陷期间，厦门物资异常匮乏，伪储备券不断贬值，鸦片遂成为市场上最跑红的投机"商品"，有些居民还不得不把它作为储存价值的手段。日寇是贩卖鸦片的大老板，而汉奸、日籍浪人、反动国民党官僚、军阀、特务以及地痞、流氓，都是日寇鸦片公司的销售员。厦门人民和内地人民受害之深，莫此为甚！

　　日寇藤川宽太（兴亚院联络部部长），日籍浪人何金涂、陈春木（即矮仔木）、林清埕，汉奸吴硕卿（即吴苇，是一个堕落的画家，因他的画得到日本海军司令恭田的赏识而受到日酋的青睐），设立"大千娱乐场"于现在的东亚旅社。日寇渡边、汉奸曾文雨和另外一些日籍浪人则设"兴南俱乐部"于现在的晨光旅社。这是两个大规模的赌窟。赌博的名目，举凡"大小""番摊""天九""十二支仔""麻将""辇宝"……等等，可以说应有尽有。赌窟里面，设有鸦片烟馆供人吸食，有餐室供人吃喝，还有娼妓也在里面大肆活动，真可以说是集烟、酒、嫖、赌的大成，也是所谓"中日亲善"的具体表现。沦陷期间，特别是太平洋战争发生以后，日伪配给厦门居民的粮食，定量只有碎米两斤，成千成万的市民吃草皮、树根度命，饿殍遍地皆是。而在这两个赌场里面，都是"朱门酒肉臭"，想吃什么，就有什么。不少市民在里面弄到倾家荡产。有一名叫傅生的，原是中山路明明印刷所的小开，因为到"大千娱乐场"赌博，一座洋楼卖了两万多元，赔光了还不算，还把两个儿子也卖来赌光。最后，为生活所迫，沦为日伪的警察。单"大千娱乐场"从 1938 年 6 月到 1945 年 8 月抗战胜利的六七年间，剥削市民的资财，据不完全的估计，就达 200 多万美元以上。

1941 年间，关仔内金兰香商铺店员林火因为到"大千娱乐场"赌博，不幸把横竹路振合号老板丘养洲的贷款 1000 多元输光了，丘养洲怀恨在心，竟丧尽天良地向日寇报告林火为抗日分子，林火立即受到逮捕。林火在严刑逼供下，招认是抗日分子以后，凡与林火有一面相识的市民计五六十人，都遭到无端逮捕，惨遭灌水、火烧、鞭笞等等的毒刑。关仔内"一家园"蜜饯号老板曾秉乾因受刑过重，当场被日寇打死。后来林火、朱松柏、曾天寿等三人还被解往香港，继续受日寇军法会议的拷打、刑讯。此案被捕的市民，后来虽然释放了，但好几个因受刑过重，内脏受伤，回家不久就死掉了。

在沦陷期间，"台湾间仔"盛极一时，单集中在磁安路的就有月琴堂、玉树堂、宝云堂、春琴堂、丽玉堂、碧娥堂、飞鸾堂、燕燕堂、双丽堂、丽仙堂、春琴堂、惠英堂、花玉堂、金奴堂、英清堂、素琴堂、玉金堂、素清堂、绣云堂、双爱堂、双素堂、珍春堂、美花堂、双玉堂等 20 多家。这些妓馆拥有妓女数百人。

日籍浪人陈萼棣、林身、李恭，是沦陷期间禾山的"土皇帝"。至今禾山农民群众，一谈起这几个家伙，犹恨不能食其肉而寝其皮。

远在 1927 年，陈萼棣依靠日本帝国主义的势力，买通国民党反动政府，在禾山开办农场，名叫嘉禾果植公司。他勾结伪土地整理处的测量员林弼臣绘了一张农场设计图，花了 100 多元，就把后埔、马垅、塘边、小东山附近的 100 多亩土地都划入他的农场范围。陈萼棣的三个儿子陈宝琦、陈宝珪、陈宝瑛和一个小老婆李阿焦都会讲日本话，经常和日本领事、警察来往，向他们报告禾山军事情况和政治情况。1937 年"七七"卢沟桥事变发生以后，陈萼棣等混在日本侨民当中逃往台湾。隔了一个多月，国民党一五七师派兵去搜查农场时，还发现有一份厦门详图和无线电通信设备以及秘密通讯的痕迹。1938 年日寇侵犯厦门以后，陈萼棣父子又回到厦门，陈宝琦充当了日本海军部翻译，陈宝珪、陈宝瑛充当日本警部情报员，对禾山农民更加肆行欺压。陈宝琦父子凭借日寇势力，强占小东山农民陈清水、塘边林开生、后埔陈南金的田地。林开生有个亲戚黄江泉，曾和陈宝珪在英华小学同学过，黄江泉找陈宝珪为林开生说情，不料陈宝珪蛮不讲理，气得黄江泉冲口说了一句："做人要有点良心，这样是不长久的。"陈宝珪听到话里有刺，怀恨在心。刚好公园炸弹案发生，陈宝珪挟嫌向日寇报告黄江泉为抗日分子，致其被日寇逮捕严刑伤重毙命。禾山农民被陈宝琦父子强占的土地插上了"嘉禾果植公司"或"嘉兴公司"木牌，不许外人进出。太平洋战争以后，海上封锁，侨汇断绝，侨眷生活艰难，往往到后塘附近山上拾草采薪，就被陈萼棣的爪牙殴打。庵兜有个侨眷黄美玉，自侨汇断绝以后，依靠割草卖钱和婆婆度日，被陈萼棣爪牙抓住关在牛栏里，并被奸污。

李恭、林身于1930年间先后来厦，在禾山乌石浦，始则以每斗种（一斗种约相当于一亩半）四角钱的代价，向破落户租赁熟荒田地"经营农业"，继则驱使耕牛糟蹋毗邻田地的农作物，使农民颗粒无收，迫使农民不得不将田地出租与他们。他们又乘青黄不接之际，大放高利贷（一般是每年二三月间借与农民大米30斤，到六月收成时偿还干谷一担）。如农民不能按期偿还，就迫令农民将田地出卖。李恭、林身用这样巧取豪夺的办法，没有几年，乌石浦村共600多亩的田地，就被他们占有了400多亩。厦门沦陷以后，李恭、林身始则充当日寇的诱导员，继则李恭充当了禾山第六保保长，林身充当了禾山联保主任。举凡过去农民对李恭、林身横行霸道有怨言的，均被指为抗日分子，加以迫害。乌石浦农民萧有义的土地被李恭占去，一向敢怒而不敢言。1937年七七事变以后，日本侨民撤退，萧有义曾说过一句"今日轮到日光了"的话，在1938年日寇占厦门重到禾山时，就被李恭以抗日分子指交给日寇，在庵兜村埔头被日本帝国主义的兽兵用军刀劈作五块。1938年5月13日塘边农民11人也因曾经对林身强占土地的强盗行为讲过不满的话，被林身指交日寇，一律坑杀。余厝村农民余阿狮，因为拒绝将牛交与李恭为日寇拉炮，也当场被李恭抓去杀头。李恭的儿子李庆赐还奸占一个侨眷为妾，不久即遭李庆赐之妻的迫害自缢而亡。林身也有一个儿子林金龙在江头街强奸妇女，殴打农民，无恶不作。日寇修高崎飞机场时，林身强迫农民为敌人修机场，农民每月要服这种劳役13天。如果农民没有香烟或食品给林身的爪牙应酬，就无缘无故遭到锄头柄的敲打，几乎没有一个农民能够免受这种刑罚。林身垄断了禾山全区的粮食、食盐、香烟、鸦片的专卖权利。操纵禾山农民生死大权的林身，不仅是一个"活阎罗"，还有"禾山皇帝"之称，人民恨之入骨。

日籍浪人陈木土、林身等在市区和禾山还假借为日寇征用修建工事材料的名义，强拆民房，受害群众不计其数。

沦陷期间，厦门人民遭受日寇、日籍浪人、汉奸的屠杀、迫害、剥削，苦难重重，真是难以尽述！

十二、勿忘过去

日籍浪人在厦门，不但为日本帝国主义掠夺了大量财富，还充当了日本帝国主义侵略我国的马前卒，危害了厦门人民的生命财产，毒害了厦门人民的精神，真是罪恶滔天！抗战胜利以后，厦门人民本来以为这些无恶不作的日籍浪人会得到应有的惩治，可是，国民党反动政府却包庇的包庇，卖放的卖放。只要有钱送去，再大的民愤也可以置之不理。臭名远扬的汉奸殷雪圃，仅判拘役25日，而林滚、何兴化、王海生、陈萼棣、林身、李恭等，都被外放逃回台湾。特别使人痛恨的，作为肃奸会主任的伪厦门警察局长沈觐康，不仅包庇了"禾山皇帝"林身，使林身逍遥自在逃回台湾，还和小老婆姘居，真是无耻至极。有的日籍浪人，如陈宝琦，在抗战后摇身一变，从日本海军军部翻译变成国民党海军接收处书记兼翻译，以后又充当了国民党厦门海军司令刘德浦的顾问，还挂起律师招牌，勾结伪法院检察官吴鼎积等，重新骑在人民头上。

李恭、林身在逃回台湾以后，还叫人暗中将强占乌石浦农民的400多亩土地，卖予大同路谦兴金店老板沈笃云，将强占的江头街四五十间房屋，卖予国民党禾山侦缉队长林衍明。禾山农民告到国民党法院，但沈笃云、林衍明这些家伙有钱有势，吃败诉的还是农民。

沦陷期间昧尽天良的资本家丘养洲陷害林火等五六十人的案件，抗战胜利后，苦主朱松柏（现名朱生，是禾山江头商店酱料厂的职工）及一家园曾秉乾的家属等，花了钱，请了律师向国民党伪法院告状，要求惩办丘养洲，为他们申冤雪恨，可是丘养洲用钱疏通伪法官，而后法院竟然告知不受理。

只有共产党领导中国人民推翻了以蒋介石反动派为代表的三大敌人的统治，解放了厦门，人民当家做主了，这些坏蛋才得到应有的制裁。1950年，人民政府根据人民的检举，逮捕了陈宝琦、林衍明、丘养洲，并在1951年举行公审大会，执行枪决，为人民申了冤雪了恨。至于那些被国民党外放逃往台湾的林滚、林身、王昌盛等，他们欠下人民累累血债，不管他们逃到天涯海角，这笔账总有一天是要算的。

今天，我们厦门人民和全国人民一道，正在伟大的中国共产党领导之下，满怀信心地把社会主义建设，从一个高潮推向另一个高潮。我们是幸福的。可是我们不能也不应该忘记，仅仅在一二十年前，在日本帝国主义和美、英帝国主义侵略下，厦门人民曾经熬过1842年到1949年那一段讲不完、说不尽的，惨受三大敌人迫害的日子。虽然这种日子是一去不复返了，但我们要好好记住过去，热爱今天。我们还应该看到，今天在亚、非、拉美广大地区中，还有许许多多的人民在以美国为首的帝国主义阵营侵略下，正过着水深火热的日子。帝国主义的本性没有改变。我们必须加紧建设，巩固国防，并尽一切可能援助还没有获得解放的广大人民，跟美帝国主义斗争到底！

（洪卜仁　陈文藻）

（原载《厦门文史资料》第二辑，1963年8月，原署名：日籍浪人史料征集小组）

闽台区域贸易史略

台湾省包括台湾本岛、附近岛屿和澎湖列岛,与福建省隔海相望。频繁的海上交通往来,和互通有无双方获益的客观需要,促使闽台区域贸易的出现和发展。

历史悠久的闽台区域贸易,就我们了解所及,大体上可分为六个各具特点的时期:宋初至明代万历年间为第一个时期,双方的贸易采取以货易货的方式为主;西方殖民者窃据台湾为第二个时期,闽商不再能与台胞而主要是与西班牙人和荷兰人交易;郑成功父子治台为第三个时期,贸易方式以走私贸易为主;台湾收入清政府版图,实现全国统一为第四个时期,闽台贸易出现空前未有的繁荣景象;台湾沦日50年间为第五个时期,日本帝国主义垄断了闽台贸易;国民党政府进入台湾为第六个时期,正常贸易受到人为阻挠,间接贸易仍然保持。

一

著名的台湾史学家连横指出:"历更五代,终及两宋,中原动荡,战争未息,漳、泉边民渐来台湾,而以北港为互市之口。"[1]也就是说,闽台的区域贸易,始自北宋,其贸易港口,名曰"北港"。

北港在澎湖的东南面,又称笨港或魍港。清代乾隆年间在台湾任司马的朱景英,在他所著的《海东札记》卷四写道:"台地多用宋钱,如太平、元祐、天禧、至道等年号。""相传初辟时,土中有掘出古钱千百瓮者……余往北路(巡视),家僮于笨港口海泥中得钱数百,肉好深翠,古色可玩。乃知从前互市,未必不取道此间。"证实了连横论述的可信。

到了南宋,澎湖列岛行政上隶属于泉州府晋江县,进一步加强了闽台间在政治、经济、文化等方面的联系。宋元时期,泉州港是世界最大的商港之一,海上贸易非常发达,与台湾的区域间贸易,也较前代发展。主管过泉州海外贸易行政的汪大渊对闽台贸易的商品和方式有相当了解。他在《岛夷志略》一书中写道:台湾地产沙金、黄豆、黍子、硫黄、黄腊、鹿、豹,福建商人以"土珠、玛瑙、金、珠、粗碗、处州瓷器之属",与台湾当地居民进行交易。

明初采取海禁政策,一度导致闽台区域贸易的萎缩。及至明代中叶,随着社会经济的发展,商品流通的发达,闽南沿海的商人纷纷集资造船,利用漳州的月港(今龙海市海澄镇),晋江的安平(今安海镇)、围头、石湖,惠安的獭窟、白奇、秀涂,以及厦门附近的嵩屿、海沧、浯屿等偏僻港口,进行海上走私贸易。据《明史》记载,还在海禁森严的嘉靖、隆庆年间,闽南海上私商,就与台湾北部的鸡笼(今基隆)、淡水"往来通贩以为常"[②]。嗣后明朝政府被迫开放海禁,允许商人从事海上贸易,闽台区域间的贸易再次活跃起来。1589年,有88艘商船得到明朝政府颁发的海上贸易许可证,其中有四至八艘获准到台湾贸易(1593年增至十艘)。至于未获准而私自"偷渡"台湾的商船、渔船,那就更多了。

明末龙溪人张燮写的《东西洋考》,相当详细地描述闽人赴台贸易的情景:"淡水人贫,然售易平直。鸡笼人……每携货易物,次日必来言售价不准,索物补偿。……至商人上山,诸所尝识面者辄踊跃延致彼家,以酒食待我。"[③]连江人陈第成书于1603年的《东番记》,晋江人何乔远成书于1629年的《闽书》,记录了漳州和泉州一带的商民运载玛瑙、瓷器、衣服、盐、铜发针和手镯,从烈屿诸澳前往台湾,与当地居民交换鹿肉、鹿皮和鹿角,在长期的贸易交往中,有些商人甚至懂得当地方言。

窃据台湾的荷兰殖民者在他们的文书里,也有不少类似的记载:1623年3月,荷兰人"从一艘来自厦门的中国商船得知,台湾淡水出产金砂,每年有两艘中国商船到彼从事贸易"[④]。1661年,"有五艘中国商船自台湾驶向厦门、烈屿等地,船上载有鹿脯53827斤,鹿筋326斤,鹿骨130担"[⑤]。

显而易见,这一时期闽台区域贸易的发展,是明朝政府废除海禁的必然结果。

二

17世纪初,西班牙和荷兰相继入侵台湾,使明代后期闽台贸易发生了质的变化。这一时期福建商人赴台贸易,不再能与当地居民贸易,而是与西班牙人和荷兰人贸易。

菲律宾的西班牙殖民当局在写于1629年7月18日的一份报告称,他们在淡水和基隆投入20万比索以上的资金,用以购买中国的丝货。[⑥]"比索"是西班牙货币的计算单位,当时比索与白银的兑换率,一比索约合白银0.75两,20万比索就是白银15万两。[⑦]西班牙人不仅投下如此雄厚的资金,而且大约有500人和20艘商船停泊淡水河鸡笼港口。不难想见,这一时期福建商人和台湾的西班牙人之间的贸易,数量相当可观。

1642年8月,西班牙人被荷兰人赶出台湾北部撤回菲律宾,闽台贸易的口岸向台湾南部转移,闽台贸易几乎全部为荷兰人所垄断。

荷兰殖民者窃据台湾期间的闽台贸易,一方面是福建商人运货赴台湾与荷兰人贸易,另一方面,台湾的荷兰殖民当局也派出商船前来福建,收购他们所需要的货物。1629年1月10日,荷兰派驻台湾的殖民长官讷茨有一份《关于中国贸易问题的简要报告》提交给巴达维亚(今雅加达)荷印长官和东印度公司评议会。报告这样写道:

"(东印度)公司一向用中国帆船把现款从台湾运到泉州港口的厦门,交给驻在那边的代理人,有时交给可靠的私商,让他们购买适合于日本、东印度或我国市场所需要的商品。这些交易是通过福州巡抚的默许而进行的。许多中国商人也运商品来此出售,不过这给我们带来的利润不大。因此,每当我们开往日本或巴达维亚的船即将来临而我们的存货不多时,我们就不得不派几只帆船到厦门去,在当局的默许下,买进大量的中国商品。那里的商品价格比在台湾便宜得多,丝的价格每担有时相差10至12两白银。如果时间允许的话,这些船就把货从厦门运到台湾;时间不够的话,就直接运到目的地去。"⑧

根据台湾的荷兰殖民当局档案《大员商管日志》的资料,仅是自1636年11月17日至1638年12月12日,就有582艘运载货物的帆船,分别从厦门、烈屿、安海、金门、铜山(今东山)、海澄(今龙海)、福州起航赴台贸易。福建输往台湾的商品有两大类,一类为生丝、丝绸、白砂糖、瓷器、茶、白醋、黄金等,另一类为大米、小麦、面粉、盐、酒、瓦片、砖块等。前一类往往在运到台湾后,又由荷兰东印度公司的商船转运日本和东南亚的印尼等国家(地区),是当时国际贸易的重要物品,后一类是荷兰殖民者和台湾人民的日常生活用品。而从台湾输入福建的商品也有两大类,一类是从东南亚经台湾转口的胡椒、苏木、铅块等,另一类是台湾的土特产如鹿肉、鹿皮以及盐鱼。荷兰东印度公司从闽台贸易中得到巨额利润。在荷兰东印度公司遍布世界的20个商馆中,台湾商馆获得利润居于第二位。⑨

三

早在郑成功以金门、厦门作为抗清根据地的期间,已经与台湾的荷兰殖民者有贸易往来。由于荷兰殖民者在海上掠劫中国商船,引起郑成功的极大愤慨,遂于1655年传令断绝与台湾的荷兰人通商。台湾的荷兰殖民者受到沉重的打击,派遣通事何斌"送外国宝物,来求通商,愿年输饷五千两,箭桿十万枝,硫磺一千担"⑩,郑成功才解除禁令,恢复闽台的贸易。

1662年2月，郑成功从荷兰殖民者手中收复台湾，闽台贸易一度畅通无阻。同一年，郑成功病逝，由其长子郑经继续治理台湾。当时，清政府与台湾的郑氏政权处于敌对状态，颁布迁界令，厉行海禁，"寸板不许下海"，企图致台湾郑氏政权于死命。

清政府的海禁政策，对闽台贸易的严重影响自不待言。但这一时期的闽台区域间贸易，仍暗中或半公开保持来往关系。连横在《台湾通史》卷二中就记载了这么一件令人玩味的事：郑经统治台湾时，利用清政府弃守厦门的机会，派部属江胜率领水师占据厦门，"与边将交欢"，开展贸易，"凡货入界者以价购之，妇孺无欺"，然后转输台湾。1674年至1680年间，郑经自台湾兴师攻占闽粤沿海地区，清政府的海禁政策，实际上无法执行。可以说，闽台间的贸易，始终没有完全断绝过。

四

康熙二十二年（1683），清政府从郑成功后代的手里收复台湾，结束了海峡两岸分裂局面，实现全国的统一。自此直到1895年台湾沦为日本帝国主义殖民地，清政府统治台湾凡212年。这一时期的闽台区域贸易，呈现空前未有的繁盛景象。

1684年，清政府取消海禁令，但仍实行限制政策，规定厦门与鹿耳门为闽台通商的唯一港口。凡船只由厦门至鹿耳门，必须有厦门商行担保，才能从事贸易。但是厦门的商行因享有对台贸易的独占权，获得巨额利润。至嘉庆元年（1796），厦门拥有对台贸易的商行20多家、商船1000多艘。

祖国的统一有利于台湾社会经济的发展。大陆的劳力不断涌向台湾，促进了台湾的迅速开发。雍正四年（1726），闽浙总督高其倬以"台湾今非昔比"上《请开台湾米禁疏》，指出台湾生产的大米，"一年丰收，足供四五年之用，民人用力耕田，固为自身食用，亦图卖米换钱，一行禁止，则囤积之米，废为无用……"与此同时，台湾的蔗糖、樟脑、硫黄等的生产量，也都日益增多。商品经济的发达，要求扩大销路，而台湾人民所需的日常生活用品，又多依赖大陆供应。在这种形式下，清政府于乾隆四十九年（1784）开放泉州的蚶江与彰化的鹿仔港（今鹿港）通航，继又于乾隆五十九年（1794）开放福州的五虎门与淡水的八里岔通航，从而促进了闽台区域贸易的发展。黄书警在《台湾使槎录》卷二记述当年海峡两岸贸易往来的情景。

"海船多漳、泉商贾，贸易于漳州，则载丝线、漳纱、剪绒、纸料、烟、布、草席、砖、瓦、小杉料、鼎铛、雨伞、柑、柚、青果、桔饼、柿饼；泉州则载瓷器、纸张；兴化则载杉板、砖、瓦；福州则载大小杉料、干笋、香菇；建宁则载茶。

回时载米、麦、菽、豆、黑白糖、饧、番薯、鹿肉，售于厦门诸海口，……商旅辐辏，器物流通，实有资于内地。"

闽台贸易的发展，还可以从台湾进出口商人组织的"行郊"得到证明。雍正三年（1725），台湾府有"三郊"，即北郊、南郊和港郊。据蔡国琳《台南三郊由来》的考证，"配运上海、宁波、天津、烟台、牛庄等处货物者曰北郊，郊中有二十余号营商"，"配运金、厦两岛、漳泉二州、香港、汕头、南澳等处货物者曰南郊，郊中有三十余号营商"，"熟悉台湾各港采籴者曰港郊，郊中有五十余号营商"。由此可知，南郊与港郊，都以经营闽台贸易为主要业务。彰化也有"郊"商，《彰化县志》说："鹿港大街，街衢纵横，长三里许，泉厦郊商居多，鹿港为最。"同书接着对泉郊、厦郊坐了注释："正对渡与蚶江、深沪、獭窟、崇武者曰泉郊，斜对渡于厦门者为厦郊。"淡水同样有"三郊"，《淡水厅志》写道："估客辏集，以淡为台郊第一。……商人择地所宜，雇船装贩，近则福州、漳泉、厦门，远则宁波、上海、乍浦、天津以及广东。……有郊户焉，或赁船，或自置船，赴福州、江浙者曰北郊，赴泉州者曰泉郊，亦称顶郊，赴厦门者曰厦郊，统称为三郊。"此外，据《澎湖厅志》记载，澎湖的妈宫港"街中商贾整船贩运者，谓之台厦郊，设有公所"。而闽南经营对台贸易的商人，也同样有"行郊"的组织，例如厦门有"台郊"，泉州有"鹿港郊"等等。

闽台地区的"行郊"，对促进和发展海峡两岸的经济交流和商业贸易起过积极的作用，在闽台区域贸易史上，占有重要地位。

五

自1895年4月至1945年9月，台湾沦为日本帝国主义的殖民地，整整50年。日本统治时期台湾的经济，属于殖民地性质的经济，外贸完全受日本统治者的控制和垄断。但由于闽台之间长期以来有着密切的经济联系，又因台湾居民中祖籍福建的占80%以上，这种地缘和血缘的因素，决定了日据时期的台湾对闽贸易关系继续存在。兹将日本占领台湾期间的对闽贸易概况，列表于下。

日据台湾时期与福建贸易额趋势表

单位：千日元

年次	贸易额	指数	年次	贸易额	指数
光绪二十八年（1902）	10467	100	1919	12,612	120.5
			1920	14,973	144.0
			1921	11,753	112.3
1903	8532	81.5	1922	9996	95.5

(续表)

年次	贸易额	指数	年次	贸易额	指数
1904	7506	71.1	1923	8027	76.6
1905	7370	70.0	1924	13,184	125.9
1906	7185	68.4	1925	15,122	144.9
1907	5046	48.3	1926	17,466	166.8
1908	5007	47.8	1927	18,409	175.8
1909	4900	46.8	1928	16,535	157.9
1910	5265	50.3	1929	16,568	158.2
1911	5408	51.6	1930	8605	82.6
1912	6518	62.3	1931	5924	56.6
1913	5146	49.2	1932	5587	53.4
1914	5307	51.3	1933	4035	38.5
1915	6287	60.1	1934	7181	68.6
1916	7512	75.6	1935	8569	81.8
1917	10505	100.3	1936	7573	72.3
1918	11223	107.2	1937	4709	44.9

资料来源：《台湾省通志》卷四《经济志》

日本占领台湾期间的闽台贸易，仍然以厦门为主要通商口岸，但具有与以往不同的三个特点。第一，闽台贸易的性质，由国内的区域贸易转化为对外贸易；第二，闽台贸易的输出入机构发生了明显的变化，台湾省输入福建的货物值大大超越福建对台输出的货物值，福建对台贸易历年入超。以1936年度的福建对外贸易为例，全部进口货物中，日本占16.6%居首位，而中国台湾占7.4%，名列第二。输入货物值达当年国币1,641,944元。至于福建输出货物，则以日本、中国台湾为最少，对台输出只有316,253元（国币），入超达1,325,691元（国币）[11]。第三，走私贸易猖獗。自20世纪20年代初至抗战发生的十多年间，每艘从台湾驶进厦门口岸的轮船，都有大批所谓"走水客"携带货物，当作行李，拒绝检查，拒不纳税。1935年8月间，虽经厦门海关税务司克达德与驻厦门日本领事山田芳太郎谈判，签订《台湾水客带货来厦协定》[12]，却始终无法执行。这种公开漏税行为，使关税受到极大损失。[13]此外，惠安的秀涂、獭窟、洛阳，晋江的蚶江、深沪、安海、东石[14]，以及平潭、福清、莆田、仙游的一些港口也常有从事闽台走私贸易的船只往来。

六

1945年9月日本战败投降，台湾重新回到祖国怀抱。10月初，就有台湾货轮抵达厦门贸易。[15]10月25日，国民党接收台湾，成立台湾省贸易公司，恢复闽台间的贸易往来。

1945年至1949年，台湾对福建贸易输出商品，主要有糖、茶、煤、樟脑、木材、水果等，福建输往台湾的商品有肥料、工业原料、布匹以及各种生活用品。

中华人民共和国成立后，闽台直接贸易中断，由香港转口的贸易，随着政治风云的变化而变化，时断时续。1978年中共十一届三中全会以来，中央人民政府改变对台政策，闽台贸易出现了微妙的关系。据统计，1984年从台湾到福建的船只达900艘，人数4000多人。1985年1月至4月的统计，进入福建的台湾船只有92艘，人数492人。

目前，福建已开放三沙、平潭、莆田、同安、惠安、东山、泉州的后渚、漳浦的旧镇等为对台民间贸易港口。闽台贸易，正在朝着直接贸易的方向发展。

注释：

① 连横：《台湾通史》卷一。
② 张廷玉：《明史》卷三百二十三。
③ 张燮：《东西洋考》卷五。
④ 钱江：《明代福建与台湾贸易》。
⑤ 《热兰遮城日志》，1661年3月3日。
⑥ 钱江：《明代福建与台湾贸易》。
⑦ 《海澄县志》卷八。
⑧ 威廉坎贝尔：《荷兰人统治下的福摩萨》。
⑨ （美）许文雄，葛小佳（译）：《1683年以前台湾的开发》。
⑩ 阮文锡：《海上见闻录》。
⑪ 陆大年：《民国廿三、廿四年两年来福建之对外贸易》。
　《江声报》，1936年11月8日，11月11日报。
⑫ 《江声报》，1935年9月3日。
⑬ 《江声报》，1936年11月12日。
⑭ 庄景辉，王连茂编译：《泉州社会调查报告》。
⑮ 《大公报》（重庆），1945年11月12日。

（洪卜仁　王基忠）
（原载《福建工商史料》第二辑，1987年1月）

连横的祖国情怀

连横，字雅堂（雅棠），一字武公，号剑花，先世为福建龙溪人氏，于清康熙年间移居台湾。连横1878年2月出生于台南马兵营，十岁能文，好读《春秋》《战国策》，崇尚仁义忠勇精神。1895年，甲午战败的清廷被迫签订丧权辱国的《马关条约》，其第五款规定："本约批准互换之后，日本准让与地方人民……退出界外，但限满之后，尚未迁徙者，均视为日本臣民。"限满之日，台南一地仅有500多人内迁大陆，而所有未能迁出台湾者，都被强加以日本籍。连横及其家人，当然也不能例外。生活在日本殖民统治下的连横，一生笔耕不辍，撰写了大量的著作：《台湾通史》《台湾诗乘》《台湾语典》《雅言》……为中华文化在台湾的维系和传承做出了重要的贡献。他多次到大陆观光，饱览祖国壮丽山河，写下了许多充满爱国情怀的诗篇。他申请恢复中国国籍，把独子送回祖国参加抗战，最后自己也回到祖国，终老大陆。连横的一生，始终充满着爱国情怀，值得后人敬仰。下面，笔者仅根据自己接触到的史料，对连横的祖国情怀，作一个简要的概述。

一、游历厦门，思乡爱国

连横一生五次内渡，其中两度在厦办报，并参加厦门的中国同盟会活动。他第一次寓居厦门是1902年8月，在厦门捐纳成为监生后，赴福州参加乡试。相传他在考卷中有过激的言论，因此落第。从福州返回台湾，途经厦门时，应聘主持《鹭江报》笔政。

1904年4月10日出版的《鹭江报》第61册上，刊载了连横为《惜别吟诗集》作的序文。文中写道："台南连横归自三山（今福州市），留滞鹭门，访林景商（即林辂存）观察于怡园（在鼓浪屿鹿耳礁），纵谈人权新说，尤以实行男女平等为义。""中国女权不振，一至于此欤。三纲谬说锢蔽人心；道德革命，何时出现？夫政治之原，造端夫妇；族制文化，肇立家人。婚姻之礼正，然后家齐国治而天下平也。晚近士夫，倡言保种，推原于女学不昌，是诚然矣！是诚然矣！""同此体魄,同此灵魂,男女岂殊种哉?""呜呼!中原板荡,国权丧失,欲求国国之平等,先求君民之平等;欲求君民之平等,先求男女之平等。洒笔书此,以告景商,并以质天下之有心人也。"当时有这种主张男女平等、对"人权"提出"新说"的进步呼声,诚难能可贵。

1905年春夏间,连横携眷再次来厦,与黄乃裳、蔡佩香等好友创办《福建日日新闻》,出任主笔。他与家人借住在鼓浪屿一位牧师的寓所,每天得乘坐小渡船往返于厦鼓之间。他还满怀激情地投身当年厦门的"反美拒约"运动,出席集会并发表演讲。据汉文《台湾日日新报》报道:连横被推选为厦门拒美约会的副主理,并在《福建日日新闻》上刊登禁用美货抵制禁约的信息,"新闻社主笔人黄黻臣孝廉、连雅堂……以理抗论","阴历十一月二十四日,厦门华商会社,假地浮屿陈氏祖祠,为冯夏威烈士,大开追悼会……迨午后二时顷,始各礼毕,随由连雅堂上台演说……激昂慷慨,以动众听"。

厦门风景如画,民族英雄郑成功当年曾在此"抗清驱荷复台",留下许多古迹。连横流连其间,写下了抒发爱国热情、表达承担天下兴亡决心的《鹭门旅兴》(七绝二首)、《厦门秋感》(七律)、《游鼓浪屿》(七律)、《中秋夜登鼓浪山》(七绝)、《万石岩》(七绝)、《重过怡园晤林景商》(七律三首)、《鹭江秋感》(七律四首)、《在厦柬乡中诸友》(七绝四首)、《留别林景商》(七绝四首)、《携眷归乡离别厦中诸友》(七律)等诗篇。诗中引经据典,传达出来的强烈的爱国情操,和郑成功的爱国主义精神一脉相承。有不少是脍炙人口的名篇,现抄录其中几首,供读者欣赏。

《鹭江秋感》是四首七律,其一云:

西风落木鹭门秋,漂泊人如不系舟。
家国事多难稳卧,英雄气壮岂长愁。
霸才无主伤王粲,奇相伊人识马周。
潦倒且倾村店酒,菊花开到故园否?

其二云:

登楼遥望海云东,万派商声失断鸿。
漂泊风尘看剑老,浮沉身世笑诗雄。
连天雨脚翻涛白,极浦云根射日红。
最是悲秋常作客,伤今吊古恨无穷。

诗人在深秋时节，在厦门登高望远，想到国家正值多事之秋，清廷腐败无能，故土台湾又被日本帝国主义占领，西方列强们虎视眈眈，步步紧逼，自己虽存报国之心，而身世浮沉，难展抱负，缅怀登楼作赋的王粲，献策匡时的马周，伤今吊古，未免感慨万端。

鼓浪屿的日光岩是郑成功当时屯兵扎营操练水师之处，这里风光绮丽，远近知名。连横一生十分崇拜郑成功，所写歌颂郑成功的诗歌，数量甚多，质量也很高。如《游鼓浪屿》，诗云：

> 倚剑来寻小洞天，延平旧迹委荒烟。
> 一拳顽石从空坠，五色蛮旗绝海悬。
> 带水犹存唐版籍，伏波已失汉楼船。
> 日光岩畔钟声急，时有鲸鱼跋浪前。

鼓浪屿的怡园是台湾富商林景商卜居此岛时所筑，园中有一鹿泉，相传也是郑氏屯兵时所凿。连横和林景商是知交，曾宿此处，饮酒赋诗。《鹿泉》是一首七律，诗云：

> 痛饮狂歌试鹿泉，中原何处着先鞭？
> 麾戈且驻乌衣国，倚剑重开赤嵌天。
> 故垒阵图云漠漠，荒台碑碣水涟涟。
> 明朝鼓浪山头望，极目鲲溟几点烟。

乌衣国指厦门，赤嵌天指台湾，郑成功正是从厦门出兵收复台湾的。诗人在流连山水林泉之时，依然念念不忘英雄的历史功绩，并从中受到激励，其爱国主义情怀令人感动。

二、耻为日奴，恢复国籍

连横一生热爱祖国，"虽历试诸难，不挫所守"。台胞被强迫加以日籍的第二年，20岁的连雅堂前往上海、南京等地求学，就曾有过留居祖国的打算。只因母亲要他与表姐结婚，作为孝子，他无法违抗慈命，只好回台完婚。

1914年，连雅堂寓居北京时，终于实现了梦寐以求的夙愿。

笔者1994年12月在南京中国第二历史档案馆寻找有关台湾史资料时，意外地在"内务部卷宗索引"中查到线索，进而借出全宗档案，终于发现当年连雅堂申请恢复中国国籍的呈文及内务部有关批文。档案的全宗号为1001，案卷号为1282，案卷标题为《寄居台湾侨民回国恢复福建原籍兼改名有关文书》，列为民治司第二科卷宗第一卷，丙户，第122号。案卷上载："内务部民治司第二科收连雅堂呈请复福建原籍由，附《愿书》《保证书》各一件"，日期为"中华民国三年（1914年）一月三十一日"。

连雅堂在呈文中写道："具呈人连雅堂，原籍福建龙溪县马崎社，现籍日本台湾台中厅台中街，现寓北京南柳巷晋江邑馆。为呈请事，兹依《中华民国国籍法》第十八条及施行规则第六条所规定，呈请许可复籍。"在《愿书》中，连雅堂写道："……愿回复中华民国国籍并遵守中华民国一切法律。"

卷宗中还附《保证书》一份，两位具保证书人，分别是北京南柳巷晋江邑馆的李聪海和林少英。当时的北京国民政府内务部在收到连雅堂呈文的第三天，即批准他恢复原籍。除在该部注册外，同时令福建民政长转饬福建省龙溪县备案，并通知连雅堂领取复籍执照。审批文件上，内务部总长朱启钤、次长钱能训、司长于宝轩皆盖上印章。卷宗末尾，并附有连雅堂亲笔书写的"执照已领"及签名盖章的收据，日期为1914年2月10日。

接着，连雅堂又申请更改名字为连横。他在呈文上写道：具呈人连雅堂，年37岁，呈请将连雅堂之名更正为连横，"恳请大部俯准"，日期为"中华民国三年（1914年）二月十一日"。北京国民政府内务部于2月13日收到呈文，翌日即按手续批准。其实，连雅堂早在光绪壬寅年（1902）为《借别吟诗集》作的序中就用过连横的署名（此文刊载在1904年4月10日出版的厦门《鹭江报》第61册）。至于为何在恢复中国国籍后正式申请改名为连横，笔者迄今尚未获得充分材料可资解释，不便臆测，只好待诸来日继续考证。

当时，查阅海峡两岸研究连横的权威著作，例如郑喜夫编纂、台湾商务印务馆1980年出版的《民国连雅堂先生横年谱》，曾乃硕发表在《中国现代史专题研究报告（第七辑）》的《连横（雅堂）的生平、思想和事业》，李云汉刊载于《中国近代现代史论集（第二十九篇）》的《连雅堂与中国革命》等等，都没提及连横恢复中国国籍这么一件事。而对于连雅堂的改名，只是含糊其辞地写道："及长，改名连横"，时间、地点都付诸阙如。因此，连雅堂复籍改名全宗原始档案的发现，无疑是填补了连横生平研究的一项空白。

值得指出的是，1914年春，正当第一次世界大战爆发前夕，日本军国主义气焰嚣张。一些没有骨气的人甚至花钱买日籍，以求减税和得到所谓的"治外法权"。而连雅堂却耻为"日本臣民"，毅然提出恢复中国国籍，赤子之心，溢于言表。

三、送子抗战，终老祖国

1931年九一八事变时，54岁的连横写信给留日归来的儿子连震东，语重心长地指出："欲求台湾之解放，须先建设祖国。余为保存台湾文献，故不得不忍居此地。汝今已毕业，且谙国文，应回祖国效命。余与汝母将继汝而往。"

同年，连横又写了一封情同托孤、意存大义的亲笔信，让连震东带返大陆拜访挚友张继，信中写道："……且弟仅此子，雅不欲其永居异域，长为化外之人，是以托诸左右。昔子胥在吴，寄子齐国；鲁连蹈海，义不帝秦；况以轩辕之胄，而为异族之奴，泣血椎心，其能无痛？"爱国深情，跃然纸上。

1933年春，连横果然携眷回国，以遂其终老祖国之志。离台之前，他"偕仲兄德裕祭父茔，并择夜与德裕话别，且告以内渡后拟入闽祭祖，并溯查连氏族谱，以为最后之著述"。（《民国连雅堂先生横年谱》）

1934年1月，国民政府有重设"国史馆"之议，连横闻讯，喜不自胜，立即致函国民政府主席林森："台湾固中国版图，一旦捐弃，遂成隔绝。"他虽是"弃地遗民"，但作为炎黄子孙，愿"追随大雅，供职兰台"，"扬大汉之天声"，以实现"效命宗邦之素志"。

1936年6月，身患重病的连横，在弥留之际对连震东说："今寇焰迫人，中日终必一战，光复台湾即其时也。汝其勉之！"这时连震东的夫人赵兰坤已怀有身孕，他亲自为即将出世的孙子取名，嘱咐："如系男孙，即命名曰'战'。"为什么连横给其孙取名为"战"？据连战撰写的《祖父与我》一文中说，是寓自强不息意，也含有克敌制胜、光复故园之希望。

令人惋惜的是，天不假年，1936年6月28日，连横在黄浦江畔溘然长逝。回乡祭祖寻根等夙愿未能得以实现。

连横生前衷心盼望"有生之年，能有复旦之日"。他所预言"中日终必一战"在他逝后一年果然发生，经过浴血抗战，中国人民战胜了穷凶极恶的日寇，台湾也于1945年10月25日回归祖国怀抱。

（原载《连横研究论文选》，汪毅夫主编，厦门大学出版社，2006年3月）

厦门——台胞抗日的根据地

在海峡两岸纪念抗战胜利 70 周年之际，李登辉竟称"说台湾人抗日是见到鬼"。然而，台湾众多同胞前仆后继，为了反侵略与反殖民付出心血，甚至生命，史实俱在，不容抹杀。曾经有众多台胞不愿做日本的顺民，毅然回到祖国大陆，在血缘相亲、方言相通的鹭岛从事台湾回归祖国的抗日复土运动。

"破碎山河谁料得，艰难兄弟自相亲。"

1911 年，梁启超先生在途经日据下的台湾时，曾写诗感怀。诚然，自清初以迄，中日甲午战争前，从厦门和漳、泉地区前往台湾谋生的闽南人络绎不绝，构成了以闽南人为主体的台湾汉族居民。1895 年日本占领台湾后，厦台之间由于地缘相近、一衣带水，两地人民血缘相亲、方言相通，厦门理所当然地成为台湾同胞联络祖国亲人共同抗日的主要基地。台湾抗日军民，如抗日举人李应辰、黑旗军首领刘永福、"抗日三猛"简大狮等，在抗日军事失败后回厦门转赴故乡。数以千计不愿做亡国奴的台胞纷纷举家内渡，毅然回到祖籍地，其中定居在厦门的台胞有上千人，包括台湾望族台北板桥林家、台中雾峰林家，以及黄鸿翔、王选闲、卢心启、卢文启等。

抗战前一年，据统计，在厦台胞有一万多人，厦门成为大陆台胞最多的城市。在厦门的台湾同胞中，有少数人甘愿成为日本侵华的鹰犬，如臭名昭著的台湾流氓"十八大哥"。但也有一些台湾热血青年，不接受日本的奴化教育，排除万难来到厦门求学，1921 年前后，台湾学生到大陆求学者俄然增加，大部分都在厦门。据 1923 年 7 月的调查，总数已达 195 人之多。这些热血青年与厦门人民一起反抗日本侵略，开展各种斗争，从事台湾回归祖国怀抱的复土运动。

一、不屈不挠的台胞英豪

20 年代的厦门有很多台湾抗日复土团体，也有很多独立的个体不断地与日本侵略者斗争着，例如翁俊明、李伟光。

台湾台南人翁俊明，其父思念故国情殷，不允许翁俊明幼时习日语。翁俊明18岁考入台北医学校，后于1912年加入中国同盟会，成为同盟会中第一位台湾省籍会员，次年在赴日本的船上曾见过孙中山先生。1913年，翁俊明从日本至北京时，拟以毒菌置于自来水中，毒杀袁世凯未果。1915年翁俊明转往厦门行医，创办俊明医院，自任院长，1929年又任同善医院院长。台湾抗日先贤丘逢甲的后辈丘秀芷女士2015年9月初投书《中国时报》透露，翁俊明在厦门行医所得，多用以支持台湾抗日团体。1933年，翁俊明联络台胞在厦门组织"思宗会"，从事激发台胞民族意识的活动；1937年又组织"建行社"宣传抗日，1938年日本占领厦门后乃赴香港与重庆。1940初，"台湾民族革命总同盟"与"台湾独立革命团"的领导人谢南光与李友邦在重庆商谈合作事宜顺利成功，翁俊明起了很重要的作用。2015年抗战胜利70周年纪念之际，台湾地区领导人马英九在谈及台湾抗日运动时，就提及李友邦将军组编"台湾义勇队"在闽浙沿海游击抗日和翁俊明在厦门的抗日活动。

翁俊明在厦门居住于大字酒巷，抗战胜利前夕在漳州被暗杀，后葬于厦门。

在台湾的李伟光，20世纪20年代在二林一面行医，一面组织蔗农开展农业运动。1925年10月12日发起了以他为代表的、轰动一时的"二林蔗农事件"，后被关押两年三个月。刑满出狱后，李伟光仍继续进行反日社会活动，曾被日警搜查受过警告。1931年东北沦陷后，为巩固后方，日本加紧在台湾镇压反日社会活动。李伟光不得已，利用除夕日方警戒松懈的空隙，乘船离开台湾到了厦门。心潮澎湃的李伟光写下《别台湾将之大陆感慨》一诗，表达了对故土台湾的热爱和对日本殖民统治的愤慨，以及对祖国革命点点星火的向往：

> 十载杏林守一经，依然衫襞两青青。
> 侧身瀛海豺狼满，回首云山草木腥。
> 潮急风高辞鹿耳，鸡鸣月黑出鲲溟。
> 扬帆且咏归来赋，西望神州点点星。

到厦门后，由于日军的严厉搜捕，李伟光先后从亲戚林玉泉家搬到旅馆，又从旅馆再迁到台北医专同学林醒民（厦门人）在厦门禾山创办的慈善医院。为了维持生计，李伟光在鼓浪屿泉州路鸟垛角开设神州医院。在筹办过程中，经过张水杉介绍，加入了中国共产党，在厦门寻找、接待抗日复土的同盟者。1932年11月8日晚，厦门公安局、鼓浪屿工部局和日本领事馆的警探包围神州医院，事先已有警觉的李伟光侥幸逃脱。李伟光后在上海行医，帮助新四军采购药品，掩护地下工作者，从事抗日斗争。

雾峰林家曾是台湾最显赫的家族。咸丰、同治年间，林文察率乡勇效力清政府，受左宗棠重用，累积战功官至福建陆路提督，36岁殒身于漳州万松关之战，被追封为太子太保。其后人林祖密大力支持罗福星、余清芳等人武装抗日。1913年，放弃在台产业举家前往厦门，并向日本驻厦领事馆提出退出日本籍的要求，同时向民国政府申请恢复中国籍，成为1911年之后台胞恢复国籍第一人。林家子弟林献堂领导非武装反日斗争，一生坚持不说日语，不着和服。林祖密之子林正亨考入黄埔军校，后参加中国远征军赴缅甸抗日，肉搏战中，身中16处刀伤。抗战胜利后，他致信给在台湾的母亲："台湾光复，父亲生平遗志达到了，要是有知，一定大笑于九泉。"

二、在厦台胞抱团抗日复土

台胞以各种形式打击日本殖民主义者，不仅有著名人士不屈不挠、勉力奋斗，还有许多抗日复土运动组织也在不断地为之努力抗争着。

台湾尚志社

1923年6月20日，在厦门大学读书的台湾嘉义人李思祯在厦门创立台湾尚志社，会员200多人。该社以"切磋学术""促进文化"为掩护，秘密进行抗日复土活动，目的在于唤醒台胞民族思想，实行民族自决主义，争取脱离日本的殖民统治。同年8月15日，台湾尚志社创办机关报《尚志厦门号》，谴责日本统治台湾，努力唤起台湾人民族意识觉醒。次年1月30日，该社在厦门召开台湾学生大会，反对"台湾总督府"镇压台湾议会请愿运动的暴行，并发表"宣言"和"决议"，寄发东京和日本占领的台湾以及祖国各地。"宣言"揭露"台湾总督府""视岛民为奴隶的暴政"。事后，日本驻厦门总领事馆下令取缔尚志社。

闽南台湾学生联合会

在厦门求学的台湾学生还组织了"闽南台湾学生联合会"，主要负责人有：在厦门大学就读的嘉义人李思祯、漳化人王庆熏，在集美中学念书的台北人翁泽生、洪朝宗，在同文书院肄业的基隆人许植亭，以及在中华中学任教的台南人江万里和学生郭丙辛。1924年4月25日，有400多人出席"闽南台湾学生联合会"举行的成立大会。成立大会还演出揭露日本侵略者在台湾施行暴政的《八卦山》《无冤受屈》等短剧，表现台湾人在日本占领下的悲惨情状，揭露日本统治者的暴虐。开演前，厦门《厦声日报》主事陈沙仑代表来宾，发表热烈演讲，支持台胞青年的抗日复土运动，"满场皆为感动"。

5月，该会创设自己的杂志社——闽南台湾学生联合共鸣社，刊行《共鸣》杂志。7月，该会印发反对台奸辜显荣等人的传单，寄发台湾各地。同年11月16日，闽南台湾学生联合会又在厦门"思明教育会"召开秋季大会。第二天,《思明日报》全文刊载郭丙辛在会上洋洋数千言的演讲。1925年,闽南台湾学生联合会还与上海台湾学生联合会互相联络,进一步推动抗日复土运动的开展。

中国厦门台湾同志会

中国厦门台湾同志会于1925年秘密成立,台湾学生林茂锋、郭丙辛联络厦门的学生与台湾学生共同组成"中国厦门台湾同志会"。1925年4月18日,"同志会"在厦门市内街道张贴题为《中国台湾同志会在厦第一次宣言》的印刷海报,控诉日本统治台湾的血腥罪行,呼吁台湾同胞与大陆人民一起,响应国共两党联合推动的废除不平等条约运动,收复台湾。

"第一次宣言"慷慨激昂,今日读来,亦令人热血澎湃:

"中国的同胞们!我们台湾人本亦属汉民族,我们的祖先来自福建漳州、泉州,广东潮州等地。为了脱离清政府的虐政,另图汉民族的发展而移往台湾。不意,光绪二十一年(一八九五年)的日清之役,清朝竟把它割让给日本,由是,东洋第一宝库的台湾,便沦入野蛮的倭人手中了。

"日本是专制君主国,据台以来,于兹三十年。其间,我们所开拓的土地、森林、山产、海产以及种种权利,悉数横被剥夺,并用苛虐的经济政策及魔鬼般的手段,恣意加以精神上、物质上的重重压迫。看吧!官员仅五万余人,便占全岛日本人的四成,他们以专制实施其恶政、苛税、酷刑等,吾人的言论、出版自由,更正在被剥夺中。而且,他们还存有并吞福建的野心哩!

"日本领台以来,禁止台湾人来往于大陆,除极少数人外,甚至连亲属间的往来都被禁止。他们以为妨害同胞间的亲爱互助,才是侵略福建的最佳手段。在台湾的竞争失败者,近来渡海到厦门的渐渐增加。由于缺乏求生的途径,遂开办赌场、烟馆、妓女户等,显有扰乱社会秩序的现象。故我们需要对此统筹一个救济方法,务期求得社会的安宁幸福才好。

"台湾人不是日本人。纵使排斥日本人,也不该排斥台湾人。台湾人亦是中国人的同胞,亦是厦门人,亦是汉民族。在厦台湾同胞!请诸位绝不要假籍日本的势力。诸位该明白本身所属的民族,和自己所处的地位,若为生计,另寻觅其他正业吧。我们同胞正在台湾饱受日本的压迫,应好好去想报仇雪恨的途径,切勿为日本人所利用。厦门的中国同胞!切勿忘记国耻的日子,且应更进一步,策划收回旧有领土,撤废不平等条约,脱离外国的羁绊,以期成为独立自主的民治国吧。"

4月24日,中国厦门台湾同志会发表第二次宣言,提醒人们勿忘"五九国耻日"：五月九日已迫近了。大逆不道的"二十一条"，尚未撤废，旅大租期已满两年了。该会号召各方团体结合起来，进行富于理性的运动。4月25日，该会在厦门柳真甫长寿学校（现厦门市妇幼保健院附近）举行成立大会，到会者400多人。

同年6月间，该会在厦门创设中国台湾新青年社，发行《台湾新青年》杂志。五卅反帝爱国运动期间，该会在厦门街头小巷广泛张贴《留厦台湾学生之泣词》宣言书，呼吁同胞们赶快站起来，加强联络与合作，排斥日货，举行罢工。

闽南学生联合会

1930年2月，台湾学生曹炯朴、王溪森等人发起筹备，5月8日向闽南各中等以上学校的台湾学生发出邀请入会信函，说明组成闽南学生联合会的必要性。6月9日，闽南学生联合会在厦门中学礼堂秘密举行成立大会。会后，大会执委会便决定进行反对"六一七"台湾始政纪念日（即日本开始对台施行殖民统治的日子）斗争，着手印制2000份《纪念"六一七"特刊》，分发到厦门与台湾、漳州、上海等地。11月初，台湾人民抗日起义的消息传到厦门，学生联合会在集美邮局附近集会声援，并以"留集台湾学生有志团"之名发行《援助台湾蕃族革命号召宣言》及《台湾革命特刊》，密送台湾岛内各地散发。

厦门反帝同盟台湾分盟

1931年6月，闽南学生联合会中的激进分子在厦门市白鹿洞集会，决定组织属于厦门反帝同盟的台湾分盟，并推举王灯财为负责人。厦门反帝同盟台湾分盟成立后，即与上海反帝同盟及中国共产主义青年团厦门支部联络，并相互合作，指导厦门台湾学生的反帝运动。1932年3月，为响应学生救亡运动，中国共产主义青年团厦门支部召集在厦学生和青年团员举行联席会议。王灯财等也以共产主义青年团的身份出席会议。会议决定解散厦门反帝同盟台湾分盟，其成员加入厦门青年救国会，以共同抗日救国。厦门反帝同盟台湾分盟解散以后，其主要成员仍然活跃在厦门抗日斗争最前线。

台湾革命同盟会

1940年3月，在祖国大陆的台胞抗日组织联合建立"台湾革命团体联合会"。翌年2月10日，台湾革命团体联合会改名"台湾革命同盟会"，提出"打倒日本帝国主义，光复台湾"的行动纲领。台湾革命同盟会设有"南方"和"北方"两个执行部。当年厦门是日本占领的沦陷区，"南方执行部"设在与厦门一水之隔的漳州，厦门设办事处，以胡其刚为主任，下设干事3人，办事员5人。同时布置漳厦台联络网，在海沧设联络总站，石码、石美、嵩屿、港尾、井头、禾山、金门、鼓浪屿以及台湾的高雄、基隆等处设联络站。此外，厦门办事处还组织行动队、宣传队的队员潜返台湾和厦门、金门工作。

据福州中央社1943年6月20日电，台湾革命同盟会行动队曾于1943年6月

17日在厦袭击虎头山日本海军司令部,投掷爆炸弹数十枚,炸声轰动全市。该队其他人员在市内四处散发传单,市面秩序大为混乱。日伪军警当即熄灭市内灯光,全部出动搜查,铁甲车装甲车满布街衢,并以汽艇多艘,逡巡海岸,实行全岛戒严,厦鼓与漳州海岸之交通船、邮船完全停航。

台湾民主党

1927年3月,台湾青年林云连、余文兴、黄会元、郑阿源、林焕樵等人,因不满日本军阀在台湾的残酷统治,一起密渡厦门,其后转至香港广州,发动台胞,共同抗日。在厦门,他们遇到了同乡刘邦汉,志同道合,经常一起讨论有关台湾革命的问题。1931年9月,刘邦汉与林云连在广州聚首,正值日本发动侵略中国的"九一八"事变,他们义愤填膺,于是筹组"台湾民主党",并于1932年3月10日在广州正式成立。同年8月,台湾民主党在厦门的党员陈辉滨联络了在厦门的"华侨义勇军救国会",与该会的张锡龄偕往泉州,发展了住在泉州的台商人颜宝藏、台中人陈介文等参加台湾民主党。陈辉滨又与驻厦门的十九路军联系,提出成立"台湾华侨义勇队"的设想,得到允许。后因广州的台湾民主党被驻穗日本领事馆取缔,厦门的计划未能实现。翌年,林云连从广州来到厦门,寄宿于牙科医生新竹人蔡英才家中,开展复建台湾民主党的工作,得到彰化人施永福和台中人陈长庚的支持。但由于驻厦门日本领事馆的严密监视,被迫转移香港继续活动。

军委会国际问题研究所厦门联络站

由谢南光、李万居、连震东等台湾知名学者为主要台柱的"军委会国际问题研究所",起先设在汉口,后迁移重庆,1941年在厦门也有个联络站,由台胞陈能方负责。该所以研究对付日本侵华政策为首要任务,也很重视日方情报的搜集。厦门联络组成员中的台胞林顶立,原是国民政府"军统"人员,混进日本间谍机关"铁公馆"当起"双料"的"情报员",好几次猎取有价值的敌伪情资,供国民政府作为参考,抗战胜利台湾光复后,林顶立因功出任台湾警备司令部要职。

三、台胞在全国战场挥洒热血

1937年七七事变爆发,日本驻厦门总领事馆于8月28日关闭,约有三四千名住厦台胞,不顾驻厦日本总领事馆的威迫,抗命不随日本总领事馆撤回台湾,纷纷向政府申请恢复中国国籍。其中不少台湾同胞受到全国轰轰烈烈的抗日救亡运动的鼓舞,主动地要求参加到祖国的抗战行列中去。

就在厦门日本总领事馆闭馆的第二天,宋重光、施朱、游新民、叶永隆等留厦台湾青年,在大中路回生医院二楼集会,酝酿组织"台湾同胞抗日复土总同盟"。

翌日，召开了发起人会议，商讨成立总同盟的具体步骤。出席发起人会议的男女台胞40多人，其中有些人早先在台湾就已参加过文化协会、农民组合等抗日团体。会上选举宋重光、游新民、叶永隆、王任本等11人为筹备委员，同时推举游新民等人起草组织大纲、工作大纲、宣言和通电，并提出协助政府缉捕汉奸，发动台胞捐赠抗战献金等提案。

9月4日，"台胞抗日复土总同盟"成立了，办公地点设在海岸永诚公司，总同盟以"团结全体台湾同胞打倒日本帝国主义、恢复台湾故土"为宗旨，提出"全国抗战也需要我们台胞挥洒热血"，"与祖国同胞站在同一战线，用火与血和日本帝国主义作殊死战斗"的口号。在他们的影响下，居住在晋江石狮镇的台胞周燕福等九人，于9月6日联呈驻守泉州的八十师二三九旅旅部、国民党晋江县党部、晋江县政府和晋江县第三区署，请示援照厦门"台胞抗日复土大同盟"组织办法，准予筹备组织"石狮台胞抗日复土同盟会"，与厦门台胞联成一气，作抗战复土运动。

在青年台胞酝酿组织抗日团体的同时，厦门市各界抗战敌后援会于8月29日在中山公园召开有6000多人参加的民众大会。台湾同胞推举王任本为代表，出席大会并发表了演讲。王任本是暨南大学学生，他在演讲中强烈谴责害群之马的日籍台湾浪民充当汉奸的罪行，表达了在这全面抗战展开的时刻，觉醒的台胞莫不誓死为祖国救亡图存出力的愿望。第二天，《江声报》以"台湾代表请愿抗战"为题，刊载王任本发言的全文。厦门市各界抗敌后援会为推动台胞参加抗日，也发表了《敬告台湾在厦门同胞书》，号召爱国的台湾同胞"站在民族阵线上，共同打倒暴日，收复远近丧失土地，救出数千万虎口残喘的同胞，以恢复中华民族固有的光荣"。

厦门沦陷后，厦门"台胞抗日复土总同盟"的成员，有的奔赴内陆参加李友邦领导的"台湾义勇队"，在祖国抗日前线担任"日军俘虏营"的翻译或从事战地的救护工作；有的继续隐蔽在厦门，改名换姓组成"台湾革命青年大同盟"，与厦门青年组织的"厦门青年复土血魂团"联合作战，袭击日军军事要地，散发传单，宣传抗日。

四、台湾义勇队在厦令日寇闻风丧胆

> 我们是抗日的义勇军，是台湾民族解放的先锋队
> 要把日寇驱出祖国，要把它在台湾的镣锁打碎
> 为正义抗战，保卫祖国，解放台湾
> 把日本帝国主义整个推翻
> 我们是抗日的义勇军，是台湾民族解放的先锋队。

这是台湾义勇队的队歌，其领导人台湾同胞李友邦曾于 1945 年抗战胜利、台湾光复时亲笔题写"复疆"二字，刻在厦门南普陀后山"洗心池"对面的岩石上。

李友邦，1906 年生于台湾台北县芦洲一个充满中华文化气息而又向往安居乐业的传统家庭里。1906 年的台湾早已被日本侵占，家庭环境也因此产生了巨大的变化。

为了奴化台湾同胞，日本殖民主义曾施行食用品限量配给制度，胁迫台湾同胞改换成日本姓名，借以摧毁台湾同胞的民族意识。但当时的李氏家族宁愿缩紧裤带也绝不改换成日本姓名，并在家族中仍然推行中华文化教育。因此，李友邦很早就接受了中华传统文化的启蒙和熏陶，从而在幼小的心灵中根植了中华民族的意识。当时日本在台湾的反动统治使李友邦经历了不平等的遭遇，在他的心灵深处激荡着抗日和革命的火种。

笔者搜集到了李友邦亲自撰写的文章："我还记得我在孩提的时候，曾以'失言'被掌的一段故事。某日，因与一个日本儿童互谑，被侮，遂愤然而说，'如在中国，君我当异于是！'恰被一个日籍教师听见，立刻跑来，不问情由，不分皂白，大巴掌直向我的脸额打来，并令我住嘴，不再多说。这是我所以终身以从事台湾革命事业的一个细因。"

1924 年，已是青年的李友邦因不满日寇在台湾的黑暗统治，与其他革命青年夜袭台北新起街警察派出所，轰动台湾。日寇要捉捕他，于是他于 1924 年 4 月从高雄搭上轮船，逃回祖国大陆。据说，当时与李友邦同船回大陆的还有两位台湾青年，他们到达的第一站是上海。在上海，他们首先遇到语言障碍，当时日本殖民者在台湾只用日语教学，他们只会闽南话和日语，根本听不懂上海话和汉语。于是，他们又来到厦门，在厦门停留一段时间后，李友邦听说孙中山先生在广州创办黄埔军校，立即赶赴广州。经过严格的考试审查，李友邦成为该校第二期学生。

有一次，孙中山先生在黄埔军校演讲。演讲完后，把李友邦叫到面前了解情况。孙中山讲话带有很浓重的粤语口音，李友邦一脸茫然。在一旁的教官急了，赶快上前解释：这是从台湾来的革命青年，就学不久，您说的粤语和汉语他听不懂，只会日语和闽南话。孙中山先生马上改用日语与他沟通，对他的革命热情非常赞赏，并介绍他到廖仲恺家学习汉语。因此，李友邦的汉语一直带有广东腔。在廖仲恺家里，李友邦阅读了社会上难得一见的世界名著，包括马克思、恩格斯等西方社会革命思想家以及日本社会活动家的著作。置身于这种氛围，李友邦逐渐从一个朴实的热血青年成长为有一定思想觉悟的革命青年。

1939 年 10 月，国民政府正式委任其担任台湾义勇队队长兼台湾少年团团长，晋阶陆军少将。1943 年，台湾义勇队扩大编制为台湾义勇总队，李友邦升任中将总队长。抗战期间,他领导台湾同胞进行抗日斗争。台湾历史学家李云汉称赞李友邦将军和他的台湾义勇队"是唯一由台湾人组织而以台湾为号召的武装力量,因此,他可以被视为是台籍同胞参加祖国抗日的代表,也是台湾同胞拥护并支持祖国抗战的象征"。

厦门沦陷期间,台湾义勇队也留下了许多英勇战斗的事迹,让厦门人民永志不忘。义勇队于1943年六七月间曾在厦门对日军三次突袭,导致日军损失伤亡惨重。因为"这是台湾人对日本人的武力攻击",所以给予日军以极大震动。

从1942年开始,李友邦率领的台湾义勇队把斗争地点逐渐转移到福建一带,实力也逐渐渗透到闽西、闽南地区。当年的六七月间,李友邦经过周密部署,对日寇侵占的厦门市发动了三次武装突袭。第一次突袭选择在6月17日,因为这一天是台湾被日本占领47周年的屈辱日。据悉,那天晚上天气不太好,还下起了阵雨,当时日本在厦指挥中枢兴亚院就在深田路上,入夜之后,突然传来一阵猛烈的爆炸声,兴亚院顿时火光四起。据参加过该行动的林玉虎老人回忆:他亲自参加台湾义勇队爆炸兴亚院这一行动,他的任务是作掩护。

6月30日,距离上一次成功袭击兴亚院13天后,义勇队选择虎头山日本海军油库作为攻击目标。这天晚上,突击队在熟悉地形的队员带领下,悄悄向油库逼近,在投弹有效范围内投掷了数十枚炸弹。顷刻间,日本海军油库燃起了熊熊大火,爆炸声震动了整个厦门市,日军侵略者惊恐万状,厦门人民拍手称快。

7月1日夜,正当日伪当局在中山公园举行游园会庆祝日伪厦门特别市政府成立三周年时,突击队员朝舞台投掷了数枚手榴弹,大会匆匆狼狈收场。

台湾义勇队的抗战救国活动范围很广,在厦门的袭击行动只是其中一部分。经过14年艰苦抗战,抗日战争终于胜利了,台湾义勇队在已授少将军衔的李友邦将军的率领下,在厦门集中乘船返回台湾。

链接:厦门人支援台胞抗日复土

1895年甲午战争清朝战败,被迫与日本签订《马关条约》,割让台湾。厦门人民不愿看到国家丧失领土,不忍看到一水之隔的同胞遭受日本帝国主义的残酷欺压,他们与台胞一起反抗日本的殖民统治,一起迎接台湾回归祖国怀抱的那一天。

台湾人民抗击日寇侵略50年,厦门人民不仅对台湾抗日武装斗争直接给予了资金、人员和武器弹药等方面的支援,还间接地给予道义上的支持。1901年1月,日本财团控制的台湾银行在厦门开设支行,办理中外汇兑,进行企业投资、吸收存款、发放贷款,还发行票面1元、5元、10元和50元四种银本位钞票,流通福建沿海各县市。20世纪20年代，厦门人民开展抵制日货运动，拒用台湾银行钞票，拒与台湾银行发生业务往来，迫使该行一度倒闭清算，复业后业务仍没起色，只得撤回台湾。

1943年12月《开罗宣言》发表后，战后恢复台澎失地的问题，也就提上中国政府的议事日程。为了推动国民政府加快恢复台湾的准备工作，在1944年4月27日举行的福建省临时参议会第二届第十一次会议上，在厦门生活工作的社会人士陈村牧、张述、黄谦若、郭薰风等联名提案，要求国民政府"恢复台湾省制"。提案中先写道："台湾为我国东南屏障，清初原属本省之一府，光绪十一年因防列强觊觎改为行省，设三府一州十一县六厅。甲午战争割让予日，自是台湾同胞即沦为人之牛马奴隶。抗战以后，中央曾一再表示收复台湾决心，惟至最近始经"开罗会议"承认战后归还我国。现距胜利之期不远，应从速恢复省制的办法，以正视听，并坚定台胞内向之心。"还提出恢复台湾省制的办法："建议中央依东北四省例，在陪都或本省设立临时台湾省政府，以号召台胞并策划收复接管等准备。"

上述提案人陈村牧，是德高望重的教育家，历任集美学校校长、董事长，桃李遍闽、台、港、澳和东南亚各国；张述是厦门大学1934年第九届经济学系毕业生，抗战胜利后任厦门市银行行长；黄谦若1937年毕业于厦门大学政治经济学系，曾任国民党厦门市党部主任；郭薰风抗战前在厦门市政府任职，抗战胜利后任《厦门青年日报》社长。

1944年9月在重庆召开的国民参政会第三届第三次大会上，华侨参议员、厦门华侨何葆仁等联名提案，请国民政府"设立台湾军政机构，加强准备收复工作并速定台湾施政大计案"，要求从速收复台湾。接着，何葆仁又于1945年7月召开的国民参政会第四届第一次大会上牵头署名提出："请求国际善后救济总署中国分署增设台湾救济机构案"。抗战期间，何葆仁是陈嘉庚领导的"南侨总会"常务委员，负责领导"南侨总会"马六甲分会的抗日工作。抗战胜利后，何葆仁先回新加坡处理商务家务，旋即前来厦门出任福建经济建设司常务董事兼副总经理，主持公司业务。陈村牧、何葆仁等有关推动收复台湾工作的提案，也是厦门人民共有的愿望和心声。

1945年7月26日，中、美、英三国政府首脑又在波茨坦举行会议，发表了被苏联政府赞成的《波茨坦公告》。8月15日，日本无条件投降。8月20日前后驻地在永安的"美国陆军驻闽辅助空军地面军务处"提出：日本既已投降，应速派员前赴台湾查明战时被日本囚禁于台湾的盟军战俘下落和处境。于是，由处长、美军上尉钟士（Goner）带领中方秘书长陈镜辉及随员二三十人，乘坐三艘木壳机帆船前往台湾。其时战争刚刚结束，台湾海域密布水雷，且机帆船体积小而台湾海峡风浪很大，但为了完成任务，他们不顾个人生命安危横渡海峡。到达台湾基隆后，转赴台北，驻地是辛亥革命期间孙中山住过的"梅屋敷"。

陈镜辉是厦门鼓浪屿人，同文书院毕业时因英语成绩好留校教书，后来离校转到"德忌利士轮船公司"和荷兰安达银行厦门分行任职。抗战期间迁居漳州，旋进入美军工作，抗战胜利后回厦居住。此行他手下的工作人员还有几个厦门人，其中马丕诚是同文书院学生，其父辈为厦门经营进口肥田粉的"谦顺行"老板。可以说，这几位厦门人是日本投降、台湾光复后，最先登上台湾的祖国亲人。

与台湾光复直接有关的厦门人，应该是白克了。白克原名白明新，祖籍广西桂林，出生于厦门，1935年厦大教育学系毕业。在厦大求学期间，曾与黄望青、苏祖德等同学一起创办文学刊物《鹭华》。中国新闻社资深记者、厦门人常家祜是他的表弟。抗战前，白克曾在上海从事电影事业，一度公费赴莫斯科电影学院深造。抗战期间回国，从事战地文化工作。台湾光复前奉命赴台湾主持接管日本在台湾的电影机构。

1945年10月25日，陈仪代表中国政府接受驻台日军投降，上午十时在台北公会堂举行的受降仪式、下午三时庆祝台湾光复大会全过程的新闻影片摄制工作，都是白克主持完成的。之后，他被任命为"台湾电影摄制场场长"。摄制场后来改为"台湾省政府新闻处电影制片厂"，白克仍任厂长。

抗战胜利台湾光复，第一艘从台湾起航前来祖国的货轮，于1945年10月12日进入厦门港。台湾光复的喜讯传出，分布祖国大陆各地的台胞纷纷来到厦门投靠亲友，准备航运一旦恢复，早日回归饱受战争苦难的故乡。到1946年2月23日，先后有四批台胞3503人启程回台。台胞李友邦将军领导的"台湾义勇队"也从龙岩、漳州移师厦门，除了出版厦门版的《台湾青年》外，还与厦门《大道报》在大中路合办《新台报》。《新台报》为四开版小型张的周二报纸，以报道有关台湾和台胞的消息为主。应台湾行政长官公署和高雄、基隆等市县政府的要求，厦门市政府协助台湾招聘一批批各类专业人才，为台湾的接管和恢复经济建设起了重要的作用。

（洪卜仁　叶胜伟）
（原载《台海》杂志2015年12期）

华侨史研究

福建华侨对祖国革命和家乡建设的贡献

福建省是我国主要的侨乡之一，华侨人数仅次于广东省，居全国第二位。限于篇幅，本文仅就有关资料，概述福建华侨出国情况及其对祖国革命和家乡建设的贡献。

一、历代福建华侨出国情况

远在后汉章帝建初八年（83），福州与交趾（今越南）已有海上交通往来。[①]唐代，泉州成为我国对外贸易港口，福建人民前往海外经商的日多。从现存的一些族谱，可以查到五代和宋初泉州留氏、福清王氏族人到国外贸易的记载。

北宋初年，史籍上开始出现我省华侨的具体姓名和事迹。《北宋·阇婆传》提到福建建溪（今建阳市）商人毛旭，多次往返阇婆（今爪哇东部）贸易。淳化三年（992），毛旭曾充任阇婆国使节的随员，前来我国朝贡。《夷坚志》记有泉州人王元懋，"南番诸国书尽能晓习，尝随海船诣占城（今越南南部），国王嘉其兼通番汉书，延为馆客，乃嫁以女，留十年而归。"《续资治通鉴》也记载北宋庆历二年（1042）泉州海商邵保经常往返占城，以及商人黄贞奉福建转运使罗丞之命，于熙宁四年（1071）随同高丽（今朝鲜）商人到该国贸易。大观元年（1107），又有以泉州人朱纺为首的海商集体前往苏门答腊经商。[②]南宋年间的朝鲜，"王城有华人数百，多闽贾船至者。"[③]这些海商是早期我省华侨的主要成员。

元代的爪哇、北婆罗洲、苏门答腊和暹罗、柬埔寨等地区，都有福建华侨的足迹。[④]元末明初，福州南台桥人陈孟千等和莆田人余良甫迁居日本，致力于雕版印刷，促进中日两国的文化交流。[⑤]明代，一方面是海上交通的发展，另一方面倭寇的骚扰，给沿海人民带来灾难，移居国外的愈来愈多。今日印尼的很多地方，已有漳、泉华侨聚居的村落。[⑥]交趾的"会安为各国客货马（码）头，沿海直街，长三四里，名大唐街。夹道行肆比栉，而居悉闽人。"[⑦]洪武二十九年（1396）

赐琉球以闽人36姓之后，到了成化年间，迁居琉球者竟达3000余家。[8]也有"被虏日本"的，"居住年久"而归不得的。[9]地理上迩近漳、泉的菲律宾群岛，更是"商贩者至数万人，往往久居不返，至长子孙"。[10]一份西班牙统治菲律宾时期殖民政府的报告说，仅1606年从漳州到达岷里拉的25艘中国帆船，就载去移民2011人。[11]

海上交通的发达，是福建华侨历史久远、人数众多的因素之一。而福建向有"东南山国"之称，人多地少，农业生产长期处于落后状态，粮食不足自给，也是造成人民不得不远渡重洋、栖身异国的另一原因。南宋年间诗人谢履的《泉南歌》，早就觉察到这一点："泉州人稠山谷瘠，虽欲就耕无地辟。州南由海浩无穷，每岁造舟通异域。"《宋史·地理志》也指出福建"土地迫狭，生籍繁伙，虽硗确之地，耕耨殆尽……"福建地少人多的情况，到了明代更形严重，"闽中有可耕之人，无可耕之地……尝观漳郡力农者，散处七闽，深山穷谷，无处无之……"[12]

清初，为了封锁福建人民接济郑成功的军械、粮食，清政府颁布"迁海令"，迫使福建沿海地区无家可归的人民，相率漂洋过海求生。

鸦片战争后，旧中国沦为半殖民地半封建社会，广大农民和手工业者在中外反动统治的双重压榨下，生活陷入绝境，加上连年的水旱天灾，成批善良的人民，流离失所，走投无路，只好逃到国外寻找出卖劳力的机会。据统计，从1847—1874年不到30年间，大约有25万到50万的人民，由国内迁居国外。[13]其中有相当一部分，是被外国侵略者诱骗、绑架作为"猪仔"拐卖到国外当奴隶做苦力的华工。1845年，一艘法国船从厦门贩运华工到非洲的罅里央岛，[14]他们是近代外国侵略者从我国载出的第一批华工。1845—1846年间，自厦门出口两批华工计6255人。[15]据曾任美国驻厦门领事布兰特雷透露，自1847年到1853年3月止，六年之间，由厦门运往南北美洲和澳洲的华工，共达12151人。[16]一直到清末，掠卖华工的罪恶活动还没有终止，1904年前后，"单单从厦门，每年移入新加坡和实叨殖民地（的苦力），就有七万五千多人。"[17]掠卖华工的范围，甚至从闽南扩展到闽北。光绪年间，就曾有法国人魏池在福州拐卖数百人到墨西哥开矿。[18]

辛亥革命后的军阀混战、土匪横行，以及国民党政府的苛捐杂税、强抓壮丁，驱使更多人民背井离乡，避居海外。流行于晋江地区的民谣《过番歌》："番平（邦）若是真好赚，许多人去几回旋。都是家乡环境迫，只（才）着出门渡难关。"这正是许许多多华侨被迫出洋谋生的真实写照。1920年2月间，美国驻厦门和福州的领事就分别报告说，近数年来，前往马来亚海峡殖民地的华侨，厦门每年平均达8万人，福州每年约3100人。[19]根据海关的调查，1932年自厦门出国的华侨计49,062人。1935年，从厦门出国的华侨达60,559人，1936年增加65,671人，1937年续增加为81,139人。[20]

历代以迄新中国成立前,还有一些人,是由于遭受政治迫害流亡国外成为华侨的。例如1853年闽南小刀会起义失败后,余部数百人在起义首领黄威率领下,由海陆进入新加坡避难。辛亥革命前,也有不少革命志士逃亡日本和东南亚。

二、福建华侨对祖国历次革命运动的贡献

华侨在国外直接深受帝国主义的欺凌和剥削,对亡国惨祸有较深刻的体会,容易接受民主革命的思想,因此,对祖国的历次革命运动都能积极参加,并做出一定贡献。

1853年闽南小刀会起义队伍中,有不少成员是华侨。倡始者同安人陈玉成,是新加坡的华侨。[21]起义的最先组织者江源、江发兄弟,是"归自海外"的海澄人(今龙海市)。[22]1905年为抗议美国虐待华工而开展的反美拒约的爱国运动,海外的福建华侨积极响应,有力地支援了美国的华侨,迫使清政府不敢签约。

辛亥革命时期,旅居东南亚的福建华侨,热烈参加同盟会的革命活动。海澄人杨衢云,是最早参加辛亥革命运动的福建华侨。他先后到过越南、新加坡、印度等地开展工作,后来被反动势力暗杀,为我国的民主革命献身。新加坡、槟榔屿、缅甸、菲律宾的同盟会,会长陈楚楠、陈新政、丘明昶、徐赞周、庄银安、陈甘泉、郑汉琪,都是福建华侨。[23]黄花岗七十二烈士中,有方声洞等六人是福建留日学生。

福建辛亥起义,海外华侨也做出不少的贡献。新加坡同盟会会员黄乃裳接受回福建担任主盟人的任务,曾带回五千份邹容著的《革命军》(改名《图存篇》),分发闽南和福州各地。他还在厦门创办《福建日日新闻》,积极传播革命思想。缅甸和菲律宾同盟会,也先后派王振邦、施铭等携带经费,回到厦门和闽南一带进行活动,发展会员。

武昌起义消息传来,黄乃裳在福州带领由学生组成的炸弹队参加起义。王振邦等在厦门领导起义。福建光复后,财政困难,新加坡福建华侨在陈楚楠、陈嘉庚等提议下,立即发起福建保安捐,电汇两万元应急。旋推选陈嘉庚为福建保安会会长,筹款十余万元,汇交闽督作救济之用,并倡募国民捐20万元。[24]继之,华侨又先后派代表携款回福建慰问,福建军政府也派代表到东南亚各地筹募公债。

1914年袁世凯破坏宪法,实行军阀独裁统治,旅外福建华侨以叶青眼为首组织闽南讨袁军,联合国内革命志士,开展讨袁护法运动。1915年袁世凯与日本签订卖国"二十一条",东南亚各地福建华侨纷纷集会,函电交驰,声讨军阀政府的卖国罪行。

北洋军阀统治下的福建,广大人民饱受军队、土匪的蹂躏。菲律宾华侨在1924年倡议旅外的福建华侨,共同奋起拯救故乡。1925年5月,福建救乡会成

立大会在垠里拉召开。大会讨论了救乡问题，有力地打击军阀的反动统治。[25]

自"五四"运动以至"一二八"事变，海外福建华侨，或致电声讨，或集会抗议，展现了高度的爱国热忱。淞沪抗战后，菲律宾华侨汇款给驻闽十九路军，呼吁他们加强福建国防。[26]

抗日战争爆发，新加坡爱国侨领陈嘉庚提倡输财慰劳守土将士，一呼百诺，仅一昼夜各处自动认捐的，就有数十万元。[27]华侨还组织南洋各属华侨筹赈总会，陈嘉庚任主席。新加坡新闽会馆立即召开会议，成立协助筹赈分队，在福建华侨中开展劝募。自抗战发生到1938年2月，半年间马来亚华侨汇回祖国支援抗战的捐款，达2278万余元，印尼华侨的捐款共973万元。[28]1938年，只菲律宾福建华侨募集的捐款，已达360万元。[29]据陈嘉庚先生估计，1939—1941年间，东南亚华侨捐款达国币600,004,800多万元，折合当时美金约4560多万元。

抗战军兴以来，海外华侨青年纷纷向当地侨团请缨，回国参加抗敌。[30]有的华侨组织救护队、义勇工程队、技工回国服务团，奔赴前线投效。[31]尤其对抵制日货运动，更是不遗余力。此外，还有厦门华侨林谋盛、庄惠泉等深入日本帝国主义制造军火的主要原料基地——马来亚丁加奴州的龙运铁矿区，发动全矿4000余名华工罢工，予敌以重大打击。[32]

1940年3月，南侨筹赈会又选派代表，组成回国慰问团，由陈嘉庚先生率领回国慰劳前线将士。慰劳团第二分团返回故乡视察，对当时国民党福建省政府的种种苛政，进行无情的揭发和抨击。[33]

解放战争期间，东南亚的福建华侨团体，多次集会演讲，并在报刊上通电反对蒋介石政府投靠美帝，发动内战，进行一系列反美、反蒋的爱国运动。新中国成立前夕，以陈嘉庚先生为首的福建华侨代表，积极响应中国共产党的号召，回国出席全国政协会议，欢呼新中国诞生。

三、福建华侨对家乡经济、文化建设的贡献

福建华侨热爱祖国，热爱家乡。有许多华侨投资家乡的生产建设，捐助慈善机构，并在家乡兴办学校的医院。

清末，帝国主义在我国展开争夺铁路权益的斗争，国人提倡自办铁路。1905年福建筹办漳厦铁路，资本总额330万，其中三分之二是华侨投资的，尤以印尼华侨为最。[34]闽南公路交通比省内各地发达，没有一条公路不与华侨有关。据1936年闽南汽车联合会估计，闽南汽车路投资约国币400万元；晋江地区公路资本，华侨拥有十分之七；龙溪地区公路资本，华侨拥有二分之一。按公路里程计算，十分之七在晋江地区，十分之三在龙溪地区。福建最早创办的泉安汽车公司，

是1919年日本神户华侨、安海人陈清机发起的，主要股东是旅居菲律宾的华侨。

戊戌维新前后，国内出现兴办新式工业的高潮，福建华侨开始回乡投资。据统计，1890—1949年间，福建华侨投资本省工矿业、农业、交通运输业、商业、金融、服务业和房地产，计有4055户，投资额折人民币达139189807元，以菲律宾和印尼华侨投资最多，占全省投资额的45.62%。投资的地区，以厦门首屈一指，占全省投资额的62.88%。㉟

福建华侨对祖国或家乡的公益事业也很热心。以泉州市为例，清末鉴于鼠疫流行、许多贫民无力买药而设的华侨善举公所，为收容无依无靠的孤儿而设的泉州慈儿院（1941年改为"泉州开元儿童教养院"），以及泉州妇女养老院、泉州育婴堂、温陵养老院等慈善机构，其经费来源，主要依靠旅外晋江华侨的捐助。㊱

海外华侨在家乡兴办学校、医院的，真是不可计数。陈嘉庚先生创办厦门大学，集美中、小学、幼儿园、师范学校以至成立推广部，补助闽南各地民办学校经费，这已是人尽皆知的了。旅缅华侨曾妈祖，在家乡曾营倡设男、女学校各一所。㊲旅菲华侨吴记藿、陈宏基等，在南安县诗山一带，先后创办普通小学23所。1928年，吴记藿还倡办福建民用航空学校于厦门，独自捐献飞机七架以供教学练习。㊳马来西亚华侨杨宽裕，在他家乡同安区巷东一带先后设立小学八所。抗战前厦门立案的小学39所，其中17所与华侨有直接关系，占全市小学总数的44%。立案的中学11所，有五所与华侨有关。㊴1925—1927年间，晋江市有学校120所，经费17万元，其中私立学校占63.5%，而私立学校中侨办占70%。㊵据统计，从1915年到1949年的34年间，福建的侨办中学有48所。㊶早期福州，厦门的新闻事业，如《福报》《福建日日新闻》《民钟报》《江声报》，以及后来的《华侨日报》《星光日报》《星闽日报》等，也都由华侨创办或捐助。

新中国成立以来，华侨实现了多年的心愿，在党的侨务政策鼓舞下，爱国爱乡的热情更加洋溢。从1952年到1962年底，福建华侨共投资4100万元，在省内27个侨乡建立了47个工矿企业。1959年的统计，全省华侨的办学汇款达2000多万元，在本省创办的中学有64所，汇款补助的小学有967所，新建和扩建的医院20余所。㊷

综上所述，福建华侨绝大多数是被迫出洋的，他们热爱祖国，关怀桑梓，历史上曾经为祖国和家乡的革命、建设事业做出贡献。我们相信，今后国外广大的福建华侨和国内广大侨眷，必将继续发扬华侨爱国爱乡的优良传统，为早日实现四个现代化贡献更多的力量。

注释：

① 范晔等：《后汉书》卷三十三。
② 《莆田祥应庙碑记》。
③ 赵汝适：《诸蕃志》。
④ 汪大渊：《岛夷志略》。
⑤ （日）木宫泰彦：《中日交通史》下卷。
⑥ 马欢：《瀛涯胜览》。
⑦ （日）岩生成一：《南洋日本町的研究》。
⑧ （日）滕田元春：《中日交通的研究》。
⑨ 许孚远：《请计处倭酋疏》。
⑩ 张廷玉：《明史》卷三百二十三。
⑪ ㊳《菲律宾华侨年鉴》。
⑫ 郑述：《虔台倭纂》下卷。
⑬ 田汝康：《近代华侨史的阶段问题》。
⑭ ㉜李长付：《中国殖民史》。
⑮ 姚贤镐：《中国近代对外贸易史资料》，第一册。
⑯ 卿汝楫：《美国侵华史》第一卷。
⑰ 《大英百科全书》，第七本，第77页。
⑱ 陈文涛：《福建近代民生地理志》。
⑲ 龚学遂：《中国民族海外发展情况》。
⑳ 国民党厦门市政府统计室编：《厦门要览》。
　　郑林宽：《福建华侨汇款》。
㉑ 徐珂：《清稗类钞·会党类》。
㉒ 《福清通志·通纪》，清·七。
㉓ 冯自由：《革命逸史》。
　　陈宗仁：《南洋华侨革命史略》。
㉔ 《陈嘉庚先生纪念册》。
㉕ 颜文初：《三十年来菲律宾华侨概况》。
㉖ ㉗ ㉘ ㉙：《江声报》，1932年10月15日，1937年8月9日，1938年3月8日，1938年11月13日。
㉚ 《福建民报》，1939年10月13日。
㉛ 黄警顽：《华侨对祖国贡献》。
㉜ 《新加坡厦门公会十周年纪念特刊》。
㉝ 陈嘉庚：《南侨回忆录》。

㉞㊴陈达:《南洋华侨与闽粤社会》。

㉟庄为玑等:《福建华侨企业调查报告》。

㊱《泉州文史资料》,第四辑。

㊲吴锡璜:《同安县志》。

㊵庄为玑:《晋江新志》。

㊶㊷福建省侨委党组报道组:《在党的侨务政策光辉照耀下的本省侨乡》。

(原载《史论》第一辑,福建省历史学会厦门分会编印,1981年2月)

"唐人"考略

　　1980年第一期的《社会科学辑刊》中日本关西大学大庭脩教授发表的《日清贸易概况》一文中提到："江户时代的日本人之所以把中国称为唐人，中国船称为唐船，其原因可以这样认为，郑成功以及郑氏势力下的人们，从自己反清扶明的意识出发，为了表示自己是唐王的臣民，自称唐人。"大庭脩教授长期从事日中关系史的研究，在学术上的成就是很令人钦佩的，但他论文中关于"唐人"的注释，笔者不敢苟同。

　　史实告诉我们，寓居海外的中国人称"唐人"，航行海外的中国船称"唐船"，由来已久，并非因为唐王朱聿键在福州建立南明隆武小朝廷才开始的。兹就个人接触到的有关史料，略考"唐人"一词的起源及其流传过程，兼就正于大庭脩教授。

　　远在唐朝时候，由于中国的经济、文化在世界上享有很高的威望，东南亚各国人民就称中国为"唐"了，推而广之，称中国人为"唐人"，中国船舶为"唐船"。唐亡以后，旧称仍相袭沿用。北宋朱彧的《萍洲可谈》卷一有这么一段话："汉威令行于西北，故西北呼中国为汉。唐威令行于东南，故东南呼中国为唐。"《萍洲可谈》还说了这么一件事：因为东南亚各国不称中国为宋而仍称唐，赵宋朝廷的一些官员甚为愤愤不平，曾于崇宁间上奏徽宗皇帝，责备"边俗指中国为汉、唐，形于文字"的妄行，要求下令"改为宋"。虽然徽宗"诏从之"，但毫不奏效，东南亚各国依旧称唐不称宋。

　　元、明两代，不仅东南亚人民称寓居当地的华人为"唐人"，甚至中国史籍文献记载寓外华人亦称为"唐人"。元代任职福建市舶司的江大渊，曾经亲自附搭商舶到达东南亚各国，回泉州后，就其目睹耳闻各国的实况，写成《岛夷志略》，书中应用"唐人"称呼寓外华人之处，屡见不鲜，例如"（麻叶瓮）山中，今唐人与番人混杂而居之"，"近爱唐人，醉则扶之以归歇处"。明初随郑和七下西洋的马欢、费信，在他们撰写的著作中，也应用"唐人"称呼寓居东南亚的华人。[①]《明史·真腊传》说得更清楚："唐人者，诸番呼华人之称也。凡海外诸国尽然。"所谓海外诸国，当然也包括日本在内。《宣华日工集》应安三年（1370）九月廿三日条，记载明朝的雕版印刷工人移居日本谦仓，也是用"唐人"称呼中国人的："唐人刮字工陈孟千、陈伯寿二人来，福州南台桥人也。丁未年（1367年）七月到岸。"②

明清时期，作为代表中国的"唐"字，应用的范围更加广泛。海外华人聚居的村落、市镇称为"唐人街"或"唐人城"，中国文字叫"唐文书"，中国船舶称"唐船""唐舶"，中国商品叫"唐货"③，中国商人贸易的市集称"唐市"④，诸如此类，不胜枚举。

19世纪40年代以来，随着华人足迹遍及五大洲，侨居地球的各个角落，"唐人"一词，又有了新的含义，成为华侨的专用名词。直到今天，美国的旧金山、纽约，英国的伦敦，日本的长崎和大阪，以及其他许多国家的城市都还保留着华侨和当地国籍华人聚居的"唐人街"。

上述史料揭示："唐人"一词起源于唐，历经宋、元、明、清，以迄于今，相袭沿用不迭。可见，明末清初前往日本从事贸易的中国人自称"唐人"，何尝是为了表示自己是南明唐王的臣民，无非是袭用前代流传下来的习惯称呼而已。

注释：

①如马欢的《瀛涯胜览》"爪哇国"条："国中有三等人……一等唐人，皆是广东、漳、泉等处人窜居此地。"

②（日）木宫泰彦，陈捷（译）：《来日明人与文化之移植》，《中日交通史》下卷，商务印书馆1931年5月版，第299页。

③（朝鲜）姜沆《看羊录》载："岛津义弘据萨摩、大隅、日向等地……唐船蛮舶往来不绝"，"广唐货蛮货充扨市肆"（据滕田元春《中日交通的研究》转引）。

④《明清史料》乙编第七本有明朝天启五年（1625）的《兵部题条陈澎湖善后事宜残稿》说："闻闽越三吴之人住于倭岛者，不知几千百家，与倭婚媾长子孙，名曰唐市……其往来之船，名曰唐船。"

（原载《学术月刊》1981年3月号）

福建的海外华侨及侨乡

　　福建省是我国主要侨区之一，华侨数量仅次于广东省，居全国第二位。全省旅外华侨和中国血统的外籍人约有五六百万人，约占全国华侨及中国血统外籍人总数的四分之一，为我省总人口的近四分之一。福建的侨乡，除了少数几个县份外，几乎遍布全省各地。

　　海上交通的发达，是福建华侨历史久远、人数众多的因素之一。而福建人多地少，农业生产长期处于落后状态，粮食不足自给，也是造成人民不得不远渡重洋，栖身异国的另一原因。北宋诗人谢履的《泉南歌》写到这一点："泉州人稠山谷瘠，虽欲就耕无地辟。州南有海浩无穷，每岁造舟通异域。"

　　在旧社会，由于三座大山的压迫，农村经济破产，许多人无法养活妻室子女，不得不离乡背井漂洋过海去谋生。许多人是"卖猪仔"或光着上身、穿条短裤过南洋去的。华侨在侨居地披星戴月，修路造桥，种胶开矿，为侨居地的建设流了不少血和汗，才得以生存和发展。以美国旧金山的唐人街为例，40%的华人家庭的收入，目前仍低于联邦政府颁布的贫困线。50%的居民住房，低于市府规定的最低水准，不少住户只有一间或两间卧室。在一些大楼的地下室里，还存在一些被称为"血汗工厂"的缝纫厂。在这里工作的女工，每周工作六天，每天十到十二小时，工资极低。美国的大服装公司，正是从这些廉价的劳动力身上，榨取了大量的利润。在华侨当中，也有少数人后来赚了钱，成为华侨资本家。

　　华侨与华人热爱祖国，热爱家乡。他们共同的心愿是祖国能早日强大起来。他们强烈期待台湾能早日回归祖国。他们热心为祖国的统一大业和实现四个现代化，贡献自己的一份力量。

一、历代福建华侨出国概况

　　福建官民出国历史悠久，最早可溯源到汉代。《后汉书》中说："旧交趾七郡贡献，皆从东冶泛海而至，风波险阻，沉溺相系。"东冶，即当时福州之称，交趾是越南的旧名。可见汉代福州与今越南已有交通往来。《汉书》又说："三国时已有从会稽东冶出海的人民。"

唐朝福建出国华侨渐多，五代时华侨远航番国经商者更众。不仅闽南已开辟了"泉州港"，福州也已开港。《福清县王氏族谱》中的《王审知传》云："闽王王审知开辟了甘棠港，派人到三佛齐（现在印尼的苏门答腊）去"。《唐会要》也说："天祐元年（904）三佛齐使者蒲诃栗至福建"。可见福州已经有华人泛舟国外去做买卖，而且双方都有外交使节往来。

北宋时也有福建华侨到南洋的记载。《宋史》说，大中年间已有华侨取占城稻（越南南部一种优良稻种）回到福建种。《宋会要》载：庆历二年（1042），邵保到过占城国。《宋史·阇婆列传》提到福建建溪（今建阳市）商人毛旭，多次往返阇婆（今印尼爪哇岛东部）贸易。淳化三年（992），毛旭曾充任阇婆国使节的随员，前来我国朝贡。《夷坚志》记有"泉州人王元懋……南番诸国书尽能晓习，尝随海舶诣占城（今越南南部），国王嘉其兼通番汉书，延为馆客，乃嫁以女，留十年而归。"《续资治通鉴》也记载北宋商人黄贞奉福建转运使罗拯之命，于熙宁四年（1071）随同高丽（今朝鲜）商人到该国贸易。又据《莆田祥应庙碑》记载：大观元年（1107），又有以泉州朱纺为首的海商集体前往苏门答腊经商。

元代的爪哇、北婆罗洲、苏门答腊和暹罗、柬埔寨等地区，都有福建华侨的足迹（《岛夷志略》）。元末明初，福州南台人陈孟千等和莆田人俞良甫迁居日本，致力于雕版印刷，促进中日两国的文化交流（《中日交通史》）。

明代，倭寇的骚扰给沿海人民带来灾难，因而移居国外的愈来愈多。今日印度尼西亚的很多地方，已有漳、泉华侨聚居的村落（《瀛涯胜览》）。交趾的会安有长达三四里的大唐街，"夹道行肆枇比，而居悉闽人"。（《日本南洋町的研究》）

明朝三保太监（或称三宝太监）郑和七下西洋，有力地推动福州和南洋的交往。从长乐县发现郑和所立的《天妃灵应之记》石碑上记载：郑和七下西洋的时间在15世纪初叶，前后近30年，曾经在闽江口停泊，等候冬季朔风，然后扬帆开往东南亚，先后到过30多个国家。每次在福建停泊期间，都在这一带招添大批水手。

万历二十一年（1593），旅居吕宋（今菲律宾）的华侨陈振龙，从海外带了番薯种回福州试种，并建议福建巡抚金学曾加以推广。翌年适值福建大旱，巡抚便饬令各县普种番薯，获得丰收，民食得以不匮。这对扩大福建粮食品种，增加生产，贡献很大。后人为纪念这件事，特在福州乌石山建造一座先薯祠。

明代末年，由于清兵入闽，福建居民不愿受清朝统治，纷纷追随民族英雄郑成功进行抗清运动，同时逃亡海外的不少。清朝政府为了禁止人民逃亡，订了海禁律例。据《大清律例》载：一切官员及军民人等，如有私自出洋经商，或移往外洋海岛者，应照交通反叛律，处斩立决等等。这条"法律"，至1684年才废。乾隆十八年（1753）漳州蔡坂乡人迁往爪哇，历百余年成为印尼华侨的巨族（《南洋华侨与闽粤社会》）。泰国史上另一著名华侨人物许泗章，原籍漳州，嘉庆十五年（1810）才到达槟榔屿，后来转赴泰国，受封爵位。现今在马尼拉市王彬街竖有铜像的王彬，其祖父也是嘉庆年间从闽南前往菲律宾的。1822年前后，每年约有7万名移民从厦门和樟林《广东省海陆丰附近）到达泰国。1829年，从厦门起航往新加坡的四艘帆船，载去华侨1570人。

二、血泪斑斑的"猪仔"出洋史

老一辈华侨都不会忘记早年华工被作为"猪仔"拐卖异域的惨痛历史。据新加坡政府统计，1881年至1930年这50年内，就约有500万"猪仔"到达新加坡，其中大部分被转运到其他地方。估计18到20世纪的200年内，从我国直接运到南北美洲、大洋洲、欧洲和非洲各地的"猪仔"，还有100多万。从我国前后被贩运到世界各地的"猪仔"总数不少于六七百万。

19世纪50年代初，美国正处于资本主义迅猛发展时期。当时，由于加利福尼亚州的科罗马附近发现了金矿，"淘金热"正处于高潮，美国资本家为了寻找廉价的劳动力，派船到中国广州、福州、厦门一带招募和拐骗了一批批华工去美国。这就是历史上臭名昭彰的"猪仔贩事业"，也是华人大批去美国的开始。

由于清朝时福州、厦门都是对外通商口岸，因此，很早就成为殖民主义者掠卖华工的地点之一。起初，这些人口贩子还碍于国际舆论，只是偷偷摸摸地进行。后来因清政府腐败无能，臭名昭著的人口贩子——法国人魏池，竟明目张胆地在福州马尾建起了一座"猪仔牙"，公开的招牌是"喇伯顺洋行"（现在马江医院附近岩石上，还遗留着"喇伯顺HCR"的石刻大字，这座建筑物新中国成立后作为省土产公司仓库），雇用福州翻译和捐客，勾结福州邻近各县的地痞流氓，到处诱骗劳工出国。许多传教士也参与了贩卖"猪仔"的勾当。西班牙籍的传教士苏玛索一面在福州设堂传教，一面派遣福州西门堂神父江朗川贩卖福安教友813人，送往法属非洲的布而那岛充当苦力。

当时，被骗到"猪仔牙"去的闽江两岸贫苦农民，每人发50块光番（银圆）作为"卖命钱"，美其名为"安家费"，再发一条灰色毛毡（福州称之为"猪仔毡"）。"猪仔头"骗说，出洋做工除供给衣食外，还有工资。说外国年历不同，一年只等于中国半年，因此订八年合同四年后就有船送回中国。"猪仔"上船后，就被锁在船的底舱，过着非人的生活。英、美等国商船为要多赚钱，本来只能装300人的船，硬装了600人。这些"猪仔"无法睡眠，只能屈膝坐着。船中用木槽木碗盛粥，洋人呼食时"荷荷"直叫，就如乡下呼猪就食。由于船中空气稀薄污浊，饮食恶劣，因此疾病流行，死亡的人很多。

从英国和美国的档案看来，"猪仔"出洋在途中的死亡率十分惊人。例如1856年英国商船"仆得兰公爵"号装"猪仔"332名从香港开往古巴，中途因疾病和自杀死去了128名，死亡率达39%。同年"约·加尔文"号装了298名猪仔去古巴，途中死去135名，死亡率高达45%。当时英、美人也说运输"猪仔"的船是"浮动地狱"。"猪仔"运到目的地后，一般是立即押送到市场或街头拍卖，当场脱光衣服，赤身露体，任凭买主像挑选牲口一样，进行检查。"猪仔"贩子卖出一名"猪仔"可得350—850元，利润率高达二至五倍。

清朝福州、厦门"猪仔"有的被贩卖到南美洲的秘鲁、圭亚那，有的去澳洲的悉尼，有的到夏威夷的火奴鲁鲁，菲律宾的巴旦等小岛。从1845年到1853年8年之间，仅由厦门运往南北美洲的华工，共达18300多人。

晚清诗人黄遵宪在《逐客篇》一诗中曾写道："鬼蜮实难测，魑魅乃不若！岂谓人非人，竟作异类虐……但是黄面人，无罪亦笭掠……倒倾四海水，此耻难洗濯！"这就是对华侨先辈受骗被卖的血泪纪录。

三、福建华侨人数及其分布

海外的华侨究竟有多少人？历代政府未曾进行全面调查。近代各居住国政府虽然发表过一些统计，但由于各国的国籍法对华侨的不同解释和规定，不可能有精确的数字。据美国《时代》周刊、新加坡《海峡时报》、南斯拉夫《政治报》等报刊统计，近年华侨总人数为2250万。这个数字包括了中国血统的外籍人。因为许多国家的华侨已加入当地国籍，成为中国血统外籍人。华侨和当地人很早就开始通婚。差不多整整一代没有大量华侨出国，旅居海外的华人多数是在当地出生的。有的华侨为了免受歧视，取得当地国籍后，就改名换姓。所以，很多中国血统的后代现在处于华侨和同化为当地人之间的过渡状态，他们或多或少保留着中国文化传统和生活习惯。

海外福建籍的华侨有多少呢？没有精确的统计，据有关材料看，1939年我省华侨总数估计为267万多人，其分布地区为：暹罗（今泰国）62,500人，英属马来亚（包括今新加坡和马来西亚）983,000人，荷属东印度（今印度尼西亚）806,000人，菲律宾88,000人，安南（今越南）81,000人，缅甸77,000人，日本5900人，其他6000人（《福建华侨汇款》）。

迁居印度尼西亚的华侨，以福建人最早。1931年调查，在印尼的福建籍华侨554,000人，多数是闽南各县人，福清人也不少。在爪哇和苏门答腊的许多地方，除马来语外，最通常的语言是闽南方言。在雅加达的华侨社团中，福建会馆的人数最多。

新加坡和马来西亚的福建华侨，以闽南人为大多数，少数为福州人和福清人。1901年以前，新加坡华侨都是从厦门地区去的，1901年以后，才开始有福州和莆田两地区的华侨移入。1947年统计，福建华侨在新加坡有50万人。割橡胶和橡胶制品工人，以及驳船、采石、烧砖瓦、泥水、木制、锯木、搬运、采矿等工人，多数是闽南籍。福州、福清、莆田、仙游人，多数从事渔业、修车和制造酱油等职业，闽西人多数经营药材。

1931年缅甸政府公布，在缅甸的福建华侨为5万人，多数集中于仰光等城市和缅甸伊江三角洲地带。华侨通用的语言是闽南方言。缅甸华侨的福建同乡会，由37个县的同乡会共同组成。

在菲律宾的华侨中，晋江地区的人数最多，次为龙溪地区，福州人较少。西班牙殖民统治时期的菲律宾，马尼拉已经有华侨商业区。菲律宾政府公布的材料，1939年闽籍华侨9万人左右。1955年据有关方面调查，在菲律宾的福建各县同乡会有57个。

在越南的福建华侨占华侨总数的20%，闽南各县人居多，主要集中于西贡等城市，以中小商人较多，散居各地的则多数从事农业、渔业和航海。

泰国1955年的人口调查估计，福建华侨为16.2万人，多数是漳州、同安人，也有少数是福州地区的。在泰国南部的锡矿工人大部分是闽南人，割胶工人则多数是福州人。

据国外报刊和侨务部门的20世纪80年代的有关材料统计，我省华侨包括祖籍福建的外籍人有570余万人。他们分布于90多个国家和地区，主要在东南亚各国。其中印度尼西亚约有209万人，占当地华人总数的55%。新加坡约81万人，占当地华人总数的45%，马来西亚约130万人，占当地华人总数的36.5%。菲律宾约52万人，占当地华人总数的80%。泰国约42万人，占当地华人总数的10%。缅甸约25万人，占当地华人总数的50%。越南的25万人，占当地华人总数的20%。柬埔寨约7万人，占当地华人总数的20%。美国约6万人，占当地华人总数的9%。日本约1万多人，占当地华人总数的20%。欧洲和其他地区为数不多。

四、促进居住地的经济、文化发展

福建华侨和当地人民友好相处，披荆斩棘，并肩劳动，为开发和发展侨居国的经济，做出很大的贡献。

今日东南亚的经济支柱橡胶和锡，其早期的经营者和工人大都是福建华侨。

马来亚试种橡胶，是从福建华侨陈齐贤、林文庆开始的，推进橡胶种植和发展橡胶制品工业的陈嘉庚、陈楚楠、林义顺、丘雁宾等，也均为福建华侨。

在泰国，拉廊地区的锡矿，是漳州人许泗章发现和雇工采掘的。印度尼西亚甘蔗种植和制糖工业的知名人士黄仲涵，原籍厦门灌口。印尼东海岸渔业基地巴干亚比（旧译峇眼亚比），原是莽莽荒岛，无人居住。清朝同治年间，才由同安马巷的洪恩源率领族人开发。清朝末期，闽清人黄乃裳携眷南渡新加坡。他于1900年4月至沙捞越（亦称北婆罗洲），循拉让江至诗巫，见两岸地旷人稀，土质肥沃，可容数万人垦种，乃与沙捞越王签订为期99年的移民垦殖合约。从闽清、屏南、古田等地招募1000余贫苦农民前往垦荒，几经失败，终获丰收。黄氏因眷念家乡，新辟垦区命名为"新福州"。以后陆续前往的华侨有两万余人。沙捞越的新珠山下游一带，最先也是我省莆田、仙游两县方家旺、陈秉忠、詹家仁等率领乡众100多人开辟的，后来蔚为一大村落，当地人民至今口头上都称"兴化坝"（《沙捞越百年纪略》）。

继新福州开埠之后，福州一带移民之风大盛。据《福建近代民生地理志》载：过了两年（约1902年），又有福州华侨林清美，从古田、福清等地招募了一批劳工前往马来半岛霹雳州实兆远从事农业垦殖，开辟树胶园。

实天县位于今日马来西亚霹雳州西海岸，面积约1500平方英里。1902年以前，这里是未开发的森林，经过福建籍华侨披荆斩棘，开荒拓殖，发展成为马来西亚重要的树胶产地之一。

东南亚国家如菲律宾的农耕、建筑、酿酒、捕鱼、造纸、烹饪等技术，印度尼西亚的种蔗制糖，马来亚的采矿、冶炼，缅甸的采玉、玉雕，越南、泰国的制陶手工艺等等，也都传自福建华侨。研究东南亚历史的英国学者布赛尔在《东南亚的中国人》一书中赞誉说："闽侨为马来亚之拓荒者"。1889年12月31日，一个法国代表访问东南亚各地后在报告中写道："香港和新加坡的繁荣兴盛，以及马来亚联邦、苏门答腊、婆罗洲等地那些赚钱的种植园，全靠中国人的劳动"，又说："他们不仅建筑铁路，而且在种植园劳动，开辟稻田，种植蔬菜，合理而巧妙地开采矿藏，并不断设法使各生产领域的产量满足日益增长的需要。"曾任新加坡移民局局长的英国人普赛尔称赞中国侨民的功绩说："假使没有中国人，就不会有现代的马来亚。假如没有现代马来亚的橡胶供应，欧洲和美国的汽车工业就不可能有今天这样的发展。"

福建华侨对居住地文化艺术发展也有不可抹杀的贡献。16世纪80年代，印尼的福建华侨，分别在雅加达、泗水、三宝垅办了《新报》《商报》《公声报》《博闻新闻》等多种巫文报纸，为提高居住国人民的文化水平付出大量的劳动。至今菲律宾语言中关于农作物和日用品名称，如犁、蔬菜、豆干、米粉、畚斗等等，甚至群众口语"歹利运"(运气不好),都还保留与闽南方言一样(《菲律宾年鉴》)。在新、马从事文艺工作的福建华侨张楚云、林姗姗等,都曾大力搜集、发掘、整理马来亚民间文艺。这些都有利于促进我国与东南亚的友好关系与文化交流。

五、积极支持祖国历次革命运动

华侨在国外直接受帝国主义的欺凌和剥削,对亡国惨祸有较深刻的体会。因此,他们对祖国历次革命运动,都能积极参加,并做出一定的贡献。

1853年闽南小刀会起义队伍中,有不少成员是华侨。倡始者陈玉成是新加坡的华侨。起义的最先组织者江源、江发兄弟,是"归自海外"的海澄人(《福建通志•通纪录》)。1905年为抗议美国虐待华工而开展的反美拒约爱国运动,福建的华侨积极响应,有力地支援了在美国的华侨,迫使清政府不敢签约。

辛亥革命时期,许多华侨从人办、物力、财力支持孙中山先生领导的革命活动。海澄人杨衢云,是最早参加辛亥革命运动的福建华侨,他先后到过越南、新加坡、印度、欧洲、南非等地开展工作。1901年,杨衢云在香港被清朝政府遣派的凶手暗杀。孙中山先生在日本听到他牺牲的消息,亲自主持追悼,并印制讣告,发寄中外。新加坡、槟榔屿、缅甸、菲律宾的同盟会,会长陈楚楠、陈新政、丘明昶、徐赞周、庄银安、陈甘泉、郑汉琪,以及早期会员陈嘉庚、黄乃裳、李竹痴、林文庆等数百人,都是福建华侨(《南洋华侨革命史略》《革命逸史》)。1903年7月上海发生"苏报案",清政府向英租界要求引渡宣传革命的章炳麟、邹容二人归案,国内人民、海外侨胞为此同清政府进行了坚决斗争,闽侨陈楚楠、张永福等积极声援苏报主笔,由于革命派的斗争,挫败了清政府引渡的阴谋。黄花岗七十二烈士中有二十九个是华侨,其中有方声洞等六人是福建籍的留日学生。

辛亥革命福建起义,华侨也做出不小的贡献。新加坡同盟会会员黄乃裳接受回福建担任主盟人的任务,曾带回五千份邹容所著的《革命军》(改名《图存篇》),分发闽南和福州各地。他还在厦门创办《福建日日新闻》,向青年学生和广大人民传播革命思想。缅甸和菲律宾的同盟会,也先后派王振邦、施铭等携带经费回到厦门和闽南一带活动,发展会员。武昌起义消息传来,黄乃裳在福州带领由学生组成的炸弹队参加起义。王振邦等在厦门领导起义。爪哇归侨苏渺公参与漳州、海澄起义。福建光复后,财政困难,新加坡福建华侨在陈楚楠、陈嘉庚等倡议下,立即发起福建保安捐,电汇二万元应急。旋推选陈嘉庚先生为福建保安会会长,筹款十万余元汇交闽督充为经费,并募国民捐20万元,支持革命(《陈嘉庚先生年谱》)。

1914年袁世凯破坏宪法,实行军阀专制独裁统治,旅外福建华侨以叶青眼为首组织闽南讨袁军，联合国内革命志士，开展讨袁护法运动。在反对袁世凯与日本签订卖国"二十一条"和"五四"运动中，东南亚各地福建华侨纷纷集会，函电交驰，声讨、反对军阀政府的卖国罪行。

在北洋军阀统治下的福建，抓兵派饷，无恶不作，广大人民受军队、土匪蹂躏，过着贫困痛苦的生活。1924年，菲律宾华侨倡议旅外的福建华侨，共同奋起拯救家乡。1925年5月，在马尼拉召开福建救乡会成立大会，继而发函东南亚各地福建华侨团体，请各派代表，参加1926年3月在厦门鼓浪屿举行的各属华侨代表大会，讨论救乡问题，有力地打击了军阀的反动统治（《三十年来菲律宾华侨概况》）。

1925年"五卅"运动、1926年北伐战争、1928年"五三"济南惨案、1931年"九一八"事变、1932年"一·二八"淞沪抗战，海外的福建华侨，或致电声援，或集会抗议，表现出高度的爱国热忱。淞沪抗战后，日本妄图侵占福建的野心暴露无遗，菲律宾华侨由中兴银行汇回国币两万元，交十九路军蒋光鼐、蔡廷锴，请他们从速在厦门建立国防机关，加强福建国防，保卫家乡（《江声报》）。

抗日战争爆发后，许多寄居异域的华侨组织人力、物力、财力，支持抗日。新加坡爱国侨领陈嘉庚先生提倡输财慰劳守土将士，在1937年7月28日一昼夜，华侨自动认捐达数十万元，并组织南洋各属华侨筹赈总会，由陈嘉庚先生任主席。新加坡的新闽会馆还召开会议，成立筹款组织，开展华侨救国募捐活动。七七事变后的半年内，马来亚华侨捐款2000余万元，印尼华侨捐款900余万元。1938年，菲律宾的福建华侨捐款购买飞机36架，献给祖国抗日。据陈嘉庚先生估计，1939年至1941年间，东南亚华侨捐款达国币600,004,800多万元，约折合当时美金4560多万元（《江声报》）。

抗日战争以来，不少华侨青年回国参加抗日斗争。1939年，菲律宾、马来亚的许多福建华侨青年回国，有的奔赴延安，有的参加新四军。各国的福建华侨，还组织救护队、义勇工程队、技工回国服务团，奔赴抗日前线（《华侨对祖国的贡献》）。爱国华侨抵制日货运动，更是不遗余力。厦门华侨还深入日寇制造军火的主要原料基地——马来亚丁加奴州的龙运铁矿矿区，组织全矿4000余名华工罢工，使该矿陷于停产，予敌以重大打击（《新加坡厦门公会十周年纪念特刊》）。

1940年3月，南侨筹赈总会又选派代表，组成南洋各属筹赈会回国慰劳团，由陈嘉庚先生率领，回国慰劳前线将士，其中多数成员是福建华侨。

解放战争期间，东南亚的福建华侨团体，多次集会演讲，并在报刊上通电反对蒋介石政府发动内战。新中国成立前夕，以陈嘉庚先生为首的福建华侨代表积极响应中国共产党的号召，回国出席全国政协会议，欢呼新中国的诞生。

六、对家乡经济、文化建设的贡献

华侨热爱祖国、热爱家乡，他们投资家乡生产建设，赈济灾民，捐助兴建慈善事业，并在家乡兴办学校和医院。

清末，各帝国主义在我国展开争夺铁路权益的斗争，国人提倡自办铁路。1905年，福建筹办漳厦铁路，资本总额330万之中的三分之二，是华侨投资的，尤以印尼华侨为最（《南洋华侨与闽粤社会》）。新中国成立前闽南公路交通比省内各地发达，没有一条公路不与华侨有关。据1936年闽南汽车联合会统计，闽南汽车路投资约国币400万元。晋江地区公路的资本，华侨占70%。龙溪地区的公路资本，华侨占50%。戊戌维新前后，国内举办新兴工业，福建的华侨纷纷回乡投资。厦门1904年创办华宝瓷厂，1907年创办淘化食品罐头公司。1909年，漳州开设华祥制糖公司。泉、漳、厦的电灯公司、电话公司，厦门的自来水公司、广建玻璃厂、大同罐头食品厂，以及1929年在福州创办的福建造纸厂，都是华侨投资的。邵武焦煤坑的煤矿，南平葫芦山的铜矿，也是福建华侨投资的200万元开采的《南洋华侨与闽粤社会》）。

厦门进行近代化城市建设，地产投资有百分之六七十出自华侨，投资总额达1000万元（同上书）。厦门的中南银行、中兴银行、福建商业银行（后倒闭）、华侨银行，是由华侨集资创办的。金融行业的钱庄、信局，多数是华侨经营的。1940年，由永春华侨郑玉书、尤扬祖等发起集资在福建创办华侨兴业公司，由郑玉书任董事长，郑撰一任总经理。抗日时期总公司设在南平，抗战胜利后迁到福州，并在厦门、上海等处设有分公司。兴业公司在南平创办王台农场，发展林业生产，并投资创办古田溪水电站。但因国民党政府腐败无能，没有成就。一直到新中国成立后，古田溪水电站才得建成。

据统计，自1890年至1949年，福建华侨投资我省工矿业、农业、交通运输业、商业、金融、服务业和房地产，计有4055户，投资额折人民币达100,003,918万元，以菲律宾和印尼华侨投资最多，占全省投资额的46%。投资地区，厦门首屈一指，占全省投资额的62%（《福建华侨企业调查报告1890—1949年》）。

海外华侨还在家乡兴办了许多学校、医院。陈嘉庚先生创办厦门大学和集美的中学、小学、幼儿园，以及师范学校，前后捐资补助福建学校经费800余万元。旅缅华侨曾妈祖，在家乡曾营（今厦门杏林公社）倡设男、女学校，并资助同安医院等。旅菲华侨吴记霍、陈宏基等，在南安县诗山一带，先后创办普通小学23所。1928年，吴记霍还于厦门曾厝垵倡办福建民用航空学校，自捐飞机七架以供教学练习（《菲律宾华侨年鉴》）。新加坡华侨李光前，也在他的故乡南安办了国光中学和美专。据统计，从1915年到1949年34年间，福建的侨办中学有48所（《在党的侨务政策光辉照耀下的本省侨乡》)。新闻事业方面,最早的《福建日日新闻》,民国初年的《闽南报》《民钟报》以及后来的《江声报》《华侨日报》《星光日报》,福州的《新闻报》等,也都由华侨创办或捐助。

新中国成立以来,在党的侨务政策鼓舞下,华侨爱国爱乡的热情更加高涨。从1952年到1965年,福建华侨投资在福建华侨投资公司的资金近8000万元,在省内27个侨乡建立了47个工矿企业,包括福州造纸厂、厦门罐头厂、厦门橡胶厂、泉州糖厂、南安糖厂、福清油厂、同安油厂及永春、德化、南平、武平的四个松香厂和莆田电厂,天湖山煤矿等。据有关部门1959年的统计,全省华侨的办学汇款达2000多万元,在本省创办的中学有64所,汇款补助的小学有967所,扩建和新建的医院20余所,如厦门集美医院、同安同民医院、南安国专医院、永春华侨医院等(《在党的侨务政策光辉照耀下的本省侨乡》)。

七、福建的侨乡和侨汇

华侨大多数是劳动人民,许多人不能把家庭的全部成员迁往国外。他们热爱祖国、家乡,有的华侨特意将儿女送回家乡上学、结婚。因此,华侨家庭大多数分成两部分,一部分在国内,一部分在国外。华侨与国内家庭、亲友之间的经济联系,主要是侨汇。

福建侨属分布于省内46个县市:福州、厦门、泉州、漳州、闽侯、闽清、古田、罗源、长乐、连江、福安、福清、平潭、莆田、仙游、屏南、永泰、崇安、建阳、霞浦、宁德、晋江、南安、惠安、安溪、永春、德化、大田、同安、金门、龙海、华安、长泰、平和、南靖、漳浦、云霄、诏安、东山、漳平、龙岩、永定、上杭、武平、连城、长汀等。

华侨在国外,往往同一家乡的人居住得集中一些。晋江市20多万华侨,有四分之三在菲律宾;永春华侨主要在新加坡、马来亚;福清华侨则多在印尼;闽清、古田县的华侨,多集中于马来西亚的沙捞越;莆田、仙游的华侨以印尼最多,新、马次之;龙岩、永定、长汀的华侨以新、马居多,印尼次之。因而,在省内也就相对地形成菲律宾侨乡、马来亚侨乡等。

福建的侨汇,闽南、闽西各县,过去几乎都以厦门为转口岸,但龙岩和诏安,有部分是由广东转汇的。据1947年厦门市政府出版的《厦门要览》记载:抗战前经由厦门的侨汇,1905年为1890万元,1911年为1780万元,1921年为4400万元,1926年为6600万元,1931年为8000万元,1934年为4300万元,1937年为5700万元。

以1938年一年统计,福建主要侨乡的侨汇数如下:泉州(包括晋江)2500万元,南安660万元，永春370万元，安溪360万元，惠安320万元，福清280万元，漳州190万元，莆田141万元（《福建华侨汇款》，1940年出版）。

福建的侨汇，1929年占全国侨汇总数20.7%，1938年降至只占12.5%。1939年至1949年材料残缺不全，无法统计。

八、华侨学校、工厂和农场

在旧中国落后挨打的年代里，广大华侨像寄人篱下的孤儿，他们的正当权益得不到祖国政府的保护。历史上发生过好几起帝国主义者煽动排华、屠杀华侨的惨案。如1740年荷兰总督在爪哇岛的巴城（今雅加达）屠杀华侨万余人，流血万人，河水为赤，成为有名的"红溪事件"。次年，荷兰为此遣使向清廷谢罪，可是清廷却说，华侨出洋谋利，"殊非本政府所愿闻问"，致使殖民主义者对华侨的欺压更加肆无忌惮。

中华人民共和国成立后，党和人民政府制订了一系列的侨务政策，不但维护了国外华侨的正当权益，还关心照顾国内的归侨和侨眷。新中国成立以来，国家拨出大量资金，除设立集美归侨华侨学生补习学校和华侨大学外，又先后在我省创办3个国营华侨工厂和18个国营华侨农场，妥善安置受到排华迫害归国的华侨，使年老的享受天年，年青的得到学习和工作的机会。

华侨大学创办于1960年，地点在福建泉州。"文革"期中停办，1978年复办。现任董事长庄希泉、校长廖承志。现在设有土木工程系、物理系、机械工程系、数学系、化学系、化工系等六个系。目前在学的华侨、港澳学生，分别来自英国、日本、泰国、缅甸、朝鲜、柬埔寨等国和香港、澳门等地。

我省国营华侨农场和工厂，共安排有归侨近七万人，其中包括1960年印尼排华事件中归国的华侨和马来西亚、缅甸、菲律宾等地归侨，以及1978年5月以来被越南当局驱赶的大批难民。本省华侨工厂有福州华侨塑料厂、厦门侨星化工厂、泉州华侨塑料厂等。

国营华侨农场有福州北郊华侨农场、云霄常山华侨农场、龙海双第华侨农场、连江长龙华侨农场、宁德东湖塘华侨农场、崇安武夷华侨农场、宁化泉上华侨农场、南靖丰田华侨农场、漳浦白竹湖华侨农场、诏安梅州华侨农场、厦门天马华侨农场、同安竹坝华侨农场、晋江双阳华侨农场、南安雪峰华侨农场、永春北硿华侨农场、莆田赤港华侨农场、福清东阁华侨农场和福清江镜华侨农场等18个。

各华侨农场、工厂的广大归侨、职工，积极参加我省的工农业生产和四化建设。1978年各华侨农场粮食生产达5200多万斤，1979年又增长了一成。1979年，21个华侨农场、工厂的总产值达到近8000万元。

九、落实侨务政策，推动"四化"建设

林彪、"四人帮"猖獗时，党的侨务政策受到严重破坏，华侨竟成了特务嫌疑的同义语。某些部门的一些领导人一提到华侨就大惊小怪，一听说某某人有海外关系，便把他当作可疑人物，防之若虎。近年来，在党中央领导下，省委和各级党委、各有关部门认真落实党的侨务政策，做了大量的工作。如"文化大革命"中因所谓"海外关系"问题而造成的冤、假、错案，已大部分得到平反昭雪。1978年全省"侨改户"落实政策后改变成分的有6500余户。"文化大革命"中被查抄财物的折价款，大多数都已退还，并积极退还侵占华侨房屋的所有权和使用权，"文革"前华侨投资于省投资公司的股本已按期全部还本付息。目前，正在继续抓紧解决遗留的问题。

党的华侨政策的落实，大大激发了海外华侨的爱国爱乡热情。1979年到我省访问、讲学、回国探亲旅游的外宾、华侨和中国血统外籍人、港澳同胞有五六万人次，到达福州港的外轮达110艘次，厦门港就更多。许多人为促进我省的工农业生产和文教卫生事业的发展，加速侨乡"四化"建设的步伐，做出了积极的贡献。

为了加强我省对外经济活动的需要，经国务院批准，1979年1月在福州市成立了福建投资企业公司（即华福公司）。该公司的任务是按照中华人民共和国中外合资经营企业法及其他有关法令、条例，引导、吸收和运用国外资金，根据福建省国民经济计划，引进先进技术、设备，并接受省内企业或外国厂商委托办理信托业务，以加速社会主义现代化建设。

（洪卜仁　广照　林谈）

（原载《八闽纵横》第二辑，《福建日报》编，1981年8月）

华侨妇女与祖国的抗战

1937年7月抗日战争爆发后,身居海外的广大华侨妇女,也以"祖国兴亡,匹妇有责"为己任,与千百万爱国华侨一起,投身于抗日救国运动的洪流,发挥了"半边天"的作用。

一、华侨妇女的抗日救亡团体

华侨在国外过着"寄人篱下"的生活,爱国爱乡观念和民族意识特别深厚。祖国燃起抗日烽火的消息传到海外,各地侨胞组织的救国团体,像雨后春笋般地涌现出来,华侨妇女也纷纷组织起自己的抗日团体。

菲律宾华侨妇女在马尼拉设立了中国妇女慰劳前方抗战将士菲岛分会,它是菲律宾华侨妇女规模最大的抗日团体,菲律宾的荷务、恰朗、纳卯等十几个省,也都有妇女慰劳会或妇女救国会组织。她们为祖国的抗战做了大量而持久的工作。

新加坡的星华妇女筹赈会成立于1937年9月14日。星华妇女筹赈会的一份工作报告陈述了华侨妇女爱国不落人后的心情:"溯自卢沟桥事变,频闻轰炸、奸淫、杀掠之声,灾黎遍野,闾里为墟。盖敌寇凶残,丧尽人道,凡我黄炎华胄,莫不敌忾同仇,精诚团结,奋力抗战,争相为国效劳,抱牺牲之决心,维天地之正气,以谋我国之独立自由,求世界和平幸福,及人类之正义公理也。吾星华妇女,侨居海外,虽未尝亲赴战区,经历烽火,然而爱护祖国之心,救护同胞之念,则未尝一刻忘怀也。故自抗战之始,即审未来惨状,乃联合妇女界同人……成立本会,从事筹赈卹难工作,聊尽后方人民应有之责……为祖国效劳……"

马来半岛各个地区的筹赈会,也都设有妇女部。她们参加救亡工作,非常积极,在许多活跃的集会上,是缺不了她们的。太平筹赈会妇女部在《助赈宣言》里,表达了她们对祖国的热爱和对敌人的仇恨:"自祖国神圣抗战发动以来,海外侨胞,激于义愤,在'有钱出钱、有力出力'的口号之下,莫不奋然兴起,各尽其能,踊跃输将。这是争取我民族独立自由,不愿做奴隶的人们应有的义务……疯狂的法西斯帝倭鬼子,还不断的穷凶恶极,伤兵难民,一天天的增多……本部同仁,虽身为妇女,才浅学薄,但鉴于人民与国家,休戚相关,兴亡有责……"他们举办"卖点助赈"的活动,所得款项全数汇回祖国救济流离失所的难民。[①]

缅甸妇女界组织的缅甸华侨妇女救灾会1937年8月4日成立,比缅甸华侨救灾总会还早了一天。缅甸华侨妇女与缅甸妇女以及旅居缅甸的印度妇女联合组成华印缅妇女抵制日货团,共同开展抵制日本货、实行对日经济绝交。泰国、印尼和越南,同样都有华侨妇女组织的抗日团体。

美国的华侨妇女救亡团体,最著名的是纽约华侨妇女爱国会。加拿大的许多地方,有中华妇女会的组织。温哥华中华妇女会的主席是苏沃夫人,满地可(今译蒙特利尔)中华妇女会的主席是阮赓夫人。非洲的毛里西亚华侨妇女,有个女青年救国服务团。

此外,香港亦有四个妇女侨团,即香港妇女慰劳会、香港中国妇女兵灾筹赈会、广东妇女新运会。香港这四个侨团曾经邀请各女校校长举行联席会议,讨论如何积极鼓励全民,忍辱负重,予前方将士以精神物质之援助,使长期抗战获得最后胜利。并邀请廖仲恺夫人何香凝女士莅场演讲。

二、像爱我的母亲一样爱我的祖国

抗战期间,华侨妇女中有许多动人的事迹,在海外侨胞中广为流传。槟榔屿有个名叫花云湘的华侨妇女,她寄信请筹赈会主持发行慈善彩票,愿以自己的一生许给彩票的中奖者。她在信中说:"我不是商业广告,也不是风头主义,而是由衷的表现,希望仁人君子以难民为重,救国为要……但愿彩票换得青蚨,赈款飞作仁浆义票,则湘云之愿足矣!"[②]在槟榔屿,还有一位冯女士在1938年4月22日的《星洲日报》上,登载一则"征婚启事",谁先购买公债一万元,就愿与之为终身伴侣。她们捐身救灾的行动,表现了海外女侨胞对祖国的爱国热忱。

美国华侨妇女简夫人的事迹尤其使人感动。简夫人42岁,是一个在美国出生的广东人,虔诚的基督教徒。她30岁的时候,丈夫不幸去世,她带着11岁和6岁的两个女儿,在密歇根州的地脱劳城开了一间洗衣工场。据美国《芝加哥日报》报道,1937年7月,当她听到日本帝国主义发动侵略中国战争的消息,"愤慨得几乎发狂,后来听说中国已决计抵抗,她才转悲为喜"。她说:"我虽然未曾到过祖国,未曾见过祖国的一切,但是我是中国人。中国是母亲。人类是没有不爱其母亲的,所以我是爱我的祖国,和爱我生我的母亲一样。"在抗战开头的半年间,她至少拥献了15,000美元。后来又几次陆续汇出救国和救济难民的捐款。1939年四月间,有一位在中国传教的牧师回到美国,将他目睹的中国人民抗战事迹告诉了简夫人。她听到祖国民气激昂，中国军队奋勇杀敌，政府抗战意志坚定，感动得淌下眼泪。后来，她看到美国牧师带回的几十幅日军在华暴行的照片，"愤怒到了莫可名状"。她向那位牧师建议，把这些照片印了出来，决定带这些照片在美国各地作旅行宣传，以唤起美国人民的同情心，支援祖国抗战。她卖掉一座房子作旅费，费时两个月，到过美国中部和北部十几个州的城市和农村，作了51次的宣传演说，并与一些中国留学生及热心爱国的华侨，讨论了好几次中国抗战的形势。同年十月中旬，她又开始到美国西部作第二次旅行宣传。她说："若是中国不亡，我愿意花掉最后的一元以救国，若是中国不幸而亡了，我誓将离开这个世界。"她这种与祖国共存亡的深厚感情，连美国的《芝加哥日报》也称赞说："是一位很足令人敬佩的爱国者"。

在马来亚，有一对年过花甲的华侨夫妇，他们的孩子两男一女在抗战初就回国服务了。当次子为国殉难的消息传来，这对老夫妇的心里是很悲痛的，可他们深明大义："祖国多难之秋，讲个人幸福、天伦之乐是可耻的。我们贡献几个儿女给国家，还不是应该的吗？"③

新加坡《南洋商报》在1939年7月1日《从热心出钱的一位无名女琼侨说起》的通讯里这样写道："某女士聆悉家乡陷落情形，及琼崖灾区惨状后，不禁伤心泪下。爱大发慈悲，慷慨解囊，从荷包内取出叻币一百二十元，折合国币五百元。询其姓名，坚不肯说，只答云：'当前国难严重之秋，凡属国民一分子，应尽各人能力及时报国，但求良心无愧，何必沽名钓誉……'老夫妇和某女士的这种崇高的爱国主义精神，是多么的值得人们尊敬啊！"

当"皖南事件"发生时，马来亚霹雳布先埠的矿工女士，发出通电，严肃指出"我们海外数十万妇女侨胞，始终主张坚持抗战，坚持团结，坚持进步，反对中途妥协，反对内战、分裂倒退"，与广大华侨一起为维护祖国的抗战事业进行不懈的努力。④

三、出钱出力，支援祖国抗战

为了支援祖国抗战和救济受难的同胞，华侨妇女发挥了自己的智慧，创造了多样化的募捐方式，提高募捐效率，主动配合各地筹赈会开展工作。

星华筹赈会发起"卖花筹赈和节日饮食助赈"，并决定7月3日为妇女捐输日，4日为儿童捐输日，得到妇女们的热烈响应。郑显达夫妇献出7月份房租收入4000元，为首倡议"七七献租运动"，许多妇女动员丈夫献租，促使献租活动形成高潮，获得良好成绩。

新加坡厦门公会举行游艺筹赈，黄来发女士以200元，刘育才、吴涛浩夫人各以50元购买名誉券入场。在他们带动下，这次游艺筹赈收入达叻币3800余元。⑤

1939年七七事变两周年。星华筹赈会举行公祭阵亡将士，妇女界掀起认育祖国难童的"认儿运动"。她们主动地承认在祖国难民保育院中的儿童一个或数个为自己的儿女，通知院方，按月汇寄生活费。

纪念"九一八"十周年时，星华妇女筹赈会发起为期三天的"一碗饭运动"，特别是那些身受双重压迫的华侨女工，她们参加每一次的募捐活动，都是用自己忍饥挨饿省下来的饭钱。

在马来亚，1938年10月太平妇女部举行"卖点心助赈"活动时，女士们做出自己最拿手的中、西点心，摆出来义卖，仅一天就卖得叻币1500多元⑥。吡力督亚冷筹赈会举办为期25天的"卖物筹款报助八路军和征募寒衣"活动，"合埠名媛担任招待"，在群众中影响很大。

马来亚华侨妇女组成的临时筹款剧团，既宣传了抗日，激发侨胞的爱国热情，又收获很大，用两年多的时间汇回祖国的捐款，达到国币数十万元。⑦而雪兰莪、森兰美、芙蓉等埠的华侨妇女，别出心裁地组织妇女慈善跳舞会，为祖国难民请命，募捐成绩也很可观。仅雪兰莪妇女部舞会一年的收入，就有18,007元。⑧那些处在社会底层的以伴舞谋生的舞女，同样也有一颗报效祖国的心。她们除伴舞助赈外，又组织吉隆坡舞女筹赈祖国难民团参加赈济难民筹款活动。⑨

出钱出力，支援祖国的工作，美国和菲律宾华侨妇女亦做得相当出色。檀香山华侨妇女献金会，一次就汇款24万元，慰劳抗战将士。⑩马尼拉中国妇女慰劳分会，截至1940年汇给总会的款项已达40多万元。其中包括捐献寒衣、雨衣、药品、救护车和救济伤员、难民的款项。购机运动开展后，妇女慰劳会成立宣传团，动员人人献一个金戒指，筹集十万元购买一架菲律宾华侨妇女号飞机。⑪美国华盛顿的中华妇女会公演时，纽约妇女救国会的女演员也赶往参加。美国的《邮报》《日日新闻报》《先锋报》《晓星报》都发表消息和刊载演出照片。其中独幕剧《救国与爱》剧情悲壮，最能鼓励华侨的救国与爱国心理，对华侨的影响很大，被誉为"震撼侨界的爱国剧"，倍加赞扬。⑫

四、不爱红装爱武装的女侨胞

抗战爆发，许多华侨青年毅然离开温暖的家庭，回到祖国的怀抱，或者在后方服务，或者到前线去杀敌，用自己的鲜血，捍卫中华民族的生存。在回国战斗的队伍里，也有不少女侨胞。

海外女侨胞组成的回国救亡团体，我们知道的有印尼爪哇华侨娘子军别动队、印尼棉兰华侨女子救护队、东江华侨回乡服务团的官文森队等。还有一部分女青年参加华侨童子军战地服务团，有安南华侨童子军战地服务团、缅甸战地服务团、缅甸华侨救护队、东江华侨回乡救护队、暹罗华侨青年救亡团、安南童子军救护团、槟城机器行业回国服务工程队等。⑬

卢沟桥的枪声打响后，由年轻华侨组成的童子军战地服务团，自新加坡出发，参加"八一三"上海抗日战争，有七位团员献出了生命。在平型关战役中，团员死伤九人，其中女团员钟英德断了一腿。安南（即越南）华侨童子军战地服务团，首次回国服务时有男女团员50多人，在惠阳战斗中，牺牲了九人，在东江战役中死伤和失踪30人。他们斗志不馁，又到越南招事团员，第二次回国参战。

在返国参加抗日救亡活动的华侨妇女中，涌现出许多可歌可泣的人物。全国著名的抗日女英雄李林，就是杰出的代表。李林原籍福建，从小侨居印度尼西亚的爪哇，1930年回国，在集美中学念书，后来到上海爱国女子中学就读。在上海，她积极投入抗日救亡运动。七七事变之后，李林毅然中断大学学业，坚决要求到前线去。在前线，她率领八路军的一支骑兵营四处出击，打得敌人魂飞胆战。1940年4月，李林为了掩护大部队转移，壮烈地献出了自己的生命。

还有一位英勇不屈的女战士名叫陈康容，她的父亲在缅甸经商。1930年父亲送她和姐姐一起回国，在集美中学念书。后来她又考入厦门大学，但时间不长，她就回缅甸了。1937年初，战争的硝烟弥漫祖国东北、华北上空的时候，她同一批爱国青年一同回国。七七事变前后，她是厦门妇女抗日救亡运动的骨干，以陈亚莹的名字从事活动。1938年初，党派她到闽西永定工作。1940年秋，因叛徒告密。不幸落入敌手，牺牲时年仅25岁。

毫无疑问，华侨妇女支援祖国抗战的事迹，是华侨爱国史的一个组成部分，她们强烈的爱国主义精神，将在中国抗战史上闪烁着耀眼的光辉。

注释：

① 《南洋商报》（新加坡），1938年10月8日。
② 黄警顽：《华侨对祖国的贡献》，第197—198页。
③ 《前线日报》，1941年5月10日。
④ 《关于新四军事件华侨舆论一斑》，菲律宾马尼拉建国出版社编印，1941年。
⑤ 《南洋商报》，1939年7月4日。
⑥ 《南洋商报》，1938年10月8日。
⑦⑨ 《南洋商报》，1937年7月1日。
⑧ 《南洋商报》，1939年8月14日。
⑩ 《福建妇女》第三卷，第一期。

⑪黄警顽：《华侨对祖国的贡献》，第218页。
⑫《福建与华侨》（旬刊）第七、八期合刊，1938年6月15日。
⑬《华字日报》（香港）1938年2月。
　《大公报》（桂林）1943年7月28日。
（原载《革命史资料》，总第6期，上海人民出版社，1987年4月）

华侨在支援祖国抗战与世界反法西斯战争中的作用

中国人民进行艰苦卓绝的十四年抗日战争，是国际反法西斯战争的组成部分。在这场关系中华民族存亡续绝、世界历史光明与黑暗的斗争中，广大华侨发扬了优良的爱国传统和反帝斗争传统，在经济上，源源不断地将巨款和物资寄回祖国，支援长期抗战；在政治上，努力促进国共合作，反对投降，反对分裂，维护抗日民族统一战线；在军事上，成千上万海外炎黄子孙，毅然回国御寇，拯救危难深重的祖国。

1941年底，日本发动太平洋战争后，南洋华侨与广大侨居国人民血肉相连，休戚与共，积极参加当地人民的抗日武装，或组织华侨守备军、华侨游击队，协助盟军抗日。美洲各地的华侨通过各种形式，持续捐款援助祖国，并用各种办法声援世界反法西斯战争。

南洋华侨抗日救亡运动具有如下特点：一是在复杂的国际形势下进行的；二是爱国侨领起了组织和带头作用；三是具有广泛的群众基础。只有进一步了解华侨抗日救亡运动的特点，才能准确地评价他们在支援祖国抗战中的作用与历史地位。

中国人民艰苦卓绝的十四年抗日战争，是国际反法西斯战争的组成部分。在这场关系中华民族存亡续绝、世界历史光明与黑暗的斗争中，广大华侨发扬了优良的爱国传统和反帝反法西斯传统，为支援祖国抗战，节衣缩食筹募捐款；组织救亡团体，扩大国际宣传；成立战时服务团体，回国参战。在经济上、政治上、军事上做出了重大贡献，同时南洋各地华侨与侨居国广大人民血肉相连，休戚与共，积极参加当地人民的抗日武装，或组织华侨守备军、华侨游击队，协助盟军抗日。欧美各地的华侨通过各种形式，持续捐款援助祖国，并用各种办法声援世界反法西斯战争，为世界反法西斯斗争做出了重要的贡献。

一

抗日战争爆发前，侨居世界各地的华侨总数为 8,700,804 人，其中亚洲 8,357,673 人，占 96%；美洲 209,039 人，欧洲 55,364 人，海（大）洋洲 63,835 人，非洲 14,893 人。而分布在东南亚地区，即以往习惯上泛称为"南洋"的，占亚洲华侨总人数的 90% 以上。[①]

在中国历史上，华侨出国谋生已相当悠久。由于阶级压迫或民族压迫，他们离乡背井，漂洋过海，寄人篱下，历史进入近代以后，又受尽侨居国帝国主义或殖民政府的压迫和欺侮。他们深深感到，祖国就是他们的母亲，正如一位美国华侨妇女简夫人所说的："我虽然未曾到过祖国，未曾见过祖国的一切，但是我是中国人。中国是我的母亲，人类是没有不爱母亲的，所以我是爱我的祖国，和爱我生我的母亲一样。"[②]这是广大华侨的心声。他们具有强烈的民族感情和爱国的心愿。他们也深深感到，没有强盛的祖国，也就没有在海外的一切，这就是广大华侨热爱祖国思想的巨大动力，也是华侨支援祖国抗战的群众基础。

华侨出国谋生，经过辛苦经营，已具一定的经济力量。在商业流通领域占有较重要的地位，如菲律宾以 1936 年统计，全部零售商中，华侨经营的有 14650 家，占总数的 45%。荷印华侨土产商资本在十万盾以上者，有 1500 家；布匹商资本在五万盾者有 600 家；其余资本在 1000 盾以上者，达 28,000 家；在 50 万盾者有 140 家。1939 年马来亚树胶总产量为 375,000 吨，华侨经营占 16%，新加坡的树胶厂、暹罗的碾米厂几乎全由华侨经营。马来亚的锡矿，每年产量约占全世界锡产量的 30%，其中 60% 以上由华侨经营开采。[③]在金融业方面，新加坡的"华侨""国民""四海通""利华"，印尼的黄仲涵银行，菲律宾的中兴银行，越南的东亚银行，泰国的广州银行等，资本都在 1000 万至 2000 万元以上。[④]在南洋，华侨经济已构成各国民族经济的组成部分，具有一定的实力，这就为华侨开展抗日救亡运动提供了物质基础。

二

七七事变卢沟桥的炮声震惊了海外侨胞，他们沉痛感受到：外敌入侵，中华民族濒临于生死存亡的严重关头。长期蕴藏在他们心底的爱国主义精神，就像火山一样迸发出来。广大华侨积极响应祖国的召唤，积极响应中国共产党关于"加紧动员千百万国外侨胞尽力于保卫祖国的各种事业"的号召。他们有钱出钱，有力出力，在经济上、政治上、军事上，尽力支持和积极参加祖国的抗日战争，为最后战胜日本帝国主义，建立了不朽的功勋。

在经济上，抗日战争爆发后，海外华侨立即从经济上支持祖国抗战。东南亚地区，爱国侨领陈嘉庚等，到处奔走，联络各界人士，先后组织马来亚、新加坡华侨筹赈祖国伤兵难民大会委员会和南洋华侨筹赈祖国难民总会（简称"南侨总会"），在欧洲成立了全欧华侨抗日联会，在美国成立了纽约华侨救济总委员会（简称"纽约救总"），各地华侨建立的统一抗日救亡团体，共达894个单位[5]。这些组织积极开展募捐款项的活动，源源不断地将巨款和物资寄回祖国。华侨的捐款和侨汇，成为支持长期抗战的重要经济力量。

在政治上，海外华侨在支援祖国的抗战中，从全民族根本利益出发，在促进国共两党合作，反对投降，反对分裂等方面做出了重要贡献。当1936年8月，中国共产党向国民党发出停止内战，团结抗日的呼吁时，纽约华侨立即致电国民党南京政府，表示"全体海外华侨反对继续不负责任地把内战打下去"[6]，表现出广大华侨坚决拥护共产党的政治主张。全面抗战爆发后，海外华侨又紧急呼吁："迅速实行国共合作，就国家民族言，生死存亡，在此一举；就政府诸公而言，为功为罪，亦在此一举。"[7] 1937年9月，以国共合作为基础的抗日民族统一战线正式形成的消息传到海外，广大华侨认为这是"一个有力兴奋剂"，纷纷致电国共两党，"恳请两党同志，贯彻亲密合作，共同御侮，共同建设独立、自由、幸福的新中国"[8]。

1938年10月，武汉、广州失守后，国民党蒋介石政府多次制造反共摩擦，国民党中的亲日派汪精卫等民族败类则公开叛国投敌。面对这种形势，海外华侨又积极投入"坚持抗战，反对投降，坚持团结，反对分裂"的斗争。

1938年12月，汪精卫、周佛海一伙公开叛国，海外华侨旗帜鲜明地与国内人民一起，立即掀起波澜壮阔的讨汪运动。讨汪运动成为华侨支持祖国抗战，支持国共合作的重要政治斗争。当汪贼逃离重庆的"艳电"见报后，南侨总会主席陈嘉庚急电蒋介石，强烈要求"宣布其罪，通缉归案，以正国法而定人心"[9]。31日，新加坡各公共场所，迅速出现"打倒为日张目散布和平谣言之汪精卫及其走狗"等标语。[10]接着菲律宾、美国、英国、法国、加拿大、比利时、古巴、荷兰等地的华侨团体，纷纷发出讨汪通电。仅有几百名侨胞的南非，募捐了数万元，作为缉汪的奖金。

在南洋各地，到处是讨汪吼声，"每条街道的墙壁上，都贴满了字迹醒目的宣传标语和漫画、壁报等，在每个草地上和空地上，都挤满参加反汪大会的群众"[11]。马来亚华侨各界抗敌后援总会和中华民族解放先锋队南洋总队部联合发起了"反汪宣传周"，参加这一活动的马来亚华侨达170多万人。

讨汪运动是广大华侨坚持抗战，反对投降的一场严肃的政治斗争，表现出了海外侨胞高度的政治敏感和爱国主义的严正立场。

从1938年底以后，日本帝国主义放慢对国民党的军事战略进攻步伐，而加紧对国民党诱降活动。此时，英帝国主义制造"东方慕尼黑"阴谋，英美也对国民党进行劝降活动。于是，国民党由原来的国共合作关系较好，政治上有一定进步，倒退为不断制造反共摩擦事件，为对日妥协做准备。

1940年底，面对国民党顽固派加紧制造摩擦事件，美洲华侨领袖司徒美堂等，对"国共分裂形势严重，祖国将有内战爆发之虞"感到"万分惊骇"，代表十万洪门侨胞，向国共两党发出急电，严正指出："若不幸战争局面分崩离析，则不特英勇将士头颅重掷，全国同胞惨遭劫运，而且海外侨胞之捐献牺牲亦属枉费。"恳切希望国共两党"开诚相与，自解纠纷"，"放弃前嫌，重修兄弟之好，携手抗战"。⑫《仰光日报》也提出警告："苟有敢破坏统一，资敌以离间挑拨之机会，而甘为民族之罪人者，我一千万华侨，当认之为不共戴天之仇，与共弃之。"⑬

1941年1月，国民党顽固派制造"皖南事变"的消息传出后，立即引起海外华侨的强烈反应，数百个救亡侨团和侨领发表通电和告同胞书，抗议国民党顽固派破坏抗战的罪行。纽约《华侨日报》揭露事变的真相，并联合纽约致公党《五洲公报》、旧金山《世界日报》及加拿大、古巴等地多家华侨报纸，共同谴责国民政府制造"皖南事变"的暴行。⑭《南洋商报》发表《团结则存，分裂必亡》，《星洲日报》发表《民意与团结》的短评，槟城《现代日报》、缅甸《仰光日报》、马尼拉《华侨商报》、印尼《新报》等均先后发表文章或社论，提出策划"皖南事变""而召致分裂者，应负危害国家民族之大罪"，并热情歌颂新四军"在敌后苦战"的光辉业绩。⑮在国内外强大舆论的压力下，国民党顽固派只得暂时停止明目张胆的反共行动，继续维持其抗战的一面。

华侨的讨汪运动以及对一切汉奸卖国贼的讨伐，华侨对国民党顽固派的抨击，在政治上维护了抗日民族统一战线。

在军事上，当战火弥漫神州大地的时候，成千上万海外炎黄子孙，放弃舒适的生活、温暖的家庭，毅然回国御寇，拯救危难深重的祖国。

日军飞机狂轰滥炸祖国大地，"旅美华侨，鉴于我国空军力量薄弱，而华侨子弟在美习飞行术者殊众，乃倡组空军，归国杀贼。"⑯1937年9月23日，旧金山10名华侨飞行员自愿回国参加中国空军，直接对日作战。⑰三藩市中华航空学校学生40多人回国报效，"华侨集资购战斗机10架，交与学生带回助战"。⑱1939年初，菲律宾华侨飞行员回国参战者16人。⑲有资料说，抗战期间中国空军"驱逐机飞行员中，华侨几占四分之三"。⑳他们"战绩卓绝，尤其蜚声于空军界"，被誉为"保卫祖国领空的华侨英雄"。㉑

1939年春，新修筑的滇缅公路成为大后方的交通要道。祖国急需大批熟练的司机与修理工上前线服务。1939年初，南侨总会发出征募汽车司机和机修工回国服务的通告，"数月之间，热诚回国者3200余人。"[22]华侨机工回抵祖国后，在极艰苦的生活条件和工作条件下，冒着敌机轰炸扫射的危险，日夜奔驰在这条长达1164公里的运输线上，使每日的军火输入量保持在300吨的水平。[23]

华侨医务工作者也踊跃回国服务，冒着枪林弹雨在前线抢救伤员。如"缅甸华侨救护队"一行35人，于1938年9月回国，参加东江前线救护工作，继又在深圳设立临时医院；1939年1月转赴惠州，分三队出发赴前线，半个月间救治伤兵难民5000多人。[24]而新加坡、马来亚、越南等地均纷纷组织救护队回国，后由中华慈善救护会组成中华救护队，分赴各前线。

很多华侨青年请缨从戎，纷纷回国奔赴前线杀敌。有的参加八路军、新四军、广东东江纵队、琼崖游击队、闽南抗日游击队，也有前往国民党各战区、各兵种入伍的。他们浴血奋战在硝烟弥漫的抗日战场，涌现出许多可歌可泣的动人事迹。海外华侨为民族解放战争流血流汗的爱国主义精神，是巨大的精神财富，鼓舞了全民族誓死抗战的意志和增强了他们的信心。

三

1941年12月8日，日本帝国主义发动了太平洋战争，迅速占领了马来亚、新加坡、菲律宾、缅甸、印度尼西亚，以及太平洋上的许多岛屿。南洋华侨同南洋各国人民，都遭受日本帝国主义的浩劫。在此形势下，中共中央号召"全体华侨应与各友邦政府及本地民族协同一致，反对日本法西斯的进攻"[25]，并指出："我侨胞协助友邦打击日寇，不仅是为了保卫自身生命财产，还是对于祖国的贡献，将不下于效命国内疆场的战士，对于太平洋上反日反法西斯的伟业，也将尽其极大的推进作用。"[26]华侨积极响应中共中央的号召，与侨居国人民一起反对共同的敌人。华侨在这场世界人民反法西斯战争中，付出了巨大的代价，是第二次世界大战中反法西斯侵略的英雄战士。

华侨参加新加坡保卫战

1941年12月8日，日本军队在马来亚哥打峇鲁登陆后，英军败退，新加坡处于危急之中。在海峡殖民地总督汤姆斯要求下，12月30日，华侨各界代表召开会议，正式成立星洲华侨抗敌动员总会。1942年2月1日正式成立星华义勇军，由林江石领导，稍事训练后，2月8日即投入保卫星洲的战斗。当日军在武吉智马沿海一带，用树胶汽艇偷渡柔佛海峡时，经七次血战，60多名义勇队员英勇牺牲。在裕廊律前线，义勇军奋战四昼夜，打退敌人十几次进攻。在防卫巴丝巴让沿海战斗中，使敌军数次登陆未成。[27]2月15日，英国当局决定放弃新加坡，宣布解散星华义勇军，星岛陷入敌手。

马来亚人民抗日军和"一三六"部队的建立。

新加坡保卫战失败后,大批星华义勇军的抗日义士转入马来亚坚持战斗。1941年底,当日寇大举进攻马来亚时,广大华侨组织了"马来亚人民抗日军",约有7000人,下辖八个独立支队,分别活动于各个战区,采用灵活机动的游击战术,在三年多的时间里,与日军进行300次战斗,共毙伤敌军5500余人,这支英雄的队伍,先后有1000多名华侨战士献出了生命。[28]

在马来亚敌后坚持斗争的另一支队伍是福建南安籍华侨林谋盛领导的"一三六"部队。该部是英国经济作战部马来亚支部和中国政府合作组织的抗日部队,主要任务是在马来亚敌后收集情报和开展游击活动。这支部队在加强敌后抗日力量,搜集情报等方面做了许多工作。1944年5月,"一三六"部队领导人林谋盛被日军逮捕,在敌人毒刑审讯面前,只字不供,最后英勇就义。[29]

菲律宾华侨抗日支队的建立。1942年3月在中吕宋成立了菲律宾人民抗日军(简称民抗军),由路易士·塔鲁克为总司令,这是菲律宾人民和华侨共同组成的抗日部队。五月,在民抗军的协助下成立了菲律宾华侨抗日游击队(简称"华支"),组织上隶属于菲律宾人民抗日军。[30]

华支于1943年5月转移至南吕宋坚持斗争。在三年多时间里,华支转战吕宋岛的14个省和马尼拉市,同日军作战大小260多次,其中著名的战斗12次,歼敌2000多人,揭穿了所谓日军不可战胜不怕死的神话,大大鼓舞了吕宋菲华人民抗日武装斗争的士气。在斗争中,队伍发展到700多人。当地群众主动为华支当向导、递情报、送粮食、运伤员。华支还同菲律宾人民抗日军、马京游击队、菲律宾后备军官学生游击队及美国驻菲陆军司令部美军游击队等各个方面的抗日武装力量紧密配合,协同作战。

此外,菲律宾华侨还建立了菲律宾华侨抗日反奸大同盟、华侨抗日锄奸义勇军、华侨文化界抗日反奸大同盟、华侨战地民主血干团、华侨抗日锄奸迫击团等组织,采用各种斗争形式,配合菲律宾人民坚持抗日斗争。

各地秘密抗日团体的成立

1942年5月,印尼苏门答腊岛棉兰华侨成立了华侨抗日协会与苏岛反法西斯同盟。11月,这两个抗日团体又联合组织了"苏东反法西斯总同盟"。他们出版或与印尼抗日人士合作出版了《正义报》《解放报》《前进报》等,扩大和加强了当地的抗日活动。

在西婆罗洲(今西加里曼丹),1942年底,华侨抗日人士经过串联正式成立了婆罗洲反日同盟会,简称"西盟会",总部设立在山口洋市,随后在西婆罗洲各地建立了15个西盟会分会和一些联络点,成员共3600人左右。西盟会还建立了两个抗日武装根据地:一个是西山区根据地,组织了中国义勇军,在坤甸—山洋口公路一带开展游击武装斗争；一个是三发河流域根据地，在三发、邦嘎水陆两地开展游击战争。抗日游击队建立后，联合印尼抗日志士，袭击日伪军，破坏日军的交通线，狠狠打击了日本侵略者的嚣张气焰。西盟会还积极开展各种反法西斯的活动，如收容盟军和友军遇险战士，保护抗日分子，处决罪大恶极的日伪特务，调查日伪军情报，配合盟军反攻。

在爪哇，华侨成立了抗日民族解放大同盟，成员约1000人。他们配合爪哇游击队在侦察敌情，炸毁日军列车，袭击日伪军等方面做了出色的工作。

1942年，缅甸华侨组织了缅甸华侨战时工作队（简称战工队），明确提出"打倒日本法西斯，保卫缅甸"的口号，300多名成员因抗日被日军杀害，不少华侨参加了缅甸民族英雄昂山领导的抗日军队。[31]

在越南，华侨踊跃参加胡志明领导的越南独立同盟（简称"越盟"），投入抗日斗争，在越盟领导下成立中国人民之友协会、越南华侨救亡会等抗日团体。1943年5月，华侨船工与越南船工联合举行河南—南定航线大罢工。[32]

生活在太平洋彼岸的美国华侨，人数七万左右，他们虽远离战场，但也积极投身于反法西斯战争。太平洋战争打响后，美国华侨除继续捐款捐物支援祖国抗战外，有一大批人应征入伍。据美国官方统计，仅在陆军中就有13,000多华侨华人服役，占当时华侨、华人男性公民的五分之一以上，应征的华侨青年有1000多人被派到中国战场。在战争中许多人献出了年轻的生命，如在美国出生的刘国梁，在军事学院毕业后，任美国空军第五航空队驾驶员，1944年初在战斗中殉职，战后美国人民和广大华侨纪念他在反法西斯战争中的功绩，在纽约辟有刘国梁广场。[33]

四

综前所述，在十四年抗日战争中，广大华侨是支援祖国长期抗战，反对国际法西斯的重要力量。但华侨所做的贡献是来之不易的，是经过极其复杂、艰巨的斗争才取得的。因此，必须进一步了解华侨抗日救亡运动的特点，才能恰切地评价他们在支援祖国抗战中的作用与历史地位。

华侨支援祖国抗战的爱国运动，具有如下主要特点：

一是在复杂的国际形势下进行的。华侨绝大多数分布在南洋，而当时的南洋，除泰国外，分别为英、美、法、荷兰的殖民地。抗战初期，英、美等国家标榜"中立""不干涉"，实际上是实行纵容日本侵略的绥靖政策，以后又策划"远东慕尼黑阴谋"，殖民政府对华侨的抗日救亡运动，加以种种干涉和破坏。

新加坡是英属殖民地，英国殖民当局一开始就对华侨的抗日运动设置种种障碍。如1937年8月,陈嘉庚将主持召开侨民大会,新加坡华民政务司的官员佐顿,于14日召见陈嘉庚,对侨民大会提出三个"不得",即:不得表明筹款助买军火;不得提议抵制日货;款项统筹统汇,不得别设机关,至于汇款交国内何处,由总督指定。并说"此乃中立国应守规例"。㉞随后,殖民当局迫害抗日积极分子的事件不断发生。1938年元旦,新加坡2000多华侨举行抗日示威游行,殖民政府当局派出警察截堵示威群众,抢走中国国旗,还逮捕了三个华侨青年。㉟1月10日,新加坡华侨再度举行抗日示威,并有印度侨民参加,殖民当局的警署派出冲锋队,以"违法集会罪"逮捕了128人,开庭审讯。㊱1939年,陈嘉庚的得力助手南侨总会常务委员侯西反,也被驱逐出境。据新加坡总督珊顿致英国政府殖民部大臣唐纳的秘密函件中,提出驱逐侯西反的理由是:"秘密帮助非法组织与领导民族解放先锋队","与抗敌后援会有密切联系","曾成功地调停星华社会两个敌对私会党的冲突"。而有人评论,造成侯氏被逐的主要因素之一,是遍及新、马城乡的筹赈运动震惊了英殖民政府。㊲

至于法国殖民当局与荷兰殖民当局,他们的政策与英国基本相同。同样"不许我侨胞公开抗日救国活动"。㊳

泰国,在当时是南洋唯一主权独立的国家,銮披文政府上台后,推行对外亲日,对内排华的反动政策。因此,华侨的爱国权利被蛮横地剥夺。泰国各界华侨组成的抗日救国会和抗日救国联合会,"都是秘密团体",只能在爱国侨胞中"进行半公开的活动"。1938年2月12日,抗联的主要骨干22人被捕入狱,嗣后19人被驱逐出境。㊴日本帝国主义者还指使暴徒暗杀了泰国中华商会会长蚁光炎。㊵1939年7月间,泰国政府"连日大捕我救国分子","查封华校20余所,复因搜得救国会捐款收据,搜查华侨,广东两银行,并扣留其正副经理"。㊶

尽管如此,泰国华侨救国活动始终没有停止过,如1939年的"七七献金"运动,在不声不响中募集了140万元,并迅速汇回国内。㊷华侨的爱国主义精神,是任何反动势力压制不了的。

面对这种复杂的局势,南洋华侨一方面与殖民当局进行坚决的斗争,另一方面在斗争中注意策略,利用英、美、法、荷殖民当局与日本侵略势力的矛盾,化消极因素为积极因素,努力建立反日的联合阵线。如在斗争中尽量避免与殖民政府发生摩擦,把华侨抗日救亡的团体,采用诸如赈难会、救济会、救灾会等慈善机构的名称开展活动。同时,大抓报刊宣传工作,揭露日本侵略者的法西斯罪行,孤立日本,呼吁国际舆论对华同情。

报刊是重要的宣传阵地,据1935年统计,华侨在南洋办的报刊有49种,随着抗日战争形势的发展,1940年增至89种。㊸1941年12月统计,五大洲侨办报刊达151种,南洋又增至121种。㊹

除中文版外，还有英文、法文、巫文、暹罗文版。印尼巫文版《新报》，曾使中爪哇权威报《火车头》"屡次同情中国抗战"，"荷属最大通讯社，且曾一度拒绝接受某（日本）国通讯社的电讯"。㊺缅甸华侨救灾总会，曾将日本军国主义侵华自供状的《田中奏折》译成英文、缅文散发，并编印多种英、缅文的抗战宣传品，广赠国际友好人士阅读，促成缅甸的华、缅、印（度）人士联合组成"华缅印抵制日货委员会"，统一领导缅甸各族人民的抵制日货运动，如此"促起各色人士之注意，实为国际间难能之事"。㊻菲律宾华侨主办抗战画片展览会，"唤起各国人士的同情。异国人士到会参观者竟达12万人，其中有5万人自动签名请求美国总统罗斯福禁运军火赴日"。㊼

在美洲，华侨救国团体编印英文小册子，如《日本侵略中国史略》《日本军阀暴行实录》《救中国与救世界和平》等。华侨洗衣店的工人利用工作之便，将宣传小册子附于顾客的衣袋中，直接散发达万册。㊽

海外华侨各种形式的抗日宣传，有力地揭露了日本的侵略罪行，孤立和打击了日本侵略者，也给英、美政府的两面政策施加了政治压力，同时还争取了英、美政府内一些人士对华侨抗日救亡运动的同情和支持。

二是爱国侨领起了组织和带头作用。在华侨抗日救亡运动中，爱国侨领始终站在第一线，起着组织和领导的重要作用。1937年"八一三"事变的第二天，在陈嘉庚倡导下，成立了南洋地区第一个有各界华侨参加的新加坡筹赈会。接着，1938年夏，印度尼西亚侨领庄西言、菲律宾侨领李清泉致信陈嘉庚，建议组织南洋华侨救亡斗争的最高领导机关，以统一领导南洋各地的抗日救亡运动。陈嘉庚赞同这一主张，并承担了繁重的组织工作。经过紧张的筹备，1938年10月10日，来自南洋各地的侨领164人，聚集在新加坡共商救亡大计，成立了南侨总会，制定了指导基层救亡工作方针的《筹赈办法举要》。会后，侨领们回到各地，扎扎实实地组织和领导群众，使救亡运动呈现新的热潮。

三是具有广泛的群众基础。祖国抗日的烽烟，点燃了海外华侨心中的怒火，迅速掀起了抗日救亡运动的热浪。其运动之深入，群众之广泛是空前的。踊跃捐款，是华侨抗日救亡运动广泛性的最具体最生动的反映。华侨的巨额捐款，80%来之于劳动人民，正如陈嘉庚1940年所指出的，华侨所捐巨款"是1100万劳苦侨胞节衣缩食的血汗所得"㊾。新加坡一家饼干厂工人发起救济华北伤兵、难民的"每日捐"运动，三日之内就扩展到"全星饼干厂工人中去"，"接着，建筑、黄梨、机器、打石山及各业的华工纷纷响应"。㊿泰国华侨各业店员，每月从工资中抽出5%捐献祖国。[51]在美洲，大部分的捐款"是由那日夜在油烟沸腾的餐馆厨房、洗衣馆、农园里和个别的工厂、商店里的侨胞，普遍捐集而来的"[52]。在南非洲的坤埠，有位75岁高龄的刘浮初，"将所得养老金计共900英镑，全数奉献"[53]。美拖埠煮饭佣妇刘瑞芝,每月工资6元,在缩食献金活动中,一次便捐银20元。[54]缅甸有一位粤侨叶秋莲,把一座两层的楼屋交给救灾总会拍卖,然后将拍卖的钱捐献。厦门儿童剧团在越南演出时,有位潮汕籍的华侨女青年,观看之后,深受感动,把父母为她准备的嫁妆、首饰,全部献出。泰国女侨胞,捐给救国战时儿童保育总会国币1.3万多元。[55]马尼拉一侨童,将积蓄的糖果钱201元整数捐输。[56]澳大利亚美军华人服务营的一位老华侨,一闻捐款抗敌救国,即将数十年之积蓄300多金镑全部拿了出来。有人劝阻时,他说:"我们将入土,能以区区微金贡献祖国,实是无上光荣,死可瞑目矣。"[57]华侨的捐献运动,遍及世界五大洲,深入到各阶层,真是"富翁慷慨解囊,贫士节食输将,妇女儿童,亦各尽其助赈的责任","涓涓滴滴汇成江河",创造了极其惊人的成绩。

华侨抗日救亡运动的广泛性,还表现在各行各业开展声势浩大的抵制日货、矿工的罢工及华侨海员的罢运日本军火,成千成万的青年回国参军参战,向来很少在社会上露面的华侨妇女,也投身于抗日救国运动的洪流。1939年七七事变两周年时,新加坡妇女界开展认儿运动,她们主动认领在祖国难民保育院中的一个或数个儿童为自己的儿女,通知院方,按月汇寄生活费。[58]不少青年女子决然回国参战,如印尼爪哇华侨娘子军别动队、印尼棉兰华侨女子救护队、东江华侨回乡服务团的官文森队等。[59]

总而言之,艰苦的十四年抗日战争,中国人民取得了历史性的胜利。抗战斗争的实践证明,华侨是支援祖国抗战,反对国际法西斯的重要力量,他们所发挥的作用,是国内人民不能代替的,他们的历史功绩,将永远彪炳史册,受到全国和世界人民的赞扬。

广大华侨心向祖国,对祖国怀有深厚的感情,正是这种爱国主义精神,激发广大华侨过去和现在,致力于革命斗争和建设祖国的无比热情。1985年7月1日,美国华侨、华人知名人士陈香梅、龙绳文等呼吁全世界炎黄子孙,"重振及确保'七七'初期民族团结的精神,早日愈合民族创伤,振兴中华",这一呼吁受到了广泛的响应。完全可以预料,随着爱国统一战线的扩大和发展,华侨热情的不断高涨,广大华侨一定会在建设祖国、统一祖国的工作中做出更大的贡献。

注释:

① 《侨务十五年》,第26—27页。国民党侨委会编印,1947年4月版。
② 黄警顽:《华侨对祖国的贡献》,1940年8月版,第193页。
③ 章浦若等:《南洋华侨与经济之现势》(商务印书馆,1946年9月版)。
  《前线日报》,1944年11月5—8日。

④黄警顽：《华侨对祖国的贡献》，1940年8月版，第327页。
⑤《战时侨务》，《侨务十三年》，国民党侨务委员会编印，1945年5月版，第69页。
⑥《纽约唐人街》，上海译文出版社，1982年10月版，第117页。
⑦《巴黎华侨赴大使馆请愿》，《救国时报》，1937年8月5日。
⑧《新华日报》，1938年5月20日。
⑨陈嘉庚：《南侨回忆录》，1946年新加坡版，第73页，
⑩《星岛日报》，1939年1月12日。
⑪《反汪运动在新加坡》，《新华日报》，1939年9月17日。
⑫《新中华报》，1941年2月20日。
⑬《新华日报》，1940年11月2日。
⑭《广东文史资料》第十四辑，第99页。
⑮《关于新四军事件华侨舆论一斑》，马尼拉建国出版社，1941年版。
⑯馨庐：《旅美华侨空军入桂》，《探海灯日报》特刊，1938年2月9日。
⑰《侨胞是怎样援助抗战》，《救国日报》，1938年1月17日。
⑱《福建与华侨》，创刊号，1938年4月5日。
⑲《华侨救国动态》，《华侨先锋》，第6、7期合刊。
⑳《现代华侨》，1940年第1卷，第5期，第19页。
㉑《现代华侨》，第2卷，第10期，第21页。
㉒陈嘉庚：《南侨回忆录》，1946年新加坡版，第85页。
㉓《滇缅公路重新开放》，《华侨先锋》，1940年，第2卷，第9期，第1页。
㉔《华字日报》（香港），1938年9月29日，1939年2月1日。
㉕《解放日报》，1941年12月10日。
㉖《解放日报》，1941年12月19日。
㉗《星华义勇军总部报告抗敌经过》，《大战与南洋》，第60页。
㉘《马来亚抗日军战记》，《大战与南洋》，第30页。
㉙马来西亚、新加坡福建社团联合会：《林谋盛先贤》，《闽人创业史》，1970年版，第194页。
㉚蔡建华、梁上苑：《华侨抗日支队》，香港广角镜出版社，1980年版，第38页。
㉛黄福銮：《华侨与中国革命》，第246页。
㉜陈辉燎：《越南人民抗法八十年史》，第2卷下册，第355—356页。
㉝《华侨在反法西斯战争中》，《华声报》，1986年9月30日。
㉞陈嘉庚：《南侨回忆录》，1946年新加坡版，第42—43页。

㉟金晖:《星嘉坡侨胞抗日的怒涛》,《救亡日报》(广州),1938年1月17日。

㊱《华字日报》,1938年1月11日。

㊲《怡和轩九十周年纪念特刊》,1985年,新加坡版第107页。

㊳祝秀侠主编:《华侨革命史》(下),1981年台北版,第702页。

㊴许侠:《忆蚁光炎先生及泰国华侨的抗日救亡运动》,《文史资料选编》,第5辑。

㊵《新华日报》,1939年11月24日。

㊶《华侨先锋》,第15期,1939年8月21日。

㊷《排华高潮中之暹罗鸟瞰》,《新华日报》,1939年12月5日。

㊸《现代华侨》,第3卷,第3期。

㊹《华侨先锋》,第7卷,第2、3期合刊。

㊺吴直由:《爪哇华侨是爱国的》,《福建与华侨》(旬刊),第9期,第13页。

㊻蔡云:《缅甸华侨救国运动之斑》,《华侨动员》,创刊号。

㊼《前线日报》,1941年4月25日。

㊽郑鸿儒:《华侨救国阵容的总检阅》,《华侨战线》,第1卷,第3、4期合刊,1938年4月16日。

㊾《新华日报》,1941年2月27日。

㊿《前线日报》,1940年9月19日。

㉛《华侨战线》,第1卷,第3、4期合刊,第42页。

㉜《华侨战线》,第1卷,第2期,第23页。

㉝《现代华侨》,创刊号。

㉞《国民日报》,1940年4月22日。

㉟《东南日报》,1939年11月8日。

㊱《华侨先锋》,1940年,第2卷,第4期,第24页。

㊲《华侨先锋》,第7卷,第11、12合期。

㊳《前线日报》,1941年5月10日。

㊴《华侨月刊》,第2卷,第19号。

(洪卜仁　孔永松)
(原载《民国档案与民国史学术讨论会论文》,1987年10月)

新马的闽南籍华侨与辛亥革命

20世纪初，席卷神州大地的辛亥革命成功地推翻了清朝的统治，结束了2000多年的中国帝制，开启了民主共和新纪元，使共和观念深入社会中上层人士的思想中。作为民主、民族革命，辛亥武昌起义的成功，对中国国内的民族关系及同时期亚洲其他国家的民族解放运动产生了重要影响。辛亥革命的一个特点是较多地依靠了海外华侨的支持。19世纪末至20世纪初，居住在亚洲的华侨甚多，尤以南洋为最，而南洋华侨中来自中国广东、福建沿海移民最多，在他们中间孕育出一支活跃而强劲的革命力量，在辛亥革命的历史上书写下光辉灿烂的篇章。本文撷取当年新加坡、马来亚地区的闽南籍华侨为论述对象，探讨他们为什么会积极投入辛亥革命，为革命做了哪些贡献，他们的革命活动对祖国和家乡以及侨居地产生了哪些影响。

一、闽南籍华侨与新马的历史渊源

（一）闽南籍华侨侨居新马历史

闽南地区包括福建省东南沿海的漳州、泉州和厦门、金门这一带。厦门西与漳州毗邻，北接泉州，东南与金门岛隔海相望。漳州今属地级市，现辖两个市辖区，一个县级市，八个县。包括芗城区、龙文区、云霄县、漳浦县、诏安县、长泰县、东山县、南靖县、平和县、华安县和龙海市。泉州也是地级市，现辖四个市辖区，三个县级市，五个县，包括鲤城区、丰泽区、洛江区、泉港区、惠安县、安溪县、永春县、德化县、石狮市、晋江市、南安市和台湾当局管辖的金门县。祖籍福建的华人约占海外华人总数的三分之一，约有870万人，其中90%以上居住在东南亚地区。[①]漳州、泉州和厦门都是福建著名的侨乡和台湾同胞的祖籍地，海外华侨华人也主要集中在东南亚各国。

福建南部地区背山面海，地少人多。闽南人常在海上作业，也培养出冒险与拼搏的精神，对航海方面的知识和技能比其他地方的人更熟悉，因而很早就有人向外发展，从事航海贸易，或在国外侨居，进行经济活动。

从唐宋起，福建先后兴起福州、泉州、漳州、厦门等对外贸易港口。宋元祐二年（1087），泉州设置市舶司，开始直接与中东和东南亚等地区交通贸易。至元代，发展成为世界性的贸易港口。1465—1505年间，漳州月港崛起为中国东南部的大商港，商贾咸集，豪民造巨舶扬帆国外。发达的港口贸易为闽南人航海贸易和到国外侨居提供了便利。

百年前的新加坡、马来亚统称为海峡殖民地，这里的华侨有很多是来自闽南地区的移民。1821年1月18日，新加坡开港后，入港第一艘客货兼载的帆船来自厦门，厦门人从此来到了新加坡。1827年，新加坡殖民局发给华人居民的租地契约中，已出现厦门街的地名。如今新加坡的天福宫里，仍挂有1840年厦门商行的赠匾"光被四表"。

1840年鸦片战争以后，厦门被辟为通商口岸，英殖民当局在厦门设立招工机构，在福建沿海一带招揽大批契约劳工以应付开发东南亚殖民地所需的大量劳力。此后，也有大批闽南移民涌入马来半岛，有些人年老返乡安度晚年，落叶归根。但也有许多人住了下来，落地生根，安居乐业。

（二）闽南籍华侨积极融入新马的社会经济建设

清末侨居新加坡、槟榔屿和马六甲的闽南人，居住于马来亚的以漳州人居多，新加坡则以同安人占大多数。当年马来亚国民经济两大支柱的胶锡业，基本上是靠华人艰辛开拓、种植与经营而发展起来的。对开发和发展新加坡的社会经济，闽南人也付出聪明才智和辛勤劳动。擅长航海和经商的闽南人，在积累了一定的资金后，便开始经营土产转口贸易。

莱佛士占领新加坡后，随即宣布新加坡为自由贸易港，马六甲的华侨华人被吸引，纷纷涌入新加坡。1819年新加坡开埠后，从马六甲移居新加坡的第一批闽南籍商人，是土生华人陈金声等创业者。此后，华侨华人人口与日俱增。

从马六甲、槟榔屿移居新加坡的闽南籍华商，其中不少人日后成为新马华人社会的领袖。华人从事的行业林林总总，商业活动居重要地位，投入商业资本最多，赖以为生的人数最多，分布最广。华侨华人向来具有刻苦耐劳、勤俭节约、艰苦奋斗的优良品质，这是创业和经商不可或缺的条件。华人经商致富的另一个特点是善于利用宗亲血缘关系，并具有浓厚的地域观念。早期闽南籍华商为当地的土地开发、建设发展和推动各经济领域，尤其是商业、零售业、胶锡业、国际贸易、航运、金融、保险业的发展奠定了深厚的根基，做出了重要的贡献。

（三）闽南籍华侨华人的祖国观念

西方殖民者侵略东南亚地区后，实行愚民政策，捏造或歪曲当地民族的历史，使他们不知本民族的源流及祖先过去的光荣史迹。殖民者唯恐华侨华人受中国的影响，对当地华校密切注视和防范，派出"督学官"监督华校的政治动态，利用报纸为殖民主义利益服务。

随着当地工业的发展，华侨中的中小资产阶级也逐渐成长起来，他们大多出身商人，有的出身工人，依人篱下，备受歧视。19世纪下半叶，这种歧视变本加厉。在南洋按律输税，都有国别之分，"欧美日本人于所得税例纳2%，而华人所得税例纳4%"②，华侨资本遭到严重的摧残。19世纪末，华侨入境马来亚，必须在圣约翰岛受检疫，不管男女都要脱光衣服，华侨对此甚为不满。闽南籍华侨领袖林和坂以"太平局绅"的身份多次向殖民当局交涉，才取消这种侮辱侨胞的规定。

满洲贵族统治集团采取狭隘的民族高压政策。为了割断国内人民与海外华侨的联系，削弱、打击抗清、反清的力量，清政府对人民出国一直采取严厉镇压的政策，把私自出海的人民视为罪不可赦的罪犯。导致许许多多远离家乡的华侨有家归不得而长期滞留在海外侨居地。闽南华侨从祖辈开始就成为海禁政策的牺牲品，因此对清王朝极端愤慨。而闽南又是郑成功的故乡，是反清复明的一个基地，百姓反清情绪十分强烈。

海外华侨中小资本家受到帝国主义殖民政府欺压，希望有一个强大的祖国来保障他们在海外的正当权益，或者为他们在国内安排投资项目。但是，清政府不仅对华侨资产阶级的正当要求"纵呼吁之亦无所应"，且对华侨向国内投资百般阻挠，对归国华侨进行种种欺压和掠夺。华侨在国内的亲戚更是多方受到敲诈和勒索。

南洋华侨一方面受到东西方革命运动的刺激，另一方面也受到中国政治思潮的影响。华侨与当地民族一样，民族意识逐渐觉醒，爱国思想油然而生，过去不谈政治，现在不仅过问政治，还关心国家和世界大事。目睹清朝廷的政治腐败，内外交困，新马的华侨华人支持推翻清廷，建立民主共和的中国的思潮也越来越升温。

二、孙中山民主革命思潮对新马华人社会的影响

（一）保皇派在新马的影响

维新变法虽然只存在了103天即被慈禧太后为首的清廷镇压而失败，但主张改良现政的思想却传播到南洋，在华侨华人中掀起巨浪，也在新马华侨华人中产生深远影响。维新思想传入新马的时间比孙中山民主革命思想早，宣传时间长，宣传力度大，势力也一度相当稳固。

1896年至1899年，在新马相继出现好学会等几个主要华侨团体和《海峡华人杂志》《槟城新报》《日新报》等华人报刊，极力宣传各种变法维新思想，鼓

励民众讨论正在中国发生的重大事件,学习西学,革除旧政,实行君主立宪制。③

在此不得不提到一个人物——邱菽园。

邱菽园,1871年出生于新加坡,福建省海澄县(今厦门市海沧区)新垵乡惠佐村人。其父邱笃信是新加坡米业大王。邱菽园回国参加科举,15岁考取秀才,21岁即中举人,参与了著名的全国举人"公车上书",结识了康有为,接受了当时维新变法的思想,成为其"拜门弟子"。甲午战争,中国战败,被迫与日本签订《马关条约》,割台湾,内外交困。邱菽园目睹政府无能,与中原志士,奔走于政治维新,主张废科举,习西学,确立现代科学教育制度。1896年会试落第,他南渡返回新加坡继承父亲百万遗产,23岁成为新加坡一代饱学之士与巨贾富商。邱菽园虽没能在国内从事维新变法运动,但在异国他乡却没有停下维新变法运动的脚步。他极为关注祖国风云变化,中国近代局势变幻都录在他的笔下,或哀祖国时运多舛,或伤自己壮志未酬等。康有为赞他:"执事高义雄才,纯忠硕学。"④

邱菽园是保皇派早期最有力的支持者,他很推崇当时最先进的信息传播工具——报纸。1898年6月,邱菽园创办了新加坡一份华文日报——《天南新报》。《天南新报》与梁启超主办的《时务报》成为当时维新派的南北喉舌。

维新变法失败后,戊戌六君子被害,康有为等被清廷通缉逃亡国外,邱菽园马上电汇1000元接济,并邀请他到新加坡避难,亲自安排康有为一家大小住在他家里半年,并承担其一家所有的费用。1900年,邱菽园为了支持维新派唐才常在武汉的"勤王起义",亲自在新加坡华侨中募捐,自己前后两次捐出20万元。邱菽园倾心支援中国政治运动,先后为国内保皇派活动捐款30多万元。康有为到新加坡后,在新加坡及马来亚的保皇活动经费也几乎都由邱菽园承担。保皇派在新加坡创立了保皇党分部,邱菽园当选为主席,他们以《天南新报》作为宣扬保皇思想的机关报,致力宣扬立宪政体的好处,在当时行销颇广。

(二)革命派赢得民心

孙中山领导的资产阶级革命派曾与康有为领导的维新派尝试合作,一同探讨救国之路。孙中山的日本友人宫崎寅藏代表革命派到新加坡会见康有为,但康有为避而不见,诬陷宫崎为刺客,并报警拘其入狱。而邱菽园代替康有为与宫崎寅藏进行了会面,这次会面使邱菽园开始接触到了革命派的思想。后来邱菽园因唐才常起义失败,又闻澳洲华人为支持汉口起义捐献的五万元被康有为截留,愤怒至极,与康有为产生分歧,对保皇派失去信心。1901年9月12日,邱菽园登报辞去《天南新报》职务,随后在《天南新报》发表《论康有为》一文,公开责康,声明与保皇派脱离关系。

1900年7月,孙中山第一次来到新加坡营救宫崎。而康有为在蛰居新加坡半年后去了欧洲。翌年,兴中会成员尤列来到新加坡,先后在新加坡、吉隆坡及槟城等地设立俱乐部中和堂，暗中吸收会员，宣传革命主张。

革命派到南洋后，许多华侨如梦初醒，晓得受了保皇派的欺骗。1905年孙中山在新加坡成立中国同盟会南洋分会，邱菽园成为早期会员，转向资助革命派。可是这时候，邱菽园的地产生意失败，加之资助维新变法几乎耗尽了他所能支配的资金，《天南新报》也因为经费短缺而停刊。保皇派此时日渐失去了华侨的信任和支持，革命派赢得了民心，一批倾向革命的闽南籍华侨在新马地区活跃起来。

三、投身革命的闽南籍华侨精英

胡汉民曾回忆，"我们从革命史来观察，南洋确是居于极重要的地位，南洋是本党革命的策源地，是本党革命的根据地。孙先生在早年到欧洲到日本的时候，总是经过南洋，南洋是孙先生的足迹所遍的最熟悉的地方"。⑤

曾任中侨委副主任的闽南籍华侨庄希泉回忆自己1911年加入中国同盟会时的情形道："我就是在槟榔屿由陈新政、黄金庆、丘明昶三人介绍参加同盟会的。记得我的会员证号是四万多号，由此可见南洋华侨参加革命组织人数之众。"⑥

辛亥革命在以南洋为根据地开展革命活动、发展革命队伍、筹募革命军费、支持国内革命运动，直至最终推翻清廷建立国民政府的整个过程中，无不闪现着闽南籍华侨的身影，无处不体现闽南籍华侨爱国爱乡的情怀，闽南籍华侨为推翻清朝建立民国立下了不可磨灭的功劳，可以说闽南籍华侨是海外华侨革命派中难能可贵的一支战斗力量。其中有不少人享有崇高的声誉。例如，陈楚楠（1884—1971）原名连才，祖籍厦门禾山，1884年出生于新加坡，《革命逸史》作者冯自由尊称他为"南洋革命党第一人"。陈楚楠在新加坡与兄长继承父业"合春号"，合作经营木材、种植橡胶。他自幼接触中华文化，少负大志，面对清政府的腐败无能，身处殖民地目睹同胞受到外国人的欺凌，他深感强大祖国对人民来说是何等的重要。保皇派到南洋宣传时，他加入了邱菽园、林文庆等组织的好学会，支持康梁的保皇运动，常自号"思明州少年"，在邱菽园创办的《天南新报》及香港《中国日报》上发表文章，抨击清朝廷的腐败，鼓吹维新。

后来，陈楚楠阅读了邹容的《革命军》等书刊，思想触动很大，经常与友人张永福、林义顺等在小桃源俱乐部议论中国政局。闻悉兴中会会员尤列逃避于新加坡，他与张永福专诚往谒，一见如故。尤列也常来小桃源俱乐部，在尤列影响下，陈楚楠接受了革命救国的主张，他认为创办一家报纸以开通民众的思想，实为最迫切应办的事。于是，与好友张永福两人出资五万元创办了《图南日报》，自任经理，聘尤列为名誉编辑，聘香港《中国日报》记者陈诗仲为主笔。《图南日报》成为南洋华侨最早创办的革命报刊，被誉为"南洋革命机关报的鼻祖"。《图南日报》

的革命言论受到保皇派人士、清政府驻新加坡的领事官员以及殖民地政府等多方面的攻击、打压，加之经费拮据，被迫于1905年冬宣告停版。两个月后，陈楚楠、张永福不忍革命喉舌中断，复谋集资重整旗鼓，与友人合股，创办《南洋总汇报》，仍由楚楠、永福主持，继续宣传革命。

报纸的宣传唤醒了南洋华侨的革命思想。1905年，孙中山从欧洲东渡日本途径新加坡，嘱尤列领陈楚楠、张永福、林义顺等会晤，告知将赴日本成立革命党总部，嘱尤列等在南洋布置成立分会。1906年4月6日，孙中山到新加坡时，邀集了所有新加坡革命党本地派与外来派的主要成员，在晚晴园成立中国同盟会新加坡分会，陈楚楠是第一个参加者，并被推举为会长，张永福为副会长。入会者都在孙中山的见证下发誓并在誓词上签名。创始会员中属闽南籍者有陈楚楠、李竹痴、林镜秋、萧百川、留鸿石、蒋玉田等六人，之后陆续加盟者有400余人。中国同盟会新加坡分会成立后，孙中山在陈楚楠、林义顺、李竹痴的陪同下，访问了芙蓉、吉隆坡、怡保等地，积极筹备在马来亚半岛各重要城市成立分会。陈楚楠出钱出力，花费心血最多。

革命党机关成立后，革命党人迫切希望有个宣传阵地。陈楚楠又招股重组党报，1907年8月20日，《中兴日报》正式诞生。《中兴日报》系统地发动了一连串对清朝政权与维新派的论战，在一系列激烈的辩论中，无论是赞成革命的，反对革命的，或是中立的，对于当时主持革命言论的《中兴日报》都争相传阅。在积极办报鼓吹革命的同时，陈楚楠还联合一批同志于1910年创立了同德书报社，一来让青年免费阅读进步书报，二来通过它宣传革命思想。陈楚楠和张永福也常前往该社发表演说，向青年灌输革命思想。

南洋群岛华侨社会革命力量的发展，促进了国内革命形势。1907年5月，在孙中山指导下，黄冈起义爆发，事先受孙中山委托，陈楚楠等积极筹款三万余元支援起义费用。起义失败后，他又大力营救黄冈起义首领余既成，并多方安置被越南政府遣送出境抵达新加坡避难的革命党人。此后同盟会在广东、广西、云南三省边境发动的多次武装起义，共耗资20多万元。孙中山每次均令陈楚楠等筹款接济，"楚楠恒踊跃输将，惟恐不力"。由于陈楚楠支持革命挪用了父亲遗留的合春号大量资金，引起了兄弟间的纠纷诉讼，导致兄弟分产，他受到了严峻的经济压力，但他没有后悔，仍然保持着旺盛的革命意志。

武昌起义胜利后，福建光复，陈楚楠以中国同盟会新加坡分会老会长身份与陈嘉庚共同组织福建保安会，筹款20万元新币支持福建军政府。1912年，吴世荣因商务无法再兼顾南洋华侨联合会的工作，陈楚楠被新加坡华侨总商会推举为代表，到上海代吴世荣主持华侨联合会工作。⑦到任后，他积极开展工作，创办华侨公寓，迎来送往，便利华侨归国探亲、创业，同时在《国民新闻》辟专栏，报道海外华侨动态,增进国内人民对海外侨胞的了解。1917年,陈楚楠受聘担任孙中山大元帅府参议。1921年至1931年的十年间,他一直留在中国,除担任福建省务委员会委员外,也曾兼任福建省实业厅长,参与福建银行的筹建,并一度积极促进矿藏的开发活动。1933年因对军阀混战、政局混乱感到失望,返回新加坡经商。

林推迁(1864—1923),福建海澄县毛穴广村(今属福建省厦门市海沧区)人,字宝善,出身穷苦,没有受过教育,但天性沉毅,好任侠,为人排难解纷。林推迁成年后南渡马来亚和新加坡,凭借双手和机智,识得华文、英文和巫文以及各种方言,靠渡船业勤俭发家,成为航业家、矿业大王与银行家。他主要的荣誉地位是洪门会义兴帮红棍,洪门最高首领。他是怡和轩首任总理。自怡和轩1895年成立开始,到1923年他逝世的28年间,适为清末民初中国最动荡时代,林推迁将怡和轩俱乐部作为社会活动的联系中心,推动策划了许多对国家对社会很重要的大事,如支持同济医院、善济医社、组织中华总商会、创办华侨中学等等。其中最重要的大事,乃是支持孙中山领导的中国同盟会。

洪门会员占南洋华侨总人数百分之八九十,义兴会福建帮人数最众。孙中山认识到要在南洋发展革命力量必须依靠洪门会的力量,便委派尤列到新加坡与洪门帮会联络。尤列在新加坡暗中联络洪门兄弟,支持孙中山的革命活动。

林推迁主持怡和轩时期,陈楚楠、林文庆等中国同盟会中坚人物都是怡和轩会员。林推迁又支持中国同盟会党人所办的《新国民日报》和《光华报》。"中华民国"成立之初,福建保安会发起捐助福建军政府、新加坡中华商务总会发动中华国民捐款,怡和轩会友都相当尽力。国民党要员宋教仁被袁世凯所杀,孙中山信徒在新加坡举行追悼会时,林推迁曾担任大会副会长,公开主持追悼会,表明他对孙中山革命事业的大力支持。他领导时期的怡和轩始终维护劳苦侨胞的安全与权益,支持孙中山民主革命伟业,成为推动华人社团活动的心脏。继林推迁接任怡和轩总理的陈嘉庚曾对怡和轩的历史意义做出这样的总结:"三四十年前,孙总理南来,计划革命,当日孙先生亦与怡和轩会员接洽,即福建光复时之保安捐,及后来之国民捐,亦均由怡和轩发起。"⑧

林文庆(1869—1957),祖籍福建海澄县鳌冠村(今属厦门市海沧区),出生于马来亚槟城。他幼年就读华文书院、英文学校,19岁赴英国爱丁堡大学攻读医科,是获得英国维多利亚女皇奖学金的第一位华人,1892年返回新加坡行医。林文庆与陈齐贤合作,首先组织联华橡胶种植有限公司,开辟了东南亚第一家橡胶种植园,被誉为"橡胶种植之父"。

为改变新加坡华人思想保守,知识水平落后的情形,林文庆在新加坡创立华人阅书报社,出版报刊,报道国际新闻和有关西方科学技术。当维新浪潮传到新马时，林文庆发表了《中国的革新》《峇峇在中国发展事业上所扮演的角色》等文章，反对用激进的革命手段改革中国。随着时局的转变，保皇派变得落后，已不能通过维新运动来摆脱中国的困境，林文庆开始有所觉悟。⑨

林文庆早年在英国结识了孙中山，对孙中山领导的革命深表同情。1900年，当孙中山因营救日本友人宫崎寅藏被新加坡英殖民地政府逮捕时，林文庆全力奔走，出面营救，出力最大。1906年4月，孙中山到新加坡组织中国同盟会分会，林文庆欣然入会。民国建立后，福建侨胞抱着建设家乡的愿望，返闽"领办实业"。林文庆等集资两千万元，领办了福建省实业银行和全省的采矿及筑路事业。1912年初，林文庆应孙中山的聘请，到南京担任临时政府内务部卫生司司长，同时兼任孙中山的保健医生。不久，孙中山辞去临时大总统，政府北迁，林文庆返回新加坡，继续从事医务和教育等方面的活动。

吴世荣（1875—1945），祖籍福建海澄县，出生于马来亚槟榔屿。其祖父吴源信早年来槟城，开设瑞福号商店，祖父与其父亲吴有才都热心公益事业，在华侨社会颇著声誉。吴世荣从小接受良好的中英文教育，对祖国有很深的眷念之情，约21岁时继承父业成为富商。他为人极为豪爽，乐于助人，以"斫雕为朴"四字为座右铭。他平日生活自奉俭朴，但对社会公益事业捐赠慷慨解囊，毫无吝色。

1906年中国同盟会新加坡分会成立后，孙中山第一次到槟榔屿，欲拜访某富商，但其人避而不见，孙中山处于十分尴尬的境地。吴世荣早已仰慕孙中山的声望，得悉此事后，与好友黄金庆主动出面求见，热情招待，并介绍当地爱国华侨与孙中山会晤，从此结为同志，并对马来亚的革命形势充满信心。从马来亚返回新加坡后，孙中山立即派陈楚楠、林义顺持其介绍函赴槟城面晤吴世荣。吴世荣热情地接待，并安排他们在小兰亭居住。在吴世荣的号召下，槟城第一批22名同志在陈楚楠、林义顺的见证下，秘密加入了中国同盟会。中国同盟会槟城分会正式成立，吴世荣当选为分会会长、黄金庆为副会长。此后，吴世荣积极开展革命宣传工作，发起创办《光华日报》，设立槟城阅书报社作为中国同盟会的外围组织。孙中山每次南来必驻足槟城，每次都受到吴世荣热情接待。吴世荣对革命的重视胜过一切，他不但倾尽全力资助革命所需开销，还独自应付任何党员来往槟榔屿的费用。由吴世荣领导的槟城同盟会自成立起一直是孙中山在北马最忠诚的支持团队。

1910年，孙中山再次来到槟榔屿时，槟城华侨革命情绪十分高涨，请求参加中国同盟会者甚众。当时，一方面由于保皇派诋毁孙中山滥用公款，革命活动在新加坡备受掣肘。另一方面，孙中山的革命理念受到槟城实力雄厚的"三杰"吴世荣、黄金庆和陈新政的鼎力支持，尤以吴世荣贡献最大，同时槟城华侨对革命也坚决拥护。孙中山经过慎重考虑，决定把同盟会的南洋支部从新加坡移到槟城，从此，槟城分会成为中国革命运动在东南亚地区的指导中心，成为中国历史的转折点。

1910年11月13日，孙中山在槟榔屿柑仔园召开同盟会领导人秘密会议，策划翌年的广州武装起义，即辛亥"三二九"广州起义。这次会议是辛亥革命史上一次重要的会议，史称"庇能会议"。孙中山在会议中表示要再接再厉，在广州发动另一次大规模的军事起义，强烈呼吁大家给予最后一次支援，倾囊捐助，当晚就收得叻币8000元。吴世荣为筹集这次重要起义的经费，在别无选择之下，将夫人谢柳美的嫁妆，一座四层楼的洋房（后改为时中分校）抵押出去，把所得款项全部交给了孙中山。[10]同时动员槟城分会会员踊跃捐款，尽力支持这次武装起义。孙中山随后从槟城发函世界各地的中国同盟会分会，称共募得15.7万余元，这不但为低迷的革命士气注入了一剂强心针，并且振奋了无数的革命党人。

吴世荣为了祖国，不惜捐出大量财产，变卖园丘店产接济革命急需，甚至向人借贷，筹款资助起义。南洋支部移到槟城后，1910年广州新军起义失败，孙中山被日本、越南、新加坡等地政府驱逐，唯有避难于槟城。当时孙中山甚为潦倒，携妻室卢慕贞、陈粹芬和两个女儿孙瑛、孙婉避居于槟城柑仔园，其每月家费百元以上都由槟城党人吴世荣、黄金庆、陈新政、丘明昶、潘弈源、丘开瑞、柯清偉、熊玉珊、陈述齐、谢适齐、陆文辉等11位同志共同长期负责。吴世荣因热心革命，毁家纾难，无暇兼顾商号经营，导致瑞福商号逐渐颓败，资金周转不灵，最后倾家荡产，但他并不在意，晚年他每每与朋友谈及辛亥革命之事，还常以自己能赞助革命为荣！[11]陈楚楠在晚年回忆吴世荣时指出："吴世荣同志，本是槟榔屿的殷实商家，后因为革命，把几十万的家产都革完了。"像这样毁家纾难支持革命的华侨富商实属少见，其伟大精神令人钦佩！

辛亥武昌起义成功，各省纷纷响应。1912年元旦，在南京成立中华民国临时政府，孙中山先生电邀吴世荣回国参与国事，其时吴世荣经济已穷困潦倒，但他表示不愿做官，也不接受孙中山给予的商业特惠权利在国内经营生意，而只作为南洋各埠中国同盟会的总代表，回国出席国民政府成立大典。庆典之余，吴世荣与华侨代表商议，要坚决支持新建立的共和政府，加强华侨与祖国的联系，必须在国内建立一个华侨组织，于是筹备建立南洋华侨联合会，筹备过程得到孙中山大力支持。1912年2月7日，国内最早的侨联组织，也是海外华侨在国内建立的第一个群众性团体——南洋华侨联合会在南京成立。推举汪精卫为会长，吴世荣为副会长。联合会成立后，先后在新马一带组建了29个分支机构——华侨公会，出版了国内第一份研究和宣传华侨的月刊《华侨杂志》。1913年联合会迁址上海，吴世荣负责主持在上海的会务。为使联合会的宗旨"联合华侨，共同一致协助祖国政治、经济、外交活动"得以"广范围而谋普及"，吴世荣偕王少文联袂南渡，遍历英荷两属作联络访问，与200多个海外大小侨团建立了联系，有力地促进了海外华侨的沟通与团结。

民国初期，吴世荣追随孙中山，致力于发展祖国民族工业。孙中山辞去临时大总统职务，致力于研究实业建国计划，在上海倡议组织中华实业银行，以振兴中国实业，便利华侨经营内地实业为宗旨，吴世荣积极响应。孙中山委派上海银行家沈缦云偕同庄希泉赴南洋各埠募股，吴世荣写了介绍信，恳请南洋各埠中华商会诸君踊跃认购，交沈、庄分别代交。在华商支持下，最终招股300万元。1913年5月，中华实业银行在上海成立，孙中山任名誉总董事长、沈缦云任总经理、吴世荣任协理。这是国内民族资本与南洋华侨合资创办的第一家银行。袁世凯阴谋篡权，政局动荡，中华实业银行宣告解散。吴世荣深感国内政局动荡，被迫返回马来亚槟城继续经商。[12]

黄金庆（1875—1944），祖籍福建，父亲建有得昌号，经营锡米生意。黄金庆子承父业，父规子守，经营十多年，成为槟榔屿富商。黄金庆性仁慈，具胆识，宅心仁厚。1905年孙中山抵达槟榔屿，在小兰亭俱乐部发表演讲，认识了吴世荣与黄金庆。孙中山初到槟城宣传革命，只有黄金庆、吴世荣等三五人与之结为同志，"置馆驻旌，刍米役赀，供给不时，无或稍吝"。孙中山对黄金庆信任赏识，"遂委以南洋一带同盟会主盟"，从此成为孙中山在北马最忠诚的支持者之一。黄金庆曾资助霹雳矿工温生财前往广东，行刺将军孚琦。[13]1906年，黄金庆、吴世荣创办了《槟城日报》，该报成为中国革命党在槟城的第一份报纸。1907年吴世荣与黄金庆组织槟城阅书报社，社址设在黄金庆的私宅柑仔园94号，举吴世荣、黄金庆为正副会长，阅书报社成为同盟会在槟城的秘密机关。凡内地革命起义，黄金庆必忙于函电交驰，发动侨众支助，尤其是广东新军反正、"三二九"起义等。孙中山召开庇能会议，在槟榔屿号召捐款，由黄金庆经手的捐款就有11,500元。[14]1910年，黄金庆、陈新政与从缅甸避居槟城的庄银安改组重创了《光华日报》，使之成为继新加坡《中兴日报》之后侨报的后起之秀。南洋支部移到槟城后，《光华日报》成了南洋的机关报，在新马地区发挥着重要的联络和宣传的作用。1912年，民国成立后，孙中山襃以特别旌义状。

陈新政（1881—1924），1881年生于福建厦门禾山岭兜村，本名陈滥。19岁南渡槟榔屿，改名为陈文图。先与其父经营帆船业，在协助父亲经营帆船业外，又自创宝城商号，运输土产，逐渐成为槟城的巨富。

陈文图思想进步，目光远大，1906年，与吴世荣、黄金庆等一起加入中国同盟会槟城分会，并改名"新政"，表示坚决支持孙中山建立一个新政府。有保守谨慎的友人极力劝阻，更有视其为叛逆者，陈新政投身革命，义无反顾。之后他积极主动为孙中山领导的镇南关起义、河口起义筹款数千元，起义不幸失败，陈新政又多方设法安置逃亡新加坡的 500 多志士，使其不至流离失所，恐其失威仪，又筹款数千元为逃难志士购置服装。

1910 年庇能会议上，陈新政慷慨陈词，以民族大义激励与会志士为革命再振其鼓，举座为之感奋。

陈新政认为兴办教育，启发民智，有助于推动革命。1907 年他与吴世荣、黄金庆在槟榔屿创办了槟城阅书报社，成员多是同盟会会员，他们在此议论国事，开会演说，发展革命队伍。孙中山、黄兴等革命领导人也先后到槟城阅书报社活动。

陈新政在加入中国同盟会之初就准备出版报纸作为宣传革命的喉舌，但因当时锡价大跌，他的出版计划暂时搁置。1910 年，原先由厦门华侨庄银安创办于缅甸仰光的《光华日报》，被迫停刊，庄银安避居槟城。在孙中山的支持下，《光华日报》于 1910 年 12 月在槟城以崭新的面貌诞生，成为南洋同盟会著名的宣传机关报。其后，这份报纸因经费拮据，几乎停办。而陈新政正值为章太炎主持在日本出版的《民报》，筹得股本万余元，因《民报》被勒停刊，便将这笔款项改作《光华日报》的股份，才使该报转危为安。直到 1924 年陈新政去世，《光华日报》由其弟陈民情接管，陈民情也是中国同盟会成员，得以将报纸继续维持，发挥其作用。该报至今仍在槟城出版发行，是世界上寿命最长的一份华文报刊。此外，陈新政还于 1914 年在新加坡创办《国民日报》，两年后又在故乡厦门与菲律宾华侨合办《民钟报》。

陈新政除了办报外，还亲笔撰写文章，与保皇派展开激烈论战。陈新政为革命奔走呼号，英殖民政府对他早就存有戒心，曾召他问话，新政说："吾愚忱爱国，事诚有之，但未尝犯贵政府法律，亦无不利于殖民地之言论。"⑮

1911 年，武昌起义成功喜讯传到海外，陈新政十分高兴，与友人募集 20 万元汇寄福建、广东军政府。1912 年，当选南洋华侨代表参加中国同盟会全国代表大会。福建光复后，他代表槟榔屿华侨回国，被福建省都督孙道仁委任为"募军债代表"，再返东南亚募款，又筹集不少款项汇回故乡。

在福建视察时，他目睹"光复后吏治不改，仍是满清故态"的腐败现象，提出"同盟会不可解散，必大结团体，以对待政府中人"的主张，很有政治远见。不久，袁世凯窃国，革命势力散之四方，各树派系，陈新政苦心调解，委屈周旋，感叹国事之无可为，即南渡槟城积极提倡侨民教育，寄希望于下一代。1917 年和 1919 年，他先后在槟城创办了钟灵中学、福建女子中学。然而英海峡殖民政府限制华文教育发展，又遇异己者趁机诬陷攻击，1921 年，殖民政府以反对"海峡殖民地新教育条例"为由逮捕他，判处驱逐出境。陈新政返回故里厦门后，又为故乡效力，在家乡兴办学校，重拟乡约，提倡自治。

丘明昶（？—1946）福建海澄三都新垵乡人，少时从厦门南渡新加坡，后定居槟城,以经营油索生意起家,后开办胶片加工厂和碾米厂,"十年经营,业至数十万,不可谓非商中之雄矣"。他还参与创建新加坡和丰银行、大华银行等,是新马华侨、华人金融业的先驱之一。丘明昶一生始终不渝地追随孙中山的革命事业。1906年,孙中山首次到槟城,丘明昶与吴世荣、黄金庆、陈新政、熊玉珊等在小兰亭俱乐部热情款待。孙中山的革命演说深深地打动丘明昶,他领悟到孙中山的革命主张才是振兴中华、民族复兴的至理名言。同年9月,中国同盟会槟城分会成立,丘明昶作为第一批会员入会。为广泛宣传革命主张,他与槟城同盟会的骨干们设立了槟城阅书报社,购置革命报刊、举办时事演讲、发展革命组织,成为同盟会重要的革命活动地点。中国同盟会南洋支部移到槟城后,《光华日报》于1910年12月20日问世,丘明昶是筹办六人小组成员之一,并自1911年任该报第1届议员起,历任第2届至第4届协理,第5届、第6届副总理,蝉任第8届、第9届协理,第18届、第20届董事,1924年还与陈新政分别任该报正副主席,前后担任高层职务20多年,建树甚多。《光华日报》至今仍在槟城地区发行,成为世界上最长寿的中文报刊,丘明昶功不可没。由于《光华日报》、阅书报社等革命机关大力宣传革命思想,广受南洋华侨欢迎,鼓舞了群众革命斗志,培养了广泛的革命群众基础。

武昌起义后,临时政府面临财政困难,孙中山派沈缦云、庄希泉赴南洋招募中华实业银行股款,丘明昶是南洋华侨认股最踊跃者之一。厦门光复后,他还与陈新政等在马来亚筹款汇回家乡,支持新政权。1912年中华民国临时政府在南京成立,孙中山大总统暨诸同志函邀丘明昶回国任事,他婉辞不就,不居功,不图利。为表彰丘明昶为革命做出的杰出贡献,孙中山颁给他"旌义状"。南洋中国同盟会用武昌起义的两个枪弹,分别镌刻"丘明昶先生惠存"和"建设民国纪念"铭文赠送给他。[16]

郑螺生(1870—1939),1870年生于福建省同安区,幼年随父南渡马来亚怡保谋生,初以驾牛车运输为业,后开设吉承隆号,经营粮油、杂货发家。他热心公益,为侨胞排难解纷,被选为怡保福建帮帮长,还被英殖民政府授予太平绅士衔。

郑螺生最初支持康有为的保皇派,后来转为倾心孙中山的民主革命。郑螺生与友人李源水等在怡保倡办道南俱乐部,订阅《民报》《革命先锋》《新福建》《新广东》等革命报刊,在华侨中积极宣传民主革命,被称为马来亚著名报人。

1907年,孙中山在陈楚楠、林义顺的陪同下到怡保组织中国同盟会霹雳分会,郑螺生与李源水首先加入,分别被举为正副会长。在他和李源水的领导下,中国同盟会怡保分会的革命活动轰轰烈烈,所属各埠侨胞逐渐接受了革命思想,会员中有许多杰出人物,如后来成为黄花岗烈士的郭继枚、余东雄,刺杀将军孚琦的温生才,谋刺水师提督李准的陈敬岳,都是霹雳同盟会会员。

1910年吴世荣邀集郑螺生参加庇能会议,他和李源水各自捐出现金1000元叻币,接着他变卖了福建、江苏铁路的股票,以支持军饷。事后黄兴在给郑、李的信中高度赞扬道:"列兄筹款苦状及毁家纾难之义举,尽情宣告,无不奋励激发,勇气百倍。"⑰郑螺生等的精神强烈鼓舞了前线志士的斗志,1911年3月,黄兴赴广州起义前特写下绝命书寄给郑螺生等人:"本日驰赴阵地,誓身先士卒,努力杀贼。"⑱

武昌起义,郑螺生响应号召募集巨款赞助新政府。中国同盟会改组后,郑螺生任中国国民党霹雳直属支部常务委员。1913年当选中国国民党新加坡总支部常务委员,依然热心革命。后因积极声援国内的反袁护国战争在新加坡开展筹款活动,被英国殖民政府驱逐回国。1917年,孙中山在广州任大元帅时,任他为大元帅府庶务司司长。1918年,孙中山的学说将出版,上海印刷所不敢承印,郑螺生则设法购置机器自印,并将自己的铁路股票交孙中山,让他依期收领抵用印刷费用。⑲1927年后郑螺生历任南京国民政府监察院监察委员和侨务委员会委员。

陈粹芬(1873—1960),又名陈香菱,厦门集美人,生于香港。在家中排行老四,人称"四姑娘"或"陈四姑"。她双亲早逝,没读过书,但为人聪敏、机智、热诚、果敢,堪称一代女杰。

1891年,19岁的她经陈少白介绍认识孙中山。两人初次见面即畅谈推翻清政府、效法洪秀全、石达开,相率中原志士收复河山的豪情壮志。陈粹芬对孙中山万分崇拜,自愿追随孙中山奔走革命。不久,她与孙中山结为革命伴侣,在香港红楼租屋居住。从此,陈粹芬照顾孙中山的饮食起居,身兼护士与卫士,与孙中山共同生活,过着流离转徙、担惊受怕的日子。自从追随孙中山参加革命后,陈粹芬就未曾回过家,也和兄弟姐妹失去了联络。1895年,她还亲自参加了第一次广州起义,由她经手暗藏的武器分散在广州河南、河北各据点,行踪隐秘,相安无事。广州起义失败后,清廷悬赏千金缉拿孙中山。陈粹芬得知消息后与孙中山连夜离开广州,逃往澳门、香港,后来又到了日本横滨,继续从事革命工作。

1896年,孙中山伦敦蒙难,在横滨的陈粹芬焦急万分,四处奔走设法营救。孙中山脱险东归后,将其恩师康德黎博士赠送给他的一块金质怀表给予陈粹芬珍藏。这只怀表的金壳面上刻有孙中山的英文名字——Y. S. Sun,并配有一条金链。从这件贵重信物,不难想见当年孙陈两人的情深义重。这块怀表也成为中国革命史上的传世之宝。

1900年惠州起义前,秘密运输军械的邮船经过横滨,都由陈粹芬独自接洽传递情报。人们称赞她的勇敢机智,她却说:"我当时传递书简,并不害怕,大家拼命去做,总会有办法。"孙中山往来新加坡期间,陈粹芬三次随孙中山在晚晴园居住,前后约有七八个月。1907年孙中山先后策划的四次武装起义,她都随侍左右。1910年，她随孙中山及其他眷属避居槟城柑仔园，继续从事革命活动。孙中山在南洋各地奔走革命，陈粹芬也一直跟随服侍，还亲自动手印刷宣传品——反清檄文，亲自登门向侨眷筹募捐款，为革命做了大量有益的工作。无论在横滨或是南洋，陈粹芬陪伴孙中山，接待革命同志，照顾大家的生活，几乎无微不至，从烧饭做菜到洗衣服和袜子，任劳任怨，一切粗活儿样样都做。胡汉民、汪精卫、居正、戴季陶、冯自由、廖仲恺、蒋介石等，都曾受到她的照顾与接待，大家亲切地呼之为"四姑"。孙中山的英文秘书池亨吉在1908年所写的"革命实见记"中说："陈粹芬工作非常忙碌，性格刚强"，颇有"女中豪杰"的气概。宫崎寅藏的夫人槌子在《我对辛亥革命的回忆》一文中说："照顾孙先生日常生活的那位中国妇女同志，真是个女杰……"

陈粹芬虽非书香门第出身，但甚知人情世故，秉性朴实敦厚，待人和蔼亲切。她追随孙中山投身革命，前后达17年之久，为革命奔走，浪迹天涯，多次站在革命最危险的前列，却始终默默无闻，无怨无悔。民国成立后，孙中山荣任临时大总统之际，她却悄然从人们的视线中消失，功成身退，不提当年勇，也从不向人炫耀自己的特殊身世。1914年，她单身赴马来亚槟城定居，抱养了一位华侨女孩，欢度晚年。孙氏族人对她十分尊重，视同家人，并载入孙姓族谱。[20]

陈嘉庚（1874—1961），出生于同安区集美社。其父是新加坡商人，17岁南渡新加坡佐父经商，后继承父业经营菠萝罐头和米业。陈嘉庚非常佩服陈齐贤、林文庆倡导种植橡胶的先知，并于1906年开始经营橡胶业，至1925年，共拥有胶园1.5万英亩，各种橡胶业工厂30多间，分店150多家，全部资产为新加坡币1200万元。陈嘉庚忧国忧民，心怀祖国，1909年经林义顺介绍认识了心慕已久的孙中山先生，还参加过中国同盟会新加坡分会的秘密会议，与孙中山共商制订党旗方案。这次聚会使陈嘉庚完全接受了反清革命的思想主张，对他一生产生难以磨灭的印象。1910年他偕同弟弟陈敬贤剪去发辫，以示同清廷决裂，并一起在晚晴园宣誓："驱除鞑虏，恢复中华，创立民国，平均地权，矢信矢忠，有始有卒。如有渝此，任人处罚。"签名加入了中国同盟会，这成为陈嘉庚政治生涯的重要里程碑。

1911年10月武昌起义，全国纷纷响应，各地光复的喜讯传到新加坡和马来亚，华侨异常兴奋。1911年11月13日，陈嘉庚与陈楚楠等在天福宫召开闽侨大会，成立福建保安会和捐款委员会，推举陈嘉庚为会长，在他的主持下，当场捐了两万元电汇福建军政府，接着又"筹款十余万元，汇交闽督作救济用途，并倡募国民捐二十万元"。不久，孙中山由欧洲回国，途经新加坡时会晤陈嘉庚，问他能否筹款相助，陈嘉庚当即赠予一万元作为路费。孙中山从上海赴南京就任临时大总统前，陈嘉庚又以个人名义直接汇给孙中山五万元。陈嘉庚一生只与孙中山会面过两次,但这两次会面使他刻骨铭心,促使他思想上飞跃,开启了他的民主革命思想。陈嘉庚认为"实业、教育,大有相互消长之连带关系","无实业,教育经费从何来;无教育,实业人才从何出?"他为此信念奋斗了一生。

陈武烈(1874—1934),祖籍福建海澄县(今龙海市),新加坡华社领袖,福建侨领陈笃生的曾孙,1897年至1916年新加坡福建会馆天福宫领袖人物。

1906年,在帝制魔力笼罩新加坡,华侨社会同情革命者尚少的情况下,陈武烈毅然加入中国同盟会,"努力宣传,使当时迷醉虚荣之知识界,思想为之改变,旅南洋侨众,闻风加入本党者,接踵而至"。与陈武烈同期加入中国同盟会的福建华侨大有其人。孙中山赴暹罗创立中国同盟会时,陈武烈"为之介绍于暹罗诸王室,因其历世与暹罗王有旧谊,且受有暹王勋爵,故总理至暹,备受彼邦人士及侨众热烈欢迎与尊崇"。汪精卫暗杀清摄政王被捕,陈武烈奔走营救,不遗余力。1911年,福建保安捐发动时,陈武烈被举为第一次大会临时主席。由于陈武烈的热心,并担任福建保安捐董事之职,"因之闽籍华侨,闻义解囊者甚多,不期月而捐款达至五十余万元"。

陈武烈是孙中山的挚友,武昌起义胜利后,孙中山从国外回南京就任临时大总统途经新加坡,陈武烈将自己的豪华别墅金钟大厦作为孙中山的行辕。孙中山夫人赴新加坡时,也受到陈武烈的热情招待。[21]孙中山就任临时大总统后,授予陈武烈"旌义状"以表扬他的功绩。1912年至1913年,陈武烈为孙中山在上海倡立的中华实业银行买股招股。1913年,当国民党在新加坡选举百余位职员时,林文庆任正部长,陈武烈与林义顺任副部长。

刘惟明(1879—1938),福建晋江人,家境贫寒,自幼聪颖,在清朝末叶21岁时考了秀才,但他目睹朝廷腐败,民不聊生,愤然离乡南渡,侨居马来亚槟城。在槟城万福美碾米厂当账房、经理,之后与人合资经营宜春树胶经纪公司。在槟城还担任过鸿雪庐诗社主编和晋江会馆主席。

1906年,中国同盟会在槟城成立,深受民主革命思潮影响、思想开明、赞成民主制度的刘惟明和当地爱国华侨吴世荣、陈新政等人一起加入了同盟会,积极参与反清反帝活动,广泛团结海外侨胞支持民主革命,大力提倡新文化。他热爱祖国并为当地华侨社会做出不少贡献,是一位孚有众望的知名侨领。

1910年孙中山呼吁在槟城创立《光华日报》,刘惟明就任该报的董事经理,在任职期间,先后敦聘进步文化界人士如洪丝丝、林珊珊、骆世生、李少岳、吴慰怀、王济弱、李述中、刘鸿仲等为该报主笔和记者。报纸宣传民主革命,传播新文化,反对北洋军阀,成为马来亚地区知名侨报,广销马来亚、缅甸、印尼、新加坡、菲律宾等国家和地区,对推动华侨文化教育起了极其重要的作用。刘惟明兢兢业业,不辞劳苦,担任该报董事经理一职28年,直至去世。在槟城的数十年中,他热心提倡中国教育，在陈新政等华侨捐助下，先后创办了著名的钟灵中学、福建女校、丽泽小学等，生源来自马来联邦、印尼、泰国等地，培养了许多英才。

以上几位是辛亥革命运动中新马闽南籍华侨的佼佼者，而辛亥革命中曾加入中国同盟会为革命筹饷输资、宣传鼓吹民主革命思想，或亲身投入战斗或以各种方式支持革命的新马地区闽南籍华侨华人，数以千计，不胜枚举，笔者仅就见之书报杂志的材料，将籍贯可考的，列表如下[22]（排名不分主次）：

	新加坡	槟榔屿	马六甲	吉隆坡	吡叻	柔佛 森美兰 砂捞越
厦门籍	薛武院 陈庚辛 王金炼 叶玉桑 王文选 蒋德九 吴继莘 陈东岭 林镜秋 石学能 颜长贵 汪　贞 李肇基 陈水抽 殷雪村 张家两 陈先进 蒋骥甫 陈汉庆 陈祯祥 陈延谦 李维修 吴杰模 王丙丁 留鸿石 陈敬贤 黄肖岩 黄蕴珊 王云青 孙炳炎 赵金鼎 郑古悦 庄希泉 王景成 甘黄涛 邱继显 李思明 柯朝阳	林振成 陈民情 赵上瓒 丘金经 林地基 吕俊典 杨彩霞 卓兆励 林启裕 薛木本 丘文绍 丘国瓦 丘能言 吕毓甫 辜立亭	谢丕勇 严　明 张顺吉 陈可补 丘成文	王　清 林幸福 杨剑虹		
漳州籍	蔡木豆 林妈宝 林秉祥 洪福彰 谢有祥	徐洋溢 林福全 谢聚会 魏阮生 杨水花 颜金业 林如瑞 林如德 杨汉翔 谢丕郁	陈齐贤	陈文通 邱怡领 邱雪瓶		李振殿

（续表）

	新加坡	槟榔屿	马六甲	吉隆坡	吡叻	柔佛 森美兰 砂捞越
泉州籍	李竹痴 张金荣 王海水 薛金练 梁作舟 周卓林 萧百川 蒋玉田 蒋悉璋 杨锦堂 陈善庆 周献瑞 吴瑞玉 盛九昌 王振邦 傅无闷 王声世 许济侯 李浚源 李光前 李俊承 沈飞龙 吴逢超 林立宗 郑聘廷 侯西反 庄汉民	郑玉指 陈怡英 王 霆 黄岁九 许木荣 黄奕坤 林有益 潘奕源 许生理 李茂海 杨鹊堂 林言忠 刘玉水 李五香 林贻博 李文备 梁金盏	杨焜郡 周卿昌 郑荆召 王雨亭 王崐郡 王德义 邱仰峰 郑成快 沈鸿柏	尤世珍 颜穆闻 邱廉银 官光厚 刘治国 尤世昌	郑剑秋 李源水 李孝章 王辟尘	李辉秀 林光挺 刘静山

注：华侨籍贯以现行福建省行政区划为依据。

四、参加辛亥革命的闽南籍华侨对新马华侨社会和祖国的影响

新马地区的闽南籍华侨在大力支援祖国辛亥革命的同时，自身也经受着革命的洗礼和锻炼，他们的民族意识和爱国观念受到强烈激发，反殖民地反封建斗争精神更加坚定，对新马地区的华侨社会和祖国家乡都产生了巨大的影响。

（一）传统地域和宗族界线逐渐消失，促进新马侨社的联合与团结

辛亥革命前，新马华侨、华人社会以地缘划分为主，帮派林立，明争暗斗，势力最强的福建帮和广东帮互不团结。辛亥革命中，闽粤及其他祖籍地华侨为着共同的革命目标，打破地域和宗族界线，互相信任，相互关心。不同方言的华侨华人群体加入各地同盟分会、阅书报社、社团等，共同议论国事，传播民主革命思想，如中国同盟会新加坡分会会长陈楚楠是福建厦门籍，副会长张永福是广东潮州籍，会员中有广府籍、福建籍、潮州籍、客家籍、海南籍等等。辛亥革命后，这种团结的华社关系继续保持。在筹办闽粤两省保安会过程中，两个不同省籍的华侨华人互相配合，紧密团结，有力地支援了两省军政府的筹饷。例如陈楚楠和

客籍陈畴、叶耀庭、陈翼扶，海南籍符养华、陈毓卿等任广东保安会干事，而张永福任福建保安会干事。[24]陈新政在听到革命胜利的消息后，与友人筹款二十几万，分别汇给福建、广东两省军政府。新马华社空前的联合和团结是辛亥革命传播民族意识、激发华侨爱国观念的结果，反之，华侨日益增长的民族意识和祖国观念更加促进了侨社的团结。

（二）掀起了办报热潮，促进中华文化传播

辛亥革命前后，海外掀起一股前所未有的办报热潮。据不完全统计，从兴中会到讨伐袁世凯结束，海外华侨报刊至少有100多种，约占同期报刊总数的七八分之一。[24]南洋地区的阅书报社数量也达到100多处。新加坡的邱菽园、林文庆、陈楚楠、郑聘廷，槟城的吴世荣、黄金庆、陈新政、丘明昶、杨汉翔，马六甲的沈鸿柏等都是闽南华侨中对华文报业有杰出贡献的人物。新马华侨当时主要通过华文报纸了解国内革命动态，接受革命思想观念。华文报纸的创办发行，对唤起广大海外华侨和国内人民赞助支持和参加革命起了重要的作用。同时，报纸还定期刊登诗歌、散文等华文文学，关心华侨社会问题，重视妇女教育、戒除鸦片、赈救灾民等等。这股办报热潮持续不断，在新马华社中产生了深远影响。许多华侨毅然剪掉了辫子，接受资产阶级民主、平等、自由的新思想，拥护民主共和政制。男女平等的观念开始受到接纳。华侨回国通过创办报刊展开的革命活动也有声有色，如：厦门阅报社通过秘密散发《革命军》吸收革命分子；漳州《普及阅书报》和《世界法学报》成为教育青年、鼓吹反清革命的中心。[25]

（三）海内外出现兴学热潮，推动华文教育事业发展

辛亥革命前新马的华校数量少、质量低。保皇派与革命派为宣传各自的思想主张，争相在新马创办华文学校。辛亥革命后，新式的华侨学校在新马各地大量涌现，华校的数量和质量都有了很大提升。革命前新加坡华校的数量仅八所，革命后增加到28所。侨校形式也从单一的小学、中学发展到女子学校、师范学校、专科学校等高级专业学校。

1919年陈嘉庚创办了东南亚第一所以华侨命名的中学——南洋华侨中学。1913年起，陈嘉庚关注祖国教育事业需要，回国陆续兴办了从幼儿园、小学、中学到师范、航海、商业、农林等共十所学校，并陆续投资兴建配套的图书馆、科学馆等，这些学校后来统称集美学校。他还出资赞助福建省各地中小学70余所。1921年，陈嘉庚在厦门创办了国内第一所私立大学——厦门大学，并聘请林文庆任第二届校长，林先生此后为厦门大学兢兢业业工作了16年。革命果实落入军阀手中，厦门籍新加坡华侨林镜秋不愿同流合污，回到新加坡创办了正修学校，从事华文教育。闽南籍华侨陈齐贤、曾江水、沈鸿柏、郑成快、邱仰峰等大兴华文教育，在马六甲集体创办规模宏大的培风学校，沈鸿柏、郑成快、邱仰峰三位

被尊称为培风学校上柱国。沈鸿柏为提倡女子教育，创办了培德女校，为失学的贫童创办平民学校。邱仰峰则历任培风中学、培德女校、平民学校、晨钟励志社、泉州开元慈儿院等要职。1918年，漳州籍侨领陈祯禄任美以美教会议员时，促成了1928年新加坡莱佛士专科大学的产生。在槟城，厦门籍陈新政、丘明昶和泉州籍的许生理等先后于1917年和1919年参与创办了钟灵学校、福建女子学校。泉州籍刘惟明为家乡建设奎峰学校，为开元慈儿院发起募捐。祖籍福建同安的王景成也是槟城丽泽学校、钟灵学校、槟华女子中学、中正学校等校发起人。华校的兴办热潮有力地促进了华人文化教育事业的发展，至今已培养出一代又一代接受华文教育的青年才俊。

（四）闽南籍华侨回国投资热潮

国民政府成立后，百废待兴，南洋华侨更是积极响应孙中山支援祖国建设的号召，抱着建设家乡的愿望，纷纷回国效力，投资创业，领办实业，掀起一股华侨回国投资热潮。19世纪60年代初到辛亥革命前，海外华侨投资祖国约220多万元，而1912年到1919年间的投资已达280多万元，这八年的发展速度已远远超过革命前50年。[26]辛亥一年中，南洋华侨汇给国内的革命资助就达五六百万元。福建光复前后，得华侨捐款，亦"不下二百万元"[27]。闽南华侨还积极投资国内铁路建设。1910年通车的漳厦铁路，开办时资本242万多元，后来增至330万多元，其中三分之二是华侨的投资。[28]怡保闽侨黄怡益等领办了福州至官头的铁路；新加坡侨领林文庆、陈楚楠等人集资2000万元，领办福建省实业银行和全省的采矿及筑路事业。[29]

（五）闽南籍华侨回国创办了国内最早的侨联组织——华侨联合会

"中华民国"成立后，基于华侨回国创业效力，联络事务增多，海外华侨酝酿在上海成立自己的联络组织。闽南籍华侨吴世荣被推举回国与孙中山商议建立组织事宜。在孙中山的支持下，南洋华侨联合会于1912年3月成立，其宗旨是："对于祖国，则代表华侨，协助实业；对于华侨，则联络各界，为谋保护发展之方法。"吴世荣被推举为首届副会长，主持实际工作。该会成立后即派员前往南洋各埠推动成立分支机构——华侨公会，并出版了国内第一份研究和宣传华侨的月刊《华侨杂志》，大力开展海外华侨社团的联谊，促进了海外华侨与祖国之间的沟通与团结。

（六）自觉回国散播革命种子，民主革命精神在祖国落后地区生根发芽开花

辛亥革命期间，成千上万的劳动阶级华人自愿返回中国加入革命斗争。许多闽南籍华侨在新马地区加入中国同盟会后，自觉回国散播革命种子，参加光复家乡支援故里的运动。厦门籍华侨庄银安当时在厦门调理财政，设招待所接待回乡效力的侨胞，持往来介绍信函回福建效力的侨胞乃络绎不绝。现存有《光复时华

侨之归国效力（函十八通）》为证，摘录二则[30]。

银安少文暨列位同志先生均鉴：

兹有石君廷良来信介绍白孽悟君、白三桂君、洪择弟君、王鸟象君、马续臣君、郑继功君、洪景坦君等，热心救国，自备资斧，回厦效力。到时即希因材器用是幸。

此致

槟城弟黄金庆吴世荣陈新政邱明昶
辛亥九月十六日

银安新政先生鉴：

兹有日里同志邱妈信等计十七人，欲往湖北充敢死队，欲向我讨介绍，因我湖北未有交通，故由厦往闽先投于军政府。到可出函交其带往闽中军政府处分拨。幸勿有误。此请

台安

黄金庆
辛亥十一月初四日

到厦门进行革命活动的闽南侨胞有的深入到胡里山炮台向士兵演讲，有的深入警界，发展了厦门炮台官兵、警察总巡官和各区警长为同盟会会员。从新加坡回国的厦门人林镜秋接受新加坡革命机关的委派，回来组织起义，半路闻讯厦门起义成功，便联合各地回国华侨，登报号召组织北伐军，彻底摧毁清政府专制统治，北上讨袁。福建军政府成立后，林镜秋被委任为暨南局筹办员。军政府财政厅、民政厅同时聘请他当顾问。新加坡归侨许卓然与日本归侨陈清机等人，二次革命发生后在厦门创办了《应声报》，鼓动讨袁。[31]许多厦门归侨回乡创办阅书报社，购买新书刊，宣传革命主张；设立中华理发店，免费为父老乡亲剪除发辫；散发传单，宣传反清思想，为家乡光复做准备。新加坡同盟会员盛九昌是有名的牙医及摄影师，他回到家乡泉州，以补牙、照相招揽生意为名，挨家串户宣讲革命道理，在光复泉州的革命活动中，担任中国同盟会泉州分会组织股副股长的职务。南安籍新加坡华侨吴瑞玉被选为福建护国军第一路司令，组织义师讨袁，在晋江与北洋军阀的战斗中献出了年轻的生命。[32]南洋的闽南籍侨胞庄汉民、杨光练、吴文楚、王振邦、陈金芳、陈荣芳、叶独醒、黄金安、黄约瑟、洪振瑞、陈开泉、许古山等等都积极投身于光复闽南的革命活动。华侨的积极参与和推动，使得闽南地区能够迅速光复。

（七）闽南籍华侨大多功成身退，不居功、不求官、不图利

闽南籍华侨素来吃苦耐劳，勤勤恳恳，勇于开拓，头脑灵活，在新马地区较早地闯出致富之路。他们持续不断地资助革命，毁家纾难，有的将祖辈几代的家产散尽，为了能建立一个民主共和的祖国，他们义无反顾，在所不惜。更难能可贵的是，许多闽南籍华侨不居功、不求官、不图利，功成身退。国民政府成立后，包括吴世荣、陈新政、丘明昶等在内的许多闽南侨领都婉辞了孙中山诚邀回南京政府就职的邀请，继续留在侨居国重拾生意，融入当地社会的同时，也热心关注祖国的命运。盛九昌在泉州光复后，仍以医术济世，在泉州开设美升牙科医院，成为泉州著名的西法牙医。追随孙中山十余年的陈粹芬女士在离开孙中山后，一直过着深居简出的生活，与养女安度晚年。孙中山为表彰华侨颁发的"旌义状"，许多闽南华侨也并不在意，不以为居功之证。闽南籍华侨的这种精神品质代代相传，使他们不但热心祖国事业，为祖国革命勇于献身，也同样热爱居住国，以侨居国为第二故乡，与当地居民一起共建新马和谐繁荣的今天。

注释：

①林忠强、陈庆地、庄国土、聂德宁主编：《东南亚的福建人》，厦门大学出版社，2006版，第60页。

②段云章、谭彼岸、黄冠炎：《辛亥革命前资产阶级革命派与改良派在华侨中的斗争》，载《中山大学学报》，1961年，第9页。

③林远辉、张应龙：《新加坡马来西亚华侨史》，广州：广东高等教育出版社，1991版，第279页。

④王列耀、蒙星宇：《流寓异乡，兼照两地——新加坡华侨邱菽园与新加坡早期的"流寓文学"》，载《东南亚研究》，2004年第4期，第87页。

⑤蒋永敬：《华侨开国革命史料》，台北：正中书局，1977版，第261页。

⑥庄希泉：《辛亥革命中的南洋华侨》，1981年10月21日，《人民日报》，第4版。

⑦《上海华侨联合会电函》，见1912年4月2日《申报》。

⑧《怡和轩与战前星华社会》，载《怡和轩九十周年纪念特刊1895—1985》，第208页。

⑨《怡和轩九十周年纪念特刊1895—1985》，第77页。

⑩张少宽：《南溟脞谈——槟榔屿华人史随笔新集》，槟城：南洋田野研究室，2007版，第38页。

⑪吴映清：《为资助辛亥革命而倾家荡产的吴世荣》，载《铸就尊严——华侨与近现代史获奖征文集》，北京：中国华侨出版社，1998年。

⑫陈水生：《中国同盟会槟榔屿分会会长——吴世荣》，载《龙海文史资料》第12辑，第9—11页。

⑬张少宽：《孙中山与庇能会议——策动广州·之役》，槟城：南洋田野研究室，2004版，第122—124页。

⑭张少宽：《孙中山与庇能会议——策动广州·之役》，第260页。

⑮《革命先进陈新政》，载《同安》第23期，台北市福建省同安县同乡会印，1988年5月30日，第38—39页。

⑯洪卜仁：《他曾帮助孙中山渡过难关——厦门籍爱国华侨丘明昶的传奇人生》，《厦门晚报》，2009年10月11日，第13版。

⑰《辛亥革命与厦门》，北京：当代中国出版社，2001版，第197页。

⑱陈民：《郑螺生》，载《民国人物传》第十卷，北京：中华书局，2000版，第63页。

⑲《华侨老革命同志郑螺生先生之传略》，载《枕戈——南洋华侨参观团考察录（创刊号）》，南京：南洋华侨参观团编辑股出版，民国24年，第13页。

⑳黄莹、毛胜：《孙中山一家人——一个在中国有巨大影响的家族》，北京：中共党史出版社，2004版，第89—109页。

㉑参见侨务委员会呈行政院档案，玄字第19208号，民国二十三年10月24日。

㉒表格中人名主要参见以下著作。

宋蕴璞：《南洋英属海峡殖民地志略》，蕴兴商行出版，1930年。

林义顺：《星洲同盟会录》（剪报），1928年。

柯木林：《新华历史人物列传》，新加坡教育出版私营有限公司，1995年。

李汉青：《福建志士革命史迹》，载《福建文献》，台北出版。

郑永美：《光华日报前辈列传》（1986年12月13日至1987年3月11日《光华日报》剪报），槟榔屿学资讯中心，2004年。

㉓林远辉、张应龙：《新加坡马来西亚华侨史》，广州：广东高等教育出版社，1991年，第296页。

㉔任贵祥：《辛亥革命时期的华侨报刊》，载《华侨华人历史研究》1997年第4期，第74页。

㉕王民、邓绍根：《闽籍华侨革命党人与辛亥革命运动》，载《辛亥风云在八闽》（福建省孙中山研究会编），福州：福建人民出版社，2002版，第103页。

㉖范启龙：《福建华侨与辛亥革命》，载《福建文史》，第2期（福建省

文史研究馆编），1991年，第15页。

㉗郭景荣：《爱国华侨在经济上对辛亥革命的支持和贡献》，载《辛亥革命与华侨》（洪丝丝等著），北京：人民出版社，1982版，第53页。

㉘孙健：《华侨与辛亥革命》，载《历史研究》，1978年，第4期，第47页，脚注1。

㉙李颖：《论福建华侨对辛亥革命的主要贡献》，载《黔东南民族师范高等专科学校学报》，2004年，第4期，第28页。

㉚徐市隐：《缅甸中国同盟会革命史》上编，缅甸思明日新书局，民国二十一年，第113—141页。

㉛福建省地方志编纂委员会编：《福建省志·华侨志》，福州：福建人民出版社，1992年，第154页。

㉜福建省地方志编纂委员会编：《福建省志·华侨志》，第156页。

（洪卜仁　林振锋　郑咏青）

（原载《再读孙中山、南洋与辛亥革命》，廖建裕主编，新加坡华裔馆、东南亚研究院，2011年10月）

华侨林可胜：抗日战争的提灯天使

提起厦门近代史上著名的医生，大家最先想到的是林巧稚。但实际上，在厦门，还有一位在医学上获得杰出成就的人，他就是林可胜。

林可胜与林巧稚一样，也是"协和人"，而且是协和医院早期的执行院长，是中国现代生理学的奠基者。但林可胜对中国最大的贡献，则超出了科学范畴，因为他是一位赤诚的爱国主义者，在抗日战争中，他组织了中国红十字会救护队，创建救护总站，为中华民族的解放做出了极其可贵的贡献。

一、"为抗战放弃诺贝尔奖"

祖籍福建厦门的林可胜，是在新加坡出生的第四代华裔，长在豪门望族。他的母亲是辛亥革命先驱黄乃裳之女黄端琼，父亲林文庆被陈嘉庚称为"马来西亚树胶之父"，曾是孙中山的医生、民国内务部卫生司司长、厦门大学校长，姨父伍连德是中国检疫防疫事业的先驱者。

林可胜8岁就被父亲送往英国苏格兰首府爱丁堡上学，中学毕业后考入爱丁堡大学专攻医学。临毕业前，正逢第一次世界大战爆发，他中断学业应征入伍，被分配在英国南部朴次茅斯附近的军医院当外科助理，度过了4年战地医护生涯，为他后来组织抗战救护工作积累了经验。一战结束后，林可胜回到爱丁堡大学继续学习，先后获得了医学内科和医学外科学士、哲学博士与科学博士学位，成为英国皇家医学会爱丁堡分会会员。1923年，受洛克菲勒基金会的邀请，他赴美国芝加哥大学生理系研究胃肠生理学。

1924年10月，林可胜回国效力，原本打算去父亲所在的厦门大学任教，但由于当时厦门大学尚未组建医学院，林可胜在芝加哥大学导师范·斯莱克教授的引导下，来到北平协和医学院，担任生理系教授兼系主任，是协和医学院第一位当上系主任的华人教授，后来成为协和三人领导组成员和执行院长。三联书店2007年出版的《协和医事》写道："生理学系的林可胜教授，是协和医学院的一道独特的风景……他创立的《中国生理学杂志》质量之高，令当时在澳大利亚的英国神经生理学家翘首以盼"。

书中还说："这位林可胜教授，风度优雅，据说在讲课时，可以用双手在黑板上画图。"这是因为林可胜本有艺术天赋，曾立志从事美术绘画事业，后遵父命改学医。

在协和的12年中，林可胜在科研、教学、人才培养诸方面取得卓越成就，创建了"中国生理学会"，任第一届会长，又创办了《中国生理学杂志》，担任主编。这个刊物很快获得国际生理学界的称道，成为当时我国具有国际水平的少数科学刊物之一。林可胜和同事们培养了中国当时最好的一批医生、医学科学家和生命科学家，造就了一批高水平的人才，为中国现代生理学的建立和发展做出贡献，被誉为"中国第一流的生理学者""中国生命科学之父"。他发现的"肠抑胃素"1937年被英国《自然》杂志报道，在国际医学界引起轰动。但因为投身战时救护，林可胜只得中断科研，美国作家史沫特莱称他"为了抗战，放弃获得诺贝尔奖"。

二、为救亡图存挺身而出

尽管林可胜接受的是西方教育，持英国护照，却有着强烈的民族意识。他对国家的贡献超出了科学的范围。他的一生经历了从杰出学者到伟大爱国者的生涯，在祖国处于危难关头，义无反顾，挺身而出，投入救亡图存的洪流。

1925年上海"五卅"惨案后，他毅然两次与协和学生一道上街游行示威，抗议英国暴行，同时策动支持学生成立救护队，援救在示威活动中受伤的学生和市民。

1931年九一八事变后，日军侵占东北，窥视华北挑起战端。1933年3月，林可胜数次组织协和学生救护队，在长城喜峰口、北口战役中救治前线伤患，受惠者逾两万人次。林可胜敏锐地预见中日之战的艰巨性持久性，随后在协和医学院组建军医官救护训练队。参加训练的有四十多人，严格而系统的训练包括夜间教育、急行军、野营，以及紧急集合、担架运送、战地伤员抢救、包扎、止血等多种科目。但林可胜此举，受到当时协会医学院院长、美国人胡恒德的阻挠，被迫出国休假。

1937年七七事变爆发，林可胜闻讯当即中断休假，折返南京，主动请缨，受命组织全国性医疗救护体系以纾国难，出任中国红十字会总会总干事兼总会救护总队长。为免除后顾之忧，他把妻儿送回南洋，孤身一人投入到抗战救护之中。他还致信兰安生（时任北京协和医学院公共卫生系主任），希望协和可以改变办学方针，为抗日服务；希望在协和工作的留学回国教职员全部到南京帮助抗战；

希望协和校方为所有南下抗战的教职员保留职位。对此，协和院方表示，"对一个于自己祖国富强有强烈责任意识的人无可指责"，因美国尚未对日宣战，建议不便采纳，但保留了林可胜等南下抗战教职员的职位。

三、为应对伤亡改造救护系统

当时的中国既没有自己的军医院，又没有像样的医疗器械和救护体系。在这种情况下，中国红十字会起了非常重要的作用。战争初期，红十字会采取了大量设立伤兵医院的救护策略，但是随着战线拉长和战争扩大，这种策略已经无法应付日益严重的伤亡局面。于是该会做出了"组织各种医疗救护队，配置切合实行之器械药料，分路前往战区"的决定，这与林可胜根据个人经验总结出来的战地救护理念不谋而合。林可胜提出在红十字总会设立一个经常性的救护组织，不再另行筹集医院，而以流动救护队作为救护单位。这一建议得到采纳。

于是，在国民政府卫生署的协调下，中国红十字会任命林可胜为该会临时救护委员会代理总干事兼救护总队长，全面负责战地救护工作。林可胜首次将其"流动救护队"的救护理念应用于中国战场，扩展了红十字会的救护规模，填补了军医救护的不足。

林可胜上任后，与国民政府卫生署署长刘瑞恒提出了"战时三合一政策"。这个政策的要点是：为了抗战的需要，应该将军医署、卫生署和红十字会整合在一起，共赴国难。《抗战时期中国红十字会救护总队研究》称，作为民间组织，当时中国红十字会并不愿意纳入政府的管理体制。于是就出现这样一种不大正常的局面："虽然林可胜终于获得总会承认并予以任命，但终其在红十字会服务期间，总会对他始终怀有疑虑。"

对于红十字会的疑虑，林可胜似乎并不介意。为了实现"战时三合一政策"，他曾经直接上书蒋介石陈述自己的意见。这也犯了红十字会的大忌。此外，他因为派人派车向延安运送物资，所以被贴上了"有亲共倾向"的标签。这样一来，他就成为两头都不喜欢的人：红十字会觉得他是国民政府方面的人，国民政府又觉得他与延安关系密切。曾长期在美国政府医疗部门工作的 John R. Watt 于 2014 年写了一本关于中国战时医疗体系的专著——《战时中国的生命救援：医学改革者如何在战争和流行疫病中建立现代保健系统（1928—1946 年）》。作者将近代中国的医疗卫生放在中日交战的背景下，以中国红十字会救护总队长林可胜及其创办的医疗培训学校为例，指出国民党对林可胜等专业人士的努力没有提供应有的支持。

尽管如此，中国红会救护总队自 1937 年 10 月在汉口设立，辗转长沙、祁阳，迁至贵阳市图云关。在林可胜的苦心经营下，医务队扩充至150多个，医护人员达3420人，图云关成为全国抗战救护的中心。林可胜凭借自己的声望和影响，振臂一呼，全国很多爱国的医疗工作者积极响应，不顾当地艰苦的工作条件以及沿途的危险，从敌占区潜至贵阳进行抗日救援工作。最为积极的是林可胜协和的故旧和门生。当时的图云关聚集了500余名医生，护士数百人，以及各类卫生科技人员1000多人。这样一支庞大的医疗队伍，几乎是当时全国可供调遣的医疗力量之总和。此外，还有34名外国医生及友人辗转万里来华与中国医护人员并肩开展医疗救援工作。林可胜组建战时卫生人员训练总所，亲任少将所长，培训军医15000多人，极大地支持了抗战军医救护工作。

据贵阳市档案局出版的《战地红十字》一书记载，救护总队人才荟萃，集中了全国不少优秀医学专家、学者和精通业务的医务工作者，有留学于美国、英国、德国、日本等国名牌医科大学的医学博士，也有毕业于国内协和、同济、湘雅等医学院的高才生。还有荣独山、林竟成、周寿恺、汤蠡舟、屠开元、汪凯熙等等一大批医学专家。这些全国医疗卫生界的精英，因为林可胜的威望和号召力聚集在一起。后来他们中的很多人成了我国医学界的泰斗。当时在救护总队，"协和人"有数十位，其医疗水平之高，有"小协和"的美誉。

红十字会救护总队于1938年至1942年这段时期，被称为"林可胜时期"，实际上也是中国红十字会抗战救护最辉煌的时期。从1937年10月至1945年底，救护总队竭尽所能，完成外科手术12万台、骨折复位近4万人次、敷药880万人次、内科住院214万人次、门诊200万人次、预防接种463万多人次，医治军民890多万人次，无数官兵经救护康复后，重新上阵杀敌打日寇。

抗战时期，红十字会救护总队还以小分队的形式奔赴各个抗日战场。他们组织了武汉大会战、三次长沙会战、常德细菌战、宜昌会战、第一次中国远征军、第二次远征军和驻印军战地的救护工作。可以说，红十字救护总队的酝酿、组建和发展壮大的过程，贯穿了整个抗战时期，遍布了中国抗战的各个战场，甚至走出国门，组织了中印缅战场的救护工作，为中国抗日战争胜利做出了杰出贡献。

2015年8月，著名作家、山东省济宁市文物局副局长杨义堂创作的30万字长篇纪实文学《抗战救护队》由作家出版社出版。该书以林可胜和他领导的中国红十字会救护总队的伟大事迹为线索，以文学的形式记录了中国抗战救护的历史，填补了抗战救护史和抗战文学史的空白。同年9月，12集大型纪录片《大后方》在央视上映，其中的第三集《战地红十字》，主要讲述红十字救护总队在战争中发展壮大，以及对于整个战争的重要作用，主要人物就是红十字救护总队的队长林可胜。在他的家乡厦门，林可胜更被人们所怀念，他就像一颗恒星，闪耀着令厦门人自豪的光芒。

四、用超凡魅力对外募款

抗战时期,中国红会救护总队的医药卫生器材和经费主要靠国内外平民百姓和忠义人士的捐赠,其中以美国最多。在珍珠港事变以前,林可胜依靠自己在欧美医学界的影响力,多次携带红会救护总队的工作成果、图表、照片以及电影片等资料,不辞辛劳自香港飞越太平洋,到美国以他的超凡魅力向医界和社会人士做广泛宣传、筹款。美国医药卫生界人士组建了"美国医药援华会",在香港成立办事处,由林可胜的好友塞文克莱负责,筹划援华医药器材装备和资金。美国作家、民主人士史沫特莱女士以《曼彻斯特卫报》特约通讯员身份深入中国战地,每周向外邮寄两篇通讯,报道中国军队医疗工作和红十字医疗队救护实况,向国际组织写报告呼吁医药、救护车辆等物资的援助,自愿协助林可胜作义务宣传员。

1939 年,林可胜以中国红十字会救护总队总队长的名义到香港大学讲演,呼吁医科学生参加该队工作。港大学生会热烈募集款项,购置两部救护车和许多外科手术设备,并派 4 名学生送往内地。

林可胜在职的 6 年间,以其在国际的上学术威望和人脉关系,募得美国各界捐赠高达 6600 万美元,药品器械无数,仅奎宁丸一项竟以吨计。八年全面抗战,中国疟疾没能成灾就与此有关。

林可胜洁身自好不谋私,红会救护总队管理有序账目清楚,他在北平协和医学院的门生周寿恺担任"美国医药援华会"财务委员会主席,笔笔入账,"一尘不染"。爱国华侨领袖陈嘉庚于 1940 年率领南洋华侨慰劳团回国慰问,对林可胜专心任职及其"努力之精神"极其赞许,决定逐月由南侨总会捐助 1 万元给救护总队。

五、带领救护队转战南北

艰苦的抗战时期,林可胜带领救护队转战南北,纵横千里。

1938 年 10 月长沙大火后,大批伤病员涌向后方,由于卫生条件差,大多数官兵患有皮肤病,痛苦不堪。当时林可胜正移驻湖南祁阳,他把大汽油桶改装成锅炉,设置成简易灭虱治疥站,在 56 个后方医院进行灭虱、治疥,并给予伤兵特别营养,疗效显著,深受广大官兵的欢迎。

1940 年夏,林可胜亲率医师深入到各战区考察军医设施。这位富贵家庭出身、西方文化熏陶出来的留洋博士,竟像农民一样头包白布在炎炎烈日下步行。因为当时许多地区不通公路,平时衣冠楚楚,"穿着欧洲服装,细致讲究的"林可胜,此时竟光着上身,身先士卒走在前面,每天午饭后躺在农村长凳上小憩。他居然训练出该睡就睡，想醒就醒的习惯，在艰难的环境中始终保持充沛的精力。

林可胜他们日行百里走了整整 70 天，回贵阳后就拟定一个"水与污物管制计划"，推广到各战区，预防传染病、肠胃病，改善官兵健康状况，增强中国军队抗日战斗力。他认为，部队驻扎乡村，不仅部队本身的环境卫生要搞好，还要训练部队改善乡村的环境卫生，将来胜利后，大批士兵复员回到自己的家乡，便可把农村的卫生搞好。这一颇有远见的计划，体现他的拳拳爱国之心。

林可胜怀着对抗战官兵的深挚感情，在医疗上总是精益求精。平时办公，他对报销单据之类，连看也不看就批上"OK"，交出纳去办；而对医疗报告，则总是认真审阅，从不放过。有一年圣诞节的傍晚，从前线转来一大批伤兵，救护总站的工作人员因时间已晚，推说病房已满，不予收容。伤兵们只好瑟缩地躺在训练医院门口。时近半夜，林可胜得知这一情况后，立即下山视察，当场大发脾气，命令立即停止欢庆圣诞的晚会，全体医护及事务人员紧急集合，打开训练示范病房，安置好全部伤兵，并煮粥给他们吃，一直忙到第二天黎明。林可胜的工作作风及救死扶伤、博爱恤兵的责任感，由此可见一斑。

六、全力支持敌后抗战

哪里有抗战战场，哪里就有红会救护队员在抢救伤病员，与"死神"搏斗。救护总队既在国民党正面战场的各个战区，也在敌后解放区工作，多次越过日寇封锁线，奔赴延安、太行、太岳、江西、皖南等共产党领导的敌后抗日根据地，为八路军、新四军伤病员服务，受到宋庆龄女士的赞许和朱德、周恩来的称赞。这与林可胜博士不分党派，奉行总队"救死扶伤，博爱恤兵"的宗旨密切相关。

在林可胜心中，只要是抗日的同胞，就应该互助互爱。林可胜因此顶住种种压力，帮助新四军、八路军和在延安的中共中央及陕甘宁边区政府培养医护人员和战场救护工作。自全面抗战以来直至抗战胜利，中国红十字会先后派出 20 多支医疗队，到八路军、新四军军中服务。1939 年夏，新四军卫生部长沈其震来到图云关，会见林可胜，请领医药卫生器材，对治疗"打摆子"（疟疾）的奎宁丸（即金鸡纳霜）尤为急需，林可胜均按申请单加倍赠予。

1938 年 1 月 30 日，一个来自美国和加拿大的三人医疗小组抵达汉口。48 岁的白求恩是加拿大著名的胸外科专家。他们到达的当天就见到中国红十字会救护总队的队长林可胜。经过协商，这支特殊的医疗队将被送往晋察冀边区实施医护救援。

1939 年冬，以英国牛津大学巴吉尔教授为首的英国援华团自贵阳图云关出发，所携带的约 10 吨贵重医疗器械和药品，由林可胜博士以救护总队长的名义转运西安，交第十八集团军办事处。几经周折后，这批物资运达延安，被誉为雪中送炭之举。

林可胜还挺身而出，保护红会救护总队的共产党人。20世纪五六十年代担任北京汽车制造厂总工程师的张世恩，于1935年考入清华大学机械系。在战火遍燃、风雨飘摇的三十年代末，随着西南联大（清华）学子的从军潮，张世恩于1938年10月毅然加入了中国红十字救护总队，翌年被分配至救护总队运输股第一修理所。在这一时期，林可胜主动联系中共派人到救护总队和卫训所帮助开展政治宣传，邀请中共地下党员章文晋负责运输队的工作。经章文晋介绍，一批共产党员和进步人士参加了救护总队，充实和加强了救护总队的革命进步力量。1938年夏天，中共红十字会总支委员会成立，张世恩加入中国共产党。从1940年起，国民党加紧对红会的控制，因被发现两箱进步书籍，张世恩遭逮捕入狱。林可胜博士挺身而出，担保了张世恩，使其保释。新中国成立后，张世恩作为"北汽"技术开拓者和带头人，带领技术人员和工人成功试制出井冈山牌机踏车、第一辆国产汽车——井冈山牌小轿车、北京牌高级轿车和东方红牌中级轿车及两款轻型越野车，填补了国内空白。

林可胜创建中国红十字会救护总队的6年经历，中国人民的老朋友、新西兰人詹姆斯·贝特兰教授看在眼里，他评价说："凡是参观过林博士医疗救援团的人，都对这位领导者的见解和人品，留有美好的印象。但是，林是那种不受正统观念束缚的人，国民党的说教，他并不十分放在心上。他甚至把救护车队派到有共产党部队作战的前线。这些车子很快被撤了回来。他受到'有危险思想'的指责……这位惯于独立思考，一心扑在改进军医工作的专家，越来越频繁地受到重庆党部发来的命令的干扰。医疗救援团为自己的独立性进行了斗争，然而，这是以林博士在中国战争最后一年辞去职务为结局输掉的战斗。但是，他对中国军医的培训，他的战地服务团的工作彪炳于中国救死扶伤工作的史册上。"

（洪卜仁　叶胜伟）
（原载《台海》杂志，2016年第3期）

后　记

厦门地处祖国东南沿海，是一座风光旖旎的海滨城市，也是一座有着深厚历史积淀和丰富文化内涵的城市。中原文化的深入和传承，使厦门素有"海滨邹鲁"的美称。明末清初，郑成功打败荷兰殖民者收复台湾，厦门是其东征的基地。明朝中后叶至鸦片战争前，厦门是我国东南沿海著名的贸易口岸，也是"海上丝路"重要的起航港口之一。鸦片战争后，厦门作为"五口通商"的口岸之一，继而鼓浪屿被划为公共租界，闽南文化、中华文化与西方文化激荡交汇。明清以来作为福建华侨出入境的主要门户和侨汇集散中心的厦门，开放的海洋文化、兴盛的商业文化、承载家国情怀的华侨文化，融通和洽。反封建、反侵略的革命斗争，与中华民族追求国家独立和民族解放的光荣史，浩荡融合。

如上种种，构成内涵丰富的厦门地方文史。挖掘、整理、研究地方史，可"存史、育人、资政"，累积一座城市的精神财富，意义重大。

我市文史专家洪卜仁、何丙仲、彭一万、龚洁等，长期潜心于厦门地方历史文化的研究，在厦门地方历史、郑成功研究、华侨史、中西文化交流史、鼓浪屿研究等方面致力颇多，著作丰硕，部分研究成果在国内处于领先地位。他们的学术研究成果，值得总结。这既是社会科学研究的需要，也是挖掘城市文脉、继承民族优秀文化传统的需要。

在中共厦门市委宣传部主要领导的指示下，我们编辑了我市知名文史专家文集。本书收集洪卜仁先生的文稿，始自 1955 年，截至 2017 年，主要选自洪卜仁先生在国内外学术研讨会的部分论文、讲稿，在海内外报刊发表的文章，以及作为主编在部分专著里撰写的文稿。由于收集、选稿时间仓促，原载的论文集、报刊年代较为久远，又由于原选取的稿件字数、篇幅超出约稿单位的要求，因此又抽掉一部分文章。严格地说，本书只是洪卜仁著述中的部分文稿，并不能完全反映洪卜仁先生治学成果的全貌。

本书收录的文章，因发表时间跨度大，时空变幻，语境变化，留有时代的烙印。我们在编辑过程中保留了文章的原貌，不作改动，以忠实于原著，忠实于历史。

本书的整理出版，始终在厦门市社科联、市社科院领导的具体指导下进行。在文稿的收集和整理过程中，得到了鹭江出版社、厦门日报社、厦门市图书馆的支持。叶胜伟、张元基、吴慧萍、吴辉煌、李跃忠、刘佳欣等同志，协助洪卜仁先生整理、校对文稿，出力尤多，在此一并致谢。

编　者
2018 年 5 月

图书在版编目（CIP）数据

洪卜仁学术文集 / 洪卜仁著；中共厦门市委宣传部，厦门市社会科学界联合会编. — 厦门：鹭江出版社，2018.10.
ISBN 978-7-5459-1478-8

Ⅰ. ①洪… Ⅱ. ①洪… ②中… ③厦… Ⅲ. ①社会科学－文集 Ⅳ. ①C53

中国版本图书馆CIP数据核字(2018)第103152号

2018年同文书库
中共厦门市委宣传部
厦门市社会科学界联合会 编

HONGBUREN XUESHU WENJI

洪卜仁学术文集

洪卜仁 著

出版发行：	鹭江出版社
地　　址：	厦门市湖明路22号　　邮政编码：361004
印　　刷：	厦门市万美兴印刷设计有限公司
地　　址：	厦门市湖里区后坑社区西潘社322　电话号码：0592-5991681 号A栋第一层之一
开　　本：	787mm×1092mm　1/16
插　　页：	6
印　　张：	30.25
字　　数：	576千字
版　　次：	2018年10月第1版　　2018年10月第1次印刷
书　　号：	ISBN 978-7-5459-1478-8
定　　价：	98.00元

如发现印装质量问题，请寄承印厂调换。